国外计算机科学教材系列

Java 程序设计教程
（原书第10版）

Java Software Solutions
Foundations of Program Design
Tenth Edition

［美］ John Lewis
William Loftus 著

洛基山　张君施　等译

電子工業出版社·
Publishing House of Electronics Industry
北京·**BEIJING**

内 容 简 介

本书对面向对象的思想和机制进行了准确而透彻的剖析，为读者深入学习 Java 语言程序设计提供了全面、详细的指导，并在前几版的基础上进行了修订与更新。全书覆盖了面向对象设计的广泛内容，介绍了 Java 语言的基本数据类型、流程控制、类和对象等。在深入分析面向对象设计方法的基础上，介绍了封装机制、继承机制和多态性的实现与应用、异常的捕获和处理、集合类的定义方法与泛型类的概念。书中提供了大量具有可实践性的程序实例、自测题及答案、练习题和编程项目、生动的"软件失误案例"，并且在相关章中补充了针对本章主题的图形用户界面(GUI)设计知识和实例，讲解了如何使用开发工具 JavaFX 来设计 GUI，这部分内容可形成完整的 Java GUI 设计知识体系。

本书适合作为高等院校软件专业与计算机应用专业相关课程的教材，同时对于工程技术人员也具有很高的参考价值。

Authorized translation from the English language edition, entitled Java Software Solutions: Foundations of Program Design, Tenth Edition by John Lewis and William Loftus, published by Pearson Education, Inc., Copyright © 2024 Pearson Education, Inc.

All rights reserved. This edition is authorized for sale and distribution in the People's Republic of China (excluding Hong Kong SAR, Macao SAR and Taiwan). No part of this book may be reproduced or transmitted in any form or by any means, electronic or mechanical, including photocopying, recording or by any information storage retrieval system, without permission from Pearson Education, Inc.

CHINESE SIMPLIFIED language edition published by PUBLISHING HOUSE OF ELECTRONICS INDUSTRY CO., LTD., Copyright © 2025.

本书中文简体字版专有出版权由 Pearson Education(培生教育出版集团)授予电子工业出版社在中国大陆地区(不包括中国香港、澳门特别行政区和台湾地区)独家出版发行。未经出版者预先书面许可，不得以任何方式复制或抄袭本书的任何部分。

本书贴有 Pearson Education(培生教育出版集团)激光防伪标签，无标签者不得销售。

版权贸易合同登记号　图字：01-2024-4626

图书在版编目（CIP）数据

Java 程序设计教程：原书第 10 版 / （美）约翰·刘易斯（John Lewis），（美）威廉·洛夫特斯（William Loftus）著；洛基山等译. -- 北京：电子工业出版社，2025. 9. -- （国外计算机科学教材系列）.
ISBN 978-7-121-50971-1
Ⅰ. TP312.8
中国国家版本馆 CIP 数据核字第 2025WP7425 号

责任编辑：冯小贝
印　　刷：三河市鑫金马印装有限公司
装　　订：三河市鑫金马印装有限公司
出版发行：电子工业出版社
　　　　　北京市海淀区万寿路 173 信箱　　邮编：100036
开　　本：787×1092　1/16　　印张：33.5　　字数：943 千字
版　　次：2005 年 5 月第 1 版(原书第 4 版)
　　　　　2025 年 9 月第 7 版(原书第 10 版)
印　　次：2025 年 9 月第 1 次印刷
定　　价：119.00 元

凡所购买电子工业出版社图书有缺损问题，请向购买书店调换。若书店售缺，请与本社发行部联系，联系及邮购电话：(010)88254888，88258888。

质量投诉请发邮件至 zlts@phei.com.cn，盗版侵权举报请发邮件至 dbqq@phei.com.cn。

本书咨询联系方式：fengxiaobei@phei.com.cn。

前　　言

欢迎使用本书第 10 版。多年来，本书能够满足广大师生的需求并为教学服务，这使我们深感欣慰。这一版做了进一步的内容组织和调整，完善了关键技术问题的重点分解和概念解释。

本版的改进

编写本书所面临的最大挑战，是向数字化形式迁移，改用交互式编程活动，并对编程结果进行评分（用于 Revel Courseware 和 Pearson+电子书），从而为学生提供即时和个性化的错误反馈。这种即时反馈，可引导学生找出正确答案，进而提升学习的动力。这种改变，是为了使本书更适合作为教材，尤其体现计算机科学教材的交互性和趣味性。现在，经过测试和改进的核心材料的表现形式，已经体现了动态和即时评估特性。

- 活代码示例（Live Code Example）穿插在提供编程实践的章节中。
- 超过 388 个自测题，用于检查学生对学习内容的即时理解。
- 超过 238 个练习题。
- 多于 27 个各章末尾的汇总性编程项目。

除了数字化/交互形式的变化，这一版还针对入门级程序员进行了一些内容更改，以跟进不断发展的 Java 语言。此外还进行了一些更新，以保持示例的新鲜感并改进对各个主题的讨论。这些改变包括：

- 第 8 章新增一个示例，演示对象数组的用法。
- 介绍映射及其在 Java API 中的实现。
- 讲解使用 var 关键字来简化复杂的变量声明。
- 引入 lambda 表达式，并重点讲解如何将它用于集合管理。

我们非常开心能够为学生和教师提供本书，我们也很乐意听到读者对本书的评价和疑问。

本书的基石

本书是基于下面的基本思想编写的，相信这有助于使其成为一本优秀的教材。

- *真正的面向对象。* 一本真正介绍完全面向对象方法的教材必须使用对象语言，即所有问题都应该用面向对象的术语来讨论。但这并不意味着必须对第一个程序就讨论多个类和方法的编写方式，学生应当在学会编写对象之前先了解如何使用对象。本书提供了一种循序渐进的学习方式，可以使学生逐步具有设计实际的面向对象解决方案的能力。
- *良好的程序设计实践。* 本书的主要目的不是教学生如何编程，而是讲解如何写出好的软件。二者是有差别的。编写软件并不是按照说明完成一套动作，一个好程序也远非一些语句的集合。本书汇集了一些可作为良好程序设计技巧基础的实践经验，它们不仅应用于本书所有的实例，而且还在讨论中被进一步强化。学生将学会如何解决问题及如何实现设计方案。全书贯穿了软件工程基本技术的介绍，"软件失误案例"部分通过生动的实例，展示了不遵守程序设计实践原则所带来的后果，进而巩固了这些软件工程基本技术课程的学习。

- 程序实例。学生将通过程序实例来学习。本书通过大量已完整实现的实例来讲解特定的概念。书中穿插列举了易理解的小例子和实用的大例子，二者相辅相成，并对图形和非图形实例的采用进行了合理的选择。
- 图形与图形用户界面(GUI)。图形能够极大激发学生的学习兴趣，而且图形设计可以作为面向对象应用的绝佳实例。因此，本书的相关章中都安排了精心设计的几部分，称为"图形设计之路"。本书完整讲解了 JavaFX API，它提供对 Java 图形和 GUI 的全面支持，是首选的开发工具。随着图形设计主题讨论的进展，学生将很自然地学会以适当的方式创建 GUI。对于不需要学习图形设计的学生，则可以忽略"图形设计之路"的内容。

各章概述

第 1 章(计算机系统概述)介绍了计算机系统，包括计算机基本结构和硬件、网络、程序设计及语言翻译。本章对 Java 也进行了介绍，并讨论了通用程序开发的基础和面向对象编程。这一章广泛涵盖了学生所要熟悉的开发环境介绍。

第 2 章(数据与表达式)探讨了 Java 程序中使用的一些基本数据类型和计算表达式的用法，还讨论了数据类型间的转换，以及如何借助标准的 Scanner 类与用户进行交互式输入。

第 3 章(类与对象)讲解了预定义类的使用及其对象的创建方法。这些类和对象用于处理字符串、产生随机数、执行复杂计算和格式化输出。此外，还讨论了枚举类型。

第 4 章(编写类)分析了与类和方法的编写有关的问题，包括实例数据、可见性、引用范围、方法参数和返回值类型。此外，还讨论了封装和构造方法。与编写类相关的其他问题将在第 7 章讨论。

第 5 章(条件判断与循环)讨论了用于判断的布尔表达式的用法，然后详细地讲解了 if 语句和 while 循环语句。一旦建立了循环，就可以引入迭代的概念，并进一步讨论使用 Scanner 类不断接收、解析输入数据及读取文本文件的方法。最后介绍了可用于管理大量对象的 ArrayList 类。

第 6 章(其他条件判断与循环)讨论了第 5 章未涉及的其他 Java 条件语句(switch)和循环语句(do、for)，包括 for 循环语句的增强版本。for-each 循环语句也可用于处理迭代和 ArrayList 对象。

第 7 章(面向对象设计)进一步深入和扩展了关于类的设计问题的讨论，包括解决问题时需要确定类和对象的识别技术，以及类与对象间的关系。本章还探讨了静态类成员、接口及枚举型类的设计。这一章对方法设计和方法重载也进行了讨论。

第 8 章(数组)详细讲解了数组及数组的处理，将作为最基本的程序设计数据结构的数组与高层次的对象管理方法进行了对比分析。此外，还讨论了命令行实参、可变长度参数表及二维数组。

第 9 章(继承)讲解了类的派生及其相关概念，例如类层次、重写和可见性。本章还强调了应合理使用继承，以及在软件设计中使用继承的原则。

第 10 章(多态性)首先探讨了绑定的概念及绑定与多态性的关系。接着讲解了如何使用继承或接口实现多态性，并利用排序示范了多态性。最后讨论了有关多态性的程序设计问题。

第 11 章(异常)关注 Java 标准类库中用于定义异常的类层次结构，以及定义用户异常对象的方法。此外，还讨论了处理输入/输出异常时的方法，并分析了一个编写文本文件的程序实例。

第 12 章(递归)讲解了递归的概念、递归的实现及合理使用递归的方法，并利用几个不同应用领域的程序实例，演示了递归技术如何将某些特定问题解决得更完美。

第 13 章(集合)涉及集合的概念及其基本数据结构，并进一步深入探讨了抽象概念和经典的数据结构。此外，还介绍了泛型、映射集合、var 关键字和 lambda 表达式。本章可作为 CS2(计算机科学课程第二阶段)的入门性内容。

补充资料

学生资源[①]

学生资源如下：

- 书中所有程序的源代码
- Java 开发环境的链接

教师资源[②]

下面的补充材料仅供教师使用：

- 幻灯片文件——使用 PowerPoint 制作的幻灯片
- 各章末尾练习题的答案
- 各章末尾编程项目的答案
- 实验题的答案
- Revel 课程练习的答案

本书特点

重要概念

全书通过"重要概念"文本框显示基础概念和重点内容，并在各章末尾对这些概念进行了总结。

程序实例

对所有的程序实例都进行了编号，并在程序后面给出了输出结果、运行实例或者屏幕截图。

语法流程图

书中以特殊的流程图方式讨论了 Java 语言的语法元素，语法流程图清晰地描述了一条语句或语句构造的有效格式。Java 语言的全部语法流程图在附录 J 中给出。

---

① 相关资源可登录华信教育资源网(www.hxedu.com.cn)下载。
② 教辅申请方式请参见书末的教辅申请表。

图形设计之路

所有关于图形与 GUI 处理的讨论，都安排在相关章的最后几节中，这部分内容称为"图形设计之路"。如果忽略这部分内容，也不会影响本书内容的完整性。或者，也可以根据需要专门关注"图形设计之路"的讲解。每个"图形设计之路"小节的内容都与其所在章的讨论主题相关。

重要概念小结

每章末尾都给出了该章重要概念的汇总。

自测题和答案

每章给出的自测题是对该章涉及的基本概念和术语的复习，并且可以使学生评估自己对该章内容的掌握程度。自测题的答案在附录 K 中给出。

练习题

这些阶段性的练习题涉及计算、分析或编写代码段，它们要求对章节内容有全面的理解。尽管练习题可能涉及代码编写，但通常并不需要上机实践。

编程项目

编程项目要求设计和实现 Java 程序，它们的难度各不相同。

软件失误案例

一些穿插在各章之间的短文，讨论了现实世界中软件设计的种种缺陷，激励学生从编程学习的开始就采用良好的软件设计原则。

致谢

非常感谢世界各地的教师和学生们对本书以前各个版本提出的宝贵意见与建议。我们很高兴地看到教师对学生的深切关心和学生对知识的渴求，并欢迎你们继续对本书给出评价和质疑。

特别感谢 Brigham Young 大学的 Robert Burton 为本书提供的热心帮助。多年来，Robert 一直不断地提出有助于完善和改进本书的宝贵意见。

在将本书内容更新至 JavaFX 的过程中，瑞士西北部 Applied Sciences 大学的 Bradley Richards 提供了有用的建议和资源。Simon Fraser 大学的 Brian Fraser 也提出了一些非常好的反馈意见，有助于澄清一些问题。我们深切感受到，与计算机教育者之间的这种交流是非常有益的。

感谢 Villanova 大学的 Dan Joyce，是他完成了最初的自测题的编写工作，并确保有足够的自测题覆盖本书中每一个相关的主题。

我们总是惊叹于 Pearson Education 为本书所付出的心血。本书编辑 Tracy Johnson 具有惊人的洞察力和责任心；她的助手 Erin Sullivan 一直给我们提供帮助和支持；市场部经理 Krista Clark 使我们确信，教师们能够理解和认同本书在教学方法方面的优势；充满创意灵感的 Marta Samsel 为本书设计了封面；Scott Disanno、Rajinder Singh、Bob Engelhardt 和 Abhijeet Gope 负责本书的生产流程。我们感谢所有确保这本书达到高质量出版标准的人们。

特别要感谢下面这些人，他们通过兴趣小组、访谈、评论等不同方式为本书提供了有价值的建议。他们及其他许多的教师和朋友，都为本书提供过很好的反馈。这些人的名单如下：

Elizabeth Adams	James Madison University
Hossein Assadipour	Rutgers University
David Atkins	University of Oregon
Lewis Barnett	University of Richmond
Thomas W. Bennet	Mississippi College
Gian Mario Besana	DePaul University
Hans-Peter Bischof	Rochester Institute of Technology
Don Braffitt	Radford University
Robert Burton	Brigham Young University
John Chandler	Oklahoma State University
Robert Cohen	University of Massachusetts, Boston
Dodi Coreson	Linn Benton Community College
James H. Cross II	Auburn University
Eman El-Sheikh	University of West Florida
Sherif Elfayoumy	University of North Florida
Christopher Eliot	University of Massachusetts, Amherst
Wanda M. Eanes	Macon State College
Stephanie Elzer	Millersville University
Matt Evett	Eastern Michigan University
Marj Feroe	Delaware County Community College, Pennsylvania
John Gauch	University of Kansas
Chris Haynes	Indiana University
James Heliotis	Rochester Institute of Technology
Laurie Hendren	McGill University
Mike Higgs	Austin College
Stephen Hughes	Roanoke College
Daniel Joyce	Villanova University
Saroja Kanchi	Kettering University
Gregory Kapfhammer	Allegheny College
Karen Kluge	Dartmouth College
Jason Levy	University of Hawaii
Peter MacKenzie	McGill University
Jerry Marsh	Oakland University
Blayne Mayfield	Oklahoma State University
Gheorghe Muresan	Rutgers University
Laurie Murphy Pacific	Lutheran University
Dave Musicant	Carleton College
Faye Navabi-Tadayon	Arizona State University

Lawrence Osborne	Lamar University
Barry Pollack	City College of San Francisco
B. Ravikumar	University of Rhode Island
David Riley	University of Wisconsin（La Crosse）
Bob Roos	Allegheny College
Carolyn Rosiene	University of Hartford
Jerry Ross Lane	Community College
Patricia Roth	Southeastern Polytechnic State University
Carolyn Schauble	Colorado State University
Arjit Sengupta	Georgia State University
Bennet Setzer	Kennesaw State University
Vijay Srinivasan	JavaSoft, Sun Microsystems, Inc.
Stuart Steiner	Eastern Washington University
Katherine St. John	Lehman College, CUNY
Alexander Stoytchev	Iowa State University
Ed Timmerman	University of Maryland, University College
Shengru Tu	University of New Orleans
Paul Tymann	Rochester Institute of Technology
John J. Wegis	JavaSoft, Sun Microsystems, Inc.
Ken Williams	North Carolina Agricultural and Technical University
Linda Wilson	Dartmouth College
David Wittenberg	Brandeis University
Wang-Chan Wong	California State University（Dominguez Hills）

感谢我的朋友和以前在 Villanova 大学工作的同事，他们提供了很多建设性意见，这些同事包括 Bob Beck、Cathy Helwig、Anany Levitin、Najib Nadi、Beth Taddei 及 Barbara Zimmerman。此外还要感谢 Pete DePasquale，他以前在 New Jersey 学院工作，现在供职于 SailThru 公司。

还有许多人以各种方式提供了帮助，包括 Ken Arnold、Mike Czepiel、John Loftus、Sebastian Niezgoda 和 Saverio Perugini。在此还向所有遗漏了名字的朋友们致以深深的歉意。

美国计算机学会（ACM）的计算机科学教育特别兴趣组（SIGCSE）是一个巨大的教育信息交流机构，他们的会议给来自不同层次与不同类型的学校的教师提供了交流教育新观点、新思路和资源的机会。对于从事某一计算机领域的教育工作者来说，如果还未加入 SIGCSE，就会错过参与这种教育信息交流的机会。

*参与本书翻译的其他人员：卜静、李健渊、隆冬。

目　　录

第1章 计算机系统概述

本章目标

1. 描述计算机软、硬件之间的关系。
2. 定义软件的各种类型及用法。
3. 定义并解释计算机的核心硬件组件及其作用。
4. 解释计算机硬件组件如何协同执行程序和管理数据。
5. 描述计算机如何与网络连接以便共享信息。
6. 介绍 Java 编程语言。
7. 描述程序编译和执行的步骤。
8. 概述面向对象技术的基本原理。

本书主要讨论如何编写设计精良的软件。为了理解什么是软件,首先必须对软件在计算机系统中的地位和作用有基本的理解。计算机系统中的软件和硬件相互配合,共同完成各种复杂的任务。理解各种硬件组件的作用及这些组件连接到网络中的方式,是学习软件开发的先决条件。本章首先讨论基本的计算机处理过程,然后通过介绍 Java 编程语言及面向对象的编程原理来探讨软件开发。

1.1 计算机处理过程

所有的计算机系统,不管是台式机、笔记本、智能手机、游戏机,还是诸如汽车导航系统的专用设备,都具有某些共同的特性。尽管形状和功能大不相同,但它们都以类似的方式处理数据。尽管本书的主要目的是讲解如何进行软件开发,但首先会回顾计算机的处理过程,以便于理解上下文。首先需定义一些基本术语,并描述计算机系统的关键组件是如何相互合作的。

计算机系统由软件和硬件组成。计算机硬件组件是实际存在的物理系统,支持着计算机的实际运算处理能力。这些组件包括芯片、机箱、电子线路、键盘、扬声器、磁盘、主存卡、USB 闪存(也称为 jump 存储器)、电缆、插头、打印机、鼠标、显示器及路由器等。所有能直接触摸到的计算机系统组成部分都是计算机硬件。

> **重要概念:** 计算机系统由硬件和软件组成,软、硬件协同工作帮助我们解决问题。

实际上,如果离开了指示计算机工作的相关指令,计算机硬件系统是没有任何用处的。程序就是一系列的指令,由硬件逐条执行。软件则包括程序及程序执行所需要的数据。软件是与硬件系统配合的无形部分。软件和硬件相结合,组成了我们最终解决问题的工具。

计算机系统中的主要硬件组件如下:

● 中央处理单元(CPU)
● 输入/输出(I/O)设备

- 主存储器
- 辅助存储设备

这些重要的组件将在 1.2 节详细介绍，现在只需要简单了解它们的基本作用。中央处理单元（CPU）是执行每一条程序指令的设备。输入/输出(I/O)设备，比如键盘、鼠标、触控板和显示器等，提供了人机交互界面。

程序和数据则被保存在存储设备(称为存储器)中。存储器分为两种：主存储器和辅助存储器。主存储器用于存储正在被 CPU 执行的程序。辅助存储器则是以永久保存的方式存储软件。在一个典型的计算机系统中，最重要的辅助存储器是安装在机箱中的硬盘。USB 闪存也是一种重要的辅助存储设备。通常而言，USB 闪存的容量不及硬盘大。USB 闪存的优点是可移动性，它可随时卸载或者在计算机间交替使用。

图 1.1 演示了信息是如何在计算机硬件组件之间传递的。假设现在希望运行一个可执行程序，而该程序本身保存在某个辅助存储设备中(例如硬盘)。当计算机执行这个程序时，系统从辅助存储设备将该程序复制到主存储器中。CPU 则从主存储器中依次读取每一条程序指令并执行，一次执行一条，直到程序结束。程序需要的数据(例如，加法运算中的两个加数)也同样保存在主存储器中。这些数据可以来自辅助存储器，也可以是从输入设备(如键盘)得到的。执行过程中，程序可能会将一些信息显示到输出设备(如显示器)上。

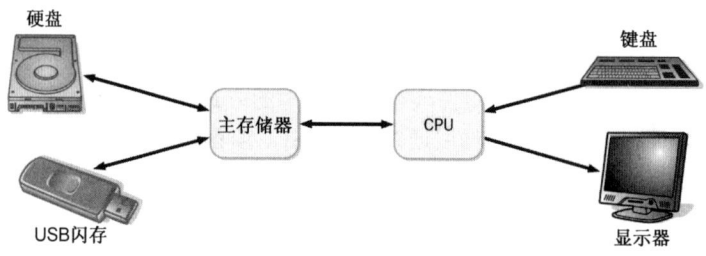

图 1.1　计算机系统的简单示意图

程序的执行是计算机的基本操作方式，所有的计算机系统本质上都以这种方式工作。

重要概念：CPU 从主存储器中读取程序的每一条指令，并且每次执行一条指令直到程序结束。

1.1.1　软件分类

依照不同的标准，可以将软件分为很多种类。这里只简单地将它们分为系统程序和应用程序。

操作系统是计算机的核心软件，它主要实现两种重要功能。首先，操作系统提供用户界面，使用户可以与计算机交互；其次，操作系统管理计算机资源，比如 CPU 和主存储器。操作系统决定什么时候执行程序、从哪里将程序载入存储器，以及如何在硬件设备之间通信。操作系统的任务使得计算机更容易使用，并且保证计算机能有效地运行。

重要概念：操作系统提供用户界面并管理计算机资源。

现在有很多流行的操作系统在世界范围内使用。由 Microsoft 公司为个人计算机系统开发的 Windows 操作系统，占据了操作系统市场的较大份额。各种版本的 UNIX 操作系统也很流行，特别是在大型计算机系统中。UNIX 的一个版本称为 Linux，Linux 系统的开发是一个开源项目，这意味着任何人都可以参与该系统的开发，并且它的代码是公开和共享的，因此 Linux 成为备受一些用户偏爱的系统。Mac OS 则是用于 Apple 公司产品的操作系统。

　　用于智能设备的操作系统通常都进行了定制，比如智能手机和平板电脑。Apple 公司的 iOS 操作系统用于 iPhone、iPad 及 iPod。它在功能和外观上与桌面版 Mac OS 类似，但专门为小型设备而进行了简化。由 Google 公司开发的 Android 操作系统占据了智能手机市场的主导地位。

　　"应用程序"（经常简称为"APP"）这个词是一个通用术语，可以代表除操作系统外的任何计算机软件。字处理软件、导弹控制系统、数据库管理系统、Web 浏览器及游戏等，都可以称为应用程序。每一个应用程序都有自己的用户界面，使用户可以与它交互。

　　现代操作系统和应用程序所提供的用户界面都是图形用户界面（GUI，发音为"gooey"）。顾名思义，GUI 利用了图形化的屏幕元素，其中的一些元素包括：

- **窗口**，用于将屏幕分隔成不同的工作区。
- **图标**，代表各种资源（例如，文件）的小图像。
- **菜单**、**复选框**、**单选钮**，为用户提供选项。
- **滚动条**，允许用户在一个取值范围内选择。
- **按钮**，通过按下鼠标键指定用户的选择。

　　鼠标或触控板是用于 GUI 的主要输入设备，因而 GUI 有时也称为"点击"界面。图 1.2 的屏幕截图显示了一个 GUI 示例。

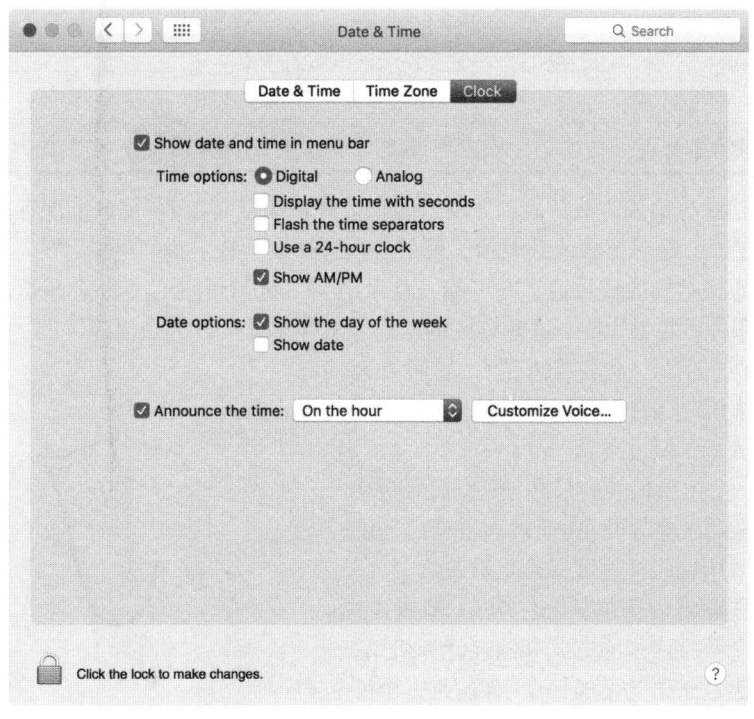

图 1.2　图形用户界面（GUI）示例

重要概念：对于用户来说，界面就是程序。

　　无论是操作系统还是应用程序，其界面都是一个很重要的组成部分，因为界面提供了使用户能够直接与程序交互的唯一渠道。对于用户而言，界面（接口）就是程序。本书中将讨论 GUI 的设计和实现。

本书的关注点是高质量应用程序的开发方法。我们将探讨如何设计和编写程序来执行计算、做出决策，以及如何用文本或图形方式显示程序执行结果。全书都将使用 Java 编程语言来示范各种程序设计及计算的思路、概念和方法。

1.1.2 数字计算机

有两种最基本的技术用于保存和管理信息：模拟技术和数字技术。模拟信息是连续的，并且成正比关系地直接反映信息源。例如，酒精温度计就是一个用于测量温度的模拟信号装置。酒精液面在温度计管内的上升和下降，直接与管外的温度变化成正比。另一个模拟信息的例子是表征声波振动的电信号，信号电压的变化直接与原始声波振动成正比。立体声放大器将这种电信号传送到扬声器中，根据扬声器产生的振动而重新产生声音。之所以使用"模拟"这个词，是因为信号是对它所代表信息的一种直接的模拟。图 1.3 用图形的方式描述了由一个麦克风采集到的声波和以模拟信号表示的声波。

声波   声波的模拟信号

图 1.3   声波及表示该声波的模拟信号

> **重要概念：** 数字计算机存储信息的方式是将信息分割成片段，并用一个数值表示每一个片段。

数字技术将信息分割成离散片段，并将这些离散片段表示为数值。CD 上保存的音乐就是以数值序列的形式保存的。每一个数值都表示了被采集声音在某个特定瞬间电信号的电压大小。在很短的时间内可采集很多这样的信号值，有可能一秒采集 44 000 个信号值。每秒采集的信号值的个数称为采样率。当采样数足够大时，这些离散的电信号采样值就可以产生出连续的、几乎和原始声音信号相同的模拟声音信号。大多数情况下，这种处理的目标是使由原始信号重新生成的信号达到足够好的质量，以满足人们的听觉要求。

图 1.4 表示一个模拟信号的采样。模拟信号转换为数字信号的过程称为数字化。由于两次采样之间的信号可能会丢失，所以采样速度必须足够快。

采样是唯一能够将信息数字化的方法。例如，一条文本语句以一个数字序列的方式存储在计算机里，而每一个数都代表这条语句里的一个字母。每一个字母、数字、标点符号都被赋予一个数，甚至空格也是如此。考虑下面的句子：

Hi，Heather.

这条文本语句被表示为一个含有 12 个数的序列，如图 1.5 所示。当字母重复出现时(如大写字母 H)，将会用相同的数表示。但同一字母的大小写会用不同的

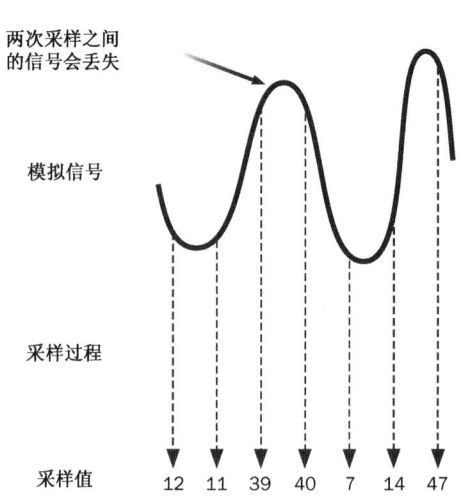

两次采样之间的信号会丢失

模拟信号

采样过程

采样值   12   11   39   40   7   14   47

图 1.4   通过采样来数字化模拟信号

数表示，就像单词 Heather 中的 "H" 和 "h" 一样，它们是不同的字符。

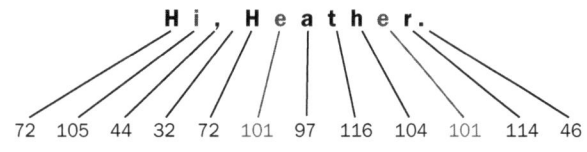

图 1.5　通过将每个字符映射为数值来存储文字

现代电子计算机都是数字式的。每一种类型的信息，包括文字、图像、数值、音频、视频甚至程序指令，都被分割为离散片段。每一个片段都用一个数来表示。信息的存储是通过对这些数的存储来实现的。

1.1.3　二进制数

数字计算机以数的形式保存信息，但是这些数不是十进制数。计算机中所有的信息，都是以二进制形式保存和管理的。与十进制数不同的是，二进制数只有两种数字，即 1 和 0，而十进制数有 10 个不同的数字(0～9)。一个单独的二进制数称为一个位(bit)。

所有的数制系统都遵循同样的规则：基数代表这种数制系统使用多少个不同的数字表示，以及数中每一个数字所代表的位值。十进制数的基数是 10，而二进制数的基数是 2。附录 A 详细探讨了各种数制系统。

> **重要概念**：二进制用于在计算机中存储和移动信息，这是因为存储和管理二进制数据的设备便宜且可靠。

由于只表示两种可能值中的一种，会使得存储与管理的设备更加便宜和可靠，因此现代计算机都采用二进制。除了这一点，二进制系统与其他进制的系统没有什么区别。市面上有一些使用其他数制系统来存储和传输信息的计算机，但是都不如二进制系统方便。

一些计算机存储设备(如硬盘等)具有磁性。磁性材料可以很容易地进行极化和两极转换，但很难表示中间状态。因此，磁性材料可以很有效地表示二进制数——磁性区域表示二进制数 1，而非磁性区域表示二进制数 0。还有一些存储器是由微型电路组成的，这类设备容易制造，而且如果只需在两种状态之间切换，则出现问题的可能性非常小。人们愿意制造大量的这种简单设备，而不愿去制造少量的更复杂的设备。

二进制数与数字信号是紧密关联的，它们提高了在线路上可靠传输信息的能力。正如前面所述，模拟信号可以表示具有无限多种状态的、连续变化的电压，而数字信号表示的电压值是离散的，显著地从一个极端(如+5 V)直接变到另一个极端(如-5 V)。任何时候，数字信号表示的电压只可能是高电平(用 1 表示)或者低电平(用 0 表示)。图 1.6 是模拟信号与数字信号的比较。

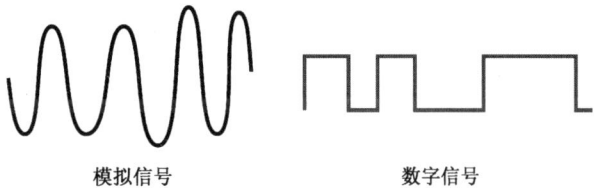

模拟信号　　　　　　　　　数字信号

图 1.6　模拟信号与数字信号的比较

当信号在线路中传输时，将由于环境条件而变得更弱并逐渐衰减。也就是说，原始信号的电压强度将有所变化。模拟信号的问题在于，随着信号的衰减变化，将丢失一部分原始信号所包含的信息。由于信息直接来自对原始信号的模拟，因此信号的任何改变都会引起信息的改变。衰减后的模拟信号造成了原始信号的破坏，所以无法恢复模拟信号中丢失的信息。数字信号虽然也会像模拟信号那样衰减，但是由于其原始信号只有两种极端状态，故数字信号可以在信息丢失前得以增强补偿。虽然电压相对于原始值有一些变化，但是仍旧可以表示出"高"或者"低"两种状态。

二进制位的个数决定了可以表示的不同数值的个数。一位二进制数有两个可能值，即 0 和 1，因而可以表示两种可能的项或者状态。如果希望表示电灯的开和关两种状态，那么一位二进制数就足够了，因为可以用 1 表示"开"状态，用 0 表示"关"状态。但是，如果需要表示两个以上的状态，就需要用多于一位的二进制数来表示。

两位二进制数可以表示 4 种可能的状态，因为它们有 4 种不同的位的排列组合: 00, 01, 10, 11。假设需要表示汽车的 4 种挡位(停车挡、行驶挡、倒车挡和空挡)，则需使用两位二进制数，将 4 种不同的位排列组合与 4 种不同的挡位相互映射。例如，可以用 00 表示停车挡，01 表示行驶挡，10 表示倒车挡，11 表示空挡。在这个例子中，4 种位排列组合与 4 种状态是怎样的映射关系并不重要。但是，在其他一些应用中，位排列组合之间的关系及代表的意义是非常重要的。

3 位二进制数可以表示 8 种不同的项，因为能产生 8 种不同的位排列组合。类似地，4 位二进制数能表示 16 种情况，而 5 位二进制数可表示 32 种情况，依次类推。图 1.7 给出了位的个数与其能表示的项数的关系。一般来说，N 位二进制数可以表示 2^N 个不同的项。每增加 1 位，所能表示的项数将加倍。

1位 2项	2位 4项	3位 8项	4位 16项	5位 32项	
0	00	000	0000	00000	10000
1	01	001	0001	00001	10001
	10	010	0010	00010	10010
	11	011	0011	00011	10011
		100	0100	00100	10100
		101	0101	00101	10101
		110	0110	00110	10110
		111	0111	00111	10111
			1000	01000	11000
			1001	01001	11001
			1010	01010	11010
			1011	01011	11011
			1100	01100	11100
			1101	01101	11101
			1110	01110	11110
			1111	01111	11111

图 1.7　二进制位的个数与可表示项数的关系

重要概念: N 位二进制数有 2^N 种排列组合。因此，N 位二进制数可以表示 2^N 个不同的项。

前面已经讨论过，对于一条文本语句，通过将每个字符映射为一个数，可以将其存储在计算机中，这些数都是以二进制形式保存的。假设现在需要表示某种语言中的一个句子，该语言含有 256 个字符和符号，那么每一个字符需要 8 个二进制位来存储。8 个二进制位共有 256 (2^8) 种不同的位排列组合，而每一种位排列组合(即二进制数)可映射为一个特定的字符。

要表示世界上的 195 个国家和地区,需要多少位二进制数? 7 位二进制数显然不够用,因为 2^7 等于 128。如果用 8 位就足够了,但在 8 位二进制数所表示的 256 种排列组合中,会有部分值没有可对应的国家或地区。

由此可见,如何在计算机中表示信息,需归结为确定要表示的项数,以及如何将这些项映射为二进制数。

自测题

SR1.1 什么是硬件? 什么是软件?

SR1.2 操作系统的两个最主要的功能是什么?

SR1.3 音乐 CD 的采样率为每秒 44 000 个单位,每一个单位代表一个具体的电压值并以数字形式保存。如果需要保存一首 3 分钟长的歌曲,总共需要多少个这样的数字? 如果歌曲的长度为 1 小时,则需要多少个这样的数字?

SR1.4 信息是如何以数字化的形式存储的?

SR1.5 下面各项分别能表示多少个不同的数值项?

    a. 2 位

    b. 4 位

    c. 5 位

    d. 7 位

SR1.6 如果希望通过几个二进制位的排列来表示美国的 50 个州,则需要多少个二进制位? 为什么?

1.2 硬件组件

本节将详细讨论计算机系统中的硬件组件。考虑如图 1.8 所示的计算机。图中的各项表示的是什么? 该计算机系统运行软件的能力可以满足需求吗? 该计算机系统与其他系统有什么不同? 这些问题都将在本节给出答案。

图 1.8 某种特定计算机的硬件规格

1.2.1 计算机结构

一所房子的建筑样式决定了它的结构类型。类似地,我们用术语 "计算机结构" 来描述计算机硬件组件是如何结合在一起的。图 1.9 描述了一个通用计算机系统的基本结构。信息通过一组线路在组件之间传输,这组线路称为总线(bus)。

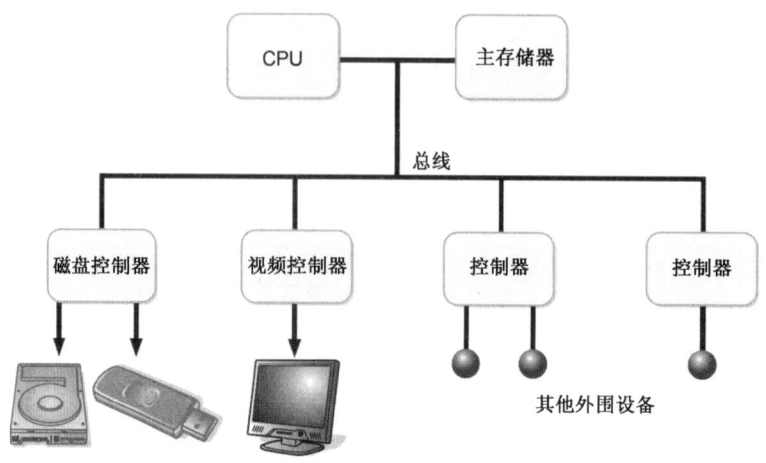

图 1.9　计算机系统的基本结构

> **重要概念**：主存储器和 CPU 构成了计算机的核心。主存储器用于保存程序和数据，而 CPU 执行程序指令。

　　CPU 和主存储器(简称主存)构成了计算机的核心部分。如前所述，正在执行的程序和其相关的数据都保存在主存中，而 CPU 则逐条执行程序指令。图 1.8 中的 CPU 由 Intel 公司生产，该公司为许多计算机系统提供处理器。

　　假设有一个程序用于计算一组数的平均值。当程序运行时，该程序和数据必须位于主存中。CPU 从主存读取每一条指令并执行它。如果指令需要数据(例如该组数中的一个数)才能完成计算，则 CPU 也将从主存中读出所需的数据。这一过程会重复进行，直到程序结束。计算所得的平均值结果将保存在主存中，等待进一步的处理或者保存到持久性的辅助存储器中。

　　除了 CPU 和主存，几乎所有其他的计算机设备和组件都被称为外围设备，简称外设。这些外设在系统的外围执行操作或进行外部处理(尽管它们可能被安装在同一个机箱中)。用户并不直接与 CPU 或者主存打交道。虽然 CPU 和主存构成了计算机的核心，但离开外围设备它们也是没有用处的。

　　控制器是协调各种外设工作的设备。由于每个设备都有自己数据格式化和数据通信的方式，因此控制器的作用之一就是处理这些特性，并且对其他硬件部分屏蔽这些特性差异。更进一步说，控制器更多的是处理实际的信息传输，从而使 CPU 能够专注于其他方面的处理。

　　输入/输出(I/O)设备和辅助存储器也被认为是外围设备。还有一种类型的外设是数据传输设备，这种设备使得数据可以在计算机之间相互传输。图 1.8 所示的计算机包含网卡，它采用 802.11 无线通信标准(WiFi)与计算机网络通信。

　　有时，也可以将辅助存储器和数据传输设备视为输入/输出设备，因为它们可以表示数据源(输入)和传输目的地(输出)。然而，本书将输入/输出设备定义为允许用户与计算机交互的设备。

1.2.2　输入/输出设备

　　下面进一步探讨输入/输出设备。最常见的输入设备是键盘、鼠标和触控板。其他输入设备包括：

- **条形码读取器**，常常用于零售店收银台。
- **麦克风**，用于解析声音命令的语音识别系统。
- **虚拟现实设备**，用于解释用户手部(或其他部分)动作的设备。

- 扫描仪，将文字、照片和图像等转换成机器可以识别的格式。
- 照相机，捕获静态图像和视频，也可用于处理特殊的输入信息，比如二维码。

显示器和打印机是最常见的输出设备。其他输出设备包括：

- 绘图仪，能在一大张绘图纸上移动画笔（或者反之，即只移动绘图纸）。
- 扬声器，用于音频输出。
- 视镜，提供虚拟现实的显示。

有些设备既可以用于输入，又可以用于输出。比如触摸屏可以检测到用户触摸到屏幕的某个区域，程序会根据用户触摸的位置做出响应，并将相关的文字或图片通过触摸屏显示出来。触摸屏已经成为手持式设备的一种常规配置。

图 1.8 所示的计算机系统包含一个有 15.6"（对角线长）显示区域的显示器。在计算机中，通过将图片分解为小图形元素（称为像素）来表示图形。本例中的显示器可以显示 1366×768 个栅格的像素。

1.2.3　主存储器和辅助存储器

主存储器（主存）由一系列小的且连续的存储单元构成，如图 1.10 所示。与每一个存储单元相关联的一个唯一值称为地址。

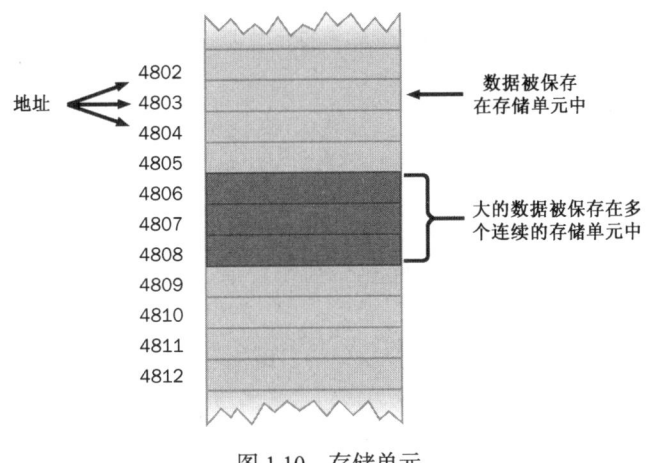

图 1.10　存储单元

> **重要概念：** 地址是与每一个存储单元相关联的一个唯一值。

当在存储单元中保存数据时，新的数据会覆盖并破坏之前保存在该单元中的信息。但是，从存储单元读取信息时不会影响数据。

对于多数计算机来说，每一个存储单元保存 8 位，即 1 字节（byte）的信息。如果需要保存的值超过 1 字节（例如，一个很大的数），则该数据将由多个字节保存，即保存在多个且连续的存储单元中。

设备（如主存）的存储容量是指该设备所能保存数据的总字节数。通常而言，存储器能够保存数千或者数兆字节的信息，因此必须熟悉较大的计量单位。由于计算机是基于二进制的系统，所有的存储单位都是 2 的幂次。千字节（KB）是 1024（即 2^{10}）字节。更大的存储单位是兆字节（MB）、吉字节（GB）、太字节（TB）和拍字节（PB），如图 1.11 所示。为了简化，大多数计算机用户通常将 1 KB 近似为 1000 字节，而将 1 MB 近似为 1 000 000 字节，依次类推。

单　位	符　号	字　节　数
字节		$2^0 = 1$
千字节	KB	$2^{10} = 1024$
兆字节	MB	$2^{20} = 1\ 048\ 576$
吉字节	GB	$2^{30} = 1\ 073\ 741\ 824$
太字节	TB	$2^{40} = 1\ 099\ 511\ 627\ 776$
拍字节	PB	$2^{50} = 1\ 125\ 899\ 906\ 842\ 624$

图 1.11　二进制存储单位

重要概念：主存是不稳定的，仅当有电力供应时，数据和信息才得以保存。

多数个人计算机都具备 4 GB 的主存，比如图 1.8 中的系统。大容量的主存允许大型程序或者多个程序更有效率地运行，因为采用足够大的主存可避免经常从辅助存储器提取信息。

主存是不稳定的，即主存里保存的数据在主存断电后会丢失。使用计算机时，需要经常将主存中的数据和信息保存到辅助存储器中(例如 USB 闪存等)，以防止突然断电造成数据丢失。辅助存储器通常是稳定的，信息在断电后依然可以保存下来。

高速缓存(cache)用于减少 CPU 访问指令和数据的平均时间，是一个访问速度很快的小存储区，其中保存了主存访问最频繁的信息。现代 CPU 同时具有一个加速可执行指令获取速度的指令缓存和一个加速数据访问速度的数据缓存。

最常用的辅助存储器是硬盘和 USB 闪存。USB 闪存通常可以存储 1～256 GB 的信息。硬盘的存储容量差别很大，个人计算机的硬盘容量通常在 500～750 GB 之间(如今，TB 级的硬盘已经很常见了)，如图 1.8 所示。

USB 闪存由一个带有电子元件的小印制电路板和 USB 连接器组成，并用塑料、金属或橡胶物封装来进行电子绝缘和保护。

磁盘是磁性介质，每个数据位在磁性介质中都以磁化粒子表示。读/写磁头在旋转的磁盘上移动，从而按需要读取或写入信息。一个硬盘通常包含许多层磁盘，全部将其固定在同一个轴上，每一层磁盘都有自己的读/写磁头，如图 1.12 所示。

在磁盘变得流行之前，磁带曾作为辅助存储设备使用。磁带的读/写速度要比硬盘和 USB 闪存的慢，因为它的信息访问方式不同。磁盘是直接存取设备，其读/写磁头可以在磁盘上移动，直接移动到所需信息的位置。USB 闪存也是直接存取设备，但不需要机械上的移动操作。"直接存取"和"随机存取"这两个术语有时可以互换使用。但是，只有当磁带中的信息经过磁头时，才可以读/写数据，而不是由磁头直接到达指定的读/写位置。所以磁带必须通过快速倒带或者快进，才使得相应信息到达磁头的位置。因而磁带被认为是顺序存储设备。由于上述原因，磁带已经不再用作计算存储设备，正如音频磁带盒已被光盘替代了一样。

还有两个概念用于描述存储设备：随机存储器(RAM)

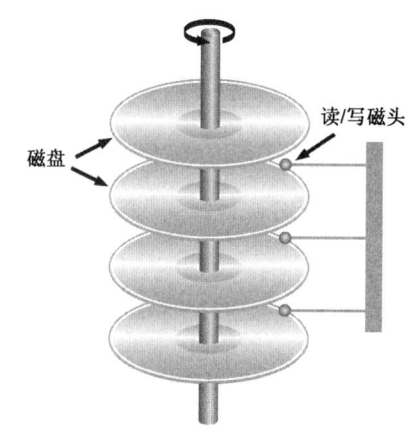

图 1.12　有多层磁盘和磁头的硬盘驱动器

和只读存储器(ROM)。理解这两个术语很重要，因为经常需要使用它们，而且容易将其误解和混淆。RAM 和主存一般可以互换称谓，它们是存储动态程序和数据的存储设备。ROM 是嵌入在计算机主板上的芯片或便携式存储器(比如光盘)。ROM 芯片通常用于存储称为 BIOS(Basic Input/Output System，基本输入/输出系统)的软件，BIOS 提供了计算机开机初始化时需要执行的预定义指令。一旦数据和信息被保存在 ROM 上，在计算机使用过程中就不能被改写，只能读取(这就是"只读"的含义)。RAM 和 ROM 都是直接(随机)存取设备。

CD-ROM 是便携式辅助存储器，其中 CD 指压缩光盘(Compact Disc)。CD 属于 ROM，因为当 CD 做好以后，上面的数据将被永久性保存且不可改变。和音乐 CD 一样，CD-ROM 也以二进制形式保存信息。刻录 CD 时，会在 CD 表面烧制一个极其微小的凹点表示 1，而平整光滑的地方表示 0。这种形式的数据通过一束细小低能量的激光读取。当激光束照射到光滑表面时，其反射强度很大；而当激光束照射到凹点时，反射强度很小。最后，使用一个传感器来判断当前区域表示的是 1 还是 0。通常而言，CD-ROM 的存储容量为 650～900 MB。

> **重要概念：** CD 表面具有光滑区和微小凹点。凹点代表二进制数 1，而光滑区代表二进制数 0。

各种基于普通 CD 技术的新型 CD 也在迅速发展。CD-R 光盘可用于制作音乐 CD 或充当普通的计算机存储设备。CD-R 技术可以使用户进行一次性的数据烧录，也就是用户可以将各种类型的数据烧录到 CD-R 光盘中，使其能在普通光驱中使用。但是 CD-R 光盘一旦被烧录，所保存的内容就不可更改。从商店购买的音乐 CD 是在模具中压制的，而 CD-R 的烧录是用激光实现的。

CD 最早广泛用于音乐产品，后来才发展成主流的计算机存储介质。DVD 也有着同样的发展过程，最早的 DVD 用于视频影像，现在也发展成了主流的计算机存储介质。DVD 最早是指数字视频光盘(Digital Video Disc)或数字通用光盘(Digital Versatile Disc)，但是现在 DVD 这一缩写词就代表它本身。DVD 比 CD 有着更高密度的压缩格式，每平方英寸可容纳更多的信息。

用 CD 和 DVD 作为计算机辅助存储设备的需求已经大幅减少了，因为网络及外部云存储提供了更好的选择。

随着科技的发展，计算机存储设备的容量也在不断扩展。在计算机业内有一条定律，即几乎每隔 18 个月，存储设备的容量就会增加一倍。但是，当存储容量接近绝对物理极限时，这种增长速度将逐步降低。

1.2.4　中央处理单元

中央处理单元(CPU)通过与主存交互来完成计算机系统中最基本的处理。CPU 逐条解释并执行指令，如此一直循环下去。如图 1.13 所示，CPU 由三个主要部分组成，控制单元协调 CPU 内部的处理过程；寄存器为 CPU 本身提供少量的存储空间；算术/逻辑单元负责运算和决策。寄存器是系统中最小但最快的缓存。

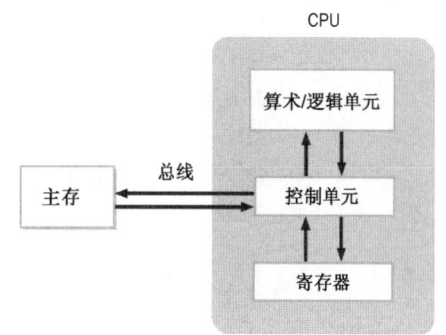

图 1.13　CPU 的构成及主存

控制单元控制并协调数据和指令在主存和 CPU 内部寄存器之间的传输，同时也要管理算术/逻辑单元的电路对寄存器中的数据进行的运算。

对于大多数 CPU，其内部的某些寄存器会专门用于特殊用途。例如，指令寄存器用于保存当前正在执行的指令，程序计数器则用于存放下一条将要执行的指令的地址。除了这些特殊寄存器，CPU 还有一些通用寄存器用于存放临时数据。

将程序指令和数据共同存放在主存中的思想，就是计算机设计中的冯·诺依曼体系结构的基本原理。1945 年，约翰·冯·诺依曼(匈牙利裔美籍数学家)首先提出了这一编程概念，该体系结构以他的名字命名。计算机按照取指-译码-执行的循环不断地工作，如图 1.14 所示。首先按照程序计数器里存放的地址从内存中取出一条指令并存放在指令寄存器中。随后，程序计数器中的地址值将增加，以准备下一次循环。然后，CPU 对读取的指令译码，以确定要执行什么操作。最后，控制单元激活相应的电路执行指令，该指令可能是将一个数据装入寄存器或是将两个值相加。

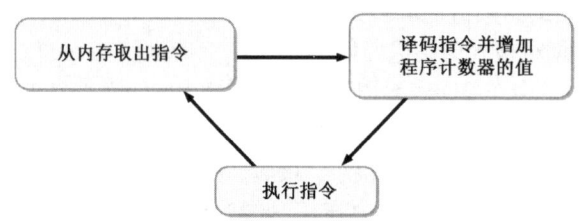

图 1.14　取指-译码-执行的循环过程

重要概念：取指-译码-执行的循环过程构成了计算机处理的基础。

CPU 是一个称为微处理器的芯片，是计算机主电路板的组成部分。主板上同时还具有 ROM 和设备控制器的通信接口，如显示器控制接口。

主板上另一个至关重要的组件是系统时钟。系统时钟以一定的时间间隔产生电子脉冲信号，使CPU 事件同步。脉冲产生的速度称为时钟频率，其大小取决于处理器的不同类型。图 1.8 所示的计算机具有 Intel 双核 i7 处理器，能以 3.1 GHz 的时钟频率运行。也就是说，该处理器的系统时钟每秒可产生 31 亿个电子脉冲信号。系统时钟的频率可大致描述 CPU 执行指令的速度。

双核 CPU 在一个芯片上搭建了两个处理器，可以同时处理两件事情，只要所执行的程序是这样设计的。但是，编写能够利用第二个处理器的程序并不容易。对于软件开发人员而言，这种能力将变得越来越重要，因为未来的处理器都是多核的，单核处理器的速度无法与之相比。

自测题

SR1.7　下列各项包含多少字节？

　　　a. 3 KB

　　　b. 2 MB

　　　c. 4 GB

SR1.8　下列各项包含多少位？

　　　a. 8 字节

　　　b. 2 KB

　　　c. 4 MB

SR1.9　音乐 CD 的采样率为每秒 44 000 个单位，每一个单位代表一个具体的电压值，并以数字形式保存。假设每个数字需要 2 字节的存储空间，如果音乐的长度为 1 小时，则需要多少 MB？

SR1.10　计算机系统中最重要的两个硬件组件是什么？它们是如何相互作用的？

SR1.11　什么是主存地址？

SR1.12　"不稳定"意味着什么？哪种类型的主存是稳定的？哪种是不稳定的？

SR1.13　将下列术语与所对应的描述精确匹配。

控制器，CPU，主存，网卡，外围设备，RAM，寄存器，ROM，辅助存储器

    a. 除 CPU 和主存外的所有计算机设备

    b. 协调各个外设工作的设备

    c. 允许发送和接收信息的设备

    d. 不稳定的存储器

    e. 稳定的存储器

    f. 可以与主存储器互换称谓的设备

    g. 完成计算机系统中最基本处理的设备

1.3 网络

网络就是将两台或多台计算机连接在一起，以便实现信息交换。使用网络已经是商用计算机操作的常规模式，新技术每天都在通过现代计算机系统的互联环境传播。

> **重要概念：** 网络就是将两台或多台计算机连接在一起，以便实现信息交换。

图 1.15 所示为一个简单的计算机网络，其中的一个设备是打印机，所有连接在这个网络上的计算机都可以通过网络使用这台打印机打印文档。网络中还有一台用作文件服务器的计算机，保存了许多网络用户需要用到的程序和数据。文件服务器通常都有大容量的辅助存储设备。当网络中有一台文件服务器时，其他计算机就不必再保存服务器上已有资源的副本了。

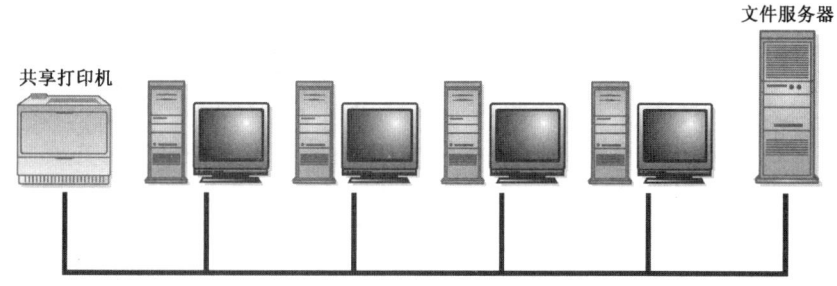

图 1.15   一个简单的计算机网络

1.3.1 网络连接

当两台计算机直接相连时，它们之间的通信方式与单机内部沿线路传输信息的方式基本相同。当直接连接的两台计算机相距很近时，这种连接方法能有效地工作，称之为点对点连接。然而，当远距离连接多台计算机时，如果仍旧使用这种点对点连接，则需要用电缆将每台计算机与网络中其他所有的计算机直接连接。每组连接都需要一条独立的线路，这不是一个可行的解决方案，因为每当在网络中增加一台新的计算机时，都必须给网络中已存在的所有计算机连接一条新的通信线路，况且一台计算机只能支持少量的直接连接。

图 1.16 表示多个点的点对点连接网络。如果在这个网络中增加两到三台计算机，则所需的额外通信线路数量就相当可观。不过近几年局域网(比如位于单一建筑物内的网络)经常采用无线连接，从而弱化了布线的需求。

我们来比较图 1.15 和图 1.16。图 1.15 中的所有计算机都共享一条

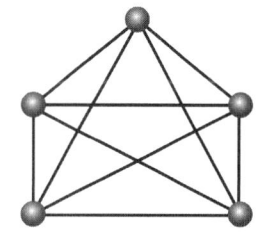

图 1.16   点对点连接

通信线路,网络中的每一台计算机都有一个唯一标识自身的网络地址。网络地址在概念上类似于存储单元地址,不同的只是前者标识网络中的计算机,而后者标识的是计算机中的存储单元。通过指定目的计算机的网络地址,信息将沿通信线路从信息源计算机传送到目的计算机。

共享一条通信线路的方式不但成本低,而且使得在网络中增加新计算机相对容易。但是,共享通信线路方式会引起一定的传输延迟。网络中的所有计算机不能在同一时刻使用该线路,而是必须轮流使用共享的通信线路传送数据。这意味着当线路繁忙时,需要使用通信线路的计算机必须等待。

> **重要概念:** 共享一条通信线路将导致延迟,但是可以降低成本,并且使得在网络中加入新计算机更加容易。

一种可以缓解延迟问题的技术,是将大数据量的信息分割为若干小块,即数据包。然后,这些独立的数据包将与用户发送的其他数据一起分步传输。这些数据包将在目的地被重新组合成原始信息。这种传输方式就像一群人使用同一条传送带将一堆箱子从一个地方输送到另一个地方。如果一次只允许一个人使用传送带,而他有大量的箱子需要输送,那么其他人在能够使用传送带前就需要长时间等待。使用轮流的方法,每个人一次输送一个箱子,这样可以使所有人都能完成输送任务。这样做虽然没有每个人都有一条传送带的处理速度快,但是比每个人都必须等其他人处理完后再使用传送带要快得多。

1.3.2 局域网和广域网

局域网(LAN)通常用于短距离、小机群的网络连接。一般情况下,局域网只连接一幢楼或者一个房间里的计算机。局域网容易安装和管理,而且可靠性高。随着计算机的体积越来越小、功能越来越强大,局域网成为一种在组织内实现信息共享的低成本解决方案。但是,局域网就像一个只允许呼叫本地用户的电话通信系统,而信息共享需要在更大范围内实现。

> **重要概念:** 局域网(LAN)是组织内部实现信息和资源共享的有效方式。

广域网(WAN)包含了两个或多个局域网,并且通常覆盖很大的区域。每个局域网中都有一台计算机专门用于处理跨广域网的通信,从而减少了该局域网中其他计算机处理远距离通信细节的负担。图 1.17 给出了一个由多个局域网组成的广域网。广域网中的局域网往往属于不同的公司或组织,而这些团体甚至可能分布在不同的国家。

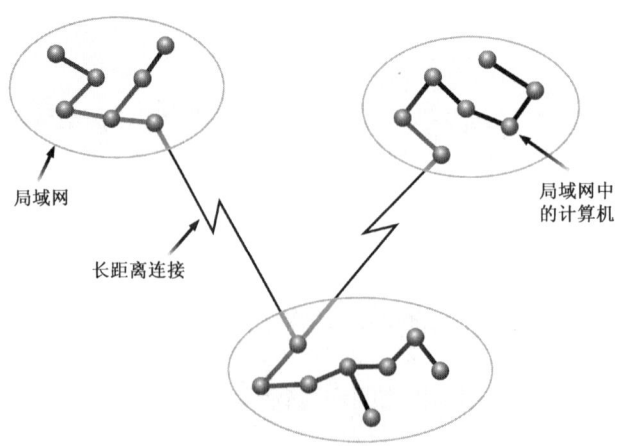

图 1.17　连接成广域网的局域网

1.3.3　因特网

20 世纪 70 年代，美国国防部高级研究计划署(ARPA)资助了几个项目，致力于探索网络技术。其中一项成果是称为 ARPANET 的广域网，它最终发展为今天的因特网(Internet)。因特网可看成"网络的网络"。"因特网"这个名称来源于广域网的一项重要概念——网络互联，也就是将许多小型网络连接在一起。

> **重要概念**：因特网是一个覆盖全球的广域网。

到 1983 年，总共只有不多于 600 台的计算机连接到因特网中。而现在，因特网为全世界数十亿用户提供服务。随着接入因特网的计算机越来越多，满足联网的大量计算机用户的需求和解决拥塞的网络通信，就成为很困难的问题。自从开发出 ARPANET 后，解决上述问题的新技术就多次革新了原有网络。每一次的技术更新都增加了网络的容量和传输速度。

协议(protocol)是管理两个事物间如何通信的一组规则。实现因特网上信息传输的软件必须遵守一组传输协议——TCP/IP。TCP 代表传输控制协议(Transmission Control Protocol)，而 IP 代表因特网协议(Internet Protocol)。IP 软件决定如何组织信息，以及将信息从源位置传送到目的地；TCP软件则用于处理当大量信息同时到达一个目的地时可能产生的问题，如到达的数据包的原始顺序错乱或者信息丢失等。

每一台连接到因特网的计算机都有一个属于自己的 IP 地址，以便在网络的所有计算机中唯一地标识自己。例如，204.192.116.2 就是一个 IP 地址。幸运的是，因特网用户很少需要亲自处理IP 地址。因特网允许每一台计算机拥有自己的网络名，就像 IP 地址一样，网络名也必须是唯一的。计算机的网络名常被称为计算机的网络地址，例如 hec***.vt.edu 就是一个网络地址。

> **重要概念**：每一台连接到因特网的计算机都有一个唯一标识自己的 IP 地址。

网络地址的第一部分是本地计算机的名称，其余部分是网络域名，用于说明这台计算机属于什么机构或组织。例如，vt.edu 是美国 Virginia Tech 大学的网络计算机系统的域名，而 hec***是该学校中某台计算机的名字。由于域名是唯一的，因此不同的组织和机构都可以有一个称为hec***的计算机而不会引起混淆。大型组织下属的每个部门必须有自己的子域名。利用子域名和上级域名，就可以区分该机构中本部门所属的计算机群。例如，cs.vt.edu 就是 Virginia Tech 大学计算科学系的子域名。

域名的最后一部分称为顶级域名(TLD)，指明该计算机所在组织的类型。顶级域名 edu 代表大专院校和教育机构，而 com 通常表示商业机构。另一个顶级域名是 org，由非营利性组织使用。其他的顶级域名还有 biz、info、jobs 及 name。许多位于美国以外的计算机都使用国家/地区代码顶级域名来表明所属国家或地区，比如 uk 代表英国，au 代表澳大利亚。

当得到一个网络地址时，该地址将被翻译成对应的 IP 地址，以供后面的操作使用。完成地址翻译的软件称为域名系统(DNS)。每个连接在因特网上的组织都有一个域名服务器，其中保存着该组织的所有计算机名和 IP 地址。若用户给出计算机的名称，则域名服务器会返回一组数字。当本地域名服务器没有计算机的 IP 地址时，它将联系其他可能保存这个 IP 地址的域名服务器。

最初的网络计算机的主要作用是收发电子邮件，但是随着网络技术的不断改进，网络计算机的应用日益广泛，其中一项重要的应用就是万维网。

1.3.4　万维网

因特网实现了信息的交换，而万维网(World Wide Web，也称为 WWW，或简称为 Web)使得信息的交换更加容易。Web 软件提供通用的用户界面，使得用户只需要通过点击鼠标就可以获得各种类型的信息。

> **重要概念：** 万维网是使人们更加容易共享网络资源的软件。

Web 以超文本和超媒体的思想为基础。"超文本"这一术语由 Ted Nelson 于 1965 年提出，用来描述一种组织信息的方法，这种方法使人们得以跳出线性思维的方式。实际上，被一些人视为信息科学之父的 Paul Otlet(1868—1944 年)，早就将"超文本"概念设想为管理大量信息的方法。这种方法的基本思路是，将文档根据内在关系通过不同的点链接起来，使得读者能够根据需要沿着适当的链接路径，方便地从一篇文档跳转到另一篇文档。如果这种链接包含诸如图片、声音、动画和视频等媒体信息，那么所构成的信息组织就称为超媒体。

因特网和 Web 这两个术语经常互换使用，但是它们之间有几点很重要的区别。因特网使得全世界的计算机得以通过网络连接起来，而 Web 使得网络通信变得直观和有趣。Web 实质上是一种分布式信息服务，并以一系列软件应用为基础。

浏览器是一个软件工具，用于装入并格式化 Web 文档使其便于阅读。最早拥有图形界面的 Web 浏览器 Mosaic 于 1993 年发布。Web 文档的设计者定义了很多可能链接到因特网任何位置上的 Web 信息的链接。流行的浏览器包括 Google Chrome、Apple Safari、Mozilla Firefox 及 Opera。Microsoft 的浏览器 Internet Explorer，其用户量已经随其他浏览器的兴起而减少了。现在，Microsoft 已经用 Edge 浏览器替代了 Internet Explorer。

提供访问 Web 文档的计算机称为 Web 服务器，浏览器从 Web 服务器上装入并解释文档。很多 Web 文档都使用超文本标记语言(HyperText Markup Language，HTML)来格式化。Java 编程语言与 Web 处理有着很密切的联系，因为指向 Java 程序的链接地址可以嵌入 Web 文档中，并且通过 Web 浏览器可执行被链接的 Java 程序。

1.3.5　统一资源定位器

通过识别统一资源定位器(Uniform Resource Locator，URL)可发现 Web 上的信息。URL 唯一指定了浏览器将寻找并显示的文档和其他信息。下面是一个 URL 的例子：

```
https://www.******.com
```

一个 URL 包括几部分信息。第一部分是协议，浏览器将根据这个协议传输和处理信息；第二部分是保存了当前 Web 文档的计算机网络地址；第三部分是文件名，即要获取的资源的名称。如果没有给出具体的文件名，就如上面的 URL 例子一样，Web 服务器将提供默认的页面供浏览(如 index.html)。

> **重要概念：** URL 唯一指定了浏览器将寻找并显示的文档和其他信息。

下面是另一个 URL 的例子：

```
https://www.******.gov/issues/education
```

在这个 URL 中，https 是协议，即超文本传输协议的安全版本。www 是要访问的服务器的引用(一个典型的 Web 服务器引用)，该服务器将在******.gov 域中找到。最后的 issues/education 是文件名或将生成文件的引用，指定了将要传送给浏览器显示的文件。除此之外，还有其他很多形式的 URL，但是这种形式是最常用的。

自测题

SR1.14　什么是文件服务器?

SR1.15　以点对点方式连接 5 台计算机,共需要多少条传输线? 如果是 6 台计算机呢?

SR1.16　请描述网络中的多台计算机共享一条通信线路的优点与缺点。

SR1.17　术语"因特网(Internet)"的来源是什么?

SR1.18　TCP/IP 协议是实现因特网上信息传输的软件必须遵守的一组传输协议。TCP 表示什么? IP 表示什么?

SR1.19　解释下面 URL 各部分的含义。

```
a. ****.++++.villanova.edu/jss/examples.html
b. ****.++++.com/products/index.html
```

1.4　Java 编程语言

本节着重讨论使计算机系统真正有用的软件。程序使用一种具体的编程语言来编写,编程语言使用特定的单词和符号来描述问题的解法。编程语言定义了一组规则,用于准确地规定程序员如何将该语言的特定单词和符号组合成程序的语句。程序的语句就是运行程序时将要执行的指令。

自从有了计算机之后,人们开发了很多不同的编程语言。本书使用 Java 编程语言示范不同的编程概念和技术。虽然我们的最终目的是学习基本的软件开发的概念,但是精通 Java 程序开发是达到目的的重要环节。

Java 编程语言是 Sun Microsystems 公司的 James Gosling 在 1991 年创建的。该语言开始称为 Oak,后来称为 Green,最后改为 Java。Java 于 1995 年公布于世,此后很快成为一种主流编程语言。2010 年,Sun Microsystems 公司被 Oracle 公司收购。

Java 平台有许多不同的版本,包括作为主流的语言和相关工具的标准版(SE),带有一些增加的库、可支持大规模系统开发的企业版(EE),以及专门用于开发移动通信设备(如手机)软件的微型版(ME)。本书主要使用标准版。

此外,多年来 Java 标准版已经有过几次更新,其功能有所扩展,并在某些方面进行了变更。下表中列出了 Java 的变更情况。注意,从版本 5 开始,其版本编号形式发生了改变。本书的内容适合于版本 6 及以后的版本。

版　本	年　份	新　特　性
1.0	1996	首次推出
1.1	1997	内部类
1.2	1998	集合框架,Swing 图形
1.3	2000	声音框架
1.4	2002	断言,XML 支持,正则表达式
5	2004	泛型,for-each 循环,自动装箱,枚举,注释,变长参数表
6	2006	GUI 改进,更新了各种库
7	2011	在 switch 语句中使用字符串,其他改进
8	2014	JavaFX,lambda 表达式,日期和时间 API

一些早期的 Java 技术现在已被抛弃,因为这些技术已经过时。必要时,这些技术将被提出并与相应的替代方案一起讨论。

Java 最初就受到重视的一个主要原因是,它是第一种能够将编写的程序(称为 Applet)在 Web

浏览器中执行的语言。此后，创建功能丰富的动态 Web 页面的技术得到了令人瞩目的发展。

　　Java 是一种面向对象的编程语言。对象是组成程序的基本元素。面向对象软件开发的原理是本书的基石，本章后面将探讨面向对象编程的概念，并且将贯穿于全书。

> **重要概念**：本书关注面向对象编程。

　　Java 语言同时提供附带的软件库供程序开发时使用，该软件库称为 Java API(应用程序编程接口)，或简称 Java 标准类库。Java API 提供了绘图、网络通信、数据库存取等功能。Java API 非常丰富且功能强大，虽然本书无法涉及它的所有方面，但是将探讨其中很多有用的资源。

　　Java 在全世界的商业环境中广泛使用，是发展最为迅速的编程技术之一。因此，使用 Java 作为本书的编程语言，不仅仅因为它本身是一种优秀的编程语言，更重要的是，Java 作为一种实用语言，有助于读者将来很好地解决实际问题。

1.4.1　Java 程序

　　首先来看一个简单但完整的 Java 程序。例 1.1 所示的程序在屏幕上显示两个句子，其输出内容是亚伯拉罕·林肯的一句名言，输出结果显示在程序清单的后面。

例 1.1

```
1   //***********************************************************
2   //   Lincoln.java      Author: Lewis/Loftus
3   //
4   //   Demonstrates the basic structure of a Java application.
5   //***********************************************************
6
7   public class Lincoln
8   {
9       //--------------------------------------------------------
10      // Prints a presidential quote.
11      //--------------------------------------------------------
12      public static void main(String[] args)
13      {
14          System.out.println("A quote by Abraham Lincoln:");
15
16          System.out.println("Whatever you are, be a good one.");
17      }
18  }
```

输出

```
A quote by Abraham Lincoln:
Whatever you are, be a good one.
```

　　所有的 Java 程序都有类似的基本结构。尽管这个程序很小且功能单一，但是它包含很多重要的特性。下面将详细分析这段程序。

　　程序的前几行是注释，由符号"//"开始直到该行结束时为止。注释语句对程序本身的执行和功能没有影响，但是可以方便人们更容易理解它。必要时，程序员应在程序中添加注释，以便清楚地描述程序的目的、功能及解释一些特殊的处理过程。任何书面注释或者文档，包括用户手册和技术参考资料等，都称为文件，程序中的注释则称为内嵌文档。

┌───┐
│ **重要概念**：注释本身不影响程序的执行，但可以帮助人们理解程序。 │
└───┘

　　除了注释，程序的其余部分是一个类(class)的定义，该类称为 Lincoln，类名可以随意指定。Lincoln 类的定义从第一个左花括号({)开始，直到最后的右花括号(})结束。所有 Java 程序都由类定义构成。

　　在类定义的内部，首先是一些描述 main 方法的注释，main 的定义紧跟在这些注释之后。方法是一组语句，并且有指定的名称。在本例中，方法名是 main，它由两条语句组成。与类定义一样，方法的定义也包含在一组花括号中。

　　所有的 Java 程序都有一个 main 方法，程序的执行由 main 方法开始。main 方法中包含的语句按照顺序一条条地执行，直到这个方法结束时为止。最后，程序终止执行。Java 语言中 main 方法的定义总是由 public、static 和 void 开始，这些保留字将在后面解释。String 和 args 在这个程序中没有起到实际作用，也将在后面解释它们。

　　在 main 方法的两条语句中调用了 println 方法。当需要执行一个方法时，程序中就会调用该方法。println 方法的功能是在屏幕上输出指定的字符。输出的字符由两个双引号(")括起来，成为一个字符串。程序执行时，首先调用 println 方法输出第一个字符串，接着再次调用该方法输出第二个字符串。当第二个字符串输出后，main 方法结束，程序终止。

　　println 方法未定义在本程序中，而是定义在 System.out 对象中，该对象属于 Java 标准类库。从技术上来说，println 方法并不是 Java 语言的组成部分，但是可以在任何 Java 程序中使用。第 2 章将详细讲解这个方法。

1.4.2　注释

　　下面将更详细地探讨注释。注释是程序员唯一可以随意使用且独立于代码的语言特性。程序员通过注释表达自己的想法及做出相关的解释。注释应当揭示程序员编写程序的初衷或意图。一个程序往往会使用很多年，并且常常需要多次修改。在将来的某个时候需要修改程序时，最初编写程序的程序员未必还能回忆起程序的所有细节，并且也不一定总是能参与程序的后续修改。因此，对程序完全不熟悉的程序员需要借助注释来理解程序。由此可见，良好的注释文档是至关重要的。

　　对于 Java 编程语言，注释的内容可以是任何形式的文本。注释将被计算机忽略，并不影响程序的执行。

　　Lincoln 程序中示范了两种 Java 允许的注释形式。第一种注释采用如下形式：

```
// This is a comment.
```

　　这种形式的注释以双斜线(//)开始直到该行结束。两个斜线之间不能加入任何字符。计算机将自动忽略以"//"开始直到该行结束的文本。注释也可以跟在代码的后面，如下所示：

```
System.out.println("Monthly Report");  // always use this title
```

　　Java 注释的另外一种形式如下所示：

```
/* This is another comment. */
```

　　这种注释形式不是以行结束来标识注释的结束。所有在"/*"和"*/"之间的内容都是注释，包括不可见的、表示行结束的换行符。因此，这种注释可以由多行构成，但是斜线和星号之间不可以添加任何字符。

如果在 "/*" 后面紧跟着第二个星号，则可以使用称为 javadoc 的工具自动将该段注释生成为程序的外部注释文档。关于 javadoc 工具的详细信息，请参见附录 I。

组合使用这两种注释形式，可以形成各种风格的注释，例如：

```
// This is a comment on a single line.
//-----------------------------------------------------------------------
// Some comments such as those above methods or classes
// deserve to be blocked off to focus special attention
// on a particular aspect of your code. Note that each of
// these lines is technically a separate comment.
//-----------------------------------------------------------------------
/*
    This is one comment
    that spans several lines.
*/
```

程序员总是把精力集中在代码的编写上而忽视了文档的编写，优秀的程序员必须养成良好的编写注释及帮助文档的习惯。注释必须精心编写，而且最好使用完整的句子。注释不应对浅显的代码做冗长的字面分析，而应提供清晰的代码内层含义和编码意图解释。下面是两个不好的注释例子：

```
System.out.println("hello");     // prints hello
System.out.println("test");      // change this later
```

第一条注释只解释了本行语句表示的已经很明显的目的，没有增加任何有价值的信息。最好是不加任何注释，也不要做无意义的注释。而第二条注释表意不清：稍后要改变什么？"稍后"指的是什么时候？为什么需要改变？

重要概念：内嵌的程序注释要说明代码的内层含义，不能含糊不清或者仅从字面解释浅显的代码。

1.4.3 标识符和保留字

编写程序时使用的各种单词称为标识符。在前面的 Lincoln 程序中，标识符有 class、Lincoln、public、static、void、main、String、args、System、out 和 println。这些标识符可以分为三类：

- 编写程序时创建的单词（Lincoln 和 args）
- 其他程序员选定的单词（String、System、out、println 和 main）
- 编程语言自身保留用于特殊用途的单词（class、public、static 和 void）

编写程序时，类名可以随意选取，如 Quote、Abe 或者 GoodOne 等。上例中使用 Lincoln 作为类名。标识符 args（arguments 的缩写）是一个命名惯例（如 Lincoln 程序所示），但是也可用其他单词替换。

标识符 String、System、out 和 println 由其他程序员选定。这些单词都不是 Java 语言的组成部分，而是 Java 标准类库预定义代码中的一部分。预定义代码是一组事先写好供编程时使用的类或方法，其中的标识符由编写这些代码的作者选取，其他人只是直接使用而已。

保留字是在编程语言中有特殊意义的标识符，只能按照事先定义的规则使用。保留字不可以用于规定以外的用途，例如用作类名或方法名。在 Lincoln 程序中，class、public、static 和 void 都是保留字。图 1.18 按字母顺序列出了所有的 Java 保留字。图中标注有星号的单词仅被保留，目前在 Java 中没有意义。

abstract	default	goto*	package	this
assert	do	if	private	throw
boolean	double	implements	protected	throws
break	else	import	public	transient
byte	enum	instanceof	return	true
case	extends	int	short	try
catch	false	interface	static	void
char	final	long	strictfp	volatile
class	finally	native	super	while
const*	float	new	switch	
continue	for	null	synchronized	

图 1.18　Java 保留字

程序中自定义的标识符可以是任何字母、数字、下画线(_)和美元符号($)的组合，但不能以数字开头。标识符可以为任意长度。例如，total、label7、nextStockItem、NUM_BOXES 和$amount 都是有效的标识符，而 4th_word 和 coin#value 则是无效的标识符。

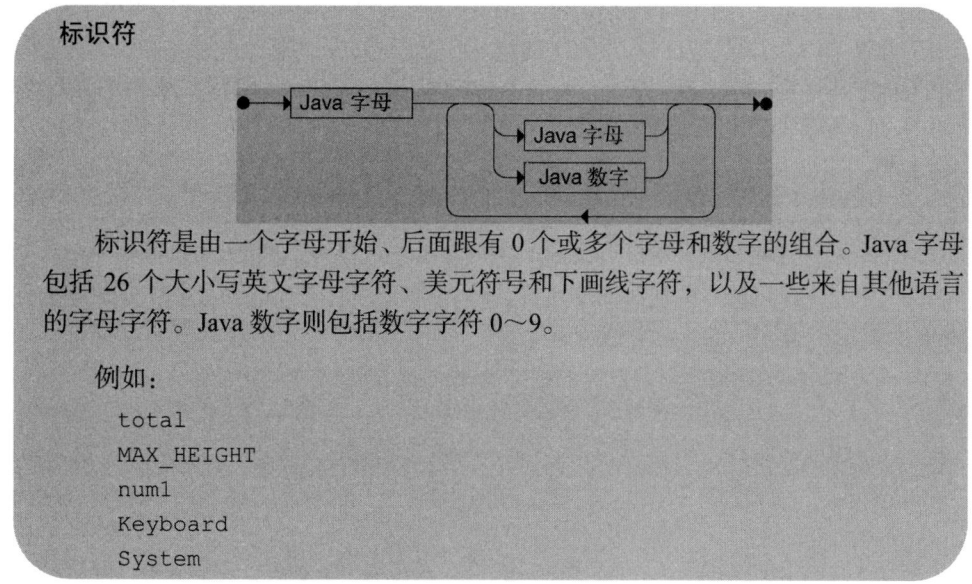

标识符

标识符是由一个字母开始、后面跟有 0 个或多个字母和数字的组合。Java 字母包括 26 个大小写英文字母字符、美元符号和下画线字符，以及一些来自其他语言的字母字符。Java 数字则包括数字字符 0～9。

例如：

```
total
MAX_HEIGHT
num1
Keyboard
System
```

大小写字母都可以用于标识符，但大小写的差别很重要。Java 语言是大小写敏感的，这意味着由相同字母组成的标识符，如果它们有大小写差别，则被认为是不同的标识符。因此，total、Total、ToTaL 和 TOTAL 都是互不相同的标识符。但是，在定义标识符时仅仅在大小写上进行区分，并不是很好的编程风格，这样容易产生混淆。

虽然 Java 本身对此并不做严格要求，但是按照一定的规范对不同类型的标识符命名，可使得标识符本身更容易理解且不易出错。有许多 Java 标识符的惯例需要遵守，尽管这些惯例并没有在语法上有要求。例如，常用首字母大写规则(每个单词的第一个字母大写)给类命名。本书中的标识符定义都遵循这个惯例。

重要概念：Java 语言是大小写敏感的。同一单词的大写和小写形式表示的标识符是不同的。

由于标识符可以为任意长度，因此选取时必须慎重考虑。标识符必须能描述清楚含义但又不能过长。必须避免无意义的标识符（如 a 或 x）。但是，如果简短的标识符的确能说明含义，例如 x, y 表示坐标 (x, y)，则 x 和 y 也可以作为标识符使用。同样，不必要的长标识符（如 theCurrentItemBeingProcessed）也应当避免，使用 currentItem 就足以表明含义。正如我们可以想到的，与使用过长标识符的问题相比较，使用无描述性的标识符是更普遍的问题。

程序员应该尽力使程序具有可读性，所以在使用缩写词时应当特别注意。例如，在编写程序时，程序员当时可能会觉得 curStVal 可以很好地表示 current stock value（当前库存值）。但是阅读该程序的其他人很难理解 curStVal 究竟表示什么，况且原作者在写完程序两个月后，也未必还能理解这个标识符的含义。

重要概念：标识符名称应该具有描述性和可读性。

1.4.4　空白符

所有 Java 程序都使用空白符分隔程序中的单词和符号。空白符由空格、制表符和换行符组成。空白符的意义基于这样的事实：在白纸上打印黑字时，单词之间和符号之间的间隔是白色的。程序员如何使用空白符非常重要，因为适当地使用空白符可以突出重要的代码，也使得程序更清晰易读。

除了用于分隔单词和符号，空白符对程序的执行没有影响，计算机会忽略空白符。这种特性给程序员提供了构造程序格式的高度灵活性。应该将多行程序按照逻辑关系分成若干块，其中某些行应该缩进对齐，以便形成清晰的程序结构。

重要概念：合理使用空白符，可以使程序更加可读和易懂。

因为空白符会被计算机忽略，所以可以用不同的方式编写程序。例如，一种使用空白符的极端方式是：在一行中写下尽可能多的代码而不换行。例 1.2 所示的程序 Lincoln2 的代码，在格式上与程序 Lincoln 的差别很大，但是二者输出的信息相同。

例 1.2

```
1    //********************************************************************
2    //  Lincoln2.java    Author: Lewis/Loftus
3    //
4    //  Demonstrates a poorly formatted, though valid, program.
5    //********************************************************************
6
7    public class Lincoln2{public static void main(String[]args){
8    System.out.println("A quote by Abraham Lincoln:");
9    System.out.println("Whatever you are, be a good one.");}}
```

输出

```
A quote by Abraham Lincoln:
Whatever you are, be a good one.
```

另外一种使用空白符的极端情形如例 1.3 的程序 Lincoln3 所示，这段代码几乎将所有的单词和符号都写在不同的行上，并且使用了大量的空白符。

例 1.3

```
1    //**********************************************************************
2    // Lincoln3.java    Author: Lewis/Loftus
3    //
4    // Demonstrates another valid program that is poorly formatted.
5    //**********************************************************************
6
7             public  class
8         Lincoln3
9      {
10                  public
11      static
12        void
13      main
14          (
15   String
16          []
17        args                )
18      {
19      System.out.println (
20   "A quote by Abraham Lincoln:"  )
21    ;           System.out.println
22            (
23        "Whatever you are, be a good one."
24          )
25      ;
26   }
27             }
```

输出

```
A quote by Abraham Lincoln:
Whatever you are, be a good one.
```

> **重要概念：** 程序员应当遵循一些建立程序书写格式及文档的规范。

程序 Lincoln 的三个版本在语法上都是有效的，并且以相同的方式执行，但是在读者看来，它们很不一样。后两个版本的编程风格很差，使得程序难于理解。编写程序时，必须遵守一些特定的编程规范。软件开发公司一般都有自己的编程风格规范，公司的程序员必须遵守。任何情况下，程序员都应当选择并保持一致地使用某种良好的编程规范，以提高代码的可读性。

自测题

SR1.20   Java 语言是什么时候诞生的？其创始人是谁？何时对外发布？

SR1.21   Java 应用程序从哪里开始执行？

SR1.22　下列语句的输出结果是什么?

```
System.out.println("Hello");   // prints hello
```

SR1.23　下列语句的输出结果是什么?

```
// prints hello System.out.println("Hello");
```

SR1.24　下面哪些是无效的 Java 标识符? 为什么?

　　a. RESULT
　　b. result
　　c. 12345
　　d. x12345y
　　e. black&white
　　f. answer_7

SR1.25　假设程序需要定义一个标识符,用来表示班级内所有学生考试成绩之和,下列哪一个标识符最合适? 请给出理由。

　　a. x
　　b. scoreSum
　　c. sumOfTheTestScoresOfTheStudents
　　d. smTstScr

SR1.26　什么是空白符? 它对程序的执行有何影响? 对程序的可读性有何影响?

1.5　程序开发

使得程序能够运行起来的过程包括很多步骤。首先,要用一种合适的编程语言(例如 Java)编写程序。然后,必须将程序翻译成计算机能够执行的形式。在这一过程的各个阶段,都可能出现错误且必须修正。适用于不同阶段的各种软件开发工具可用于辅助程序的开发。下面将更详细地探讨这些问题。

1.5.1　编程语言的级别

假设某人要给他的朋友提供一份旅行路线指南。他可能用某种语言来解释,例如英语、俄语或意大利语等。但无论使用哪种语言,路线总是相同的,只是表述的方法不同。他的朋友则必须理解他所使用的语言,才能得到具体帮助。

类似地,解决一个问题也可以用不同的编程语言通过编写程序来解决,如选择 Java、Ada、C、C++、C#、Pascal 和 Smalltalk。无论使用哪种语言,程序的最终目的实质上是一样的,只是表述指令的语句和指令的整个组织结构随编程语言而不同,计算机必须能够理解相应的语句才能够执行。

编程语言可以分为以下 4 类,并且基本反映了编程语言的发展历程:

- 机器语言
- 汇编语言
- 高级语言
- 第四代语言

为了使程序能在计算机上运行,必须将程序用该计算机的机器语言表示。每种类型的 CPU 都有自己的机器语言。

每一条机器语言指令都只能完成一个简单的任务。例如，一条机器语言指令可能只将一个值存放到某个寄存器中，或者将一个值与 0 做比较。如果需要将两个值相加且保存结果，可能会需要 4 条机器语言指令。但是，计算机可以在一秒内执行上百万条这样的指令，从而快速地执行大量指令以完成各种复杂任务。

重要概念：为了能够执行程序，所有的程序都必须翻译成特定 CPU 的机器语言。

机器语言代码用二进制数序列表示，这种表示对人类来说难于阅读和编写。早期的程序通过开关或者其他类似的单调乏味的方法输入计算机，程序员发现这些方法既耗时又容易出错。

这些问题促使汇编语言得到了发展和使用。汇编语言使用易记的助记符(类似英语的单词)代替二进制指令代码。对于程序员来说，使用单词比使用二进制数容易得多。但是，汇编语言程序不能直接在计算机上执行，必须首先将其翻译为机器语言。

一般而言，每条汇编语言指令都对应着一条等价的机器语言指令。因此，与机器语言类似，每一条汇编指令都只能完成一个简单的操作。尽管对于程序员来说，汇编语言在机器语言的基础上有了很大改进，但是使用起来仍旧冗长乏味。汇编语言和机器语言都是低级语言。

现在，大多数程序员都使用高级语言编写软件。高级语言程序使用类似英语的短语来描述，因而更便于程序员阅读和编写。一条高级语言语句就可以完成大量的操作，相当于许多条(甚至上百条)机器语言指令。"高级"是指其编程语句的表达方式与最终执行的机器语言指令形式相差甚远。Java、Ada、C++、Smalltalk 等都是高级语言。

重要概念：高级语言使程序员无须了解机器语言的底层细节。

图 1.19 描述了分别由高级语言、汇编语言和机器语言表示的两数相加的操作。本例中的汇编语言和机器语言都是用于 Sparc 处理器的。

高级语言	汇编语言	机器语言
a + b	ld [%fp-20], %o0	...
	ld [%fp-24], %o1	1101 0000 0000 0111
	add %o0, %o1, %o0	1011 1111 1110 1000
		1101 0010 0000 0111
		1011 1111 1110 1000
		1001 0000 0000 0000
		...

图 1.19　高级语言表达式及对应的汇编语言和机器语言指令代码

图 1.19 中的高级语言表达式对于程序员来说直观易懂，它类似于代数表达式。而等价的汇编语言语句只是在某种程度上可读的，冗长且不直观。至于机器语言代码，基本上是不可读的且长得多。事实上，图 1.19 中所示的二进制机器代码只完成这个加法运算的一小部分代码而已，完整的代码超过了 400 个二进制位。

高级语言使程序员无须了解他们正在使用的处理器的机器语言，但是高级语言代码同样需要编译成机器语言后才能被计算机执行。

一些编程语言被认为是比高级语言更加高级的语言，它们自带一些有特殊用途的实用工具，用于报表自动生成或数据库交互等。这些编程语言称为第四代语言，或简称为 4GL，因为它们是在机器语言、汇编语言和高级语言这三代编程语言之后产生的。

1.5.2　编辑器、编译器和解释器

开发新程序的过程中，需要一些有特殊用途的程序来辅助开发工作。这些特殊用途的程序称为软件工具，因为它们是用来帮助开发新程序的。最基本的软件工具包括编辑器、编译器和解释器。

首先，需要使用编辑器将程序输入计算机并保存为文件。编辑器有很多种，每一种都有不同的特性。程序员必须熟悉经常使用的编辑器，才能提高程序输入和修改的效率。

图 1.20 描述了一个简单的程序开发过程。当程序编辑完成并保存后，将从高级代码形式编译成可执行代码形式。在此过程中可能会有错误出现，这时需要返回编辑器重新修改程序，以改正错误。一旦编译成功，就可以运行程序并验证其执行结果。如果结果与预期的不同，或者需要改进程序，则需要重新返回编辑器做相应的修改。

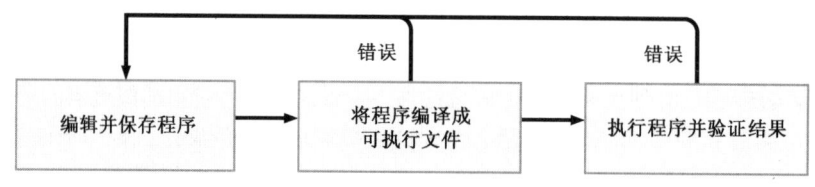

图 1.20　简单的程序开发过程

可以通过各种方式将原始代码编译成特定 CPU 要求的机器语言代码。编译器就是将一种编程语言代码翻译成另外一种语言的等效代码的程序。原始代码称为源代码，编译后的代码称为目标代码。很多传统的编译器都是直接将源代码编译成特定的机器语言代码。这样对于特定版本的程序，编译过程只需一次，所产生的可执行程序随时都可以运行。

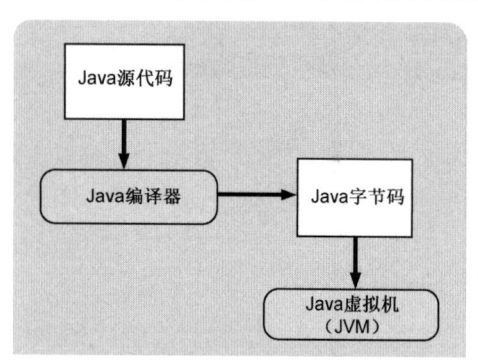

图 1.21　Java 程序的编译和执行过程

解释器类似于编译器，但是有一个很重要的不同点。解释器将编译和执行交织在一起，即编译一部分代码后执行该部分代码，然后再编译并执行另一部分代码。这种技术的优点之一是无须单独的编译阶段。但是，由于编译过程与程序执行过程交替进行，会使程序运行速度变慢。

通常，在编译和执行 Java 程序的过程中结合使用编译器和解释器，如图 1.21 所示。Java 编译器先将源代码编译成类似于机器语言代码的低级形式的 Java 字节码，然后，被称为 Java 虚拟机(JVM)的 Java 解释器执行这些 Java 字节码。

重要概念：Java 编译器将 Java 源代码编译成 Java 字节码，这是一种低级的、结构独立的程序表示方式。

Java 字节码与真正的机器语言代码之间的区别在于：字节码独立于处理器类型。这种特性使得 Java 具有结构独立的显著优势，易于在不同类型的处理器平台之间移植。唯一的限制是所有处理器平台上都必须有 JVM。

由于编译过程是将高级的 Java 语言源代码翻译成低级的表示形式，因此由 JVM 解释的过程就比直接解释高级语言有效率得多。虽然执行字节码比直接执行机器码慢，但是其执行速度对于大多数应用程序而言已经足够快了。

1.5.3　开发环境

软件开发环境是一组用于创建、测试及修改程序的软件工具。一些开发环境是免费的，其他一些具有某种高级功能的工具则需要花钱购买。还有一些将多种不同工具集成在一个软件里的开发环境，称为集成开发环境(IDE)，可提供灵活方便的图形用户界面。

任何开发环境都必须包含某些重要工具，如 Java 编译器和解释器。一些开发环境中还包含调试器，用于帮助调试程序。此外，还存在一些诸如文档生成器、打包及可视化程序结构的工具。

从网络上下载的 Java 标准版中提供了一个 Java 软件开发工具集(SDK)，有时也简称为 Java 开发工具集(JDK)。Java SDK 包含了一组用于启动和运行 Java 程序的核心工具，但它不是一个集成开发环境。用于编译和解释的命令以命令行的形式执行。也就是说，SDK 没有 GUI。SDK 也没有包含编辑器，但任何可将源代码保存为简单文本的编辑器都可用于编辑 Java 程序。

最流行的一个 Java IDE 是 Eclipse。Eclipse 是一个开源项目，由 Eclipse 联盟的程序员开发，免费提供给用户使用。还有其他一些流行的 Java IDE，如 jEdit、DrJava、jGRASP 和 BlueJ。

此外，还有很多其他的 Java 开发环境，在网络上可以搜索到。开发环境的选择很重要。对于所使用的开发环境的功能和特性了解得越多，在程序开发过程中的效率也就越高。

> **重要概念：**各种不同的 Java 开发环境都有助于开发和修改 Java 程序。

1.5.4　语法和语义

每一种编程语言都有自己独特的语法规则。一种语言的语法准确、严格地规定了如何组合该语言中的词汇以形成语句。必须严格遵守这些规则才能创建程序。前面已经讨论过 Java 的一些语法规则。例如，"标识符的名称不能以数字开头"就是一条语法规则。再比如，"类和方法必须用花括号括起来"也是一条语法规则。附录 L 形式化地定义了 Java 编程语言的基本语法规则，而特殊的语法在本书中会突出表示。

在编译过程中，将检查程序是否符合所有的语法规则。如果程序有语法错误，则编译器将给出错误信息，并且不会产生字节码。Java 与 C 和 C++语言有相似的语法，有 C 或 C++语言编程经验的人不会对 Java 程序的代码感到陌生。

编程语言中一条语句的语义定义了执行该条语句的操作和功能。编程语言都是表意清晰明确的，这意味着一个程序的语义是定义精确的。也就是说，每条语句有且只有一种解释。而人类用于交流的自然语言，如英语和意大利语，则充满了多重含义，一个句子可能会有两三种不同的解释。例如，考虑下面的语句：

```
Time flies like an arrow.
```

大部分人都会将这个句子理解为：光阴似箭。但是，如果把单词 time 解释为动词"计时"[例如"你跑 50 码，我给你计时"(run the 50-yard dash and I'll time you)]，再把单词 flies 当作名词[苍蝇(fly)的复数形式]，则整个句子的含义就完全不同了。由于箭(arrow)不能用来计时，所以一般不会将这个句子做第二种解释，但这样解释单词的确是一种有效的方法。若要求计算机来确定每个单词到底是什么意思，则会很困难。此外，这个句子也可以解释为一种称为"计时苍蝇"的特殊昆虫喜欢箭，也许就在 "一箭" 之遥的附近可以找到这种昆虫。不要忘了，果蝇都是偏爱香蕉的。

重要概念：语法规则规定了程序编写的形式，语义则是指每条语句的含义。

此处的要点在于：一个英文句子可以有多种可能的解释。但是计算机编程语言不允许存在任何歧义。如果一条编程语言指令有两种不同的含义，则计算机就无法确定到底应该执行哪一种操作。

1.5.5 错误

各种不同的问题都可能在软件中出现，尤其是在软件开发过程中。术语 "计算机错误" 常被误用，并且在不同的情况下会有不同的含义。从用户角度来看，与计算机交互时产生的任何非预期结果都可以称为计算机错误。例如，假设某客户用自己的信用卡支付了 23 美元，但收到账单时发现列出的支付款项是 230 美元。当解决这个问题后，信用卡公司会因为 "计算机错误" 向这位客户道歉。难道是计算机在款项的末尾任意加了一个 0？或者是计算机将它乘以 10？当然都不是。计算机严格按照人给出的指令和提供的数据操作。如果程序有错或者数据不准确，就无法期望得到正确的结果。用于描述这种情形的俗语是 "垃圾进，垃圾出"（garbage in, garbage out）。

重要概念：程序员必须对程序的正确性和可靠性负责。

在程序开发过程中会遇到三种不同类型的错误：

- 编译时错误
- 运行时错误
- 逻辑错误

编译器将检查整个程序以保证没有语法错误。如果有一条语句没有遵守语法规则，则编译器将给出语法错误信息。并且，编译器还将尝试找出其他类型的错误，例如使用了与定义类型不符的数据等。有时，程序语句在语法上是正确的，但是该程序试图执行的操作在语义上是不允许的。任何被编译器识别出的错误都称为编译时错误。只要存在编译时错误，就不会得到可执行的程序代码。

重要概念：Java 程序必须语义正确，否则编译器将不会产生字节码。

上述第二种错误出现在程序执行过程中，它被称为运行时错误，会导致程序异常终止。例如，如果试图执行除以 0 的操作，则程序将 "崩溃"，此时程序会终止执行。由于除以 0 的操作并没有事先定义，系统只能自动放弃继续执行程序的努力。最佳的程序应该具有健壮性，即能够尽可能多地避免运行时错误。例如，程序应该避免发生类似除以 0 的操作的可能性，或者在出现这种情况后能够适当地处理。在 Java 程序中，许多运行时错误称为异常，异常可被捕获并做相应处理。

第三种错误是逻辑错误。出现这种错误时，程序可以正常编译和执行，但是得到的结果不正确。例如，数值计算错误或者图形按钮不能出现在正确的位置上，这些都属于逻辑错误。程序员必须彻底测试所编写的程序，并将实际结果与期望值做对比。一旦发现问题，必须追溯到源程序并进行修改。发现和修正程序缺陷的过程称为调试。逻辑错误可能以多种形式出现，要发现实际问题的根源往往很困难。

自测题

SR1.27　众所周知,计算机可用于完成复杂的工作。本节中提到一条计算机指令只能完成简单的任务。该如何理解这种矛盾?

SR1.28　高级编程语言和机器语言的关系是什么?

SR1.29　什么是 Java 字节码?

SR1.30　将下列术语与所对应的描述精确匹配。

汇编语言,编译器,高级语言,集成开发环境,解释器,Java 语言,低级语言,机器语言

a. 用这种语言编写的程序可以由计算机直接运行。

b. 通常来说,这种语言的每条指令都对应着一条等价的机器语言指令。

c. 大多数程序员用这种语言来编写程序。

d. Java 是属于这种类型的语言。

e. 将一种编程语言代码翻译成另外一种语言的等价代码的程序。

f. 将代码的编译和执行过程集合在一起的程序。

SR1.31　在编程语言中,语法和语义分别表示什么?

SR1.32　下列各项分别属于哪一种错误:编译时错误、运行时错误、逻辑错误。

a. 错误拼写了一个 Java 保留字。

b. 计算一个空列表的平均值。分母是该列表所有数的总和,分子是列表的大小,它们都为 0。

c. 错误地将所有学生的平均成绩输出为某学生的最高成绩。

1.6　面向对象编程

本章开头曾提到,Java 是一种面向对象(OO)的编程语言。正如这个名字的含义,对象是 Java 程序中最基本的实体。本书的重点是讲解通过定义相互交互的对象来开发软件。

面向对象软件开发的原理已经问世很多年,实际上在开始使用高级语言时就有了面向对象编程的概念。20 世纪 60 年代开发的编程语言 Simula,具有许多与现代面向对象软件开发方法相近的特点。20 世纪 80 年代到 90 年代,面向对象编程逐渐流行起来,现在已成为商业软件开发的主流方法,这主要归功于 C++ 和 Java 等面向对象编程语言的出现与发展。

面向对象编程最为吸引人的一个特点是:对象能够相当有效地表示现实世界的实体。例如,可以用一个软件对象来代表公司里的一位雇员。可以为每一位雇员创建一个对象,每个对象都具有相应的行为和特性。通过这种方式,面向对象编程就允许将程序映射为它所代表的现实情况。也就是说,面向对象方法使得实际问题更加容易解决,这正是编写程序的目的所在。

> **重要概念:** 面向对象编程方法有助于解决问题,这正是编写程序的目的所在。

下面讨论有关问题求解的一般性概念,然后探讨有助于问题求解的面向对象方法的特点。

1.6.1　问题求解

一般而言,求解一个问题包括多个步骤。

1. 理解与分析问题。
2. 设计解决方案。

3. 考虑解决方案中的其他因素，然后细化解决方案。

4. 实施解决方案。

5. 测试解决方案并改正存在的问题。

上述步骤适用于各种问题的求解，尤其适合软件开发。这些步骤并不完全是线性进展的。有时，步骤之间会有重叠，而且在某些阶段所有的步骤都需要仔细考虑。

第一步是理解与分析问题。初看起来这似乎是显而易见的，但如果缺少足够的重视，则会对后面的软件开发工作造成麻烦。试图解决一个问题时，如果对问题本身没有正确的或足够的理解，最后只会导致失败，或者至少会偏离正题。每一个问题都有自己的问题域，现实世界的实际情况就是求解问题的关键。例如，要设计一个程序用于统计保龄球比赛的得分，则问题域就包含了保龄球规则。要设计一个好的解决方案，就必须彻底理解相关的问题域。

设计出好方案的关键在于：将大问题分解成容易处理的小问题。任何问题的解决方案都很难通过仅仅一个大任务就能完整表述。相反，正是由一系列有关联的小任务的合作，从而共同完成一个大任务。开发软件时，不是直接就编写一个大程序，而是写一组小程序，各自负责完成整个任务的部分功能，然后集成起来实现完整的解决方案。

重要概念：程序设计包括将一个大问题分解成若干个易求解的小问题。

最初设计的第一个方案很可能不是最好的，所以必须根据需求考虑其他的可选方案并细化它们。越早考虑其他可选方案，现有的设计就越容易修改。

实施解决方案就是具体地实现设计，使设计转变为可使用的系统。在开发一个问题的解决方案的过程中，其实现阶段就是真正地编写程序。程序设计经常被认为就是编写代码，但是在多数情况下，设计程序要远比使用特定编程语言编写代码有趣和富有创造性得多。

在开发过程的许多阶段都应该测试解决方案，以便及时发现存在的问题和错误并加以修正。调试并不能保证程序完全没有问题，但是可以提升我们对解决方案可行性的信心。

关于设计和实现精良程序的技术的探讨将贯穿于全书始终。尽管有可能会陷入一些具体细节，但不应忘记最终的目标是解决问题。

1.6.2　面向对象的软件原理

面向对象编程要求从实质上理解如下术语的概念：

- 对象
- 属性
- 方法
- 类
- 封装
- 继承
- 多态

除此之外，还有很多相关的概念帮助我们以更多的方式实现解决方案。本书的目的是使读者能够逐步自然地熟悉有关面向对象编程的概念。本节将从较高的认知层面上概要介绍上述概念，从而使读者理解一些术语，并对整个面向对象的软件设计思想有所领悟。

前面已经提到过，对象是程序中的基本元素。一个软件对象常代表问题域中的一个实际对象（例如，一个银行账号)。每一个对象都有一种状态和一组行为。"状态"是指对象处于某种状态——定义对象当前的基本特征。例如，一个银行账户的状态之一是该账户的当前余额。行为是对象的一系列活动，例如与银行账户相关的行为包括存款和取款。

除了对象，Java 程序还要管理基本类型数据。基本类型数据包括如数值和字符这样的一些基本值。对象通常表示更受关注的或者更复杂的实体。

对象的属性是其内部保存的数据，可以是基本类型数据或者其他对象。例如，银行账户对象保存了一个用于表示账户余额的浮点数(一种基本类型数据)。这个对象还可以具有其他一些属性，如账户名等。总之，对象属性的值定义了对象的当前状态。

> **重要概念**：每个对象都有自己的状态和行为，状态由对象的属性定义，而行为由对象的方法定义。

正如本章前面所提到的，方法是一组编程语句，该组语句有指定的一个名称。当调用方法时，将执行它所包含的语句。一组方法与一个对象相关联，方法定义了对象可能有的行为。例如，为了定义银行账户对象的存款行为，需要编写一个方法，该方法定义了能够更新当前存款额的语句。

对象由类定义，类是建立对象的模型或蓝图。例如，考虑由建筑师设计的一张住宅蓝图。该蓝图给出了住宅的重要元素——墙、窗户、门及电源插座等。一旦蓝图设计完成，许多住宅都可以按照它来修建，如图 1.22 所示。

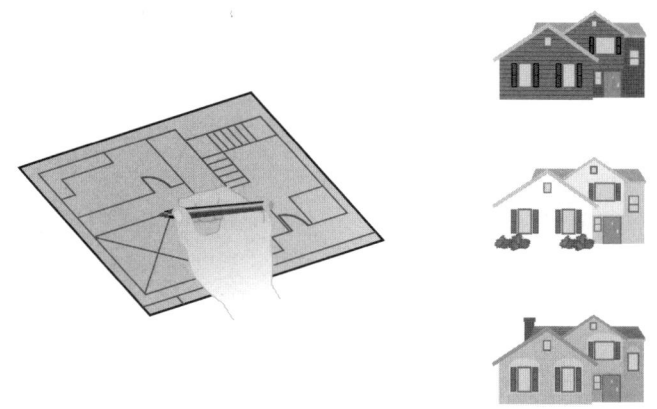

图 1.22　类用于创建多个对象，正如建筑蓝图用于修建不同但又类似的住宅一样

用同一张设计蓝图修建的住宅是各不相同的，因为它们位于不同的地方，有不同的地址，拥有不同的家具，并由不同的人居住。但是从大的方面来说，它们又是相同的住宅。这些房子都有同样的房间布局和其他重要的特征。若要修建不同的住宅，就需要另一张蓝图。

类就是对象的蓝图。类决定了其对象拥有什么类型的数据，并且定义了代表对象行为的方法。但是，类并不是对象，正如蓝图不是住宅那样。类没有存储数据的空间，而每个对象都有自己存储数据的空间，这就是为什么每个对象都能具有自己的状态。

只要定义了类，就可以由该类创建多个对象。例如，当定义了一个代表银行账户的类后，就可以由此创建多个对象，代表具体的不同银行账户，而每个银行账户对象都可以拥有自己的余额记录。

> **重要概念**：类就是对象的蓝图。由一个类定义可以得到多个对象。

对象必须封装起来，这意味着对象要保护并管理自己的信息。也就是说，对象是自我管理的，只有通过对象的方法才能改变对象的状态。设计对象时，要保证其他对象不能访问或改变它的状态。

　　类可以通过继承由其他类产生。也就是说,可以基于已经存在的类来定义一个新类。继承是软件复用的一种形式,继承机制利用了需要创建的多个类之间的相似性。由一个类可以派生出多个新类,而通过新类还可以派生出更多的类,这样就建立起类层次结构,在上层类中定义的属性和方法将由它的下层子类继承,而子类再将其所继承的属性和方法传给自己的子类,等等。例如,可以建立一个代表各种银行账户类型的类层次结构,将所有类的共同特征定义在高层类中,而将特殊的具体特征定义在派生类中。

　　多态是指用一种统一的方式引用有继承关系的不同类型的对象。当需要处理涉及多个对象的问题时,多态机制提供了卓越的解决方案。

　　图 1.23 给出了面向对象的一些核心概念。这里并不需要彻底理解上述概念,本书后面的内容将会不断充实这些概念,这里的概述仅仅是为了奠定相关的基础。

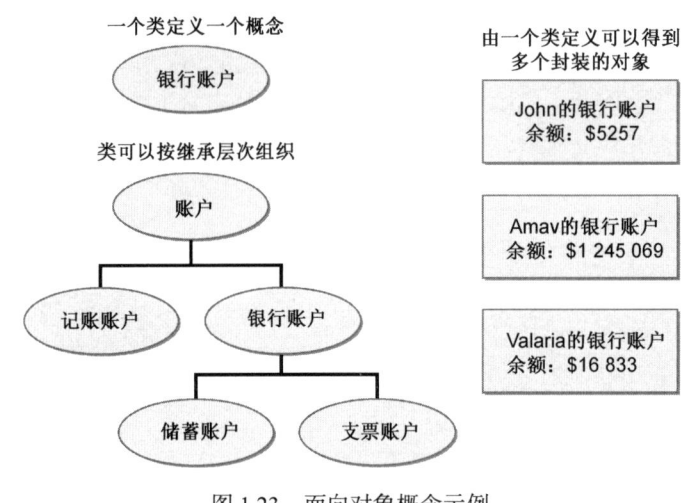

图 1.23　面向对象概念示例

自测题

SR1.33　列出求解问题的 5 个基本步骤。

SR1.34　为什么考虑采用多种方法解决同一个问题是非常重要的? 为什么越早考虑越好?

SR1.35　面向对象编程的主要概念有哪些?

重要概念小结

- 计算机系统由硬件和软件组成,软、硬件协同工作帮助我们解决问题。
- CPU 从主存储器中读取程序的每一条指令,并且每次执行一条指令直到程序结束。
- 操作系统提供用户界面并管理计算机资源。
- 对于用户来说,界面就是程序。
- 数字计算机存储信息的方式是将信息分割成片段,并用一个数值表示每一个片段。
- 二进制用于在计算机中存储和移动信息,这是因为存储和管理二进制数据的设备便宜且可靠。
- N 位二进制数有 2^N 种排列组合。因此,N 位二进制数可以表示 2^N 个不同的项。
- 主存储器和 CPU 构成了计算机的核心。主存储器用于保存程序和数据,而 CPU 执行程序指令。
- 地址是与每一个存储单元相关联的一个唯一值。

- 主存是不稳定的，仅当有电力供应时，数据和信息才得以保存。
- CD 表面具有光滑区和微小凹点。凹点代表二进制数 1，而光滑区代表二进制数 0。
- 取指-译码-执行的循环过程构成了计算机处理的基础。
- 网络就是将两台或多台计算机连接在一起，以便实现信息交换。
- 共享一条通信线路将导致延迟，但是可以降低成本，并且使得在网络中加入新计算机更加容易。
- 局域网(LAN)是组织内部实现信息和资源共享的有效方式。
- 因特网是一个覆盖全球的广域网。
- 每一台连接到因特网的计算机都有一个唯一标识自己的 IP 地址。
- 万维网是使人们更加容易共享网络资源的软件。
- URL 唯一指定了浏览器将寻找并显示的文档和其他信息。
- 本书关注面向对象编程。
- 注释本身不影响程序的执行，但可以帮助人们理解程序。
- 内嵌的程序注释要说明代码的内层含义，不能含糊不清或者仅从字面解释浅显的代码。
- Java 语言是大小写敏感的。同一单词的大写和小写形式表示的标识符是不同的。
- 标识符名称应该具有描述性和可读性。
- 合理使用空白符，可以使程序更加可读和易懂。
- 程序员应当遵循一些建立程序书写格式及文档的规范。
- 为了能够执行程序，所有的程序都必须翻译成特定 CPU 的机器语言。
- 高级语言使程序员无须了解机器语言的底层细节。
- Java 编译器将 Java 源代码编译成 Java 字节码，这是一种低级的、结构独立的程序表示方式。
- 各种不同的 Java 开发环境都有助于开发和修改 Java 程序。
- 语法规则规定了程序编写的形式，语义则是指每条语句的含义。
- 程序员必须对程序的正确性和可靠性负责。
- Java 程序必须语义正确，否则编译器将不会产生字节码。
- 面向对象编程方法有助于解决问题，这正是编写程序的目的所在。
- 程序设计包括将一个大问题分解成若干个易求解的小问题。
- 每个对象都有自己的状态和行为，状态由对象的属性定义，而行为由对象的方法定义。
- 类就是对象的蓝图。由一个类定义可以得到多个对象。

练习题

EX1.1　描述你的个人计算机或者实验室里的计算机的各个硬件组件，包括处理器类型和速度、主存储器/辅助存储器的容量及输入/输出设备，并解释是如何得到这些结果的。

EX1.2　为什么将二进制系统用于计算机上的信息存储？

EX1.3　下面各项分别能表示多少个不同的数值项？

　　　a. 1 位

　　　b. 3 位

　　　c. 6 位

　　　d. 8 位

　　　e. 10 位

　　　f. 16 位

EX1.4　如果一幅图由 128 种可能的颜色组成,那么需要多少位来存储这幅图的每一个像素? 为什么?

EX1.5　如果一种语言由 240 个不同的字母和符号组成,那么需要多少位来存储这种语言文档的每一个字符? 为什么?

EX1.6　下列各项包含多少位? 多少字节?

　　a. 12 KB

　　b. 5 MB

　　c. 3 GB

　　d. 2 TB

EX1.7　给出随机存储器(RAM)和只读存储器(ROM)的差别。

EX1.8　磁盘是随机存储设备,但不是随机存储器(RAM)。为什么?

EX1.9　检查你的个人计算机或者实验室里使用的计算机,看看它们是如何和其他计算机通过网络连接的。是否已连接到因特网? 画出基本的连接示意图。

EX1.10　解释局域网(LAN)和广域网(WAN)之间的区别,它们之间的关系是什么?

EX1.11　以点对点方式连接 8 台计算机,共需要多少条传输线? 如果是 9 台呢? 10 台呢? 使用什么公式才能得到结果?

EX1.12　解释因特网和万维网之间的区别。

EX1.13　列出下面几项的 URL 并解释每部分代表的含义。

　　a. 你的学校的主页

　　b. 你的学校的计算机科学系的主页

　　c. 你的老师的主页

EX1.14　列举两种不同类型的 Java 注释,并解释它们之间的区别。

EX1.15　下面哪些是无效的 Java 标识符? 为什么?

　　a. Factorial

　　b. anExtremelyLongIdentifierIfYouAskMe

　　c. 2ndLevel

　　d. level2

　　e. MAX_SIZE

　　f. highest$

　　g. hook&ladder

EX1.16　下面的 Java 标识符都有效,但是为什么不合适?

　　a. q

　　b. totVal

　　c. theNextValueInTheList

EX1.17　Java 是大小写敏感的。这意味着什么?

EX1.18　什么是 Java 虚拟机(JVM)? 它充当什么角色?

EX1.19　我们说“英语表意不清”,这是什么意思? 举两个例子说明“英语表意不清”(不可用本章中已出现的例子),并且解释它们如何引起歧义。

EX1.20　下列各项分别属于哪一种错误:编译时错误、运行时错误、逻辑错误。

　　a. 希望进行加法运算时却进行了乘法运算

　　b. 除以 0

c. 语句结束时忘记加分号

d. 输出的单词拼写错误

e. 得到不准确的结果

f. 将"("错误输入成"{"

编程项目

PP1.1 输入、编译并运行如下程序。

```java
public class Test
{
    public static void main(String[] args)
    {
        System.out.println("An Emergency Broadcast");
    }
}
```

PP1.2 在 PP1.1 的程序中引入如下的错误,每次一个。记录编译器产生的错误信息。在引入下一个错误前先修正当前的错误。如果编译器没有产生错误信息,解释为什么。试着预测每个错误将产生的可能错误信息。

a. 将 Test 改成 test

b. 将 Emergency 改成 emergency

c. 去掉字符串中的第一个引号

d. 去掉字符串中的最后一个引号

e. 将 main 改成 man

f. 将 println 改成 bogus

g. 将 println 那一条语句最后的分号去掉

h. 去掉程序最后的花括号

PP1.3 编写一个程序,分行显示你的名字、生日、爱好、最喜欢的书及最喜欢的电影。在输出中要指明每一项内容。

PP1.4 编写一个程序,显示一个包括 4～5 个你喜欢的网站的列表。每个网站都显示出它的名称和 URL。

PP1.5 编写一个程序,显示一首歌的一段歌词,并标注和声部分(歌曲自选)。

PP1.6 编写一个程序,用星号字符(*)显示一棵树的轮廓。

PP1.7 编写一个程序,显示某篇小说中一个自然段的文字。

PP1.8 编写一个程序,按如下要求输出短语"Knowledge is Power"。

a. 输出一行

b. 输出三行,每行一个单词,所有单词都居中对齐

c. 将短语在一个由字符"="和"|"组成的框里显示

PP1.9 编写一个程序,显示如下的菱形形状,不能有任何多余的字符出现。也就是说,不能让输出的字符串超过它本身的长度。

```
      *
     ***
    *****
   *******
  *********
   *******
    *****
     ***
      *
```

PP1.10 编写一个程序，显示你的姓名的首字母大写缩写形式。每一个大的字母都是由对应的大写字母构成的。例如：

```
JJJJJJJJJJJJJJJ        AAAAAAAAA      LLLL
JJJJJJJJJJJJJJJ        AAAAAAAAAAA    LLLL
          JJJJ         AAA     AAA    LLLL
          JJJJ         AAA     AAA    LLLL
          JJJJ         AAAAAAAAAAA    LLLL
J         JJJJ         AAAAAAAAAAA    LLLL
JJ        JJJJ         AAA     AAA    LLLL
 JJJJJJJJJJJ           AAA     AAA    LLLLLLLLLLLLL
  JJJJJJJJ             AAA     AAA    LLLLLLLLLLLLL
```

第 2 章　数据与表达式

本章目标

1. 探讨字符串、字符串拼接和转义序列的使用。
2. 研究变量的声明和使用。
3. 描述 Java 的基本数据类型。
4. 讨论语法及表达式的处理。
5. 定义数据转换类型和实现类型转换的机制。
6. 介绍用于创建交互式程序的 Scanner 类。

本章将探讨 Java 程序中使用的一些基本数据类型和计算表达式的用法，还将讨论数据类型间的转换，以及如何与用户进行交互式输入。

2.1　字符串

第 1 章中利用 Lincoln 程序作为例子，讨论了 Java 程序的基本结构，包括注释、标识符和空白符的使用。此外，还概述了面向对象程序设计中的各种概念，如对象、类和方法。如果对这些概念理解得还不够清晰，则应该花些时间复习一下。

在 Java 中，字符串就是对象，它由 String 类定义。字符串是计算机程序设计中非常基础的类型，因此 Java 允许定义字符串常量，并以双引号作为字符串的定界符。关于 String 类及其方法的讲解将在第 3 章中详细讨论。现在先详细探讨一下字符串常量的使用。

以下列出了有效的字符串常量形式：

```
"The quick brown fox jumped over the lazy dog."
"602 Greenbriar Court, Chalfont PA 18914"
"x"
""
```

一个字符串常量可以包含任何有效的字符，包括数字、标点符号和其他特殊字符。上述例子中的最后一行字符串是没有任何字符的空字符串。

2.1.1　print 和 println 方法

在第 1 章的 Lincoln 程序中调用了如下 println 方法：

```
System.out.println("Whatever you are, be a good one.");
```

上述语句演示了对象的使用方法。System.out 对象表示一个输出设备或文件，默认的输出设备是显示器屏幕。更准确地说，这里对象的名称是 out，保存在 System 类中。后面将更详细地探讨类和对象的关系。

println 方法是 System.out 对象提供的一项服务，每当请求 println 方法时，System.out 对象将在

屏幕上输出一个字符串。因此可以这样描述 println 方法和 System.out 对象的关系及相关操作：给
System.out 对象发送一个 println 消息，请求输出某个文本信息。

　　向方法发送的一项数据称为一个参数。这里的 println 方法只有一个参数：需打印的字符串。

　　System.out 对象还提供另一项服务：print 方法。println 方法与 print 方法的差别很小，但这个
差别很重要。println 方法会将发送给它的信息打印出来，然后将光标移到下一行的开始处。print
方法也会打印信息，但不会将光标移到下一行。

> **重要概念**：print 和 println 方法代表 System.out 对象提供的两个服务。

　　例 2.1 中的 Countdown 程序调用了 print 和 println 方法。

例 2.1

```
1    //********************************************************************
2    //  Countdown.java        Author: Lewis/Loftus
3    //
4    //  Demonstrates the difference between print and println.
5    //********************************************************************
6
7    public class Countdown
8    {
9       //-----------------------------------------------------------------
10      // Prints two lines of output representing a rocket countdown.
11      //-----------------------------------------------------------------
12      public static void main(String[] args)
13      {
14         System.out.print("Three... ");
15         System.out.print("Two... ");
16         System.out.print("One... ");
17         System.out.print("Zero... ");
18         System.out.println("Liftoff!");   // appears on first output line
19         System.out.println("Houston, we have a problem.");
20      }
21   }
```

输出

```
Three... Two... One... Zero... Liftoff!
Houston, we have a problem.
```

　　仔细对比 Countdown 程序的代码和输出结果，会发现单词 Liftoff 在前几个单词的后面输出，尽管它
是用 println 方法输出的。这是因为 println 方法是在输出发送给它的信息后才将光标移动到下一行的起点。

2.1.2　字符串的连接

　　程序中的字符串不能跨行。下面语句的语法是不正确的，编译时会产生错误信息：

```
// The following statement will not compile
System.out.println("The only stupid question is
the one that is not asked.");
```

若希望输出一个长于一行的字符串，则需要用字符串拼接操作，将一个字符串拼接到另一个字符串的末尾。字符串拼接运算符为 "+"。下面的表达式将两个字符串拼接在一起，形成一个长字符串：

```
"The only stupid question is " + "the one that is not asked."
```

例 2.2 中的 Facts 程序包含了几条 println 语句。第一条 println 语句要输出的字符串超过了一行。由于一个字符串不能跨行，因此将该字符串分为两个子串，再用字符串拼接操作将它们拼接起来，从而产生一个传递给 println 方法的长字符串。

例 2.2

```
1    //************************************************************
2    //   Facts.java          Author: Lewis/Loftus
3    //
4    //   Demonstrates the use of the string concatenation operator and the
5    //   automatic conversion of an integer to a string.
6    //************************************************************
7
8    public class Facts
9    {
10       //-----------------------------------------------------------
11       // Prints various facts.
12       //-----------------------------------------------------------
13       public static void main(String[] args)
14       {
15          // Strings can be concatenated into one long string
16          System.out.println("We present the following facts for your "
17                             + "extracurricular edification:");
18
19          System.out.println();
20
21          // A string can contain numeric digits
22          System.out.println("Letters in the Hawaiian alphabet: 12");
23
24          // A numeric value can be concatenated to a string
25          System.out.println("Dialing code for Antarctica: " + 672);
26
27          System.out.println("Year in which Leonardo da Vinci invented "
28                             + "the parachute: " + 1515);
29
30          System.out.println("Speed of ketchup: " + 40 + " km per year");
31       }
32    }
```

输出

```
We present the following facts for your extracurricular edification:

Letters in the Hawaiian alphabet: 12

Dialing code for Antarctica: 672

Year in which Leonardo da Vinci invented the parachute: 1515

Speed of ketchup: 40 km per year
```

注意，如程序的第二行所示，第二条语句中并没有给 println 方法传递任何信息。这个调用不会输出任何可见字符，但是会将光标移到下一行。以这种没有参数的形式调用 println 方法，其效果是输出一个空行。

调用 println 方法的最后三行中，示范了另外一种有趣的字符串拼接处理：字符串与数字拼接。注意，这三行语句进行字符串拼接时，数字并未包括在双引号中，因此这些数字不是字符串。但使用拼接运算符后，首先会自动将数字转换为字符串，然后完成字符串拼接。

如果要输出具体的数值，则只需将数值作为字符串的一部分即可。例如：

```
"Speed of ketchup: 40 km per year"
```

数字是字符，可以根据需要包含在字符串中。这里之所以在 Facts 程序中将数字分离出来，是为了示范字符串与数字的拼接。这项技术在后续的例子中非常有用。

正如我们可以想到的那样，"+" 运算符也用于算术加法运算。这个运算符究竟完成的是哪种操作，取决于其操作数的数据类型。如果两个操作数中至少有一个是字符串，那么执行的就是字符串拼接操作。

例 2.3 中的 Addition 程序演示了字符串拼接和算术加法运算之间的差别。这个程序使用了 4 次 "+" 运算符。首次调用 println 方法时，两个 "+" 运算符都执行字符串拼接操作，因为这些操作是从左到右依次执行的。第一个 "+" 运算符将字符串与第一个数字(24)拼接在一起，产生一个长字符串。然后，再将这个字符串与第二个数字(45)拼接，产生一个更长的字符串并输出。

例 2.3

```
1    //************************************************************
2    //   Addition.java        Author: Lewis/Loftus
3    //
4    // Demonstrates the difference between the addition and string
5    // concatenation operators.
6    //************************************************************
7
8    public class Addition
9    {
10       //----------------------------------------------------------
11       // Concatenates and adds two numbers and prints the results.
12       //----------------------------------------------------------
13       public static void main(String[] args)
14       {
15           System.out.println("24 and 45 concatenated: " + 24 + 45);
16
17           System.out.println("24 and 45 added: " + (24 + 45));
18       }
19   }
```

输出

```
24 and 45 concatenated: 2445
24 and 45 added: 69
```

在第二条调用 println 方法的语句中，使用圆括号将"+"运算符与两个数字操作对象组织在一起。这样将首先进行加法运算，因为两个操作数都为数值型。从数学运算的角度来看，这两个数应该做加法运算，得到结果 69。然后再将这个数与前面的字符串拼接在一起，形成一个更长的字符串并输出。

当需要确定运算符的优先顺序时，本章的后面还将进一步探讨这一类型的操作。

2.1.3 转义序列

在 Java 语言中，双引号(")用于标识一个字符串的开始和结束，因此必须使用一种技术来输出双引号本身。但是，如果仅仅只是把要输出的双引号放在字符串中(""")来完成这项操作，则编译器会将第二个双引号解释为字符串的结束，从而不知道该如何处理第三个双引号，这样就会产生编译错误。

为了解决这个问题，Java 定义了若干个转义序列来表示特殊字符。转义序列以一个反斜线(\)开头，表明后续的一个或多个字符应当用特殊的方式来解释。图 2.1 列出了 Java 的转义序列。

转义序列	含　义
\b	退格符
\t	制表符
\n	换行符
\r	回车符
\"	双引号
\'	单引号
\\	反斜线

图 2.1 Java 的转义序列

重要概念： 转义序列用于表示可能会导致编译错误的特殊字符。

例 2.4 中的 Roses 程序以诗歌的形式输出了一些文本。尽管这首诗由若干行组成，但程序仅用一条 println 语句就完成了输出。注意，在整个字符串中使用了转义序列，其中，"\n"执行换新行输出的操作，"\t"表示一个制表符，"\""使得双引号本身被作为普通字符处理，而不是代表字符串结束的特殊字符，这样双引号就可以成为输出信息的一部分。

例 2.4

```
1    //***************************************************************
2    //  Roses.java          Author: Lewis/Loftus
3    //
4    //  Demonstrates the use of escape sequences.
5    //***************************************************************
6
7    public class Roses
8    {
9       //------------------------------------------------------------
10      // Prints a poem (of sorts) on multiple lines.
11      //------------------------------------------------------------
12      public static void main(String[] args)
13      {
14          System.out.println("Roses are red,\n\tViolets are blue,\n" +
```

```
15              "Sugar is sweet,\n\tBut I have \"commitment issues\",\n\t" +
16              "So I'd rather just be friends\n\tAt this point in our " +
17              "relationship.");
18      }
19  }
```

输出

```
1    Roses are red,
2           Violets are blue,
3    Sugar is sweet,
4           But I have "commitment issues",
5           So I'd rather just be friends
6           At this point in our relationship.
```

自测题

SR2.1   什么是字符串常量?

SR2.2   print 和 println 方法有什么不同?

SR2.3   什么是参数?

SR2.4   下面代码段产生的输出是什么?

```
System.out.println("One ");
System.out.print("Two ");
System.out.println("Three ");
```

SR2.5   下面代码段产生的输出是什么?

```
System.out.print("Ready ");
System.out.println();
System.out.println("Set ");
System.out.println();
System.out.println("Go ");
```

SR2.6   如下语句产生的输出是什么? 如果去掉内层圆括号, 输出又会是什么?

```
System.out.println("It is good to be " + (5 + 5));
```

SR2.7   什么是转义序列? 给出几个例子。

SR2.8   只编写一条 println 语句, 输出以下信息(包括换行和引号)。

```
"If you don't like something, change it. If you
can't change it, change your attitude."
Maya Angelou
```

2.2 变量与赋值

程序中管理的大部分信息都是用变量表示的。下面讨论如何在程序中声明和使用变量。

2.2.1 变量

变量为某个主存位置的名称, 用于保存一个数据值。变量声明要求编译器分配足够大的存储单元来保存指定类型的值, 并且要定义一个变量名用于访问相应的存储单元。

重要概念：变量为某个主存位置的名称，用于保存特定数据类型的值。

分析例 2.5 中的 PianoKeys 程序。该程序 main 方法中的第一行声明整型变量 keys，并且将其初始化为 88。如果变量没有初始化，则该变量的值就是未定义的。若试图使用一个事先没有赋值的变量，则大多数 Java 编译器会给出错误或者警告信息。

例 2.5

```
1    //***********************************************************
2    //   PianoKeys.java        Author: Lewis/Loftus
3    //
4    //   Demonstrates the declaration, initialization, and use of an
5    //   integer variable.
6    //***********************************************************
7
8    public class PianoKeys
9    {
10       //-------------------------------------------------------
11       // Prints the number of keys on a piano.
12       //-------------------------------------------------------
13       public static void main(String[] args)
14       {
15           int keys = 88;
16           System.out.println("A piano has " + keys + " keys.");
17       }
18    }
```

输出

```
A piano has 88 keys.
```

下图表示含有整型值 88 的 keys 变量：

keys | 88 |

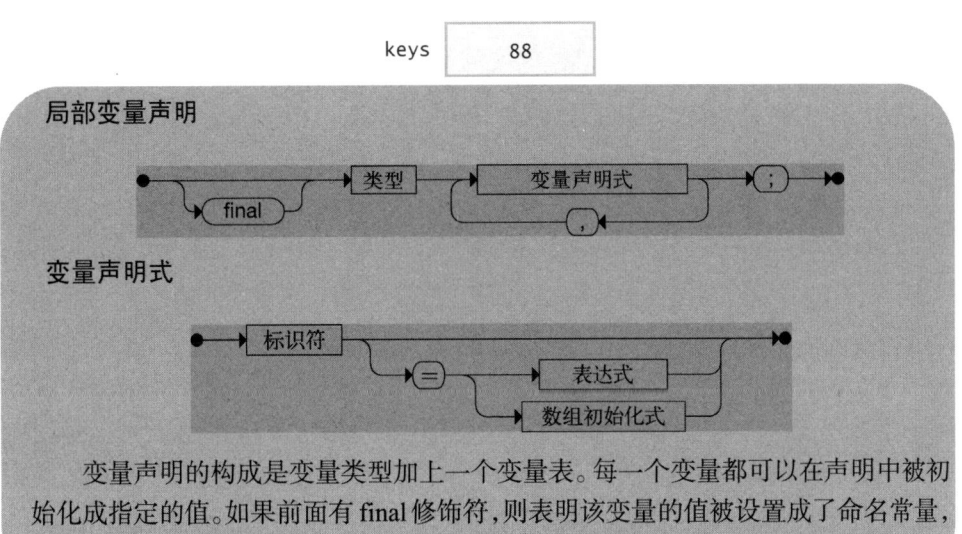

局部变量声明

变量声明式

变量声明的构成是变量类型加上一个变量表。每一个变量都可以在声明中被初始化成指定的值。如果前面有 final 修饰符，则表明该变量的值被设置成了命名常量，一旦设定就不能更改。

例如:

```
int total;
double num1, num2 = 4.356, num3;
char letter = 'A', digit = '7';
final int MAX = 45;
```

　　PianoKeys 程序的 println 方法调用中给出了两项要输出的信息,第一项是一个字符串,第二项是变量 keys。当引用一个变量时,将使用存放在变量中的当前值。因此,执行 println 方法时将获得变量 keys 的值 88。因为它是一个整型值,将自动转换为一个字符串,然后与第一个字符串拼接,拼接后的字符串将传递给 println 方法用于输出。

　　一行变量声明语句可以同时声明具有相同类型的多个变量。对于同一行声明的各个变量,可以根据需要决定是否赋初始值。例如:

```
int count, minimum = 0, result;
```

2.2.2　赋值语句

　　下面分析一个修改变量值的程序。例 2.6 中的 Geometry 程序首先声明了一个整型变量 sides,并将其初始化为 7,然后输出 sides 的当前值。

例 2.6

```
 1  //********************************************************************
 2  //  Geometry.java         Author: Lewis/Loftus
 3  //
 4  //  Demonstrates the use of an assignment statement to change the
 5  //  value stored in a variable.
 6  //********************************************************************
 7
 8  public class Geometry
 9  {
10     //-----------------------------------------------------------------
11     // Prints the number of sides of several geometric shapes.
12     //-----------------------------------------------------------------
13     public static void main(String[] args)
14     {
15        int sides = 7; // declaration with initialization
16        System.out.println("A heptagon has " + sides + " sides.");
17
18        sides = 10; // assignment statement
19        System.out.println("A decagon has " + sides + " sides.");
20
21        sides = 12;
22        System.out.println("A dodecagon has " + sides + " sides.");
23     }
24  }
```

输出

```
A heptagon has 7 sides.
A decagon has 10 sides.
A dodecagon has 12 sides.
```

main 方法的第三行修改了变量 sides 的值：

```
sides = 10;
```

这条语句称为赋值语句，因为它对变量赋值。执行这条语句时，先计算赋值运算符(=)右边的表达式，然后将计算结果保存在等号左边变量名代表的存储单元中。在这个例子中，表达式仅仅是一个数值 10。下一节将进一步深入讨论表达式。

一个变量只能保存其所声明数据类型的值，新赋的值将覆盖原有的值。在上述例子中，当把 10 赋给 sides 时，初始值 7 被覆盖并永久丢失，如下图所示。

初始化后：	sides	7
第一次赋值后：	sides	10

> **重要概念：** 读取数据并不会改变它在主存中的值，但赋值语句会覆盖旧数据。

基本的赋值语句

　　基本的赋值语句使用赋值运算符(=)将表达式的结果保存到指定的标识符中，通常为一个变量。

例如：

```
total = 57;
count = count + 1;
value = (min / 2) * lastValue;
```

当引用一个变量时(例如，输出变量的值)，它的值不会改变。这是计算机主存的特点：访问(读取)数据不会改变存储单元的值，但是写数据会用新数据替换旧数据。

Java 语言是强类型化的，这意味着不允许给一个变量赋予一个与该变量所声明的数据类型不一致的值。如果试图混合不兼容的类型，则编译程序时将会出错。因此，赋值语句右边表达式值的类型必须与左边变量的类型相兼容。

> **重要概念：** 不允许将一个值赋给一个类型不兼容的变量。

2.2.3　常量

有时，需要使用的数据是在整个程序中都不发生变化的常量。例如，编写一个程序，用于管理一个最多可以容纳 427 人的剧院。这时，给常量 427 赋予一个类似 MAX_OCCUPANCY 的名称并用于整个代码是很有用的。因为如果使用常量 427，阅读代码时 427 的目的和含义往往是不清晰的。通过给常量赋予名称 MAX_OCCUPANCY，有助于解释常量 427 在程序中的作用和意义。

　　常量是类似于变量的标识符,但与变量不同的是,常量在存续期间保存着一个固定的值。按照字面意思,常量是不可变的,即它的值在整个程序执行过程中是不变的。

> **重要概念:** 常量在存续期间保存着一个固定的值。

　　在 Java 中,如果声明一个标识符时使用了保留字 final,则将该标识符定义为一个常量。根据惯例,常常用大写字母命名一个常量以便区别于普通变量,并且常量名的各个单词之间用下画线分隔。例如,描述剧院最大可容纳人数的常量可以声明如下:

```
final int MAX_OCCUPANCY = 427;
```

　　一旦给常量赋予初始值后,若再试图改变该常量值,则编译器将产生错误信息,这是使用常量的另一个理由。由于初始化赋值语句是唯一能改变常量值的地方,因此使用常量可以避免编写代码时出现的疏忽性错误。

　　下面是使用常量的另一个理由。如果在整个程序中有多个地方使用同一个常量,并且该常量的值需要修改,则只需在其声明语句中修改即可。例如,当剧院最大可容纳人数从 427 变为 535 时,只需修改常量声明语句,程序中所有使用 MAX_OCCUPANCY 标识符的语句都将自动被修改。如果在代码中使用数值 427,那么就必须查找每一条引用 427 的语句并进行修改,如果修改过程有遗漏,就会产生程序错误。

自测题

SR2.9　什么是变量声明?

SR2.10　请根据如下变量声明回答问题。

```
int count = 0, value, total;
final int MAX_VALUE = 100;
int myValue = 50;
```

　　a. 总共声明了多少个变量?

　　b. 这些变量分别是什么类型?

　　c. 哪些变量已赋初始值?

　　d. 根据以上声明,下列语句是否有效,为什么?

```
myValue = 100;
```

　　e. 根据以上声明,下列语句是否有效,为什么?

```
MAX_VALUE = 50;
```

SR2.11　假设程序需要一个 int 型的变量来保存你所拥有的音乐 CD 的数量。初始值为 0。为该变量编写一条声明语句。

SR2.12　假设程序需要一个 int 型的变量来保存 1 英里所对应的英尺数(5280 英尺)。为该变量编写一条声明语句。

SR2.13　请给出程序中使用符号常量而不是它所表示的常量值的三个好处。

2.3　基本数据类型

　　Java 有 8 种基本数据类型:4 种整型、2 种浮点型、1 种字符型和 1 种布尔型。除此之外的任何类型都用对象表示。本节将详细讨论上述 8 种基本数据类型。

2.3.1　整型与浮点型

Java 有 2 种基本的数值型：没有小数部分的整型和包含小数部分的浮点型。其中整型有 4 种（byte、short、int 和 long 型），浮点型有 2 种（float 和 double 型）。各种数据类型的差别，在于保存不同数据类型的数值时所占用的存储空间大小，由此决定了不同数据类型所能表示的数值的范围。对于所有的硬件平台，同一种数据类型占用的主存字节数是相同的。所有的数值型数据都是有符号数，即数值型变量可以保存正数和负数。图 2.2 汇总了 Java 的基本数据类型。

类　型	存储空间（位）	最　小　值	最　大　值
byte	8	−128	127
short	16	−32 768	32 767
int	32	−2 147 483 648	2 147 483 647
long	64	−9 223 372 036 854 775 808	9 223 372 036 854 775 807
float	32	约为−3.4E+38，7 位有效数字	约为 3.4E+38，7 位有效数字
double	64	约为−1.7E+308，15 位有效数字	约为 1.7E+308，15 位有效数字

图 2.2　Java 的基本数据类型

> **重要概念**：Java 有 2 种基本的数值型：整型和浮点型，其中包括 4 种整型和 2 种浮点型。

回顾第 1 章讨论过的内容，一个二进制位只能表示 1 或 0 两种状态。因此，N 个二进制位可以表示 2^N 种不同的值。附录 A 中更详细地探讨了数制系统与所表示的值的关系。

设计程序时，有时需要仔细考虑变量的合适大小，以避免浪费存储空间。例如，如果一个变量的取值范围是 1～1000，则使用 2 字节的整型（short）就足够保存该变量中的数据。反过来，如果事先不清楚变量的取值范围，就应当选择一个合理的，甚至存储空间偏大的数据类型。大多数情况下，存储空间都会比较充足，通常可以宽松地使用存储资源。

注意，即使一个浮点型（float 型）的数值可以表示很大的数（和很小的数），它也只包含 7 位有效数字。若需要保证数据的精度（如 50 341.207 7），则可以使用 double 型。

前面已经讨论过，一个数值常量是在程序中直观表示的数据。程序 Facts、Addition 和 PianoKeys 中使用的数值都是整型数值常量。Java 默认所有的整型数值常量都为 int 型，只有在数值常量后加"L"或"l"，才表明该常量是长整型（long 型）数值常量。如 45L 就是一个 long 型数值常量。

类似地，Java 默认所有的浮点型数值常量都为 double 型。如果需要 float 型数值常量，则需要在常量后面加上一个"F"或"f"，如 2.718F 或 123.45f 就是 float 型数值常量。对于 double 型数值常量，也可以在后面添加一个"D"或"d"。

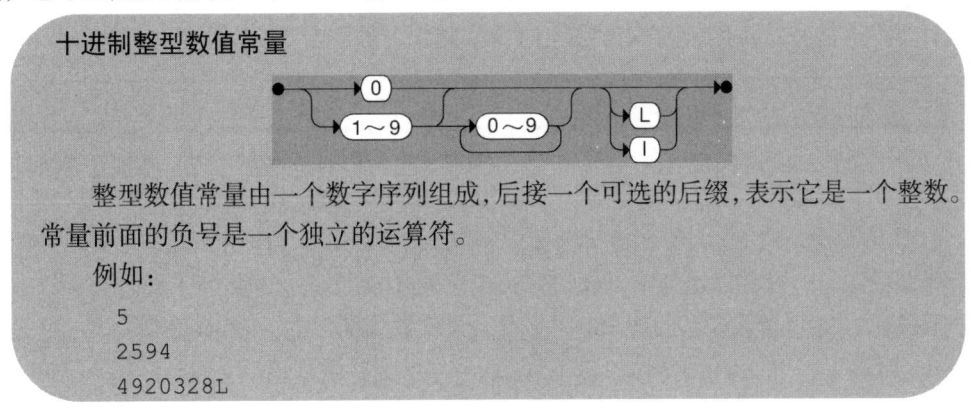

十进制整型数值常量

整型数值常量由一个数字序列组成，后接一个可选的后缀，表示它是一个整数。常量前面的负号是一个独立的运算符。

例如：

```
5
2594
4920328L
```

下面是 Java 中声明的一些数值变量：

```
int answer = 42;
byte smallNumber1, smallNumber2;
long countedStars = 86827263927L;
float ratio = 0.2363F;
double delta = 453.523311903;
```

2.3.2　字符型

字符型也是一种计算机中使用和管理的基本数据类型。单个字符可以视为一项数据，并且正如前面的例子所示，多个字符可以组成字符串。

Java 用单引号表示字符常量，例如'b'、'J'或';'。字符串常量用双引号作为定界符，String 不是 Java 的基本数据类型，而是一个类的名称。第 3 章将详细讨论 String 类。

应注意数字作为字符(或字符串的组成部分)和作为数值(或一项大数值的组成部分)的差别。数字 602 是一个可以用于数学运算的数值，但是在字符串"602 Greenbriar Court"中，6、0 和 2 是字符，与组成该字符串的其他字符一样。

程序可以使用的字符通过字符集定义。字符集是由字符按照一定顺序组成的一个字符列表。每一种编程语言都支持特定的字符集，用于定义有效的字符数据。人们提出过多种字符集方案，但只有几种被接受使用。其中，ASCII 字符集最为流行，ASCII 表示美国信息交换标准码。在基本的 ASCII 字符集中，每个字符用 7 位二进制数来表示，因此可以表示 128 个不同的字符。其中包括：

- 大写字母，如'A'、'B'、'C'。
- 小写字母，如'a'、'b'、'c'。
- 标点符号，如句点('.')，分号(';')，逗号(',')。
- 数字字符，如'0'～'9'。
- 空格符(' ')。
- 特殊字符，如和号('&')，竖线('|')，反斜线('\')。
- 控制字符，如回车符，空格符，文本结束标记。

控制字符有时也称为非打印字符或不可见字符，因为这些字符没有专门的符号来表示，但是它们与其他字符同样有效，并且以相同的方式保存和使用。许多控制字符对于某些应用软件具有特殊的含义。

由于发展计算技术已成为世界性的努力目标，用户需要能包含其他语言字母表的更具通用性的字符集。因此，ASCII 扩展到每个字符使用 8 位二进制数来表示，这样字符集包含的字符个数就加倍为 256 个。扩展的 ASCII 字符集含有许多用于非英语语言的重音和变音字符。

| 重要概念：Java 使用 16 位 Unicode 字符集表示字符。 |

然而，尽管有了 256 个字符，ASCII 字符集仍然不能表示世界范围的字母，特别是各种亚洲语言的字母及成千上万个表意字符。因而，Java 的开发者选择统一编码(Unicode)字符集。Unicode 使用 16 个二进制位表示一个字符，从而可以表示 65 536 个不同的字符。还有一些技术利用多个字节来表示更多的字符。许多语言的字符和符号都包含在 Unicode 的定义中，ASCII 字符集只是 Unicode 字符集的一个子集，即它的前 256 个字符。附录 B 详细讨论了 Unicode 字符集。

在一个字符集中，每个字符被赋予一个特定的编码。因此，所有字符根据编码定义以特定的顺序(称为字典顺序)排列在字符集中。根据 ASCII 或 Unicode 字符集的排列顺序，数字字符 0~9 是有序、连续地排列的(没有其他字符穿插其中)。类似地，小写字母 a~z 和大写字母 A~Z 也是有序、连续地排列的。这种特性有利于以字母顺序处理字符数据。

在 Java 语言中，数据类型 char 代表一个字符。下面是声明一些字符变量的例子：

```
char topGrade = 'A';
char symbol1, symbol2, symbol3;
char terminator = ';', separator = ' ';
```

2.3.3　布尔型

Java 用保留字 boolean 定义布尔变量，它只包含两个有效值：true 和 false。布尔变量通常用于判断某个条件是否为真，不过也可以用于标识任何有两种状态的情况，例如灯泡的亮和灭。

布尔值不能够转换为其他任何类型的值，反之亦然。Java 中的单词 true 和 false 为保留字，用于表示布尔值。

下面是 Java 中声明的一些布尔变量的例子：

```
boolean flag = true;
boolean tooHigh, tooSmall, tooRough;
boolean done = false;
```

自测题

SR2.14　什么是基本类型数据？它与对象有什么不同？

SR2.15　一个整型变量能保存多大的数值？

SR2.16　Java 中的 4 种整型数据类型分别是什么？它们有何不同？

SR2.17　Java 中默认整型数值常量是什么类型的？如何区分不同类型的整型数值常量？

SR2.18　Java 中默认浮点型数值常量是什么类型的？如何区分不同类型的浮点型数值常量？

SR2.19　什么是字符集？

SR2.20　ASCII 字符集、扩展 ASCII 字符集、Unicode 字符集分别支持多少个字符？

2.4　表达式

表达式由一个以上的运算符和操作数按一定规则组合而成，通常用于完成计算。其计算结果一般是一个数值，但也不一定总是数值。用于计算的操作数可以是数值常量、符号常量、变量或其他某种类型的数据。计算和使用表达式的方式是程序设计的基础。下面重点讨论使用数值运算符并产生数值结果的算术表达式。

> **重要概念：**表达式是运算符和操作数按一定规则构成的组合，用于完成计算。

2.4.1　算术运算符

算术运算符用于整型和浮点型数据的运算，包括加(+)、减(−)、乘(*)、除(/)。Java 还提供了另外一种算术运算：求余运算(%)。求余运算返回第二个操作数除第一个操作数的余数。有时，求余运算符也称为模运算符。求余运算返回值的符号与被除数符号一致，如下表所示。

运　　算	结　　果
17 % 4	1
–20 % 3	-2
10 % –5	0
3 % 8	3

正如我们所期望的，对于任何数值型运算符的操作数，如果有一个或两个操作数是浮点值，则运算结果就是浮点值。但是，除法运算所产生的计算结果类型并不那么直观，其计算结果类型依赖于操作数的类型。如果两个操作数都是整型值，那么运算符"/"完成整型除法，忽略计算结果的小数部分。如果操作数中含有浮点值，那么运算符"/"执行浮点除法，计算结果含有小数部分。例如，10 / 4 = 2。但是，10.0 / 4、10 / 4.0 和 10.0 / 4.0 的结果都是 2.5。

一元运算符只有一个操作数，而二元运算符有两个操作数。"+"和"–"算术运算符可以是一元或者二元运算符。作为二元运算符时，它们分别完成加、减运算；作为一元运算符时，它们分别表示正、负数。例如，–1 使用一元运算符"–"确定该数为负值。一元运算符"+"则很少使用。

Java 没有内置的指数运算符，但是 Math 类提供的一些方法可以实现指数运算和其他一些数学函数运算。Math 类将在第 3 章讨论。

2.4.2　运算符优先级

运算符可以组合起来形成更复杂的表达式。例如，考虑下面的语句：

```
result = 14 + 8 / 2;
```

这条语句首先对赋值语句的整个右边表达式求值，然后将计算结果保存在 result 变量中。result 的值到底是多少？如果首先执行加法运算，则 result 中保存的值是 11；如果首先执行除法运算，则 result 的值是 18。运算符求值顺序的不同，导致了计算结果的不同。这里会首先执行除法运算，最终结果为 18。

> **重要概念：**Java 遵循一组定义良好的优先级规则，这组规则控制了表达式的求值顺序。

注意，为了简化表达式，上述例子及后续的例子都使用数值常量而不是变量。无论操作数是变量或其他形式的数据，运算符求值的顺序都是相同的。

运算符优先级层次结构建立了控制运算的求值顺序规则，所有表达式的计算都遵循这一规则。算术运算符通常都遵循与代数运算相同的运算规则。乘法、除法和求余运算符具有相同的运算符优先级，它们都先于加法、减法进行运算，比加法、减法运算符的优先级更高。加法、减法运算符的优先级相同。

对于具有相同优先级的运算符，按照从左到右的顺序执行运算，因而算术运算符具有从左到右的结合方向。

在一个表达式中，还可以使用圆括号来强制改变运算符的优先顺序。例如在上例中，如果希望先进行加法运算，那么表达式如下：

```
result = (14 + 8) / 2;
```

这条语句首先计算圆括号中的表达式。在复杂的表达式中用圆括号来确定运算优先顺序是一种好方法，即使没有必要增加圆括号时也是如此，因为增加圆括号可使表达式的运算顺序更加清晰。

圆括号还可以嵌套使用，表达式的计算将从嵌套的最内层的圆括号开始，如下所示：

```
result = 3 * ((18 - 4) / 2);
```

在这个例子中，计算结果是 21。因为由内层圆括号确定了首先计算减法，而外层圆括号的作用是先计算除法，再计算乘法。虽然乘法、除法运算符具有相同的运算符优先级，并且通常从左到右运算，但是圆括号改变了乘法、除法的运算顺序。

算术运算完成以后，计算结果保存在赋值运算符(=)左边的变量中。换句话说，赋值运算符的运算符优先级比算术运算符的低。

一个求值表达式的运算顺序可以用一棵表达式树来描述，如图 2.3 所示。运算顺序由树的底层向上进行，逐层产生将用于计算后续表达式的值。因而，位于树底层的运算具有更高的优先级，或者需利用圆括号强制树底层的运算更早地执行。

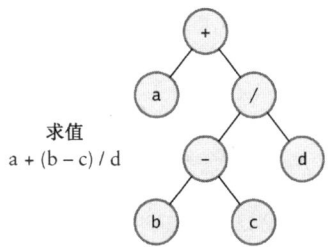

求值
a + (b − c) / d

图 2.3 表达式树

用于表达式的圆括号本身也是运算符。圆括号具有几乎比其他任何运算符都高的优先级。图 2.4 给出了算术运算符、圆括号和赋值运算符的优先级表。附录 C 列出了 Java 所有运算符的完整优先级表。

优 先 级	运 算 符	运 算	结 合 性
1	+	一元加	从右到左
	−	一元减	
2	*	乘法	从左到右
	/	除法	
	%	求余	
3	+	加法	从左到右
	−	减法	
	+	字符串拼接	
4	=	赋值	从右到左

图 2.4 部分 Java 运算符的优先级

对于一个语法正确的表达式，必须嵌套正确的圆括号，左、右圆括号应当匹配且个数相等。下面是两个无效表达式的例子：

```
result = ((19 + 8) % 3) - 4);    // not valid
result = (19 (+ 8 %) 3 - 4);     // not valid
```

记住，每当引用一个表达式中的变量时，该变量的当前值将用于计算。在下面的赋值语句中，变量 count 的当前值与变量 total 的当前值相加后的结果保存在变量 sum 中。

```
sum = count + total;
```

sum 变量中赋值前的原始值被计算结果替代，而保存在 count 和 total 中的值不会改变。

赋值语句左、右两边可能出现相同的变量。假定执行下面的赋值语句时，count 变量中的当前值是 15：

```
count = count + 1;
```

由于首先计算右边表达式的值,取 count 的当前值加 1,计算结果为 16 并保存在变量 count 中。新值 16 将覆盖原始值 15,因此该赋值语句是将 count 变量的值加 1。

下面是另外一个例子。例 2.7 给出的 TempConverter 程序,其功能是利用一个公式将摄氏温度转换为华氏温度,计算公式如下:

$$华氏温度 = \frac{9}{5} \times 摄氏温度 + 32$$

例 2.7

```
1    //********************************************************************
2    //  TempConverter.java          Author: Lewis/Loftus
3    //
4    //  Demonstrates the use of primitive data types and arithmetic
5    //  expressions.
6    //********************************************************************
7
8    public class TempConverter
9    {
10       //-----------------------------------------------------------------
11       // Computes the Fahrenheit equivalent of a specific Celsius
12       // value using the formula F = (9/5)C + 32.
13       //-----------------------------------------------------------------
14       public static void main(String[] args)
15       {
16          final int BASE = 32;
17          final double CONVERSION_FACTOR = 9.0 / 5.0;
18
19          double fahrenheitTemp;
20          int celsiusTemp = 24;  // value to convert
21
22          fahrenheitTemp = celsiusTemp * CONVERSION_FACTOR + BASE;
23
24          System.out.println("Celsius Temperature: " + celsiusTemp);
25          System.out.println("Fahrenheit Equivalent: " + fahrenheitTemp);
26       }
27    }
```

输出

```
Celsius Temperature: 24
Fahrenheit Equivalent: 75.2
```

注意,程序中除法的操作数是浮点值,以保证计算结果的小数部分能保留下来。根据运算符优先级规定,表达式中的乘法将在加法之前计算。

TempConverter 程序并不实用,因为它只转换程序中指定的一个常量摄氏温度(摄氏温度 24),每运行一次程序将产生相同的转换结果。真正实用的程序应当在用户执行程序时获取需要转换的摄氏温度,因此后面将讨论读取用户输入值的交互程序。

2.4.3 自增和自减运算符

还有两种算术运算符：自增运算符(++)和自减运算符(—)。自增运算符将整型和浮点型变量的值加 1，两个加号构成该运算符，不可加入空格而使加号分离。自减运算符与自增运算符类似，不同的是将整型和浮点型变量的值减 1。这两种运算符只需一个操作数。下面的语句将 count 变量的值增 1：

```
count++;
```

计算结果将存回变量 count。因此，上述语句在功能上等价于下面的语句：

```
count = count + 1;
```

自增、自减运算符可以位于变量之后(如 count++ 或 count—)，称为后缀形式运算符；也可以位于变量之前(如++count 或—count)，称为前缀形式运算符。当将这类运算符独立用在一条语句中时，前缀形式和后缀形式的功能是等价的，即下面两种语句的写法是没有差别的：

```
count++;
```

或者

```
++count;
```

但是对于上述情况，通常采用后缀形式。

当自增、自减运算符用在较复杂的表达式中时，得到的计算结果可能是不同的，这取决于所用运算符的前缀、后缀形式。例如，如果变量 count 的当前值是 15，那么下面的语句将 15 赋给变量 total，再将变量 count 的值增 1：

```
total = count++;
```

但是，下面的语句先将变量 count 的值增 1，得到 16，再将 16 赋给变量 total，两个变量最后的值都为 16：

```
total = ++count;
```

在上述两条语句中，变量 count 的值都被增 1。但是，表达式的计算结果是 16 或 15，取决于自增运算符的前缀、后缀形式。

自增、自减运算符的前缀、后缀形式具有一些微妙的差异，因此应该小心使用。基本的原则是使用该运算符时应注重可读性。

2.4.4 赋值运算符

为了方便性，Java 定义了一组赋值运算符，将一些基本运算和赋值运算组合在一起。例如，下面这条使用"+="运算符的语句：

```
total += 5;
```

等价于语句：

```
total = total + 5;
```

赋值运算符右边是完整的表达式，5 加到左边变量的当前值上，再将结果值赋给左边变量，即结果值保存在左边变量 total 中。这样，如下的语句：

```
total += (sum - 12) / count;
```

等价于:

```
total = total + ((sum - 12) / count);
```

Java 定义了许多类似的组合赋值运算符,包括减法(-=)、乘法(*=)、除法(/=)和求余(%=)运算。附录 C 讨论了完整的 Java 运算符。

所有的组合赋值运算符都是首先计算整个表达式的值,然后将计算结果作为组合赋值运算符的右操作数与左边变量的值进行计算,再将结果值赋给左边变量。这样,如下的语句:

```
result *= count1 + count2;
```

等价于:

```
result = result * (count1 + count2);
```

同样,如下的语句:

```
result %= (highest - 40) / 2;
```

等价于:

```
result = result % ((highest - 40) / 2);
```

一些组合赋值运算符执行的具体功能依赖于操作数的类型,其特点与相应的基本运算符一致。例如,如果 "+=" 运算符的操作数是字符串,那么该运算符将执行字符串拼接操作。

自测题

SR2.21　Java 表达式 19 % 5 的结果是什么? 为什么?

SR2.22　Java 表达式 13 / 4 的结果是什么? 为什么?

SR2.23　如果整型变量 diameter 的当前值为 5,那么执行下列表达式后,其值将变成什么?为什么?

```
diameter = diameter * 4;
```

SR2.24　什么是运算符优先级?

SR2.25　下列表达式的值分别是多少?

```
a. 15 + 7 * 3
b. ( 15 + 7 * 3
c. 3 * 6 + 10 / 5 + 5
d. 25 % 5 + 7 % 3
e. 100 / 2 / 2 / 2
f. 100 / ( 2 / 2 ) / 2
```

SR2.26　判断下列表达式是否有效。若无效,请给出理由。

```
a. result = ( 5 + 2 );
b. result = ( 5 + 2 * ( 15 - 3 );
c. result = ( 5 + 2 (;
d. result = ( 5 + 2 ( 4 ) );
```

SR2.27　执行下列代码后,整型变量 result 的值是多少?

```
result = 27;
result = result + 3;
result = result / 7;
result = result * 2;
```

SR2.28　执行下列代码后，整型变量 result 的值是多少？

```
int base;
int result;
base = 5;
result = base + 3;
base = 7;
```

SR2.29　什么是赋值运算符？

SR2.30　如果整型变量 weight 的当前值为 100，那么执行下列表达式后，其值将变成什么？为什么？

```
weight -= 17;
```

2.5　数据类型转换

　　由于 Java 是强类型化的语言，因此每一个数据值都与某种特定的类型相关联。有时，程序需要将一种数据类型的值转换成另一种类型，但是这样做时需小心，以免在处理过程中丢失重要的信息。例如，假设要将一个 short 型变量（其值为 1000）转换成一个 byte 型值，由于 byte 型变量没有足够的二进制位表示值 1000，所以在转换时将会丢失一些二进制位，这样就与原始值不一致了。

　　基本数据类型间的类型转换可分为两类：扩展类型转换和压缩类型转换。扩展类型转换是安全的类型转换，因为它通常不会丢失信息。之所以称为扩展类型转换，是因为在进行类型转换时，将使用相等的或者更大的存储空间来保存转换后的值。图 2.5 列出了 Java 中的一些扩展类型转换。

转换前类型	转换后类型
byte	short, int, long, float, double
short	int, long, float, double
char	int, long, float, double
int	long, float, double
long	float, double
float	double

图 2.5　Java 的扩展类型转换

　　例如，数据从 byte 型转换为 short 型是安全的，因为 byte 型变量用 1 字节保存数据，而 short 型变量用 2 字节保存数据，没有信息丢失。从一种整型转换为另一种整型，或者从一种浮点型转换为另一种浮点型的扩展类型转换，都可以准确地保留原始数据的值。

　　尽管扩展类型转换不会丢失被转换值的范围信息，但转换为浮点值时有可能损失数据值的精度。将 int 型或 long 型转换为 float 型时，或者将 long 型转换为 double 型时，某些最低有效位数字可能丢失。这时，将依照 IEEE 754 浮点数标准的舍入技术，得到的浮点值将是整型值的舍入版本。

重要概念：压缩类型转换将丢失信息，因此应当避免使用。

　　相对扩展类型转换，压缩类型转换更容易丢失信息。这种类型转换通常用更少的存储空间来保存转换后的值，因此某些信息会被舍弃。压缩类型转换可能会使数据的范围和精度同时遭受损失。原则上应当避免这种类型转换。图 2.6 列出了 Java 的一些压缩类型转换。

转换前类型	转换后类型
byte	char
short	byte, char
char	byte, short
int	byte, short, char
long	byte, short, char, int
float	byte, short, char, int, long
double	byte, short, char, int, long, float

图 2.6   Java 的压缩类型转换

进行压缩类型转换时，新类型的空间相对转换前的空间总是变小。但是，由 byte 型（8 位）或 short 型（16 位）转换为字符型 char（16 位）时是一个例外，由于被转换数值的符号位会融入新的字符值中，因此仍然认为这种情况是压缩类型转换。字符值是无符号的，因此一个负整数转换为字符后，它就与原始整型值无关。

注意，上述两类转换都未涉及 boolean 型值。boolean 型值不能转换为任何一种基本数据类型，反之亦然。

2.5.1   数据类型转换技术

在 Java 中，数据转换的方式有三种：

- 赋值类型转换
- 提升类型转换
- 强制类型转换

当需要将一种类型的值赋给另一种类型的变量时，该值将被转换为新类型的值，此时就发生了赋值类型转换。进行赋值类型转换时，只能执行扩展类型转换。例如，money 是浮点型变量，dollars 是整型变量，下面的语句自动将 dollars 的值转换为浮点型：

```
money = dollars;
```

因此，如果 dollars 的值为 25，则执行赋值语句后，money 的值为 25.0。如果试图将 money 的值赋给 dollars 变量，则编译器将给出一个错误信息，警告用户正试图进行压缩类型转换，可能会丢失信息。如果用户确实需要执行这样的赋值操作，就必须使用强制类型转换。

当某种运算符为了进行运算而需要修改其操作数类型时，将进行自动提升类型转换。例如，浮点型变量 sum 除以整型变量 count 时，在进行除法运算之前，count 中的整型值将被自动提升为类型级别更高的浮点值，最终产生浮点型运算结果：

```
result = sum / count;
```

一个数值与一个字符串拼接时，会发生类似的提升类型转换。首先将该数值转换（提升）为字符串，然后将两个字符串拼接。

强制类型转换是 Java 中最常见的类型转换形式。如果必须在 Java 程序中实现某种类型转换，则可以采用强制类型转换。强制类型转换通过一个 Java 运算符执行，它由一对圆括号中的类型名称指定，并且放在待转换的变量或数值之前。例如，为了将 money 转换为整型值，可以使用强制类型转换符：

```
dollars = (int) money;
```

这个强制类型转换符(int)会丢弃 money 的小数部分，返回一个整型值。如果 money 的值为84.69，则执行上述语句后 dollars 的值为 84。注意，这一赋值操作不会改变 money 的值，它的值仍为 84.69。

在许多情况下，我们需要临时将某个值作为其他类型的值使用，这时强制类型转换符就很有用。例如，如果需要将两个整型值 total 和 count 相除后得到浮点型计算结果，可以执行语句：

```
result = (float) total / count;
```

首先，强制类型转换符将 total 的值转换为一个新的浮点值。这一操作不会改变 total 的原始值。然后，根据算术运算的提升类型转换规则，将 count 中的值转换为更高级别的浮点值。接着，除法运算符将执行浮点除法操作，产生预期的浮点型计算结果。如果不使用强制类型转换符，则上述语句将会进行整型除法运算，计算结果的小数部分被截断后再赋值给 result 变量。还要注意，强制类型转换的优先级高于除法运算，因此强制类型转换符的操作数是 total 的值，而不是除法计算的结果值。

自测题

SR2.31 为什么扩展类型转换比压缩类型转换安全？

SR2.32 判断以下各类型转换属于扩展类型转换还是压缩类型转换。

a. int 型到 long 型

b. int 型到 byte 型

c. byte 型到 short 型

d. byte 型到 char 型

e. short 型到 double 型

SR2.33 假设 result 是一个 float 型变量，value 是一个 int 型变量。执行以下赋值语句以后，变量 value 将是什么类型？为什么？

```
result = value;
```

SR2.34 假设 result 是一个 float 型变量，其值为 27.32，value 是一个 int 型变量，其值为 15。执行以下语句后，两个变量的值分别是多少？为什么？

```
value = (int) result;
```

SR2.35 根据变量声明，下列各赋值语句中存放的结果是什么？

```
int iResult, num1 = 17, num2 = 5;
double fResult, val1 = 12.0, val2 = 2.34;
```

a. iResult = num1 / num2;

b. fResult = num1 / num2;

c. fResult = val1 / num2;

d. fResult = (double) num1 / num2;

e. iResult = (int) val1 / num2;

2.6　交互式程序

如果程序能在执行期间交互地从用户输入中读取数据，就可使程序每执行一次，能够根据输入数据得到新结果。这样的程序才具有实用性。

2.6.1　Scanner 类

Scanner 类属于 Java API，可提供一些方便的方法用于交互式读取不同类型的输入数据。输入可以来自不同的数据源，包括用户键入的数据或保存在文件中的数据。Scanner 类还可以用于将一个字符串解析为若干个子串。图 2.7 列举了由 Scanner 类提供的部分方法。

```
Scanner(InputStream source)
Scanner(File source)
Scanner(String source)
    构造方法：建立一个新的 Scanner 对象，从指定的源获取值。

String next()
    以字符串形式返回下一个输入数据项。

String nextLine()
    以字符串形式返回当前行剩余的所有输入数据项。

boolean nextBoolean()
byte nextByte()
double nextDouble()
float nextFloat()
int nextInt()
long nextLong()
short nextShort()
    以指定的类型返回下一个输入数据项。如果下一个数据项与指定的类型不一致，则将抛出异常
    InputMismatchException。
boolean hasNext()
    如果 Scanner 对象还有输入数据项，则返回 true。

Scanner useDelimiter(String pattern)
Scanner useDelimiter(Pattern pattern)
    设置 Scanner 对象的分隔符模式。

Pattern delimiter()
    返回 Scanner 对象当前正使用的匹配分隔符的模式。

String findInLine(String pattern)
String findInLine(Pattern pattern)
    试图找到下一个符合指定模式的数据项，忽略分隔符。
```

图 2.7　Scanner 类提供的部分方法

重要概念：Scanner 类提供了一些从不同数据源读取各种类型数据的方法。

首先必须创建 Scanner 类对象，以便调用其方法。在 Java 中用 new 运算符创建对象。下面的声明创建一个从键盘读取输入数据的 Scanner 对象：

```
Scanner scan = new Scanner(System.in);
```

上述语句创建了一个变量 scan，它代表一个 Scanner 对象。该对象本身由 new 运算符创建。new 运算符将调用 Scanner 类的一个特殊方法(称为构造方法)来建立对象。Scanner 类的构造方法接收一个参数，该参数指定输入数据源。System.in 对象代表标准输入流设备，默认为键盘。关于用 new 运算符创建对象的方法将在第 3 章进一步讨论。

　　除非特别说明，否则假定 Scanner 对象使用空白符(空格符、制表符和换行符)用于分离输入数据流中的各个数据项(称为"令牌")。上述空白符也称为输入分隔符。如果输入项是用非空白符分隔的，则可以重新定义一组输入分隔符。

　　Scanner 类的 next 方法将下一个输入项作为字符串读入并返回该字符串。因此，如果输入数据由一系列用空格分隔的单词组成，则每次调用 next 方法将返回下一个单词。nextLine 方法读取所有数据，直到输入行结束，并将所读取数据作为一个字符串返回。

　　例 2.8 给出的 Echo 程序，其功能是读取用户键入的一行文本，存放在 String 型的变量中，然后显示在屏幕上。

例 2.8

```
1    //**********************************************************************
2    //   Echo.java          Author: Lewis/Loftus
3    //
4    //   Demonstrates the use of the nextLine method of the Scanner class
5    //   to read a string from the user.
6    //**********************************************************************
7
8    import java.util.Scanner;
9
10   public class Echo
11   {
12      //----------------------------------------------------------------
13      // Reads a character string from the user and prints it.
14      //----------------------------------------------------------------
15      public static void main(String[] args)
16      {
17          String message;
18          Scanner scan = new Scanner(System.in);
19
20          System.out.println("Enter a line of text:");
21
22          message = scan.nextLine();
23
24          System.out.println("You entered: \"" + message + "\"");
25      }
26   }
```

输出

```
Enter a line of text:
Set your laser printer on stun!
You entered: "Set your laser printer on stun!"
```

　　在 Echo 类定义代码前面的一行 import 语句告诉程序将使用 Scanner 类。Scanner 类是 java.util 类库的一部分。import 语句的用法将在第 3 章讨论。

　　有各种不同的 Scanner 类方法，如 nextInt 和 nextDouble，用于读取不同类型的数据。例 2.9 中的 GasMileage 程序按 int 值读取行程英里数，按 double 值读取消耗的燃料加仑数，然后计算消耗每加仑燃料所行驶的里程数。

例 2.9

```
1    //*****************************************************************
2    //  GasMileage.java         Author: Lewis/Loftus
3    //
4    //  Demonstrates the use of the Scanner class to read numeric data.
5    //*****************************************************************
6
7    import java.util.Scanner;
8
9    public class GasMileage
10   {
11       //------------------------------------------------------------
12       // Calculates fuel efficiency based on values entered by the
13       // user.
14       //------------------------------------------------------------
15       public static void main(String[] args)
16       {
17           int miles;
18           double gallons, mpg;
19
20           Scanner scan = new Scanner(System.in);
21
22           System.out.print("Enter the number of miles: ");
23           miles = scan.nextInt();
24
25           System.out.print("Enter the gallons of fuel used: ");
26           gallons = scan.nextDouble();
27
28           mpg = miles / gallons;
29
30           System.out.println("Miles Per Gallon: " + mpg);
31       }
32   }
```

输出

```
Enter the number of miles:  328
Enter the gallons of fuel used:  11.2
Miles Per Gallon: 29.28571428571429
```

　　由 GasMileage 程序的输出可以看出，计算所得的浮点数结果精确到了若干位小数。第 3 章将讨论几个类，这些类能够以各种方式对输出信息进行格式化控制，包括将浮点值四舍五入到指定的小数位数。

　　Scanner 对象一次处理输入中的一个数据项，并通过所使用的方法读取数据项，用分隔符分隔各数据项。因此，同一行输入可以含有多项数据值，或者多项数据值可以分成多行分别输入。

　　在第 5 章中，将使用 Scanner 类从数据文件读取数据，并修改用于解析数据的分隔符。附录 H 探讨了如何根据正则表达式设置的模式，使用 Scanner 类来解析输入数据项。

自测题

SR2.36　找出程序 GasMileage 中哪一行与下列叙述相对应。

　　　a. 通知程序将使用 Scanner 类。

　　　b. 创建一个 Scanner 对象。

　　　c. 创建一个 Scanner 对象 scan，用来从标准输入流读取数据。

　　　d. 从标准输入流读取一个整型数据。

SR2.37　假设在程序中已经创建了一个 Scanner 对象 myScanner 和一个整型变量 value。

```
Scanner myScanner = new Scanner(System.in);
int value = 0;
```

编写一个程序，提示用户输入年龄，并将输入值存放到 value 变量中。

重要概念小结

- print 和 println 方法代表 System.out 对象提供的两个服务。
- 转义序列用于表示可能会导致编译错误的特殊字符。
- 变量为某个主存位置的名称，用于保存特定数据类型的值。
- 读取数据并不会改变它在主存中的值，但赋值语句会覆盖旧数据。
- 不允许将一个值赋给一个类型不兼容的变量。
- 常量在存续期间保存着一个固定的值。
- Java 有 2 种基本的数值型：整型和浮点型，其中包括 4 种整型和 2 种浮点型。
- Java 使用 16 位 Unicode 字符集表示字符。
- 表达式是运算符和操作数按一定规则构成的组合，用于完成计算。
- Java 遵循一组定义良好的优先级规则，这组规则控制了表达式的求值顺序。
- 压缩类型转换将丢失信息，因此应当避免使用。
- Scanner 类提供了一些从不同数据源读取各种类型数据的方法。

练习题

EX2.1　常量值 4、4.0、'4'和"4"有什么不同？

EX2.2　用对象和其提供的服务解释下面的编程语句：

```
System.out.println("I gotta be me!");
```

EX2.3　如下代码段产生的输出是什么？为什么？

```
System.out.print("Here we go!");
System.out.println("12345");
System.out.print("Test this if you are not sure.");
System.out.print("Another.");
System.out.println();
System.out.println("All done.");
```

EX2.4   如下语句中有什么错误? 应该如何修正它?

```
System.out.println("To be or not to be, that
is the question.");
```

EX2.5   下列语句产生的输出是什么? 为什么?

```
System.out.println("50 plus 25 is " + 50 + 25);
```

EX2.6   下列语句产生的输出是什么? 为什么?

```
System.out.println("He thrusts his fists\n\tagainst" +
"the post\nand still insists\n\the sees the \"ghost\"");
```

EX2.7   执行下列语句后, 整型变量 size 的值是多少?

```
size = 18;
size = size + 12;
size = size * 2;
size = size / 4;
```

EX2.8   执行下列语句后, 浮点型变量 depth 的值是多少?

```
depth = 2.4;
depth = 20 - depth * 4;
depth = depth / 5;
```

EX2.9   执行下列语句后, 整型变量 length 的值是多少?

```
length = 5;
length *= 2;
length *= length;
length /= 100;
```

EX2.10   编写 4 条不同的程序语句, 使整型变量 total 的值增加 1。

EX2.11   根据变量声明, 下列各赋值语句中存放的结果是什么?

```
int iResult, num1 = 25, num2 = 40, num3 = 17, num4 = 5;
double fResult, val1 = 17.0, val2 = 12.78;
```

a. iResult = num1 / num4;

b. fResult = num1 / num4;

c. iResult = num3 / num4;

d. fResult = num3 / num4;

e. fResult = val1 / num4;

f. fResult = val1 / val2;

g. iResult = num1 / num2;

h. fResult = (double) num1 / num2;

i. fResult = num1 / (double) num2;

j. fResult = (double) (num1 / num2);

k. iResult = (int) (val1 / num4);

l. fResult = (int) (val1 / num4);

m. fResult = (int) ((double) num1 / num2);

n. iResult = num3 % num4;

o. iResult = num2 % num3;

p. iResult = num3 % num2;

q. iResult = num2 % num4;

EX2.12　对于下面的表达式，指明各运算符的执行顺序，然后在每个运算符下标注顺序编号。

a. a - b - c - d
b. a - b + c - d
c. a + b / c / d
d. a + b / c * d
e. a / b * c * d
f. a % b / c * d
g. a % b % c % d
h. a - (b - c) - d
i. (a - (b - c)) - d
j. a - ((b - c) - d)
k. a % (b % c) * d * e
l. a + (b - c) * d - e
m. (a + b) * c + d * e
n. (a + b) * (c / d) % e

编程项目

PP2.1　修改第 1 章中的 Lincoln 程序，输出结果时在名言的两端加上引号。

PP2.2　编写一个程序，读取三个整数，然后输出它们的平均值。

PP2.3　编写一个程序，读取两个浮点数，然后输出它们的和、差及乘积。

PP2.4　编写一个程序，输出提示信息并读入某人的姓名、年龄、毕业学院及宠物的名字。然后，输出下述文字，并用适当的数据替换其中的斜体字。

　　　　Hello, my name is *name* and I am *age* years old. I'm enjoying my time at *college*, though I miss my pet *petname* very much!

PP2.5　编写一个 TempConverter 程序，读取用户输入的华氏温度，然后转换成摄氏温度。

PP2.6　编写一个程序，将英里数转换为千米数（1 英里等于 1.609 35 千米）。以浮点型读取用户输入的英里数。

PP2.7　编写一个程序，提示并读入表示速度和旅行距离的整型值，然后以浮点型显示旅行所需要的时间。

PP2.8　编写一个程序，以小时、分、秒读取时间长度，然后全部换算成秒并输出结果。例如，1 小时 28 分 42 秒等于 5322 秒。

PP2.9　编写一个程序，将上一题的过程反过来。即读入一个以秒为单位的时间长度，然后换算成小时、分和秒的组合表达方式并输出结果。例如，9999 秒等于 2 小时 46 分 39 秒。

PP2.10　编写一个程序，确定储钱罐里的硬币总面值并以美元和美分为单位输出钱数。读取分别代表 25 美分、10 美分、5 美分和 1 美分硬币数量的整数。

PP2.11　编写一个程序，提示输入一个代表总钱数的 double 值。为了获得这个输入的总钱数，需要确定每种纸币和硬币所需的最少数量(假设 10 美元纸币为所需的最大面额)。例如，如果输入的值为 47.63(47 美元 63 美分)，那么程序应当输出如下结果：

```
4 ten dollar bills
1 five dollar bills
2 one dollar bills
2 quarters
1 dimes
0 nickles
3 pennies
```

PP2.12　编写一个程序，提示输入一个整数作为正方形的边长，然后输出它的周长和面积。

PP2.13　编写一个程序,提示输入两个整数分别作为分数的分子和分母,然后输出其小数表示。

软件失误案例：NASA "火星气象观测卫星"和"火星极地登陆者号"

事件概述

NASA 科学家们在"火星极地登陆者号"上工作

来源：NASA

　　作为探索火星任务的一部分，NASA(美国航空航天局)在 1998 年 12 月和 1999 年 1 月先后发射了"火星气象观测卫星"和"火星极地登陆者号"。这两种太空设备是专门为探索火星不同季节的大气状况而设计的。可以通过它们来搜集火星上关于温度、尘土、水气、云层和二氧化碳含量(从火星极地区域采集)的信息。

　　在经过 9 个月的航行之后，卫星于 1999 年 9 月抵达火星附近，并发动了主引擎来定位它的飞行轨道。卫星比原计划晚 5 分钟经过火星的背面(从地球的角度来看)，从而使 NASA 无法与本应出现的卫星取得联系。查看记录数据，发现当卫星进入轨道时高度只有 57 km，但预订高度是 140 km，而最低飞行高度也在 85～100 km 之间。NASA 推断卫星被大气的摩擦力摧毁了。

"火星极地登陆者号"于 1999 年 12 月抵达火星，而且所有的数据都表明，它会在预计的火星南极登陆点的 10 km 范围内成功软着陆。然而，当它进入大气层后就与 NASA 控制中心失去了联系。在随后的数周至数月中，多种试图与它重新建立联系的方式均以失败告终。

这两项工程总共花费了 3.276 亿美元。

事故原因

造成卫星失事的根本原因是通信问题。航天器的导航系统采用的是英制单位(磅力)，但航天器设计本身采用的是公制单位(牛顿)，所以导航系统与实际飞行中的测量结果相差 4.45 倍。造成这种测量单位不匹配现象的部分原因是，航天器是由科罗拉多州的一个小组设计的，而导航系统是由位于加利福尼亚州的另一个小组设计的。

虽然导致"火星极地登陆者号"通信故障的原因还没有发现，但是可以确信的是与卫星失事的原因并没有多大关系。调查发现，最有可能是由软件错误引起的，软件错误地将"火星极地登陆者号"伸展产生的震动当成是实际着陆产生的震动。这个错误促使"火星极地登陆者号"在离地面还有 40 m 的距离时关闭了其下降引擎。当然，也可能存在其他原因。

经验教训

通过"火星气象观测卫星"中的测量单位不匹配，可以看出人们往往忽略高度复杂系统中一些显而易见的问题。错误虽然不可避免，但是必须处理好这样的关键错误。调查结果表明，跟踪与二次检查那些子系统之间共享的元素的系统还不够强健。项目组中新成员的培训与交流也不一致，一些通信线路很不正规。简而言之，这项任务缺乏一个严格的全局视角，导致不能及时发现单位不匹配的问题。

在原因没有被分析清楚之前，就很难对"火星极地登陆者号"的问题给出一个确切的结论。实际上，也不外乎是一个简单的问题，那就是低估了进行充分评估、仿真、危急情况测试的必要性。

来源：NASA

第 3 章　类 与 对 象

本章目标

1. 讨论对象的创建和对象引用变量的使用。
2. 讲解 String 类提供的服务。
3. 探讨 Random 类和 Math 类提供的服务。
4. 分析格式化输出的途径。
5. 介绍枚举类型。
6. 讨论包装器类和自动装箱。
7. 介绍 JavaFX API。
8. 讲解用于显示形状的类。

本章进一步探讨预定义类及其对象的使用。使用类和对象所提供的服务是面向对象软件的基本做法，并可为编写用户自己的类奠定基础。本章将利用类和对象来处理字符串、产生随机数、执行复杂计算和格式化输出信息。此外，还将介绍 Java 的枚举类型，并讨论包装器类的概念。本章还将开始我们的"图形设计之路"，即引入图形程序设计的概念。

3.1　创建对象

第 1 章末尾讲解了面向对象的概念及类和对象之间的基本关系。第 2 章讨论了 Java 的基本数据类型，并给出了使用对象的几个例子。本章将进一步深入探讨有关类和对象的概念。

前面给出的例子多次使用了 println 方法，这一方法是标准输出流 System.out 对象提供的服务。更准确地说，标识符 out 是一个对象变量，保存在 System 类中。System 类是 Java 标准类库中的预定义类，用户只需直接使用，不必定义。

第 2 章还使用了 Scanner 类，这个类的对象允许从键盘或文件读取输入数据。可以用 new 运算符创建一个 Scanner 对象。一旦创建了对象，就可以使用它提供的各种服务，即可以引用对象的方法。

下面将详细分析创建和使用对象的思路。在 Java 中，变量名可以代表一个基本数据类型的值或者一个对象。像基本数据类型变量一样，对象变量也必须声明。定义对象的类可以视为对象的类型。声明对象变量的语法与声明基本数据类型变量的语法类似。

考虑如下两条声明语句：

```
int num;
String name;
```

第一条声明语句创建了一个保存整型值的变量，第二条声明语句创建的是一个 String 变量，它保存了指向 String 对象的引用。对象变量不能保存对象本身，而是保存该对象的地址。

开始时，上述经过声明的变量并不包含任何数据，即变量是未初始化的，如下所示：

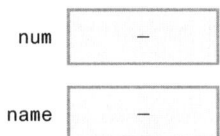

正如第 2 章所指出的，使用变量前必须先初始化它。对于对象变量而言，这意味着在使用它之前，必须确保它已经指向一个有效的对象。如果试图在初始化之前就使用变量，则编译器通常会给出一条错误消息。

可以将一个对象变量设置为 null，它是 Java 的保留字，专门用于表示该变量不指向任何对象。

注意，尽管已经声明了一个 String 型引用变量，但实际上还不存在 String 对象。使用 new 运算符创建对象的行为称为实例化。一个对象是一个类的实例。要实例化对象，可以使用 new 运算符返回新对象的地址。下面两条赋值语句给前面已声明的两个变量赋值：

```
num = 42;
name = new String("Katherine Gosling");
```

使用 new 运算符创建对象之后，将调用类的构造方法初始化新对象。构造方法是类的一种特殊方法，其方法名与类名相同。这个例子中，构造方法用于对新对象初始化的参数是一个字符串常量，初始化后新的 String 对象将保存该字符串常量。赋值语句执行后，两个变量的内容如下：

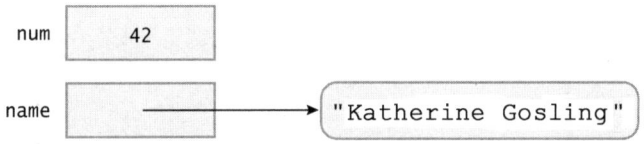

> **重要概念：** new 运算符返回对新建对象的引用。

由于对象引用变量保存的是对象的地址，因此可以视其为指向对象存储单元的指针。对象存储单元的实际数值地址可以显示出来，但这无关紧要，我们只关心该变量指向了一个具体的对象。

初始化对象之后，就可以用点运算符"."来引用它的方法。实际上，第 2 章的程序实例已经多次使用了点运算符，例如调用 System.out.println 方法。点运算符直接跟在对象名之后，接着给出被调用的方法。例如，要引用定义在 String 类中的 length 方法，可以在 name 对象变量后使用点运算符：

```
count = name.length()
```

length 方法没有参数，但仍需要保留圆括号，以标识 length 是一个被调用的方法。有些方法执行完成后会产生返回值。String 类的 length 方法的目的是确定并返回 String 对象所保存的字符串的长度(字符个数)。上述例子中，由 length 方法返回的值将赋给变量 count。对于字符串"Katherine Gosling"，返回值是 17，字符串中包含的空格也计算在内。有些方法不返回值。下一节将探讨其他的 String 方法。

通过在声明时初始化对象，可以将声明对象变量和创建对象合并为一步操作。这与基本数据类型变量的声明和初始化方法类似：

```
String title = new String("Java Software Solutions");
```

虽然 String 类不是基本数据类型，但由于这种类型也是非常基础的，并且使用频繁，所以 Java 定义了用双引号作为定界符的字符串常量，作为一种简洁表示的字符串。每当出现字符串常量时，就会自动建立 String 对象。因此，下面的声明是有效的：

```
String city = "London";
```

也就是说，对于 String 对象，无须显式地使用 new 运算符及调用构造方法来创建对象。大多数情况下，本书中都将使用这种简化形式的语法。

3.1.1 别名

由于对象引用变量保存的是地址，因此程序员必须细心地管理对象。首先回顾一下基本数据类型的赋值效果。假设有两个整型变量 num1 和 num2，它们的初始值分别为 5 和 12：

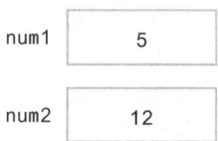

下面的赋值语句会将保存在 num1 中的值赋给 num2：

```
num2 = num1;
```

num2 中的原始值 12 被 5 替代，而变量 num1 和 num2 仍然引用的是不同的存储单元，这两个单元都保存着值 5：

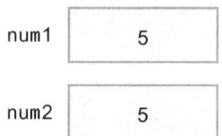

考虑如下的对象声明语句：

```
String name1 = "Ada, Countess of Lovelace";
String name2 = "Grace Murray Hopper";
```

上述声明使得 name1 和 name2 引用两个不同的字符串对象：

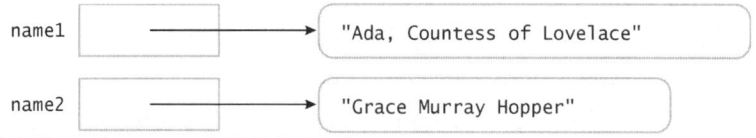

下面的赋值语句会将 name1 中的值复制到 name2 中：

```
name2 = name1;
```

上述赋值语句的功能与整型值赋值语句的功能相同，即将 name1 中的值复制给 name2。但是要记住，对象变量保存的是地址，因此这条赋值语句复制的是地址。这两个对象变量原来引用的是不同的对象；赋值后，两个变量中是相同的地址，因此二者将引用相同的对象：

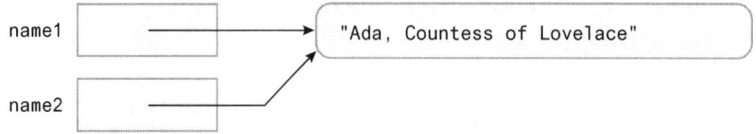

现在，name1 和 name2 相互成为对方的别名，因为它们是同一个对象的两个名称。name2 中的原始对象引用丢失了，所有依赖 name2 对该原始对象的引用随之也丢失了，程序中从此不能再使用该对象。

重要概念： 多个引用变量可以引用同一个对象。

别名的重要含义在于，当利用一个引用改变其所指的对象时，同时也使作为别名的所有引用指向的对象发生了改变，因为实际上只存在一个对象。如果不仔细管理别名，则将产生我们不希望出现的后果。

所有与对象的交互都体现在使用对象变量上，所以仅当存在对象变量时，才能使用对象。当一个对象所有的引用都丢失(可能是由于重赋值)后，它就再也不能为程序所用。即程序中不能再引用该对象的方法或使用它的变量。此时，该对象被称为"垃圾"，因为它不再有任何使用价值。

Java 会自动执行垃圾回收操作。当对象的最后一个引用丢失时，它就成为应回收的垃圾对象。有时，Java 环境会在后台执行一个方法，收集所有已标记为"垃圾"的对象，并将其所占用的存储空间释放给系统，以便存储资源复用。程序员不必考虑垃圾对象所占用资源的回收。

自测题

SR3.1 什么是 null 引用？

SR3.2 new 运算符实现什么功能？

SR3.3 写出一个名为 author 的字符串变量声明，并将其初始化为"Fred Brooks"。画出变量和其值的图形化表示。

SR3.4 编写一条语句，为整型变量 size 赋值，size 值表示 String 对象 name 的长度。

SR3.5 什么是别名？它与垃圾回收有什么关系？

3.2 String 类

下面将更详细地探讨 String 类。图 3.1 列举了由 String 类提供的更多方法。

```
String(String str)
    构造方法：创建一个新的 String 对象，其值为 str 中的字符。

char charAt(int index)
    返回指定索引处的那个字符。

int compareTo(String str)
    返回一个整型值，正值、0、负值分别表示本对象的字符串按字典顺序位置先于、等于或后
    于 str 对象的字符串。

String concat(String str)
    返回一个本对象字符串与 str 对象字符串拼接后的新字符串。

boolean equals(String str)
    如果本对象字符串与 str 对象字符串相同(区分大小写)，则返回 true，否则返回 false。

boolean equalsIgnoreCase(String str)
    如果本对象字符串与 str 对象字符串相同(不区分大小写)，则返回 true，否则返回 false。

int length()
    返回字符串所包含的字符个数。

String replace(char oldChar, char newChar)
    将字符串中所有形如 oldChar 的子串用新子串 newChar 替换后，返回新字符串。

String substring(int offset, int endIndex)
    返回字符串中从索引 offset 开始到 endIndex－1 处的子串。

String toLowerCase()
    将字符串中的所有大写字母转换成对应的小写字母后，返回该字符串。

String toUpperCase()
    将字符串中的所有小写字母转换成对应的大写字母后，返回该字符串。
```

图 3.1　String 类提供的更多方法

一旦创建了 String 对象,该对象的长度就不可再更改,并且也不能修改对象中的任何一个字符。因此,称一个 String 对象是不可变的。但是,String 类提供了几个方法可以返回新的 String 对象,这些新对象是对原对象字符串值进行修改后的结果。

注意,有些 String 类方法使用了字符索引的概念来处理字符串。字符串中的某个字符可以由它在字符串中的位置(即索引)来指定。第一个字符的索引为 0,下一个字符的索引为 1,依次类推。因此,在字符串"Hello"中,字符'H'的索引值是 0,字符'o'的索引值是 4。

例 3.1 中的程序示范了一些 String 方法的用法。

例 3.1

```
1    //********************************************************************
2    // StringMutation.java        Author: Lewis/Loftus
3    //
4    // Demonstrates the use of the String class and its methods.
5    //********************************************************************
6
7    public class StringMutation
8    {
9        //-----------------------------------------------------------------
10       // Prints a string and various mutations of it.
11       //-----------------------------------------------------------------
12       public static void main(String[] args)
13       {
14           String phrase = "Change is inevitable";
15           String mutation1, mutation2, mutation3, mutation4;
16
17           System.out.println("Original string: \"" + phrase + "\"");
18           System.out.println("Length of string: " + phrase.length());
19
20           mutation1 = phrase.concat(", except from vending machines.");
21           mutation2 = mutation1.toUpperCase();
22           mutation3 = mutation2.replace('E', 'X');
23           mutation4 = mutation3.substring(3, 30);
24
25           // Print each mutated string
26           System.out.println("Mutation #1: " + mutation1);
27           System.out.println("Mutation #2: " + mutation2);
28           System.out.println("Mutation #3: " + mutation3);
29           System.out.println("Mutation #4: " + mutation4);
30
31           System.out.println("Mutated length: " + mutation4.length());
32       }
33   }
```

输出

```
Original string: "Change is inevitable"
Length of string: 20
Mutation #1: Change is inevitable, except from vending machines.
Mutation #2: CHANGE IS INEVITABLE, EXCEPT FROM VENDING MACHINES.
Mutation #3: CHANGX IS INXVITABLX, XXCXPT FROM VXNDING MACHINXS.
Mutation #4: NGX IS INXVITABLX, XXCXPT F
Mutated length: 27
```

分析例 3.1 所示的 StringMutation 程序, 注意, 程序中处理的并不是修改自己数据的一个 String 对象, 而是用不同的 String 方法创建了 5 个不同的对象。首先, 建立了一个 phrase 对象:

输出 phrase 对象的字符串及其长度后, 执行 concat 方法创建一个由变量 mutation1 引用的新 String 对象:

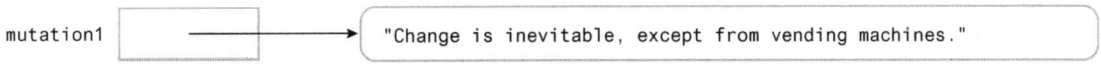

然后, 由对象 mutation1 执行 toUpperCase 方法, 产生的新串保存在 mutation2 中:

注意, length 和 concat 方法由 phrase 对象调用, 而 toUpperCase 方法由 mutation1 对象调用。任何一个 String 方法都可以由任何一个 String 对象执行, 但是对于任何一次方法调用, 必须由一个具体的对象来执行。mutation1 对象调用 toUpperCase 方法的结果, 必定不同于 phrase 对象调用 toUpperCase 方法的结果。记住, 每个对象都有自己的状态, 对象的状态影响着方法调用的结果。

> **重要概念:** 方法需由具体的对象调用, 不同的对象决定着同一方法调用的不同结果。

最后, 通过分别调用 mutation2.replace 方法和 mutation3.substring 方法, 初始化 String 对象变量 mutation3 和 mutation4:

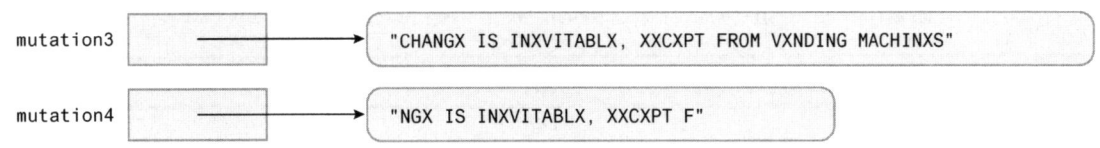

自测题

SR3.6　假设有三个 String 类型的变量 s1、s2、s3, 它们的初始值分别为"Amanda"、"Bernardo" 和"Chris", 下列语句分别改变了哪些变量?

```
a. System.out.println(s1);
b. s1 = s3.toLowerCase();
```

```
c. System.out.println(s2.replace('B', 'M'));
d. s3 = s2.concat(s1);
```

SR3.7　如下代码段产生的输出是什么?

```
String s1 = "Foundations";
String s2;
System.out.println(s1.charAt(1));
s2 = s1.substring(0, 5);
System.out.println(s2);
System.out.println(s1.length());
System.out.println(s2.length());
```

SR3.8　编写一条语句，以大写形式输出字符串对象 title 的值。

SR3.9　编写一个字符串变量 front 的声明，并将其初始化为另一个名为 description 的字符串对象的前 10 个字符。

3.3　包

前面曾提过，Java 语言由一个称为 Java API 的标准类库支持，可以根据需要直接使用。下面进一步讨论有关概念。

重要概念：开发程序时，类库提供了有用的支持。

类库由一套支持程序开发的类组成。编译器或开发环境通常以类库为基础。类库也可以单独从第三方软件商那里获得。类库中的类所提供的方法对于程序员常常是很有价值的，因为这些方法具有特殊的功能。事实上，程序员常常依赖于类库中的方法，甚至开始将其视为编程语言的一部分；但是从技术上来说，类库方法并不属于 Java 语言本身。

例如，String 类并不是 Java 语言的固有部分，而是 Java 标准类库的一部分。Java 标准类库可以存在于 Java 的任何一种开发环境中。构成类库的类是由 Sun Microsystems 的技术开发人员创建的，正是他们创建了 Java 语言。

类库由几组相关的类簇构成，通常称为 Java API，即应用程序编程接口。例如，当考虑支持编写与数据库交互的程序时，就涉及 Java Database API。另一个例子是 JavaFX API，它定义了一组用于图形用户界面(GUI)的专用图形组件类。有时，将整个标准类库统称为 Java API。

重要概念：Java 标准类库是按包分组的。

Java 标准类库的类还被划分成包，每个类属于一个具体的包。例如，String 类和 System 类是 java.lang 包中的类，而 Scanner 类是 java.util 包中的类(参见第 2 章)。

这种包结构，比 API 方式更基础、更基于语言。尽管在包名和 API 名之间存在基本的对应关系，但构成某一指定 API 的一组类可能分属于多个包(跨包)。

图 3.2 描述了 Java 标准类库中的部分包。这些包在任何一个支持 Java 软件开发的平台上都是可用的。某些包着重支持一些很专业的程序设计技术，而在基本的程序开发中用不上。

包 名 称	支持的功能
java.awt	绘图和创建图形用户界面；AWT 代表抽象窗口工具包
java.beans	定义容易与应用程序结合起来的软件组件
java.io	实现各种输入/输出功能
java.lang	实现一些通用功能，自动包含于所有的 Java 程序中
java.math	执行任意精度的计算
java.net	实现网络间通信
java.rmi	建立可以跨多个计算机分布式运行的程序；RMI 代表远程方法调用（Remote Method Invocation）
java.security	强化安全限制
java.sql	与数据库交互；SQL 代表结构化查询语言（Structured Query Language）
java.text	格式化文本输出
java.util	一般的实用功能
javafx.scene.shape	表示形状，比如圆和矩形
javafx.scene.control	显示图形控件，比如按钮和滑动条

图 3.2　Java 标准类库中的部分包

关于 Java API 各种类的讨论将贯穿于本书。为方便起见，对于书中要用到的一些类，将给出类似图 3.1 形式的类说明。但对于编程者而言，重要的是应该知道如何获取更多的 Java API 类的信息。对于 Java 程序员，联机形式的 Java API 文档是一个无价资源。相关网站提供了标准 Java API 中所有类的信息，并列出和描述了每个类中的方法。

图 3.3 展示了一个联机 Java API 文档的页面。单击页面上的链接，可以查找具体的类包并跳转到指定的类。使用者可以下载完整的 Java API 文档，得到一份方便本地使用的文档副本。当然，也可以直接使用联机文档。

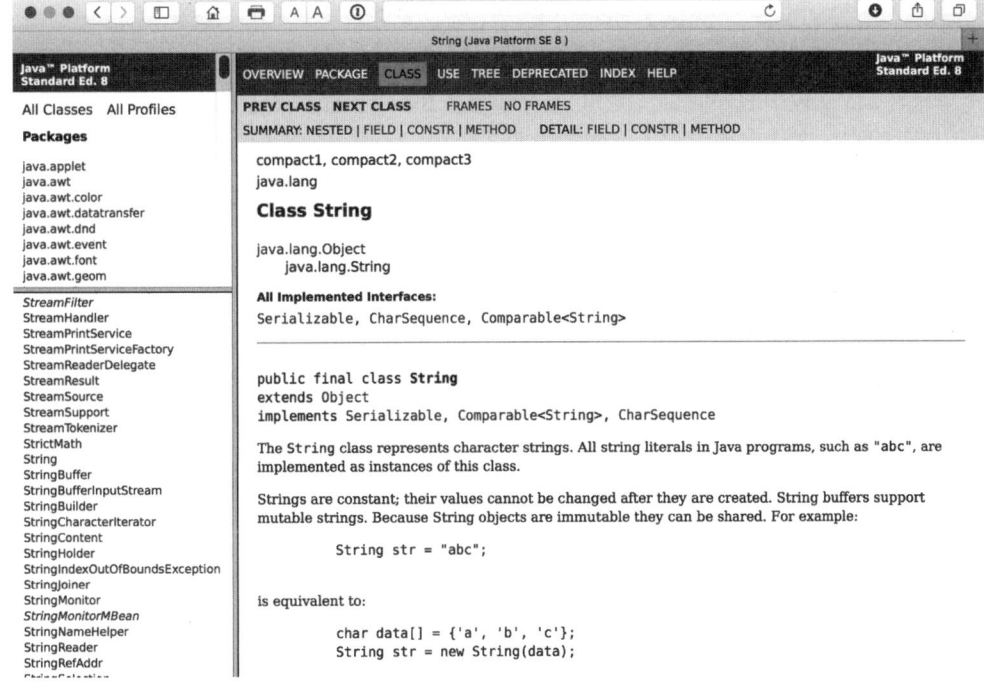

图 3.3　联机 Java API 文档的页面

3.3.1　import 声明

每当编写一个 Java 程序时，java.lang 包中的类将自动成为可用类。但是若要使用其他包中的类，则必须完整地声明相应类的引用，或者使用 import 声明。回顾第 2 章使用过的 Scanner 类的程序实例，其中就使用了 import 声明。

当需要在程序中使用类库中的类时，每一次引用时都必须给出类的全名，包括所属的包名。例如，每当要引用定义在 java.util 包中的 Scanner 类时，应写为 java.util.Scanner。然而，每次使用类时都要完整地写出包名和类名，很快会使人感觉很麻烦，因此 Java 提供了 import 声明来简化类的引用。

import 声明指定了程序中要用的包和类，因此对每个引用就不必再写出完整的包名和类名。下面是一个 import 声明的例子：

```
import java.util.Scanner;
```

这条语句声明程序中可能使用 java.util 包中的 Scanner 类。一旦使用了 import 声明，在程序中使用 Scanner 类时，只需写出简单的类名就足够了。

如果来自两个包的两个类的名称相同，import 的声明就不足以完全说明类的引用，编译器将无法区分程序中的代码每次引用的是哪一个类。尽管这种情况很少发生，但是如果发生了，只需在程序中写出完整的类引用名称即可。

另外一种 import 声明的形式是使用 "*"，表示程序可能使用指定包中的任何类。下面的声明允许程序引用 java.util 包中的所有类，而不需要给出完整引用形式的类名：

```
import java.util.*;
```

如果只需使用某个包中的一个类，则最好在 import 声明中指出这个类；如果要使用两个以上的类，则使用 "*" 形式更好一些。

> **重要概念**：对于每一个程序，java.lang 包中的所有类都将被自动载入。

由于 java.lang 包是最基本的包，可以视为语言的基本扩展，因此 java.lang 包中的类被自动载入程序。在 java.lang 包中的任何类，例如 System 类和 String 类都可以直接使用，不需要 import 声明，就像所有的程序文件中都包含了下面的声明一样：

```
import java.lang.*;
```

自测题

SR3.10　什么是 Java 包？

SR3.11　java.net 中包含了什么？javafx.scene.shape 包中又包含了什么？

SR3.12　哪些包分别包含了 Scanner 类、String 类、Random 类和 Math 类？

SR3.13　通过使用联机 Java API 文档，了解并描述 Point 类。

SR3.14　import 语句的作用是什么？

SR3.15　为什么 String 类不需要明确地导入到程序中？

3.4　Random 类

软件中经常需要产生随机数。游戏中常用随机数代表掷骰子或者洗牌；飞行模拟器可能会用随机数决定模拟飞行中引擎故障发生的频率；用于帮助学生准备标准化测试而设计的程序，可能用随机数选择下一个要回答的问题。

Random 类位于 java.util 包中, 它模拟了一个伪随机数发生器。该伪随机数发生器可在某个取值范围内随机地取一个数。从技术上来说, 完成此项任务的程序只能产生伪随机数, 因为实际上一个程序根本无法真正地随机获取一个数。伪随机数发生器基于一个种子值, 在执行一系列复杂计算后, 产生一个数。虽然从技术上来说, 这样产生的数不是随机的(是计算出来的), 但由伪随机数发生器产生的数通常确实是随机出现的, 至少其随机性程度对于大多数情况已足够满足需求。

重要概念: 伪随机数发生器通过执行复杂计算来产生模拟随机数。

图 3.4 列出了 Random 类的部分方法。调用 nextInt 方法时可以不用参数, 也可以给出一个整型参数。无参数时, 产生的随机数将分布在整个 int 型的取值区间(包括负数)。但是常常需要某个特定范围的随机数。例如, 为了模拟掷骰子, 需要 1～6 范围内出现的随机数。若给 nextInt 方法传递一个参数 num, 则该方法将返回分布在 0～(num － 1)区间的随机数。例如, 当参数为 100 时, 返回的随机数取值分布区间是大于等于 0 且小于等于 99。

```
Random()
    构造方法: 创建一个新的伪随机数发生器。
float nextFloat()
    返回一个分布在[0.0, 1.0)区间的浮点型随机数。
int nextInt()
    返回一个整型随机数, 其取值分布在整个int型的取值区间, 包括正、负值。
int nextInt(int num)
    返回一个整型随机数, 其取值分布在 0～(num－1)区间。
```

图 3.4 Random 类提供的部分方法

注意, 传递给 nextInt 方法的参数也是我们可能得到的返回值的个数。要改变随机数的取值区间, 可以通过在随机数上加减一个适当的值来实现, 以满足具体的需要。例如, 要得到 1～6 取值区间的随机数, 可以执行一个 nextInt(6)调用, 得到 0～5 取值区间的随机数, 然后再将随机数加 1, 就得到 1～6 取值区间的随机数。

Random 类的 nextFloat 方法返回[0.0, 1.0)区间的浮点型(float 型)随机数。可以用乘法对浮点型随机数进行比例放大, 截断小数部分后转换成整型(int 型)随机数, 然后采用与整型随机数相同的处理方法, 将随机数取值区间移动到需要的区间。

例 3.2 所示的程序产生不同取值区间的随机数。

例 3.2

```
1   //********************************************************
2   //  RandomNumbers.java         Author: Lewis/Loftus
3   //
4   //  Demonstrates the creation of pseudo-random numbers using the
5   //  Random class.
6   //********************************************************
7
8   import java.util.Random;
9
10  public class RandomNumbers
11  {
```

```
12       //-----------------------------------------------------------
13       // Generates random numbers in various ranges.
14       //-----------------------------------------------------------
15       public static void main(String[] args)
16       {
17           Random generator = new Random();
18           int num1;
19           float num2;
20
21           num1 = generator.nextInt();
22           System.out.println("A random integer: " + num1);
23
24           num1 = generator.nextInt(10);
25           System.out.println("From 0 to 9: " + num1);
26
27           num1 = generator.nextInt(10) + 1;
28           System.out.println("From 1 to 10: " + num1);
29
30           num1 = generator.nextInt(15) + 20;
31           System.out.println("From 20 to 34: " + num1);
32
33           num1 = generator.nextInt(20) - 10;
34           System.out.println("From -10 to 9: " + num1);
35
36           num2 = generator.nextFloat();
37           System.out.println("A random float (between 0-1): " + num2);
38
39           num2 = generator.nextFloat() * 6; // 0.0 to 5.999999
40           num1 = (int)num2 + 1;
41           System.out.println("From 1 to 6: " + num1);
42       }
43   }
```

输出

```
A random integer: 1773351873
From 0 to 9: 8
From 1 to 10: 6
From 20 to 34: 20
From -10 to 9: -6
A random float (between 0-1): 0.71058085
From 1 to 6: 3
```

自测题

SR3.16　给定一个 Random 对象 rand，rand.nextInt( ) 将返回什么?

SR3.17　给定一个 Random 对象 rand，rand.nextInt(20) 将返回什么?

SR3.18　假设创建了 Random 对象 generator，下列各语句的值在哪个区间？

    a. `generator.nextInt(50)`
    b. `generator.nextInt(5) + 10`
    c. `generator.nextInt(10) + 5`
    d. `generator.nextInt(50) - 25`

SR3.19　创建一个 Random 对象 generator，编写语句在以下选项范围内产生随机数（包含右边界值），使用接收一个整型参数的 nextInt 方法。

    a. 0 to 30
    b. 10 to 19
    c. −5 to 5

3.5　Math 类

Math 类提供了大量用于计算的基本数学函数。Math 类定义在 Java 标准类库的 java.lang 包中，图 3.5 列出了 Math 类的部分方法。

```
static int abs(int num)
    返回 num 的绝对值。

static double acos(double num)
static double asin(double num)
static double atan(double num)
    分别返回 num 的反余弦、反正弦和反正切值。

static double cos(double angle)
static double sin(double angle)
static double tan(double angle)
    分别返回 angle 的余弦、正弦和正切值，angle 的单位为弧度。

static double ceil(double num)
    返回 num 的上限值，该值是大于或等于 num 的最小整数值。

static double exp(double power)
    返回以 e 为底、power 为指数的幂值。

static double floor(double num)
    返回 num 的下限值，该值是小于或等于 num 的最大整数值。

static double pow(double num, double power)
    返回以 num 为底、power 为指数的幂值。

static double random()
    返回一个分布在[0.0, 1.0)区间的浮点型随机数。

static double sqrt(double num)
    返回 num 的平方根值，num 必须是正数。
```

图 3.5　Math 类提供的部分方法

Math 类的所有方法都是静态方法（也称为类方法）。静态方法可以通过类名直接调用，而无须事先实例化类的对象。第 6 章将进一步讨论静态方法。

重要概念： Math 类的所有方法都是静态方法，通过类名即可调用它们。

Math 类方法的返回值可以根据需要用于表达式中。例如，下面的语句计算 total 变量值的绝对值，然后与 count 变量值的 4 次方相加，最后将计算结果值赋给变量 value：

```
value = Math.abs(total) + Math.pow(count, 4);
```

注意，可以向接收 double 型参数的方法传递一个整型参数。这种形式符合第 2 章讨论过的赋值类型转换规则。

例 3.3 给出的 Quadratic 程序，调用 Math 类方法来求解二次方程式的根。二次方程式的一般形式如下：

$ax^2 + bx + c$

例 3.3

```
1    //************************************************************
2    //  Quadratic.java        Author: Lewis/Loftus
3    //
4    //  Demonstrates the use of the Math class to perform a calculation
5    //  based on user input.
6    //************************************************************
7
8    import java.util.Scanner;
9
10   public class Quadratic
11   {
12       //-----------------------------------------------------------
13       // Determines the roots of a quadratic equation.
14       //-----------------------------------------------------------
15       public static void main(String[] args)
16       {
17           int a, b, c;    // ax^2 + bx + c
18           double discriminant, root1, root2;
19
20           Scanner scan = new Scanner(System.in);
21
22           System.out.print("Enter the coefficient of x squared: ");
23           a = scan.nextInt();
24
25           System.out.print("Enter the coefficient of x: ");
26           b = scan.nextInt();
27
28           System.out.print("Enter the constant: ");
29           c = scan.nextInt();
30
31           // Use the quadratic formula to compute the roots.
32           // Assumes a positive discriminant.
33
34           discriminant = Math.pow(b, 2) - (4 * a * c);
35           root1 = ((-1 * b) + Math.sqrt(discriminant)) / (2 * a);
```

```
36              root2 = ((-1 * b) - Math.sqrt(discriminant)) / (2 * a);
37
38              System.out.println("Root #1: " + root1);
39              System.out.println("Root #2: " + root2);
40       }
41   }
```

输出

```
Enter the coefficient of x squared: 3
Enter the coefficient of x: 8
Enter the constant: 4
Root #1: -0.6666666666666666
Root #2: -2.0
```

Quadratic 程序首先读入代表二次方程式系数的值 (a, b, c)，然后根据二次方程求根公式计算方程的根。二次方程求根公式如下：

$$根 = \frac{-b \pm \sqrt{b^2 - 4ac}}{2a}$$

注意，这个程序假定判别式为正值，否则计算结果将不是一个有效数，Java 用 NAN 表示无效数，代表计算结果是非数值的。第 5 章将介绍如何处理这种情况。

自测题

SR3.20 什么是类方法或静态方法？

SR3.21 下列表达式的值分别是多少？

    a. `Math.abs(10) + Math.abs(-10)`

    b. `Math.pow(2, 4)`

    c. `Math.pow(4, 2)`

    d. `Math.pow(3, 5)`

    e. `Math.pow(5, 3)`

    f. `Math.sqrt(16)`

SR3.22 编写一条语句，输出一个 1.23 弧度角的正弦值。

SR3.23 声明一个 double 型变量 result，并将其初始化为 5 的 2.5 次方。

SR3.24 通过使用联机 Java API 文档，列出 3 个不包含在图 3.5 中的 Math 类的方法。

3.6　格式化输出

NumberFormat 类和 DecimalFormat 类用于格式化信息，使得打印或显示出的信息看起来格式编排清晰、合理。这两个类都是 Java 标准类库的类，定义在 java.text 包中。

3.6.1　NumberFormat 类

NumberFormat 类提供了通用的数据格式化能力。NumberFormat 对象不是用 new 运算符实例化的，而是通过用类名调用静态方法来请求执行的。图 3.6 列出了 NumberFormat 类的部分方法。

```
String format(double number)
    根据本对象的模式将 number 格式化为字符串,并返回该字符串对象。
static NumberFormat getCurrencyInstance()
    返回代表本地化的当前货币格式的 NumberFormat 对象。
static NumberFormat getPercentInstance()
    返回代表本地化的当前百分数格式的 NumberFormat 对象。
```

图 3.6　NumberFormat 类提供的部分方法

NumberFormat 类的两个方法 getCurrencyInstance 和 getPercentInstance 可返回用于格式化数据的对象。getCurrencyInstance 方法返回的对象用于格式化货币值,getPercentInstance 方法返回的对象则用于格式化百分数。通过格式器对象调用格式化方法,将返回一个 String 型的字符串,该字符串表示使用适当方法格式化后的数。

例 3.4 所示的程序 Purchase 使用了这两种类型的格式化方法。该程序首先读入销售交易数据,然后计算最终的含税价。

例 3.4

```
1   //*************************************************************
2   //  Purchase.java        Author: Lewis/Loftus
3   //
4   //  Demonstrates the use of the NumberFormat class to format output.
5   //*************************************************************
6
7   import java.util.Scanner;
8   import java.text.NumberFormat;
9
10  public class Purchase
11  {
12      //--------------------------------------------------------------
13      // Calculates the final price of a purchased item using values
14      // entered by the user.
15      //--------------------------------------------------------------
16      public static void main(String[] args)
17      {
18          final double TAX_RATE = 0.06;  // 6% sales tax
19
20          int quantity;
21          double subtotal, tax, totalCost, unitPrice;
22
23          Scanner scan = new Scanner(System.in);
24
25          NumberFormat fmt1 = NumberFormat.getCurrencyInstance();
26          NumberFormat fmt2 = NumberFormat.getPercentInstance();
27
28          System.out.print("Enter the quantity: ");
29          quantity = scan.nextInt();
30
```

```
31          System.out.print("Enter the unit price: ");
32          unitPrice = scan.nextDouble();
33
34          subtotal = quantity * unitPrice;
35          tax = subtotal * TAX_RATE;
36          totalCost = subtotal + tax;
37
38          // Print output with appropriate formatting
39          System.out.println("Subtotal: " + fmt1.format(subtotal));
40          System.out.println("Tax: " + fmt1.format(tax) + " at "
41                              + fmt2.format(TAX_RATE));
42          System.out.println("Total: " + fmt1.format(totalCost));
43      }
44  }
```

输出

```
Enter the quantity:  5
Enter the unit price:  3.87
Subtotal: $19.35
Tax: $1.16 at 6%
Total: $20.51
```

3.6.2 DecimalFormat 类

与 NumberFormat 类不同，DecimalFormat 类采用传统方式进行实例化，即用 new 运算符创建对象。DecimalFormat 类的构造方法接收一个 String 参数，该参数确定了控制格式化处理的模式。调用 format 方法可以格式化一个具体的值。之后，如果需要改变格式器对象的模式，可以调用 applyPattern 方法。图 3.7 描述了这些方法。

```
DecimalFormat(String pattern)
    构造方法：创建一个具有指定模式(pattern)的 DecimalFormat 新对象。

void applyPattern(String pattern)
    在 DecimalFormat 对象上应用指定模式。

String format(double number)
    根据当前模式将 number 格式化为字符串，并返回该字符串对象。
```

图 3.7 DecimalFormat 类提供的一些方法

传给 DecimalFormat 类构造方法的 String 参数定义了格式化模式，该模式可以描述得非常详细。有各种符号用于表示具体的格式规则。例如，格式字符串 “0.###” 所定义的模式表示：被格式化值的小数点左边至少应显示一位数字，如果该值的整数部分为 0，则小数点左边的数字为 0；此外，还要将该值的小数部分四舍五入为 3 位数字。

将上述模式用于例 3.5 的 CircleStats 程序中，该程序读取用户输入的圆半径值，计算圆的面积和周长。数据尾部的 0(例如，圆面积 78.540)将不会显示。

例 3.5

```
1   //********************************************************************
2   //  CircleStats.java    Author: Lewis/Loftus
```

```
3    //
4    //  Demonstrates the formatting of decimal values using the
5    //  DecimalFormat class.
6    //*********************************************************************
7
8    import java.util.Scanner;
9    import java.text.DecimalFormat;
10
11   public class CircleStats
12   {
13       //-----------------------------------------------------------------
14       // Calculates the area and circumference of a circle given its
15       // radius.
16       //-----------------------------------------------------------------
17       public static void main(String[] args)
18       {
19           int radius;
20           double area, circumference;
21
22           Scanner scan = new Scanner(System.in);
23
24           System.out.print("Enter the circle's radius: ");
25           radius = scan.nextInt();
26
27           area = Math.PI * Math.pow(radius, 2);
28           circumference = 2 * Math.PI * radius;
29
30           // Round the output to three decimal places
31           DecimalFormat fmt = new DecimalFormat("0.###");
32
33           System.out.println("The circle's area: " + fmt.format(area));
34           System.out.println("The circle's circumference: "
35                                   + fmt.format(circumference));
36       }
37   }
```

输出

```
Enter the circle's radius: 5
The circle's area: 78.54
The circle's circumference: 31.416
```

3.6.3　printf 方法

除了 print 方法和 println 方法，System 类还提供了 printf 方法，该方法允许输出含有数值的格式字符串。printf 方法的第一个参数指定格式字符串，其余的参数指定将插入格式字符串中的数值。

例如，下面一行代码将输出 ID 号和姓名：

```
System.out.printf("ID: %5d\tName: %s", id, name);
```

第一个参数指定了输出信息的格式字符串，其中还包括了对输出信息的标注字符文字及转义序列 "\t"。格式符 "%5d" 指定 id 变量的值应该以 5 个字符位置的域宽方式输出。格式符 "%s" 指定变量 name 的值应该以字符串形式输出。id 和 name 的值将插入格式字符串中，最终产生的输出结果如下：

```
ID: 24036  Name: Larry Flagelhopper
```

将 printf 方法加入 Java 中，可以提供 C 编程语言中格式化输出的类似功能，使程序员更容易将一个现有的 C 程序移植为 Java 程序。

仍然有使用价值的旧软件称为遗留系统（legacy system）。维护这样的遗留系统将花费高昂的成本，原因之一就是遗留系统基于一些过时的旧技术。但是在许多情况下，维护旧系统的成本比用新技术对旧系统进行移植（例如，用新语言重写旧系统）所花的成本更低。增加 printf 方法的目的是试图使系统的移植更容易，通过提供 C 程序员所依赖的类似的输出语句，可以降低系统的移植代价。

重要概念：在 Java 中增加 printf 方法，是为了支持遗留系统的移植。

然而，对于解决格式化输出问题，使用 printf 方法并不是一种纯粹的面向对象的解决方法，因此本书避免使用 printf 方法。

自测题

SR3.25 程序中应如何使用 NumberFormat 类的对象？

SR3.26 假设在程序中有一个 double 型变量 cost，按照本地通用货币格式将存放在 cost 变量中的数据输出。

    a. 编写一段代码，声明和请求一个 NumberFormat 类的对象 moneyFormat，用来表示本地通用货币格式。

    b. 编写一段代码，使用 moneyFormat 类的对象并按照本地通用货币格式输出 cost 变量的值。

    c. 如果 cost 的值为 54.89，所设置的地区为美国，那么对应上一问题的代码输出结果是什么？如果所设置的地区为英国呢？

SR3.27 使用 Java 的格式化类，以百分数形式输出一个浮点数的步骤是什么？

SR3.28 编写一段程序，提示用户输入一个 double 型变量并读取用户输入的值，取其绝对值，然后再计算其平方根值并输出结果，保留两位小数。

3.7 枚举类型

Java 提供了一种枚举类型，可用于声明枚举变量。枚举型声明通过列举（枚举）出变量所有可能的取值，为枚举变量建立所有的枚举值。枚举值可定义为所希望的任何标识符。

例如，下面的声明定义了一个枚举变量 Season，可能的取值是 winter、spring、summer 及 fall：

```
enum Season {winter, spring, summer, fall}
```

枚举变量的枚举值没有个数限制。一旦定义了枚举类型，就可以用该类型声明枚举变量，例如：

```
Season time;
```

重要概念：枚举类型是安全的，保证了不会使用无效的值。

变量 time 现在的取值限定于可取值范围，即只能取 4 个季节值之一。Java 枚举类型被认为是一种安全类型，这意味着任何一种试图使用枚举值之外某个值的操作，都将导致编译错误。

枚举值通过枚举类型名访问，例如：

```
time = Season.spring;
```

当变量的取值个数少且区别明显时，枚举类型就相当有用。例如，要用不同的字母代表学生获得的不同成绩等级时，可以声明下面的枚举类型：

```
enum Grade {A, B, C, D, F}
```

任何一个初始化后的 Grade 型枚举变量，必定存有上述的有效枚举值之一。用枚举类型表示成绩等级，要好于使用可取任意值的简单字符或字符串变量来表示成绩等级。

如果要表示"+""-"等级，例如 A-或 B+，那么在枚举类型中就不能使用枚举值 A-或 B+，因为它们不是有效的标识符（在 Java 中，"-"和"+"不能用作标识符）。但是，可以用标识符 Aminus、Bplus 来等效地表示 A-、B+。

在 Java 内部，枚举类型的每个枚举值保存为代表枚举值序数的整型值。第一个枚举值的序数值为 0，第二个为 1，第三个为 2，依次类推。序数值只由 Java 内部使用。尽管枚举值对应一个有效的序数值，但是在程序中不能将一个数值赋给一个枚举变量。

枚举类型是一种特殊的类，枚举变量也是对象变量。因此，存在几个与枚举类型有关的方法：ordinal 方法返回与一个枚举值相关联的序数值；name 方法返回枚举值的名称，它与定义该枚举值的标识符相同。

例 3.6 中的程序 IceCream 声明了一个枚举类型，并运用了一些枚举类型的方法。由于枚举类型是一种特殊的类，因此枚举变量通常不定义在方法内，可以像本例一样定义在类级层次上（定义在类的内部及方法的外部），或者定义在最外层。

第 6 章将进一步探讨枚举类型。

例 3.6

```
1    //***********************************************************
2    //  IceCream.java    Author: Lewis/Loftus
3    //
4    //  Demonstrates the use of enumerated types.
5    //***********************************************************
6
7    public class IceCream
8    {
9    enum Flavor {vanilla, chocolate, strawberry, fudgeRipple, coffee,
10               rockyRoad, mintChocolateChip, cookieDough}
11
12       //-----------------------------------------------------------
13       // Creates and uses variables of the Flavor type.
14       //-----------------------------------------------------------
15       public static void main(String[] args)
16       {
17           Flavor cone1, cone2, cone3;
18
19           cone1 = Flavor.rockyRoad;
```

```
20          cone2 = Flavor.chocolate;
21
22          System.out.println("cone1 value: " + cone1);
23          System.out.println("cone1 ordinal: " + cone1.ordinal());
24          System.out.println("cone1 name: " + cone1.name());
25
26          System.out.println();
27          System.out.println("cone2 value: " + cone2);
28          System.out.println("cone2 ordinal: " + cone2.ordinal());
29          System.out.println("cone2 name: " + cone2.name());
30
31          cone3 = cone1;
32
33          System.out.println();
34          System.out.println("cone3 value: " + cone3);
35          System.out.println("cone3 ordinal: " + cone3.ordinal());
36          System.out.println("cone3 name: " + cone3.name());
37      }
38  }
```

输出

```
cone1 value: rockyRoad
cone1 ordinal: 5
cone1 name: rockyRoad

cone2 value: chocolate
cone2 ordinal: 1
cone2 name: chocolate

cone3 value: rockyRoad
cone3 ordinal: 5
cone3 name: rockyRoad
```

我们将在第 6 章深入探讨枚举类型。

自测题

SR3.29   声明一个枚举类型，表示电影的分级。

SR3.30   假设一个枚举类型 CardSuit 的定义如下：

```
enum CardSuit {clubs, diamonds, hearts, spades}
```

以下代码段的输出结果是什么？

```
CardSuit card1, card2;
card1 = CardSuit.clubs;
card2 = CardSuit.hearts;
System.out.println(card1);
System.out.println(card2.name());
System.out.println(card1.ordinal());
System.out.println(card2.ordinal());
```

SR3.31   为什么要使用类似于上题定义的 CardSuit 枚举类型？为什么不直接使用 String 变量并为其赋值（例如，赋值为 "hearts"）？

3.8　包装器类

前面已经讨论过，除了类和对象，Java 使用基本数据类型(例如 int，double，char，boolean)表示数据。某些情况下，同时管理两类数据(基本数据类型的值和对象引用)是一种挑战。例如，需要创建一个对象，用作包含其他各种类型的对象的容器。在某种特殊情况下，可能要求该容器包含一个简单的整型值。因此，就需要将基本数据类型的值"包装"(或"封装")成对象。

一个包装器类代表一种具体的基本数据类型。例如，Integer 类代表一个简单的整型值，由 Integer 类创建的对象将保存一个 int 值。包装器类的构造方法接收并保存一个基本数据类型的值。例如：

```
Integer ageObj = new Integer(40);
```

上述声明和实例化完成后，ageObj 就能有效地将整型值 40 表示成一个对象，并可用于需要以对象表示基本数据类型的值的场合。

重要概念：包装器类允许将基本类型数据作为对象管理。

基本数据类型	包装器类
byte	Byte
short	Short
int	Integer
long	Long
float	Float
double	Double
char	Character
boolean	Boolean
void	Void

图 3.8　Java API 中的包装器类

对于每一种基本数据类型，在 Java 标准类库中都有对应的包装器类。所有的包装器类都定义在 java.lang 包中。图 3.8 列出了对应每个基本数据类型的包装器类。

注意，存在一个对应 void 类型的包装器类(Void 类)。与其他包装器类不同的是，Void 类不能实例化，它仅代表一个 null 引用概念。

包装器类还提供了与管理基本数据类型对应的各种方法。例如，Integer 类提供了一些方法，用于返回对象中的 int 值，或者将对象中的值转换成其他基本数据类型的值。图 3.9 列举了由 Integer 类提供的部分方法。其他包装器类也有类似的方法。

```
Integer(int value)
    构造方法：创建一个新的 Integer 对象，保存指定的值。

byte byteValue() double
doubleValue() float
floatValue()
int intValue()
long longValue()
    将 Integer 对象的值转换为相应的基本数据类型的值，并返回转换后的值。

static int parseInt(String str)
    将指定字符串 str 中的值转换为相应的 int 值，并返回该值。

static String toBinaryString(int num)
static String tohexString(int num)
static String toOctalString(int num)
    分别返回一个表示整型值 num 转换为二进制、十六进制或八进制形式的字符串。
```

图 3.9　Integer 类提供的部分方法

包装器类也有独立于实例化对象进行调用的静态方法。例如，Integer 类有一个静态方法 parseInt，用于将存放在字符串中的数值转换为对应的 int 值。如果 String 对象 str 保存的字符串是"987"，则下面的代码行将该字符串转换为整型值 987，并存入变量 num：

```
num = Integer.parseInt(str);
```

包装器类定义了一些很有用的静态常量。例如，Integer 类有 MIN_VALUE 和 MAX_VALUE 两个静态常量，分别代表最小和最大的 int 值。其他的包装器类也有相应类型的静态常量。

3.8.1 自动装箱

自动装箱(autoboxing)是基本数据类型与相应的包装对象之间的自动转换。例如，下面的代码会将一个 int 值赋给一个 Integer 对象变量：

```
Integer obj1;
int num1 = 69;
obj1 = num1;    // automatically creates an Integer object
```

与上述类型转换相反的转换称为拆箱(unboxing)，当需要时也会自动进行转换。例如：

```
Integer obj2 = new Integer(69);
int num2;
num2 = obj2;    // automatically extracts the int value
```

基本数据类型与对象类型之间的赋值通常是不兼容的，自动装箱只能在基本数据类型与对应的包装器类之间进行。在其他任何情况下，试图将一个基本数据类型的值赋给一个对象变量，或者反之，都将产生编译错误。

> **重要概念**：自动装箱提供了在基本数据类型与相应的包装对象之间的自动类型转换。

自测题

SR3.32 如何以对象的形式表示一个基本类型数据？

SR3.33 下列原始数据类型所对应的包装器类分别是什么：byte, int, double, char, boolean。

SR3.34 假设声明和初始化了一个整型变量 number，并且声明了一个 Integer 变量 holdNumber。用 Java 中的两种办法使 holdNumber 表示 number 中保存的值。

SR3.35 编写语句，输出 int 型数据可以表示的最大值。

3.9 JavaFX 简介

这一节将开始"图形设计之路"的讲解。后面各章的最后几节都是专门探讨与图形和 GUI 相关的主题。这些节可以随各章内容通讲，也可以跳过它们而不会影响全书非图形主题内容的完整性。

过去几年中，Java 对图形和 GUI 的支持几经变化。最初发布 Java 时，它采用一套称为 AWT(Abstract Windowing Toolkit)的类。后来使用的是 Swing API，它采用更通用的版本替换了 AWT 中的 GUI 部分。但是，Swing API 更适合桌面应用。对于运行于 Web 浏览器中的 Java 程序，采用的则是其他技术。

现在，JavaFX API 替换了 AWT 和 Swing，用于 Java 图形编程。JavaFX 集成了前两种方法的优点，并且增加了许多额外的特性，利用它也能够创建运行于 Web 的应用。Oracle 已经不再支持前两种技术。

> **重要概念**：JavaFX 是用于开发使用图形和 GUI 的 Java 程序的首选工具。

例 3.7 通过一个称为 HelloJavaFX 的类，展示了一个小型 JavaFX 程序。这个程序显示的窗口中包含两个文本元素。

例 3.7

```
1   //***************************************************************
2   //  HelloJavaFX.java    Author: Lewis/Loftus
3   //
4   //  Demonstrates a basic JavaFX application.
5   //***************************************************************
6
7   import javafx.application.Application;
8   import javafx.scene.Group;
9   import javafx.scene.Scene;
10  import javafx.scene.paint.Color;
11  import javafx.scene.text.Text;
12  import javafx.stage.Stage;
13
14  public class HelloJavaFX extends Application
15  {
16  //---------------------------------------------------------------
17  // Creates and displays two Text objects in a JavaFX window.
18  //---------------------------------------------------------------
19     public void start(Stage primaryStage)
20     {
21        Text hello = new Text(50, 50, "Hello, JavaFX!");
22        Text question = new Text(120, 80, "How's it going?");
23
24        Group root = new Group(hello, question);
25        Scene scene = new Scene(root, 300, 120, Color.LIGHTGREEN);
26
27        primaryStage.setTitle("A JavaFX Program");
28        primaryStage.setScene(scene);
29        primaryStage.show();
30     }
31
32  //---------------------------------------------------------------
33  // Launches the JavaFX application. This method is not required
34  // in IDEs that launch JavaFX applications automatically.
35  //---------------------------------------------------------------
36     public static void main(String[] args)
37     {
38        launch(args);
39     }
40  }
```

显示

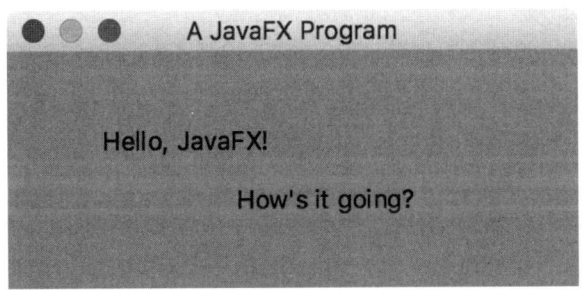

首先要注意的是，HelloJavaFX 类扩展了 JavaFX 的 Application 类。这一过程利用了面向对象思想的继承机制。关于继承的概念在第 1 章曾介绍过，更多细节将在本书后面讨论。所有 JavaFX 程序都需扩展 Application 类。

HelloJavaFX 类包含两个方法 —— main 方法和 start 方法，前者在其他程序中也能看到。main 方法用来调用 Application 类中的 launch 方法。执行完后台的一些设置后，launch 方法会调用 start 方法。通常需利用 start 方法来设置并显示程序的主窗口。

在完全支持 JavaFX 的开发环境中，launch 方法是自动调用的。因此，如果使用的是 IDE，则无须编写 main 方法。后面的示例中通常会省略 main 方法。

在这个示例中，start 方法创建了两个 Text 对象，将它们添加到一个 Group 中，然后添加到一个 Scene（场景）中。这个场景是在主 Stage（舞台）中显示的。尽管这里似乎需要多个步骤，但很快就会习惯这种组织模式。

JavaFX 借用了剧院演出的思路。Stage 就是一个窗口。如果需要，一个程序可以使用多个 Stage。主 Stage 对象是自动创建的，并会传入 start 方法。本例中，start 方法的最后三行设置显示在窗口标题栏中的标题，并且设置显示在窗口中的场景，然后调用 show 方法显示窗口。

重要概念：JavaFX 借用剧院演出的思路，在舞台上呈现不同的场景。

一个场景只显示一个元素，通常称为"根节点"。根节点可以包含其他节点，往下还可以包含更多的节点，从而创建了一个构成场景的元素层次。本例中，根节点为一个 Group 对象，但也有其他可能性。这个 Group 对象包含两个 Text 对象，分别代表一个字符串和一个显示该字符串的位置。

Scene 类的构造方法接收 4 个参数：要显示的根节点，场景的宽度和高度，以及背景色。这里的根元素为一个 Group 对象，它显示在一个 300 像素宽、120 像素高的区域。背景色由 Color 对象指定。

与传统的二维坐标系统不同，Java 坐标系统的原点 $(0, 0)$ 位于图形组件的左上角。x 轴坐标值向右增大，y 轴坐标值向下增大。图 3.10 比较了这两种坐标系统。

重要概念：Java 坐标系统的原点位于左上角，其所有坐标值都是正值。

本例中，第一个 Text 对象的显示点为 $(50, 50)$。所以，字符串"Hello JavaFX!"的第一个字符会显示在距离窗口左上角右方 50 个像素、下方 50 个像素的位置。第二个 Text 对象显示在距离窗口左上角右方 120 个像素、下方 80 个像素的位置。

下一节中将给出另外几个 JavaFX 示例，它们包含各种几何图形。

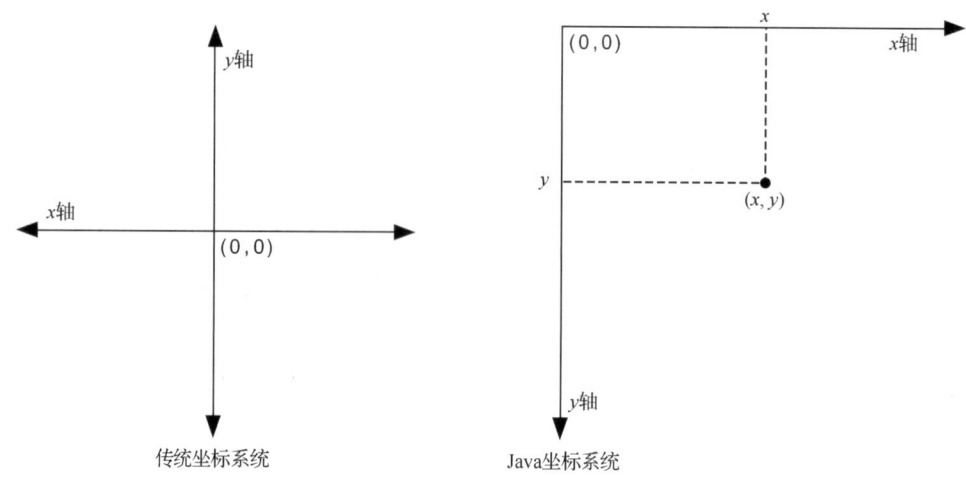

图 3.10　传统坐标系统与 Java 坐标系统的比较

自测题

SR3.36　在什么情况下可以省略 JavaFX 程序中的 main 方法？

SR3.37　JavaFX 中的舞台是什么？

SR3.38　场景中的根节点包含什么？

SR3.39　在 Java 坐标系统中，描述点 (20, 50) 的位置。

3.10　基本形状

JavaFX 中的形状是通过 javafx.scene.shape 包中的类呈现的。用这些类创建的对象可添加到场景中用于显示。

图 3.11 中调用的构造方法用于创建各种形状。构造方法的参数指定形状的位置和大小。例如，Line 构造方法接收 4 个整型参数，分别表示一条线段的两个端点。起点和终点的顺序无关紧要。

```
Line(startX, startY, endX, endY)
Line myLine = new Line(10, 20, 300, 80);
    画一条从(10, 20)到(300, 80)的线。

Rectangle(x, y, width, height)
Rectangle myRect = new Rectangle(30, 50, 200, 70);
    画一个 200×70 的矩形，左上角坐标为(30, 50)。

Circle(centerX, centerY, radius)
Circle myCircle = new Circle(100, 150, 40);
    画一个半径为 40 的圆，中心点为(100, 150)。

Ellipse(centerX, centerY, radiusX, radiusY)
Ellipse myEllipse = new Ellipse(100, 50, 80, 30);
    画一个中心点为(100, 50)的椭圆，水平半轴长 80，垂直半轴长 30。
```

图 3.11　一些 JavaFX 形状类的构造方法

Rectangle 构造方法的前两个参数指定矩形左上角的位置，另外两个参数指定矩形的宽度和高度。

Circle 和 Ellipse 构造方法的前两个参数指定这两种形状的中心点。圆只有一个半径值。椭圆的形状由两个半径值确定：一个沿水平方向(或 x 轴)，另一个沿垂直方向(或 y 轴)。

例 3.8 中的 JavaFX 程序显示了不同的形状及爱因斯坦的一段名言。与上一节的 HelloJavaFX 示例一样，这里所显示的元素被添加到一个 Group 对象中，它为 Scene 对象的根节点，在主 Stage 对象上显示。

例 3.8

```
1    //***********************************************************************
2    // Einstein.java          Author: Lewis/Loftus
3    //
4    // Demonstrates the use of various shape classes.
5    //***********************************************************************
6
7    import javafx.application.Application;
8    import javafx.scene.Group;
9    import javafx.scene.Scene;
10   import javafx.scene.paint.Color;
11   import javafx.scene.shape.*;
12   import javafx.scene.text.Text;
13   import javafx.stage.Stage;
14
15   public class Einstein extends Application
16   {
17   //-----------------------------------------------------------------
18   // Creates and displays several shapes.
19   //-----------------------------------------------------------------
20       public void start(Stage primaryStage)
21       {
22           Line line = new Line(35, 60, 150, 170);
23           Circle circle = new Circle(100, 65, 20);
24           circle.setFill(Color.BLUE);
25
26           Rectangle rect = new Rectangle(60, 70, 250, 60);
27           rect.setStroke(Color.RED);
28           rect.setStrokeWidth(2);
29           rect.setFill(null);
30
31           Ellipse ellipse = new Ellipse(200, 100, 150, 50);
32           ellipse.setFill(Color.PALEGREEN);
33
34           Text quote = new Text(120, 100, "Out of clutter, find " +
35                       "simplicity.\n-- Albert Einstein");
36
37           Group root = new Group(ellipse, rect, circle, line, quote);
38           Scene scene = new Scene(root, 400, 200);
39
```

```
40          primaryStage.setTitle("Einstein");
41          primaryStage.setScene(scene);
42          primaryStage.show();
43      }
44  }
```

显示

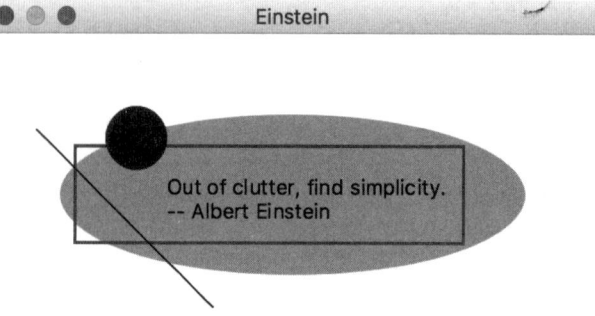

显示形状的顺序与添加到组中的顺序一致(即在 Group 构造方法参数中的顺序)。因此,在这个示例中,实际为蓝色的圆会显示在矩形和椭圆的前面。

> **重要概念:** 显示形状的顺序与添加到组中的顺序一致,从而使一个形状显示在另一个的前面。

形状的轮廓称为边框(stroke),而其内部称为填充物(fill)。边框和填充物的颜色可分别由 setStroke 和 setFill 方法设定。边框的宽度可由 setStrokeWidth 方法设定,正如 Einstein 示例中对矩形所做的处理那样。该矩形的填充色被设置为 null,它会彻底删除填充物,以便显示形状后面的任何内容。

还要注意,Text 对象中的字符串包含一个换行符(\n),它会在所显示的位置插入一行。

下面探讨另一个有关形状的示例。例 3.9 中的程序会显示一个雪人。

例 3.9

```
1   //************************************************************
2   // Snowman.java          Author: Lewis/Loftus
3   //
4   // Demonstrates the translation of a set of shapes.
5   //************************************************************
6
7   import javafx.application.Application;
8   import javafx.stage.Stage;
9   import javafx.scene.Group;
10  import javafx.scene.Scene;
11  import javafx.scene.paint.Color;
12  import javafx.scene.shape.*;
13
14  public class Snowman extends Application
15  {
```

```
16  //---------------------------------------------------------------
17  // Presents a snowman scene.
18  //---------------------------------------------------------------
19      public void start(Stage primaryStage)
20      {
21          Ellipse base = new Ellipse(80, 210, 80, 60);
22          base.setFill(Color.WHITE);
23
24          Ellipse middle = new Ellipse(80, 130, 50, 40);
25          middle.setFill(Color.WHITE);
26
27          Circle head = new Circle(80, 70, 30);
28          head.setFill(Color.WHITE);
29
30          Circle rightEye = new Circle(70, 60, 5);
31          Circle leftEye = new Circle(90, 60, 5);
32          Line mouth = new Line(70, 80, 90, 80);
33
34          Circle topButton = new Circle(80, 120, 6);
35          topButton.setFill(Color.RED);
36          Circle bottomButton = new Circle(80, 140, 6);
37          bottomButton.setFill(Color.RED);
38
39          Line leftArm = new Line(110, 130, 160, 130);
40          leftArm.setStrokeWidth(3);
41          Line rightArm = new Line(50, 130, 0, 100);
42          rightArm.setStrokeWidth(3);
43
44          Rectangle stovepipe = new Rectangle(60, 0, 40, 50);
45          Rectangle brim = new Rectangle(50, 45, 60, 5);
46          Group hat = new Group(stovepipe, brim);
47          hat.setTranslateX(10);
48          hat.setRotate(15);
49
50          Group snowman = new Group(base, middle, head, leftEye, rightEye,
51              mouth, topButton, bottomButton, leftArm, rightArm, hat);
52          snowman.setTranslateX(170);
53          snowman.setTranslateY(50);
54
55          Circle sun = new Circle(50, 50, 30);
56          sun.setFill(Color.GOLD);
57
58          Rectangle ground = new Rectangle(0, 250, 500, 100);
59          ground.setFill(Color.STEELBLUE);
60
61          Group root = new Group(ground, sun, snowman);
62          Scene scene = new Scene(root, 500, 350, Color.LIGHTBLUE);
63
```

```
64              primaryStage.setTitle("Snowman");
65              primaryStage.setScene(scene);
66              primaryStage.show();
67      }
68 }
```

显示

Snowman 示例中的元素以不同方式分组，以便能够调整它们的属性。与前几个示例相同，这个场景的根元素为一个 Group 对象，它包含地面、太阳和一个雪人。雪人独自构成一个组，它由身体、眼睛、纽扣、手臂及帽子等元素组成。帽子为另一个组，它由帽顶和帽沿组成。这个场景的元素层次在图 3.12 中给出。

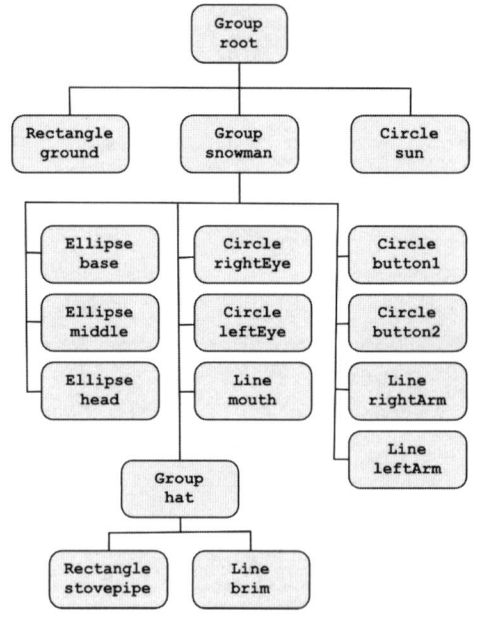

图 3.12　Snowman 场景的元素层次

如果对形状或组调用 setTranslateX 方法，则它会沿着 x 轴转换（平移）形状的位置。同样，调用 setTranslateY 方法会使形状沿 Y 轴平移。如果细看雪人位置元素的值，则会发现它们会将雪人画在场景的左上角。通过适当的方法调用，会将它移动到最终的位置。图 3.13 展示的雪人就是没有发生位置移动时的情形。

图 3.13 没有转换 (平移) 位置的雪人

将类似雪人这样的复杂元素定义成一个 Group 对象，就可以对整个组执行平移操作。例如，为了将雪人移动到最右侧，只需改变传递给一个方法的值即可。如果没有这样分组，则必须更改每一个元素的位置。

> **重要概念**：形状和组可按需要平移和旋转。

同样，调用 setRotate 方法，会使形状或组沿着它的中心点旋转指定的度数。在 Snowman 示例中，先平移了帽子，然后顺时针旋转 15 度，这样就使它在雪人头上略显俏皮。如果传递给 setRotate 方法的值为负数，则为逆时针旋转。

自测题

SR3.40 如何使一个形状出现在另一个的前面？

SR3.41 为一个矩形编写一个声明，使它为 100 像素宽、200 像素高，左上角位置为 (30, 20)。

SR3.42 用如下语句定义的椭圆，其宽度值比高度值大，还是高度值比宽度值大？

```
Ellipse ellipse = new Ellipse(100, 150, 70, 90);
```

SR3.43 对 Circle 对象调用 setFill 方法时，如果传递的参数为 null，则会得到什么结果？

SR3.44 将场景中的特定元素分在一组，有什么好处？

3.11 颜色呈现

Java 中的颜色是用三个数字定义的，它们统称为 RGB 值。RGB 表示红色 (Red)、绿色 (Green) 和蓝色 (Blue)。每一个数字代表了相应颜色的贡献值。这种方法借用了人眼区分颜色的原理，人眼会组合红、绿、蓝光的波长。

> **重要概念**：Java 用 RGB 值表示颜色。

在 RGB 值中，每一个数字的范围值为 0~255。例如，如果 RGB 值为 255, 255, 0，则表示红色和绿色的贡献值为 255，而蓝色没有贡献值，结果就为黄色。粉色可用 RGB 值 255, 175, 175 定义。通过改变 RGB 数字，可以得到不同的颜色。但是，如果改变值过小，则不容易察觉到颜色差异。

Java 中的颜色是通过 Color 对象体现的。Color 类有一个静态方法 rgb，它返回一个由参数指定 RGB 值的 Color 对象：

```
Color purple = Color.rgb(183, 44, 150);
```

Color 类还有另一个静态方法 color，它可以用百分数的形式指定 RGB 值。如下调用就用 60% 红色、10%绿色和 0%蓝色创建了一种栗色：

```
Color maroon = Color.color(0.6, 0.1, 0.0);
```

利用这些方法，可以创建任何颜色。但是，为了方便起见，已经预定义了大量的 Color 对象，图 3.14 中给出的只是其中的一部分。有关 Color 类中预定义的颜色的完整列表，请参见联机文档。本章前面的几个 JavaFX 示例中，使用了几种预定义的颜色。

颜　色		对　　象	RGB 值
	黑色	Color.BLACK	0, 0, 0
	白色	Color.WHITE	255, 255, 255
	灰色	Color.GRAY	128, 128, 128
	红色	Color.RED	255, 0, 0
	栗色	Color.MAROON	128, 0, 0
	黄绿色	Color.LIME	0, 255, 0
	绿色	Color.GREEN	0, 128, 0
	蓝色	Color.BLUE	0, 0, 255
	深蓝色	Color.NAVY	0, 0, 128
	黄色	Color.YELLOW	255, 255, 0
	品红色	Color.MAGENTA	255, 0, 255
	蓝绿色	Color.CYAN	0, 255, 255
	粉色	Color.PINK	255, 192, 203
	橙色	Color.ORANGE	255, 165, 0

图 3.14　Color 类中预定义的颜色

自测题

SR3.45　什么是 RGB 值?

SR3.46　编写一条语句，用 rgb 方法创建一个等价于 Color.PINK 的 Color 对象。

SR3.47　编写一条语句，用 color 方法创建一个等价于 Color.YELLOW 的 Color 对象。

重要概念小结

- new 运算符返回对新建对象的引用。
- 多个引用变量可以引用同一个对象。
- 方法需由具体的对象调用，不同的对象决定着同一方法调用的不同结果。
- 开发程序时，类库提供了有用的支持。
- Java 标准类库是按包分组的。
- 对于每一个程序，java.lang 包中的所有类都将被自动载入。

- 伪随机数发生器通过执行复杂计算来产生模拟随机数。
- Math 类的所有方法都是静态方法，通过类名即可调用它们。
- 在 Java 中增加 printf 方法，是为了支持遗留系统的移植。
- 枚举类型是安全的，保证了不会使用无效的值。
- 包装器类允许将基本类型数据作为对象管理。
- 自动装箱提供了在基本数据类型与相应的包装对象之间的自动类型转换。
- JavaFX 是用于开发使用图形和 GUI 的 Java 程序的首选工具。
- JavaFX 借用剧院演出的思路，在舞台上呈现不同的场景。
- Java 坐标系统的原点位于左上角，其所有坐标值都是正值。
- 显示形状的顺序与添加到组中的顺序一致，从而使一个形状显示在另一个的前面。
- 形状和组可按需要平移和旋转。
- Java 用 RGB 值表示颜色。

练习题

EX3.1 编写一条语句，输出 String 对象 overview 的字符个数。

EX3.2 编写一条语句，输出 String 对象 introduction 的第 8 个字符。

EX3.3 声明一个 String 变量 str，并将其初始化为另一个 String 对象 name 中保存的字符，所有大写字母除外。

EX3.4 声明一个 String 变量 change，并将其初始化为另一个 String 对象 original 中保存的字符，但是将所有的 "e" 变为 "j"。

EX3.5 如下代码段产生的输出是什么?

```
String m1, m2, m3;
m1 = "Quest for the Holy Grail";
m2 = m1.toLowerCase(); m3 = m1 + " " + m2;
System.out.println(m3.replace('g', 'z'));
```

EX3.6 如下 import 语句的作用是什么?

```
import java.awt.*;
```

EX3.7 假设创建了 Random 类的一个对象 generator，下列各语句的值在哪个区间内?

a. generator.nextInt(20)
b. generator.nextInt(8) + 1
c. generator.nextInt(12) + 2
d. generator.nextInt(35) + 10
e. generator.nextInt(100) - 50

EX3.8 编写一段代码，声明并实例化 Random 对象 rand。然后写出一个调用 nextInt 方法(产生随机数)的表达式列表，产生下面各项所指定范围(包括结束值)的随机数。使用接收一个整型参数的 nextInt 方法。

a. 0 to 10
b. 0 to 400
c. 1 to 10

    d. 1 to 400

    e. 25 to 50

    f. −10 to 15

EX3.9   编写一条赋值语句，计算 num1、num2 之和的平方根值，并将结果保存在 num3 中。

EX3.10   只编写一条语句，计算并输出 total 的绝对值。

EX3.11   编写代码，创建一个 DecimalFormat 对象，该对象将一个数值四舍五入到 4 位小数。然后编写一条语句，使用这个对象按照所需格式输出结果值。

EX3.12   编写代码，提示用户输入一个双精度数，然后将输入值的 4 次方值以保留三位小数的形式输出。

EX3.13   声明一个枚举变量，用于表示一周内的每一天。

EX3.14   对比传统的坐标系统和 Java 图形组件使用的坐标系统。

EX3.15   为如下各项编写一条声明语句：

    a. 画一条从 $(60, 100)$ 到 $(30, 90)$ 的线。

    b. 一个 20 像素宽、100 像素高的矩形，其左上角为 $(10, 10)$。

    c. 中心点为 $(50, 75)$ 的圆，半径为 30。

    d. 中心点为 $(150, 180)$ 的椭圆，100 像素宽、80 像素高。

EX3.16   如下的线为水平线还是垂直线？或者都不是？

    a. `new Line(30, 90, 30, 10)`

    b. `new Line(85, 70, 70, 85)`

    c. `new Line(20, 40, 150, 40)`

EX3.17   下面的椭圆，其宽度值比高度值大，还是高度值比宽度值大？

    a. `new Ellipse(300, 100, 50, 10)`

    b. `new Ellipse(100, 200, 20, 40)`

    c. `new Ellipse(150, 220, 60, 30)`

EX3.18   如何使形状没有填充色？以便能够看到其后面的内容？

EX3.19   编写一行代码，使一个名为 myEllipse 的椭圆沿顺时针方向旋转 45°。

编程项目

PP3.1   编写一个程序，要求用户首先分别输入名字和姓氏，然后输出一个字符串，该字符串由用户名字的首字母，加上不超过前 5 个字母的姓氏及一个 10～99 的随机数组成(假定姓氏至少有 5 个字母)。类似的算法有时也用于生成计算机的新用户账号。

PP3.2   编写一个计算立方和的程序。程序首先提示用户输入两个整数，然后输出这两个数的立方值之和。

PP3.3   编写一个程序，生成并输出一个 XXX-XXX-XXXX 类型的随机电话号码，包括连接线。前三个数字中不能有 8 或者 9，中间三个数字组成的数不能大于 655。提示：考虑最简单的方法来生成电话号码，不必分别确定每一个数字。

PP3.4   编写一个程序，读入一个双精度值，然后分别输出不大于该值的最大整数和不小于该值的最小整数。例如，如果读入的值为 28.466，则程序应输出 28 和 29。

PP3.5   编写一个程序，输入两个点的坐标值 (x, y)，然后用下面的公式计算两点间的距离：

$$距离 = \sqrt{(x_2 - x_1)^2 - (y_2 - y_1)^2}$$

PP3.6 编写一个程序，输入一个球体的半径，然后使用下面的公式输出其体积和表面积，结果保留 4 位小数（r 表示半径）。

$$体积 = \frac{4}{3}\pi r^3 \qquad 表面积 = 4\pi r^2$$

PP3.7 编写一个程序，提示用户输入三角形的三条边的边长。使用 Heron 公式（如下所示）计算三角形的面积并保留 3 位小数。公式中的 s 代表三角形半周长，a、b 和 c 分别代表三条边的边长。

$$面积 = \sqrt{s(s-a)(s-b)(s-c)}$$

PP3.8 编写一个程序，产生[20，40]区间的一个整型随机数，并显示这个随机数的正弦、余弦和正切值。

PP3.9 编写一个程序，产生[1，20]区间的整型随机数，得到圆柱体的半径（r）和高度（h），然后计算圆柱体的体积和表面积：

$$体积 = \pi r^2 h \qquad 表面积 = 2\pi r h$$

PP3.10 为 Snowman 程序增加如下内容：
- 增加一个纽扣
- 将太阳移到图片的右上角
- 在图片左上角显示你的名字
- 将整个雪人右移 40 像素

PP3.11 编写一个 JavaFX 程序，显示奥林匹克运动会的会标。5 个环不必彼此相连。

PP3.12 编写一个 JavaFX 程序，画一座有门（包括门把手）、窗户和烟囱的房子，另外添加一些从烟囱里冒出来的烟和天空的云。

PP3.13 编写一个 JavaFX 程序，画一个中心点为(200, 200)的圆，半径为 50～150 之间的随机值。每次运行程序时，画出的圆需不同。

PP3.14 编写一个 JavaFX 程序，以 0～360°的随机角度显示你的名字。每次运行程序时，显示的角度需不同。

PP3.15 编写一个 JavaFX 程序，显示一个矩形，其填充色是用 rgb 方法随机产生的。每次运行程序时，显示的颜色需不同。

PP3.16 编写一个 JavaFX 程序，用太阳和三颗行星描述太阳系。用椭圆展示这些行星沿太阳转动的轨迹。

第4章 编 写 类

本章目标

1. 讨论类定义的结构和内容。
2. 利用实例数据建立对象状态的概念。
3. 描述可见性修饰符作用在方法和数据上的效果。
4. 探讨方法定义的结构(包括方法参数和返回值)。
5. 讨论构造方法的结构和用途。
6. 定义和显示弧。
7. 加载和显示图形。
8. 介绍建立交互式图形用户界面(GUI)所需要的概念。
9. 探讨一些基本的 GUI 控件和事件处理。

第 3 章中的程序实例使用了类及其对象提供的各种服务。直接利用 Java API 提供的预定义类会使编写程序的过程更容易。本章将着重讨论面向对象编程的核心问题:编写用户自己的类以定义对象,并探讨方法的结构、数据的封装及引用范围。本章的"图形设计之路"小节将讨论如何呈现弧和图形,并会涉及建立交互式图形用户界面的有关问题。

4.1 类与对象的核心概念

第 1 章讲解了基本的面向对象概念,包括对象和类的简要概述。第 3 章使用了一些 Java 标准类库的预定义类建立对象,并使用了对象提供的一些具体功能。

本章将致力于编写用户自己的类。虽然现有的类库提供了许多有用的类,但是面向对象程序开发的实质是设计和实现自己的类,以满足用户自己的特殊需求的过程。

回忆前面所讲,可知对象和类之间的基本关系:类是对象的蓝图。类代表了对象的概念,根据某个类建立的任何一个对象,就是这个类代表的概念的一次实现。

例如,由第 3 章可知,String 类代表字符串的概念,每一个 String 对象代表一个含有特定字符的具体字符串。

下面是另外一个例子。假设 Student 类代表某个学校的学生,则根据 Student 类建立的对象就代表一个具体的学生。Student 类描述了学生的一般概念,每一个由 Student 类建立的对象代表了学校中一个真实的学生个体。这样设计的系统有助于管理学校事务,系统中只有一个 Student 类,但有数千个 Student 对象。

对象是有状态的,状态由对象的属性值确定。学生的属性值包括学生姓名、住址、主修课和 GPA(平均成绩)。Student 类设置了每个学生都具有的属性,每个 Student 对象为一个具体的学生保存相应的属性值。在 Java 中,对象的属性由类中所声明的变量定义。

对象还有行为，行为由对象可执行的操作确定。Student 对象的操作可以是更新学生住址和计算学生当前的 GPA 等。Student 类定义了这些操作，例如计算学生当前 GPA 的具体细节。定义好操作以后，就可由一个具体的 Student 对象执行。注意，对象的操作可能改变该对象的状态。在 Java 中，对象的操作由类中声明的方法定义。

图 4.1 中列举了一些类的例子，以及这些类可具有的某些属性和操作。一个类需要哪些属性和操作取决于程序设计者，而如何设计属性和操作则依赖于程序的任务，以及对象在该任务中所扮演的角色。思考一下，还可以为这些例子添加哪些属性和操作？

类	属 性	操 作
Student	Name Address Major GPA	设置姓名 设置地址 设置主修课 计算 GPA
Rectangle	Length Width Color	设置长度 设置宽度 设置颜色
Aquarium	Material Length Width Height	设置材料 设置长度 设置宽度 设置高度 计算体积 计算满水质量
Flight	Airline Flight number Origin city Destination city Current status	设置航线 设置航班号 出发城市 到达城市 航班状态
Employee	Name Department Title Salary	确定员工姓名 设置所属部门 设置头衔 设置薪水 计算工资 计算奖金 计算税费

图 4.1　类的例子及其可能的属性和操作

自测题

SR4.1　什么是属性？

SR4.2　什么是操作？

SR4.3　定义一个表示图书馆中的图书的 Book 类，并列出这个类可能的属性和操作。

SR4.4　判断下列各项的对错，并说明原因。

　　a. 编写程序时，只需要使用 Java 标准类库中的类，没必要定义和使用其他类。

　　b. 对象的操作可以改变对象的状态。

　　c. 对象的当前状态可以影响该对象方法的操作结果。

　　d. 在 Java 中，对象的状态由它的方法表示。

4.2　类的分析

前面所有的例子都只给出了一个含有 main 方法的类，这些类虽然小但都代表完整的程序。一般情况下，程序常需要利用 Java 标准类库预定义的类来实例化对象，并使用对象提供的服务。预定义类也是程序的组成部分，但实际上我们从不关心这些类本身，而只是了解如何与它们交互，认可它们所承诺的服务。

例 4.1 给出的 RollingDice 类含有一个 main 方法，该方法实例化了两个 Die 对象(模拟单个骰子的情况)，然后掷骰子并输出结果。main 方法调用了 Die 类提供的几个方法，例如显式地设置或获取骰子当前点数值的方法。

例 4.1

```
1    //************************************************************
2    //  RollingDice.java    Author: Lewis/Loftus
3    //
4    //  Demonstrates the creation and use of a user-defined class.
5    //************************************************************
6
7    public class RollingDice
8    {
9       //----------------------------------------------------------
10      // Creates two Die objects and rolls them several times.
11      //----------------------------------------------------------
12      public static void main(String[] args)
13      {
14          Die die1, die2;
15          int sum;
16
17          die1 = new Die();
18          die2 = new Die();
19
20          die1.roll();
21          die2.roll();
22          System.out.println("Die One: " + die1 + ", Die Two: " + die2);
23
24          die1.roll();
25          die2.setFaceValue(4);
26          System.out.println("Die One: " + die1 + ", Die Two: " + die2);
27
28          sum = die1.getFaceValue() + die2.getFaceValue();
29          System.out.println("Sum: " + sum);
30
31          sum = die1.roll() + die2.roll();
32          System.out.println("Die One: " + die1 + ", Die Two: " + die2);
33          System.out.println("New sum: " + sum);
34      }
35  }
```

输出

```
Die One: 5, Die Two: 2
Die One: 1, Die Two: 4
Sum: 5
Die One: 4, Die Two: 2
New sum: 6
```

上述例子与前面例子的主要差别是，Die 类不是 Java 标准类库的预定义类。我们必须自己编写类，并定义需要 Die（骰子）对象在程序编译且运行后执行的服务。

每一个类都包含数据声明和方法声明，如图 4.2 所示。数据声明定义了将保存在每个对象中的数据，方法声明定义了对象将提供的服务。合在一起，类的数据和方法称为类的成员。

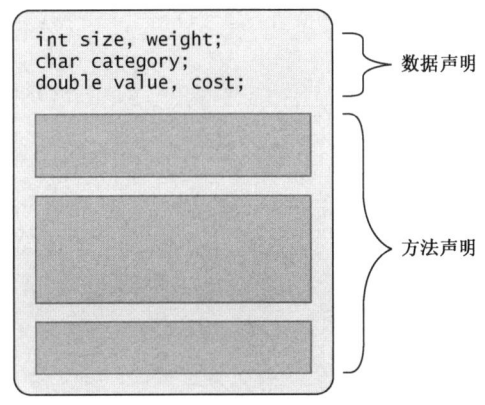

图 4.2　类的成员：数据和方法声明

前面给出的例子也都遵守上述的类成员声明模式，只不过没有类的数据，并且只有一个方法（main 方法）。下面继续定义类似 RollingDice 这样的类，并定义程序的执行入口点。

面向对象程序设计基于类的定义，类代表定义了合理的状态和行为的对象。例如，在任何一个给定时刻，一个 Die 对象必定有一个具体的点数值，可以称其为骰子的状态。一个 Die 对象有各种可以调用的方法，例如掷骰子的方法或者获取骰子点数值的方法，这些方法代表了骰子的行为。

> **重要概念：** 面向对象程序设计基于类的定义，类代表定义了合理的状态和行为的对象。

例 4.2 给出了这个 Die 类，它包含两个数据值：一个整型常量（MAX），代表骰子的最大点数值；一个整型变量（faceValue），代表骰子的当前点数值。同时还有一个构造方法 Die 和 4 个常规方法：roll，setFaceValue，getFaceValue，toString。

例 4.2

```
1   //*************************************************************
2   //  Die.java      Author: Lewis/Loftus
3   //
4   //  Represents one die (singular of dice) with faces showing values
5   //  between 1 and 6.
6   //*************************************************************
7
8   public class Die
```

```java
 9   {
10       private final int MAX = 6; // maximum face value
11
12       private int faceValue; // current value showing on the die
13
14       //-----------------------------------------------------------------
15       // Constructor: Sets the initial face value.
16       //-----------------------------------------------------------------
17       public Die()
18       {
19           faceValue = 1;
20       }
21
22       //-----------------------------------------------------------------
23       // Rolls the die and returns the result.
24       //-----------------------------------------------------------------
25       public int roll()
26       {
27           faceValue = (int)(Math.random() * MAX) + 1;
28
29           return faceValue;
30       }
31
32       //-----------------------------------------------------------------
33       // Face value mutator.
34       //-----------------------------------------------------------------
35       public void setFaceValue(int value)
36       {
37           faceValue = value;
38       }
39
40       //-----------------------------------------------------------------
41       // Face value accessor.
42       //-----------------------------------------------------------------
43       public int getFaceValue()
44       {
45           return faceValue;
46       }
47
48       //-----------------------------------------------------------------
49       // Returns a string representation of this die.
50       //-----------------------------------------------------------------
51       public String toString()
52       {
53           String result = Integer.toString(faceValue);
54
55           return result;
56       }
57   }
```

构造方法是一种特殊方法(参见第 2 章和第 3 章),其方法名和类名相同(都为 Die)。当使用 new 运算符创建新的 Die 类实例时,将调用 Die 构造方法。Die 类中的其他方法定义了由 Die 对象提供的各种服务。

对于类中的每个方法,都应该用一段文档开头,以描述该方法的功能。这不仅对于理解软件代码至关重要,而且使得代码段分块清晰,查阅代码时也便于寻找到各个方法。

图 4.3 给出了这个 Die 类的一些方法。Die 类看起来和以前例子中的任何类没有什么不同,唯一的重要差别是,Die 类不是由 Java API 提供的,而是程序员自己编写的类。

```
Die()
    构造方法:创建新的 Die 对象,并将新对象的初始点数值设置为 1。

int roll()
    利用适当取值范围内的随机数设置骰子的点数值,模拟掷骰子。

void setFaceValue(int value)
    将骰子的点数值设置成指定的值。

int getFaceValue()
    返回骰子的当前点数值。

String toString()
    返回一个表示骰子当前点数值的字符串。
```

图 4.3   Die 类提供的一些方法

Die 类包括掷骰子、产生新的随机点数值等方法,其中 roll 方法返回新的点数值;getFaceValue 方法在任何时候都可以获得骰子的当前点数值;setFaceValue 方法将点数值设置成某个确定值,就如同刻意将骰子翻转到想要的面一样。每当将 Die 对象传递给 print 方法或 println 方法时,将自动调用 toString 方法,以获得被输出对象的字符串形式的描述。因此对于大多数类而言,一般最好定义一个 toString 方法。上述的方法定义有不同的组成部分,本章将随着讨论的进展对方法定义结构进行剖析。

在本书的例子中,常将一个类保存为一个文件。Java 允许将多个类保存在同一个文件中,如果一个文件保存了多个类,则只有一个类可以用保留字 public 来声明,而且这个 public 类的名称必须与文件名相同。例如,Die 类保存在 Die.java 文件中。

4.2.1   实例数据

在 Die 类中,常量 MAX 和变量 faceValue 是在类的内部声明的,而不是在某个方法的内部进行声明。变量声明的位置定义了该变量的作用域,作用域确定了变量在程序中可被引用的区域。变量和常量通过在这种类级(不在方法内部)上的声明,使得类的所有方法都可以引用它们。

类中的属性(如 faceValue 变量)称为实例数据,因为每当创建类的一个实例时,新的存储空间将分配给该变量。每一个 Die 对象都有自己的 faceValue 变量及其所分配的存储空间,这就是为什么每个 Die 对象能具有自己的状态的原因。下面分析 RollingDice 程序的输出信息:一个骰子的点数值为 5,另一个的点数值为 2。这是可以实现的,因为程序分别为每个对象的 faceValue 变量建立了存储空间。上述情况可以描述如下:

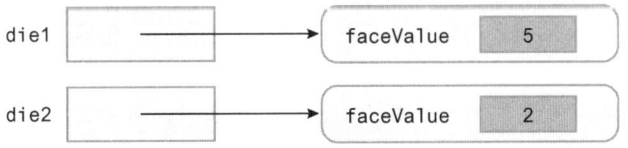

重要概念: 变量的作用域取决于声明该变量的位置,作用域确定了何处可以引用该变量。

die1 和 die2 引用变量指向了各自的 Die 对象(即 die1 和 die2 含有各自 Die 对象的地址)，每个
Die 对象都有一个占有存储空间的 faceValue 变量，因而每个对象可以为自己保存不同的实例数据值。

　　Java 会自动初始化类级声明中的变量。例如，所有数值型(如 int 型和 double 型)变量都将被自
动初始化为 0。但是，尽管事实上 Java 能自动执行初始化，但最好的做法是明确地对变量进行初
始化(通常在构造方法中进行)，以便代码阅读者能清楚地理解程序的意图。

4.2.2　UML 类图

　　本书使用 UML 类图对类和对象之间的关系进行可视化描述。UML 代表统一建模语言(Unified
Modeling Language)，已经成为一种描述面向对象程序设计的流行符号体系。

　　UML 有多种类型的图，每种图用来描述面向对象系统的不同方面。本书主要使用 UML 类图
来描述类的结构及类间的关系。

　　在 UML 类图中，每个类用一个矩形表示，其中由三部分组成：类名、属性(数据)和操作(方
法)。图 4.4 显示的类图描述了 RollingDice 程序所包含的类。

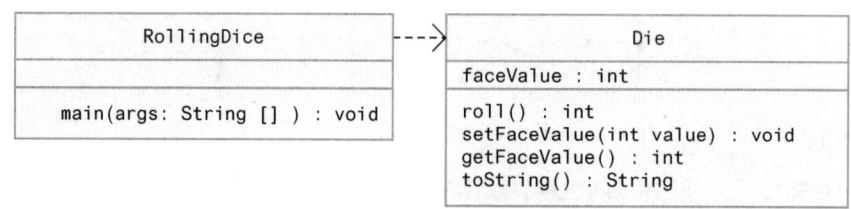

图 4.4　描述 RollingDice 程序所包含的类

重要概念：UML 类图有助于描述程序的类结构及类间的关系。

　　图 4.4 中连接 RollingDice 类和 Die 类的箭头表示类间的关系。虚线箭头表示一个类使用另一个
类的方法。类间各种不同类型的面向对象机制的关系用不同的连接线和箭头表示。本书将随相应的
讨论主题继续探讨其他形式的类间的关系。

　　需要注意的是，UML 并不是专为 Java 程序员设计的，它是一种独立的建模语言，因而 UML
类图的语法不一定与 Java 语法相同。例如，在 UML 类图中，变量的类型写在变量名后，并用冒号
将二者分隔开。方法的返回值类型也采用相同的方式表示。

　　UML 类图是多样化的。可以根据图的不同用途，描述所需要的相应信息。例如，对于一个 UML
类图，如果某个类的定义细节与该 UML 类图的用途无关，则可以省略该类的数据和方法描述。

　　UML 类图可用于对程序设计进行可视化描述。当程序越来越大时，构造的类也越来越多，UML
的可视化图将更能体现出有用的价值。后面还将根据具体问题进一步探讨有关 UML 类图的其他方面。

自测题

SR4.5　　对象与类有什么不同？

SR4.6　　描述 Die 类的实例数据。

SR4.7　　Die 类中定义的哪些方法可以改变 Die 对象的状态？也就是说，哪些方法可以给实例
　　　　　数据赋值？

SR4.8　　当向 print 方法或者 println 方法传递一个对象时，将会发生什么？

SR4.9　　变量的作用域是什么？

SR4.10　UML 类图的用途是什么？

4.3　封装

在第 1 章关于面向对象概念的概述中曾经提到，对象必须是自我管理的。也就是说，对象的实例数据只能由对象自己修改。例如，Die 类的方法应当全面负责修改 faceValue 变量的值。对于类之外的代码，应该让它们难于甚至无法访问或修改在该类内部声明的变量，这种特性称为封装。

对象应当进行封装，与系统的其余代码隔离。并且，只能通过一组特定的方法与程序的其他部分交互，这组方法定义了对象提供的服务，也定义了对象与使用对象的程序之间的接口。

重要概念：对象应封装起来，以防止对该对象的数据进行不适当的访问。

图 4.5 以图形的方式描述了封装性。使用对象的代码，有时称为对象的客户。不允许客户直接访问变量，而是应当调用对象的方法，再由方法与封装在对象中的数据交互。例如，RollingDice 程序中的 main 方法调用了 Die 对象的 roll 方法，但 main 方法不能直接访问 faceValue 变量。

Java 使用修饰符实现对象封装。修饰符是 Java 的保留字，用于规定程序设计语言构造的具体特征。第 2 章讨论过 final 修饰符，该修饰符用于声明常量。Java 有一些以不同方式使用的修饰符，有些修饰符可以共同使用，但有些修饰符的组合使用是无效的。本书将在必要时讨论各种修饰符，附录 D 汇总了所有的修饰符。

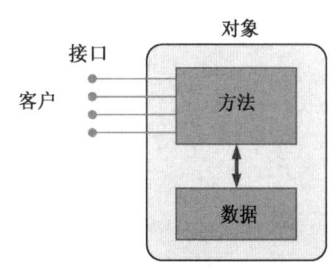

图 4.5　客户与对象的方法交互

4.3.1　可见性修饰符

有些 Java 修饰符称为可见性修饰符，因为这些修饰符控制了对类成员的访问。保留字 public 和 private 是可见性修饰符，可以用于指定类的变量和方法的可见性。如果类的成员有 public（公有）可见性，则可以从该对象的外部直接访问；如果其可见性为 private（私有），则只能从类的内部访问，不能从外部访问。第三种可见性修饰符 protected 只与继承性有关，将在第 9 章讨论。

重要概念：实例变量应声明为 private 可见性，以实现类的封装性。

public 变量将破坏类的封装性，它允许类外部的代码访问或修改类中的数据值。因此，实例数据应当定义为 private，使得数据只能由类的方法访问。

确定一个方法的可见性取决于该方法的用途。为客户提供服务的方法必须声明为 public，以便客户能够引用，这些方法有时称为服务方法。private 方法不能由类的外部引用，其唯一用途是协助类的其他方法工作，因而有时称为支持方法。

图 4.6 概括了变量与方法的两种可见性效果。

将常量设置成 public 可见性是合理的，虽然这样使得常量值可以直接访问，但是它们不能被修改，因为声明常量时使用了 final 修饰符。请记住，封装性意味着数据值不能被其他代码直接修改。由于按定义常量是不可修改的，因此封装性对于常量基本上无意义。

	public	private
变量	违反封装性	强化封装性
方法	为客户提供服务	为类中其他方法提供支持

图 4.6　public 和 private 可见性效果

UML 类图用一个特定字符表示类成员的可见性，在成员名前加字符"+"表示 public 可见性，加字符"－"表示 private 可见性。

4.3.2　访问器和修改器

实例数据通常声明为 private 可见性,因此,类通常会提供一些服务用于访问和修改实例数据值。诸如 getFaceValue 这样的方法称为访问器方法,因为这种方法提供了对实例数据的只读访问。而 setFaceValue 的方法称为修改器方法,这种方法可以用于修改实例数据。

> **重要概念:** 大多数对象都有访问器和修改器方法,允许客户在一种受控方式下管理数据。

一般来说,访问器方法名的形式为 getX,其中 X 是要访问的数据成员的名称;类似地,修改器方法名的形式为 setX,其中 X 是要修改的数据成员的名称。因此,这类方法有时也被分别称为"获取器"和"设置器"。

例如,如果一个类有实例变量 height,那么它就应当有方法 getHeight 和 setHeight。注意,这里的方法命名惯例是将实例变量名的第一个字母大写,与通常的方法命名方式一致。

某些方法,可能同时具有访问和修改实例变量值的功能。例如,Die 类的 roll 方法修改骰子的点数值(修改 faceValue 变量值),并返回这个新的点数值。因此,roll 方法也是一个修改器方法。

注意,roll 方法的代码考虑了将骰子的点数值保持在有效范围(1~MAX),因此必须细心地设计服务方法(包括访问器和修改器方法),以保证对实例变量只能进行合理的访问和有效的修改。上述问题指出了 Die 类设计的缺陷:在 setFaceValue 方法中没有限制——客户可以使用这个方法将 faceValue 变量的值设置为 20,而该值超出了有效的取值范围。setFaceValue 方法只允许对骰子的点数值进行有效的修改。第 5 章将探讨如何实现这种修改控制。

自测题

SR4.11　为什么对象必须是自我管理的?

SR4.12　什么是对象的接口?

SR4.13　什么是修饰符?

SR4.14　为什么常量可以有 public 可见性?

SR4.15　简要描述如下术语。
　　a. 公有方法
　　b. 私有方法
　　c. 公有变量
　　d. 私有变量

4.4　方法的分析

由前面的讨论已知,类由数据声明和方法声明组成,下面将进一步讨论方法声明的细节。

正如第 1 章所提到的,方法是一组编程语句,该组语句被赋予了一个名称。方法声明指定了调用本方法时要执行的代码。Java 程序中的方法是一个类的组成部分。

当调用方法时,程序的执行流程就转移到了该方法,并逐条执行其中的语句。当方法执行完毕时,执行流程返回到调用该方法的位置,继续执行后续语句。

被调方法和调用方法可能位于同一个类中。如果是这样,就可以直接用方法名进行调用。如果被调方法和调用方法不属于同一个类,则和前面的许多例子一样,需要通过另一个类的对象名来调用方法。图 4.7 描述了调用方法时的执行流程。

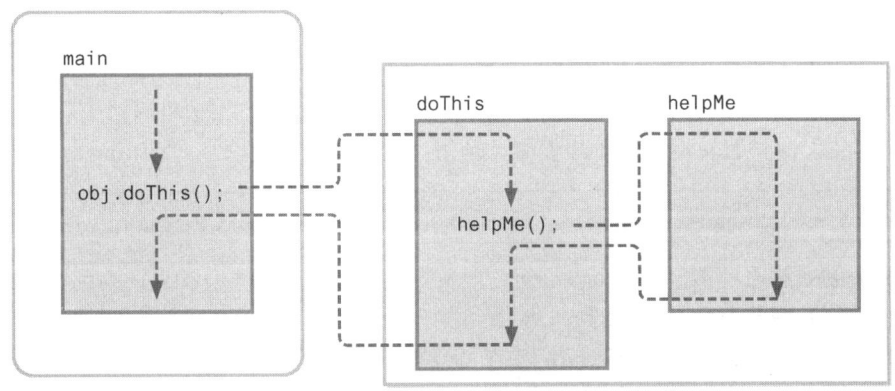

图 4.7 调用方法时的执行流程

在前面的例子中，已经多次定义了程序的 main 方法，它的定义遵循相同的语法规则。方法声明首部包括返回值类型、方法名及该方法所接收的参数的列表，构成方法体的语句则定义在由花括号定界的范围内。以下将讨论有关方法声明的细节内容。

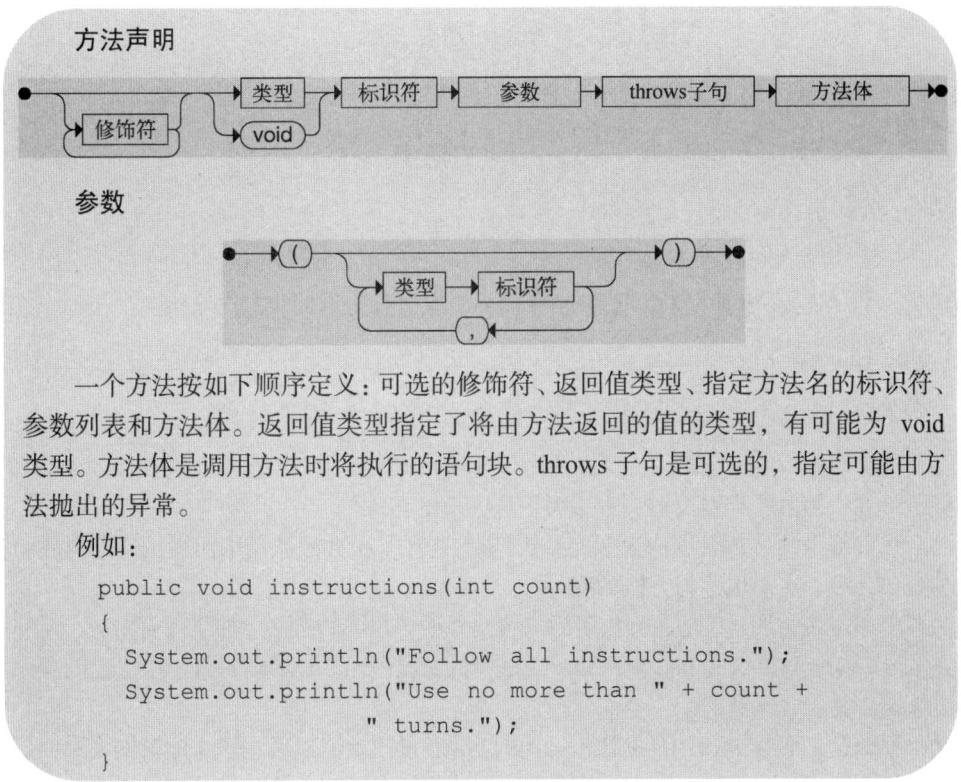

一个方法按如下顺序定义：可选的修饰符、返回值类型、指定方法名的标识符、参数列表和方法体。返回值类型指定了将由方法返回的值的类型，有可能为 void 类型。方法体是调用方法时将执行的语句块。throws 子句是可选的，指定可能由方法抛出的异常。

例如：

```
public void instructions(int count)
{
  System.out.println("Follow all instructions.");
  System.out.println("Use no more than " + count +
             " turns.");
}
```

4.4.1　return 语句

在方法声明首部中指定的返回值类型可以是基本数据类型、类名或保留字 void。当方法不返回任何值时，用 void 作为返回值类型。例如，main 方法不需要返回值，所以总是使用 void 类型。Die 类的 setFaceValue 方法的返回值类型也是 void。

要返回值的方法必须有一条返回语句(return 语句)。当执行 return 语句时，控制立即返回到调用方法(执行调用语句的方法)中的调用语句，并继续往下执行。返回语句由保留字 return

和后续的表达式组成，表达式确定了需要返回的值，它必须与方法声明首部中规定的返回值类型一致。

Die 类的 getFaceValue 方法返回一个表示骰子点数的 int 值。roll 方法也返回一个表示骰子点数的 int 值，但它是 faceValue 变量被随机设置的新值。toString 方法返回一个 String 对象。

> **重要概念：** 方法的返回值类型必须与方法声明首部中规定的返回值类型一致。

不返回值的方法通常不包含 return 语句，当该方法执行结束时将自动返回到调用方法。但是，这种方法也可以有一条不含表达式的 return 语句。

虽然在一个方法中可以有多条 return 语句，但这样做不是良好的程序设计方式。如果方法并没有过于复杂，那么通常它只有一条 return 语句，并且该语句应当位于方法体的最后一行。

在调用方法中可以忽略返回值。例如，RollingDice 类中的 main 方法在多次调用 roll 方法时都忽略了它的返回值；而在其他类的方法中，返回值用于计算。

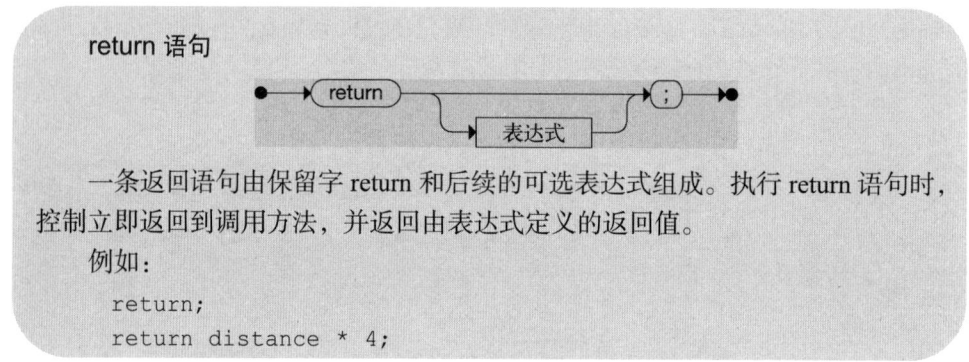

return 语句

一条返回语句由保留字 return 和后续的可选表达式组成。执行 return 语句时，控制立即返回到调用方法，并返回由表达式定义的返回值。

例如：

```
return;
return distance * 4;
```

构造方法没有返回值类型（也没有 void 型），因而不能返回值。本章后面将详细讨论构造方法。

4.4.2　参数

第 2 章曾经讲过，参数是调用一个方法时传递给该方法的值。方法声明首部中的参数列表，指定了将传递给方法的值的类型及被调方法引用这些值的名称。

方法声明首部中的参数名被称为形式参数（形参）。在一次方法调用中实际传递给方法的参数称为实际参数（实参），实参也称为方法的变元。

方法调用和定义的形式，是在方法名后的圆括号中给出参数列表。如果没有参数，则仍然要保留一对空括号，如 roll 方法和 getFaceValue 方法中的情况所示。Die 类的构造方法也没有参数，不过构造方法通常是包含参数的。

形参是标识符，充当方法中的变量。一个方法的形参初始值由调用该方法时的实参赋予。调用方法时，每个实参的值被复制后保存到相应的形参中。实参可以是常量值、变量或表达式。如果实参是表达式，则会首先计算表达式，然后将计算结果作为参数传递给被调方法。

> **重要概念：** 调用方法时，将把实参复制给被调方法的形参。

例如，Die 类中唯一接收参数的方法是 setFaceValue，该方法接收一个 int 型参数，形参名为 value。在 main 方法中，将 4 作为实参传递给 setFaceValue 方法的形参。

调用方法时的参数列表必须与方法声明时的参数列表相匹配，即第一个实参复制给第一个形参，第二个实参复制给第二个形参，依次类推，如图 4.8 所示。实参的类型必须与形参指定的类型一致。

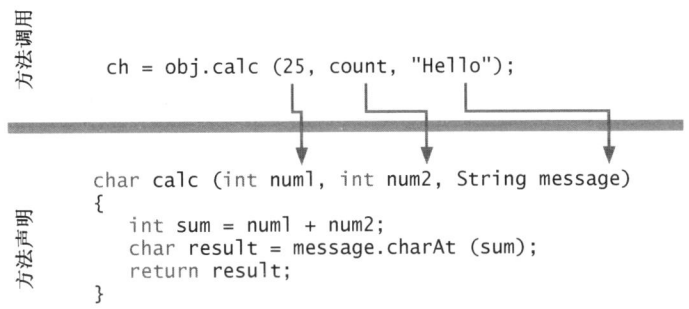

图 4.8　方法调用中的实参传递给方法声明中指定的形参

关于参数传递的更多细节将在第 7 章讨论。

4.4.3　局部数据

如本章前面所述，变量或常量的作用域是程序中可以有效引用该变量或常量的那一部分。变量可以在方法内声明，使得变量成为局部数据，这与实例数据的全局性质相反。前面说过，实例数据在类中声明而不是在方法内声明。

> **重要概念**：在方法中声明的变量只限于该方法内部使用。

不能从方法的外部引用方法内的局部变量。在 Die 类的 toString 方法中声明的变量 result 是局部数据。Die 类的其他任何方法对 result 的引用，都将使编译器发出错误信息。局部变量在声明该变量的方法外部是不可见的。但是，在类级声明的实例数据，其作用域是整个类，类中的任何方法都能够引用它。

局部变量和实例变量有不同级别的引用范围，因此在方法内声明的局部变量名可以与类级声明的实例变量名相同，但在方法中引用的变量名，实际上是局部变量。这种变量命名方法将使代码阅读者感到困惑，因此应当避免。

方法声明首部中的形参名将作为该方法的局部变量名，仅当进行方法调用时形参才存在，在方法调用结束时形参消亡。例如，setFaceValue 方法的形参 value 在调用该方法时被创建，在方法执行结束时消亡。

4.4.4　银行账户示例

下面讨论另一个类的例子及它的使用方法。例 4.3 中的 Transactions 类包含一个 main 方法，该方法建立几个 Account 对象并调用这些对象的服务。

例 4.3

```
1    //********************************************************************
2    //  Transactions.java    Author: Lewis/Loftus
3    //
4    //  Demonstrates the creation and use of multiple Account objects.
5    //********************************************************************
6
```

```
 7    public class Transactions
 8    {
 9       //--------------------------------------------------------------
10       // Creates some bank accounts and requests various services.
11       //--------------------------------------------------------------
12       public static void main(String[] args)
13       {
14          Account acct1 = new Account("Kamala Chen", 72354, 102.56);
15          Account acct2 = new Account("Jane Smith", 69713, 40.00);
16          Account acct3 = new Account("Omar Ayad", 93757, 759.32);
17
18          acct1.deposit(25.85);
19
20          double smithBalance = acct2.deposit(500.00);
21          System.out.println("Smith balance after deposit: " +
22                             smithBalance);
23
24          System.out.println("Smith balance after withdrawal: " +
25                             acct2.withdraw (430.75, 1.50));
26
27          acct1.addInterest();
28          acct2.addInterest();
29          acct3.addInterest();
30
31          System.out.println();
32          System.out.println(acct1);
33          System.out.println(acct2);
34          System.out.println(acct3);
35       }
36    }
```

输出

```
Smith balance after deposit: 540.0
Smith balance after withdrawal: 107.75

72354    Kamala Chen  $132.90
69713    Jane Smith   $111.52
93757    Omar Ayad    $785.90
```

例 4.4 中的 Account 类代表一个基本的银行账户，它的实例数据包括账号、当前余额、账户姓名。注意，实例变量也可以是对象引用变量(不限于基本类型变量)。例如，实例数据账户姓名可以是一个 String 对象的引用。账户的利率可作为常量保存。

例 4.4

```
 1    //***********************************************************************
 2    //  Account.java      Author: Lewis/Loftus
 3    //
 4    //  Represents a bank account with basic services such as deposit
```

```
5    //  and withdraw.
6    //********************************************************************
7
8    import java.text.NumberFormat;
9
10   public class Account
11   {
12       private final double RATE = 0.035; // interest rate of 3.5%
13
14       private long acctNumber;
15       private double balance;
16       private String name;
17
18       //------------------------------------------------------------
19       // Sets up the account by defining its owner, account number,
20       // and initial balance.
21       //------------------------------------------------------------
22       public Account(String owner,  long account,  double initial)
23       {
24           name = owner;
25           acctNumber = account;
26           balance = initial;
27       }
28
29       //------------------------------------------------------------
30       // Deposits the specified amount into the account. Returns the
31       // new balance.
32       //------------------------------------------------------------
33       public double deposit(double amount)
34       {
35           balance = balance + amount;
36           return balance;
37       }
38
39       //------------------------------------------------------------
40       // Withdraws the specified amount from the account and applies
41       // the fee. Returns the new balance.
42       //------------------------------------------------------------
43       public double withdraw(double amount, double fee)
44       {
45           balance = balance - amount - fee;
46
47           return balance;
48       }
49
50       //------------------------------------------------------------
51       // Adds interest to the account and returns the new balance.
52       //------------------------------------------------------------
53       public double addInterest()
```

```
54        {
55            balance += (balance * RATE);
56            return balance;
57    }
58
59        //----------------------------------------------------------------
60        // Returns the current balance of the account.
61        //----------------------------------------------------------------
62        public double getBalance()
63        {
64            return balance;
65        }
66
67        //----------------------------------------------------------------
68        // Returns a one-line description of the account as a string.
69        //----------------------------------------------------------------
70        public String toString()
71        {
72            NumberFormat fmt = NumberFormat.getCurrencyInstance();
73            return acctNumber + "\t" + name + "\t" + fmt.format(balance);
74        }
75    }
```

Account 类的构造方法接收 3 个参数用于初始化实例数据。deposit 方法和 withdraw 方法执行账户的基本交易,并根据参数调整余额。addInterest 方法将获得的利息与余额相加,成为新的余额。这些方法代表了改变余额的有效方式,因此不再需要提供常规的修改器方法,如 setBalance 方法等。

在 Transactions 程序中创建了 3 个 Account 对象,这些对象刚创建时的初始状态如下:

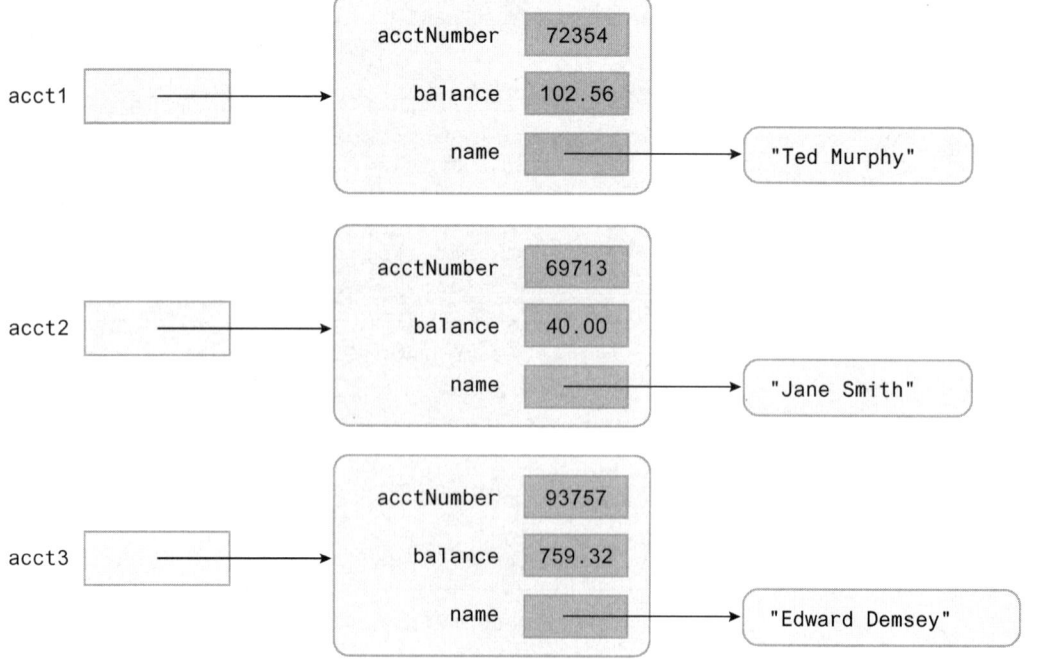

可以更周密地设计各种更新账户余额的方法。设计这些方法时应进行参数检查，以确保参数值的有效性。例如，防止取款额为负值(取款额还要与存款余额紧密相关)。这类问题的处理将在第 5 章讨论。

自测题

SR4.16　为什么方法要通过对象调用？这条规则的特例是什么？

SR4.17　一个返回值的方法表示什么意思？

SR4.18　return 语句的作用是什么？

SR4.19　return 语句必须有吗？

SR4.20　解释实际参数(实参)与形式参数(形参)的区别。

SR4.21　为 Die 类编写一个 getFaceDown 方法，返回骰子贴近桌子的那一面的点数值，提示：一个标准骰子的两个相对面的点数和为 7。

SR4.22　在 Transactions 程序中：

　　a. 创建了多少个 Account 类的对象？

　　b. 有多少个实参传递给了 acct2 对象的 withdraw 方法？

　　c. 有多少个实参传递给了 acct3 对象的 addInterest 方法？

SR4.23　Account 类中的哪些方法是访问器方法？哪些方法是修改器方法？哪些方法是服务方法？

4.5　构造方法回顾

如第 2 章所述，构造方法与常规方法类似，当实例化对象时将调用构造方法。定义类时，通常要定义一个构造方法以辅助创建类的实例。具体地说，这个构造方法常用于初始化与每个对象有关的变量。

构造方法不同于常规方法之处有两点：第一，构造方法名与类名相同，因此 Die 类的构造方法名为 Die，Account 类的构造方法名为 Account；第二，构造方法不能返回值，因此其方法声明首部中没有返回值类型。

程序员易犯的一个错误，是在构造方法的声明中指定 void 返回值类型。编译时，具有返回值类型的构造方法(即使返回值类型为 void)将被转换为常规方法(方法名恰好与类名相同)，编译时，具有返回值类型的构造方法(即使返回值类型为 void)将被转换为常规方法(方法名恰好与类名相同)，这样就导致出现有时很难解释的错误信息。

重要概念：构造方法没有任何返回值类型，甚至也没有 void 返回值类型。

构造方法通常用于初始化新实例化的对象。例如，Die 类的构造方法将骰子的点数值初始化为 1；Account 类的构造方法则根据所传递的参数设置实例变量的值。

实际上，不必为每个类都定义构造方法，因为所有类都有一个不带参数的默认构造方法。如果用户没有定义构造方法，则将使用默认构造方法。默认构造方法对新创建的对象一般没有影响。

自测题

SR4.24　构造方法有什么作用？

SR4.25　如何定义构造方法？

4.6　弧

第 3 章讲解过如何定义和显示基本的形状，如线段、矩形、圆、椭圆等。下面探讨弧。

在 JavaFX 中，一段弧可以视为椭圆的一段。Arc 类的构造方法具有 6 个参数，前 4 个参数与定义椭圆的参数相同，分别指定椭圆的中心点及沿 x 轴和 y 轴的半径。

后两个参数指定弧的起始角(相对于水平线的角度)和弧角。起始角和弧角都以度为单位。

> **重要概念：弧是当作椭圆的一部分定义的。**

例如：

```
Arc myArc = new Arc(150, 100, 70, 30, 45, 90);
```

创建的弧的基础椭圆中心点为 (150, 100)，水平半径为 70，垂直半径为 30，弧的起始角为 45°，沿逆时针方向横跨 90°。

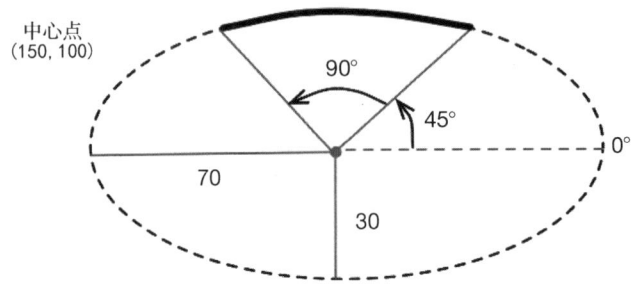

弧还具有弧类型，它由 ArcType 枚举类型值定义，见图 4.9。

弧　类　型	描　　述
ArcType.OPEN	由椭圆的某一部分构成的弧线
ArcType.CHORD	弧的两个端点用一条直线相连
ArcType.ROUND	弧的两个端点与椭圆的中心点相连，形成一个具有弧形边的扇形

图 4.9　JavaFX 的弧类型

例 4.5 中的 JavaFX 程序创建并显示三个弧，它们具有不同的弧类型，但都是用同一个基础椭圆定义的。

例 4.5

```
1    import javafx.application.Application;
2    import javafx.scene.Scene;
3    import javafx.scene.Group;
4    import javafx.scene.paint.Color;
5    import javafx.scene.shape.Arc;
6    import javafx.scene.shape.ArcType;
7    import javafx.scene.shape.Ellipse;
8    import javafx.stage.Stage;
```

```
9
10   //**********************************************************************
11   // ArcDisplay.java        Author: Lewis/Loftus
12   //
13   // Demonstrates the use of the JavaFX Arc class.
14   //**********************************************************************
15
16   public class ArcDisplay extends Application
17   {
18      //------------------------------------------------------------------
19      // Draws three arcs based on the same underlying ellipse.
20      //------------------------------------------------------------------
21      public void start(Stage primaryStage)
22      {
23          Ellipse backgroundEllipse = new Ellipse(250, 150, 170, 100);
24          backgroundEllipse.setFill(null);
25          backgroundEllipse.setStroke(Color.GRAY);
26          backgroundEllipse.getStrokeDashArray().addAll(5.0, 5.0);
27
28          Arc arc1 = new Arc(250, 150, 170, 100, 90, 90);
29          arc1.setType(ArcType.OPEN);
30          arc1.setStroke(Color.RED);
31          arc1.setFill(null);
32
33          Arc arc2 = new Arc(250, 150, 170, 100, 20, 50);
34          arc2.setType(ArcType.ROUND);
35          arc2.setStroke(Color.GREEN);
36          arc2.setFill(Color.GREEN);
37
38          Arc arc3 = new Arc(250, 150, 170, 100, 230, 130);
39          arc3.setType(ArcType.CHORD);
40          arc3.setStroke(Color.BLUE);
41          arc3.setFill(null);
42
43          Group root = new Group(backgroundEllipse, arc1, arc2, arc3);
44          Scene scene = new Scene(root, 500, 300, Color.LIGHTYELLOW);
45
46          primaryStage.setTitle("Arc Display");
47          primaryStage.setScene(scene);
48          primaryStage.show();
49      }
50   }
```

显示

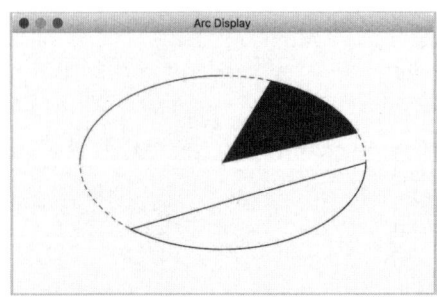

第一个弧为一个开弧，它是椭圆左上角曲线的一部分，起始角为 90°，弧角为 90°。这个弧没有填充物，所以只是椭圆的一条轮廓线。

第二个弧是填充的，形成一个倾斜的扇形。其起始角为 20°，弧角为 50°。

第三个弧为未填充的弦弧，因此其轮廓线显示的是弧的两个端点间的连线，起始角为 230°，弧角为 130°。

起始角和弧角也可以用负值指定。如果为负值，则表示顺时针方向。以下是用负值定义第一个弧的方法：

```
Arc arc1 = new Arc(250, 150, 170, 100, −180, −90);
```

重要概念：正的起始角和弧角值是以逆时针方向度量的；负值表示顺时针方向。

自测题

SR4.26　椭圆与弧之间有什么联系？

SR4.27　哪种类型的弧分别用于显示扇形和弧线？

SR4.28　如果要使弧成为整个基础椭圆的下半部分，则应该如何定义起始角和弧角？有其他值可以使用吗？

4.7　图形

Image 对象代表图形，它支持从文件或 URL 加载，支持的格式有 jpeg、gif 和 png。

ImageView 是一个 JavaFX 节点，用于显示 Image 对象。不能将 Image 对象直接添加到容器中。

重要概念：图形用 Image 对象表示，但通过 ImageView 对象显示。

例 4.6 中的程序将图形在窗口中居中显示。

例 4.6

```
1    import javafx.application.Application;
2    import javafx.scene.Scene;
3    import javafx.scene.image.Image;
4    import javafx.scene.image.ImageView;
5    import javafx.scene.layout.StackPane;
6    import javafx.stage.Stage;
```

```
 7
 8    //************************************************************
 9    //   ImageDisplay.java    Author: Lewis/Loftus
10    //
11    // Demonstrates a the use of Image and ImageView objects.
12    //************************************************************
13
14    public class ImageDisplay extends Application
15    {
16    //-----------------------------------------------------------
17    // Displays an image centered in a window.
18    //-----------------------------------------------------------
19       public void start(Stage primaryStage)
20       {
21          Image img = new Image("gull.jpg");
22          ImageView imgView = new ImageView(img);
23
24          StackPane pane = new StackPane(imgView);
25          pane.setStyle("-fx-background-color: cornsilk");
26          imgView.setViewport(new Rectangle2D(200, 80, 70, 60));
27
28          Scene scene = new Scene(pane, 600, 400);
29
30          primaryStage.setTitle("Image Display");
31          primaryStage.setScene(scene);
32          primaryStage.show();
33       }
34    }
```

显示

前面的几个 JavaFX 示例将 Group 对象作为场景的根节点，这个程序将图形在 StackPane 对象中显示。StackPane 类是 JavaFX API 提供的几个布局面板之一。布局面板为一种容器，它负责控件的排列和视觉呈现。若有必要，布局面板会调整控件，比如当窗口大小发生变化时。

重要概念：布局面板为一个 JavaFX 容器，它用特定方法管理节点的视觉呈现。

StackPane 中的节点会彼此堆叠在一起。例如，可以使用 StackPane，将文本内容置于某个形状之上。这里，只在面板上添加了一个 ImageView 节点，所以它会将图形在窗口中居中显示。后面的示例中会遇到其他布局面板。附录 F 中给出了所有的 JavaFX 布局面板。

对 StackPane 方法 setStyle 的调用用于设置面板的背景色。前几个示例中是将背景色设置成场景的颜色，但布局面板有自己的背景色。setStyle 方法接收的字符串可用来指定许多种风格属性。JavaFX 的样式属性在层叠样式表(CSS)之后被模态化了，CSS 用于定义 Web 页面上 HTML 元素的外观。JavaFX 样式属性的名字以 "-fx-" 开头。

Image 构造方法的参数可以是相对于 Java 类目录的一个路径名称。例如，下列代码指定目录 myPix 下的一个图形：

```
Image logo = new Image("myPix/smallLogo.png");
```

图形也可以来自 URL：

```
Image logo = new Image("http://******.com/images/bio.jpg");
```

如果指定图形来自 URL，则必须包含它的协议(例如，http://)。

4.7.1　视口

视口(viewport)是一个矩形区域，用于限制显示在 ImageView 中的像素。例如：

```
imgView.setViewport(new Rectangle2D(220, 100, 70, 60));
```

如果将这一行添加到 ImageDisplay 程序中，则只会将图形显示为以下结果：

视口无法修改底层的图形，但可以通过编程改变图形的显示。

自测题

SR4.29　Image 与 ImageView 有什么不同?

SR4.30　什么是布局面板?

SR4.31　如何设置 JavaFX 节点的样式属性?

4.8　图形用户界面

与基于文本的程序(或者没有交互功能的图形程序)不同，具有图形用户界面(GUI)的程序提供高级别的用户界面，使程序更高效、更有趣。

JavaFX 中有三种对象可用来创建 GUI：

- 控件
- 事件
- 事件处理器

　　GUI 控件是一种屏幕元素，它显示信息，并允许用户以某种方式与程序交互。GUI 控件的例子有按钮、单行文本框、滚动条、滑动块等。

　　事件是一个对象，代表我们关心的某个事情的发生。它一般代表用户的动作，比如按下了鼠标键或者键盘上的一个键。根据用户的动作，GUI 控件都会产生与该控件有关的事件。例如，按钮控件在被按下时会产生一个表明它被按下的事件。基于图形用户界面并响应用户事件的程序称为事件驱动程序。

重要概念： 图形用户界面由控件、代表用户动作的事件和响应这些事件的处理器组成。

　　事件处理器是一种对象，它包含的方法在事件发生时会被调用。程序员需设置产生事件的组件与事件处理器之间的关系，以响应事件。

　　大多数情况下，程序中使用的是 JavaFX API 中预定义的控件和事件。为了演示 GUI 程序，这里只展示一些必要的控件，提供的处理器在事件发生时会执行所期望的动作。

　　例如，例 4.7 所示的 PushCounter 程序执行后，会显示一个按钮（按钮上显示 "Push Me!"）。用户每单击按钮一次，计数器就会被更新并显示总单击次数。

　　例 4.7

```
1    import javafx.application.Application;
2    import javafx.event.ActionEvent;
3    import javafx.geometry.Pos;
4    import javafx.scene.Scene;
5    import javafx.scene.control.Button;
6    import javafx.scene.text.Text;
7    import javafx.scene.layout.FlowPane;
8    import javafx.stage.Stage;
9
10   //************************************************************
11   //   PushCounter.java    Author: Lewis/Loftus
12   //
13   //   Demonstrates JavaFX buttons and event handlers.
14   //************************************************************
15
16   public class PushCounter extends Application
17   {
18       private int count;
19       private Text countText;
20
21   //------------------------------------------------------------
22   // Presents a GUI containing a button and a label that displays
23   // how many times the button is pushed.
24   //------------------------------------------------------------
25       public void start(Stage primaryStage)
26       {
27           count = 0;
28           countText = new Text("Pushes: 0");
29
30           Button push = new Button("Push Me!");
```

```
31          push.setOnAction(this::processButtonPress);
32
33          FlowPane pane = new FlowPane(push, countText);
34          pane.setAlignment(Pos.CENTER);
35          pane.setHgap(20);
36          pane.setStyle("-fx-background-color: cyan");
37
38          Scene scene = new Scene(pane, 300, 100);
39
40          primaryStage.setTitle("Push Counter");
41          primaryStage.setScene(scene);
42          primaryStage.show();
43      }
44
45   //-----------------------------------------------------------------
46   // Updates the counter and label when the button is pushed.
47   //-----------------------------------------------------------------
48      public void processButtonPress(ActionEvent event)
49      {
50          count++;
51          countText.setText("Pushes: " + count);
52      }
53   }
```

显示

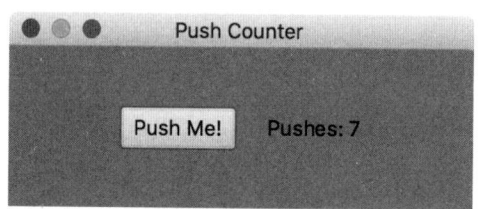

这个程序显示了一个 Button 对象和一个 Text 对象。Button 类代表的按钮允许用户通过鼠标单击发起一个动作。Button 构造方法接收一个 String 参数，指定的字符串将显示在按钮上。

当按下按钮时，Button 对象会产生一个动作事件。该按钮的 setOnAction 方法用于指定它的事件处理器。

"::" 运算符指定方法引用，它是在 Java 8 中新增的。在这个示例中，方法引用指向这个类中的 processButtonPress 方法(它与 start 方法位于同一个类中)。this 引用指向当前正在执行方法的对象。因此在这个示例中，PushCounter 类本身就充当了按钮的事件处理器。还有其他途径可用来指定事件处理器与事件的关系，它们将在本节后面探讨。

processButtonPress 方法会增加计数器变量的值，并会更新所显示的文本。注意，计数器和 Text 对象(在类级)被声明成实例数据，这样，类中的两个方法都能引用它们。

Button 和 Text 控件被添加到一个 FlowPane 面板中，它是场景的根节点。FlowPane 类为一种布局面板，与上一节的 StackPane 类似。FlowPane 中的节点可按行水平排列(默认方式)，也可按列垂直排列。如果空间不够，则面板中的下一个节点会占用下一行或下一列。在本例中，按钮和文本为水平排列、居中，间距为 20 像素。有关 JavaFX 布局面板的概述请参见附录 F。

这个程序中所用的 Text 对象也可以用 Label 控件替代，二者的效果相同。但是，Label 最适合用于标记其他控件，以提供更方便的键盘导航功能。Label 具有 Text 对象所不具备的多种风格属性，而且也可以包含图形。本例中使用 Text 对象已经足够了。

4.8.1 指定事件处理器的其他方法

PushCounter 程序使用方法引用来定义事件处理器，处理由 Button 对象产生的事件动作。下面探讨定义事件处理器的其他方法。

实际上，事件处理器就是实现了 EventHandler 接口的一个对象。接口是一个方法列表，它们必须由所实现的类定义（接口将在第 7 章详细介绍）。这里的 EventHandler 接口要求对象定义一个称为 handle 的方法，以处理事件。所以，创建事件处理器的另外一种途径是定义一个实现了 EventHandler 接口的类，可以是 PushCounter 类内部的一个私有内部类：

```
private class ButtonHandler implements EventHandler<ActionEvent>
{
    public void handle(ActionEvent event)
    {
        count++;
        countText.setText("Pushes: " + count);
    }
}
```

这样，对按钮调用 setOnAction 方法，就可以指定一个对象：

```
push.setOnAction(new ButtonHandler());
```

不必单独定义一个类，事件处理器也可以用 lambda 表达式定义：

```
push.setOnAction((event) -> {
    count++;
    countText.setText("Pushes: " + count);
});
```

lambda 表达式的定义方式为：圆括号内的参数集、箭头运算符(->)及表达式。如果需要多个表达式，则需将它们置于一对花括号中。因此，本例中的 lambda 表达式接收一个事件对象，它被传递给一个包含处理器代码的语句块。

lambda 表达式可用于需要函数式接口对象的任何地方。函数式接口只包含一个抽象方法。EventHandler 就是一个函数式接口。

PushCounter 程序中使用的方法引用与将参数传递给方法的 lambda 表达式等价。因此，this::processButtonPress 等价于 event -> processButtonPress(event)。

方法引用是最清晰、最容易的方式，所以本书的示例中通常会采用它。

自测题

SR4.32 GUI 控件、事件、事件处理器是什么关系？

SR4.33 按下按钮时，Button 对象产生什么类型的事件？

SR4.34 总结定义 JavaFX 事件处理器的三种技术。

SR4.35 什么是 FlowPane？

4.9　单行文本框

单行文本框中允许输入一行文本。例 4.8 所示的 FahrenheitConverter 程序是一个包含单行文本框的 GUI 程序，用户可以在该文本框中输入华氏温度。当用户按下回车键时，界面上显示对应的摄氏温度。

例 4.8

```
1    import javafx.application.Application;
2    import javafx.scene.Scene;
3    import javafx.stage.Stage;
4
5    //********************************************************************
6    //  FahrenheitConverter.java          Author: Lewis/Loftus
7    //
8    //  Demonstrates the use of a TextField and a GridPane.
9    //********************************************************************
10
11   public class FahrenheitConverter extends Application
12   {
13   //-----------------------------------------------------------------
14   //  Launches the temperature converter application.
15   //-----------------------------------------------------------------
16       public void start(Stage primaryStage)
17       {
18           Scene scene = new Scene(new FahrenheitPane(), 300, 150);
19
20           primaryStage.setTitle("Fahrenheit Converter");
21           primaryStage.setScene(scene);
22           primaryStage.show();
23       }
24
25       public static void main(String[] args)
26       {
27           launch(args);
28       }
29   }
```

显示

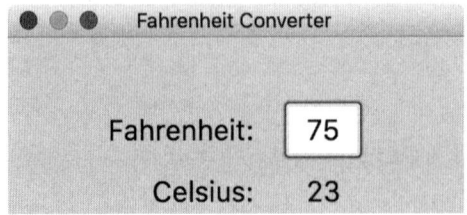

本例中用户界面的细节在一个单独的类中定义，见例 4.9。FahrenheitPane 类扩展了 GridPane 类，后者为一个来自 JavaFX API 的布局面板，它以灵活的矩形栅格显示节点。

例 4.9

```
1    import javafx.event.ActionEvent;
2    import javafx.geometry.HPos;
3    import javafx.geometry.Pos;
4    import javafx.scene.control.Label;
5    import javafx.scene.control.TextField;
6    import javafx.scene.layout.GridPane;
7    import javafx.scene.text.Font;
8
9    //************************************************************************
10   //  FahrenheitPane.java         Author: Lewis/Loftus
11   //
12   //  Demonstrates the use of a TextField and a GridPane.
13   //************************************************************************
14
15   public class FahrenheitPane extends GridPane
16   {
17       private Label result;
18       private TextField fahrenheit;
19
20   //-------------------------------------------------------------------
21   //  Sets up a GUI containing a labeled text field for converting
22   //  temperatures in Fahrenheit to Celsius.
23   //-------------------------------------------------------------------
24       public FahrenheitPane()
25       {
26           Font font = new Font(18);
27
28           Label inputLabel = new Label("Fahrenheit:");
29           inputLabel.setFont(font);
30           GridPane.setHalignment(inputLabel, HPos.RIGHT);
31
32           Label outputLabel = new Label("Celsius:");
33           outputLabel.setFont(font);
34           GridPane.setHalignment(outputLabel, HPos.RIGHT);
35
36           result = new Label("---");
37           result.setFont(font);
38           GridPane.setHalignment(result, HPos.CENTER);
39
40           fahrenheit = new TextField();
41           fahrenheit.setFont(font);
42           fahrenheit.setPrefWidth(50);
43           fahrenheit.setAlignment(Pos.CENTER);
44           fahrenheit.setOnAction(this::processReturn);
45
46           setAlignment(Pos.CENTER);
```

```
47          setHgap(20);
48          setVgap(10);
49          setStyle("-fx-background-color: yellow");
50
51          add(inputLabel, 0, 0);
52          add(fahrenheit, 1, 0);
53          add(outputLabel, 0, 1);
54          add(result, 1, 1);
55      }
56
57  //----------------------------------------------------------------
58  //  Computes and displays the converted temperature when the user
59  //  presses the return key while in the text field.
60  //----------------------------------------------------------------
61      public void processReturn(ActionEvent event)
62      {
63          int fahrenheitTemp = Integer.parseInt(fahrenheit.getText());
64          int celsiusTemp = (fahrenheitTemp - 32) * 5 / 9;
65          result.setText(celsiusTemp + "");
66      }
67  }
```

这个用户界面由三个 Label 对象和一个 TextField 对象构成。每一个元素的字号是用 Font 对象设置的，并为每一个节点调用了 setFont 方法。Font 类将在第 5 章详细介绍。

FahrenheitPane 构造方法的末尾将 4 个元素添加到面板上(由于继承关系，FahrenheitPane "是"一个 GridPane，因此具有 add 方法)。add 方法中的参数指定节点需添加到哪一个栅格单元。第一个值为行号，第二个值为列号。栅格面板的行号和列号都从 0 开始计数。有关栅格面板的细节请参见附录 F。

当用户按下回车键且光标位于单行文本框中时，processReturn 方法定义的事件处理器会被触发。与这个单行文本框相关联的是调用它的 setOnAction 方法。

processReturn 方法先调用 getText 方法，取得单行文本框中的文本，并返回一个字符串。再调用包装器类 Integer 的 parseInt 方法，将该字符串转换为一个整数。最后，执行计算得到等价的摄氏温度，并设置相应的标签文字为结果值。

自测题

SR4.36　在 FahrenheitConverter 程序中，当用户在文本框中输入了一个数字并按下回车键时，会发生什么？

SR4.37　GridPane 布局中的行和列是如何编号的？如果单元格位于左上角靠右三格、靠下两格，该如何指定它？

重要概念小结

- 面向对象程序设计基于类的定义，类代表定义了合理的状态和行为的对象。
- 变量的作用域取决于声明该变量的位置，作用域确定了何处可以引用该变量。

- UML 类图有助于描述程序的类结构及类间的关系。
- 对象应封装起来，以防止对该对象的数据进行不适当的访问。
- 实例变量应声明为 private 可见性，以实现类的封装性。
- 大多数对象都有访问器和修改器方法，允许客户在一种受控方式下管理数据。
- 方法的返回值类型必须与方法声明首部中规定的返回值类型一致。
- 调用方法时，将把实参复制给被调方法的形参。
- 在方法中声明的变量只限于该方法内部使用。
- 构造方法没有任何返回值类型，甚至也没有 void 返回值类型。
- 弧是当作椭圆的一部分定义的。
- 正的起始角和弧角值是以逆时针方向度量的；负值表示顺时针方向。
- 图形用 Image 对象表示，但通过 ImageView 对象显示。
- 布局面板为一个 JavaFX 容器，它用特定方法管理节点的视觉呈现。
- 图形用户界面由控件、代表用户动作的事件和响应这些事件的处理器组成。

练习题

EX4.1　考虑下面各项中的两个单词，哪一个表示类，哪一个表示该类的对象？

　　　a. Superhero，Wonder Woman

　　　b. Ali，Person

　　　c. Rover，Pet

　　　d. Magazine，National Geographic

　　　e. Rosh Hashana，Holiday

EX4.2　定义一个表示相框的 PictureFrame 类，并列出这个类可能的属性和操作。

EX4.3　定义一个表示商务会议的 Meeting 类，并列出这个类可能的属性和操作。

EX4.4　列出在 Course 类中可能定义的属性和操作，该类代表大学课程（不是某一门课程，而是泛指课程）。

EX4.5　编写一个 lyrics 方法，当调用时输出一首歌的歌词。该方法没有任何参数和返回值。

EX4.6　编写一个 cube 方法，以一个整数为参数并返回该整数的三次方值。

EX4.7　编写一个 random100 方法，返回一个 1～100 范围内的随机整数（含两个边界值）。

EX4.8　编写一个 randomInRange 方法，以两个表示范围的整数作为参数（假设第二个参数大于第一个）。返回在该范围内的一个随机整数（含两个边界值）。

EX4.9　编写一个 randomColor 方法，创建并返回一个表示随机颜色的 Color 对象。Color 对象可以用三个分别代表红、绿、蓝（RGB 值）且分布在 0～255 之间的整数定义。

EX4.10　假定有一个 Movie 类，为这个类编写一个构造方法，根据传递给它的参数初始化两个实例变量：电影名和导演。

EX4.11　假定有一个 Child 类和一个 age 实例变量值。为 age 分别编写一个获取和设置年龄的方法。

EX4.12　画一个 UML 类图，描述 Transactions 程序中所使用的类的关系。

EX4.13　编写一条声明语句，创建一个 Arc 对象，中心点为 (50, 50)，占据基础椭圆的上半部分。椭圆的水平半径为 40，垂直半径为 100。

EX4.14　应该如何限制显示在图形上的像素？

EX4.15　布局面板的作用是什么?

EX4.16　应该如何使用方法引用来定义事件处理器?

编程项目

PP4.1　编写一个 Counter 类,它表示一个检录计数器,用于统计进入房间的人数。这个类需包含一个表示计数值的整型实例变量。编写一个构造方法,将计数值初始化为 0;编写一个 click 方法,用于将计数值加 1;编写一个 getCount 方法,返回当前的计数值;编写一个 reset 方法,将计数值重新设置为 0。最后,创建一个 CounterTest 驱动器类,创建两个 Counter 对象并测试这些方法。

PP4.2　编写一个 Bulb 类,该类代表一个可以开或关的灯泡。创建一个 Lights 驱动器类,其 main 方法实例化并返回一些 Bulb 对象。

PP4.3　编写一个 Sphere 类,其实例数据表示球的直径。定义一个 Sphere 构造方法,接收并初始化直径值,还需定义获取和设置直径的方法。设计两个方法,分别计算并返回球的体积和表面积(计算公式见 PP3.6)。定义一个 toString 方法,返回一行描述该球体的字符串。创建一个 MultiSphere 驱动类,其 main 方法实例化并返回一些 Sphere 对象。

PP4.4　编写一个 Dog 类,其实例数据表示狗的名字和年龄。定义一个 Dog 构造方法,接收并初始化实例数据;定义设置和获取狗的名字与年龄的方法;定义一个方法,计算并返回狗等效于人的年龄(狗的实际年龄乘以 7);定义一个 toString 方法,返回一行描述狗的字符串。创建一个 Kennel 驱动类,其 main 方法实例化并返回一些 Dog 对象。

PP4.5　编写一个 Car 类,其实例数据分别表示汽车厂商名称、型号和出厂年份。定义一个 Car 构造方法,初始化这些值;为所有实例数据定义获取和访问它们的方法;定义一个 toString 方法,返回一行描述这辆车的字符串。创建一个 isAntique 方法,返回一个表示这辆车为古董车的布尔值(45 年以上的车为古董车);创建一个 CarTest 驱动器类,其 main 方法实例化并返回一些 Car 对象。

PP4.6　编写一个 Box 类,其实例数据分别表示箱子的高度、宽度和厚度。一个布尔型实例数据变量 full 表示箱子是否装满。定义一个 Box 构造方法,接收并初始化箱子的高度、宽度和厚度。每一个新建的 Box 对象都被初始化为空(构造方法必须将其实例变量 full 初始化为 false)。为所有实例数据定义获取和设置它们的方法;定义一个 toString 方法,返回一行描述该箱子的字符串。创建一个 BoxTest 驱动类,其 main 方法实例化并返回一些 Box 对象。

PP4.7　编写一个 Book 类,其实例数据分别表示书名、作者、出版社及版权日期。定义一个 Book 构造方法,接收并初始化实例数据;为所有实例数据定义获取和设置它们的方法;定义一个 toString 方法,返回几行描述该图书的字符串。创建一个 Bookshelf 驱动类,其 main 方法实例化并返回一些 Book 对象。

PP4.8　编写一个代表航班的 Flight 类,其实例数据分别表示航线名、航班号及始发地和目的地的城市名。定义一个 Flight 构造方法,接收并初始化这些实例数据;为所有实例数据定义获取和设置它们的方法;定义一个 toString 方法,返回一行描述该航班的字符串。创建一个 FlightTest 驱动类,其 main 方法实例化并返回一些 Flight 对象。

PP4.9　利用本章中定义的 Die 类编写一个 PairOfDice 类,它由两个 Die 对象组成。定义两个设置和获取每一个骰子的值的方法、一个掷骰子的方法及一个返回当前两个骰子和值的方法。创建一个 RollingDice2 驱动类,实例化并使用 PairOfDice 对象。

PP4.10 编写一个 JavaFX 程序，依次显示三个图形。使用 FlowPane，使图形间有合适的间距。

PP4.11 编写一个 JavaFX 程序，在一个图形的旁边显示同一个图形的另一个版本，通过视口以某种途径显示图形的可视区域。

PP4.12 编写一个 JavaFX 程序，显示一个按钮和一个数字。每当按下按钮时，数字要在 1～100 中随机显示。

PP4.13 编写一个 JavaFX 程序，显示一个按钮和一个圆。每当按下按钮时，圆应能移动到窗口内的另一个随机位置。

PP4.14 编写一个 JavaFX 程序，显示两个按钮和一个数字（最初为 50）。按钮上的文本分别为 Increment（增加）和 Decrement（减少）。每当按下 Increment 按钮时，所显示的数加 1；按下 Decrement 按钮时，所显示的数减 1。

PP4.15 编写一个 JavaFX 程序，在窗口中心显示一个不带卷标的单行文本框。窗口位于一个圆的内部。用户在单行文本框内输入一个半径值并按回车键，相应重画这个圆。

PP4.16 编写一个 JavaFX 程序，显示 4 个带卷标的单行文本框，允许用户分别输入姓名、年龄、最喜欢的颜色及爱好等信息。还需包含一个显示卷标为 Print 的按钮。当按下这个按钮时，程序必须使用 println 语句，将这些文本框中的全部内容输出到控制台窗口（标准输出）。

软件失误案例：丹佛国际机场行李处理系统

事件概述

丹佛国际机场行李处理系统导致了行李丢失和损坏的情况

图片来源：Arina P Habich/Shutterstock

丹佛国际机场的设计者们一直对于实现行李自动处理有宏伟计划。登机口到航站楼之间的距离有数英里之长，因此他们希望能够设计出一套行李传送系统，该系统可以在很少人工参与的情况下将行李从登机口传送到飞机上，而且可以从飞机上取出行李并传送到行李提取处。设计者们认为这套系统可以减少飞机延误、缩短等待取行李的时间，并且可以降低劳动力成本。

这套系统在 20 世纪 80 年代后期开始设计并在 90 年代初期实现，建立了长约 26 英里的传送带用来往返传送行李，这些行李被放在一个灰色小车中，小车在轨道上运行，并由一台中心计算机来控制系统的运行。

然而，原定于 1994 年 3 月启用的机场，由于行李系统的失败而一再延期。测试时，行李出现了误装和误转。转弯时，行李会从小车上掉下来；系统会向已经满载的小车里装载行李，也会将行李放到已经塞满的传送带上。许多行李都被损坏了，主要是由于这些行李被压在推车底部或者摔到水泥地上。

1995 年 2 月，机场终于开始运营。当时只有一家航空公司(美国联合航空公司)愿意采用这套自动化系统。这个是精简版的系统，只用于出港的航班。没有其他的航空公司采用这套系统，这些航空公司更倾向于像现在的许多机场那样由人驾驶行李车。美国联合航空公司在 2005 年还是选择放弃了这套系统。

这套系统的初始成本为 1.86 亿美元。每一天的延迟会造成 100 万美元的损失，显然这已经远远超过了成本。尽管每年仍需要支付 6000 万美元的租金直到 2025 年，美国联合航空公司在 2005 年还是选择放弃了这套系统。

事故原因

这项工程的惨败，被认为是历史上最惨痛的软件工程和整体系统设计的失误。其中的因素很多，但是总体来说是由于设计者太过于迷信他们所使用的技术，他们并没有考虑到软件错误和效率低下都是一个复杂系统开发中的常见问题。

具体的问题包括：软件错误地解释了电子眼采集的数据，也就是系统并没有真正检测出大堆的行李。当系统在崩溃后重新启动时，关于小车状态的信息丢失了，而且也无法确定小车是否为空。对传送带的速度控制也没有考虑到急转弯的情况，所以才会导致翻车。一套被称为"蜥蜴之舌"的可伸缩的传送带装置也彻底失败了，这套装置用来深入飞机的货仓自动抓取货物而不需要人的参与。

经验教训

类似这种规模的项目，在开工之前需要对其所用到的技术进行多次本地化测试。错误通常是由系统作为一个整体运行时的多种可变因素引起的。

在 20 世纪 80 年代后期设计这个系统时，它依赖一个集中式的主机控制系统，相对于今天人们所采用的分布式处理来说，这显得有些荒谬，但却很好地例证了一个大型系统是怎样随着时间的推移而被废弃的，就像它被发明出来一样。如今，采用手持式行李扫描仪的方式提供了一个更快、更准确的传送系统，这远比那个具有完美目标的自动传送系统好得多。

来源：The International Herald Tribune

第 5 章　条件判断与循环

本章目标

1. 定义方法内的控制流。
2. 探讨能够用于决策的布尔表达式。
3. 使用 if 语句实现条件判断。
4. 讨论可进行比较的数据类型。
5. 使用 while 循环重复执行语句。
6. 讨论迭代器对象的概念并用于读取文本文件。
7. 介绍 ArrayList 类。
8. 探讨更多的 GUI 控件和事件。

所有编程语言都提供用于描述下一步要执行的操作的语句。其中一些语句还可以多次重复执行某些操作。本章将讨论这种重要的 Java 语句，并探讨一些有关数据、对象比较的问题。讨论将从布尔表达式开始，因为它是进行判断的基础。本章的"图形设计之路"小节探讨了几种新的控件及事件。

5.1　布尔表达式

运行程序时，语句的执行顺序称为控制流。除非特别指定，否则程序中的语句会按线性方式顺序地执行。也就是说，程序在执行时会从第一条语句开始，一次向下执行一句，直到程序结束。Java 程序将从 main 方法的第一条语句开始一步一步地执行，直到 main 方法结束。

方法调用会引起控制流的改变。当调用方法时，控制会跳转到方法定义的代码段中执行。当方法中的代码执行完毕后，控制又返回到调用方法的位置继续执行。

在一个给定的方法内，可以通过某些编程语句来改变控制流。控制程序执行流程的语句可以分为两类：条件语句和循环语句。

> **重要概念**：条件语句和循环语句可用于控制程序的执行流程。

有时，条件语句称为选择语句，因为它允许选择下一步要执行哪条语句。在 Java 中，条件语句主要有 if 语句、if-else 语句和 switch 语句。本章只探讨 if 语句和 if-else 语句，switch 语句将在第 6 章讲解。

每一个决定的产生都基于布尔表达式（也称为条件），布尔表达式的值只有 true（真）或者 false（假）两种。表达式的结果决定了下一步将要执行的语句。下面是一个 if 语句的例子：

```
if (count > 20)
    System.out.println("Count exceeded");
```

上述语句中的条件是 "count > 20", 其表达式的计算结果为一个布尔值: true 或者 false。count 变量所存放的数值要么比 20 大, 要么小于或等于 20。如果其值比 20 大, 将执行 println 语句; 如果其值小于或等于 20, 就会跳过 println 语句, 执行 println 之后的语句。

> **重要概念**: if 语句可以使程序选择是否执行某一条语句。

在编程过程中, 诸如上述例子所做的判断会经常出现。例如, 人寿保险的保费取决于投保人是否吸烟。如果是, 则会用不同的公式计算保费。条件语句的作用是计算布尔条件(判断投保人是否吸烟), 并根据判断结果执行相应的计算。

循环语句可用于多次重复执行某些程序语句。像条件语句一样, 循环语句也建立在布尔表达式的基础上, 由布尔表达式来决定语句重复执行的次数。

> **重要概念**: 循环可以使程序多次执行某些语句。

例如, 假设要计算一个班里每一位学生的各科平均成绩。对于每位学生来说, 计算方法是相同的, 只是数据不同而已。这时, 就可以用循环语句来为每位学生计算其平均成绩, 直到将所有学生的成绩处理完毕。

Java 有三种类型的循环语句: while、do 和 for 语句。每种循环语句都有其独特之处。本章只讨论 while 语句, do 语句和 for 语句将在第 6 章探讨。

条件语句和循环语句中的布尔表达式, 都是基于运算符来决定程序行为的。这类运算符有三种: 相等性运算符、关系运算符和逻辑运算符。在讨论条件和循环语句之前, 需要了解这些运算符。

5.1.1 相等性运算符与关系运算符

"=="和"!="称为相等性运算符, 分别用于判断两个值是相等还是不相等的。注意, 第一个运算符由两个并列的等号组成, 不要和只有一个等号的赋值运算符相混淆。

下面的 if 语句表示只有当变量 total 和 sum 含有相同的值时, 才会输出一条信息:

```
if (total = = sum)
    System.out.println("total equals sum");
```

同样, 下面的 if 语句表示只有当变量 total 和 sum 含有不同的值时, 才会输出一条信息:

运 算 符	含 义
==	等于
!=	不等于
<	小于
<=	小于或等于
>	大于
>=	大于或等于

图 5.1　Java 的相等性运算符与关系运算符

```
if (total != sum)
    System.out.println("total does NOT equal sum");
```

Java 中还有几个关系运算符, 可用于判断几个值之间的大小关系。本章前面已使用了大于运算符(>)来判断一个值是否大于另一个值。同样, 还可以使用其他运算符进行类似的关系判断。在 Java 中, 关系运算符包括大于(>)、小于(<)、大于或等于(>=)及小于或等于(<=)。图 5.1 列举了 Java 的相等性运算符与关系运算符。

相等性运算符与关系运算符的优先级比算术运算符的优先级低。因此, 首先执行算术运算符, 然后才执行相等性运算符与关系运算符。通常, 可以使用圆括号来表明运算顺序。

本章其余部分将给出更多的关系运算符的例子。

5.1.2 逻辑运算符

除了相等性运算符与关系运算符，Java 还有三个逻辑运算符，其操作数为布尔型，并产生布尔型结果。图 5.2 列举了这些逻辑运算符。

运 算 符	描 述	示 例	结 果
!	逻辑非	!a	a 为 true，则!a 为 false；a 为 false，则!a 为 true
&&	逻辑与	a&&b	a, b 同为 true，则表达式的值为 true，否则为 false
||	逻辑或	a||b	a 或 b 为 true，则表达式的值为 true，否则为 false

图 5.2　Java 的逻辑运算符

运算符 "!" 用来执行逻辑非运算，逻辑非运算也称为逻辑补运算。一个布尔值的逻辑补运算会得到相反的值。也就是说，如果布尔变量 found 的值为 false，那么!found 的值就为 true。同样，如果 found 的值为 true，则!found 的值为 false。逻辑非运算不会改变 found 变量中所存储的值。

逻辑运算可以用真值表来描述，真值表列出了表达式中变量取值的所有组合。逻辑非是一元运算，只有一个操作数且该操作数只有两种可能的取值：true 或 false。图 5.3 是逻辑非运算符的真值表。

运算符 "&&" 执行逻辑与运算。两个操作数都为 true，则运算结果为 true，否则为 false。相比之下，逻辑或(||)运算只要两个操作数中有一个为 true，则运算结果就为 true。

逻辑与运算符和逻辑或运算符都是二元运算符，因为它们都有两个操作数，这样就有 4 种可能的组合：两个操作数全为 true，全为 false，一个为 true 而另一个为 false，一个为 false 而另一个为 true。图 5.4 是逻辑与和逻辑或运算符的真值表。

a	!a
false	true
true	false

图 5.3　逻辑非运算符的真值表

a	b	a && b	a || b
false	false	false	false
false	true	false	true
true	false	false	true
true	true	true	true

图 5.4　逻辑与和逻辑或运算符的真值表

在三种逻辑运算符中，逻辑非具有最高的优先级，其次是逻辑与，最后才是逻辑或。

考虑如下的 if 语句：

```
if (!done && (count > MAX))
    System.out.println("Completed.");
```

在什么条件下会执行输出语句？布尔变量 done 的值不是 true 就是 false，逻辑非运算符将对变量 done 求反。变量 count 的值要么大于变量 MAX 的值，要么小于或等于 MAX 的值。图 5.5 的真值表分析了上述语句判断结果的所有可能取值。

运算符 "&&" 和 "||" 的　个重要特点是具有 "短路" 特性。也就是说，如果左操作数已足以确定整个运算的布尔结果，那么右操作数就不会再参与运算。两种运算符都可能发生这种情况，但发生的原因不同。如果运算符 "&&" 的左操作数的值为 false，那么无论其右操作数的值是 false 还是 true，最后的运算结果都是 false。如果运算符 "||" 的左操作数的值为 true，那么无论其右操作数的值是 false 还是 true，最后的运算结果都是 true。

done	count > MAX	!done	!done && (count > MAX)
false	false	true	false
false	true	true	true
true	false	false	false
true	true	false	false

图 5.5　条件表达式的真值表

> 重要概念：逻辑运算符经常用于构成复杂的条件。

　　有时可以利用运算符的这种"短路"特性。例如，在下面的 if 语句中，如果条件表达式中左操作数的运算结果为 false，则其右边的除法运算就不会执行。如果 count 的值为 0，则逻辑与运算的左半部分为 false，因此整个表达式的结果为 false，就不再执行右边的运算。

```
if (count != 0 && total/count > MAX)
    System.out.println("Testing.");
```

　　应该谨慎地考虑是否利用编程语言的这种微妙的特性，因为并非所有的编程语言都具有这种相同的特性。就像前面强调过的那样，程序员对代码可读性的重视，应超过对娴熟的编程技巧的追求，要不遗余力地使代码阅读者清楚程序的执行逻辑。

自测题

SR5.1　什么是程序的控制流？

SR5.2　条件语句和循环语句的条件表达式是什么类型？

SR5.3　什么是相等性运算符？什么是关系运算符？什么是逻辑运算符？

SR5.4　根据以下声明，判断下列各布尔表达式的值。

```
int value1 = 5, value2 = 10;
boolean done = true;
```

a. value1 < = value2

b. (value1 + 5) > = value2

c. value1 < value2 / 2

d. value2 != value1

e. !(value1 = = value2)

f. (value1 < value2) || done

g. (value1 > value2) || done

h. (value1 < value2) && !done

i. done || !done

j. ((value1 > value2) || done) && (!done || (value2 > value1))

SR5.5　什么是真值表？

SR5.6　假设 done 是一个布尔型变量，value 是一个 int 型变量，为以下表达式创建一个真值表。

```
(value > 0 ) || !done
```

SR5.7　若 c1 和 c2 都是布尔型变量，为以下表达式创建一个真值表。

```
(c1 && !c2) || (!c1 && c2)
```

5.2　if 语句

本章前面的例子中已经使用过基本的 if 语句，现在进一步探讨它。

if 语句由保留字 if、紧随其后的布尔表达式及一条或一组语句构成。条件表达式包含在圆括号内，并且其运算结果只能是 true 或者 false。如果条件表达式的运算结果是 true，则执行 if 语句中的语句，然后继续执行 if 语句后面的语句。如果条件表达式的运算结果是 false，则不执行 if 语句中的语句，然后继续执行 if 语句后面的语句。图 5.6 展示了这个处理过程。

> **重要概念**：编写语句时，适当的缩进格式能够增强程序的可读性；缩进格式体现了语句间的关系。

考虑如下的 if 语句：

```
if (total > amount)
    total = total + (amount + 1);
```

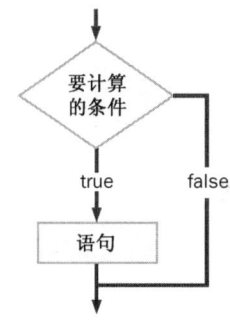

在这个例子中，如果变量 total 的值比变量 amount 的值大，就会执行赋值语句；否则，将跳过而不执行这条赋值语句。

注意，本例中的赋值语句相对于上一行的 if 语句进行了缩进。这表明赋值语句是 if 语句的一部分；if 语句可以控制赋值语句是否被执行。虽然缩进格式对于代码阅读者来说非常重要，但对于编译器来说它将被忽略。

图 5.6　if 语句的逻辑关系

例 5.1 中的程序读入用户的年龄，并根据输入的年龄值来判断是否输出相应的句子。如果输入的年龄小于常量 MINOR，将输出关于 "youth" 的句子；如果输入的年龄大于或等于常量 MINOR，则会跳过这条 println 语句。在上述两种情况下，最后的句子 "Age is a state of mind." 都会被输出。

例 5.1

```
1    //********************************************************************
2    // Age.java       Author: Lewis/Loftus
3    //
4    // Demonstrates the use of an if statement.
5    //********************************************************************
6
7    import java.util.Scanner;
8
9    public class Age
10   {
11      //-----------------------------------------------------------------
12      // Reads the user's age and prints comments accordingly.
13      //-----------------------------------------------------------------
14      public static void main(String[] args)
15      {
16         final int MINOR = 21;
17
```

```
18            Scanner scan = new Scanner(System.in);
19
20            System.out.print("Enter your age: ");
21            int age = scan.nextInt();
22
23            System.out.println("You entered: " + age);
24
25            if (age < MINOR)
26            System.out.println("Youth is a wonderful thing. Enjoy.");
27
28            System.out.println("Age is a state of mind.");
29    }
30 }
```

输出

```
Enter your age: 40
You entered: 40
Age is a state of mind.
```

再来讨论几个基本的 if 语句例子。下面的 if 语句表示如果变量 size 的当前值大于或等于常量 MAX 的值，就会被赋予 0 值：

```
if (size >= MAX)
   size = 0;
```

下列语句首先将三个变量的值加在一起，然后将结果与变量 numBooks 中的值进行比较：

```
if (numBooks < stackCount + inventoryCount + duplicateCount)
    reorder = true;
```

如果 numBooks 的值小于三个变量相加的和，则布尔变量 reorder 将被赋予 true。因为算术运算符的优先级高于关系运算符的优先级，所以加法运算在小于运算之前进行。

在下面的 if 语句中，generator 是一个 Random 类对象的引用变量，if 语句根据调用 nextInt 方法后的返回值来确定一个随机的获胜者：

```
if (generator.nextInt(CHANCE) == 0)
    System.out.println("You are a randomly selected winner!");
```

上述代码输出一个获胜者的概率以 CHANCE 常量的值为基础。也就是说，如果 CHANCE 的值为 20，则输出获胜者的概率就是 1/20。事实上，条件表达式检测到 0 返回值的机会具有随机性，因为 nextInt 方法返回值的取值范围是 0~CHANCE − 1。

5.2.1　if-else 语句

有时，我们希望当某个条件表达式的值为 true 时做一件事情，为 false 时做另外一件事情。此时，可以在 if 语句中增加一条 else 子句而构建一条 if-else 语句来处理这种情况。下面是一条 if-else 语句的例子：

```
if (height <= MAX)
```

```
    adjustment = 0;
else
    adjustment = MAX - height;
```

> **重要概念：** if-else 语句可以使程序在某个条件表达式的值为 true 时执行一段代码，其值为 false
> 时执行另一段代码。

如果条件成立，则执行第一条赋值语句；如果条件不成立，则执行第二条赋值语句。因为布尔
表达式的运算结果只有 true 或者 false，所以最终只有一条赋值语句将被执行。注意，这里再次用
到了缩进格式来表示赋值语句是 if-else 语句的一部分。

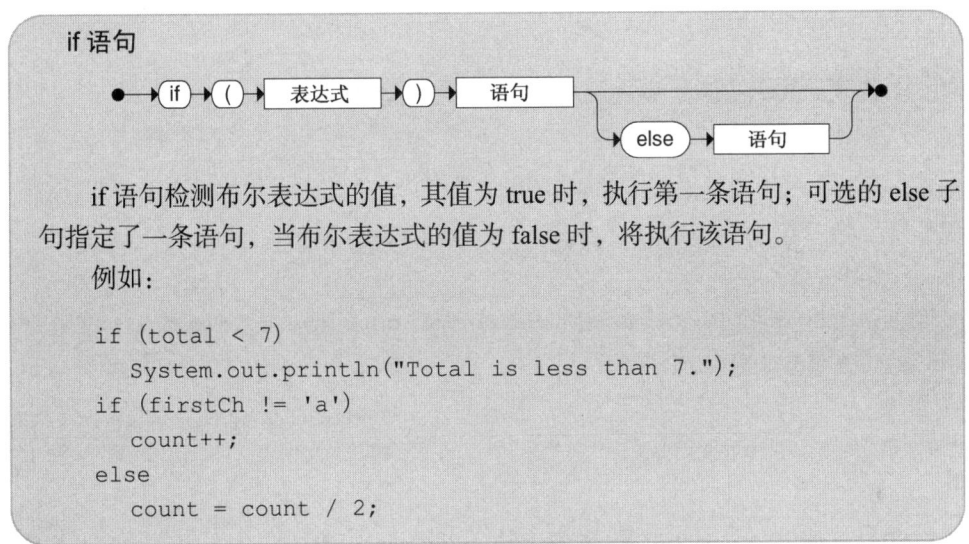

if 语句

if 语句检测布尔表达式的值，其值为 true 时，执行第一条语句；可选的 else 子
句指定了一条语句，当布尔表达式的值为 false 时，将执行该语句。
例如：

```
if (total < 7)
    System.out.println("Total is less than 7.");
if (firstCh != 'a')
    count++;
else
    count = count / 2;
```

在例 5.2 所示的计算工资的程序中，使用了 if-else 语句来计算员工的工资。

例 5.2

```
1    //********************************************************************
2    // Wages.java        Author: Lewis/Loftus
3    //
4    // Demonstrates the use of an if-else statement.
5    //********************************************************************
6
7    import java.text.NumberFormat;
8    import java.util.Scanner;
9
10   public class Wages
11   {
12       //-----------------------------------------------------------------
13       // Reads the number of hours worked and calculates wages.
14       //-----------------------------------------------------------------
15       public static void main(String[] args)
16       {
```

```
17          final double RATE = 8.25;     // regular pay rate
18          final int STANDARD = 40;      // standard hours in a work week
19
20          Scanner scan = new Scanner(System.in);
21
22          double pay = 0.0;
23
24          System.out.print("Enter the number of hours worked: ");
25          int hours = scan.nextInt();
26
27          System.out.println();
28
29          // Pay overtime at "time and a half"
30          if (hours > STANDARD)
31              pay = STANDARD * RATE + (hours-STANDARD) * (RATE * 1.5);
32          else
33              pay = hours * RATE;
34
35          NumberFormat fmt = NumberFormat.getCurrencyInstance();
36          System.out.println("Gross earnings: " + fmt.format(pay));
37      }
38 }
```

输出

```
Enter the number of hours worked: 46
Gross earnings: $404.25
```

在该程序中，如果员工的周工作时间超过了 40 小时，那么工资总额就会包含其超额时间的薪酬。这里使用了一个 if-else 语句来判断用户输入的工作时间是否大于 40 小时。如果是，则其额外工作时间应付的工资会按标准时薪的 1.5 倍来计算。如果没有超额的工作时间，工资总额的计算就以实际工作时间和标准时薪为基础来计算。

下面是另外一个例子:

```
if (roster.getSize() == FULL)
    roster.expand();
else
    roster.addName(name);
```

上述例子使用了一个称为 roster 的对象。即使不知道 roster 对象代表什么及由哪一个类创建，我们也能看到它至少有三个方法: getSize、expand、addName。if 语句表达式中的 getSize 方法将被调用，其返回结果与常量 FULL 进行比较。如果表达式的值为 true，则调用 expand 方法(显然是扩大 roster 的尺寸)。如果表达式的值为 false，就将 name 变量作为参数传递给 addName 方法。

例 5.3 中的程序实例化一个 Coin 对象，通过调用 flip 方法来抛硬币。程序中使用 if-else 语句根据抛硬币的结果来确定哪条信息将被输出。

例 5.3

```
1    //***********************************************************
2    // CoinFlip.java      Author: Lewis/Loftus
3    //
4    // Demonstrates the use of an if-else statement.
5    //***********************************************************
6
7    public class CoinFlip
8    {
9       //--------------------------------------------------------
10      // Creates a Coin object, flips it, and prints the results.
11      //--------------------------------------------------------
12       public static void main(String[] args)
13       {
14          Coin myCoin = new Coin();
15
16          myCoin.flip();
17
18          System.out.println(myCoin);
19
20          if (myCoin.isHeads())
21             System.out.println("You win.");
22          else
23             System.out.println("Better luck next time.");
24       }
25    }
```

输出

```
Tails
Better luck next time.
```

例 5.4 给出了一个 Coin 类，它使用两个整型常量（HEADS 和 TAILS）表示抛一枚硬币后的两种状态，实例变量 face 表示硬币的当前状态。构造方法中通过调用 flip 方法开始抛硬币，这使得硬币的当前状态将在 0 和 1 这两个数字中随机地选择一个。isHeads 方法将根据硬币的当前状态返回一个布尔值。toString 方法使用一个 if-else 语句来确定返回哪一个字符串用以描述硬币状态。在 main 方法中，当 myCoin 对象传递给 println 语句时将自动调用 toString 方法。

例 5.4

```
1    //***********************************************************
2    // Coin.java      Author: Lewis/Loftus
3    //
4    // Represents a coin with two sides that can be flipped.
5    //***********************************************************
6
7    public class Coin
8    {
```

```
 9      private final int HEADS = 0;
10      private final int TAILS = 1;
11
12      private int face;
13
14      //------------------------------------------------------
15      // Sets up the coin by flipping it initially.
16      //------------------------------------------------------
17      public Coin()
18      {
19          flip();
20      }
21
22      //------------------------------------------------------
23      // Flips the coin by randomly choosing a face value.
24      //------------------------------------------------------
25      public void flip()
26      {
27          face = (int) (Math.random() * 2);
28      }
29
30      //------------------------------------------------------
31      // Returns true if the current face of the coin is heads.
32      //------------------------------------------------------
33      public boolean isHeads()
34      {
35          return (face == HEADS);
36      }
37
38      //------------------------------------------------------
39      // Returns the current face of the coin as a string.
40      //------------------------------------------------------
41      public String toString()
42      {
43          String faceName;
44
45          if (face == HEADS)
46              faceName = "Heads";
47           else
48              faceName = "Tails";
49
50          return faceName;
51      }
52  }
```

5.2.2 使用语句块

计算出布尔条件的结果后，我们可能希望做更多的事情。在 Java 中，可以用语句块来替换任意一条语句。语句块是由花括号括起来的多条语句的集合。前面的例子中已经多次使用过花括号来界定方法和类的定义。

例 5.5 所示的 Guessing 程序使用了 if-else 语句，其中的 else 子句使用了语句块。

例 5.5

```
1    //************************************************************************
2    // Guessing.java      Author: Lewis/Loftus
3    //
4    // Demonstrates the use of a block statement in an if-else.
5    //************************************************************************
6
7    import java.util.*;
8
9    public class Guessing
10   {
11      //-----------------------------------------------------------------
12      // Plays a simple guessing game with the user.
13      //-----------------------------------------------------------------
14      public static void main(String[] args)
15      {
16         final int MAX = 10;
17         int answer, guess;
18
19         Scanner scan = new Scanner(System.in);
20         Random generator = new Random();
21
22         answer = generator.nextInt(MAX) + 1;
23
24         System.out.print("I'm thinking of a number between 1 and "
25                          + MAX + ". Guess what it is: ");
26
27         guess = scan.nextInt();
28
29         if (guess == answer)
30            System.out.println("You got it! Good guessing!");
31         else
32         {
33            System.out.println("That is not correct, sorry.");
34            System.out.println("The number was " + answer);
35         }
36      }
37   }
```

输出

```
I'm thinking of a number between 1 and 10. Guess what it is: 7
That is not correct, sorry.
The number was 5
```

如果用户输入的猜测值和随机产生的答案相同，将输出一条适当的确认信息。如果猜测值不正确，就会输出两条信息，一条提示用户的猜测值不正确，另一条显示正确答案。本章末尾的编程项目扩展了这一概念并将其改编为一个 Hi-Lo 游戏。

注意，如果不使用花括号，那么当输入了错误的猜测值时，将输出提示出错的信息，但显示正确答案的信息在任何情况下始终会输出。也就是说，else 子句仅仅只包含第一条语句。

记住，缩进格式只对代码阅读者有意义，没有正确地分块缩进书写的语句，会使代码阅读者对代码的执行逻辑产生误解。例如，下面的代码就是一种误导：

```
if (depth >= UPPER_LIMIT)
   delta = 100;
else
   System.out.println("WARNING: Delta is being reset to ZERO");
   delta = 0;    // not part of the else clause!
```

缩进（先不提代码逻辑）暗示仅当 depth 小于 UPPER_LIMIT 时，变量 delta 才会被重置为 0。然而，由于没有使用语句块，将 delta 重置为 0 的赋值语句根本不受 if-else 语句的约束。这条语句在两种条件下都会执行，这显然不是我们想要的结果。

在 Java 语法中，任何能使用单条语句的地方都可以使用语句块。if-else 语句中的 if 子句部分可以使用语句块，else 子句部分也可以使用语句块（正如在 Guessing 程序中所看到的），或者这两部分同时使用语句块。例如：

```
if (boxes != warehouse.getCount())
{
   System.out.println("Inventory and warehouse do NOT match.");
   System.out.println("Beginning inventory process again!");
   boxes = 0;
}
else
{
   System.out.println("Inventory and warehouse MATCH.");
   warehouse.ship();
}
```

在这条 if-else 语句中，调用 warehouse 对象的方法 getCount 所返回的值，将和 boxes 的值进行比较。如果它们不相等，则将执行两条输出语句和一条赋值语句；如果它们相等，则将输出另一条不同的消息，并且调用 warehouse 对象的 ship 方法。

5.2.3　嵌套 if 语句

在一条 if 语句中嵌入另一条 if 语句，这种情况称为嵌套 if 语句。嵌套 if 语句可以使程序在得到前一个判断的结果之后再进行另一个判断。例 5.6 的 MinOfThree 程序使用嵌套 if 语句来判断用户输入的三个整型值中的最小值。

例 5.6

```
1    //********************************************************************
2    // MinOfThree.java          Author: Lewis/Loftus
3    //
```

```
4     // Demonstrates the use of nested if statements.
5     //********************************************************************
6
7     import java.util.Scanner;
8
9     public class MinOfThree
10    {
11       //--------------------------------------------------------------
12       // Reads three integers from the user and determines the smallest
13       // value.
14       //--------------------------------------------------------------
15       public static void main(String[] args)
16       {
17          int num1, num2, num3, min = 0;
18
19          Scanner scan = new Scanner(System.in);
20
21          System.out.println("Enter three integers: ");
22          num1 = scan.nextInt();
23          num2 = scan.nextInt();
24          num3 = scan.nextInt();
25
26          if (num1 < num2)
27             if (num1 < num3)
28                min = num1;
29             else
30                min = num3;
31          else
32             if (num2 < num3)
33                min = num2;
34             else
35                min = num3;
36
37          System.out.println("Minimum value: " + min);
38       }
39    }
```

输出

```
Enter three integers:
45 22 69
Minimum value: 22
```

可以利用不同的输入值来仔细观察程序的执行逻辑，看看它是如何判断出最小值的。

嵌套 if 语句会出现一个很重要的情况，似乎嵌套 if 语句后面的 else 子句会和两条 if 语句相匹配。例如：

```
if (code = = 'R')
   if (height < = 20)
      System.out.println("Situation Normal");
```

```
else
    System.out.println("Bravo!");
```

else 子句会和内层 if 语句还是外层 if 语句相匹配? 这里的缩进暗示了它是内层 if 语句的一部分, 的确如此。else 子句会和它前面最近的没有匹配项的 if 语句相匹配。如果稍不注意, 就可能出现匹配失误且进行错误的缩进设置。这也是正确缩进代码至关重要的另一个原因。

> **重要概念:** 在嵌套 if 语句中, else 子句会和它前面最近且未匹配的 if 语句相匹配。

可以使用花括号来界定 else 子句属于哪一条 if 语句。例如, 要使上例中的 code 不等于'R'时输出"Bravo!"字符串, 就需要强制改变 if 语句的匹配关系(和缩进)如下:

```
if (code == 'R')
{
    if (height <= 20)
    System.out.println("Situation Normal");
}
else
    System.out.println("Bravo!");
```

通过使用花括号, 使得 else 子句属于第一条 if 语句。

自测题

SR5.8　根据以下假设, 如下代码段产生的输出是什么?

```
if (num1 < num2)
 System.out.print(" red ");
if ((num1 + 5) < num2)
 System.out.print(" white ");
else
 System.out.print(" blue ");
System.out.println(" yellow ");
```

　　a. num1 的值为 2, num2 的值为 10。

　　b. num1 的值为 10, num2 的值为 2。

　　c. num1 的值为 2, num2 的值为 2。

SR5.9　应该如何使用语句块来创建条件判断?

SR5.10　什么是嵌套 if 语句?

SR5.11　根据以下假设, 如下代码段产生的输出是什么?

```
if (num1 >= num2)
{
    System.out.print(" red ");
    System.out.print(" orange ");
}
if ((num1 + 5) >= num2)
    System.out.print(" white ");
else
```

```
        if ((num1 + 10) >= num2)
        {
            System.out.print(" black ");
            System.out.print(" blue ");
        }
        else
            System.out.print(" yellow ");
    System.out.println(" green ");
```

  a. num1 的值为 5，num2 的值为 4。

  b. num1 的值为 5，num2 的值为 12。

  c. num1 的值为 5，num2 的值为 27。

SR5.12 编写一个表达式，根据 int 变量 temperature 的值来输出信息。如果 temperature 小于或等于 50，则在一行中输出 "It is cool."，并在下一行中输出 "Dress warmly."；如果 temperature 大于 80，则在一行中输出 "It is warm."，并在下一行中输出 "Dress coolly."；如果 temperature 在 50 和 80 之间，则在一行中输出 "It is pleasant."，并在下一行中输出 "Dress pleasantly."。

5.3　数据比较

  使用布尔表达式进行数据比较时，掌握被比较的各种数据类型的细微差别是非常重要的。本节将分析几种重要的数据类型比较情形。

5.3.1　浮点数比较

  比较浮点数时会出现一个有趣的现象。根据等号运算符（==）的含义，只有当两个浮点数的二进制位都相等时，这两个浮点数的值才相等。如果被比较的数值是计算的结果，即使它们足够近似，也不大可能达到精确的相等。因此，当比较两个浮点数的相等性时，应该尽量避免使用等号运算符。

  判断两个浮点数相等的一个较好的方法是：计算两个数差的绝对值，并将结果与某个误差标准相比较。例如，可以使用 0.000 01 的误差标准。如果两个浮点数很接近，以至于它们的差比指定的误差还小，就可以认为它们相等。例如，可以对浮点数 f1 和 f2 进行如下比较：

```
if (Math.abs(f1 - f2) < TOLERANCE)
    System.out.println("Essentially equal.");
```

  应该根据实际情况对误差标准常量 TOLERANCE 赋予一个合适的值。

5.3.2　字符比较

  当我们说一个数小于另一个数时，意思是明确的。但是，如果说一个字符小于另一个字符，那么表示什么意思呢？正如第 2 章所讨论的，Java 中的字符以 Unicode 字符集为基础，该字符集定义了所有可能用到的字符的排列顺序。在这个字符集中，因为字符 a 在字符 b 的前面，所以可以说 "a 小于 b"。

  相等性运算符和关系运算符也可以用于字符比较。例如，如果两个字符变量 ch1 和 ch2 各包含一个字符，则可以使用下面的 if 语句来判断它们在 Unicode 字符集中的相对顺序关系：

```
if (ch1 > ch2)
    System.out.println(ch1 + " is greater than " + ch2);
else
    System.out.println(ch1 + " is NOT greater than " + ch2);
```

重要概念: Unicode 字符集定义了 Java 中字符的相对顺序。

　　Unicode 字符集中的所有小写字母(a~z)连续地以字母顺序排列,大写字母(A~Z)和数字(0~9)也同样如此排列。数字在大写字母之前,大写字母在小写字母之前。这三组字符的前面、后面和中间,还存在其他的字符。详细信息请参见附录 B 中的 Unicode 字符集表。

　　注意,字符和字符串是两种不同的数据类型。字符代表的是它的原始值。而在 Java 中,字符串为对象,它由 String 类定义。虽然比较两个字符串实质上就是比较它们中的字符,但采用的标准是比较对象时的规则。

5.3.3　比较对象

　　Unicode 字符集使字符和字符串的排序变得很容易。例如,按照字符集中字符的内在顺序,就可以将一个花名册以字典顺序排列。

　　但是,不能使用相等性运算符和关系运算符来比较两个 String 对象。String 类有一个 equals 方法,如果两个字符串中的字符完全相同,则该方法返回布尔值 true,否则返回 false。例如:

```
if (name1.equals(name2))
    System.out.println("The names are the same.");
else
    System.out.println("The names are not the same.");
```

　　假设 name1 和 name2 都是 String 类型的对象,上述条件表达式判断它们是否含有完全相同的字符。两个对象都根据 String 类创建,所以它们都响应 equals 消息。因此,若将条件表达式写成 name2.equals(name1),则会得到相同的结果。

重要概念: compareTo 方法可用于判断两个字符串的相对顺序关系。

　　测试条件(name1 == name2)也是合法的,但它实际上判断两个引用变量是否引用同一个字符串对象。运算符 "==" 判断这两个对象是否彼此互为别名(是否含有相同的地址),这和判断两个字符串对象是否含有相同的字符完全不同。

　　请记住,字符串常量(例如"Nathan")提供了一种方便性,实际上是一种创建字符串对象的快捷技术。有关字符串比较的一个有趣问题是:Java 在需要时只会为多次使用的一个字符串常量创建一个对象。也就是说,如果字符串常量"Hi"在某个方法中多次被使用,那么 Java 只创建一个 String 对象来代表它。因此,下面代码中的两条 if 语句的条件表达式都为 true:

```
String str = "software";
if (str == "software")
    System.out.println("References are the same");
if (str.equals("software"))
    System.out.println("Characters are the same");
```

　　第一次使用字符串常量"software"时,创建一个 String 对象来代表它,并且将其地址赋给引用变量 str。后面每次使用字符串常量时，都将引用其原始对象。

判断两个字符串的相对顺序关系时，会使用到 String 类的 compareTo 方法。和 equals 方法相比，compareTo 方法更通用。compareTo 方法的返回值不是布尔值，而是一个整型值。如果调用该方法的字符串对象的位置，位于作为它的参数的字符串对象之前（即小于），则返回一个负整数值；如果两个字符串含有相同的字符，则返回 0；如果调用该方法的字符串对象的位置，位于作为它的参数的字符串对象之后（即大于），则返回一个正整数值。例如：

```
int result = name1.compareTo(name2);
if (result < 0)
    System.out.println(name1 + " comes before " + name2);
else
    if (result == 0)
        System.out.println("The names are equal.");
    else
        System.out.println(name1 + " follows " + name2);
```

记住，字符和字符串的比较以 Unicode 字符集（见附录 B）为基础，这种方式称为字典顺序比较。如果所有字母字符都为大写（或小写），那么字典顺序也就是字母顺序。然而，当比较诸如"able"和"Baker"这样的两个字符串时，compareTo 方法会得出"Baker"在前的结论，因为在 Unicode 字符集中，所有的大写字母都排在小写字母之前。如果一个字符串是另一个字符串的前缀，那么短字符串就排在长字符串之前。例如，当比较"horse"和"horsefly"时，compareTo 方法会认为"horse"在"horsefly"之前。

自测题

SR5.13　为什么比较两个浮点值的相等性时要小心？

SR5.14　如何判断两个字符串是否相等？

SR5.15　为 4.2 节的 Die 类编写一个 equals 方法。如果调用该方法的对象的 facevalue 值与作为调用参数传递过来的对象的 facevalue 值相等，则该方法返回 true，否则返回 false。

SR5.16　假设两个 String 变量 s1、s2 已经被初始化，编写一个表达式，按照字典顺序分两行输出这些字符串。

5.4　while 语句

本章开始时已讨论过，循环语句可用于多次重复执行其他的语句。while 语句就是一种循环语句，像 if 语句一样计算布尔表达式的值，并在其值为 true 时执行一条语句（称为循环体）。但 while 语句会在循环体执行完毕后再次计算表达式的值，这一点与 if 语句不同。如果此时表达式的计算结果仍然为 true，则将再次执行循环体。这一循环不断进行下去，直到表达式为 false 时停止。接着，程序将继续执行 while 循环之后的语句。图 5.7 展示了这个处理过程。

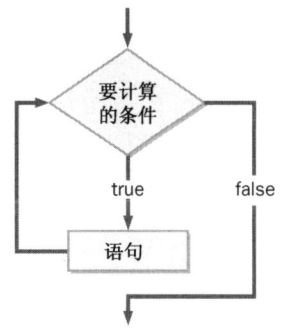

图 5.7　while 循环的执行逻辑

while 语句

```
●──→─(while)──→─(()──→ 表达式 ──→─())──→ 语句 ──→─●
```

只要布尔表达式的值为 true，while 循环就会重复执行循环体中给定的语句。由于首先会计算表达式的值，因此有可能根本就不执行循环体中的语句。每次执行完循环体时都将再次计算表达式，直到表达式的值为 false 时才退出循环。

例如：

```
while (total > max)
{
    total = total / 2;
    System.out.println("Current total: " + total);
}
```

下面的循环语句将输出 1～5 的值，每次循环输出一个值，然后计数器自增 1。

```
int count = 1;
while (count < = 5)
{
    System.out.println(count);
    count++;
}
```

重要概念：while 语句执行相同的语句，直到条件表达式的结果变为 false。

注意，上述循环体是由两条语句组成的语句块。在每次循环中，while 语句块中的所有语句都将被执行。

下面再讨论另一个使用 while 循环的程序。例 5.7 所示的 Average 程序会读取用户输入的一系列整数值，然后将它们相加并计算平均值。

例 5.7

```
1    //********************************************************************
2    // Average.java        Author: Lewis/Loftus
3    //
4    // Demonstrates the use of a while loop, a sentinel value, and a
5    // running sum.
6    //********************************************************************
7
8    import java.text.DecimalFormat;
9    import java.util.Scanner;
10
11   public class Average
12   {
13      //-----------------------------------------------------------------
14      // Computes the average of a set of values entered by the user.
15      // The running sum is printed as the numbers are entered.
16      //-----------------------------------------------------------------
```

```
17      public static void main(String[] args)
18      {
19          int sum = 0, value, count = 0;
20          double average;
21
22          Scanner scan = new Scanner(System.in);
23
24          System.out.print("Enter an integer (0 to quit): ");
25          value = scan.nextInt();
26
27          while (value != 0)   // sentinel value of 0 to terminate loop
28          {
29              count++;
30
31              sum += value;
32              System.out.println("The sum so far is " + sum);
33
34              System.out.print("Enter an integer (0 to quit): ");
35              value = scan.nextInt();
36          }
37
38          System.out.println();
39
40          if (count == 0)
41              System.out.println("No values were entered.");
42          else
43          {
44              average = (double)sum / count;
45
46              DecimalFormat fmt = new DecimalFormat("0.###");
47              System.out.println("The average is " + fmt.format(average));
48          }
49      }
50  }
```

输出

```
Enter an integer (0 to quit): 25
The sum so far is 25
Enter an integer (0 to quit): 164
The sum so far is 189
Enter an integer (0 to quit): -14
The sum so far is 175
Enter an integer (0 to quit): 84
The sum so far is 259
Enter an integer (0 to quit): 12
The sum so far is 271
Enter an integer (0 to quit): -35
The sum so far is 236
```

```
Enter an integer (0 to quit): 0
The average is 39.333
```

程序不知道用户会输入多少个数值,于是需要一种方法来标识用户已经输入完毕。本程序中指定 0 为标记值,用它来表示用户输入结束。while 循环不断处理输入数据,直到用户输入 0 时结束。这实际上是假定 0 不是用于计算平均值的有效输入值。标记值必须是正常输入值范围之外的数值。

注意,在 Average 程序中,变量 sum 用于存储输入值的累加和,也就是说,sum 存放当前所有已输入值的和。它被初始化为 0,每次输入的值将在 sum 中累加并存储在 sum 中。

程序中必须统计输入值的个数,以便输入结束后通过该计数值来计算出平均值。注意,标记值没有被统计在输入值的个数内。考虑到用户可能在没有输入任何有效值之前就直接输入标记值 0 的非正常情况,所以程序末尾用 if 语句避免被 0 除的错误。

下面再讨论另一个使用 while 循环的程序。例 5.8 所示的 WinPercentage 程序根据获胜的次数计算某个运动队的胜率(百分比)。

例 5.8

```
1   //************************************************************
2   // WinPercentage.java          Author: Lewis/Loftus
3   //
4   // Demonstrates the use of a while loop for input validation.
5   //************************************************************
6
7   import java.text.NumberFormat;
8   import java.util.Scanner;
9
10  public class WinPercentage
11  {
12     //-----------------------------------------------------------
13     // Computes the percentage of games won by a team.
14     //-----------------------------------------------------------
15     public static void main(String[] args)
16     {
17        final int NUM_GAMES = 12;
18        int won;
19        double ratio;
20
21        Scanner scan = new Scanner(System.in);
22
23        System.out.print("Enter the number of games won (0 to "
24                          + NUM_GAMES + "): ");
25        won = scan.nextInt();
26
27        while (won < 0 || won > NUM_GAMES)
28        {
29           System.out.print("Invalid input. Please reenter: ");
30           won = scan.nextInt();
31        }
32
33        ratio = (double)won / NUM_GAMES;
34
```

```
35              NumberFormat fmt = NumberFormat.getPercentInstance();
36
37          System.out.println();
38          System.out.println("Winning percentage: " + fmt.format(ratio));
39      }
40  }
```

输出

```
Enter the number of games won (0 to 12): -5
Invalid input. Please reenter: 13
Invalid input. Please reenter: 7
Winning percentage: 58%
```

　　WinPercentage 程序中使用了一个 while 循环来验证用户的输入，这意味着可以保证用户输入的值是有效的。在这个例子中，输入的获胜次数必须大于等于 0 或小于等于总的参赛次数。while 循环将不断重复地提示用户输入有效值，直到用户的输入的确是有效值时为止。

　　一般来说，我们都希望程序具有健壮性，这意味着程序能够合理地处理可能出现的潜在问题。设计程序时，应该有意识地验证输入数据的有效性，并避免出现诸如被 0 除的错误。循环语句和条件语句有助于识别和处理这类问题。

5.4.1　无限循环

　　确保循环语句的判断条件最终会变为 false 是程序员的责任。如果判断条件不能变为 false，循环体就会永远执行下去，或者直到程序被强制中断。这种情况称为无限循环，是程序员通常易犯的一种错误。

　　下面是无限循环的一个例子：

```
int count = 1;
while (count <= 25)      // Warning: this is an infinite loop!
{
    System.out.println(count);
    count = count - 1;
}
```

　　如果执行这个循环，就得准备强制中断这个程序。对于大多数操作系统，按 Ctrl + C 组合键（先按 Ctrl 键，然后再按 C 键）可以终止正在运行的程序。

　　在这个例子中，count 变量的初始值是 1，并且在循环体中其值逐渐减小。只要 count 的值小于或等于 25，while 循环就会不断地执行。由于 count 在每次循环中越来越小，循环条件始终成立，直到 count 出现下溢错误。很明显，这段代码的逻辑是错误的。

　　重要概念：必须精心设计程序，以避免无限循环。

　　下面再分析另一个无限循环的例子：

```
int count = 1;
while (count != 50)     // infinite loop
    count += 2;
```

　　在这段代码中，变量 count 的初始值为 1，并且向正值方向增加。然而，count 的值每次以步长

2 自增,因此永远不会等于 50,这个循环也永远不会终止。具体地说,count 的值从 1 开始,然后增加为 3、5。终于到达 49 后,接着又增加为 51、53,就这样一直无休止地增加下去。

现在考虑下面的情况:

```
double num = 1.0;
while (num != 0.0)  // infinite loop
    num = num - 0.1;
```

同样,循环控制变量 num 似乎朝着正确的方向变化,并且事实上 num 最终可能取得 0.0 值。然而,这个循环也是无限的(至少在大多数系统中),因为 num 变量的值绝对不会精确地等于 0.0。这种情况类似于本章前面探讨的用浮点数比较作为 if 语句的条件表达式的情形。由于数值是以二进制形式表示的,系统内部发生的极微小误差,都会影响两个浮点数的相等性比较。

5.4.2 嵌套循环

一个循环体中可能包含另一个循环,这称为嵌套循环。请记住,外层循环每执行一次,内层循环就会执行指定次数的完整循环。考虑下面的代码段,字符串"Here again"将被输出多少次?

```
int count1, count2;
count1 = 1;
while (count1 <= 10)
{
    count2 = 1;
    while (count2 <= 50)
    {
        System.out.println("Here again");
        count2++;
    }
    count1++;
}
```

输出语句在内层循环中。随着 count1 从 1 增加到 10,外层循环将执行 10 次;随着 count2 从 1 增加到 50,内层循环将执行 50 次。对每一次外层循环来说,内层循环将完成指定次数的循环,因此输出语句将执行 500 次。

对于任何循环,都必须仔细检查循环控制条件和循环变量的初始值。考虑对上述例子的代码做细微改动之后的结果。如果外层循环控制条件由 count1 <= 10 变成 count1 < 10,结果会怎样呢? 输出语句最终将执行多少次? 这时,外层循环将执行 9 次而不是 10 次,所以 println 语句将执行 450 次。如果外层循环控制条件保持原始的定义,而内层循环前面的变量 count2 的初始值由 1 改为 11,情况又会怎样呢? 这时,内层循环将执行 40 次,而不是 50 次,所以输出语句将执行 400 次。

下面再讨论另一个使用嵌套循环的程序。回文是指顺读和倒读都相同的字符序列。例如,下列字符串都是回文:

- radar
- drab bard
- ab cde xxxx edc ba
- kayak
- deified
- able was I ere I saw elba

注意，有些回文含有偶数个字符，有些则含有奇数个字符。例 5.9 所示的 PalindromeTester 程序可测试某个字符串是否为回文。用户可以随意测试任意多个字符串是否为回文。

例 5.9

```
1    //*************************************************************
2    // PalindromeTester.java    Author: Lewis/Loftus
3    //
4    // Demonstrates the use of nested while loops.
5    //*************************************************************
6
7    import java.util.Scanner;
8
9    public class PalindromeTester
10   {
11      //-------------------------------------------------------------
12      // Tests strings to see if they are palindromes.
13      //-------------------------------------------------------------
14      public static void main(String[] args)
15      {
16         String str, another = "y";
17         int left, right;
18
19         Scanner scan = new Scanner(System.in);
20
21         while (another.equalsIgnoreCase("y"))  // allows y or Y
22         {
23            System.out.println("Enter a potential palindrome:");
24            str = scan.nextLine();
25
26            left = 0;
27            right = str.length() - 1;
28
29            while (str.charAt(left) == str.charAt(right) && left < right)
30            {
31               left++;
32               right--;
33            }
34
35            System.out.println();
36
37            if (left < right)
38               System.out.println("That string is NOT a palindrome.");
39            else
40               System.out.println("That string IS a palindrome.");
41
42            System.out.println();
43            System.out.print("Test another palindrome (y/n)? ");
44            another = scan.nextLine();
45         }
46      }
47   }
```

输出

```
Enter a potential palindrome:
radar

That string IS a palindrome.

Test another palindrome (y/n)? y
Enter a potential palindrome:
able was I ere I saw elba

That string IS a palindrome.

Test another palindrome (y/n)? y
Enter a potential palindrome:
abcddcba

That string IS a palindrome.

Test another palindrome (y/n)? y
Enter a potential palindrome:
abracadabra

That string is NOT a palindrome.

Test another palindrome (y/n)? n
```

这个程序的代码中包含两个循环，一个循环在另一个循环的内部。外层循环用于控制有多少字符串被测试，内层循环按字符逐个扫描每个字符串，直到程序能确定出这个字符串是否为回文。

变量 left 和 right 用于存储两个字符的索引，开始时，它们被初始化为被测字符串的起点和终点位置索引值。内层循环的每一次迭代，都将比较由 left 和 right 所指示的那两个字符。当两个字符不匹配时，程序将跳出内层循环，这意味着该字符串不是回文。如果 left 值等于或大于 right 值，则说明被测字符串是回文。

注意，程序不认为下面的语句是回文：

- A man, a plan, a canal, Panama.
- Dennis and Edna sinned.
- Rise to vote, sir.
- Doom an evil deed, liven a mood.
- Go hang a salami; I'm a lasagna hog.

由于上述字符串中有空格、标点符号及大小写的差别，因此不符合程序中的回文评判标准。然而，如果排除或者忽略这些差异，则顺读和倒读上述字符串的结果都相同。请考虑如何修改程序来处理这些情况，修改该程序的方法包含在本章末尾的编程项目中。

5.4.3　break 语句与 continue 语句

Java 中有两种语句(break 和 continue 语句)会影响程序中的条件控制和循环。执行 break 语句时，将立即跳转到控制当前执行流程的语句之后继续执行。例如，当 break 语句用在一个循环体内时，将终止循环的执行，继续执行循环语句后面的语句，即"跳出"循环。

第 6 章中会看到，将 break 语句用在 switch 语句中通常是必要的，但用在循环中并不是必要的，没有 break 语句同样能写出等价循环语句。由于 break 语句会引起控制流程从一处转移到另一处，因此在循环中使用 break 语句并不是一种好做法，应该尽量避免。

continue 语句对循环处理也具有类似的作用。它与 break 语句类似，但不同的是循环控制条件将再次被计算，如果其值仍然为 true，则再次执行循环体。基于与 break 语句相同的理由，在循环中也应该避免使用 continue 语句。

自测题

SR5.17　什么是无限循环？什么情况下会导致无限循环？

SR5.18　如下代码段产生的输出是什么？

```java
int low = 0, high = 10;
while (low < high)
{
    System.out.println(low);
    low++;
}
```

SR5.19　如下代码段产生的输出是什么？

```java
int low = 10, high = 0;
while (low <= high)
{
    System.out.println(low);
    low++;
}
```

SR5.20　如下代码段产生的输出是什么？

```java
int low = 0, high = 10;
while (low <= high)
{
    System.out.println(low);
    high = high - low;
}
```

SR5.21　如下代码段产生的输出是什么？

```java
int low = 0, high = 10, mid;
while (low <= high)
{
    mid = low;
    while (mid <= high)
    {
        System.out.print(mid + " ");
        mid++;
    }
    System.out.println();
    low++;
}
```

SR5.22　假设 int 型变量 value 已经被初始化为一个正整数。编写一个 while 循环，输出其所有
　　　　正因子的值。例如 value 的值是 28，它将输出信息：1 2 4 7 14 28。

SR5.23　假设 int 型变量 value 已经被初始化为一个正整数。编写一个 while 循环，输出从 1
　　　　到 value 之间每个数的所有正因子的值。例如 value 的值是 4，它将输出以下信息：

　　　　divisors of 1: 1

　　　　divisors of 2: 1 2

　　　　divisors of 3: 1 3

　　　　divisors of 4: 1 2 4

5.5　迭代器

迭代器是一种对象，它提供一些方法用于一次性处理某个集合。也就是说，迭代器允许逐步遍历集合中的元素，并根据需要与其交互。例如，迭代器可用来计算一个俱乐部每一位成员的会费，或者输出一个 URL 地址的各个域。迭代器的特性提供了一种具有一致性的简单机制，可以系统地处理集合中的各项元素。本质上，迭代器是一种重复处理过程，因此也与循环的思想紧密相关。

> 重要概念：迭代器是一个对象，可以用来处理一组相关的元素。

从技术上来说，Java 中的迭代器对象是用第 7 章将要讨论的 Iterator 接口来定义的。现在，只需知道有这样的对象存在，并且它们能使集合中每一项元素的处理变得更简单。

每一个迭代器对象都有一个可以返回布尔值的 hasNext 方法，返回的布尔值表明了集合中是否至少还有一个元素要处理。因此，hasNext 方法可以充当处理每项元素的循环控制条件。迭代器还有一个 next 方法，用于取得集合中下一个要处理的元素。

Java 标准类库中有几个定义迭代器对象的类，其中一个是前面例子中已经多次使用过的 Scanner 类，它用于读取用户输入的数据。当还有输入项要处理时，Scanner 类的 hasNext 方法将返回 true。而且正如前面已经看到的，Scanner 类具有返回下一个输入项的 next 方法。

Scanner 类还有各种特殊版本的 hasNext 方法，例如 hasNextInt 和 hasNextDouble 方法，这些方法可用于判断用户的下一个输入项是否符合特定的类型。同样，Scanner 类也有各种版本的 next 方法，例如 nextInt 和 nextDouble 可用于获得特定类型的值。

当从标准输入流中交互式地读入数据时，hasNext 方法将等待到有输入数据可用，并返回 true。也就是说，从键盘交互式地读取输入数据时，Scanner 类总是认为还有数据需要处理——没有得到数据只是因为用户还未输入。这也是前面例子中使用标记值来判断交互式输入是否结束的原因。

当使用 Scanner 类处理一个有特定结束标记的数据源中的输入数据时，作为迭代器的 Scanner 对象将特别有用。例如，处理一个数据文件中的各行数据，或者处理一个字符串的各部分。下面分析一个有关这种处理的例子。

5.5.1　读取文本文件

假设有一个名为 urls.inp 的输入文件，其中保存的是 URL 地址列表。我们希望以某种方式处理它。

例 5.10 所示的程序从这个文件中读取 URL 并进行拆分，然后显示 URL 路径的各个部分。程序使用了一个 Scanner 对象来处理输入。事实上，程序中使用了两个 Scanner 对象：一个读取数据文件中的各行 URL 串，另一个处理已读取的 URL 串。

例 5.10

```
1    //***********************************************************************
2    // URLDissector.java    Author: Lewis/Loftus
3    //
4    // Demonstrates the use of Scanner to read file input and parse it
5    // using alternative delimiters.
6    //***********************************************************************
7
8    import java.util.Scanner;
9    import java.io.*;
10
11   public class URLDissector
12   {
13       //-------------------------------------------------------------------
14       // Reads urls from a file and prints their path components.
15       //-------------------------------------------------------------------
16       public static void main(String[] args) throws IOException
17       {
18           String url;
19           Scanner fileScan, urlScan;
20
21           fileScan = new Scanner(new File("urls.inp"));
22
23           // Read and process each line of the file
24           while (fileScan.hasNext())
25           {
26               url = fileScan.nextLine();
27               System.out.println("URL: " + url);
28
29               urlScan = new Scanner(url);
30               urlScan.useDelimiter("/");
31
32               // Print each part of the url
33               while (urlScan.hasNext())
34                   System.out.println("   " + urlScan.next());
35
36               System.out.println();
37           }
38       }
39   }
```

输出

```
URL: www.*****.com
    www.*****.com
URL: www.*****.org/info/gnu.html
    www.*****.org
    info
    *****.html
```

```
URL: *****.com/calendar/
    *****.com
    calendar
URL: www.*****.vt.edu/undergraduate/about
    www.*****.vt.edu
    undergraduate
    about
URL: *****.com/watch?v=EHCRimwRGLs
    *****.com
    watch?v=EHCRimwRGLs
```

程序中使用了两个嵌套的 while 循环。外层循环处理数据文件中的每一行，内层循环处理当前行的每一项。

fileScan 变量充当一个扫描器，对输入文件 urls.inp 进行操作。程序中没有给 Scanner 构造方法传递一个 System.in 对象，而是实例化一个代表输入文件的 File 对象，并将它传递给 Scanner 构造方法，这时 fileScan 对象就可以读取并处理输入文件了。

如果由于某种原因在查找和打开文件时出现了问题，则试图创建 File 对象时将会抛出一个 IOException 异常，这也是为什么要在 main 方法的声明首部中添加"throws IOException"子句的原因（I/O 异常处理将在第 11 章讨论）。

只要 fileScan 对象的 hasNext 方法的返回值为 true，外层 while 的循环体就会被执行。也就是说，只要数据文件中还有要处理的数据，就会执行外层循环。每一次循环都会从输入文件中读取一行（一条 URL）并将其输出。

对于每一条 URL，将创建一个新的 Scanner 对象来解析该 URL 串的各部分，URL 串将在实例化 urlScan 对象时传递给 Scanner 类的构造方法。内层 while 循环分行输出每条 URL 的各个部分。

前面讲过，Scanner 对象在默认情况下用空白符（空格符、制表符和换行符）作为输入项的分隔符。本例中，读取输入文件各行数据的扫描器对象就采用了空白符作为分隔符。但是，如果默认的分隔符不能满足需求（如本例中 URL 串的处理），则可以用其他字符作为分隔符。

重要概念：在 Scanner 对象中，用于分隔各项的分隔符可以根据需要由程序设置。

在这个例子中，我们对每条路径中由字符"/"分隔开的部分感兴趣，因此程序在处理 URL 串前，调用了 urlScan 对象的 useDelimiter 方法，将分隔符设置成斜线"/"。

如果要使用多个可选的分隔符，或者需要以更复杂的方式分析输入的数据，可利用 Scanner 类支持的模式（称为正则表达式）进行处理，附录 H 中进行了相关讨论。

自测题

SR5.24　编写语句，按下列要求创建 Scanner 对象：
　　　　a. 用于交互式输入的一个对象，通过 System.in 读入数据。
　　　　b. 从文件 info.dat 读入数据的对象。
　　　　c. 从字符型变量 infoString 读入数据的对象。

SR5.25　假设已经初始化 Scanner 类的一个对象 fileScan 用于读取文件，编写一个 while 循环，用于计算该文件中每一行的平均字符数。

5.6　ArrayList 类

前面已经讲解了循环语句，下面再介绍一个用来管理对象集的非常有用的 ArrayList 类。ArrayList 类属于 Java 标准类库中的 java.util 包。在 ArrayList 对象中保存了多个对象的列表，通过一个整型索引值可以引用列表中的每个对象。通常使用循环语句遍历列表中的各个对象，然后再用其他方法处理它们。

ArrayList 类使用一个称为数组的编程结构来管理列表（该类由此得名）。第 8 章将对数组进行详细的介绍，但我们并不需要了解数组使用 ArrayList 对象的细节。Java 集合类 API（Java Collections API）是一组用来组织和管理其他对象的类，ArrayList 类是 Java 集合类 API 的一部分，第 13 章将讨论集合类。

> 重要概念：ArrayList 对象保存着对象的列表，并且可以用整型索引值来访问这些对象。

图 5.8 列举了 ArrayList 类的部分方法。通过使用这些方法，可以按多种方式添加和删除元素，判断列表是否为空，以及获得当前列表的元素个数等。

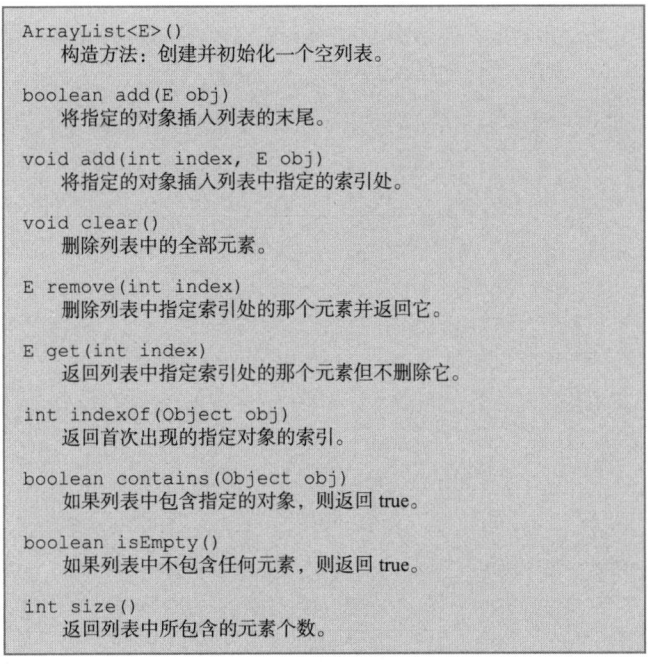

```
ArrayList<E>()
    构造方法：创建并初始化一个空列表。

boolean add(E obj)
    将指定的对象插入列表的末尾。

void add(int index, E obj)
    将指定的对象插入列表中指定的索引处。

void clear()
    删除列表中的全部元素。

E remove(int index)
    删除列表中指定索引处的那个元素并返回它。

E get(int index)
    返回列表中指定索引处的那个元素但不删除它。

int indexOf(Object obj)
    返回首次出现的指定对象的索引。

boolean contains(Object obj)
    如果列表中包含指定的对象，则返回 true。

boolean isEmpty()
    如果列表中不包含任何元素，则返回 true。

int size()
    返回列表中所包含的元素个数。
```

图 5.8　ArrayList<E>类提供的一些方法

注意，ArrayList 类包含类型为 E 的元素，这里 E 代表一般类型（E 即元素），一旦创建了 ArrayList 对象，就确定了元素类型。因此，不要仅创建没有指定其元素类型的 ArrayList 对象，而应创建保存指定类型元素的 ArrayList 对象，类型参数列在类名后面的尖括号中。这样，我们就可以说 ArrayList<String>对象是用来管理 String 类型的对象的列表，而 ArrayList<Book>对象是用来管理 Book 类型的对象的列表。

创建 ArrayList 对象时也可以不指定元素的类型，这种情况表示 ArrayList 保存的是 Object 类型元素，这就意味着可以在列表中放入任何类型的对象，但这不是一种好的做法。为 ArrayList 对象指定所保存元素的类型，能使编译器帮助程序员检查并保证只有合适类型的对象可以保存在列表中。

┌───┐
│ **重要概念:** 当创建 ArrayList 对象时,可存入列表中的元素的类型也确定了。 │
└───┘

ArrayList 的索引值从 0 开始,而不是 1。例如,从概念上说,一个 String 类型的对象的 ArrayList 对象可以管理如下列表:

```
0  "Bashful"
1  "Sleepy"
2  "Happy"
3  "Dopey"
4  "Doc"
```

还要注意的是,ArrayList 保存的是对象类型的元素的引用。不能创建用来保存像 int 这种基本类型数据的 ArrayList 对象,但可以用包装器类来解决这个问题。例如,可以根据需要创建 ArrayList<Integer>对象或 ArrayList<Double>对象。

例 5.11 中的程序实例化了一个名为 band 的 ArrayList<String>对象。该对象的 add 方法用于按指定的顺序在 ArrayList 后面增加几个 String 类型的对象。然后删除一个指定的字符串,并在相应的索引中插入另一个字符串。每当一个 ArrayList 对象传递给 println 方法时,与处理其他对象一样,println 方法将自动调用 toString 方法,输出该 ArrayList 对象中的所有元素,并将输出数据显示在方括号中。程序末尾的 while 循环语句则依次按行输出每个元素。

例 5.11

```
1    //************************************************************
2    // Beatles.java      Author: Lewis/Loftus
3    //
4    // Demonstrates the use of a ArrayList object.
5    //************************************************************
6
7    import java.util.ArrayList;
8
9    public class Beatles
10   {
11      //-----------------------------------------------------------
12      // Stores and modifies a list of band members.
13      //-----------------------------------------------------------
14      public static void main(String[] args)
15      {
16         ArrayList<String> band = new ArrayList<String>();
17
18         band.add("Paul");
19         band.add("Pete");
20         band.add("John");
21         band.add("George");
22
23         System.out.println(band);
24         int location = band.indexOf("Pete");
25         band.remove(location);
```

```
26
27          System.out.println(band);
28          System.out.println("At index 1: " + band.get(1));
29          band.add(2, "Ringo");
30
31          System.out.println("Size of the band: " + band.size());
32          int index = 0;
33          while (index < band.size())
34          {
35              System.out.println(band.get(index));
36              index++;
37          }
38      }
39  }
```

输出

```
[Paul, Pete, John, George]
[Paul, John, George]
At index 1: John
Size of the band: 4
Paul
John
Ringo
George
```

自测题

SR5.26　使用 ArrayList 对象的优点是什么？

SR5.27　ArrayList 能够保存什么类型的元素？

SR5.28　为 dice 变量编写一个声明，它是一个可以保存 Die 对象的 ArrayList。

SR5.29　如下代码段产生的输出是什么？

```
ArrayList<String> names = new ArrayList<String>();
names.add("Andy");
names.add("Betty");
names.add(1, "Chet");
names.add(1, "Don");
names.remove(2);
System.out.println(names);
```

5.7　确定事件源

第 4 章开始创建真正能与用户交互的图形用户界面(GUI)程序。交互式 GUI 要求设置一些事件处理器，以处理发生的事件。下面的示例中用一个事件处理器来处理多个事件。

例 5.12 中的程序包含两个按钮，分别为 Red 和 Blue。按下任何一个按钮，都会相应改变面板的背景色。这里使用 FlowPane 来布局这两个按钮。

例 5.12

```java
1   import javafx.application.Application;
2   import javafx.event.ActionEvent;
3   import javafx.geometry.Pos;
4   import javafx.scene.Scene;
5   import javafx.scene.control.Button;
6   import javafx.scene.layout.FlowPane;
7   import javafx.stage.Stage;
8
9   //********************************************************************
10  // RedOrBlue.java         Author: Lewis/Loftus
11  //
12  // Demonstrates the use of one handler for multiple buttons.
13  //********************************************************************
14
15  public class RedOrBlue extends Application
16  {
17      private Button redButton, blueButton;
18      private FlowPane pane;
19
20      //-----------------------------------------------------------------
21      // Presents a GUI with two buttons that control the color of the
22      // pane background.
23      //-----------------------------------------------------------------
24      public void start(Stage primaryStage)
25      {
26          redButton = new Button("Red!");
27          redButton.setOnAction(this::processColorButton);
28
29          blueButton = new Button("Blue!");
30          blueButton.setOnAction(this::processColorButton);
31
32          pane = new FlowPane(redButton, blueButton);
33          pane.setAlignment(Pos.CENTER);
34          pane.setHgap(20);
35          pane.setStyle("-fx-background-color: white");
36
37          Scene scene = new Scene(pane, 300, 100);
38
39          primaryStage.setTitle("Red or Blue?");
40          primaryStage.setScene(scene);
41          primaryStage.show();
42      }
43
44      //-----------------------------------------------------------------
45      // Determines which button was pressed and sets the pane color
46      // accordingly.
47      //-----------------------------------------------------------------
```

```
48      public void processColorButton(ActionEvent event)
49      {
50          if (event.getSource() == redButton)
51              pane.setStyle("-fx-background-color: crimson");
52          else
53              pane.setStyle("-fx-background-color: deepskyblue");
54      }
55
56      public static void main(String[] args)
57      {
58          launch(args);
59      }
60  }
```

显示

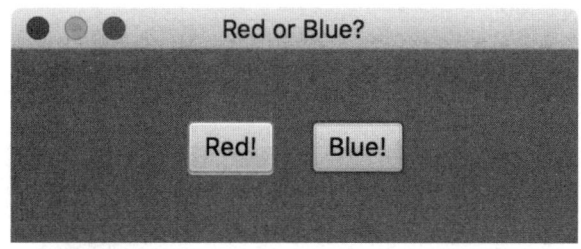

这两个按钮使用同一个方法作为事件处理器。只要有按钮按下，就会调用 processColorButton 方法。该方法使用 if 语句来判断是哪个按钮产生的事件。如果为 Red 按钮，则将面板背景色设置为红色；否则，一定是 Blue 按钮，所以将背景色置为蓝色。

> **重要概念：** 可以用一个事件处理器处理由多个控件产生的事件。

ActionEvent 对象总是代表传入事件处理器方法的事件。在前几个示例中，并没有处理事件参数。这里调用了它的 getSource 方法，返回产生事件的控件。

注意，代表两个按钮及面板的变量在类级被声明为实例数据，这样，它们就能同时传给 start 方法和事件处理器方法。

也可以创建两个单独的事件处理器方法，一个针对 Red 按钮，另一个针对 Blue 按钮。这时就没有必要去判断是哪个按钮产生的事件。可以根据实际情况，在设计程序时决定是使用多个事件处理器分别处理各个事件，还是使用一个事件处理器同时处理多个事件，并在事件发生时判断事件源。

自测题

SR5.30   应该如何创建事件处理器，以处理来自多个源的事件？

SR5.31   应该如何判断是哪个控件产生了事件？

5.8   管理字体

Font 对象用于显示文本时确定它的外观。可以将字体应用于 Text 对象或者显示文本的任何控件，包括 Label 和 Button 对象。

字体首先是由字体族(或字体样式)定义的。位于某个字体族中的所有字符，都共享同一种字体风格。字体族举例如下：Arial，Courier，Helvetica，Garamond，Times New Roman。

```
重要概念：应用于 Text、Label 或 Button 对象的字体是由 Font 类表示的。
```

字体还可以用其他特性进一步优化。字体大小(字号)按磅(point)度量。字体粗细决定了字符的"胖瘦"，而字体姿势表示是否为斜体。例如，可以将文本显示成 14 磅、粗体的 Garamond 字体。

例 5.13 中的程序显示了三个 Text 对象，它们具有不同的字体。

例 5.13

```
 1  import javafx.application.Application;
 2  import javafx.scene.Scene;
 3  import javafx.scene.Group;
 4  import javafx.scene.paint.Color;
 5  import javafx.scene.text.Font;
 6  import javafx.scene.text.FontPosture;
 7  import javafx.scene.text.FontWeight;
 8  import javafx.scene.text.Text;
 9  import javafx.stage.Stage;
10
11  //********************************************************************
12  // FontDemo.java     Author: Lewis/Loftus
13  //
14  // Demonstrates the creation and use of fonts.
15  //********************************************************************
16
17  public class FontDemo extends Application
18  {
19     //----------------------------------------------------------------
20     // Displays three Text objects using various font styles.
21     //----------------------------------------------------------------
22     public void start(Stage primaryStage)
23     {
24        Font font1 = new Font("Courier", 36);
25        Font font2 = Font.font("Times", FontWeight.BOLD,
26              FontPosture.ITALIC, 28);
27        Font font3 = Font.font("Arial", FontPosture.ITALIC, 14);
28
29        Text text1 = new Text(30, 55, "Dream Big");
30        text1.setFont(font1);
31        text1.setUnderline(true);
32
33        Text text2 = new Text(150, 110, "Know thyself!");
34        text2.setFont(font2);
35        text2.setFill(Color.GREEN);
36
37  Text text3 = new Text(50, 150, "In theory, there is no difference " +
38              "between theory\nand practice, but in practice there is.");
39        text3.setFont(font3);
```

```
40
41        Group root = new Group(text1, text2, text3);
42        Scene scene = new Scene(root, 400, 200, Color.LIGHTCYAN);
43
44        primaryStage.setTitle("Font Demo");
45        primaryStage.setScene(scene);
46        primaryStage.show();
47      }
48 }
```

显示

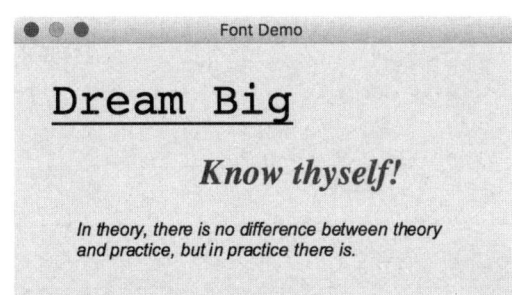

将 Font 对象应用于特定的 Text 对象时，需使用 setFont 方法。Font 对象本身是通过 Font 构造方法或者调用静态 font 方法创建的。

Font 构造方法的参数可以为字号或者字体族和字号。本例中，第一种字体用于文本"Dream Big"，它为 36 磅的 Courier 字体。字体粗细和正斜体的设置通常为默认值(非粗体，正体)。

其他两个 Font 对象使用 font 方法，它可以设置各种字体特性的不同组合。例如，第二种字体被创建成粗斜体，而第三种字体为斜体，字体粗细为默认值。

字体粗细是通过 FontWeight 枚举类型中的常量定义的，它可以指定多种级别的粗细程度。字体姿势(正斜体)由 FontPosture 枚举类型确定，但只有两种选择：Italic 和 Regular。

注意，下画线和文本颜色不由字体决定。这些特性是通过对 Text 对象调用 setUnderline 和 setFill 方法设置的。对文本调用 setStrikethrough 方法，还可以对其设置删除线。

还要注意，第三个对象使用了一个"\n"转义符，将文本显示成两行。

自测题

SR5.32　创建 Font 对象的两种途径是什么？

SR5.33　Font 对象具有哪些特性？

SR5.34　哪些特性会影响文本的显示，但是不由 Font 对象确定？

5.9　复选框

复选框是一个可以通过鼠标单击来切换开/关状态的按钮，用于设置或取消某个条件。例如，可以使用复选框来表明用户是否知悉并接受了程序的使用条款。

尽管可以将多个复选框组织为一组，用于设置一组选择项，但对每个复选框的操作还是独立的。也就是说，每个复选框都可以设置为开或关，并且其中一个的状态不会自动影响其他复选框的状态。例如，可以使用多个复选框来确定比萨上应该加何种配料，它们可以随意组合。

由例 5.14 和例 5.15 中的类组成的程序显示了两个复选框和一个 Text 对象。复选框用于控制文本是否显示为粗体、斜体、粗斜体或正常字体。粗体和斜体的任意组合都是有效的。

例 5.14

```
1    import javafx.application.Application;
2    import javafx.geometry.Pos;
3    import javafx.scene.Scene;
4    import javafx.stage.Stage;
5
6    //*********************************************************************
7    // StyleOptions.java    Author: Lewis/Loftus
8    //
9    // Demonstrates the use of check boxes.
10   //*********************************************************************
11
12   public class StyleOptions extends Application
13   {
14      //----------------------------------------------------------------
15      // Creates and presents the program window.
16      //----------------------------------------------------------------
17      public void start(Stage primaryStage)
18      {
19         StyleOptionsPane pane = new StyleOptionsPane();
20         pane.setAlignment(Pos.CENTER);
21         pane.setStyle("-fx-background-color: skyblue");
22
23         Scene scene = new Scene(pane, 400, 150);
24
25         primaryStage.setTitle("Style Options");
26         primaryStage.setScene(scene);
27         primaryStage.show();
28      }
29   }
```

显示

GUI 的细节在例 5.15 的 StyleOptionsPane 类中指定，复选框由来自 JavaFX API 的 CheckBox 类定义。只要选中或取消复选框，就会产生一个动作事件。本例中，两个复选框产生的事件都由同一个事件处理器方法处理。

例 5.15

```java
1    import javafx.event.ActionEvent;
2    import javafx.geometry.Pos;
3    import javafx.scene.control.CheckBox;
4    import javafx.scene.layout.HBox;
5    import javafx.scene.layout.VBox;
6    import javafx.scene.text.Text;
7    import javafx.scene.text.Font;
8    import javafx.scene.text.FontPosture;
9    import javafx.scene.text.FontWeight;
10
11   //********************************************************************
12   // StyleOptionsPane.java      Author: Lewis/Loftus
13   //
14   // Demonstrates the use of check boxes.
15   //********************************************************************
16
17   public class StyleOptionsPane extends VBox
18   {
19       private Text phrase;
20       private CheckBox boldCheckBox, italicCheckBox;
21
22       //-----------------------------------------------------------------
23       // Sets up this pane with a Text object and check boxes that
24       // determine the style of the text font.
25       //-----------------------------------------------------------------
26       public StyleOptionsPane()
27       {
28           phrase = new Text("Say it with style!");
29           phrase.setFont(new Font("Helvetica", 36));
30
31           boldCheckBox = new CheckBox("Bold");
32           boldCheckBox.setOnAction(this::processCheckBoxAction);
33           italicCheckBox = new CheckBox("Italic");
34           italicCheckBox.setOnAction(this::processCheckBoxAction);
35
36           HBox options = new HBox(boldCheckBox, italicCheckBox);
37           options.setAlignment(Pos.CENTER);
38           options.setSpacing(20);  // between the check boxes
39
40           setSpacing(20);  // between the text and the check boxes
```

```
41          getChildren().addAll(phrase, options);
42      }
43
44      //-------------------------------------------------------------
45      // Updates the font style of the displayed text.
46      //-------------------------------------------------------------
47      public void processCheckBoxAction(ActionEvent event)
48      {
49          FontWeight weight = FontWeight.NORMAL;
50          FontPosture posture = FontPosture.REGULAR;
51
52          if (boldCheckBox.isSelected())
53              weight = FontWeight.BOLD;
54
55          if (italicCheckBox.isSelected())
56              posture = FontPosture.ITALIC;
57
58          phrase.setFont(Font.font("Helvetica", weight, posture, 36));
59      }
60  }
```

注意 processCheckBoxAction 方法是如何应对复选框状态变化的。这里不是去判断哪一个复选框产生了事件，或者跟踪复选框的选中状态，而是同时检查两个复选框的当前状态，并相应地设置字体。两个局部变量用于设置字体粗细和正斜体，最初它们是未被选中的。然后，对每一个复选框调用 isSelected 方法，如果复选框被选中了，则它返回 true。最后，相应地设置文本字体。

这个程序使用了两种新的布局面板。HBox 和 VBox 布局面板分别将节点按行(水平)或列(垂直)排列。附录 F 讲解了 JavaFX 的布局面板。

重要概念：HBox 和 VBox 布局面板分别将它们的节点在一行或一列中放置。

StyleOptionsPane 类扩展了 VBox，用来将文本在两个复选框上面居中放置。HBox 用来将两个复选框在水平位置依次放置。

这里没有直接将节点添加到面板，而是调用 getChildren 方法，然后调用 addAll 方法来添加新节点。getChildren 方法返回面板中所有已经存在的节点。

自测题

SR5.35　如下各项，哪些可以通过一个或多个复选框确定？为什么？
　　　　a. 添加到汉堡中的多种调味品
　　　　b. 是否应该处理一个打印任务
　　　　c. 最喜欢的一项运动
　　　　d. 从事的所有运动项
　　　　e. 年龄范围(0～12，13～18，19～29，30～50，等等)

SR5.36　如何判断某个复选框被选中了？

SR5.37　HBox 和 VBox 布局面板分别如何安排它们的节点？

5.10　单选钮

单选钮用于提供一组互斥的选项。与复选框不同，只使用一个单选钮并没有多少用处，只有将它与其他单选钮一起构成一个单选钮组使用时才有意义。不过，只包含一个单选钮的单选钮组也是有效的。在任何时候，一组单选钮中有且只有一个是被选中的(开启)。当一组单选钮中的一个被选中时，该组中当前处于选中状态的另一个单选钮就会自动变为未选中状态。

重要概念： 单选钮组提供一组互斥的选项。

术语"单选钮"源于老式的车载收音机上按钮的工作方式。在任何时候，按下一个按钮可选择某个电台；按下另一个按钮时，当前按下的按钮会自动弹起。

由例 5.16 和例 5.17 中的类组成的程序，显示了一个单选钮组和一个 Text 对象。这些单选钮决定了显示哪一段话。因为每次只能显示一段话，所以使用单选钮是合适的。

例 5.16

```
1   import javafx.application.Application;
2   import javafx.geometry.Pos;
3   import javafx.scene.Scene;
4   import javafx.stage.Stage;
5
6   //************************************************************
7   // QuoteOptions.java    Author: Lewis/Loftus
8   //
9   // Demonstrates the use of radio buttons.
10  //************************************************************
11  public class QuoteOptions extends Application
12  {
13     //---------------------------------------------------------
14     // Creates and presents the program window.
15     //---------------------------------------------------------
16     public void start(Stage primaryStage)
17     {
18        QuoteOptionsPane pane = new QuoteOptionsPane();
19        pane.setAlignment(Pos.CENTER);
20        pane.setStyle("-fx-background-color: lightgreen");
21
22        Scene scene = new Scene(pane, 500, 150);
23
24        primaryStage.setTitle("Quote Options");
25        primaryStage.setScene(scene);
26        primaryStage.show();
27     }
28  }
```

显示

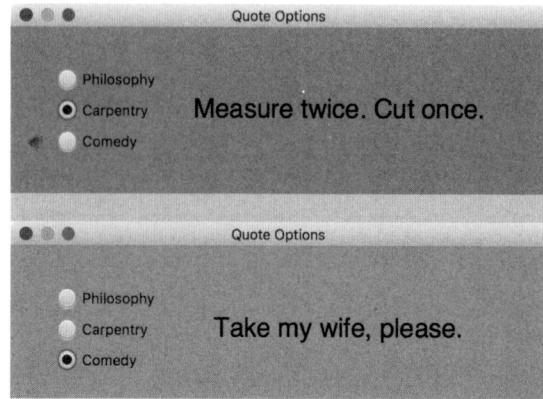

例 5.17

```
1    import javafx.event.ActionEvent;
2    import javafx.geometry.Pos;
3    import javafx.scene.control.RadioButton;
4    import javafx.scene.control.ToggleGroup;
5    import javafx.scene.layout.HBox;
6    import javafx.scene.layout.StackPane;
7    import javafx.scene.layout.VBox;
8    import javafx.scene.text.Text;
9    import javafx.scene.text.Font;
10
11   //*******************************************************************
12   // QuoteOptionsPane.java    Author: Lewis/Loftus
13   //
14   // Demonstrates the use of radio buttons.
15   //*******************************************************************
16
17   public class QuoteOptionsPane extends HBox
18   {
19       private Text quote;
20       private String philosophyQuote, carpentryQuote, comedyQuote;
21       private RadioButton philosophyButton, carpentryButton, comedyButton;
22
23   //-----------------------------------------------------------------
24   // Sets up this pane with a Text object and radio buttons that
25   // determine which phrase is displayed.
26   //-----------------------------------------------------------------
27       public QuoteOptionsPane()
28       {
29           philosophyQuote = "I think, therefore I am.";
30           carpentryQuote = "Measure twice. Cut once.";
31           comedyQuote = "Camping is intense.";
32
33           quote = new Text(philosophyQuote);
34           quote.setFont(new Font("Helvetica", 24));
```

```
35
36          StackPane quotePane = new StackPane(quote);
37
38          quotePane.setPrefSize(300, 100);
39
40          ToggleGroup group = new ToggleGroup();
41
42          philosophyButton = new RadioButton("Philosophy");
43          philosophyButton.setSelected(true);
44          philosophyButton.setToggleGroup(group);
45          philosophyButton.setOnAction(this::processRadioButtonAction);
46
47          carpentryButton = new RadioButton("Carpentry");
48          carpentryButton.setToggleGroup(group);
49          carpentryButton.setOnAction(this::processRadioButtonAction);
50
51          comedyButton = new RadioButton("Comedy");
52          comedyButton.setToggleGroup(group);
53          comedyButton.setOnAction(this::processRadioButtonAction);
54
55          VBox options = new VBox(philosophyButton, carpentryButton,
56              comedyButton);
57          options.setAlignment(Pos.CENTER_LEFT);
58          options.setSpacing(10);
59
60          setSpacing(20);
61          getChildren().addAll(options, quotePane);
62      }
63
64  //-----------------------------------------------------------------------
65  // Updates the content of the displayed text.
66  //-----------------------------------------------------------------------
67      public void processRadioButtonAction(ActionEvent event)
68      {
69          if (philosophyButton.isSelected())
70              quote.setText(philosophyQuote);
71          else if (carpentryButton.isSelected())
72              quote.setText(carpentryQuote);
73          else
74              quote.setText(comedyQuote);
75      }
76  }
```

单选钮控件由 JavaFX RadioButton 类表示。ToggleGroup 对象用于创建一组互斥的单选钮。为了将一个单选钮添加到组中，需要将组对象传递给单选钮的 setToggleGroup 方法。

一个事件处理器负责处理全部三个单选钮的事件。当某个单选钮被选中时，会产生一个动作事件。processRadioButtonAction 方法利用嵌套 if 语句来判断当前被选中的是哪一个单选钮，进而设置相应的文本内容。

和前一个示例相同，这个程序使用 HBox 和 VBox 来组织 GUI 元素。不过，这里的 VBox 用于安排这些单选钮且放入了 HBox，以将文本置于它的旁边。

自测题

SR5.38　如下各项，哪些可以通过一组单选钮确定？为什么？
　　　　a. 添加到汉堡中的多种调味品
　　　　b. 是否应该处理一个打印任务
　　　　c. 最喜欢的一项运动
　　　　d. 从事的所有运动项
　　　　e. 年龄范围（0～12，13～18，19～29，30～50，等等）

SR5.39　复选框和单选钮的主要差异是什么？

SR5.40　应该如何将单选钮分组，以提供互斥的选项？

重要概念小结

- 条件语句和循环语句可用于控制程序的执行流程。
- if 语句可以使程序选择是否执行某些语句。
- 循环可以使程序多次执行某些语句。
- 逻辑运算符经常用于构成复杂的条件。
- 编写语句时，适当的缩进格式能够增强程序的可读性；缩进格式体现了语句间的关系。
- if-else 语句可以使程序在某个条件表达式的值为 true 时执行一段代码，其值为 false 时执行另一段代码。
- 在嵌套 if 语句中，else 子句会和它前面最近且未匹配的 if 语句相匹配。
- Unicode 字符集定义了 Java 中字符的相对顺序。
- compareTo 方法可用于判断两个字符串的相对顺序关系。
- while 语句会执行相同的语句，直到条件表达式的结果变为 false。
- 必须精心设计程序，以避免无限循环。
- 迭代器是一个对象，可以用来处理一组相关的元素。
- 在 Scanner 对象中，用于分隔各项的分隔符可以根据需要由程序设置。
- ArrayList 对象保存着对象的列表，并且可以用整型索引值来访问这些对象。
- 当创建 ArrayList 对象时，可存入列表中的元素的类型也确定了。
- 可以用一个事件处理器处理由多个控件产生的事件。
- 应用于 Text、Label 或 Button 对象的字体是由 Font 类表示的。
- HBox 和 VBox 布局面板分别将它们的节点在一行或一列中放置。
- 单选钮组提供一组互斥的选项。

练习题

EX5.1　在 MinOfThree 程序中，如果两个或两个以上的值相等将产生什么结果？如果有两个值相等，那么它们和第三个值的大小关系是否重要？

EX5.2　下面的代码段中有什么错误？重新改写使其能产生正确的输出。

```
if (total == MAX)
    if (total < sum)
        System.out.println("total == MAX and < sum.");
else
    System.out.println("total is not equal to MAX");
```

EX5.3　下面的代码段中有什么错误？如果该段代码是另一个有效程序的一部分，能够正确编译吗？为什么？

```
if (length = MIN_LENGTH)
    System.out.println("The length is minimal.");
```

EX5.4　如下代码段产生的输出是什么？

```
int num = 87, max = 25;
if (num >= max*2)
    System.out.println("apple");
    System.out.println("orange");
System.out.println("pear");
```

EX5.5　如下代码段产生的输出是什么？

```
int limit = 100, num1 = 15, num2 = 40;
if (limit <= limit)
{
if (num1 == num2)
        System.out.println("lemon");
    System.out.println("lime");
}
System.out.println("grape");
```

EX5.6　使用 String 类的 compareTo 方法，将下面的字符串按照字典顺序排列。参考附录 B 的 Unicode 表。

```
"fred"
"Ethel"
"?-?-?-?"
"{([])}"
"Lucy"
"ricky"
"book"
"******"
"12345"
"     "
"HEPHALUMP"
"bookkeeper"
"6789"
";+<?"
"^^^^^^^^^^"
"hephalump"
```

EX5.7　如下代码段产生的输出是什么？

```
int num = 0, max = 20;
while (num < max)
{
    System.out.println(num);
    num += 4;
}
```

EX5.8　如下代码段产生的输出是什么？

```
int num = 1, max = 20;
while (num < max)
{
if (num%2 == 0)
    System.out.println(num);
    num++;
}
```

EX5.9　下面的代码段中有什么错误？有哪三种不同的改正方法？

```
count = 50;
while (count >= 0)
{
    System.out.println(count);
    count = count + 1;
}
```

EX5.10　编写一个 while 循环，用于验证用户是否输入了一个正整数。

EX5.11　编写一段代码，一直读取并输出由用户输入的整数值，直到用户输入了某个标记值（保存在 SENTINEL 常量中）时停止。该标记值不输出。

EX5.12　编写一个 maxOfTwo 方法，以两个整数为参数并返回其中的较大值。

EX5.13　编写一个 larger 方法，该方法有两个双精度参数。当第一个参数大于第二个时返回 true，否则返回 false。

EX5.14　编写一个 evenlyDivisible 方法，该方法以两个整数为参数。如果其中一个能被另一个整除则返回 true，不能整除或者其中一个数为 0 时返回 false。

EX5.15　编写一个 isAlpha 方法，它以一个字符为参数。如果该字符是字母（不区分大小写）则返回 true。

EX5.16　编写一个 floatEquals 方法，它以三个浮点数为参数。如果前两个参数的差值不大于第三个数则返回 true。

EX5.17　编写一个 isIsosceles 方法，以表示三角形三边长的三个整数为参数。如果是等腰三角形则返回 true，否则返回 false。

EX5.18　对于下列各种情况，应使用复选框还是单选钮？为什么？

　　a. 最喜欢的图书种类

　　b. 是否让你的个人资料可见

　　c. 选择一种图形格式（jpg、png 或 gif）

　　d. 你所知道的编程语言

编程项目

PP5.1　编写程序，读取用户输入的一个整数作为年份，并且确定该年份是否为闰年（二月有 29 天）。如果年份能被 4 整除且不能被 100 整除，或者同时能被 100 和 400 整除，则为闰年。例如，2003 年不是闰年，但 2004 年是闰年。1900 年不是闰年，因为能被 100 整除。2000 年是闰年，因为它同时可以被 100 和 400 整除。如果输入的年份小于 1582，则输出错误信息，因为在此之前公历还未被采用。

PP5.2　修改上面的程序，使得用户可以同时测试多个年份。并以某个标记值终止程序。应确保每个输入值都大于或等于 1582。

PP5.3　编写程序，从键盘读入一个整数，然后判断并输出该整数中包含的奇数、偶数和数字 0 的个数。

PP5.4　编写一个 Hi-Lo 猜数字游戏程序。程序从 1～100（包含二者）中随机选择一个数，然后反复让用户猜测这个数字，直到猜对或用户退出为止。每猜一次，都要告知用户猜测的结果：正确；比答案值大或者小。使用一个标记值来确定用户是否希望退出程序。当用户猜对时报告其猜测的次数。每次游戏结束时，询问用户是否想继续玩，直到用户选择结束。

PP5.5　修改 PalindromeTester 程序，使得在测试一个字符串是否为回文时不考虑空格、标点符号及大小写变化。提示：可以有多种实现方法，仔细考虑你的设计方案。

PP5.6　使用本章定义的 Coin 类设计并实现一个驱动类 FlipRace。该类的 main 方法创建两个 Coin 对象，不停地同时抛这两枚硬币，看哪枚硬币连续三次正面朝上，首先完成者为胜。需考虑两者不分胜负的可能性。输出每一次抛硬币的结果，并最后输出胜者及所抛次数。

PP5.7　编写一个和计算机交互的"石头-剪刀-布"游戏程序。当两个人玩的时候，每个人要同时选择一项（用手势表示），然后决出胜负。规则为石头赢剪刀，剪刀赢布，布赢石头。程序必须随机选取一项但不显示给玩家，然后提示用户选择。当用户选择后，程序同时显示出计算机和用户的选择并输出游戏结果。游戏一直进行到用户退出时为止，然后输出双方输赢次数及和局的次数。

PP5.8　编写程序，用于模拟一台简单的老虎机。三个数字将从 0～9 中随机选取且并排显示。当三个数字都相同或其中两个数字相同时，分别输出适当的语句。用户选择退出之前一直玩下去。

PP5.9　修改第 4 章的 Die 类，使得当参数超出范围时，setFaceValue 方法不起作用。

PP5.10　修改第 4 章的 Account 类，使它只能对合法支票进行存取款操作。也就是说，不允许存入负值或者取款超过当前余额。当这些问题发生时输出适当的错误信息。

PP5.11　使用 PP4.9 的 PairOfDice 类，设计并实现一个类来玩 Pig 游戏。这个游戏是用户与计算机进行比赛。每一轮中，当前玩家会掷一对骰子且计算点数和，先获得 100 点者为胜。在任何一轮中，如果玩家掷出一个点数为 1 的骰子，则该轮累计点数无效且换对手掷骰子。如果掷出两个 1，则到目前为止所有点数全部清空且转交骰子控制权。玩家可以在每次掷完骰子后选择是否继续掷骰子（除非出现了点数为 1 的情况）。因此，每次掷完后，当前玩家可以自由选择继续掷（成为 pig）且承担失去点数的风险，或者将骰子控制权移交给对手，但可能使对手赢得比赛。如果计算机在任何一轮中累计点数超过 20，则放弃骰子控制权。

PP5.12 编写程序来处理高尔夫比赛得分问题。4 位球手的得分保存在一个文本文件中。每一行代表一个洞,文件总共有 18 行。每一行有 5 个值:该洞的平均杆数和每一位球手在该洞的杆数。确定获胜者,并且生成一张表显示每一位球手的技术水平(用平均杆数进行比较)。

PP5.13 编写程序,逐行比较两个文本文件的相等性。输出所有不同的行。

PP5.14 设计并实现一个程序,计算一个文本文件中有多少个整数。输出一个列表,以显示程序在文件中识别出的整数。

PP5.15 设计并实现一个程序,计算一个文本文件中有多少个标点符号。输出一个列表,以显示每种标点符号的出现次数。

PP5.16 编写一个 JavaFX 程序,允许用户从一组复选框中挑选比萨的配料。假定每种配料的价格为 50 美分,不带配料的比萨为 10 美元,显示总价格。

PP5.17 编写一个 JavaFX 程序,允许用户从 5 个单选钮中挑选一种颜色。在一个正方形中显示相应的颜色。

PP5.18 编写一个 JavaFX 程序,模拟交通信号灯的运行。允许用户从一组单选钮中选择灯光的状态(红灯、黄灯或者绿灯)。

PP5.19 编写一个 JavaFX 程序,允许用户从一组单选钮中选择美国喜剧 *Three Stooges* 的主角照片之一(Moe、Larry 或 Curly)。

软件失误案例:Therac-25

事件概述

Therac-25 是一种放射性医疗设备,可通过产生高能电子流和 X 光束杀死人体内的致癌组织。利用这种设备,很多人得到了正确的治疗。但是在 1985 年到 1987 年之间,该设备发生了 6 起电子流或 X 光束过量使用的医疗事故,严重的甚至导致病人致残和死亡。

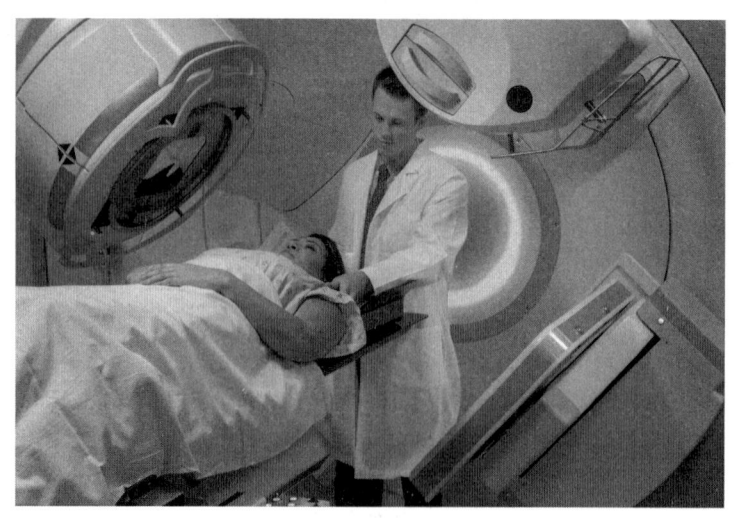

放射性医疗设备提供精确剂量的精准辐射

来源:Mark_Kostich/Shutterstock

在一次治疗过程中，病人平躺，操作员通过调整仪器以瞄准身体的适当部位。在仪器的计算机控制台上，操作员设置了治疗所需的参数，然后按下一个键以释放射线。病人被告知，典型的副作用就是皮肤稍感不适，类似于轻度晒伤。

在那些医疗事故中，一些病人反映说感到"巨大的热力"或是一次"麻刺感的电击"。例如有一次，因为受到了射线的破坏，病人失去了肩膀和手臂的功能，并不得不切除左侧乳房。其他几个人都死于射线剂量过度的辐射。

辐射量是用拉德(rad，射线吸收量)来度量的。一次标准的治疗大约需要 200 拉德，据估计，意外医疗事故中使用的药剂量为 20 000 拉德。

事故原因

操作员被告知 Therac-25 具有一系列的安全预防措施，对病人使用过量的射线"几乎是不可能的"。但是，Therac-25 中的部分软件复用了其前一个版本的对应部分，而且这些对应部分包括基于硬件的预防措施。因此，前一个版本的硬件特性掩盖了潜伏在软件中的很多问题。显然，Therac-25 的安全特性是基于软件的，所以那些潜在的问题被暴露出来了。

事实上，如果操作员输入错误的治疗参数后随即进行纠正，软件会允许仪器释放最大限度的剂量而不是释放错误的射线剂量。这个错误很奇怪，技术人员尝试测试仪器，希望重现此类错误，但都没有发生。一台确实导致了过量事故的仪器一度再次被投入使用，因为技术人员没有找出错误原因。

分析家指出，软件错误只是引起事故发生的一方面原因。纵然这里存在一些基础的编程错误，但通常也缺乏一种安全意识。仪器被使用了这么久的原因，是这些问题没有以应有的准确性和全面性被报道出来。

经验教训

本案例中，软件安全是最主要的问题。当涉及人的生命时，很难想象不尽一切可能去确保你的软件尽可能强健。所有这些都归结为风险分析。你愿意为你设计的仍然包含错误的软件冒多大的风险呢？对于很多应用软件来说，一个错误可能给用户带来不便或者使公司利益受到损害，但是有些应用软件会使人的生命陷入危险之中。

这个案例同时也很好地印证了将一个问题孤立起来考虑是很困难的。对于成千上万的病人来说，Therac-25 提供了很好的治疗，早期的申诉之一由于缺乏恰当的调查和报告而不了了之。后来，当问题再次发生时，它仍不能得到重现。这是一个真实的异常情况发生的例子——这个错误并不经常发生或在正常情况下就不会发生。

来源：computingcases.org, IEEE Computer

第 6 章　其他条件判断与循环

本章目标

1. 利用 switch 语句进行条件处理。
2. 讨论条件运算符。
3. 探讨其他循环语句：do 循环和 for 循环。
4. 借助条件和循环语句绘图。
5. 图形对象的转换。

第 5 章讨论了用 if 语句进行判断和决策，以及用 while 语句控制循环。本章将探讨 Java 中可以实现类似功能的其他几种语句。特别地，将探讨 switch 条件语句及 do 循环和 for 循环语句。这些语句在一些重要细节上有所不同，但任何特殊情况下它们都可以相互替代。本章的"图形设计之路"小节将探讨用条件和循环语句控制绘图的方法，并介绍图形转换的用途。

6.1　switch 语句

Java 中的另外一种条件语句是 switch 语句，该语句可使程序从多条执行路径中选择一条来执行，这些路径的选择基于某个单一的值。使用多条 if 语句，可以构造出相同的程序逻辑，但是使用 switch 语句可使代码更易于理解。

switch 语句先计算一个表达式的值，然后将该值和几条可能的 case 子句取值进行匹配。每一种取值都有与之关联的执行语句。当计算出表达式的值后，控制会转移到与表达式值相匹配的第一条 case 子句处执行。考虑下面的例子：

```
switch (idChar)
{
    case 'A':
        aCount = aCount + 1;
        break;
    case 'B':
        bCount = bCount + 1;
        break;
    case 'C':
        cCount = cCount + 1;
        break;
    default:
        System.out.println("Error in Identification Character.");
}
```

在上述例子中，首先计算表达式，表达式是一个简单的字符变量 idChar。程序将转到第一个和表达式匹配的 case 子句执行。因此，如果 idChar 的值为'A'，则变量 aCount 的值加 1。如果其值为'B'，就会跳过 case 'A'子句，变量 bCount 的值将加 1。类似地，如果 idChar 的值为'C'，则 case 'C'子句将被执行。

重要概念：switch 语句将一个指定的字符或整型值分别与若干条 case 子句中的值进行匹配。

如果没有 case 子句的值和表达式的值相匹配，程序将执行可选的、由保留字 default 指定的默认执行语句。如果没有可选的 default 子句，则 switch 中的所有语句都不会被执行，程序将继续执行 switch 语句之后的语句。在 switch 中加入 default 子句是个不错的想法，即使并不期望让它执行，也值得这样做。

当执行到 break 语句行时，程序将跳转到 switch 语句之后的语句继续执行。break 语句常用来退出 switch 语句中的各条 case 子句。如果没有 break 语句，程序会继续执行下一条 case 子句。因此，如果上例 case 'A'子句末尾的 break 语句不存在，并且 idChar 的值是'A'，那么变量 aCount 和 bCount 的值都会增加 1。通常只需要执行一种 case 子句之下的语句，所以 break 语句几乎是必须使用的。不过，偶尔也有需要依次执行所有 case 子句的情况。

重要概念：break 语句常用来退出 switch 语句中的各条 case 子句。

第 5 章曾简要地提到过 break 语句，因为它可以用在多种类型的循环和条件语句中。同时，我们还告知过这种用法不是必需的，并且很多开发者视其为不良用法。但 switch 语句对于这一规则是个例外，在 switch 语句中使用 break 语句，是确保只有一条 case 子句代码被执行的唯一方法。

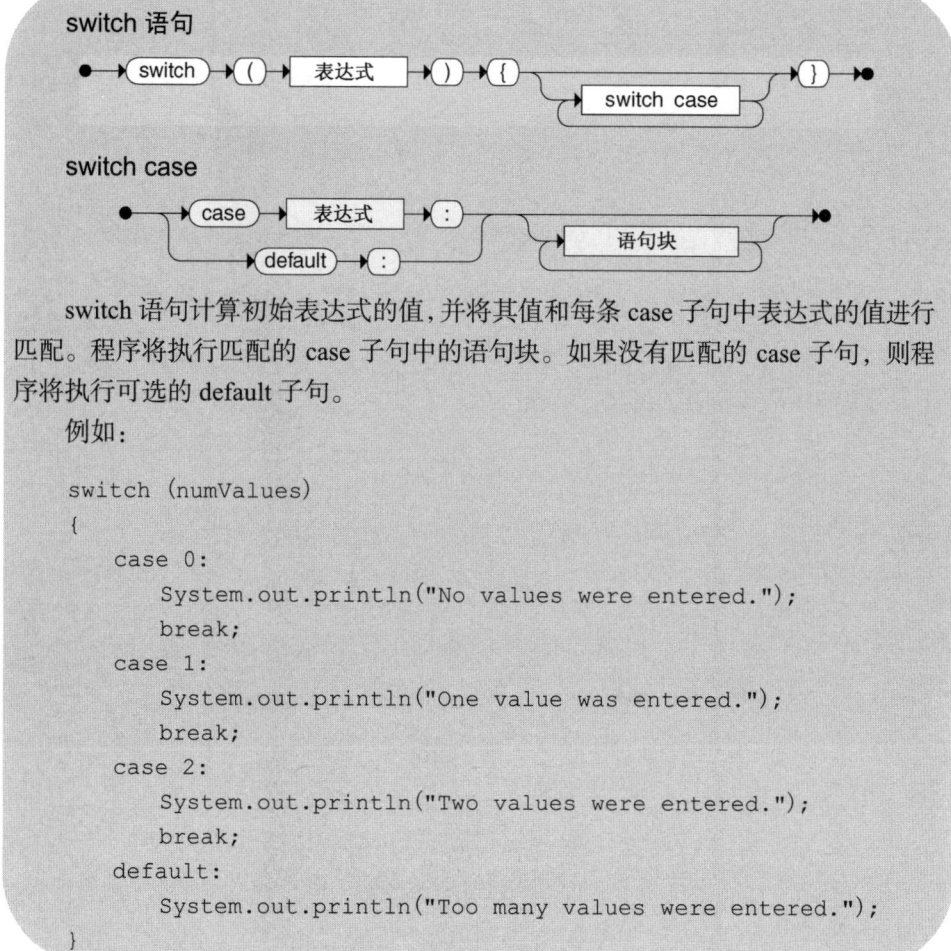

switch 语句计算初始表达式的值，并将其值和每条 case 子句中表达式的值进行匹配。程序将执行匹配的 case 子句中的语句块。如果没有匹配的 case 子句，则程序将执行可选的 default 子句。

例如：

```
switch (numValues)
{
    case 0:
        System.out.println("No values were entered.");
        break;
    case 1:
        System.out.println("One value was entered.");
        break;
    case 2:
        System.out.println("Two values were entered.");
        break;
    default:
        System.out.println("Too many values were entered.");
}
```

switch 语句中开始的表达式运算结果必须为 char、byte、short、int 或枚举类型。Java 7 中增加了 String 类型，但运算结果不能为 boolean 或 float 类型。而且，每条 case 子句的值必须为常量，不能为变量或其他表达式。这限制了 switch 语句的适用范围。但是，当适合使用 switch 语句时，使用 switch 语句可使得代码更易读、更易理解。

还要注意，switch 语句隐含的布尔条件是基于相等性的。语句开始的表达式分别与每条 case 子句的值进行比较，判断哪个 case 值与其相等。switch 语句不能进行其他的关系运算判断(如小于)，除非做过预处理。例如，例 6.1 中的 GradeReport 程序根据用户输入的数字分数输出相应的评语。

例 6.1

```
1    //************************************************************
2    // GradeReport.java        Author: Lewis/Loftus
3    //
4    // Demonstrates the use of a switch statement.
5    //************************************************************
6
7    import java.util.Scanner;
8
9    public class GradeReport
10   {
11      //-----------------------------------------------------------
12      // Reads a grade from the user and prints comments accordingly.
13      //-----------------------------------------------------------
14      public static void main(String[] args)
15      {
16          int grade, category;
17
18          Scanner scan = new Scanner(System.in);
19
20          System.out.print("Enter a numeric grade (0 to 100): ");
21          grade = scan.nextInt();
22
23          category = grade / 10;
24
25          System.out.print("That grade is ");
26
27          switch (category)
28          {
29              case 10:
30                  System.out.println("a perfect score. Well done.");
31                  break;
32              case 9:
33                  System.out.println("well above average. Excellent.");
34                  break;
35              case 8:
36                  System.out.println("above average. Nice job.");
```

```
37                      break;
38                  case 7:
39                      System.out.println("average.");
40                      break;
41                  case 6:
42                      System.out.println("below average. You should see the");
43                      System.out.println("instructor to clarify the material "
44                                      + "presented in class.");
45                      break;
46                  default:
47                      System.out.println("not passing.");
48              }
49          }
50  }
```

输出

```
Enter a numeric grade (0 to 100): 86
That grade is above average. Nice job.
```

在 GradeReport 程序中，通过用输入成绩除以 10 的整型除法产生 0~10 的整型值（假定输入成绩有效），确定的成绩等级存入变量 category。该变量作为 switch 语句的表达式，与 case 子句中的值进行匹配，输出高于或等于 60 分的不同评语，并用 default 子句处理所有低于 60 分的评语。

注意，任何一条 switch 语句都可以用一系列嵌套 if 语句来实现，然而，嵌套 if 语句会难以理解，并且编写和调试时易出错。但是，由于 switch 的匹配只能处理相等运算，有时嵌套 if 语句也是必要的，因此选用哪类语句依赖于具体情况。

自测题

SR6.1　运行 Java 程序时，如果表达式的值与 switch 语句中的各条 case 子句都不匹配，会发生什么情况？

SR6.2　如果 case 子句后面没有 break 语句，会发生什么情况？

SR6.3　对于 GradeReport 程序，如果用户输入 72，输出结果是什么？输入 46 或者 123 呢？

SR6.4　将下列 if 语句转换成等价的 switch 语句。

```
if (num1 == 5)
    myChar = 'W';
else
    if (num1 == 6)
        myChar = 'X';
    else
        if (num1 == 7)
            myChar = 'Y';
        else
            myChar = 'Z';
```

6.2　条件运算符

Java 条件运算符在某些方面和 if-else 语句相似。条件运算符是三元运算符,因为它需要三个操作数。条件运算符通常书写成 "?:"。但是它与其他运算符不同,构成该运算符的两个符号总是分离开的。下面就是一个包含条件运算符的表达式例子:

```
(total > MAX) ? total + 1 : total * 2;
```

问号的前面是一个布尔条件,其后是被冒号分隔开的两个表达式。如果布尔条件的运算结果为 true,则将返回第一个表达式的结果,否则返回第二个表达式的结果。

重要概念: 条件运算符基于布尔表达式计算出两个可能的值中的一个。

请记住,上述例子给出的是一个具有返回值的表达式。条件运算符只是一个运算符,而不是语句。通常,我们希望用其返回值来做某些事情,比如将其赋给一个变量:

```
total = (total > MAX) ? total + 1 : total * 2;
```

条件运算符与条件语句之间的差别是微妙的。从某些方面来说,条件运算符(?:)可作为 if-else 语句的缩写形式。从功能上来说,上述语句和下列语句相同。但是相比之下,前者更显简便:

```
if (total > MAX)
    total = total + 1;
else
    total = total * 2;
```

下面再看几个例子。考虑下面的声明:

```
int larger = (num1 > num2) ? num1 : num2;
```

如果 num1 大于 num2,那么返回 num1 的值并用它来初始化变量 larger。如果 num1 小于或等于 num2,则返回 num2 的值并用它来初始化变量 larger。同样,下面的语句输出两个值中的较小者:

```
System.out.println("Smaller: " + ((num1 < num2) ? num1 : num2));
```

有时候,条件运算符对较短表达式进行运算并返回结果时很有用。然而,它并不是用来替换 if-else 语句的,因为条件运算符的操作数只是表达式,不是完整意义上的语句。即使条件运算符是可行的选择,也应当尽量少用它,因为它的可读性不如 if-else 语句。

自测题

SR6.5　条件运算符与条件语句有什么不同?

SR6.6　编写一个声明,初始化一个字符变量 id。如果布尔变量 first 为 true,则将 id 初始化为'A',否则初始化为'B'。

SR6.7　用条件运算符表示下面的逻辑,使其更为简洁。

```
if (val <= 10)
    System.out.println("The value is not greater than 10.");
else
    System.out.println("The value is greater than 10.");
```

6.3 do 语句

回顾第5章介绍的while语句,首先要判断条件,如果条件为true,则执行循环体中的语句。除了循环控制条件在循环体的末尾,do 语句和 while 语句很相似。类似 while 循环,do 循环也重复执行循环体中的语句,直到循环控制条件变为 false。将循环条件放到循环体的末尾,是为了实现先运行循环体,然后才对控制条件进行计算。这确保 do 循环体至少会执行一次。图 6.1 展示了这个处理过程。

下面的代码使用 do 循环输出 1~5 的数字,将这段代码与第 5 章用 while 循环实现同样功能的例子进行比较。

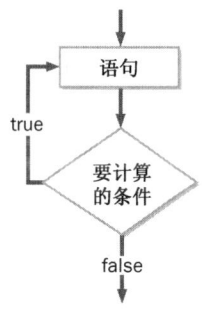

图 6.1 do 循环的执行逻辑

```java
int count = 0;
do
{
    count++;
    System.out.println(count);
}
while (count < 5);
```

注意,do 循环以保留字 do 开始,其循环体将重复执行,直到 while 子句中布尔表达式的值为 false 时停止,该布尔表达式用于确定是否继续执行循环体。有时候,很难判断由 while 保留字开始的一行代码到底是 while 循环的开始还是 do 循环的结束。

重要概念:do 循环的循环体至少会执行一次。

下面是 do 循环的另外一个例子。例 6.2 中的 ReverseNumber 程序将从用户那里读入一个整型值,并用数学方法将该值的数位反序后输出。

例 6.2

```java
1    //********************************************************************
2    // ReverseNumber.java        Author: Lewis/Loftus
3    //
4    // Demonstrates the use of a do loop.
5    //********************************************************************
6
7    import java.util.Scanner;
8
9    public class ReverseNumber
10   {
11       //-----------------------------------------------------------------
12       // Reverses the digits of an integer mathematically.
13       //-----------------------------------------------------------------
14       public static void main(String[] args)
15       {
16           int number, lastDigit, reverse = 0;
17
```

```
18            Scanner scan = new Scanner(System.in);
19
20            System.out.print("Enter a positive integer: ");
21            number = scan.nextInt();
22
23            do
24            {
25                lastDigit = number % 10;
26                reverse = (reverse * 10) + lastDigit;
27                number = number / 10;
28            }
29            while (number > 0);
30
31            System.out.println("That number reversed is " + reverse);
32        }
33    }
```

输出

```
Enter a positive integer: 2896
That number reversed is 6982
```

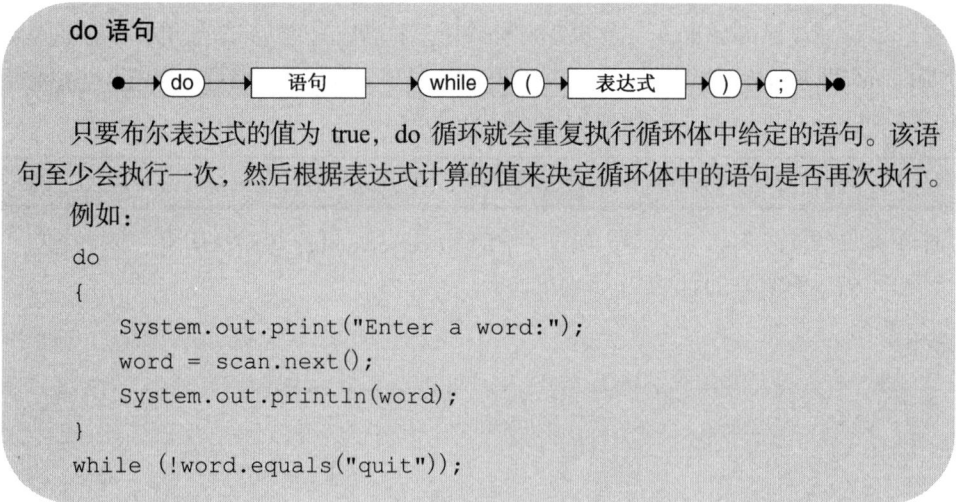

do 语句

只要布尔表达式的值为 true, do 循环就会重复执行循环体中给定的语句。该语句至少会执行一次, 然后根据表达式计算的值来决定循环体中的语句是否再次执行。

例如:

```
do
{
    System.out.print("Enter a word:");
    word = scan.next();
    System.out.println(word);
}
while (!word.equals("quit"));
```

　　ReverseNumber 程序中的 do 循环使用了求余运算来计算出第一个位置上的数字, 然后将其加入反序的数字中, 接着通过整除将该数字从原数值中截除。当变量 number 的值为 0 时, 说明已经没有数字要处理, 这时 do 循环将终止。用几个数值例子来仔细跟踪这个程序的执行逻辑, 了解它是怎样实现反序功能的。

　　如果需要某个循环体至少执行一次, 就可以使用 do 语句。do 循环和 while 循环有许多共同之处, 所以必须仔细检查循环结束条件, 以避免发生无限循环。

自测题

SR6.8　　比较 while 循环和 do 循环。

SR6.9　　如下代码段产生的输出是什么?

```java
int low = 0, high = 10;
do
{
    System.out.println(low);
    low++;
} while (low < high);
```

SR6.10 如下代码段产生的输出是什么?

```java
int low = 10, high = 0;
do
{
    System.out.println(low);
    low++;
} while (low <= high);
```

SR6.11 编写一个 do 循环，获取用户输入的一组正整数(以 0 为结束)，输出这些数的总和。

6.4 for 语句

如果事先并不知道需要具体执行多少次循环体，最好使用 while 或者 do 语句。for 语句是另外一种循环语句，特别适用于循环执行前已经确切地知道具体循环次数的情况。

> **重要概念**：for 语句通常用于已知循环次数的情况。

下面的代码用 for 循环输出数字 1~5，前面的例子用 while 循环和 do 循环实现了同样的功能：

```java
for (int count=1; count <= 5; count++)
    System.out.println(count);
```

for 循环控制头中包含由分号隔开的三部分。在循环开始执行前，首先执行称为初始化的第一部分；第二部分是一个布尔表达式，在执行循环体前先计算(类似 while 循环)。如果计算值为 true，将执行循环体，然后执行称为增量的第三部分。注意，初始化部分只执行一次，但增量部分在每次循环体执行完后都将执行。图 6.2 展示了这个处理过程。

在习惯 for 循环语句前，for 语句使人感觉有些奇怪，因为 for 循环代码的执行顺序没有遵循"从上至下，从左至右"的阅读习惯。尽管增量代码在 for 循环控制头部分，却在循环体执行完毕后才执行它。

在上述例子的 for 循环控制头中，初始化代码用于声明一个 count 变量，并对该变量赋以初始值。其实没有必要在初始化代码中声明变量，但是当循环外部不需要该变量时，在初始化代码中声明是一种通行的做法。由于 count 变量是在 for 循环控制头中声明的，只存在于循环体内，因此在循环体外不能引用。循环控制变量在循环控制头中被创建、检查和修改，可在循环体内引用，但只能由循环控制头修改。

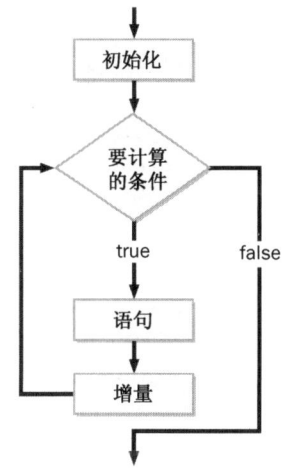

图 6.2 for 循环的执行逻辑

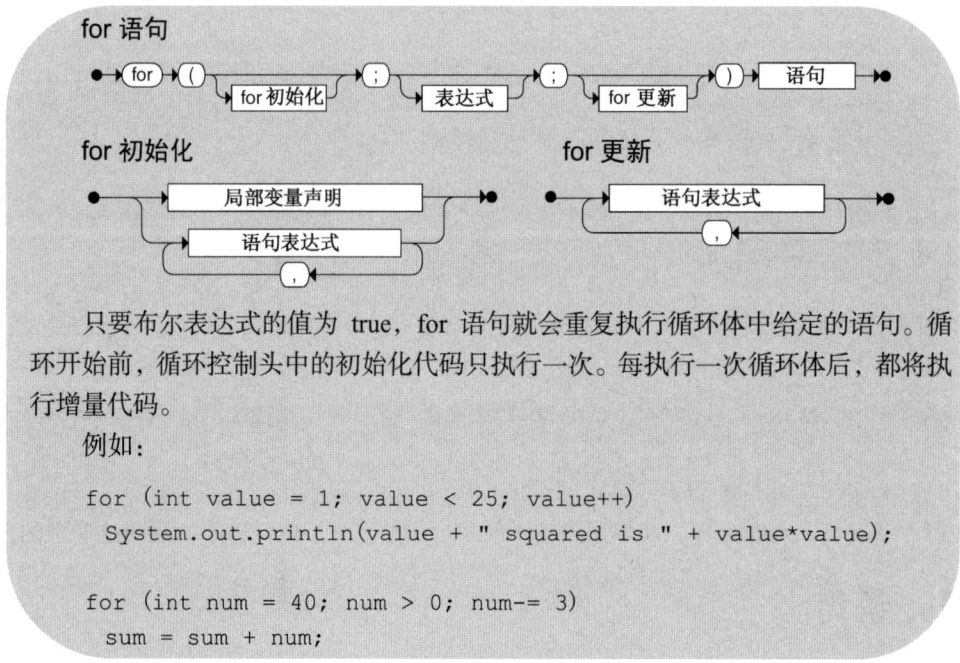

只要布尔表达式的值为 true，for 语句就会重复执行循环体中给定的语句。循环开始前，循环控制头中的初始化代码只执行一次。每执行一次循环体后，都将执行增量代码。

例如：

```
for (int value = 1; value < 25; value++)
  System.out.println(value + " squared is " + value*value);


for (int num = 40; num > 0; num-= 3)
  sum = sum + num;
```

在 for 循环控制头的增量代码中，循环控制变量的值有可能是递减的而不是递增的。例如，下面的循环语句输出 100～1 的整型值：

```
for (int num = 100; num > 0; num--)
    System.out.println(num);
```

实际上，for 循环的增量代码可以执行任何计算，而不仅仅是简单的自增和自减。考虑例 6.3 所示的程序，该程序可以输出一个指定值与其上限值之间的所有倍数值。

例 6.3

```
1    //********************************************************************
2    // Multiples.java        Author: Lewis/Loftus
3    //
4    // Demonstrates the use of a for loop.
5    //********************************************************************
6
7    import java.util.Scanner;
8
9    public class Multiples
10   {
11      //-----------------------------------------------------------------
12      // Prints multiples of a user-specified number up to a user-
13      // specified limit.
14      //-----------------------------------------------------------------
15      public static void main(String[] args)
16      {
17         final int PER_LINE = 5;
18         int value, limit, mult, count = 0;
```

```
19
20          Scanner scan = new Scanner(System.in);
21
22          System.out.print("Enter a positive value: ");
23          value = scan.nextInt();
24
25          System.out.print("Enter an upper limit: ");
26          limit = scan.nextInt();
27
28          System.out.println();
29          System.out.println("The multiples of " + value + " between " +
30                          value + " and " + limit + " (inclusive) are:");
31
32          for (mult = value; mult <= limit; mult + = value)
33          {
34              System.out.print(mult + "\t");
35
36              // Print a specific number of values per line of output
37              count+ +;
38              if (count % PER_LINE = = 0)
39                  System.out.println();
40          }
41      }
42  }
```

输出

```
Enter a positive value: 7
Enter an upper limit: 400
The multiples of 7 between 7 and 400 (inclusive) are:
7       14      21      28      35
42      49      56      63      70
77      84      91      98      105
112     119     126     133     140
147     154     161     168     175
182     189     196     203     210
217     224     231     238     245
252     259     266     273     280
287     294     301     308     315
322     329     336     343     350
357     364     371     378     385
392     399
```

在 Multiples 程序中，for 循环的增量代码在每次循环后将加上用户输入的值。每行输出的数据个数由 count 变量中的计数值控制，每当 count 能整除常量 PER_LINE 时，将换到下一行输出。

例 6.4 中的 Stars 程序使用了嵌套 for 循环。该程序的输出是由星号组成的一个三角形。外层循环执行 10 次，每执行一次将输出一行星号。内层循环执行的次数根据外层循环所控制的行号而改变，内层循环每执行一次就在当前行输出一个星号。本章后面的编程项目中包含了输出不同三角形的编程练习。

例 6.4

```
 1    //**********************************************************************
 2    // Stars.java         Author: Lewis/Loftus
 3    //
 4    // Demonstrates the use of nested for loops.
 5    //**********************************************************************
 6
 7    public class Stars
 8    {
 9       //-----------------------------------------------------------------
10       // Prints a triangle shape using asterisk (star) characters.
11       //-----------------------------------------------------------------
12       public static void main(String[] args)
13       {
14          final int MAX_ROWS = 10;
15
16          for (int row = 1; row <= MAX_ROWS; row++)
17          {
18             for (int star = 1; star <= row; star++)
19                System.out.print("*");
20
21             System.out.println();
22          }
23       }
24    }
```

输出

```
*
**
***
****
*****
******
*******
********
*********
**********
```

6.4.1　for-each 循环

for-each 循环是 for 循环的增强版，特别有助于处理涉及迭代器的问题。第 5 章讨论过有些对象可视为迭代器，迭代器对象有 hasNext 和 next 方法，这些方法可处理一个集合中的各元素项。如果对象实现了 Iterable 接口，那么使用 for-each 循环就能用简单语法处理对象中的各项元素。

> **重要概念：** for 循环的 for-each 版本简化了 Iterable 对象中元素的处理。

ArrayList 对象也是一种 Iterable 对象。因此，如果 library 是一个 ArrayList<Book>对象（即一个管理 Book 对象的 ArrayList 对象），就可以使用一个 for 循环来处理集合中的每一个 Book 对象，如下所示：

```
for (Book myBook : library)
    System.out.println(myBook);
```

这段代码可以这样理解：对于图书馆中的每一本书，输出它的相关信息。变量 myBook 依次取得集合中每一个 Book 对象的值，而循环体能相应地处理它。实质上，这种简化的 for-each 循环与下列语句等价：

```
Book myBook;
while (bookList.hasNext())
{
    myBook = bookList.next();
    System.out.println(myBook);
}
```

for-each 循环也适用于第 8 章将讨论的数组。本书在合适的情况下将使用 for-each 语句。

6.4.2　各种循环的比较

三种循环语句（while、do 和 for 循环）在功能上是相当的。用一种循环语句编写的循环完全可以用另外两种循环语句来实现。应该使用什么样的循环类型取决于具体情况。

正如前面所提到的，while 循环和 do 循环的主要不同之处，在于何时计算条件表达式的值。do 循环体至少会执行一次；如果控制 while 循环的条件表达式一开始就为 false，则根本不会执行循环体。因此，我们说 while 循环的循环体执行 0 次或多次，而 do 循环的循环体执行 1 次或多次。

重要概念：各种循环语句的功能是等价的。使用哪种循环语句取决于具体情况。

---

for 循环和 while 循环的相同之处，是二者都在循环体执行前计算条件表达式的值。当循环次数是确定的或很容易计算时，通常使用 for 循环。在许多情况下，for 循环只是更便于将循环控制头中设置和控制循环次数的代码从循环体中分离出来。

自测题

SR6.12　什么情况下应该用 for 循环而不是 while 循环？

SR6.13　如下代码段产生的输出是什么？

```
int value = 0;
for (int num = 10; num <= 40; num += 10)
{
    value = value + num;
}
System.out.println(value);
```

SR6.14　如下代码段产生的输出是什么？

```
int value = 0;
for (int num = 10; num < 40; num += 10)
{
    value = value + num;
} System.out.println(value);
```

SR6.15　如下代码段产生的输出是什么？

```
int value = 6;
for (int num = 1; num <= value; num ++)
{
for (int i = 1; i <= (value − num); i++)
        System.out.print(" ");
for (int i = 1; i <= ((2 * num) − 1); i++)
        System.out.print("*");
    System.out.println();
}
```

SR6.16　假设 die 是 Die 类的一个对象（见 4.2 节中的定义），编写一段程序用于掷骰子 100 次，并输出平均值。

6.5　对图形使用循环和条件

条件语句和循环语句大大增强了绘制有趣图形的能力。下面给出几个例子。

例 6.5 中的 Bullseye 程序在窗口中央显示一个红色牛眼标靶。这幅图由几个填充的圆构成，它们的半径依次减小，颜色黑白交替，但中心点相同。最大（最外层）的圆是先添加的。这样，后面较小的圆就能位于其上面，从而可见。依次这样叠加，就形成了一种环形效果。

例 6.5

```
1    import javafx.application.Application;
2    import javafx.scene.Group;
3    import javafx.scene.Scene;
4    import javafx.scene.paint.Color;
5    import javafx.scene.shape.Circle;
6    import javafx.stage.Stage;
7
8    //************************************************************
9    // Bullseye.java    Author: Lewis/Loftus
10   //
11   // Demonstrates the use of loops and conditionals to draw.
12   //************************************************************
13
14   public class Bullseye extends Application
15   {
16      //----------------------------------------------------------
17      // Displays a target using concentric black and white circles
18      // and a red center.
19      //----------------------------------------------------------
```

```
20     public void start(Stage primaryStage)
21     {
22        Group root = new Group();
23        Color ringColor = Color.BLACK;
24        Circle ring = null;
25        int radius = 150;
26
27        for (int count = 1; count <= 8; count++)
28        {
29           ring = new Circle(160, 160, radius);
30           ring.setFill(ringColor);
31           root.getChildren().add(ring);
32
33           if (ringColor.equals(Color.BLACK))
34              ringColor = Color.WHITE;
35           else
36              ringColor = Color.BLACK;
37
38           radius = radius - 20;
39        }
40
41        ring.setFill(Color.RED);
42
43        Scene scene = new Scene(root, 320, 320, Color.CYAN);
44
45        primaryStage.setTitle("Bullseye");
46        primaryStage.setScene(scene);
47        primaryStage.show();
48     }
49  }
```

显示

　　for 循环用来绘制这 8 个圆。每经过一次循环，就创建一个圆并将它添加到组中。for 循环体中的 if 语句用于设置下一个圆的颜色。如果当前添加的圆为黑色，则将颜色改成白色，反之亦然。跳出循环之后，最后一个环的填充色被设置成红色。

下面是另外一个例子。例 6.6 中的程序在随机位置绘制了多个矩形。每一个矩形的宽度和高度也是随机选择的。只有当宽度或者高度小于某个阈值(10 像素)时，才会填充矩形。竖直放置的小矩形用黄色填充，水平放置的小矩形用绿色填充。

例 6.6

```
1    import java.util.Random;
2    import javafx.application.Application;
3    import javafx.scene.Group;
4    import javafx.scene.Scene;
5    import javafx.scene.paint.Color;
6    import javafx.scene.shape.Rectangle;
7    import javafx.stage.Stage;
8
9    //************************************************************
10   // Boxes.java    Author: Lewis/Loftus
11   //
12   // Demonstrates the use of loops and conditionals to draw.
13   //************************************************************
14
15   public class Boxes extends Application
16   {
17      //-----------------------------------------------------------
18      // Displays multiple rectangles with random width and height in
19      // random locations. Narrow and short boxes are highlighted with
20      // a fill color.
21      //-----------------------------------------------------------
22      public void start(Stage primaryStage)
23      {
24         Group root = new Group();
25         Random gen = new Random();
26
27         for (int count = 1; count <= 50; count++)
28         {
29            int x = gen.nextInt(350) + 1;
30            int y = gen.nextInt(350) + 1;
31
32            int width = gen.nextInt(50) + 1;
33            int height = gen.nextInt(50) + 1;
34
35            Color fill = null;
36            if (width < 10)
37               fill = Color.YELLOW;
38            else if (height < 10)
39               fill = Color.GREEN;
40
41            Rectangle box = new Rectangle(x, y, width, height);
42            box.setStroke(Color.WHITE);
43            box.setFill(fill);
```

```
44
45            root.getChildren().add(box);
46        }
47
48        Scene scene = new Scene(root, 400, 400, Color.BLACK);
49
50        primaryStage.setTitle("Boxes");
51        primaryStage.setScene(scene);
52        primaryStage.show();
53    }
54 }
```

显示

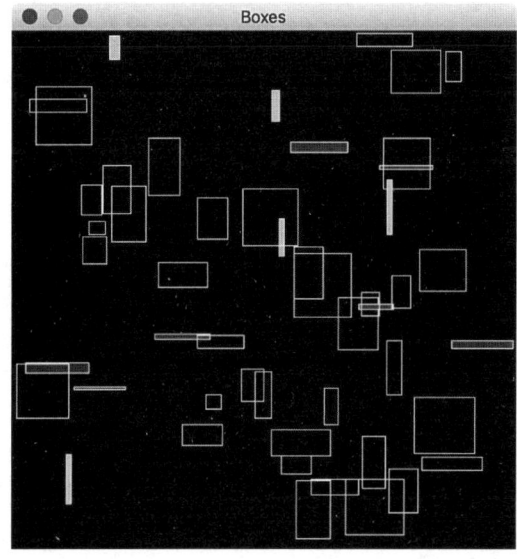

　　for 循环创建了 50 个矩形。它的循环体用于创建并添加每一个矩形。嵌套 if 语句用来检验当前矩形随机产生的宽度和高度，并相应地设置颜色。对于每一个矩形，最初的填充色都被设置成 null，只有当宽度或高度太小时，才会更改填充色。

自测题

SR6.17　如果要使 Bullseye 程序中包含 10 个环形标靶，则应如何修改程序？

SR6.18　如果希望 Boxes 程序中没有填充色的矩形都用白色填充，则应如何修改程序？

6.6　图形转换

JavaFX 中的转换是一种改变节点可视化效果的方法。存在 4 种基本的转换类型：

● 平移 —— 沿 x 轴或 y 轴改变节点的位置。

● 缩放 —— 使节点放大或缩小。

● 旋转 —— 沿中心点旋转节点。

● 错切 —— 旋转一个轴，使 x 轴和 y 轴不再正交。

转换操作会设置对象的转换属性，但不会改变它的底层特性。例如，将一个形状沿轴平移，不会改变节点的原始位置值。

> **重要概念**：转换会改变节点的视觉呈现。

6.6.1 平移

平移是通过调用 setTranslateX 或 setTranslateY 方法实现的。下面的代码在同一个位置创建了两个矩形，但是对第二个矩形做了平移。

```
Rectangle rec1 = new Rectangle(100, 100, 200, 50);
rec1.setFill(Color.STEELBLUE);

Rectangle rec2 = new Rectangle(100, 100, 200, 50);
rec2.setFill(Color.ORANGE);
rec2.setTranslateX(70);
rec2.setTranslateY(10);
```

以下是输出结果：

如果没有平移橘色矩形(上面的矩形)，则它会彻底遮住蓝色矩形(下面的矩形)。它的位置沿 x 轴平移了 70，沿 y 轴平移了 10。平移值会被添加到原始值上，所以橘色矩形左上角的位置为 $(170, 110)$。

6.6.2 缩放

缩放节点是通过调用 setScaleX 和 setScaleY 方法完成的，它们的参数为一个 double 值，表示缩放因子。例如，采用缩放因子 0.5，会使节点在对应的轴上按原始尺寸的一半显示。采用缩放因子 1.3，则会将图形放大 30%。

如下代码根据同一个图形创建两个 ImageView 对象，并缩放了第二个：

```
Image img = new Image("water lily.jpg");
ImageView imgView1 = new ImageView(img);

ImageView imgView2 = new ImageView(img);
imgView2.setX(300);
imgView2.setScaleX(0.7);
imgView2.setScaleY(0.7);
```

注意，缩放的是 ImageView 对象，而不是图形本身。第二个图形在 x 轴和 y 轴都显示成原始大小的 70%。并且将第二个 ImageView 对象的 x 值设置成与第一个的不同。以下是输出结果：

图片来源：Nevodka/Shutterstock

第6章 其他条件判断与循环

195

通过在 x 轴和 y 轴使用相同的缩放因子，可使图形按比例缩放。如果只在一个轴上缩放，或者两个轴上的缩放因子不同，则图形比例会失调。

> **重要概念**：在两个轴上采用相同的缩放因子，可使节点不变形。

6.6.3 旋转

调用 setRotate 方法，可使节点沿中心点旋转，它的参数指定旋转的度数。考虑如下代码：

```
Rectangle rec = new Rectangle(50, 100, 200, 50);
rec.setFill(Color.STEELBLUE);
rec.setRotate(40);

Text text = new Text(270, 125, "Tilted Text!");
text.setFont(new Font("Courier", 24));
text.setRotate(-15);
```

如果传递给 setRotate 方法的值为正数，则节点会顺时针旋转；如果值为负数，则逆时针旋转。因此，前三行代码会创建一个蓝色矩形，顺时针旋转 40°。接下来的三行代码创建一个 Text 对象，并将它逆时针旋转 15°。以下是输出结果：

为了使节点沿中心点之外的位置旋转，可以创建一个 Rotate 对象，并将它添加到针对该节点的转换列表中。例如，为了让节点沿 (70, 150) 旋转 45°，代码如下：

```
node.getTransforms().add(new Rotate(45, 70, 150));
```

每一个转换都有一个对应的类，因此可以这样处理。

6.6.4 错切

要进行错切转换，需创建一个 Shear 对象，并将它添加到针对节点的转换列表中。如下代码创建了一个 ImageView 对象，并在 x 轴上错切了 40%，在 y 轴上错切了 20%。代码如下：

```
Image img = new Image("duck.jpg");
ImageView imgView = new ImageView(img);
imgView.getTransforms().add(new Shear(0.4, 0.2));
```

以下是输出结果：

图片来源：GypsyPictureShow/Shutterstock

6.6.5　按组进行转换

可以对任何 JavaFX 节点进行转换，这意味着不仅能够转换单个的形状、图形和控件，也能够对组及面板进行这种操作。若对组或者面板进行转换，则它会应用于容器内的所有节点。

重要概念：对一个组或者面板应用的转换，都会自动应用于容器内的所有节点。

例 6.7 中的类派生自 Group 类。它的构造方法创建的元素用于显示机器人的面部，并将它们添加到组中。

例 6.7

```
1    import javafx.scene.Group;
2    import javafx.scene.paint.Color;
3    import javafx.scene.shape.Rectangle;
4
5    //**********************************************************************
6    // RobotFace.java    Author: Lewis/Loftus
7    //
8    // Presents the face of a robot.
9    //**********************************************************************
10
11   public class RobotFace extends Group
12   {
13       //------------------------------------------------------------------
14       // Sets up the elements that make up the robots face, positioned
15       // in the upper left corner of the coordinate system.
16       //------------------------------------------------------------------
17       public RobotFace()
18       {
19           Rectangle head = new Rectangle(5, 0, 100, 70);
20           head.setFill(Color.SILVER);
21           head.setArcHeight(10);
22           head.setArcWidth(10);
23
24           Rectangle ears = new Rectangle(0, 20, 110, 30);
25           ears.setFill(Color.DARKBLUE);
26           ears.setArcHeight(10);
27           ears.setArcWidth(10);
28
29           Rectangle eye1 = new Rectangle(25, 15, 20, 10);
30           eye1.setFill(Color.GOLD);
31
32           Rectangle eye2 = new Rectangle(65, 15, 20, 10);
33           eye2.setFill(Color.GOLD);
34
35           Rectangle nose = new Rectangle(52, 25, 6, 15);
36           nose.setFill(Color.BLACK);
```

```
37
38          Rectangle mouth = new Rectangle(35, 45, 40, 10);
39          mouth.setFill(Color.RED);
40
41          getChildren().addAll(ears, head, eye1, eye2, nose, mouth);
42      }
43  }
```

如果将 RobotFace 对象按它的原始定义添加到容器中，则该对象会显示在左上角。

例 6.8 中的程序用不同的转换操作创建并显示了三个机器人面部。

例 6.8

```
1   import javafx.application.Application;
2   import javafx.scene.Group;
3   import javafx.scene.Scene;
4   import javafx.scene.paint.Color;
5   import javafx.stage.Stage;
6
7   //***********************************************************************
8   // Robots.java        Author: Lewis/Loftus
9   //
10  // Demonstrates graphical transformations.
11  //***********************************************************************
12
13  public class Robots extends Application
14  {
15  //-----------------------------------------------------------------------
16  // Displays three robot faces, applying various transformations.
17  //-----------------------------------------------------------------------
18      public void start(Stage primaryStage)
19      {
20          RobotFace robot1 = new RobotFace();
21          robot1.setTranslateX(70);
22          robot1.setTranslateY(40);
23
24          RobotFace robot2 = new RobotFace();
25          robot2.setTranslateX(300);
26          robot2.setTranslateY(40);
27          robot2.setRotate(20);
28
29          RobotFace robot3 = new RobotFace();
```

```
30          robot3.setTranslateX(200);
31          robot3.setTranslateY(200);
32          robot3.setScaleX(2.5);
33          robot3.setScaleY(2.5);
34
35          Group root = new Group(robot1, robot2, robot3);
36
37          Scene scene = new Scene(root, 500, 380, Color.WHITE);
38
39          primaryStage.setTitle("Robots");
40          primaryStage.setScene(scene);
41          primaryStage.show();
42       }
43  }
```

显示

　　第一个机器人显示在窗口的左上角。对它进行的转换操作是：沿 x 轴平移 70，沿 y 轴平移 40，使它移出了窗口中心。

　　右上角的第二个机器人平移到一个新位置，并且顺时针旋转了 20°。

　　第三个机器人的位置也平移了，并将它放大成原始尺寸的 2.5 倍。

　　注意，所有这些转换都应用于 RobotFace 对象，由于继承关系，它们也是 Group 对象。最后，这三个组都被添加到了场景的根节点(也为一个组)。

自测题

SR6.19　如何平移一个名为 ring 的 Circle 对象，使其比原始位置低 100 像素？

SR6.20　如何显示一个名为 view 的 ImageView 对象，使其为原始大小的两倍？

SR6.21　缩放节点，如果 x 轴和 y 轴上的缩放因子不同，会发生什么情况？

SR6.22　如何将一个名为 oval 的 Ellipse 对象顺时针旋转 40°？如果是逆时针旋转 10°呢？

重要概念小结

● switch 语句将一个指定的字符或整型值分别与若干条 case 子句中的值进行匹配。

● break 语句常用来退出 switch 语句中的各条 case 子句。

● 条件运算符基于布尔表达式计算出两个可能的值中的一个。

● do 循环的循环体至少会执行一次。

- for 语句通常用于已知循环次数的情况。
- for 循环的 for-each 版本简化了 Iterable 对象中元素的处理。
- 各种循环语句的功能是等价的，使用哪种循环语句取决于具体情况。
- 转换会改变节点的视觉呈现。
- 在两个轴上采用相同的缩放因子，可使节点不变形。
- 对一个组或者面板应用的转换，都会自动应用于容器内的所有节点。

练习题

EX6.1　下面的 for 循环将执行多少次？

a. for (int i = 0; i < 20; i++) { }
b. for (int i = 1; i <= 20; i++) { }
c. for (int i = 5; i < 20; i++) { }
d. for (int i = 20; i > 0; i--) { }
e. for (int i = 1; i < 20; i = i + 2) { }
f. for (int i = 1; i < 20; i *= 2) { }

EX6.2　如下代码段产生的输出是什么？

```
for (int num = 0; num <= 200; num += 2)
System.out.println(num);
```

EX6.3　如下代码段产生的输出是什么？

```
for (int val = 200; val >= 0; val -= 1)
if (val % 4 != 0)
        System.out.println(val);
```

EX6.4　将下列 while 循环改写成等效的 do 循环，确保输出结果相同。

```
int num = 1;
while (num < 20)
{
    num++;
    System.out.println(num);
}
```

EX6.5　将上题中的 while 循环改写成等效的 for 循环，确保输出结果相同。

EX6.6　编写一个 do 循环，验证用户输入了一个偶整数。

EX6.7　编写一个 for 循环，输出 1～99 的奇数(包含二者)。

EX6.8　编写一个 for 循环，按降序输出 300～3 的所有 3 的倍数。

EX6.9　编写一段代码，读取用户输入的 10 个整数，并输出最大值。

EX6.10　编写一段代码，确定并输出一个 String 对象 name 中字符 'a' 的出现次数。

EX6.11　编写一段代码，以逆序输出 String 对象 str 中的字符。

EX6.12　编写一段代码，输出 String 对象 word 中的字符。输出方式是从第一个字符开始，每隔一个字符输出。

EX6.13　编写一个 powersOfTwo 方法，输出 2 的 2 次方到 10 次方的值。该方法没有任何参数且不返回任何值。

EX6.14　编写一个 alarm 方法，多次分行输出字符串"Alarm!"。该方法有一个整型参数控制字符串的输出次数。如果该参数小于 1，则输出一条错误信息。

EX6.15　编写一个 sum100 方法，返回 1～100 的整数和(包含二者)。

EX6.16　编写一个 sumRange 方法，以两个表示范围的整数为参数。当第二个参数小于第一个时输出一条错误信息并返回 0，否则返回该范围内所有整数(包含二者)的和。

EX6.17　编写一个 countA 方法，以一个字符串为参数，返回该字符串中字符 'A' 出现的次数。

EX6.18　编写一个 reverse 方法，以一个字符串为参数，按逆序返回该字符串中的字符。注意，尽管 String 类中有现成的方法实现该操作，但是这里要求读者亲自编写代码。

EX6.19　Bullseye 程序中，在将最里面的圆的颜色改成红色之前，它的填充色是什么？为什么？

EX6.20　根据本章中的 Boxes 程序，如果一个矩形又窄又矮，则它的颜色是什么？为什么？

EX6.21　重写 Boxes 程序中的 if 语句，如果一个矩形又窄又矮，则将它的填充色置为橘色。否则，依旧保持窄矩形为黄色，矮矩形为绿色。

EX6.22　编写代码，将一个名为 rec 的 Rectangle 对象向右平移 50 像素，向下平移 10 像素，顺时针旋转 45°，并按原始大小的一半显示。

EX6.23　编写代码，将一个名为 pic 的 ImageView 对象上下颠倒，并按原始大小的两倍显示。

EX6.24　如果将转换应用于一个组，会发生什么？

编程项目

PP6.1　编写一个程序，读入一个整数并输出从 2 到该整数之间(包含二者)所有偶数的和。若输入值小于 2，则输出提示信息。

PP6.2　编写一个程序，读入一个字符串，然后将字符串中的每个字符分行输出。

PP6.3　编写一个程序，输出一个 12 × 12 乘法表。

PP6.4　编写一个程序，输出歌曲 "One Hundred Bottles of Beer" 的前几段歌词。用一个循环，每循环一次输出一段歌词，输出的段数由用户输入，确保输入值有效。下面是这首歌的前两段歌词：

　　　　100 bottles of beer on the wall

　　　　100 bottles of beer

　　　　If one of those bottles should happen to fall

　　　　99 bottles of beer on the wall

　　　　99 bottles of beer on the wall

　　　　99 bottles of beer

　　　　If one of those bottles should happen to fall

　　　　98 bottles of beer on the wall

PP6.5　利用 PP4.9 中的 PairOfDice 类编写一个程序，掷一对骰子 1000 次，计算两个 6 点同时出现的次数。

PP6.6　利用第 5 章定义的 Coin 类编写一个 CountFlips 程序，其 main 方法将抛硬币 100 次，然后输出正面和背面朝上的次数。

PP6.7　修改 Stars 程序，以输出如下图案。为每种图案编写一个程序。提示：b、c 和 d 需要多个循环，有些图案需要输出一定数量的空格。

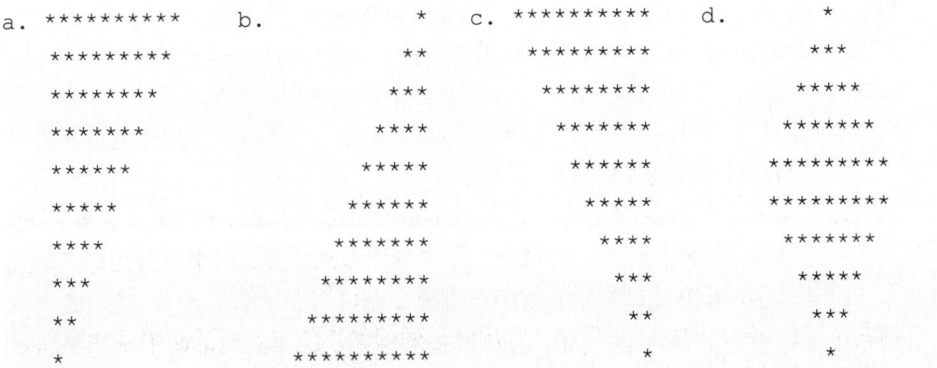

PP6.8 编写一个程序，输出一个包含部分 Unicode 字符及其数值编码的表格。每行输出 5 个字符及其数值编码，每一对编码/字符之间用制表符分开。该表格从 32（空格）开始到 126（～）结束，对应于可输出的 ASCII 子集。比较你的输出和附录 B 的表。与附录 B 的表不同的是，现在表格里的值可以随着跨行而增加。

PP6.9 编写一个程序，读入用户输入的一个字符串，然后确定并输出每一个小写元音字母（a, e, i, o, u）在整个字符串中出现的次数。每一个元音字母用不同的计数器统计，同时也输出非元音字母的个数。

PP6.10 编写一个程序，输出歌曲 "The Twelve Days of Christmas" 的歌词，每一段歌词为一行。下面是这首歌的前两段歌词：

On the 1st day of Christmas my true love gave to me

A partridge in a pear tree.

On the 2nd day of Christmas my true love gave to me

Two turtle doves, and

A partridge in a pear tree.

在循环中使用 switch 语句控制该输出哪几行。提示：仔细确定 case 子句的顺序，并且不使用 break 语句。另外用一条 switch 语句给天数加上后缀（如 1st, 2nd, 3rd, 等等）。歌词的最后一段包括 12 天的全部内容，如下所示：

On the 12th day of Christmas, my true love gave to me

Twelve drummers drumming,

Eleven pipers piping,

Ten lords a-leaping,

Nine ladies dancing,

Eight maids a-milking,

Seven swans a-swimming,

Six geese a-laying,

Five golden rings,

Four calling birds,

Three French hens,

Two turtle doves, and

A partridge in a pear tree.

PP6.11 编写一个 JavaFX 程序，画出 20 条间隔相同但长度随机的水平线。

PP6.12 编写一个 JavaFX 程序，以黑和白交替显示一个有 64 个方格(8×8)的棋盘。

PP6.13 编写一个 JavaFX 程序，画出 10 个半径随机取值的同心圆。

PP6.14 编写一个 JavaFX 程序，画出 100 个颜色、半径和位置都随机设置的圆。确保所有的圆都显示在场景的可视区域内。

PP6.15 编写一个 JavaFX 程序，显示 10 000 个非常小的圆(半径为 1 像素)，使它们位于可视区域内的随机位置。将场景左半部分用红点填充，右半部分用绿点填充。使用场景的 getWidth 方法，判断场景的左右中心点。

PP6.16 编写一个 JavaFX 程序，画出砖墙的图案，使每一行的砖形图案都和它上下相邻的两行有错位。

PP6.17 编写一个名为 Quilt 的 JavaFX 程序，显示一床被子，它由两个方形图案交替构成。定义一个 QuiltSquare 类，代表所选择的图案。允许 QuiltSquare 类的构造方法可以修改图案的一些特征，如颜色。使用两个 QuiltSquare 对象以 8×8 棋盘(国际象棋棋盘)的布局画出被子的图案。

PP6.18 编写一个 JavaFX 程序，在随机位置画出 10 个半径随机取值的圆。除了最大的圆，其他的圆都为未填充的。最大的圆用透明红色填充(30% 透明度)。如果最大的圆有多个，则只需填充其中的一个。提示：生成圆时跟踪最大的圆，然后将它的填充色改成红色。

PP6.19 编写一个 JavaFX 程序，分 4 次显示同一个方形图形，显示的图形分别为：右侧朝上、右侧朝下、上下颠倒、左侧朝上。

PP6.20 编写一个 JavaFX 程序，用同一个中心点显示一系列椭圆。每一个椭圆都有一点点旋转，以实现一种风车效果。使用循环来创建这些椭圆。

PP6.21 编写一个 JavaFX 程序，显示太空中的 4 艘外星飞船。在一个单独的类中定义外星飞船，形状随意。然后，创建要显示的 4 艘外星飞船，调整每艘飞船的位置和大小，使它看起来离其他飞船更近。在外星飞船的后面留点空间，用一些随机产生的星星(小白点)填充。

第7章 面向对象设计

本章目标

1. 探讨面向对象软件设计的主要问题。
2. 讲解确定程序所需要的类和对象的技术。
3. 讨论类之间的关系。
4. 描述 static 修饰符作用在方法和数据上的效果。
5. 讨论建立形式化对象接口的方法。
6. 进一步探讨枚举类型类的定义。
7. 讨论有关方法设计的问题，包括方法重载。
8. 分析有关图形用户界面设计的问题。
9. 探讨由鼠标和键盘产生的事件。

本章继续讨论面向对象软件的设计方法。首先将关注软件开发过程的几个阶段，以及明确问题描述中的类和对象的技术。然后，将讨论各种影响类的设计的问题，包括静态成员、类关系、接口及枚举类型。本章同时还会讨论方法层面的设计问题，并给出了方法重载的概念。此外，还会涉及软件测试的策略。本章的"图形设计之路"小节中将讨论设计良好的 GUI 的特性，还会分析鼠标和键盘事件。

7.1 软件开发过程

软件开发所涉及的问题要远比代码编写的问题多。随着软件所处理的问题增多，软件设计方案中的类就越多。于是，精心思考整个软件的设计就成为至关重要的问题。任何一个正常的软件开发项目都应包含下述 4 个基本的开发过程：

- 确定软件需求
- 软件设计
- 实现软件设计
- 软件测试

如果能够按部就班地按上述过程进行，那么软件开发就会容易多了。然而，上述过程虽然看起来是逐步而有序的，但在现实中几乎从来没有软件开发过程能够简单地按照上述过程一次性地顺序完成。它们总是相互重叠和交互的。下面简要讨论软件开发的每一个过程。

软件需求指定了程序必须完成的功能，指明了程序应当执行的任务，而不是描述如何执行所规定的任务。通常，软件需求用一个称为功能说明的文档来描述。

第 1 章曾讨论过，程序设计实际上是关于问题的解决方法，编写程序是为了解决某个具体的问题。软件需求则是对这个问题的清晰描述。只有真正地知道要解决的问题是什么时，我们才能实际解决这个问题。

　　需要软件产品的客户,常常会提出一些初始的需求。然而,这些需求经常是不完整的、模糊的,甚至可能是矛盾的。软件开发者必须与客户交流和讨论,以逐步细化软件需求,直到有关软件系统功能的关键问题都得到清楚的描述时为止。

　　软件需求经常涉及用户接口问题,如输出格式、屏幕显示布局及图形接口组件。实质上,软件需求建立了一些特性,这些特性可保证开发出的软件对终端用户是实用的。需求也规定了一些对软件的性能要求,例如软件的运行速度等。

　　软件设计描述了程序将如何完成需求所指定的任务,并定义了程序中需要的类和对象、类间关系及类间如何交互。底层的设计将解决各个类的方法如何完成自己的任务。

　　在没有桥梁设计蓝图的情况下,土木工程师绝不会先考虑如何建造大桥。软件设计的重要性也不亚于此。许多软件中出现的问题,都直接与缺乏良好的软件设计有关。事实一次又一次地证明,投入在程序设计上的努力是值得的,从长远来看既提高了开发效率,又节省了投资。

　　在软件设计阶段,应该考虑和探索一些替代方案。最初的设计常常并非是最好的方案。所幸的是,在设计阶段的修改会相对容易。

> **重要概念:** 在软件设计上所做的努力是至关重要的且非常值得。

　　软件设计的实现是编写解决实际问题的源代码的过程。更具体地说,实现是将设计转换成某种程序设计语言的行为。太多的程序员仅仅关注实现,但实际上实现是软件开发过程中创造性最弱的阶段,因为在进行需求分析和软件设计时更有挑战性,必须做出一些重要的决策。

　　软件测试即保证软件能解决预计的问题,并且能够在满足性能要求的条件下执行任务。测试工作,包括针对不同的输入数据多次运行程序并精确分析程序执行结果。当然,测试内容还远远不止于此,7.9 节将深入讨论有关测试的问题。

自测题

SR7.1　软件开发过程中的 4 个基本步骤是什么?

SR7.2　是客户还是软件开发者创建或提出软件需求? 对该问题进行讨论。

SR7.3　对照并比较本节中的 4 项基本开发过程与 1.6 节中所提到的求解问题的 5 个步骤。

7.2　明确类和对象

　　面向对象软件设计的基本内容就是确定类,它决定了软件的结构。必须仔细考虑如何表示构成整个问题解决方案的各种类。这些类也决定了软件系统要管理的对象。

　　明确可能的类的方法之一,是甄别出软件需求中所讨论的实体对象。对象一般是名词,可以在需求分析文档中仔细查阅一个问题的描述或功能说明,从中发现这些名词。例如,在图 7.1 所示的问题描述中,以画圈的方式识别出了那些名词。

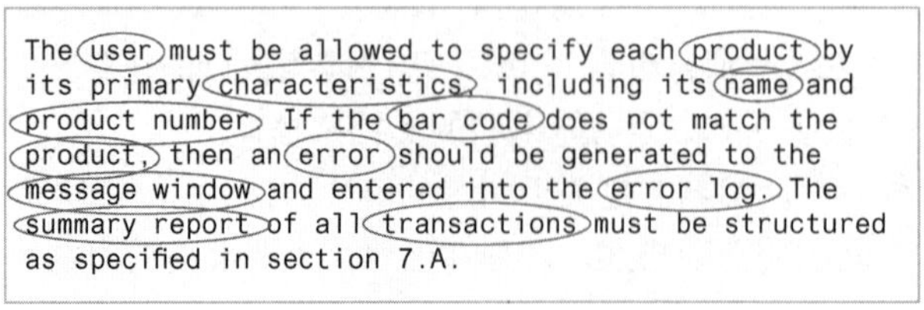

```
The user must be allowed to specify each product by
its primary characteristics, including its name and
product number. If the bar code does not match the
product, then an error should be generated to the
message window and entered into the error log. The
summary report of all transactions must be structured
as specified in section 7.A.
```

图 7.1　用画圈的方式识别名词

当然，并不是每一个名词都能与程序中的一个类相对应。发现名词的过程只是一个开始，即帮助我们考虑程序中将管理的对象的类型。

重要概念： 问题描述中的名词可能指明了程序中需要的一些类和对象。

以前说过，类代表了一组有相似行为的对象。问题描述中的复数名词（如 products，即多个产品），可能表明需要一个类（例如 Product）来代表这种事物中的每一个个体。即使程序中只需要一个具体的对象，也最好用类来代表这个对象。

通常会用一个名词给代表对象的类命名，例如 Coin、Student 和 Message。一个类代表一个实体，根据类可以建立程序所需要的任意多个实例。

类识别中的另一个关键问题是，应将某一事物表示为一个对象还是另一个对象的基本属性。例如，最初我们可能认为员工的薪水应该表示为数值，并且这样的设计适应系统的大多数处理。但是一旦深入分析，会意识到薪水基于员工的身份等级有高低之分。因此，更好的设计应当是将所有的薪水数据及其对薪水的相关管理操作表示成一个独立的类。

对于给定的程序需求，我们应在一般类和特殊类之间寻找一种平衡。例如，将房屋里的每一件家用电器都建立为一个类，会给设计造成不必要的复杂性。只需将所有的家用电器设计为一个 Appliance 类就足够了，在该类中定义一个实例数据表示家用电器的类型。也有可能不采用这种设计，如何决策完全取决于软件要实现的功能。

除了代表问题域对象的类，可能还需要一些类支持任务完成所需的必要工作。例如，除了一些 Member 对象，还需要一个类用于管理俱乐部的所有会员。

要注意的是，当设计真正的系统时，我们识别出的一些类在软件设计时可能已经存在。即使这些现存类不完全等同于所需要的新类，但是其相似程度已足够作为新类的基础。现存类可能是 Java 标准类库、以前解决某个问题所建立的类，或者从第三方软件提供商处购买的类库的一部分。这些现存类都是软件复用的实例。

7.2.1　类职责的分派

识别出程序所需要的类后，还要给每个类分派职责。每个类代表一个具有某些行为的对象，对象的行为由这个类的方法定义。程序必须完成的任何活动，都只能由类的某些行为来体现。也就是说，每一个类都负责执行某些活动。类职责的分派是软件设计工作的一部分。

类的行为所执行的动作体现了程序的功能。因此，通常使用动词来给行为和完成行为的方法命名。

有时，选择负责一个特定职责的最佳类具有很大的挑战性，这时应考虑多种选择的可能性。有时，通过分析会使我们认识到，再定义一个类来分担这个职责，可能会是更好的选择。

在设计的初期阶段，没有必要为某个类指定所有的方法，常常是只给它分派基本的职责就足够了，并且应考虑如何将分派的职责转换为具体的方法。

自测题

SR7.4　识别软件需求中的名词，如何有助于设计出一个面向对象的解决方案？

SR7.5　在设计问题解决方案的早期，识别并定义某个类的所有方法是否重要？对该问题进行讨论。

7.3　静态类成员

在前面的一些例子中，已经使用过各种情况下的静态方法。例如，Math 类中的所有方法都是静态方法。静态方法是通过类名而不是对象来调用的。

不仅方法可以是静态的，变量也可以具有静态属性。声明静态成员时使用 static 修饰符。

类设计中的一个关键环节，就是决定是否将一个方法或变量声明为静态的。下面进一步详细地探讨静态方法和静态变量的含义。

7.3.1　静态变量

目前已讨论过两类变量：在方法中声明的局部变量，在类中但在方法外声明的实例变量。使用术语"实例变量"，是因为类的每一个实例都有自己的变量副本，即每个对象都有自己不同的变量存储空间，因此每个对象可以有自己不同的变量值。

重要概念： 静态变量由类的所有实例共享。

静态变量有时被称为类变量，其特点是它可以由所有的类实例共享。对于类的所有对象，只存在一个静态变量实体。因此，在一个对象中改变静态变量的值，将直接影响其他所有对象。声明一个静态变量的语句如下所示：

```
private static int count = 0;
```

程序首次引用含有静态变量的类时，将为静态变量分配存储空间。在方法内声明的局部变量不能是静态的。

使用 final 修饰符声明的常量也经常使用 static 修饰符来声明。由于常量值不能改变，因此对于类的所有对象来说，只存在一个常量值实体。

7.3.2　静态方法

第 3 章简要介绍过静态方法(也称为类方法)的概念，静态方法可以通过类名来调用，因此调用静态方法时不必实例化类的对象。第 3 章讨论的 Math 类中的所有方法都是静态方法。例如，在下面的语句中，sqrt 静态方法通过 Math 类名调用：

```
System.out.println("Square root of 27: " + Math.sqrt(27));
```

Math 类中的方法会根据传递的参数值完成基本的计算。这种情况下没有对象状态可维护，因此也没有必要通过建立对象来请求类似 sqrt 这样的服务。

Java 程序的 main 方法必须用 static 修饰符声明，这样做是为了使解释器执行 main 方法时，不必实例化含有 main 方法的类。

由于静态方法不是在一个具体对象的上下文环境中操作，因此不能引用实例变量，实例变量仅仅存在于类的实例中。如果静态方法试图引用一个非静态变量，编译器将发出错误信息。但是，静态方法可以引用静态变量，因为静态变量独立于特定的对象而存在。因此，main 方法只能访问静态变量或局部变量。

例 7.1 所示的程序实例化若干个 Slogan 类的对象，并依次输出每个对象。在程序结束处，通过类名引用了 getCount 方法，返回实例化对象的个数。

例 7.1

```
1    //************************************************************
2    // SloganCounter.java        Author: Lewis/Loftus
3    //
4    // Demonstrates the use of the static modifier.
5    //************************************************************
6
7    public class SloganCounter
8    {
9       //----------------------------------------------------------
10      // Creates several Slogan objects and prints the number of
11      // objects that were created.
12      //----------------------------------------------------------
13      public static void main(String[] args)
14      {
15         Slogan obj;
16
17         obj = new Slogan("Remember the Alamo.");
18         System.out.println(obj);
19
20         obj = new Slogan("Don't Worry. Be Happy.");
21         System.out.println(obj);
22
23         obj = new Slogan("Live Free or Die.");
24         System.out.println(obj);
25
26         obj = new Slogan("Talk is Cheap.");
27         System.out.println(obj);
28
29         obj = new Slogan("Write Once, Run Anywhere.");
30         System.out.println(obj);
31
32         System.out.println();
33         System.out.println("Slogans created: " + Slogan.getCount());
34      }
35   }
```

输出

```
Remember the Alamo.
Don't Worry. Be Happy.
Live Free or Die.
Talk is Cheap.
Write Once, Run Anywhere.

Slogans created: 5
```

例 7.2 给出了 Slogan 类的代码，其静态变量 count 在声明时初始化为 0，构造方法对 count 进行增量操作。因此，count 是记录 Slogan 实例创建个数的计数器。

例 7.2

```
1    //***************************************************************
2    // Slogan.java        Author: Lewis/Loftus
3    //
4    // Represents a single slogan string.
5    //***************************************************************
6
7    public class Slogan
8    {
9        private String phrase;
10       private static int count = 0;
11
12       //-----------------------------------------------------------
13       // Constructor: Sets up the slogan and counts the number of
14       // instances created.
15       //-----------------------------------------------------------
16       public Slogan(String str)
17       {
18           phrase = str;
19           count+ +;
20       }
21
22       //-----------------------------------------------------------
23       // Returns this slogan as a string.
24       //-----------------------------------------------------------
25       public String toString()
26       {
27           return phrase;
28       }
29
30       //-----------------------------------------------------------
31       // Returns the number of instances of this class that have been
32       // created.
33       //-----------------------------------------------------------
34       public static int getCount()
35       {
36           return count;
37       }
38   }
```

Slogan 类的 getCount 方法也声明为静态的，允许在 main 方法中通过类名调用该方法。注意，在 getCount 方法中被引用的唯一数据是整型静态变量 count。作为静态方法，getCount 不能引用任何其他非静态变量。

也可以将 getCount 方法声明为非静态的，但调用它时必须使用 Slogan 类的实例对象，而不能用类名调用。

自测题

SR7.6　静态变量与实例变量有什么不同？

SR7.7　假设要定义一个 BankAccount 类，它的每个对象都代表了一个独立的银行账户。为这个类声明一个变量，用于存放此类中所有银行账户余额的总和。

SR7.8　假设要定义一个 BankAccount 类，它的每个对象都代表了一个独立的银行账户。为这个类声明一个变量，该变量用于存放此类中所有银行账户必须具有的最低余额。

SR7.9　main 方法可以引用什么类型的变量？为什么？

7.4　类间关系

软件系统中的类间存在各种各样的关系，其中最基本的三种关系是依赖、聚合和继承。

在前面的程序中，已经给出过很多某个类"使用"另一个类的依赖关系例子。本节将进一步讨论依赖关系，并探讨一个类依赖本身的情况。此外，还将讨论聚合关系，即一个类的对象含有另一个类的对象，建立类间的"有"（has-a）关系。第 1 章曾介绍过的继承关系建立了类间的"是"（is-a）关系。第 9 章中将详细讨论继承关系。

7.4.1　依赖关系

前面很多的例子给出了一个类依赖于另一个类的情况。这就意味着从某种角度来看，可以认为一个类必须依靠另一个类。通常，一个类的方法需调用另一个类的方法，这样就建立了类间的"使用"关系。

一般而言，如果类 A "使用"类 B，则表明类 A 的一个或多个方法将调用类 B 的一个或多个方法。如果被调用的方法是静态方法，则类 A 只需通过类名即可引用类 B。如果被调用的方法是非静态的，则类 A 必须通过访问类 B 的实例来调用它，即类 A 必须具有对类 B 对象的引用。

一个对象获得对另一个类的对象访问控制的方式是软件设计中的重要决策。当一个类实例化另一个类的对象时，就获得了该对象的访问权，这经常是聚合关系的基础。对一个对象的访问，也可以通过将它作为方法的参数传递给另一个对象来完成。

通常而言，应当最小化类间的依赖关系强度。类间的依赖关系越少，软件系统代码修改所带来的影响和错误就会越小。

7.4.2　同一个类的对象之间的依赖性

在某些情况下，类需要依赖于自身。即一个类的对象与本类的其他对象交互。要实现这一操作，可以将类的对象作为参数传递给本类的一个方法，使得该方法可以对作为参数得到的对象进行操作。设计这样的类更能使我们理解到一个类代表着一个具体的对象。

String 类的 concat 方法正是体现上述情况的一个例子。concat 方法是通过一个 String 对象执行的，并且接收另一个 String 对象作为参数。例如：

```
str3 = str1.concat(str2);
```

上述语句中的 str1 对象执行 concat 方法，将自己的字符串拼接到作为参数传递来的对象 str2 的字符串的后面，拼接结果产生新的 String 对象，然后将返回的新对象保存为 str3 对象。

例 7.3 中的 RationalTester 程序示范了类的对象之间的依赖性。一个有理数是可以用两个整数之比表示的值(分数)。RationalTester 程序建立两个代表有理数的对象，并在这两个对象上执行各种操作来产生新的有理数。

例 7.3

```
1    //*********************************************************************
2    // RationalTester.java           Author: Lewis/Loftus
3    //
4    // Driver to exercise the use of multiple Rational objects.
5    //*********************************************************************
6
7    public class RationalTester
8    {
9        //-----------------------------------------------------------------
10       // Creates some rational number objects and performs various
11       // operations on them.
12       //-----------------------------------------------------------------
13       public static void main(String[] args)
14       {
15           RationalNumber r1 = new RationalNumber(6, 8);
16           RationalNumber r2 = new RationalNumber(1, 3);
17           RationalNumber r3, r4, r5, r6, r7;
18
19           System.out.println("First rational number: " + r1);
20           System.out.println("Second rational number: " + r2);
21
22           if (r1.isLike(r2))
23                   System.out.println("r1 and r2 are equal.");
24           else
25                   System.out.println("r1 and r2 are NOT equal.");
26
27           r3 = r1.reciprocal();
28           System.out.println("The reciprocal of r1 is: " + r3);
29
30           r4 = r1.add(r2);
31           r5 = r1.subtract(r2);
32           r6 = r1.multiply(r2);
33           r7 = r1.divide(r2);
34
35           System.out.println("r1 + r2: " + r4);
36           System.out.println("r1 - r2: " + r5);
37           System.out.println("r1 * r2: " + r6);
38           System.out.println("r1 / r2: " + r7);
39       }
40   }
```

输出

```
First rational number: 3/4
Second rational number: 1/3
```

```
r1 and r2 are NOT equal.
The reciprocal of r1 is: 4/3
r1 + r2: 13/12
r1 - r2: 5/12
r1 * r2: 1/4
r1 / r2: 9/4
```

例 7.4 给出了这个 RationalNumber 类。在分析代码时请记住，由 RationalNumber 类建立的每一个对象都代表一个有理数。这个类包含了对有理数的各种操作，如有理数加法和减法。

例 7.4

```
1    //*****************************************************************
2    // RationalNumber.java        Author: Lewis/Loftus
3    //
4    // Represents one rational number with a numerator and denominator.
5    //*****************************************************************
6
7    public class RationalNumber
8    {
9        private int numerator, denominator;
10
11       //----------------------------------------------------------
12       // Constructor: Sets up the rational number by ensuring a nonzero
13       // denominator and making only the numerator signed.
14       //----------------------------------------------------------
15       public RationalNumber(int numer, int denom)
16       {
17           if (denom == 0)
18               denom = 1;
19
20           // Make the numerator "store" the sign
21           if (denom < 0)
22           {
23               numer = numer * -1;
24               denom = denom * -1;
25           }
26
27           numerator = numer;
28           denominator = denom;
29
30           reduce();
31       }
32
33       //----------------------------------------------------------
34       // Returns the numerator of this rational number.
35       //----------------------------------------------------------
36       public int getNumerator()
```

```
37   {
38          return numerator;
39   }
40
41   //------------------------------------------------------------
42   // Returns the denominator of this rational number.
43   //------------------------------------------------------------
44   public int getDenominator()
45   {
46          return denominator;
47   }
48
49   //------------------------------------------------------------
50   // Returns the reciprocal of this rational number.
51   //------------------------------------------------------------
52   public RationalNumber reciprocal()
53   {
54          return new RationalNumber(denominator, numerator);
55   }
56
57   //------------------------------------------------------------
58   // Adds this rational number to the one passed as a parameter.
59   // A common denominator is found by multiplying the individual
60   // denominators.
61   //------------------------------------------------------------
62   public RationalNumber add(RationalNumber op2)
63   {
64          int commonDenominator = denominator * op2.getDenominator();
65          int numerator1 = numerator * op2.getDenominator();
66          int numerator2 = op2.getNumerator() * denominator;
67          int sum = numerator1 + numerator2;
68
69          return new RationalNumber(sum, commonDenominator);
70   }
71
72   //------------------------------------------------------------
73   // Subtracts the rational number passed as a parameter from this
74   // rational number.
75   //------------------------------------------------------------
76   public RationalNumber subtract(RationalNumber op2)
77   {
78          int commonDenominator = denominator * op2.getDenominator();
79          int numerator1 = numerator * op2.getDenominator();
80          int numerator2 = op2.getNumerator() * denominator;
81          int difference = numerator1 - numerator2;
82
83          return new RationalNumber(difference, commonDenominator);
```

```
84          }
85
86          //-------------------------------------------------------------
87          // Multiplies this rational number by the one passed as a
88          // parameter.
89          //-------------------------------------------------------------
90          public RationalNumber multiply(RationalNumber op2)
91          {
92              int numer = numerator * op2.getNumerator();
93              int denom = denominator * op2.getDenominator();
94
95              return new RationalNumber(numer, denom);
96          }
97
98          //-------------------------------------------------------------
99          // Divides this rational number by the one passed as a parameter
100         // by multiplying by the reciprocal of the second rational.
101         //-------------------------------------------------------------
102         public RationalNumber divide(RationalNumber op2)
103         {
104             return multiply(op2.reciprocal());
105         }
106
107         //-------------------------------------------------------------
108         // Determines if this rational number is equal to the one passed
109         // as a parameter. Assumes they are both reduced.
110         //-------------------------------------------------------------
111         public boolean isLike(RationalNumber op2)
112         {
113             return (numerator = = op2.getNumerator() &&
114                     denominator = = op2.getDenominator() );
115         }
116
117         //-------------------------------------------------------------
118         // Returns this rational number as a string.
119         //-------------------------------------------------------------
120         public String toString()
121         {
122             String result;
123             if (numerator = = 0)
124                 result = "0";
125             else
126                 if (denominator = = 1)
127                     result = numerator + "";
128                 else
129                     result = numerator + "/" + denominator;
130             return result;
```

```
131        }
132
133        //------------------------------------------------------------
134        // Reduces this rational number by dividing both the numerator
135        // and the denominator by their greatest common divisor.
136        //------------------------------------------------------------
137        private void reduce()
138        {
139            if (numerator != 0)
140            {
141                int common = gcd(Math.abs(numerator), denominator);
142
143                numerator = numerator / common;
144                denominator = denominator / common;
145            }
146        }
147
148        //------------------------------------------------------------
149        // Computes and returns the greatest common divisor of the two
150        // positive parameters. Uses Euclid's algorithm.
151        //------------------------------------------------------------
152        private int gcd(int num1, int num2)
153        {
154            while (num1 != num2)
155                if (num1 > num2)
156                    num1 = num1 - num2;
157                else
158                    num2 = num2 - num1;
159
160            return num1;
161        }
162 }
```

RationalNumber 类的方法(如 add、subtract、multiply 和 divide 等方法)将正执行该方法的有理数对象作为第一个操作数(左操作数),将作为参数传递来的有理数对象作为第二个操作数(右操作数)。

RationalNumber 类的 isLike 方法用于确定两个有理数是否实质上相等。因此,调用 isLike 方法的用意类似于调用 equals 方法比较两个 String 对象(第 5 章已讨论)。第 9 章将讨论由于继承性如何使得 equals 方法有些特殊,以及如何具体地实现 equals 方法。为了避免混淆,现在暂且将 equals 方法称为 isLike 方法。

注意,RationalNumber 类中的一些方法(包括 reduce 和 gcd 方法)被声明为具有 private 可见性。因为不允许直接从 RationalNumber 类的外部执行这些方法,它们的存在仅仅是为了支持对象的其他服务。

7.4.3 聚合

有些对象是由其他一些对象构成的。例如,一辆汽车由发动机、底盘、车轮和其他部件构成,每一个部件可以视为一个对象。因此，可以说汽车是一个聚合体——由若干个其他对象组成。聚合有时描述为"有"关系。例如，汽车"有"底盘。

> **重要概念：** 一个聚合对象由其他的对象组成，形成一种"有"关系。

在软件领域中，聚合对象被定义成将其他对象的引用作为自己的实例数据的对象。例如，Account 对象含有一个代表账户姓名的 String 对象。有时，我们可能忘了字符串也是一种对象，但是从技术上说，该字符串对象使得每一个 Account 对象成为聚合对象。

聚合关系是依赖关系的特殊类型。也就是说，当类 A 被类 B 定义为类 B 的一部分时，类 A 便依赖于类 B，类 B 就是聚合类。聚合类通常要调用其组成部分类的方法。

下面是另外一个例子。例 7.5 所示的 StudentBody 程序创建了两个 Student 对象，每个对象由两个 Address 对象组成，一个是学生的校内住址，另一个是学生的家庭住址。main 方法的任务仅仅是建立这两个 Student 对象并输出它们。在这个例子中，再次将对象传递给 println 方法，该方法将自动调用 toString 方法为传递来的对象，建立适合输出的有效显示格式。

例 7.5

```
1   //************************************************************
2   // StudentBody.java      Author: Lewis/Loftus
3   //
4   // Demonstrates the use of an aggregate class.
5   //************************************************************
6
7   public class StudentBody
8   {
9      //---------------------------------------------------------
10     // Creates some Address and Student objects and prints them.
11     //---------------------------------------------------------
12     public static void main(String[] args)
13     {
14        Address school = new Address("800 Lancaster Ave.", "Villanova",
15                                     "PA", 19085);
16        Address jHome = new Address("21 Jump Street", "Blacksburg",
17                                    "VA", 24551);
18        Student juan = new Student("Juan", "Lopez", jHome, school);
19
20        Address mHome = new Address("123 Main Street", "Euclid", "OH",
21                                    44132);
22        Student marsha = new Student("Marsha", "Jones", mHome, school);
23
24        System.out.println(juan);
25        System.out.println();
26        System.out.println(marsha);
27     }
28  }
```

输出

```
Juan Lopez
Home Address:
21 Jump Street
Blacksburg, VA 24551
School Address:
800 Lancaster Ave.
Villanova, PA 19085

Marsha Jones
Home Address:
123 Main Street
Euclid, OH 44132
School Address:
800 Lancaster Ave.
Villanova, PA 19085
```

例 7.6 中的 Student 类代表一个学生个体。如果要表示学生的所有信息，还需要对这个类做很多扩展。现在有意保持 Student 类的简单性，是为了清楚地展示对象聚合的情形。Student 类的两个实例数据是两个 Address 对象的引用。创建代表学生的字符串时，将在 toString 方法中引用这两个地址对象。执行 println 方法时，会自动调用 Address 对象中的 toString 方法，将 Address 对象的字符串拼接到另一个字符串后面。

例 7.6

```
1    //********************************************************************
2    // Student.java      Author: Lewis/Loftus
3    //
4    // Represents a college student.
5    //********************************************************************
6
7    public class Student
8    {
9       private String firstName, lastName;
10      private Address homeAddress, schoolAddress;
11
12      //-----------------------------------------------------------------
13      // Constructor: Sets up this student with the specified values.
14      //-----------------------------------------------------------------
15      public Student(String first, String last, Address home,
16                    Address school)
17      {
18         firstName = first;
19         lastName = last;
20         homeAddress = home;
21         schoolAddress = school;
22      }
```

```
23
24      //-------------------------------------------------------------
25      // Returns a string description of this Student object.
26      //-------------------------------------------------------------
27      public String toString()
28      {
29         String result;
30
31         result = firstName + " " + lastName + "\n";
32         result + = "Home Address:\n" + homeAddress + "\n";
33         result + = "School Address:\n" + schoolAddress;
34
35         return result;
36      }
37   }
```

例 7.7 显示了这个 Address 类，它代表一个街道地址。注意，并没有什么信息指明 Address 对象是 Student 对象的一部分。Address 类的设计保持了通用性，因而可以用于任何需要街道地址的情况。

例 7.7

```
1    //************************************************************
2    // Address.java      Author: Lewis/Loftus
3    //
4    // Represents a street address.
5    //************************************************************
6
7    public class Address
8    {
9       private String streetAddress, city, state;
10      private long zipCode;
11
12      //-------------------------------------------------------------
13      // Constructor: Sets up this address with the specified data.
14      //-------------------------------------------------------------
15      public Address(String street, String town, String st, long zip)
16      {
17         streetAddress = street;
18         city = town;
19         state = st;
20         zipCode = zip;
21      }
22
23      //-------------------------------------------------------------
24      // Returns a description of this Address object.
25      //-------------------------------------------------------------
26      public String toString()
27      {
```

```
28              String result;
29
30              result = streetAddress + "\n";
31              result += city + ", " + state + " " + zipCode;
32
33              return result;
34          }
35      }
```

对象越复杂，越有可能需要将它表示为一个聚合对象。在 UML 中，聚合关系表示为两个类间的连接关系，连接符号中有空心菱形的一端是聚合类。图 7.2 展示了 StudentBody 程序的 UML 类图。

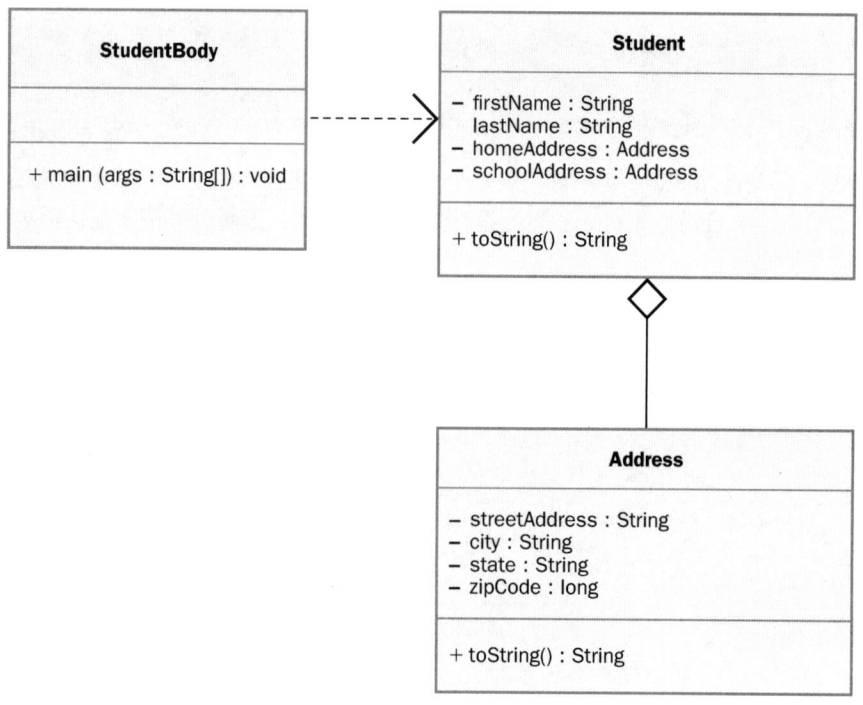

图 7.2　表示聚合关系的 UML 类图

注意，虽然技术上 String 类应当是聚合类，但在前面的 UML 类图及图 7.2 中，并没有将 String 类表示成具有聚合关系的独立类。因为 String 类在程序设计中是非常基础的类，以至于在 UML 类图中经常将它作为基本类型来描述。

7.4.4　this 引用

在类间关系的讨论结束之前，还应当考查一个用于 Java 程序的特殊引用，称为 this 引用。this 是 Java 的保留字，this 引用允许对象引用自己。正如前面所讨论的，非静态方法需要通过具体的对象或类来引用，this 引用可用于引用当前正在运行的对象。

例如，ChessPiece 类中有一个 move 方法，该方法包含下面的语句：

```
if (this.position = = piece2.position)
    result = false;
```

在上述语句中，this 引用被用于指明使用哪一个 position 变量。this 引用代表的是当前正在执行 move 方法的对象，所以对于下面一行语句中的方法调用，this 引用的是 bishop1 对象：

```
bishop1.move();
```

然而，当新的对象调用 move 方法时，this 引用就代表新的对象。因此进行下面的调用时，move 方法中的 this 引用代表的是 bishop2 对象：

```
bishop2.move();
```

this 引用也常用于区分同名的构造方法参数和实例变量。例如，第 4 章中的 Account 类的构造方法如下所示：

```
public Account(String owner, long account, double initial)
{
    name = owner;
    acctNumber = account;
    balance = initial;
}
```

在编写这个构造方法时，特意使用了不同的构造方法参数名，以区别于实例变量名 name、acctNumber 和 balance。这样的区分可以是随意的。如果使用 this 引用，则可以将构造方法写成如下形式：

```
public Account(String name, long acctNumber, double balance)
{
    this.name = name;
    this.acctNumber = acctNumber;
    this.balance = balance;
}
```

在上述构造方法中，this 引用特指对象的实例变量，赋值语句右边的变量是构造方法的形参变量。这种方法避免了对含义相同的变量要给出不同命名以示区别的问题。有时，这种情况发生在其他的方法中，但更常出现在构造方法中。

自测题

SR7.10　描述两个类的依赖关系。

SR7.11　解释一个类如何与其自身相关联。

SR7.12　什么是聚合对象？

SR7.13　this 引用是什么概念？

7.5　接口

术语"接口"表示一组公有的方法，通过这组方法可以与对象交互。接口的定义与本节使用的定义方法是一致的，但现在要用 Java 的语言机制将接口的概念形式化。

Java 接口是一组常量和抽象方法的集合。抽象方法是没有实现的方法，即抽象方法没有代码体，包含参数列表的方法声明首部后面仅跟着一个分号。接口不能被实例化。

> **重要概念：** 接口是抽象方法的集合，因而不能被实例化。

例 7.8 中的 Complexity 接口包含了两个抽象方法：setComplexity 和 getComplexity。

例 7.8

```
1    //************************************************************************
2    // Complexity.java          Author: Lewis/Loftus
3    //
4    // Represents the interface for an object that can be assigned an
5    // explicit complexity.
6    //************************************************************************
7
8    public interface Complexity
9    {
10       public void setComplexity(int complexity);
11       public int getComplexity();
12   }
```

抽象方法声明前面可以使用保留字 abstract，但是在接口中的方法通常不必如此。接口方法的默认可见性是 public。

类通过实现定义在接口中的每个抽象方法来实现这个接口。实现接口的类(即实现类)在类声明首部中使用保留字 implements，接着再给出接口名。如果一个类声明它要实现某个接口，则必须提供这个接口中所有方法的实现代码。如果接口中的任何一个方法在类中没有实现代码，编译器就会产生错误信息。

例 7.9 中的 Question 类实现了 Complexity 接口，即在 Question 类中实现了 setComplexity 方法和 getComplexity 方法。这两个抽象方法的声明必须与接口中的声明相同，表明它们是接口中抽象方法的实现副本。Question 类中定义的方法只是简单地设置或返回表示问题难度的等级值。

例 7.9

```
1    //************************************************************************
2    // Question.java     Author: Lewis/Loftus
3    //
4    // Represents a question (and its answer).
5    //************************************************************************
6
7    public class Question implements Complexity
8    {
9       private String question, answer;
10      private int complexityLevel;
11
12      //--------------------------------------------------------------------
13      // Constructor: Sets up the question with a default complexity.
14      //--------------------------------------------------------------------
15      public Question(String query, String result)
16      {
17         question = query;
```

```
18            answer = result;
19            complexityLevel = 1;
20        }
21
22        //-----------------------------------------------------------------
23        // Sets the complexity level for this question.
24        //-----------------------------------------------------------------
25        public void setComplexity(int level)
26        {
27            complexityLevel = level;
28        }
29
30        //-----------------------------------------------------------------
31        // Returns the complexity level for this question.
32        //-----------------------------------------------------------------
33        public int getComplexity()
34        {
35            return complexityLevel;
36        }
37
38        //-----------------------------------------------------------------
39        // Returns the question.
40        //-----------------------------------------------------------------
41        public String getQuestion()
42        {
43            return question;
44        }
45
46        //-----------------------------------------------------------------
47        // Returns the answer to this question.
48        //-----------------------------------------------------------------
49        public String getAnswer()
50        {
51            return answer;
52        }
53
54        //-----------------------------------------------------------------
55        // Returns true if the candidate answer matches the answer.
56        //-----------------------------------------------------------------
57        public boolean answerCorrect(String candidateAnswer)
58        {
59            return answer.equals(candidateAnswer);
60        }
61
62        //-----------------------------------------------------------------
63        // Returns this question (and its answer) as a string.
64        //-----------------------------------------------------------------
```

```
65          public String toString()
66          {
67              return question + "\n" + answer;
68          }
69  }
```

注意，Question 类还实现了一些不属于 Complexity 接口的其他方法，其中包括 getQuestion、getAnswer、answerCorrect 和 toString 方法，这些方法与接口无关。接口要求类应该实现接口特定的方法，同时允许实现类还可以有其他的方法。通常而言，实现接口的类还会定义其他的方法。

例 7.10 给出了使用 Question 对象的 MiniQuiz 程序。

例 7.10

```
1   //**********************************************************************
2   // MiniQuiz.java      Author: Lewis/Loftus
3   //
4   // Demonstrates the use of a class that implements an interface.
5   //**********************************************************************
6
7   import java.util.Scanner;
8
9   public class MiniQuiz
10  {
11     //-----------------------------------------------------------------
12     // Presents a short quiz.
13     //-----------------------------------------------------------------
14     public static void main(String[] args)
15     {
16         Question q1, q2;
17         String possible;
18
19         Scanner scan = new Scanner(System.in);
20
21         q1 = new Question("What is the capital of Jamaica?",
22                         "Kingston");
23         q1.setComplexity(4);
24
25         q2 = new Question("Which is worse, ignorance or apathy?",
26                         "I don't know and I don't care");
27         q2.setComplexity(10);
28
29         System.out.print(q1.getQuestion());
30         System.out.println(" (Level: " + q1.getComplexity() + ")");
31         possible = scan.nextLine();
32         if (q1.answerCorrect(possible))
33             System.out.println("Correct");
34         else
35             System.out.println("No, the answer is " + q1.getAnswer());
```

```
36
37          System.out.println();
38          System.out.print(q2.getQuestion());
39          System.out.println(" (Level: " + q2.getComplexity() + ")");
40          possible = scan.nextLine();
41          if (q2.answerCorrect(possible))
42              System.out.println("Correct");
43          else
44              System.out.println("No, the answer is " + q2.getAnswer());
45      }
46  }
```

输出

```
What is the capital of Jamaica? (Level: 4)
Kingston
Correct

Which is worse, ignorance or apathy? (Level: 10)
apathy
No, the answer is I don't know and I don't care
```

　　接口和实现该接口的类的关系可以用 UML 类图表示。在 UML 类图中，接口的表示仍类似于一个类节点，不同的是在类名上方插入了 "<<interface>>" 字样，以表明它是接口。实现类与接口之间用虚线箭头连接，空心箭头一端是接口。图 7.3 展示了 MiniQuiz 程序的 UML 类图。

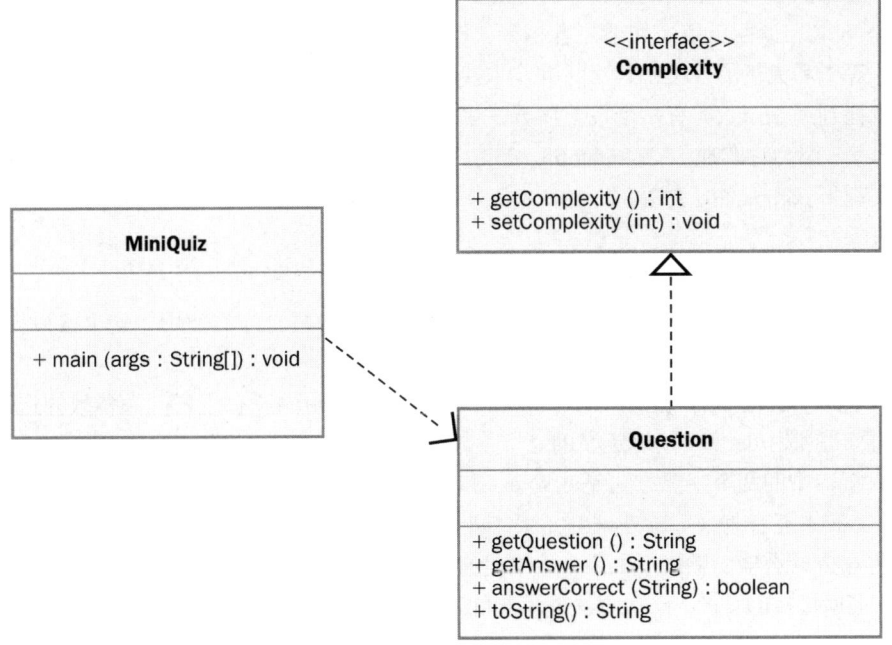

图 7.3　MiniQuiz 程序的 UML 类图

　　可以由多个类实现同一个接口，由此可对相同的方法进行不同的定义。例如，Task 类也是一个实现 Complexity 接口的类，虽然 Task 类仍然要实现接口的所有方法，但在 Task 类中可以选择不同的方式来管理问题的难度等级，即 Task 类可以用不同的方式实现 Complexity 接口的方法。

一个类可以实现多个接口。在这种情况下，这个类应提供所有接口中所有方法的实现代码。implements 子句用于声明一个类实现多个接口，接口名用逗号分隔开。例如：

```
class ManyThings implements Interface1, Interface2, Interface3
{
    // contains all methods of all interfaces
}
```

在接口中，除了定义抽象方法，还可以用 final 修饰符定义常量。当一个类实现了一个接口时，这个类就获得了对该接口定义的所有常量的访问权限。

接口形式化地定义了客户与实现类进行交互的方式，奠定了具有强大功能的多态性程序设计技术的基础，第 10 章将深入讨论多态性。

7.5.1 Comparable 接口

Java 标准类库包含许多接口和类。例如，其中的 Comparable 接口定义在 java.lang 包中。Comparable 接口中只有一个 compareTo 方法，该方法的参数是一个对象，返回一个整型值。

Comparable 接口提供对两个对象进行比较的通用机制。如下所示，对象 obj1 调用 compareTo 方法，并将另一个对象 obj2 作为参数传递给该方法，以便进行 obj1 和 obj2 两个对象的比较：

```
if (obj1.compareTo(obj2) < 0)
    System.out.println("obj1 is less than obj2");
```

正如该接口的文档所指出的那样，compareTo 方法返回的整型值应当是下述三种情况之一：如果 obj1 小于 obj2，返回负值；如果二者相等，返回 0；如果 obj1 大于 obj2，返回正值。至于对象之间小于、等于和大于的含义是什么，完全取决于类的设计者。

第 5 章提到过 String 类有一个按上述方式操作的 compareTo 方法，现在可以明确地知道 String 类有这个方法，因为它实现了 Comparable 接口。String 类通过基于 Unicode 字符集的字典顺序的比较操作，实现了 compareTo 方法。

7.5.2 Iterator 接口

Iterator 接口也定义在 Java 标准类库中，由代表一个对象集合的类使用。这个接口提供了在对象集合中每操作一次移动到下一个对象的方法。

第 5 章定义了迭代器的概念，即利用循环操作处理集合中的所有元素。大多数的迭代器(包括 Scanner 对象)是利用 Iterator 接口定义的。

Iterator 接口中的两个主要方法是 hasNext 和 next，前者返回布尔值，后者返回一个对象，二者都没有参数。如果还有剩余等待处理的元素，则 hasNext 方法返回 true，next 方法返回下一个对象。关于 next 方法以什么样的顺序返回下一个要处理的对象，取决于 Iterator 接口实现类的设计者。

注意，根据接口的意图，next 方法并不删除基本集合中的下一个对象，而仅仅是返回该对象的引用。Iterator 接口也有一个 remove 方法，该方法无参数，返回类型为 void。通过调用 remove 方法，可从集合中删除最近一次由 next 方法返回的对象。

自测题

SR7.14　类与接口有什么不同?

SR7.15　定义一个 Java 接口 Nameable,所有实现这个接口的类必须提供 setName 方法,该方法带有一个字符型参数且返回值为空。还提供 getName 方法,无参数且返回一个 String 类型的值。

SR7.16　判断下列各项的对错,并说明原因。

　　a. 一个 Java 接口只能包含抽象方法。

　　b. 抽象方法是没有实现的方法。

　　c. Java 接口定义中包含的所有方法必须都是抽象的。

　　d. 实现一个接口的类,只能定义那些包含在接口中的方法。

　　e. 多个类可以实现同一个接口。

　　f. 一个类可以实现多个接口。

　　g. 实现一个接口的所有类,必须为那些包含在接口中的方法提供相同的定义。

7.6　枚举类型

第 3 章介绍了枚举类型的概念,它定义了一种新的数据类型,列出了所定义类型的所有可能的取值。下面的语句是以前曾经声明过的枚举类型 Season:

```
enum Season {winter, spring, summer, fall}
```

前面曾讨论过,枚举类型是一种特殊的类,枚举类型的值是对象。事实上,枚举值是枚举类型的实例。例如,winter 是 Season 类的一个对象。下面进一步探讨这个概念。

例如,声明一个 Season 类型的变量如下:

```
Season time;
```

> **重要概念**:枚举类型的值是具有该枚举类型的静态变量。

由于枚举类型是一种特殊的类,因此 time 是一个对象引用变量。作为枚举类型变量,赋给 time 的值只能是定义 Season 类时列出的枚举值。所有的枚举值(winter, spring, summer, fall)实际上是 Season 对象的引用,并且作为具有公有静态属性的变量保存在 Season 类中。因此,可以对变量 time 赋值如下:

```
time = Season.spring;
```

下面再对上述概念进行一些扩展。例 7.11 重新定义了 Season 类型,进一步充实了原有的定义。其中仍然使用 enum 保留字声明枚举类型,并列出所有的可能值。在新的定义中增加了私有 String 类型变量 span、一个 Season 构造方法和一个 getSpan 方法。枚举类型列表中的每个值将调用该构造方法,同时将一个字符串传递给它,由构造方法将该字符串存入枚举类型值对象各自的 span 变量中。

例 7.11

```
1    //************************************************************
2    // Season.java        Author: Lewis/Loftus
```

```
3    //
4    // Enumerates the values for Season.
5    //*******************************************************************
6
7    public enum Season
8    {
9        winter ("December through February"),
10       spring ("March through May"),
11       summer ("June through August"),
12       fall ("September through November");
13
14       private String span;
15
16       //-------------------------------------------------------------
17       // Constructor: Sets up each value with an associated string.
18       //-------------------------------------------------------------
19       Season(String months)
20       {
21           span = months;
22       }
23
24       //-------------------------------------------------------------
25       // Returns the span message for this value.
26       //-------------------------------------------------------------
27       public String getSpan()
28       {
29           return span;
30       }
31   }
```

例 7.12 给出了一个 SeasonTester 类，其中的 main 方法输出 Season 枚举类型的每个值，以及各个值的 span 变量。每个枚举类型都有一个静态方法 values，用于返回包含所有枚举值的一个列表。这样的列表是一个迭代器，因此可以使用增强型 for 循环语句处理枚举类型列表中的每个值。

例 7.12

```
1    //*******************************************************************
2    // SeasonTester.java    Author: Lewis/Loftus
3    //
4    // Demonstrates the use of a full enumerated type.
5    //*******************************************************************
6
7    public class SeasonTester
8    {
9        //-------------------------------------------------------------
10       // Iterates through the values of the Season enumerated type.
11       //-------------------------------------------------------------
12       public static void main(String[] args)
```

```
13    {
14        for (Season time : Season.values())
15            System.out.println(time + "\t" + time.getSpan());
16    }
17  }
```

输出

```
winter   December through February
spring   March through May
summer   June through August
fall     September through November
```

在定义枚举类型时，除了给出枚举值列表，还可以提供任意多个需要的属性和方法，这样就给设计者提供了进行创造性类设计的机会。

> **重要概念**：在枚举类型的定义中可以增加属性和方法。

自测题

SR7.17　根据本节中所定义的枚举类型 Season，下列代码段的输出结果是什么？

```
Season time1, time2;
time1 = Season.winter;
time2 = Season.summer;
System.out.println(time1);
System.out.println(time2.name());
System.out.println(time1.ordinal());
System.out.println(time2.getSpan());
```

7.7　方法设计

完成类的识别及其基本职责的分派后，对方法的设计将决定类如何具体、准确地定义自己的行为。有些方法简单直接，无须过多思考；有些方法则更有趣且需要精心设计。

算法是对解决一个问题的步骤和过程的描述。食谱就是一个算法的例子，旅游指南也是。每个方法将实现一个算法，而算法决定了方法如何实现它的最终目标。

通常用伪码来描述算法，伪码是一种形式语句和英语短语相结合的表达方式。伪码提供了足够的控制结构来描述代码如何操作，但不会陷入具体编程语言的语法细节中，或者过早地受限于具体编程语言的结构特性。

本节将在方法层面讨论程序设计的两个重要问题：方法分解，以及将对象作为方法参数时所涉及的有关概念。

7.7.1　方法分解

有时，一个对象提供的服务可能太复杂，不适于用一个方法来实现这个服务。因此，需要将一个方法分解为多个方法，使得软件设计更容易理解。作为例子，下面分析一个将英语句子翻译成儿童黑话（Pig Latin）的程序。

┌───┐
│ **重要概念**：可以将对象提供的一个复杂服务，分解为由多个方法支持的简单服务。 │
└───┘

　　儿童黑话是一种混搭型语言，通过对每个英语单词的修改来构成该语言的单词。一般的规则是将原单词的第一个发音字母移到该单词的结尾处并添加"ay"。例如，单词"happy"会被写成"appyhay"并按该新词发音；单词"birthday"将写成"irthdaybay"。以元音开头的单词，只需简单地在单词结尾处添加"yay"。例如，单词"enough"会变为"enoughyay"。对于以辅音(例如，"ch"和"st")开头的单词，则将辅音移到单词的结尾处并添加"ay"。因此，单词"grapefruit"将变成"apefruitgray"。

　　例 7.13 所示的 PigLatin 程序读入一个或多个句子，然后将其翻译成儿童黑话。

　　例 7.13

```
1   //********************************************************************
2   // PigLatin.java      Author: Lewis/Loftus
3   //
4   // Demonstrates the concept of method decomposition.
5   //********************************************************************
6
7   import java.util.Scanner;
8
9   public class PigLatin
10  {
11     //-----------------------------------------------------------------
12     // Reads sentences and translates them into Pig Latin.
13     //-----------------------------------------------------------------
14     public static void main(String[] args)
15     {
16        String sentence, result, another;
17
18        Scanner scan = new Scanner(System.in);
19
20        do
21        {
22           System.out.println();
23           System.out.println("Enter a sentence (no punctuation):");
24           sentence = scan.nextLine();
25
26           System.out.println();
27           result = PigLatinTranslator.translate(sentence);
28           System.out.println("That sentence in Pig Latin is:");
29           System.out.println(result);
30
31           System.out.println();
32           System.out.print("Translate another sentence (y/n)? ");
33           another = scan.nextLine();
34        }
35        while (another.equalsIgnoreCase("y"));
36     }
37  }
```

输出

```
Enter a sentence (no punctuation):
Do you speak Pig Latin
That sentence in Pig Latin is:
oday ouyay eakspay igpay atinlay

Translate another sentence (y/n)?  y

Enter a sentence (no punctuation):
Play it again Sam

That sentence in Pig Latin is:
ayplay ityay againyay amsay

Translate another sentence (y/n)?  n
```

在 PigLatin 程序的背后，真正完成翻译工作的是 PigLatinTranslator 类。例 7.14 列出了 PigLatinTranslator 类的代码，它提供了一个功能性服务，即静态方法 translate，该方法接收一个字符串并翻译成儿童黑话。注意，PigLatinTranslator 类没有构造方法，因为这个问题中不需要它。

例 7.14

```java
1    //**********************************************************************
2    // PigLatinTranslator.java         Author: Lewis/Loftus
3    //
4    // Represents a translator from English to Pig Latin. Demonstrates
5    // method decomposition.
6    //**********************************************************************
7
8    import java.util.Scanner;
9
10   public class PigLatinTranslator
11   {
12      //----------------------------------------------------------------
13      // Translates a sentence of words into Pig Latin.
14      //----------------------------------------------------------------
15      public static String translate(String sentence)
16      {
17         String result = "";
18
19         sentence = sentence.toLowerCase();
20
21         Scanner scan = new Scanner(sentence);
22
23         while (scan.hasNext())
24         {
25            result += translateWord(scan.next());
26            result += " ";
27         }
```

```
28
29              return result;
30          }
31
32          //-------------------------------------------------------------
33          // Translates one word into Pig Latin. If the word begins with a
34          // vowel, the suffix "yay" is appended to the word. Otherwise,
35          // the first letter or two are moved to the end of the word,
36          // and "ay" is appended.
37          //-------------------------------------------------------------
38          private static String translateWord(String word)
39          {
40              String result = "";
41
42              if (beginsWithVowel(word))
43                  result = word + "yay";
44              else
45                  if (beginsWithBlend(word))
46                      result = word.substring(2) + word.substring(0,2) + "ay";
47              else
48                      result = word.substring(1) + word.charAt(0) + "ay";
49
50              return result;
51          }
52
53          //-------------------------------------------------------------
54          // Determines if the specified word begins with a vowel.
55          //-------------------------------------------------------------
56          private static boolean beginsWithVowel(String word)
57          {
58              String vowels = "aeiou";
59
60              char letter = word.charAt(0);
61
62              return (vowels.indexOf(letter) != -1);
63          }
64
65          //-------------------------------------------------------------
66          // Determines if the specified word begins with a particular
67          // two-character consonant blend.
68          //-------------------------------------------------------------
69          private static boolean beginsWithBlend(String word)
70          {
71              return ( word.startsWith("bl") || word.startsWith("sc") ||
72                       word.startsWith("br") || word.startsWith("sh") ||
73                       word.startsWith("ch") || word.startsWith("sk") ||
74                       word.startsWith("cl") || word.startsWith("sl") ||
75                       word.startsWith("cr") || word.startsWith("sn") ||
76                       word.startsWith("dr") || word.startsWith("sm") ||
```

```
77                word.startsWith("dw") || word.startsWith("sp") ||
78                word.startsWith("fl") || word.startsWith("sq") ||
79                word.startsWith("fr") || word.startsWith("st") ||
80                word.startsWith("gl") || word.startsWith("sw") ||
81                word.startsWith("gr") || word.startsWith("th") ||
82                word.startsWith("kl") || word.startsWith("tr") ||
83                word.startsWith("ph") || word.startsWith("tw") ||
84                word.startsWith("pl") || word.startsWith("wh") ||
85                word.startsWith("pr") || word.startsWith("wr") );
86       }
87   }
```

　　将整个句子翻译为儿童黑话的操作具有一定的复杂度。如果写成一个很大的方法，代码将会很长且难于阅读。PigLatinTranslator 类给出了一个更好的解决方案，将 translate 方法分解为若干个方法，共同支持翻译任务的完成。

　　translate 方法利用 Scanner 对象，将一个字符串分解为多个单词。回忆第 3 章讨论的 Scanner 类，它的一个作用就是将字符串分解为更小的元素（可称为标记）。本例中，句子中的单词由空格分隔，因此可利用作为默认定界符的空白符来分隔单词。此外，PigLatin 程序假设输入的句子中不含标点符号。

　　translate 方法将每个单词传递给具备 private 可见性的支持方法 translateWord 进行翻译。但是，翻译一个单词的工作仍然有些棘手，因此 translateWord 方法再利用两个私有方法 beginsWithVowel 和 beginsWithBlend，协助翻译单词。

　　beginsWithVowel 方法返回一个布尔值，表明待翻译的单词是否以元音开头。注意，这个方法并不是分别检查每个元音，而是先声明一个含有所有元音的字符串，然后调用 String 方法 indexOf，确定单词的第一个字符是否在元音字符串中。如果没有找到指定的字符，该方法返回−1。

　　beginsWithBlend 方法也返回一个布尔值，它的方法体只有一条 return 语句，该语句包含一个很长的表达式，多次调用 String 类的 startsWith 方法。如果其中一次 startsWith 方法调用返回 true，则 beginsWithBlend 方法也将返回 true。

　　注意，translateWord、beginsWithVowel 和 beginsWithBlend 方法都声明为私有的。因为这些方法并不是为了直接在 PigLatinTranslator 类外部给客户提供服务，而是为了协助 translate 方法完成单词翻译，在 PigLatinTranslator 类中只有 translate 方法才是类提供的唯一服务。将上述三个方法声明为 private 可见性，就可防止从类的外部调用它们。例如，如果 PigLatin 类的 main 方法试图调用 translateWord 方法，编译器将发出错误信息。

　　图 7.4 展示了 PigLatin 程序的 UML 类图。注意图中标识各种方法可见性的符号。

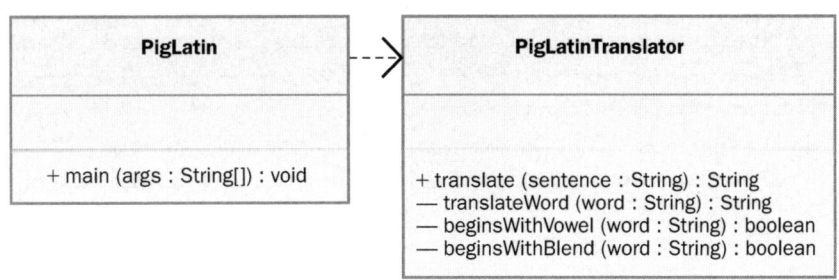

图 7.4　PigLatin 程序的 UML 类图

每当一个方法比较庞大或者复杂时，就应该考虑将它分解成多个方法，以建立一个易理解的类结构设计。当然，首先必须从整个系统的角度，全面考虑如何定义其他的类和对象，从而构建一个更好的系统。在面向对象设计中，方法分解必须服从对象分解的需求。

7.7.2　方法参数的传递

另一个与方法设计有关的重要问题是方法参数的传递方式。在 Java 中，所有参数以传值的方式传递，即调用方法时，实际参数的当前值将复制给方法声明首部中的形参。第 4 章曾经提到过这个问题，本节将更进一步深入探讨它。

参数传递实质上类似一条赋值语句，将实参保存值的副本赋给形参。在方法内部修改形参时需要考虑一个问题，形参只是实参的一个副本，所以对形参的任何修改都不会影响实参。当执行控制返回到调用方法后，实参的值仍保持为方法调用前的值。

然而，当将对象传递给方法时，实际上传递的是这个对象的引用，复制给形参的值是对象的地址，因此形参名和实参名相互成为对方的别名。如果通过被调方法内的形参引用而改变了对象的状态，同时也就改变了由实参引用的对象，因为形参和实参引用的是同一个对象。但是，如果改变形参引用本身(例如，使形参指向一个新的对象)，则并不会影响实参，实参仍然指向原对象。

> **重要概念：** 将对象传递给方法时，形参和实参相互成为对方的别名。

例 7.15 所示的程序描述了传递不同参数的差异。请仔细跟踪程序的处理过程，注意程序的输出结果。ParameterTester 类中的 main 方法调用 ParameterModifier 对象中的 changeValues 方法。传递给 changeValues 方法的三个参数中，有两个是 Num 对象，每个对象都仅仅保存一个整型值，另一个参数是基本类型整数值。

例 7.15

```
 1    //************************************************************************
 2    // ParameterTester.java        Author: Lewis/Loftus
 3    //
 4    // Demonstrates the effects of passing various types of parameters.
 5    //************************************************************************
 6
 7    public class ParameterTester
 8    {
 9       //--------------------------------------------------------------------
10       // Sets up three variables (one primitive and two objects) to
11       // serve as actual parameters to the changeValues method. Prints
12       // their values before and after calling the method.
13       //--------------------------------------------------------------------
14       public static void main(String[] args)
15       {
16          ParameterModifier modifier = new ParameterModifier();
17
18          int a1 = 111;
19          Num a2 = new Num(222);
20          Num a3 = new Num(333);
```

```
21
22              System.out.println("Before calling changeValues:");
23              System.out.println("a1\ta2\ta3");
24              System.out.println(a1 + "\t" + a2 + "\t" + a3 + "\n");
25
26              modifier.changeValues(a1, a2, a3);
27
28              System.out.println("After calling changeValues:");
29              System.out.println("a1\ta2\ta3");
30              System.out.println(a1 + "\t" + a2 + "\t" + a3 + "\n");
31      }
32  }
```

输出

```
Before calling changeValues
a1        a2        a3
111       222       333

Before changing the values:
f1        f2        f3
111       222       333

After changing the values:
f1        f2        f3
999       888       777

After calling changeValues:
a1        a2        a3
111       888       333
```

例 7.16 给出了 ParameterModifier 类的代码，例 7.17 给出了 Num 类的代码。在 changeValues 方法中修改了三个形参：将整型参数 f1 设置为新值 999；第一个 Num 对象参数 f2 调用自己的 setValue 方法，将存放在对象中的值改变为 888；第二个 Num 对象参数 f3 被赋予一个新创建的 Num 对象。上述形参的变化反映在 changeValues 方法最后的输出结果中。

例 7.16

```
1   //************************************************************
2   // ParameterModifier.java         Author: Lewis/Loftus
3   //
4   // Demonstrates the effects of changing parameter values.
5   //************************************************************
6
7   public class ParameterModifier
8   {
9      //----------------------------------------------------------
10     // Modifies the parameters, printing their values before and
11     // after making the changes.
12     //----------------------------------------------------------
13     public void changeValues(int f1, Num f2, Num f3)
14     {
```

```
15          System.out.println("Before changing the values:");
16          System.out.println("f1\tf2\tf3");
17          System.out.println(f1 + "\t" + f2 + "\t" + f3 + "\n");
18
19          f1 = 999;
20          f2.setValue(888);
21          f3 = new Num(777);
22
23          System.out.println("After changing the values:");
24          System.out.println("f1\tf2\tf3");
25          System.out.println(f1 + "\t" + f2 + "\t" + f3 + "\n");
26      }
27  }
```

例 7.17

```
1   //********************************************************************
2   // Num.java       Author: Lewis/Loftus
3   //
4   // Represents a single integer as an object.
5   //********************************************************************
6
7   public class Num
8   {
9       private int value;
10
11      //-----------------------------------------------------------------
12      // Sets up the new Num object, storing an initial value.
13      //-----------------------------------------------------------------
14      public Num(int update)
15      {
16          value = update;
17      }
18
19      //-----------------------------------------------------------------
20      // Sets the stored value to the newly specified value.
21      //-----------------------------------------------------------------
22      public void setValue(int update)
23      {
24          value = update;
25      }
26
27      //-----------------------------------------------------------------
28      // Returns the stored integer value as a string.
29      //-----------------------------------------------------------------
30      public String toString()
31      {
32          return value + "";
33      }
34  }
```

注意分析 changeValues 方法返回后程序输出的最终值：第一个参数的整型原始值并未改变，因为 changeValues 方法中改变的是实参的副本；最后一个参数仍然引用原来的对象，保持对象的原始值不变，因为在 changeValues 方法中创建的新 Num 对象仅仅由形参引用。当方法返回时，将销毁形参，并且将形参引用的对象标记为回收垃圾；唯一的"永久性"改变，是第二个 Num 对象参数的状态值。图 7.5 描述了 ParameterTesting 程序的逐步处理过程。

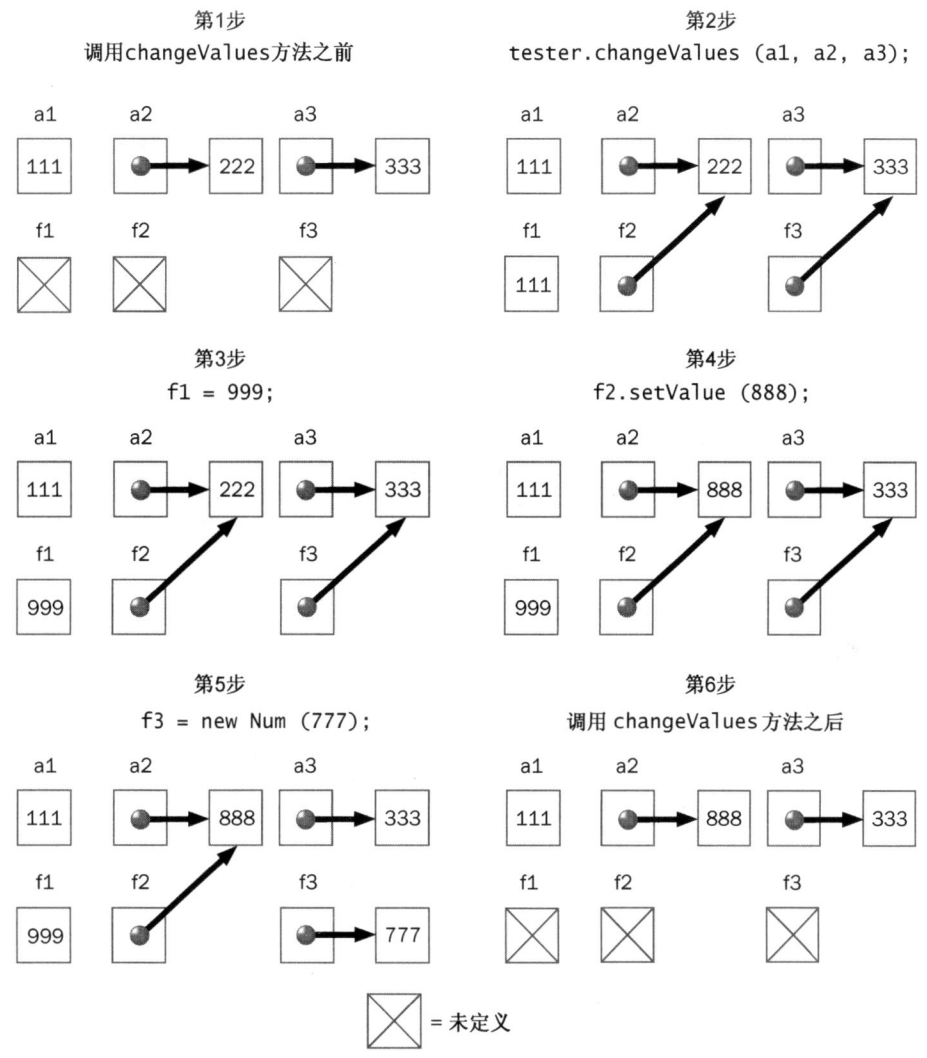

图 7.5　追踪 ParameterTesting 程序中的参数变化

自测题

SR7.18　什么是方法分解？

SR7.19　回答关于 PigLatinTranslator 类的问题：

　　a. 为什么没有定义构造方法？

　　b. 为什么定义一些私有方法？

　　c. 在 translate 方法中声明了一个 Scanner 对象，它用于扫描什么？

SR7.20 当用下列实参调用 translate 方法时，PigLatinTranslator 类各方法的调用/返回的顺序是
怎样的？

a. `"animal"`

b. `"hello"`

c. `"We are the champions"`

SR7.21 如何将对象作为参数进行传递？

7.8 方法重载

当调用方法时，控制流程将转移到被调方法的代码去执行。方法执行结束后，控制再返回到调
用方法，继续执行后续的代码。

通常，方法名称就足以指明调用的是哪一个方法。但是，在 Java 及其他一些面向对象的语言
中，可以使用具有不同参数表的相同方法名调用多个方法。这种技术称为方法重载。当需要对不同
类型的数据执行类似的方法时，这种技术非常有用。

编译器必须将每个调用与特定的方法声明相关联。如果两个或更多的方法名是相同的，则需要
额外的信息来唯一区分所调用的方法。在 Java 中，只要参数个数、参数类型或参数顺序不同，就
可以将一个方法名用于多个方法。

重要概念： 一个重载方法的不同版本可以由方法的参数个数、参数类型及参数顺序来区分。

例如，声明一个 sum 方法如下：

```
public int sum(int num1, int num2)
{
    return num1 + num2;
}
```

然后，再声明一个方法，方法名仍为 sum：

```
public int sum(int num1, int num2, int num3)
{
    return num1 + num2 + num3;
}
```

当调用 sum 方法时，编译器将根据调用参数的个数确定执行哪一个版本的 sum 方法。例如，
下面的调用语句将调用 sum 方法的第二个版本：

```
sum(25, 69, 13);
```

方法名及方法的参数个数、类型和顺序称为方法签名。编译器依据完整的方法签名，将一个方
法调用和适当的方法定义代码绑定在一起。

编译器必须能够检查方法调用时的方法签名，以确定应该调用的方法。如果试图指定两个具有
相同签名的方法，则编译器将发出方法调用不适当的错误信息，并且不会产生可执行程序代码。调
用方法时，不允许存在歧义。

注意，方法的返回类型不是方法签名的组成部分，即两个重载方法的差别，不能仅仅只是返回
值的类型不同。这是因为，方法的返回值可以被调用语句忽略，这时编译器无法区分应该引用哪一
个版本的方法。

println 方法正是一个多次重载的例子，每个 println 方法接收一种数据类型。下面是一些 println 方法签名：

- `println(String s)`
- `println(int i)`
- `println(double d)`
- `println(char c)`
- `println(boolean b)`

下面的两行代码，实际上调用了具有相同方法名的不同方法：

```
System.out.println("Number of students:");
System.out.println(count);
```

第一行调用 println 方法接收字符串参数的版本。假设 count 是一个整型变量，那么第二行调用 println 方法接收整型参数的版本。

经常可使用一条 println 语句输出几个不同类型的数据，例如：

```
System.out.println("Number of students: " + count);
```

注意，在上述例子中，"+" 是一个字符串拼接运算符，其操作过程是首先将 count 变量中的值转换为字符串，然后再将两个字符串拼接成一个长字符串。因此，最终调用的是 println 方法接收字符串参数的版本。

构造方法也可以重载，并且经常如此。通过提供多种版本的构造方法，可使得创建对象的方式多样化。

自测题

SR7.22　重载的方法彼此如何区分？

SR7.23　对于下列每组方法首部来说，是否可以区分方法签名？如果不可以，请给出理由。

```
a. String describe(String name, int count)
   String describe(int count, String name)
b. void count( )
   int count( )
c. int howMany(int compareValue)
   int howMany(int ceiling)
d. boolean greater(int value1)
   boolean greater(int value1, int value2)
```

SR7.24　对于 7.7 节中给出的 Num 类，定义一个重载的构造方法，它没有参数并将 value 的值设为 0。

7.9　测试

术语"测试"可以通过多种方式应用于软件开发。测试当然包含它的传统定义：针对不同的输入数据运行已完成编码的程序并发现问题的活动。此外，测试还包含系统评价工作，即由人或机器所完成的、对改进系统质量的评估。这些评价工作应当在编写代码之前很早就开始进行。

测试的目标是发现错误。通过发现并修正错误，逐步提高程序质量。存在很大的可能性发生、以后将被发现的错误在程序开发期间一直隐藏着。错误发现得越早，修改错误越容易且成本越低。因此，尽可能早地投入时间揭示问题，所付出的努力是完全值得的。

对特定的输入数据运行程序并得到正确结果，这只能说明程序对于这种输入数据能正常工作。随着执行越来越多的测试用例而没有发现错误，我们对程序的信心也随之逐步提高，但是绝不能确信所有的错误都已经消除，因为总是可能还存在仍未发现的错误。因此，以尽可能多的方式及精心设计的测试用例来彻底地测试程序是非常重要的。

> **重要概念：** 程序测试无法保证程序已没有错误存在。

要验证程序的正确性也是可能的，但这种验证技术对于一个大型系统是非常复杂的，况且验证过程本身也可能存在错误。因此，人们通常只是依靠测试来确定和评价程序的质量。

一旦知道存在某个错误，就需要找出其原因并修改它。当解决完该错误导致的问题后，应当重新运行以前的测试，确保修改的过程中没有产生新的错误。这种技术称为回归测试。

7.9.1　评审

一种用于评价程序设计和代码的技术称为评审。评审过程将举行会议，参会人员仔细地审阅设计文档或程序代码段，开发人员陈述自己的设计或代码，同时也能让自己更仔细地思考已做的设计，并听取其他人的建议。参会人员讨论设计或代码的优缺点，列出必须考虑解决的问题清单。评审的目的是发现而不是解决问题，解决问题将花费更多的时间。

进行设计评审时，应当考查设计是否完整地考虑了所有的需求，并且还要对系统分解为类和对象的方法进行评估。评审代码时，应当考查设计是否忠实地满足需求，以及代码如何彻底地实现设计。评审的任务，是找出任何会导致设计或实现不能履行其职责的具体问题。

有时将评审称为走查，因为它的目标是一步一步地仔细审阅文档并评价每一部分代码。

7.9.2　缺陷测试

由于测试的目的是发现错误，因此常称为缺陷测试。如果将测试目的牢记在心，就可理解一个成功的测试，应该是能够发现程序中任何不完善之处的测试。这一点似乎有些奇怪，因为我们根本不希望系统有问题。但是错误几乎是肯定存在的，测试是努力尝试各种方式去发现错误。开发人员要通过发现和修正错误来增强系统的可靠性，而不是将错误留给用户去发现。

> **重要概念：** 成功的测试就是能够发现错误的测试。

一个测试用例由一组输入数据、用户的操作或其他初始条件，以及预期的输出结果构成。应该将测试用例形成规范的文档，以便将来需要时能够进行重复测试。开发人员通常会建立一套完整的测试方案，它由一组覆盖了系统各个方面的测试用例组成。

> **重要概念：** 对程序所有可能的输入数据和用户操作进行穷尽式的测试，这是不现实的。

由于程序的输入数据是大量的，试图为所有可能的输入数据或用户操作建立测试用例是不现实的，并且测试每一种情况也不是必要的。可能会有两种测试用例非常类似，但实际上二者测试的是系统的同一类问题。如果两种测试都进行，则将是时间和人力的浪费。最好是执行一个测试用例，这个用例能以某种方式着重测试系统的某方面问题。因此，测试用例需要精心设计和选择。下面分析两种缺陷测试的方法：黑盒测试和白盒测试。

顾名思义，黑盒测试是将被测试的程序视为一个黑盒子。在黑盒测试中，设计测试用例时不考虑系统的内部工作方式。黑盒测试基于输入和输出数据。对于一个完整的系统，可以用黑盒测试技术进行测试，测试用例中的输入是用户提供的信息和用户的操作（如按下按钮）。只有当输入产生了预期的输出时，测试用例才是成功的。对于类，也可以用黑盒技术进行测试，这时黑盒测试的着重点是类的系统接口（类的公有方法）。通过接口传递一定的参数，应产生指定的结果。黑盒测试用例常常可以由系统的需求分析或方法的功能描述直接导出。

黑盒测试用例的输入数据，通常是通过定义等价类来挑选的。等价类是一个期望能产生相近的输出信息的输入集。通常而言，如果方法对等价类中的一个输入数据能正常处理，就可以完全相信，这个方法也能够正确地处理等价类中的其他数据。例如，一个用于计算整型数的平方根的方法，它的整型输入数据可以分为两个等价类：非负整型数和负整型数。如果这个方法能正确计算出一个非负整型数的平方根值，它就能够正确计算所有非负整型数的平方根值。同样，如果它能正确计算一个负整型数的平方根值，也就能够正确计算所有负整型数的平方根值。

等价类有边界值定义。由于一个等价类中的所有值实质上用于测试系统的同一特征，因此只需等价类边界值中的一个测试用例即可。然而，由于程序设计常发生"差 1 错误"，所以对于边界值或靠近边界的值，应该进行穷尽测试。对于整型数边界，一个好的测试方案至少应包括三种测试数据：边界值、边界值减 1 和边界值加 1。此外，还应定义一些测试用例，输入数据不仅要包含上述三个值，还要从等价类中至少取一个值。

下面是一个例子。考虑一个方法，该方法的功能是验证一个整型值是否在 0～99 的范围内（包括二者）。对于这个问题存在三个等价类：小于 0 的值、0～99 之间的值、大于 99 的值。黑盒测试要求，测试值应取边界附近和边界上的值，以及等价类内部的一些普通值。因此，上述问题的一组黑盒测试用例输入值可取为：-500，-1，0，1，50，98，99，100，500。

白盒测试也称为玻璃盒测试，它用于测试一个方法的内部结构和实现。白盒测试用例以代码逻辑为基础。白盒测试的目标，是保证程序中的每一条路径至少执行一次。白盒测试需涵盖代码所有可能的路径，并确保测试用例能使每条路径得以执行。因此，这类测试也常被称为语句覆盖。

代码执行的路径由各种使用条件表达式的流程控制语句（如 if 语句）来控制。为了使程序中的每条路径至少执行一次，测试用例中的输入数据需要控制条件表达式的值。测试用例中的输入数据应当至少导致 if 语句条件表达式的值有一次为 true，有一次为 false。包含 if 语句的 true 值和 false 值，可确保由 if 语句控制的两条路径都能执行。对于循环语句和其他控制语句，也需要建立类似的测试用例。

在黑盒测试和白盒测试中，应该在执行测试之前先预测出每一个测试的期望输出。如果没有认真地事先确定测试应产生的结果，则很容易将不正确的测试结果误认为是正确的。

自测题

SR7.25　将下列术语与所对应的描述精确匹配。

　　黑盒测试，缺陷测试，回归测试，评审，测试用例，测试方案，走查，白盒测试

　　a. 在程序修改后重新运行以前的测试用例，确保修改过程没有产生新的错误。

　　b. 由多人参与讨论且评价软件设计和代码的会议。

　　c. 逐步审阅文档，并评价每部分代码的审查方式。

d. 测试的目的是发现系统的缺陷。

e. 对一段被测试代码的输入及期望输出的描述。

f. 一组覆盖了系统各个方面的测试用例。

g. 这种测试方法中的测试用例仅基于系统的需求。

h. 对于这种测试方法中的测试用例，需要考虑系统的内部逻辑结构。

7.10　GUI 设计

当我们专注于如何创建图形用户界面的细节时，有时可能会失去对界面的整体把握。在继续讲解如何创建图形用户界面时，一定要记住我们的目标是解决问题。确切地说，就是要创建一个有用的软件。详细了解组件、事件和其他语言元素，只是给出了创建图形用户界面的工具，还必须根据下述良好的 GUI 程序设计基本思想来指导运用这些知识：

- 了解用户
- 预防用户犯错误
- 优化提供给用户的功能
- 保持设计一致性

> **重要概念：**设计任何 GUI 程序都必须坚持一致性和可用性原则。

软件设计者必须了解用户需求和可能的动作，以便设计出能更好地满足用户要求的软件界面。请记住，对于用户来说，界面就是软件。界面是用户与系统交互的唯一途径，所以图形界面应该满足用户的需求。

在设计软件界面时，应该尽最大可能让用户少犯错误。在很多情况下，为了完成一个特定的功能，可以从多个可选控件中选择一个。应该选择能预防不适当的动作和避免非法输入的控件。例如，如果输入值是一个数据集合中的某一个数，则应该使用保证用户只能选择一个有效数据的控件。也就是限制用户只能从少量的几个合法选项中选择一个。如使用一组单选钮，就比让用户在一个单行文本框中输入任意的、可能非法的数据要好。

用户并不都是相同的。一般来说，某些人可能比其他人更习惯使用某一特定 GUI 或 GUI 控件。我们应按适应性最广为理念来设计界面。比如，只要合理，就应该提供快捷方式。除了定义一些常规的动作让用户完成某项任务，还应当提供更多的方式完成相同的任务。使用键盘快捷键(助记符)就是一个很好的例子。有时，这些额外的机制不太直观，但对于有经验的用户来说会更方便。

最后，在设计大型系统或是在公用环境下设计多套系统时，保持一致性是很重要的。用户会习惯于特定的组织方式或颜色配置，不要随意改变这类界面设计风格。

自测题

SR7.26　本节介绍的 GUI 基本设计规范是什么？

SR7.27　良好的用户界面设计为什么如此重要？

7.11　鼠标事件

本节研究操作鼠标时的相关事件，如图 7.6 所示。鼠标的坐标值是在事件发生时通过事件对象获取的。

鼠标事件	描　述
鼠标按下	鼠标键被按下
鼠标释放	鼠标键被松开
鼠标单击	在同一个节点按下并释放鼠标左键
鼠标进入	鼠标指针移动进入(经过)一个节点
鼠标退出	鼠标指针移出一个节点
鼠标移动	鼠标发生移动
鼠标拖曳	按下鼠标左键不松开,同时移动鼠标

图 7.6　JavaFX 鼠标事件

如果单击鼠标时,指针位于某个 JavaFX 节点上,则会发生三个事件:一个事件产生于鼠标被按下时(鼠标按下事件),另外两个事件产生于鼠标被松开时(鼠标释放事件和鼠标单击事件)。

当鼠标指针进入某个组件的图形区域时,该节点将产生鼠标进入事件。反过来,当鼠标指针移出节点时,发生的是鼠标退出事件。

重要概念:移动和单击鼠标都会产生程序可以响应的事件。

移动鼠标时,会发生一系列的鼠标移动事件。开始移动鼠标时,如果按下了鼠标左键,则产生的是鼠标拖动事件。移动鼠标的过程中,这些事件发生得非常快,使得程序能够跟踪和响应鼠标的持续移动。

对于每一个鼠标事件,都有相应的便利方法用来设置处理器,比如 setOnMousePressed 方法、setOnMouseReleased 方法等。

例 7.18 中的程序响应一个鼠标事件。在场景中的任意位置单击鼠标时,就会显示一条从左上角原点 $(0,0)$ 到指针处的线。此外,还会计算并显示两点之间的距离。

例 7.18

```
1    import javafx.application.Application;
2    import javafx.scene.Group;
3    import javafx.scene.Scene;
4    import javafx.scene.input.MouseEvent;
5    import javafx.scene.paint.Color;
6    import javafx.scene.shape.Line;
7    import javafx.scene.text.Text;
8    import javafx.stage.Stage;
9
10   //********************************************************************
11   // ClickDistance.java          Author: Lewis/Loftus
12   //
13   // Demonstrates the handling of a mouse click event.
14   //********************************************************************
15
16   public class ClickDistance extends Application
17   {
18       private Line line;
19       private Text distanceText;
20
```

```
21    //-------------------------------------------------------------
22    // Shows the distance between the origin (0, 0) and the point where
23    // the mouse is clicked.
24    //-------------------------------------------------------------
25    public void start(Stage primaryStage)
26    {
27        line = new Line(0, 0, 0, 0);
28        distanceText = new Text(150, 30, "Distance:  --");
29
30        Group root = new Group(distanceText, line);
31
32        Scene scene = new Scene(root, 400, 300, Color.LIGHTYELLOW);
33
34        scene.setOnMouseClicked(this::processMouseClick);
35
36    primaryStage.setTitle("Click Distance");
37    primaryStage.setScene(scene);
38    primaryStage.show();
39    }
40
41    //-------------------------------------------------------------
42    // Resets the end point of the line to the location of the mouse
43    // click event and updates the distance displayed.
44    //-------------------------------------------------------------
45    public void processMouseClick(MouseEvent event)
46    {
47        double clickX = event.getX();
48        double clickY = event.getY();
49
50        line.setEndX(clickX);
51        line.setEndY(clickY);
52
53        double distance = Math.sqrt(clickX * clickX + clickY * clickY);
54
55        String distanceStr = String.format("%.2f", distance);
56        distanceText.setText("Distance: " + distanceStr);
57    }
58 }
```

显示

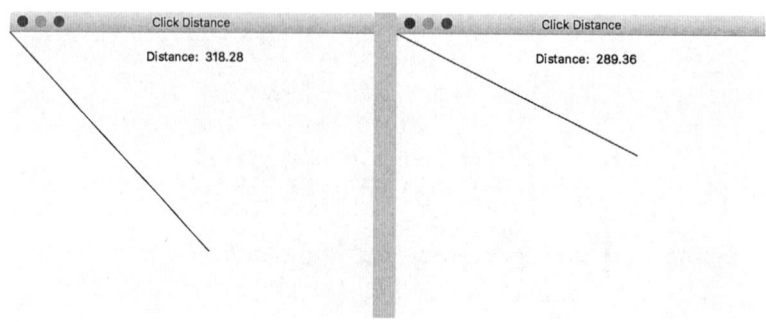

processMouseClick 方法充当事件处理器，传递给它的是代表事件的 MouseEvent 对象。调用事

件的 getX 方法和 getY 方法，可返回点击时鼠标位置的坐标。利用这些值，就确定了线的端点，与原点的距离也能计算出来并显示。

下面的示例响应两个鼠标事件。例 7.19 中的 RubberLines 程序允许用户在两个点之间画一条线，其中一个端点是通过单击鼠标确定的，拖动鼠标到达另一个端点。拖动鼠标时，会不断地画线，就好像是用户在"拉伸"这条线一样。这种效果称为"橡皮筋线"。

例 7.19

```java
 1   import javafx.application.Application;
 2   import javafx.scene.Group;
 3   import javafx.scene.Scene;
 4   import javafx.scene.input.MouseEvent;
 5   import javafx.scene.paint.Color;
 6   import javafx.scene.shape.Line;
 7   import javafx.stage.Stage;
 8
 9   //********************************************************************
10   // RubberLines.java       Author: Lewis/Loftus
11   //
12   // Demonstrates the handling of mouse press and mouse drag events.
13   //********************************************************************
14
15   public class RubberLines extends Application
16   {
17       private Line currentLine;
18       private Group root;
19
20       //-----------------------------------------------------------
21       // Displays an initially empty scene, waiting for the user to
22       // draw lines with the mouse.
23       //-----------------------------------------------------------
24       public void start(Stage primaryStage)
25       {
26           root = new Group();
27
28           Scene scene = new Scene(root, 500, 300, Color.BLACK);
29
30           scene.setOnMousePressed(this::processMousePress);
31           scene.setOnMouseDragged(this::processMouseDrag);
32
33           primaryStage.setTitle("Rubber Lines");
34           primaryStage.setScene(scene);
35           primaryStage.show();
36       }
37       //-----------------------------------------------------------
38       // Adds a new line to the scene when the mouse button is pressed.
39       //-----------------------------------------------------------
40       public void processMousePress(MouseEvent event)
41       {
```

```
42        currentLine = new Line(event.getX(), event.getY(), event.getX(),
43            event.getY());
44        currentLine.setStroke(Color.CYAN);
45        currentLine.setStrokeWidth(3);
46        root.getChildren().add(currentLine);
47    }
48
49    //-----------------------------------------------------------------
50    // Updates the end point of the current line as the mouse is
51    // dragged, creating the rubber band effect.
52    //-----------------------------------------------------------------
53    public void processMouseDrag(MouseEvent event)
54    {
55        currentLine.setEndX(event.getX());
56        currentLine.setEndY(event.getY());
57    }
58 }
```

显示

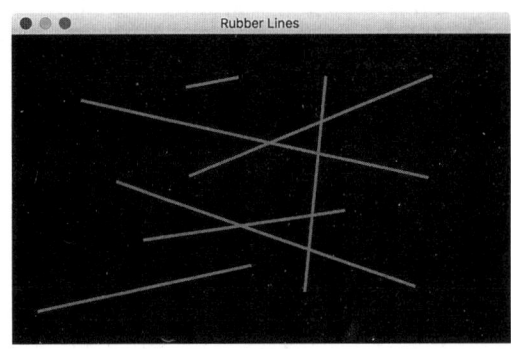

> **重要概念:** "橡皮筋线"是一种视觉效果,当图形被鼠标拖曳时表现出伸缩状态,就产生了这种效果。

这个程序中有两个事件处理器: 一个处理鼠标按下事件,另一个处理鼠标拖动事件。按下鼠标时,会新创建一个 Line 对象,并将它添加到场景的根节点中。最初的线只有 1 像素长,对应于鼠标的位置。

拖动鼠标时,会产生多个鼠标拖动事件。线的另一个端点会被实时更新成鼠标指针的当前位置。位置的改变会快速发生,看起来就好像是线被拉伸了一样。释放鼠标时,就停止了这种拖动效果,从而固定了线的最终位置。如果愿意,还可以画另外的线。

自测题

SR7.28　单击鼠标时,发生了哪些事件?

SR7.29　如果鼠标指针从窗口中的一个位置移动到另一个位置,会发生哪些事件?

SR7.30　发生鼠标事件时,如何获取鼠标的位置?

7.12　按键事件

当按下一个键时，会产生按键事件。按键事件使程序可以在用户按下某个键（比如，方向键）时马上做出响应。处理按键事件时，没有必要等待用户按回车键，因为它是另外一种键盘输入情形。

> **重要概念：**按键事件可以让程序快速响应用户按下的键盘键。

图 7.7 中给出了三种类型的按键事件。setOnKeyPressed、setOnKeyReleased 和 setOnKeyTyped 方法可分别用来充当这些方法的事件处理器。

按键事件	描　　述
键按下	键盘上的键被按下
键释放	键盘上的键被释放
键输入	输入了键盘上的一个字符（按下并释放）

图 7.7　JavaFX 按键事件

键输入事件与其他两个稍有不同，它不是底层平台的一种功能。只有当按下的键为 Unicode 字符键时，才会产生键输入事件。

例 7.20 中的程序响应键击事件。它显示的外星人图像可以用箭头键在屏幕上移动。例如，若按下的是上箭头键，则外星人会立即上移。

例 7.20

```
 1    import javafx.application.Application;
 2    import javafx.scene.Group;
 3    import javafx.scene.Scene;
 4    import javafx.scene.image.Image;
 5    import javafx.scene.image.ImageView;
 6    import javafx.scene.input.KeyEvent;
 7    import javafx.scene.paint.Color;
 8    import javafx.stage.Stage;
 9
10    //*********************************************************************
11    // AlienDirection.java          Author: Lewis/Loftus
12    //
13    // Demonstrates the handling of keyboard events.
14    //*********************************************************************
15
16    public class AlienDirection extends Application
17    {
18        public final static int JUMP = 10;
19
20        private ImageView imageView;
21
22        //-----------------------------------------------------------------
23        // Displays an image that can be moved using the arrow keys.
24        //-----------------------------------------------------------------
```

```
25    public void start(Stage primaryStage)
26    {
27        Image alien = new Image("alien.png");
28
29        imageView = new ImageView(alien);
30        imageView.setX(20);
31        imageView.setY(20);
32
33        Group root = new Group(imageView);
34
35        Scene scene = new Scene(root, 400, 200, Color.BLACK);
36        scene.setOnKeyPressed(this::processKeyPress);
37
38        primaryStage.setTitle("Alien Direction");
39        primaryStage.setScene(scene);
40        primaryStage.show();
41    }
42
43    //---------------------------------------------------------------
44    // Modifies the position of the image view when an arrow key is
45    // pressed.
46    //---------------------------------------------------------------
47    public void processKeyPress(KeyEvent event)
48    {
49        switch (event.getCode())
50        {
51            case UP:
52                imageView.setY(imageView.getY() - JUMP);
53                break;
54            case DOWN:
55                imageView.setY(imageView.getY() + JUMP);
56                break;
57            case RIGHT:
58                imageView.setX(imageView.getX() + JUMP);
59                break;
60            case LEFT:
61                imageView.setX(imageView.getX() - JUMP);
62                break;
63            default:
64                break;  // do nothing if it's not an arrow key
65        }
66    }
67 }
```

显示

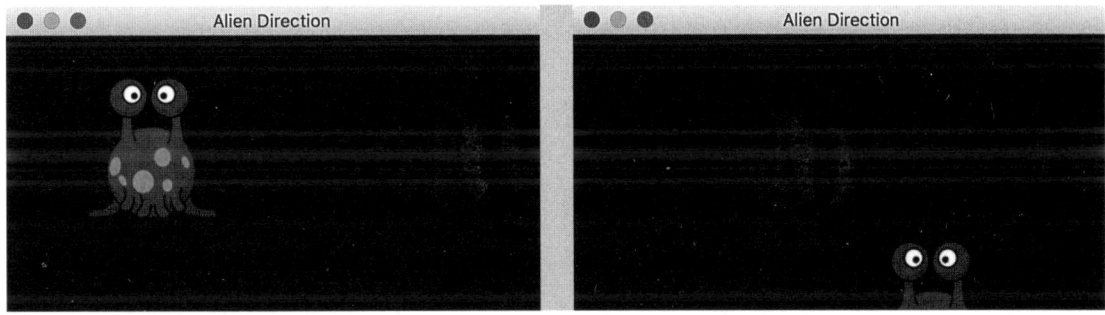

图片来源：Miniaria/Shutterstock

本例中的 start 方法会加载外星人图像，并用一个 ImageView 对象显示它。图像的初始位置是明确指定的。

按键事件是由具有键盘焦点的那个节点处理的。本例中，事件由场景本身处理。这样，场景的 setOnKeyPressed 方法就是所按键的事件处理器。

按下键盘键时，会调用事件处理器方法，并传递给它一个 KeyEvent 对象。事件对象的 getCode 方法返回所按键的键码。具体地说，它返回一个 KeyCode 对象，这是一种代表各种键的枚举类型。

switch 语句用于处理 4 种箭头键。例如，如果按下的是右箭头键，则会将图形沿 x 轴增加指定数量(用常量 jump 表示)的像素数。如果按下的不是箭头键，则会被忽略而不做处理。

注意，如果产生的是键输入事件，则它的 getCode 方法总是返回 KeyCode.UNDEFINED。这时，可以利用事件的 getCharacter 方法获得所按字符。

自测题

SR7.31　进行键击操作时，产生的是什么事件？

SR7.32　如何判断按下的是哪一个键？

SR7.33　按下一个箭头键时，AlienDirection 程序会做什么？

重要概念小结

- 在软件设计上所做的努力是至关重要的且非常值得。
- 问题描述中的名词可能指明了程序中需要的一些类和对象。
- 静态变量由类的所有实例共享。
- 一个聚合对象由其他的对象组成，形成一种"有"关系。
- 接口是抽象方法的集合，因而不能被实例化。
- 枚举类型的值是具有该枚举类型的静态变量。
- 在枚举类型的定义中可以增加属性和方法。
- 可以将对象提供的一个复杂服务，分解为由多个方法支持的简单服务。
- 将对象传递给方法时，形参和实参相互成为对方的别名。
- 一个重载方法的不同版本可以由方法的参数个数、参数类型及参数顺序来区分。

- 程序测试无法保证程序已没有错误存在。
- 成功的测试就是能够发现错误的测试。
- 对程序所有可能的输入数据和用户操作进行穷尽式的测试，这是不现实的。
- 设计任何 GUI 程序都必须坚持一致性和可用性原则。
- 移动和单击鼠标都会产生程序可以响应的事件。
- "橡皮筋线"是一种视觉效果，当图形被鼠标拖曳时表现出伸缩状态，就产生了这种效果。
- 按键事件可以让程序快速响应用户按下的键盘键。

练习题

EX7.1   编写一个 average 方法，它以两个整数为参数，以浮点数形式返回它们的平均值。

EX7.2   重载上题中的 average 方法，使得输入参数为 3 个整数，然后返回它们的平均值。

EX7.3   重载 EX7.1 的 average 方法，使其返回 4 个参数的平均值。

EX7.4   编写一个 multiConcat 方法，它以一个字符串和一个整数为参数。返回一个由原字符串重复拼接而组成的新字符串，重复次数由整数参数决定。例如，假设两个参数为"hi"和 4，则返回值为"hihihihi"。如果整数参数小于 2，则返回原始字符串。

EX7.5   重载上题中的 multiConcat 方法，使得如果没有提供整数参数，则返回值为拼接两个原字符串的新字符串。例如参数为"test"时，返回值为"testtest"。

EX7.6   编写一个 makeCircle 方法，根据方法的参数返回一个 Circle 对象。参数分别为：代表圆心 (x, y) 坐标的两个整型值，表示半径的一个整数，以及定义圆的填充色的一个 Color 对象。

EX7.7   重载上题中的 makeCircle 方法，使得当 Color 参数没有给定时，默认为红色。

EX7.8   重载 EX7.6 中的 makeCircle 方法，使得当半径参数没有给定时，则使用一个 10～20 的随机数作为半径值。

EX7.9   重载 EX7.6 中的 makeCircle 方法，如果没有提供填充色和半径，则将颜色置为绿色，半径设为 40。

EX7.10   讨论 Java 中方法参数的传递方式。用于传递基本数据类型和对象类型参数时，这种传递方式是否具有一致性？为什么？

EX7.11   解释为什么静态方法不可以引用实例变量？

EX7.12   一个类是否能够实现含有相同方法签名的两个接口？为什么？

EX7.13   创建一个 Visible 接口，它包含两个方法：makeVisible 和 makeInvisible。这两个方法都没有任何参数且返回一个布尔值。描述一个类如何实现这个接口。

EX7.14   画一个 UML 类图，描述 EX7.13 中类、接口及方法之间的关系。

EX7.15   假设有一个游戏，其中的一些游戏物品可被玩家打碎，而另一些不能被打碎。创建一个 Breakable 接口，它有两个方法——break 和 broken，前者无参数，后者返回一个布尔值，表示对象当前是否已破损。

EX7.16   建立一个 VCR 接口，它有一个表示磁带录像机基本操作(播放、停止等)的方法。可任意定义方法签名。描述一个类如何实现这个接口。

EX7.17   画一个 UML 类图，描述 EX7.16 中类、接口及方法之间的关系。

EX7.18　比较鼠标单击事件与键击事件。

EX7.19　什么是"橡皮筋线"？如何实现它？

编程项目

PP7.1　修改第 4 章的 Account 类，使其允许仅使用账户名和账号建立账户，并假设初始余额为 0。修改 Transactions 类的 main 方法，实现这个新功能。

PP7.2　按照以下要求修改本章的 Student 类。每一个 student 对象都要包含三次考试的分数。提供一个构造方法，根据参数值设定所有实例值。重载该构造方法，使得每一个考试成绩都初始化为 0。提供一个 setTestScore 方法，含有两个参数：考试编号（1～3）和分数。再创建一个 getTestScore 方法，以考试编号为参数，返回对应的分数值。另一个 average 方法用于计算并返回该学生三次考试的平均分数。修改 toString 方法，将分数和平均分都包含在该学生的描述中。修改驱动类的 main 方法，以测试 Student 类的新方法。

PP7.3　设计一个 Course 类，代表学校里的一门课程。利用上一题中的 Student 类表示每一名学生。使用 Course 类中的一个 ArrayList 保存选择该课程的学生。Course 类的构造方法只接收课程名称。提供一个 addStudent 方法，它接收一个 Student 参数。另一个 average 方法用于计算并返回全部学生的平均分数。提供一个 roll 方法，输出选取了该课程的所有学生。创建一个驱动类，其 main 方法将建立课程、添加学生、输出名单及输出总体平均分。

PP7.4　修改 RationalNumber 类，使其实现 Comparable 接口。为了实现比较，首先计算两个 RationalNumber 对象（分子和分母）的浮点数等价值，然后以 0.0001 为误差精度进行比较。编写一个 main 驱动方法，测试你的修改结果。

PP7.5　设计一个 Java 接口 Priority，其中包括两个方法：setPriority 和 getPriority。该接口应当定义一种方式来设置一组对象的优先级（数值）。设计和实现一个 Task 类，代表一个任务（比如一个工作清单）以实现 Priority 接口。建立一个驱动类，测试几个 Task 对象。

PP7.6　修改 PP7.5 中的 Task 类，使其实现本章中定义的 Complexity 接口。修改驱动类，以测试 Task 对象的新特性。

PP7.7　修改 PP7.5 和 PP7.6 的 Task 类，使其能够通过 Java 标准类库实现 Comparable 接口。实现这个接口，使得任务按优先级排列。创建一个驱动类，该类的 main 方法能够展示 Task 对象的新特性。

PP7.8　设计一个 Java 接口 Lockable，其中包括如下的方法：setKey, lock, unlock, locked。其中，前三个方法接收一个整数参数，代表密钥。setKey 方法设定这个密钥。当密钥正确时，lock 和 unlock 方法分别执行对象的加密和解密操作。locked 方法返回一个布尔值，表明对象是否已被加密。Lockable 是一个其方法受到保护的对象：当该对象处于加密状态时，不可调用它的方法；当该对象被解密时，才可以调用它的方法。重新设计第 5 章的 Coin 类，使其成为一个 Lockable 对象。

PP7.9　重新设计和实现第 4 章的 Account 类，使其按照 PP7.8 的定义成为一个 Lockable 对象。

PP7.10   编写一个 JavaFX 程序，计算鼠标单击的次数，并将结果显示在窗口的顶部。

PP7.11   编写一个 JavaFX 程序，使窗口背景色随鼠标位置的不同而变化。当鼠标在程序窗口的左半边时，背景为红色；在右半边时，背景为绿色。

PP7.12   编写一个 JavaFX 程序，使用"橡皮筋线"技术画多个圆。圆的大小以鼠标拖曳的方式确定。将初次按下鼠标的位置作为圆的固定中心点。计算当前鼠标位置与圆心的距离以确定圆的半径大小。

PP7.13   编写一个计算鼠标移动距离的 JavaFX 程序，连续不断地以像素为单位显示鼠标在窗口中移动的距离。将当前的鼠标移动距离值显示在窗口顶部。提示：鼠标移动时，利用距离公式计算自上一次事件后鼠标移动的距离，并将它累加。

PP7.14   编写一个 JavaFX 程序，随鼠标的移动显示一艘外星飞船的侧面图。按下鼠标键时，有一条激光束从外星飞船前面射出(注意，是连续光束而不是射出移动的子弹)，松开鼠标后光束消失。单独用一个类定义外星飞船。

PP7.15   修改本章的 AlienDirection 程序，不允许图像移出窗口的可视区域。忽略引起图像位置越界的按键事件。

软件失误案例：2003 年美国东北部的大规模停电

事件概述

2003 年 8 月 14 日，美国东北部发生了其历史上最大规模的停电事故，此次停电也波及加拿大的部分地区。包括纽约、克利夫兰、底特律、多伦多和渥太华在内的一些大都会也受到了影响。有 21 个发电站在 3 分钟内关闭，大约有 5000 万人受到影响。

停电地区所出现的典型问题包括：由于缺少信号灯而引起的交通事故，火车和电梯无法运行，机场航班延误，电动抽水泵停止运行造成水压不足，手机通信中断(有线电话尚能使用，但在这样的紧急情况下负载过重)，那些关闭的服务器和试图变更线路的信息造成了网络传输缓慢。据报道，还有一些抢劫事件发生。

据估计，所有停电地区总共损失约 40~80 亿美元，有 9 人死于大规模停电引起的各种问题。

事故原因

在停电刚发生及随后的几天时间里，人们发现了很多方面的原因。有些人认为是由于当地那些倾倒的树木和闪电所致。官方甚至一度认为是由于被称为"Blaster"的计算机蠕虫疯狂传播所致，但是很快就排除了这一原因。

在接下来的几个月的时间里，一个特别小组找出了一些原因。最初的起因是在俄亥俄州的阿克伦发现的，第一电力公司没有及时修剪电线附近的树木。在那一天，树枝使三条电力线同时停电。此时，电力控制中心的操作员应负责确保整个电力负载平衡，但他们并没有这么做，原因是计算机预警系统由于没有正确运转而导致没有发出通知。这种负载不平衡迅速扩展到邻近的发电站，最终导致停电范围不断扩大。

尽管这次停电有很多原因，但是预警系统的失效应该是主要原因。其根本原因，是通用电气公司用来监控资源竞争状态的警报器系统存在漏洞。在计算机程序中，资源竞争状态发生在两个或两个以上的进程同时访问一些共享数据时。一个进程正在读一项数据，而另一个进程在修改这项数据，这样导致两个进程都在错误的前提下执行。当时，三条电力线同时失效触发了竞态条件，从而导致预警系统出错，因此没有向操作员发出通知，进而导致整个系统很快就崩溃了。后备系统也是由于同样的原因而崩溃。找到原因之后，通用电气公司发布了一个补丁包来修复这个问题。

经验教训

这件事情所引发的问题不是由于缺乏电力，而是不能从需要的地方获得电力。这次大规模停电，充分显示了薄弱的电力基础设施和单纯依赖自发原则来确保电网可靠性的风险。

考虑到软件方面的失误，由于资源竞争状态经常在并发系统中导致错误，因此必须彻底地对软件进行测试。在这种关系到系统安全的情况下，正规的分析才是安全保障。

来源：CNN

第8章 数 组

本章目标

1. 定义和使用由基本类型组织的数组。
2. 讨论数组边界检查及管理数组大小的技术。
3. 分析有关数组作为对象和对象数组的问题。
4. 探讨命令行参数的使用方法。
5. 描述可变长度参数表的语法和应用。
6. 讨论多维数组的建立和使用。
7. 讲解多边形和折线。

在程序设计中常需要将对象或基本类型数据组织成某种形式，以便于访问和修改。例如，第5章的 ArrayList 类就是用于此目的。正如这个类名所暗示的，ArrayList 类是通过数组实现的，数组是一种可将数据分组为数据表的编程结构。本章将讲解数组，它是大多数高级语言的基本元素。本章的"图形设计之路"小节中将讲解绘制复杂的多边形的方法，介绍选择框控件，并探究如何在 JavaFX 程序中播放音频。

8.1 数组元素

数组是一种简单而功能强大的编程语言结构，用于分组和组织数据。当编写一个管理大量信息（例如，含有100个姓名的名册）的程序时，将每项数据都声明为一个独立变量是不现实的。数组可以解决这个问题。利用数组，只需声明一个能容纳多个不同值的变量即可。

数组是一个含有多个值的列表，每个值存在于数组中特定的、具有编号的位置。对应每个位置的编号称为索引或下标。图8.1描述了一个整型数组及对应每个位置的索引，数组名为 height，它所保存的整数是几个人的身高数据(以英寸为单位)。

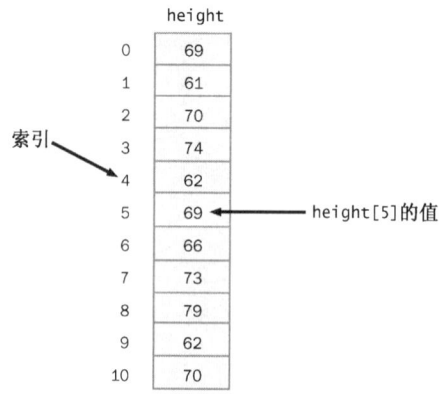

图 8.1 包含几个整数值的 height 数组

在 Java 中，数组索引总是以 0 开始。因此，保存在索引值为 5 的位置上的值，实际上是数组中的第 6 个值。图 8.1 所示的数组有 11 个值，索引值为 0~10。

> **重要概念：** 具有 N 个值的数组索引为 0~$(N-1)$。

访问数组某个值的方式为：数组名[索引值]。例如，下列表达式可取得数组 height 的第 9 个值：

```
height[8]
```

根据图 8.1，height[8]（发音为 height-sub-eight）中的值是 79。注意，不要混淆索引值 8 和存于该索引位置的数据值 79。

表达式 height[8] 引用存于一个具体内存单元的整型值，并且可用于任何能使用整型变量的场合。因此，可对 height[8] 赋值、将其用于计算或者输出 height[8] 的值等。此外，数组索引是整型值，因此可使用整型表达式指定用于访问数组的索引。下面几行代码示范了这些概念：

```
height[2] = 72;
height[count] = feet * 12;
average = (height[0] + height[1] + height[2]) / 3;
System.out.println("The middle value is " + height[MAX/2]);
pick = height[rand.nextInt(11)];
```

数组在内存中连续存放，即数组的元素从左至右逐个顺序存放，就像通常人们所画的数组概念图一样。这样的存放方式便于按索引高效地访问数组元素。具体地说，要确定数组中任意一个元素的地址，其计算方法为：该数组元素的索引值 × 每个元素所占的字节数 + 数组起始地址。这就是为什么数组的索引值从 0 开始而不是从 1 开始的原因——尽可能使元素地址的计算更简单容易。从效率的角度来看，访问第 500 个元素与访问第 1 个元素一样容易。

自测题

SR8.1　什么是数组？

SR8.2　数组中的各个元素是如何引用的？

SR8.3　根据图 8.1 所示的数组，判断以下各式的值分别是什么？

　　a. height[1]

　　b. height[2] + height[5]

　　c. height[2 + 5]

　　d. 索引值 8 中存储的值

　　e. 第 4 个值

　　f. height.length

8.2　声明和使用数组

在 Java 中，数组是对象。要创建数组必须声明数组引用变量。然后，可以用 new 运算符实例化数组，为数组分配保存值的内存空间。下面的代码示范了对图 8.1 所示数组的声明：

```
int[] height = new int[11];
```

变量 height 被声明为整型数组，其类型写为 int[ ]。保存在一个数组中的所有值都具有相同的类型(或者至少是可兼容的类型)。例如，可以创建一个保存整型值或者字符串的数组，但是不能创建一个同时既保存整型值又保存字符串的数组。数组可以保存任何基本类型的数据或对象。保存在数组中的值有时也称为数组元素，值的类型称为数组元素类型。

重要概念： 在 Java 中，数组是必须实例化的对象。

注意，数组变量的类型(int[ ])中未指定数组的大小。用 new 运算符实例化数组 height 后，预留了存放 11 个整型值的内存空间，索引为 0～10。一旦将数组声明为确定的大小后，该数组能够保存的值的个数就不可再改变。

例 8.1 中的程序创建了一个可以保存 15 个整型值的数组 list，并以 10 为增量连续存入 15 个数到数组中，然后改变数组的第 6 个值(索引为 5)，最后输出数组中的所有值。

例 8.1

```
1    //********************************************************************
2    //  BasicArray.java       Author: Lewis/Loftus
3    //
4    //  Demonstrates basic array declaration and use.
5    //********************************************************************
6
7    public class BasicArray
8    {
9       //-----------------------------------------------------------------
10      // Creates an array, fills it with various integer values,
11      // modifies one value, then prints them out.
12      //-----------------------------------------------------------------
13      public static void main(String[] args)
14      {
15         final int LIMIT = 15, MULTIPLE = 10;
16
17         int[] list = new int[LIMIT];
18
19         // Initialize the array values
20         for (int index = 0; index < LIMIT; index++)
21            list[index] = index * MULTIPLE;
22
23         list[5] = 999; // change one array value
24
25         // Print the array values
26         for (int value : list)
27            System.out.print(value + " ");
28      }
29   }
```

输出

```
0  10  20  30  40  999  60  70  80  90  100  110  120  130  140
```

图 8.2 描述了程序执行期间数组的变化情况。处理数组时使用 for 循环很方便，因为数组中的

位置编号是常量。注意，在 BasicArray 程序中多次使用了常量 LIMIT，它用于声明数组的大小和控制数组初始化的 for 循环次数。

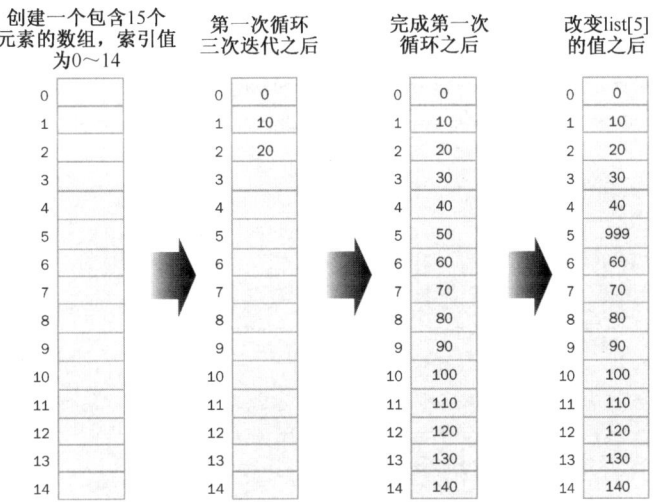

图 8.2 BasicArray 程序中数组 list 的变化

for 循环的迭代器版用于输出数组的值。第 5 章曾讨论过，for 循环的迭代器版将提取指定迭代器中的每个值。每个 Java 数组都是迭代器，所以这种循环可用于处理数组中的所有元素。

用于指定数组索引的方括号，在 Java 中解释为运算符。因此，像 "+" 和 "<=" 运算符一样，索引运算符 "[ ]" 也有相对于其他 Java 运算符的优先级，以确定何时执行数组访问操作。在所有的 Java 运算符中，索引运算符 "[ ]" 具有最高的优先级。

8.2.1 边界检查

Java 自动执行边界检查，可保证只引用数组有效范围内的索引值。每当访问一个数组元素时，索引值必须大于等于 0 且小于数组的元素个数。例如，建立有 25 个元素的数组 prices，其有效的索引值为 0～24。每当访问数组中的某个元素时 (例如 prices[count])，都将检查索引值。如果索引值在数组有效的索引值范围内 (0～24)，则执行这个数组访问操作，否则将抛出 ArrayIndexOutOfBoundsException 异常。

重要概念：数组边界检查保证引用一个数组元素的索引值在有效范围内。

在本书的程序实例中，当然也要进行边界检查。也就是说，会将数组元素引用的索引值保持在有效的数组边界内并处理每一个元素。由于数组索引为 0～(N−1)，N 为数组元素个数，因此程序容易产生 "差 1 错误"，这种错误由索引值为−1 或 N 引起。

检查数组边界的方法之一是使用数组对象中的 length 常量，它保存了数组的长度，并且是一个公有常量，因此可以直接引用。例如，一旦建立了能保存 25 个元素的数组 prices 后，常量 prices.length 的值就为 25。建立数组时将设置这个值，之后不能再改变。length 常量是每个数组的组成部分，每当需要数组长度时，可直接使用它而不需要特意定义一个常量。注意，数组的长度是它可保存元素的个数，因此数组的最大索引值是 (length − 1)。

下面是另一个例子。例 8.2 中的程序将 10 个整数读入数组 numbers，然后以反序输出它们。

例 8.2

```java
1    //*********************************************************************
2    //  ReverseOrder.java          Author: Lewis/Loftus
3    //
4    //  Demonstrates array index processing.
5    //*********************************************************************
6
7    import java.util.Scanner;
8
9    public class ReverseOrder
10   {
11      //------------------------------------------------------------------
12      // Reads a list of numbers from the user, storing them in an
13      // array, then prints them in the opposite order.
14      //------------------------------------------------------------------
15      public static void main(String[] args)
16      {
17         Scanner scan = new Scanner(System.in);
18
19         double[] numbers = new double[10];
20
21         System.out.println("The size of the array: " + numbers.length);
22
23         for (int index = 0; index < numbers.length; index++)
24         {
25            System.out.print("Enter number " + (index+1) + ": ");
26            numbers[index] = scan.nextDouble();
27         }
28
29         System.out.println("The numbers in reverse order:");
30
31         for (int index = numbers.length-1; index >= 0; index--)
32            System.out.print(numbers[index] + " ");
33      }
34   }
```

输出

```
The size of the array: 10
Enter number 1: 18.36
Enter number 2: 48.9
Enter number 3: 53.5
Enter number 4: 29.06
Enter number 5: 72.404
Enter number 6: 34.8
Enter number 7: 63.41
Enter number 8: 45.55
Enter number 9: 69.0
```

```
Enter number 10: 99.18
The numbers in reverse order:
99.18  69.0  45.55  63.41  34.8  72.404  29.06  53.5  48.9  18.36
```

在 ReverseOrder 程序中，声明了一个有 10 个元素的数组 numbers，索引值为 0～9。在 for 循环中，用数组的 length 常量控制引用数组元素时的索引值变化范围。要仔细设置循环控制变量的初始值和结束循环的条件，以保证能处理所有的元素且引用元素的索引值是有效的。

例 8.3 所示的 LetterCount 程序使用了两个数组和一个 String 对象。数组 upper 用于保存字符串中每个大写字母的出现次数，数组 lower 用于保存字符串中每个小写字母的出现次数。

LetterCount 示例使用两个数组来统计一个字符串中的字符个数。字符串中的短语是美国电影 *Casablanca* 中男演员 Humphrey Bogart 从来没有说过、但被大众讹传是他说过的一句话。

例 8.3

```
1    //********************************************************************
2    //   LetterCount.java       Author: Lewis/Loftus
3    //
4    //   Demonstrates the relationship between arrays an strings.
5    //********************************************************************
6
7    import java.util.Scanner;
8
9    public class LetterCount
10   {
11       //-----------------------------------------------------------------
12       //  Reads a sentence from the user and counts the number of
13       //  uppercase and lowercase letters contained in it.
14       //-----------------------------------------------------------------
15       public static void main(String[] args)
16       {
17           final int NUMCHARS = 26;
18
19           Scanner scan = new Scanner(System.in);
20
21           int[] upper = new int[NUMCHARS];
22           int[] lower = new int[NUMCHARS];
23
24           char current;   // the current character being processed
25           int other = 0;  // counter for non-alphabetics
26
27           System.out.println("Enter a sentence:");
28           String line = scan.nextLine();
29
30           //Count the number of each letter occurrence
31           for (int ch = 0; ch < line.length(); ch++)
32           {
33               current = line.charAt(ch);
```

```
34              if (current >= 'A' && current <= 'Z')
35                  upper[current-'A']++;
36              else
37              if (current >= 'a' && current <= 'z')
38                  lower[current-'a']++;
39              else
40                  other++;
41          }
42
43          //Print the results
44          System.out.println();
45          for (int letter=0; letter < upper.length; letter++)
46          {
47              System.out.print((char)(letter + 'A'));
48              System.out.print(": " + upper[letter]);
49              System.out.print("\t\t" + (char)(letter + 'a'));
50              System.out.println(": " + lower[letter]);
51          }
52
53          System.out.println();
54          System.out.println("Non-alphabetic characters: " + other);
55      }
56  }
```

输出

```
Enter  a  sentence :
In Casablanca, Humphrey Bogart never says "Play it again, Sam."
A:0                 a:10
B:1                 b:1
C:1                 c:1
D:0                 d:0
E:0                 e:3
F:0                 f:0
G:0                 g:2
H:1                 h:1
I:1                 i:2
J:0                 j:0
K:0                 k:0
L:0                 l:2
M:0                 m:2
N:0                 n:4
O:0                 o:1
P:1                 p:1
Q:0                 q:0
R:0                 r:3
S:1                 s:3
T:0                 t:2
```

```
U:0              u:1
V:0              v:1
W:0              w:0
X:0              x:0
Y:0              y:3
Z:0              z:0
Non-alphabetic characters: 14
```

由于英语字母表有 26 个字母，因此 upper 和 lower 都声明为有 26 个元素的数组。每个元素可保存一个整型值，并且都默认初始化为 0。for 循环在整个字符串中一次检查一个字符，每发现一次字母，相应的计数器数组中的计数器将增 1。

两个计数器数组的索引都是 0～25。为了将每个字母映射到一个相应的计数器，合理的做法是用 upper[0]统计 'A' 的个数，用 upper[1]统计 'B' 的个数。类似地，用 lower[0]统计'a'的个数，用 lower[1]统计 'b' 的个数，依次类推。变量 other 用于统计字符串中的其他非字母字符。

程序中用布尔表达式（current >= 'A' && current <= 'Z'）确定一个字符是否为大写字母，并用类似的表达式确定小写字母。Character 类中的静态方法 isUpperCase 和 isLowerCase 也可以用于确定大、小写字母。本例中不使用 Character 类是为了通过程序理解下面的重要概念：字符处理是基于 Unicode 字符集的，每个字符在字符集中有特定的编码值和位置顺序，程序依据字符的上述特点进行字符处理。

程序中利用了当前字符计算要引用的数组元素的索引值。计算索引值时要注意不越过数组边界，并且能够引用位置正确的元素。应当记住，大、小写字母在 Unicode 字符集中是连续且有序排列的（详见附录 B）。因此，将一个大写字母的编码值（例如 'E' 的编码值为 69）减去 'A' 的编码值（65），差值为 4，就得到统计'E'的计数器的正确索引值。注意，程序实际上并不需要具体知道每个字母的编码值。

8.2.2 数组声明方式

从语法上来说，Java 有两种声明数组的方式。第一种方式是将方括号和数组元素类型相关联，这种方式已用于前面的程序实例中，本书将使用这种方式声明数组。第二种方式是将方括号和数组名相关联。因此，下面的两个声明是等价的：

```
int[] grades;
int grades[];
```

虽然编译器在解释这两种声明方式时是没有差异的，但是第一种方式与其他类型的声明方式具有一致性。如果数组括号与元素类型相关联，那么可使得所声明的数据类型很清楚，特别是在同一行上声明多个变量时更是如此。所以，本书中将使用方括号与元素类型关联的第一种方式。

8.2.3 数组初始值表

可以用一个初始值表实例化一个数组对象，并为数组中的每个元素提供初始值。除了数组需要多个初始值，数组的初始化实质上与声明基本类型变量的初始化概念是相同的。

> **重要概念：** 初始值表可用于实例化一个数组对象，这时不再需要用 new 运算符创建数组对象。

初始值表中的各数据项用逗号隔开，并以花括号（{ }）为定界符。使用初始值表时就不再用 new

运算符。数组的长度由初始值表中的数据项数确定。例如，下面的声明实例化一个具有 8 个整型值的数组 scores，索引值为 0～7，并用指定的值进行数组初始化：

```
int[] scores = {87, 98, 69, 87, 65, 76, 99, 83};
```

初始值表只能在数组的第一次声明时使用。

表中每个值的类型必须匹配数组元素的类型。下面是另外一个例子。

```
char[] vowels = {'A', 'E', 'I', 'O', 'U'};
```

在上述例子中，vowels 被声明为有 5 个字符元素的数组，并且初始值表中提供了初始化 vowels 数组的字符常量。

例 8.4 中的程序示范了使用初始值表实例化一个数组对象的方法。

例 8.4

```
1   //********************************************************
2   //  Primes.java          Author: Lewis/Loftus
3   //
4   //  Demonstrates the use of an initializer list for an array.
5   //********************************************************
6
7   public class Primes
8   {
9      //---------------------------------------------------------
10     // Stores some prime numbers in an array and prints them.
11     //---------------------------------------------------------
12     public static void main(String[] args)
13     {
14        int[] primeNums = {2, 3, 5, 7, 11, 13, 17, 19};
15
16        System.out.println("Array length: " + primeNums.length);
17
18        System.out.println("The first few prime numbers are:");
19
20        for (int prime : primeNums)
21           System.out.print(prime + " ");
22     }
23  }
```

输出

```
Array length: 8
The first few prime numbers are:
2  3  5  7  11  13  17  19
```

8.2.4　数组作为参数

整个数组可以作为参数传递给一个方法。由于数组是对象，当整个数组作为参数传递时，实际上传递的是原始数组引用的副本。这一概念适应于所有的对象，并已在第 7 章讨论过。

重要概念：整个数组可作为一个参数传递给方法，使得方法的形参成为原始数组的别名。

将一个数组作为参数的方法可以实际改变该数组元素，因为该方法引用的是原始数组的元素值。但该方法不能改变数组引用本身，因为它所接收的参数是原始数组引用的副本。这个规则与管理任何对象类型的规则一致。

一个数组元素也可以传递给方法。如果元素的类型是基本类型，则将传递元素值的副本；如果元素是一个对象的引用，则将传递对象引用的副本。在方法内部改变一个形参所产生的影响取决于参数的类型。8.3 节中将进一步讨论对象数组。

自测题

SR8.4　什么是数组元素的类型？

SR8.5　描述创建一个数组的过程。何时为数组分配存储空间？

SR8.6　声明一个数组，用来存放 100 名参加夏令营的学生的年龄。

SR8.7　声明一个数组，用来存放掷骰子时每个面出现的次数。

SR8.8　解释数组边界检查的概念。当用无效索引值引用 Java 数组时会发生什么？

SR8.9　什么是"差 1 错误"？它与数组有什么关系？

SR8.10　编写一段代码，使一个整型数组 values 的每个元素值增 1。

SR8.11　编写一段代码，计算并输出整型数组 values 各元素值的和。

SR8.12　数组初始化式完成什么操作？

SR8.13　整个数组能否作为参数传递？这个过程是如何完成的？

8.3　对象数组

本章前面的例子中使用了数组保存如整型和字符型这样的基本类型数据。数组也可以将对象引用作为元素保存。仅仅使用数组和其他类型的对象，就可以建立具有相当复杂度的信息管理结构。例如，一个数组可以含有多个对象，每个对象又由一组变量和使用这些变量的方法组成，而对象中的变量可能本身又是数组，等等。程序设计应该利用这种功能来组合各种结构，从而建立最佳的信息表示方式。

不要忘了数组本身也是对象，所以通过下图可以恰当地描述一个 int 型数组 weight：

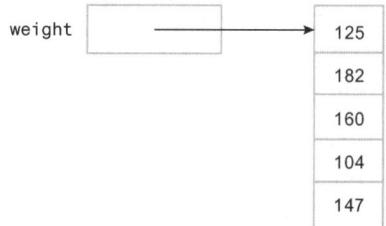

重要概念：实例化对象数组，只是为保存对象引用而预留空间，对每个数组元素所代表的对象必须分别实例化。

当用数组保存对象时，每个元素是一个对象。即一个对象数组实际上是一个对象引用数组。考虑下面的声明：

```
String[] words = new String[5];
```

words 变量是一个 String 对象引用数组，上述声明中的 new 运算符实例化该数组，并为 5 个 String 对象引用分配内存空间。这条声明语句并不创建任何 String 对象，只是建立一个可保存 String 对象引用的数组。数组建立后的初始状态如下：

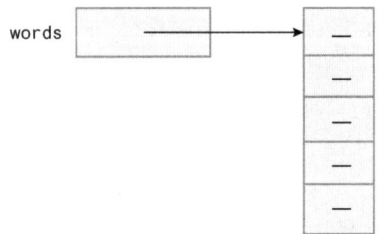

当创建几个 String 对象并将其引用存入数组 words 后，数组的状态如下：

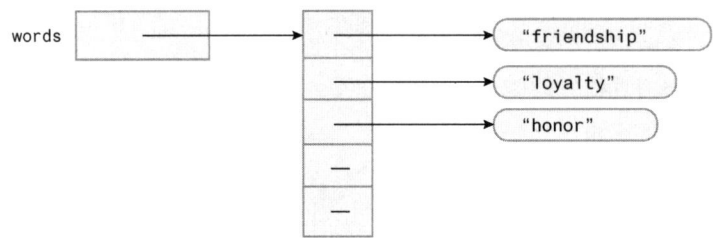

words 数组是一个对象，该数组所保存的每一个字符串是属于它自己的对象，数组中的每一个对象都必须分别实例化。

字符串对象可以表示为字符串常量。下面的声明建立了一个 verbs 数组，并利用有若干个 String 对象的初始值表对数组进行初始化，而初始值表中的每个 String 对象就是一个字符串常量：

```
String[] verbs = {"play", "work", "eat", "sleep"};
```

例 8.5 所示的 GradeRange 程序建立了一个 Grade 对象数组，然后输出数组中的对象。Grade 对象由数组初始值表中的一系列 new 运算符创建。

例 8.5

```
1    //********************************************************************
2    //  GradeRange.java       Author: Lewis/Loftus
3    //
4    //  Demonstrates the use of an array of objects.
5    //********************************************************************
6
7    public class GradeRange
8    {
9       //-----------------------------------------------------------------
10      // Creates an array of Grade objects and prints them.
11      //-----------------------------------------------------------------
12      public static void main(String[] args)
13      {
14         Grade[] grades =
```

```
15              {
16                  new Grade("A", 95), new Grade("A-", 90),
17                  new Grade("B+", 87), new Grade("B", 85), new Grade("B-", 80),
18                  new Grade("C+", 77), new Grade("C", 75), new Grade("C-", 70),
19                  new Grade("D+", 67), new Grade("D", 65), new Grade("D-", 60),
20                  new Grade("F", 0)
21              };
22
23          for (Grade letterGrade : grades)
24              System.out.println(letterGrade);
25      }
26  }
```

输出

```
A              95
A-             90
B+             87
B              85
B-             80
C+             77
C              75
C-             70
D+             67
D              65
D-             60
F              0
```

例 8.6 显示了这个 Grade 类，每一个 Grade 对象代表一个学校课程成绩评定中的字母等级，其中还包括该等级对应的数值成绩下限分。等级名和成绩下限可用 Grade 构造方法设置，或者用相应的修改器方法设置。Grade 类还定义了几个访问器方法，这些方法就如同 toString 方法一样返回一个代表成绩等级的字符串。在 main 方法中输出 Grade 对象时，将自动调用 toString 方法。

例 8.6

```
1   //********************************************************************
2   //  Grade.java          Author: Lewis/Loftus
3   //
4   //  Represents a school grade.
5   //********************************************************************
6
7   public class Grade
8   {
9       private String name;
10      private int lowerBound;
11
12      //-----------------------------------------------------------------
13      // Constructor: Sets up this Grade object with the specified
14      // grade name and numeric lower bound.
15      //-----------------------------------------------------------------
```

```
16        public Grade(String grade, int cutoff)
17        {
18            name = grade;
19            lowerBound = cutoff;
20        }
21
22        //-----------------------------------------------------------------
23        // Returns a string representation of this grade.
24        //-----------------------------------------------------------------
25        public String toString()
26        {
27            return name + "\t" + lowerBound;
28        }
29
30        //-----------------------------------------------------------------
31        // Name mutator.
32        //-----------------------------------------------------------------
33        public void setName(String grade)
34        {
35            name = grade;
36        }
37
38        //-----------------------------------------------------------------
39        // Lower bound mutator.
40        //-----------------------------------------------------------------
41        public void setLowerBound(int cutoff)
42        {
43            lowerBound = cutoff;
44        }
45
46        //-----------------------------------------------------------------
47        // Name accessor.
48        //-----------------------------------------------------------------
49        public String getName()
50        {
51            return name;
52        }
53
54        //-----------------------------------------------------------------
55        // Lower bound accessor.
56        //-----------------------------------------------------------------
57        public int getLowerBound()
58        {
59            return lowerBound;
60        }
61    }
```

8.3.1 管理漫画书的数组

下面是另外一个例子。例 8.7 给出的 Comics 类包含一个 main 方法，用于创建、修改和输出一组稀有漫画书。添加到集合中的每一本漫画书，都由其书名、编号、年份、出版商和估价指定。

例 8.7

```
1    //***********************************************************************
2    //  Comics.java          Author: Lewis/Loftus
3    //
4    //  Demonstrates the use of an array of objects.
5    //***********************************************************************
6
7    public class Comics
8    {
9        //--------------------------------------------------------------
10       //  Creates a ComicsCollection object and adds some comic books to
11       //  it. Prints reports on the status of the collection.
12       //--------------------------------------------------------------
13       public static void main(String[] args)
14       {
15           ComicsCollection comics = new ComicsCollection();
16
17           comics.addComic("Strange Tales", 110, 1963, "Marvel", 3500);
18           comics.addComic("Action Comics", 23, 1940, "DC", 8025);
19           comics.addComic("Tales of Suspense", 39, 1963, "Marvel", 3837);
20           comics.addComic("Secret Wars", 8, 1984, "Marvel", 5000);
21           comics.addComic("Batman: The Killing Joke", 1, 1988, "DC", 1680);
22
23           System.out.println(comics);
24
25           comics.addComic("The New Mutants", 98, 1991, "Marvel", 1375);
26           comics.addComic("The Incredible Hulk", 181, 1974, "Marvel", 1600);
27
28           System.out.println(comics);
29       }
30   }
```

输出

```
~~~~~~~~~~~~~~~~~~~~~~~~~~~~~~~~~~~~~~~~~~~~~
My Comics Collection

Number of comics: 5
Total value: $22,042.00
Average value: $4,408.00

Comics List:

$3,500.00   1963    Marvel   Strange Tales #110
$8,025.00   1940    DC       Action Comics #23
$3,837.00   1963    Marvel   Tales of Suspense #39
```

```
$5,000.00    1984     Marvel    Secret Wars #8
$1,680.00    1988     DC        Batman: The Killing Joke #1
~~~~~~~~~~~~~~~~~~~~~~~~~~~~~~~~~~~~~~~~~~~
My Comics Collection

Number of comics: 7
Total value: $25,017.00
Average value: $3,573.00

Comics List:

$3,500.00    1963     Marvel    Strange Tales #110
$8,025.00    1940     DC        Action Comics #23
$3,837.00    1963     Marvel    Tales of Suspense #39
$5,000.00    1984     Marvel    Secret Wars #8
$1,680.00    1988     DC        Batman: The Killing Joke #1
$1,375.00    1991     Marvel    The New Mutants #98
$1,600.00    1974     Marvel    The Incredible Hulk #181
```

例 8.8 给出了 ComicsCollection 类的代码，它包含一个代表漫画集的 ComicBook 对象数组 collection、漫画书的计数变量 count 和漫画集的总价格变量 totalCost。此外，还记录了 collection 数组的当前大小，以便加入集合的漫画书太多时能够创建更大的数组。

例 8.8

```
1     //********************************************************************
2     //  ComicsCollection.java    Author: Lewis/Loftus
3     //
4     //  Represents a collection of comic books.
5     //********************************************************************
6
7     import java.text.NumberFormat;
8
9     public class ComicsCollection
10    {
11        private ComicBook[] collection;
12        private int count;
13        private int totalValue;
14
15        //-------------------------------------------------------------
16        //  Constructor: Creates an initially empty collection.
17        //-------------------------------------------------------------
18        public ComicsCollection()
19        {
20            collection = new ComicBook[100];
21            count = 0;
22            totalValue = 0;
23        }
24
25        //-------------------------------------------------------------
26        //  Adds a ComicBook to the collection, increasing the size of the
```

```
27      // collection array if necessary.
28      //------------------------------------------------------------
29      public void addComic(String title, int number, int year,
30                       String publisher, int estValue)
31      {
32          if (count == collection.length)
33              increaseSize();
34
35          collection[count] = new ComicBook(title, number, year,
36                                     publisher, estValue);
37          totalValue += estValue;
38          count++;
39      }
40
41      //------------------------------------------------------------
42      // Returns a report describing the comic book collection.
43      //------------------------------------------------------------
44      public String toString()
45      {
46          NumberFormat fmt = NumberFormat.getCurrencyInstance();
47
48          String report = "~~~~~~~~~~~~~~~~~~~~~~~~~~~~~~~~~~~~~~~~~~~~\n";
49          report += "My Comics Collection\n\n";
50
51          report += "Number of comics: " + count + "\n";
52          report += "Total value: " + fmt.format(totalValue) + "\n";
53          report += "Average value: " + fmt.format(totalValue / count);
54
55          report += "\n\nComics List:\n\n";
56
57          for (int book = 0; book < count; book++)
58              report += collection[book].toString() + "\n";
59
60          return report;
61      }
62
63      //------------------------------------------------------------
64      // Increases the capacity of the collection by creating a
65      // larger array and copying the existing collection into it.
66      //------------------------------------------------------------
67      private void increaseSize()
68      {
69          ComicBook[] temp = new ComicBook[collection.length * 2];
70
71          for (int book = 0; book < collection.length; book++)
72              temp[book] = collection[book];
73
```

```
74              collection = temp;
75          }
76  }
77
```

在 ComicsCollection 构造方法中实例化了这个 collection 数组，每当有一本漫画书加入集合时
(用 addComic 方法)，将建立一个新的 ComicBook 对象，并将它的引用存入 collection 数组。

只要有新的漫画书加入集合，就会检查 collection 数组的当前容量是否达到了最大值。如果不
做这种检查，则会导致在试图以一个无效索引加入新的漫画书时抛出异常。如果达到当前的数组容
量限制，将调用私有的 increaseSize 方法解决该问题。首先创建一个比当前 collection 数组容量大两
倍的新数组，然后将原始数组中的每一个 ComicBook 对象复制到新数组中。最后，将 collection 引
用变量设置为新数组引用。利用这种技术，理论上绝对不会发生访问漫画集时越界的情况，
ComicsCollection 对象的用户(main 方法)不必担心数组空间不足的问题，因为这个问题已经由程序
内部解决了。

ComicsCollection 类中的 toString 方法返回一个有关漫画集的完整报表信息，报表通过分别
调用漫画集中每一个 ComicBook 对象的 toString 方法来建立。例 8.9 给出了这个 ComicBook 类
的代码。

例 8.9

```
1   //************************************************************
2   //  ComicBook.java          Author: Lewis/Loftus
3   //
4   //  Represents a comic book.
5   //************************************************************
6
7   import java.text.NumberFormat;
8
9   public class ComicBook
10  {
11      private String title;
12      private int number;
13      private int year;
14      private String publisher;
15      private int estValue;
16
17      //------------------------------------------------------------
18      //  Creates a new ComicBook with the specified information.
19      //------------------------------------------------------------
20      public ComicBook(String title, int number, int year, String publisher,
21                  int estValue)
22      {
23          this.title = title;
24          this.number = number;
25          this.year = year;
26          this.publisher = publisher;
27          this.estValue = estValue;
```

```
28      }
29
30      //-----------------------------------------------------------
31      //  Returns a string description of this ComicBook.
32      //-----------------------------------------------------------
33      public String toString()
34      {
35          NumberFormat fmt = NumberFormat.getCurrencyInstance();
36
37          String description;
38
39          description = fmt.format(estValue) + "\t";
40          description += year + "\t" + publisher + "\t";
41          description += title + " #" + number;
42
43          return description;
44      }
45  }
```

自测题

SR8.14　如何创建一个对象数组？

SR8.15　假设 team 是一个字符型数组，保存一个排球队 6 名运动员的名字：Amanda，Clare，Emily，Julie，Katie，Maria。

　　　　a. 声明一个 team 数组。

　　　　b. 阐述如何利用初始值表对 team 数组进行声明和初始化。

SR8.16　假设 Book 是一个类，其对象用来表示书籍，Book 类的构造方法中包含两个参数：书名和页数。

　　　　a. 声明一个 library 数组，可以保存 10 本书的信息。

　　　　b. 编写一条 new 语句，将数组 library 中存放的第一本书的书名设置为"Starship Troopers"，页数设置为 208。

8.4　命令行实参

在 Java 程序中，main 方法的参数总是一个 String 对象数组。前面的例子都忽略了这个参数，现在讨论为什么这个参数有时可能很有用。

> **重要概念**：命令行实参存储在 String 对象的数组中，并将传递给 main 方法。

当把程序提交给解释器时，Java 运行环境将调用它的 main 方法。String[]参数（通常称为 args）代表了命令行实参，在调用解释器时将提供给程序，即调用解释器时关于命令行的信息将存放在 args 数组中供程序使用。因此，命令行实参是给程序提供输入信息的又一种方式。

例 8.10 中的程序使用命令行实参输出一个姓名标签。程序假设第一个实参代表某种问候语，第二个实参代表一个人的姓名。

例 8.10

```
 1    //************************************************************
 2    // NameTag.java        Author: Lewis/Loftus
 3    //
 4    // Demonstrates the use of command line arguments.
 5    //************************************************************
 6
 7    public class NameTag
 8    {
 9       //----------------------------------------------------------
10       // Prints a simple name tag using a greeting and a name that is
11       // specified by the user.
12       //----------------------------------------------------------
13       public static void main(String[] args)
14       {
15          System.out.println();
16          System.out.println("    " + args[0]);
17          System.out.println("My name is " + args[1]);
18       }
19    }
```

输出

```
> java NameTag Howdy John
        Howdy
My name is John

> java NameTag Hello Bill

        Hello
My name is Bill
```

如果两个实参字符串都没有在命令行上提供,那么 args 数组将没有足够的元素,程序中对 args 数组的引用将导致抛出 ArrayIndexOutOfBoundsException 异常。如果命令行上还有除实参外的其他信息,那么它们也将保存在 args 数组中,但是程序会忽略它们。

注意,传给 main 方法的参数总是 String 对象数组,如果程序需要从命令行输入数值型参数,则必须由程序实现字符串到数值型数据的转换。

应当指出,在一些程序开发环境中,命令行并不用于给解释器提交程序,这种情况将以其他某种形式指定命令行信息。详细资料可参考有关文档。

自测题

SR8.17   什么是命令行实参?

SR8.18   编写一个 main 方法,用于输出前两个命令行实参字符串的长度之和。

SR8.19   编写一个 main 方法,用于输出前两个整型命令行实参值之和。

8.5   可变长度参数表

假设需要设计一个方法,每次调用这个方法时需要处理的数据量不同。例如,设计一个 average 方法,接收几个整型值,然后返回这些数的平均值。第一次调用 average 时传递 3 个整型值:

```
mean1 = average(42, 69, 37);
```

再次调用 average 时传递 7 个整型值：

```
mean2 = average(35, 43, 93, 23, 40, 21, 75);
```

要实现这个目标，可以考虑将 average 方法重载，但是那将要求知道参数个数的最大值，并且需要对每一种可能的参数个数定义重载方法。一种替代方案是定义一个接收整型数组参数的方法，每次调用方法时数组的长度可以不同。但是，这就要求在调用方法中先将整型值组织成数组，然后将数组作为一个参数传递给被调方法。

> **重要概念：** 可以将 Java 方法定义成参数个数可变的方法。

Java 提供了一种方式，用于定义接收可变长度参数表的方法。即通过使用某种特殊语法的形参表，使所定义的方法能接收任意个数的参数，并将参数自动存入数组，以便在方法中进行处理。例如，可以按下述方式定义 average 方法：

```java
public double average(int ... list)
{
    double result = 0.0;
        if (list.length != 0)
        {
            int sum = 0;
            for (int num : list)
                sum += num;
            result = (double)sum / list.length;
        }
    return result;
}
```

注意形参的定义形式，省略号表示该方法接收的参数个数是可变的。在上述例子中，average 方法可接收任意个数的 int 型参数，所接收的参数将自动存入 list 数组，在方法内可按正常的数组处理参数。

现在可将任意个数(包括个数为 0)的 int 型参数传递给 average 方法，这也说明了为什么 average 方法在计算平均值之前先要检查参数个数是否为 0。

多个参数的类型可以是基本类型或对象类型。例如，下面的方法接收和输出多个 Grade 对象(本章前面已定义过 Grade 类)：

```java
public void printGrades(Grade ... grades)
{
    for (Grade letterGrade : grades)
        System.out.println(letterGrade);
}
```

接收个数可变的参数的方法也可以接收其他参数。例如，下面的方法接收一个 int 型参数、一个 String 对象，然后接收个数可变的 double 型参数，double 型参数将存入数组 nums：

```java
public void test(int count, String name, double ... nums)
{
```

```
          // whatever
    }
```

可变参数必须写在形参表的最后，并且一个方法不能接收两组可变参数。

也可以用构造方法接收可变参数。例 8.11 中的程序建立两个 Family 对象，并给 Family 构造方法传递可变参数的一组字符串(代表家庭成员姓名)。

例 8.11

```
1    //********************************************************************
2    // VariableParameters.java          Author: Lewis/Loftus
3    //
4    // Demonstrates the use of a variable length parameter list.
5    //********************************************************************
6
7    public class VariableParameters
8    {
9       //-----------------------------------------------------------------
10      // Creates two Family objects using a constructor that accepts
11      // a variable number of String objects as parameters.
12      //-----------------------------------------------------------------
13      public static void main(String[] args)
14      {
15          Family lewis = new Family("John", "Sharon", "Justin", "Kayla",
16              "Nathan", "Samantha");
17
18          Family camden = new Family("Stephen", "Annie", "Matt", "Mary",
19              "Simon", "Lucy", "Ruthie", "Sam", "David");
20
21          System.out.println(lewis);
22          System.out.println();
23          System.out.println(camden);
24      }
25  }
```

输出

```
John
Sharon
Justin
Kayla
Nathan
Samantha

Stephen
Annie
Matt
Mary
Simon
Lucy
```

```
Ruthie
Sam
David
```

例 8.12 给出了这个 Family 类，构造方法的任务仅仅是将可变参数数组保存起来待用。通过在构造方法中使用可变长度参数表，很容易建立有任意多个家庭成员的 Family 对象。

例 8.12

```
1    //************************************************************
2    // Family.java        Author: Lewis/Loftus
3    //
4    // Demonstrates the use of variable length parameter lists.
5    //************************************************************
6
7    public class Family
8    {
9        private String[] members;
10
11       //-----------------------------------------------------------
12       // Constructor: Sets up this family by storing the (possibly
13       // multiple) names that are passed in as parameters.
14       //-----------------------------------------------------------
15       public Family(String ... names)
16       {
17           members = names;
18       }
19
20       //-----------------------------------------------------------
21       // Returns a string representation of this family.
22       //-----------------------------------------------------------
23       public String toString()
24       {
25           String result = "";
26
27           for (String name : members)
28               result += name + "\n";
29
30           return result;
31       }
32   }
```

自测题

SR8.20　Java 方法如何使用可变长度参数表？

SR8.21　编写一个 distance 方法，其参数为多个整型值(每个参数代表一段旅程距离)，并返回总旅程距离。

SR8.22　编写一个 travelTime 方法，其参数为多个整型值(第一个参数表示平均速度，后面每个参数代表一段旅程距离)，并返回旅行的总时间。

8.6　二维数组

迄今为止，我们所讨论的数组都是代表一个简单数值列表的一维数组。顾名思义，二维数组有二维的值，常视为由行和列构成的表。图 8.3 描述了一维数组与二维数组的差别。对于二维数组中的值，必须使用两个索引值来引用，一个索引值指定行，另一个索引值指定列。

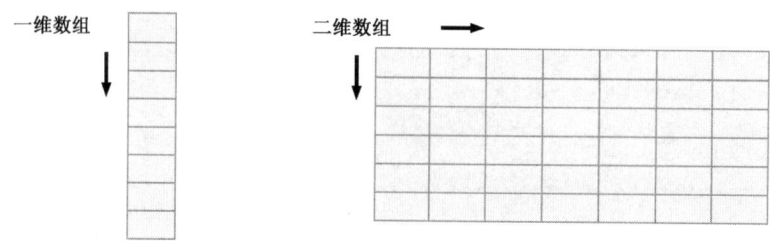

图 8.3　一维数组与二维数组的差别

一个方括号表示数组的一维，因此保存整型值的二维数组形式为 int[][]。从技术上来看，Java 将一个二维数组表示为数组的数组。例如，一个二维整型数组实际上是由一维数组引用构成的一维数组。

例 8.13 所示的 TwoDArray 程序实例化了一个整型二维数组。与一维数组一样，二维数组每一维的大小在创建时就指定，并且每一维的大小可以不同。

例 8.13

```
1    //************************************************************
2    // TwoDArray.java          Author: Lewis/Loftus
3    //
4    // Demonstrates the use of a two-dimensional array.
5    //************************************************************
6
7    public class TwoDArray
8    {
9        //-----------------------------------------------------------
10       // Creates a 2D array of integers, fills it with increasing
11       // integer values, then prints them out.
12       //-----------------------------------------------------------
13       public static void main(String[] args)
14       {
15           int[][] table = new int[5][10];
16
17           // Load the table with values
18           for (int row = 0; row < table.length; row++)
19             for (int col = 0; col < table[row].length; col++)
20                 table[row][col] = row * 10 + col;
21
22           // Print the table
23           for (int row = 0; row < table.length; row++)
24           {
```

```
25              for (int col = 0; col < table[row].length; col++)
26                  System.out.print(table[row][col] + "\t");
27              System.out.println();
28          }
29      }
30  }
```

输出

```
0   1   2   3   4   5   6   7   8   9
10  11  12  13  14  15  16  17  18  19
20  21  22  23  24  25  26  27  28  29
30  31  32  33  34  35  36  37  38  39
40  41  42  43  44  45  46  47  48  49
```

在 TwoDArray 程序中，使用嵌套 for 循环读入二维数组的值，并以表的形式输出二维数组。请仔细分析循环的处理过程，了解嵌套循环最终是如何访问二维数组中的每个元素的。注意，外层循环次数由代表行数的 table.length 控制，内层循环次数由 table[row].length（代表 row 行的列数）控制。

与一维数组类似，二维数组也可以用一个初始化式实例化，初始化式中每一个元素本身就是一个一维的初始化式。例 8.14 中的 SodaSurvey 程序使用了初始值表实例化二维数组。

例 8.14

```
1   //***********************************************************
2   // SodaSurvey.java          Author: Lewis/Loftus
3   //
4   // Demonstrates the use of a two-dimensional array.
5   //***********************************************************
6
7   import java.text.DecimalFormat;
8
9   public class SodaSurvey
10  {
11      //-----------------------------------------------------
12      // Determines and prints the average of each row (soda) and each
13      // column (respondent) of the survey scores.
14      //-----------------------------------------------------
15      public static void main(String[] args)
16      {
17          int[][] scores = {  {3, 4, 5, 2, 1, 4, 3, 2, 4, 4},
18                              {2, 4, 3, 4, 3, 3, 2, 1, 2, 2},
19                              {3, 5, 4, 5, 5, 3, 2, 5, 5, 5},
20                              {1, 1, 1, 3, 1, 2, 1, 3, 2, 4} };
21
22          final int SODAS = scores.length;
23          final int PEOPLE = scores[0].length;
24
25          int[] sodaSum = new int[SODAS];
26          int[] personSum = new int[PEOPLE];
```

```
27
28            for  (int soda = 0; soda < SODAS; soda++)
29                for  (int person = 0; person < PEOPLE; person++)
30                {
31                    sodaSum[soda] += scores[soda][person];
32                    personSum[person] += scores[soda][person];
33                }
34
35            DecimalFormat fmt = new DecimalFormat("0.#");
36            System.out.println("Averages:\n");
37
38            for (int soda = 0; soda < SODAS; soda++)
39                System.out.println("Soda #" + (soda+1) + ": " +
40                    fmt.format((float)sodaSum[soda]/PEOPLE));
41
42            System.out.println();
43            for (int person = 0; person < PEOPLE; person++)
44                System.out.println("Person #" + (person+1) + ": " +
45                    fmt.format((float)personSum[person]/SODAS));
46        }
47 }
```

输出

```
Averages:

Soda #1: 3.2
Soda #2: 2.6
Soda #3: 4.2
Soda #4: 1.9

Person #1: 2.2
Person #2: 3.5
Person #3: 3.2
Person #4: 3.5
Person #5: 2.5
Person #6: 3
Person #7: 2
Person #8: 2.8
Person #9: 3.2
Person #10: 3.8
```

　　假设一个汽水生产商举行一次 4 种新口味汽水的品尝测试，调查新产品的受欢迎程度。生产商让 10 个人品尝每种汽水，并给出 1~5 的评分，1 表示最差，5 表示最好。SodaSurvey 程序中的二维数组 scores 用于保存评分结果，其中每行对应一种汽水，某行上的每一列对应这种汽水的品尝人。概括地说，每一行保存所有品尝者对某种口味汽水的评价，而每一列保存某个人对所有汽水的评价。

　　SodaSurvey 程序计算并输出每种汽水获得的平均分和每个品尝者给出的平均分。首先计算每种汽水得分总和及每个品尝者的评分总和，并各自存入一维整型数组，然后计算平均值并输出。

8.6.1 多维数组

数组可以是一维、二维、三维甚至多维数组。多于一维的数组称为多维数组。

可以很容易地将二维数组画成一张表，将三维数组画成一个立方体。然而，对于三维以上的多维数组，就很难用可视化的图形方式表达出来。但是，可以考虑将后一个更高维的数组看成是对前一个较低维数组进一步划分的结果，这常常是考虑更高维数组的最好方式。

例如，假设要保存美国各州的在校大学生人数，可以从组织结构的角度对数据进行分解，用一个四维整型数组表示学生。第一维代表州，第二维代表每个州的大学，第三维代表每个大学的学院，第四维代表每个学院的系，保存在每个数组元素位置上的值是某个特定系的学生人数。图 8.4 描述了上述数据的分解方式。

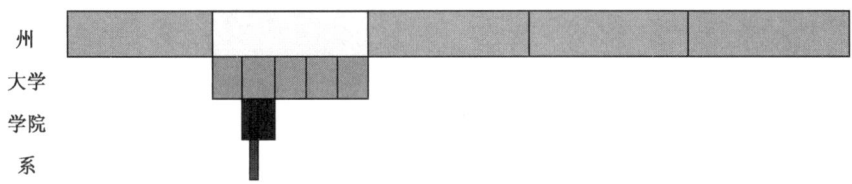

图 8.4 四维数组的可视化表示

> **重要概念：在面向对象的系统中，很少使用高于二维的多维数组。**

二维数组使用得非常广泛，要使用多维数组时则应慎重考虑。当需要在多个层次上管理大量数据时，需要一些与数据管理相关的信息和方法。例如，在前一个例子中，很可能将每个州用一个对象表示，对象中包含一个保存每个大学相关信息的数组，等等。

Java 数组还有一个重要特征需要考虑。前面已讨论过，Java 并不直接支持多维数组，多维数组表示为保存数组对象引用的数组，即多维数组本身保存的是对其他数组对象的引用。这样的层次关系级数，按所需要的维数依次增加。基于这样的维数表示，使得数组的每一维可有不同的长度，所以高维数组有时称为不规则数组。例如，一个二维数组中的各行元素个数可能并不相同，这时应特别注意正确地管理数据。

自测题

SR8.23 在 Java 中如何实现多维数组？

SR8.24 在二维数组 scores 中存放了全班学生某一学期的成绩。编写程序，输出数组中的成绩范围，并输出最高成绩与最低成绩的差值。考试成绩用整型值表示。

8.7 多边形和折线

多边形是一种具有多条边的图案，在 JavaFX API 中，它用 Polygon 类表示。多边形是通过一系列的 (x, y) 坐标点定义的，这些点为多边形的顶点。数组常用来存储这些顶点的坐标值。

多边形是闭合的，在最后一点与第一点之间总是会画一条线段。

折线却是开放的，它由依次连接的多条线段组成，第一个顶点与最后一个顶点之间不会有连线。

> **重要概念：折线与多边形相类似，不同之处在于折线不是一个封闭的图形。**

例 8.15 中的程序使用了两个 Polygon 对象和一个 Polyline 对象来表现火箭升空的情形。一个多边形构成了火箭体，另一个为舱门。折线用于表示从火箭底部喷射出的火焰。

例 8.15

```
1   import javafx.application.Application;
2   import javafx.scene.Group;
3   import javafx.scene.Scene;
4   import javafx.scene.paint.Color;
5   import javafx.scene.shape.Polygon;
6   import javafx.scene.shape.Polyline;
7   import javafx.stage.Stage;
8
9   //********************************************************************
10  // Rocket.java          Author: Lewis/Loftus
11  //
12  // Demonstrates the use of polygons and polylines.
13  //********************************************************************
14
15  public class Rocket extends Application
16  {
17      //----------------------------------------------------------------
18      // Displays a rocket lifting off. The rocket and hatch are polygons
19      // and the flame is a polyline.
20      //----------------------------------------------------------------
21      public void start(Stage primaryStage)
22      {
23          double[] hullPoints = {200, 25, 240, 60, 240, 230, 270, 260,
24              270, 300, 140, 300, 140, 260, 160, 230, 160, 60};
25
26          Polygon rocket = new Polygon(hullPoints);
27          rocket.setFill(Color.BEIGE);
28
29          double[] hatchPoints = {185, 70, 215, 70, 220, 120, 180, 120};
30
31          Polygon hatch = new Polygon(hatchPoints);
32          hatch.setFill(Color.MAROON);
33
34          double[] flamePoints = {142, 310, 142, 330, 150, 325, 155, 380,
35              165, 340, 175, 360, 190, 350, 200, 375, 215, 330, 220, 360,
36              225, 355, 230, 370, 240, 340, 255, 370, 260, 335, 268, 340,
37              268, 310};
38
39          Polyline flame = new Polyline(flamePoints);
40          flame.setStroke(Color.RED);
41          flame.setStrokeWidth(3);
42
43          Group root = new Group(rocket, hatch, flame);
44
```

```
45          Scene scene = new Scene(root, 400, 400, Color.BLACK);
46
47          primaryStage.setTitle("Rocket");
48          primaryStage.setScene(scene);
49          primaryStage.show();
50      }
51  }
```

显示

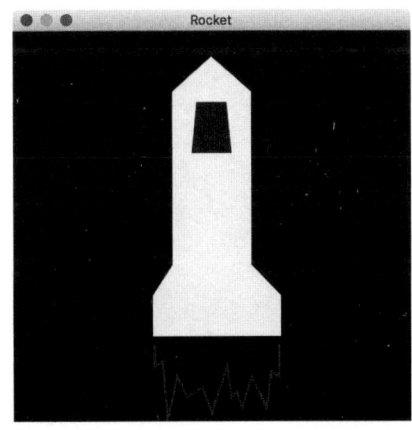

对于每一种形体，其顶点坐标值都被保存在一个 double 型数组中。创建某个形体时，它的数组会被传递给 Polygon 或 Polyline 构造方法。所有数组都是用初始值表创建的。

数组中的每一对坐标代表一个点。例如，构成火箭体多边形的第一个点为 $(200, 25)$，它是火箭的"鼻子"。下一个点为 $(240, 60)$，第三个点为 $(240, 230)$，一直按顺时针方向沿舱体排列。

如果不知道所有顶点的坐标，则可以在形体创建完之后再添加顶点，只需先获得当前顶点的列表，然后添加一个即可。如下的代码行为多边形添加了两个顶点，一个为 $(50, 75)$，另一个为 $(100, 30)$：

```
myPolygon.getPoints().addAll(50, 75, 100, 30);
```

注意，这里的数组可以存储浮点值（它为 double 型），但是只保存了整型值。JavaFX 中的坐标都是作为 double 值保存的，以便能够将其用于涉及浮点计算的运算中。

和其他形体一样，多边形和折线的填充色、轮廓线和轮廓宽度都能通过调用合适的方法来设置。

自测题

SR8.25　什么是折线？如何定义它的形体？

SR8.26　多边形与折线有什么不同？

SR8.27　JavaFX 中的坐标值为什么是 double 型的？

8.8　Color 对象数组

下面分析一个使用 Color 对象数组的例子。例 8.16 中的程序允许用户在窗口中的任意位置单击鼠标，形成一个带颜色的点阵图。圆点的数量显示在窗口左上角。如果双击窗口中的任何位置，则这些圆点会被清除，并且会重新开始计数。

例 8.16

```
1    import javafx.application.Application;
2    import javafx.scene.Group;
3    import javafx.scene.Scene;
4    import javafx.scene.input.MouseEvent;
5    import javafx.scene.paint.Color;
6    import javafx.scene.shape.Circle;
7    import javafx.scene.text.Font;
8    import javafx.scene.text.Text;
9    import javafx.stage.Stage;
10
11   //*********************************************************************
12   // Dots.java      Author: Lewis/Loftus
13   //
14   // Demonstrates the use of an array of Color objects and the capture of
15   // a double mouse click.
16   //*********************************************************************
17
18   public class Dots extends Application
19   {
20       private Color[] colorList = {Color.RED, Color.CYAN, Color.MAGENTA,
21               Color.YELLOW, Color.LIME, Color.WHITE};
22
23       private int colorIndex = 0;
24       private int count = 0;
25       private Text countText;
26       private Group root;
27
28       //---------------------------------------------------------------
29       // Displays a scene on which the user can add colored dots with
30       // mouse clicks.
31       //---------------------------------------------------------------
32       public void start(Stage primaryStage)
33       {
34           countText = new Text(20, 30, "Count: 0");
35           countText.setFont(new Font(18));
36           countText.setFill(Color.WHITE);
37
38           root = new Group(countText);
39
40           Scene scene = new Scene(root, 400, 300, Color.BLACK);
41           scene.setOnMouseClicked(this::processMouseClick);
42
43           primaryStage.setTitle("Dots");
44           primaryStage.setScene(scene);
45           primaryStage.show();
46       }
```

```
47
48      //----------------------------------------------------------
49      // Process a mouse click by adding a circle to that location. Circle
50      // colors rotate through a set list of colors. A double click clears
51      // the dots and resets the counter.
52      //----------------------------------------------------------
53      public void processMouseClick(MouseEvent event)
54      {
55          if (event.getClickCount() == 2)      // double click
56          {
57              count = 0;
58              colorIndex = 0;
59              root.getChildren().clear();
60              countText.setText("Count: 0");
61              root.getChildren().add(countText);
62          }
63          else
64          {
65              Circle circle = new Circle(event.getX(), event.getY(), 10);
66              circle.setFill(colorList[colorIndex]);
67              root.getChildren().add(circle);
68
69              colorIndex = (colorIndex + 1) % colorList.length;
70
71              count++;
72              countText.setText("Count: " + count);
73          }
74      }
75  }
```

显示

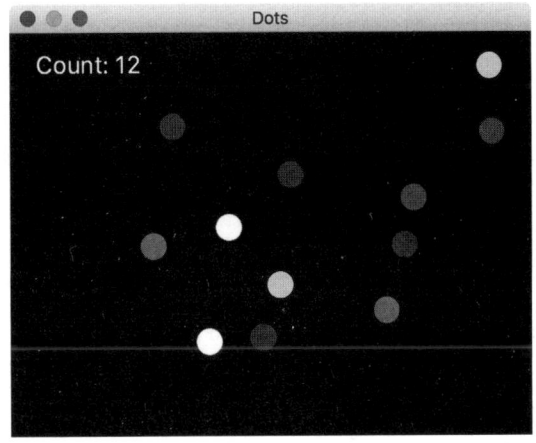

这个 Dots 示例被设置成处理鼠标单击事件。事件发生时，会调用它的处理器方法。这个方法称为 processMouseClick，它是在 start 方法中通过调用 setOnMouseClick 方法指定的。

事件处理器方法所做的第一件事是判断是否为鼠标双击(在同一个位置快速出现两次单击),调用的是 getClickCount 方法。如果为双击,则清除场景中的所有节点,然后再次添加用于计数的文本(计数值为 0)。

如果不为双击,则执行 if 语句的 else 部分,它在单击位置创建并添加一个带颜色的圆点。事件对象的 getX 和 getY 方法用于获得鼠标单击处的坐标。

圆点的颜色是从 6 种颜色中依次挑选的,这些颜色保存在一个称为 colorList 的数组中,该数组用初始值表在类级创建。第一个圆点为红色,第二个圆点为蓝绿色,遵循数组中颜色的顺序,第三个圆点为品红色。添加完一个白色圆点后,又重新从红色开始循环。

颜色的循环是通过一个 colorIndex 整型变量控制的。它代表下一个圆点颜色的数组索引。添加完一个圆点后,colorIndex 的值会加 1,从而使接下来的圆点选择下一种颜色。加 1 操作是通过如下代码行实现的:

```
colorIndex = (colorIndex + 1) % colorList.length;
```

重要概念:求余运算符可用来将一个值序列回退到第一个值。

这行代码不仅将 colorIndex 的值加 1,还利用了求余运算符(%),当到达索引末尾时,会重新回到数组开始处。注意,colorList 数组的长度是 6。例如,若将索引从 2 增加到 3,则求余运算的结果是 3。但是,如果是从 5 增加到 6,则返回结果是 0,所以会重新开始一个循环。

自测题

SR8.28   应该如何判断用户双击了鼠标?

SR8.29   如果例 8.16 中的程序显示了 12 个圆点,则下一个圆点的颜色是什么?

SR8.30   如果需要为 Dots 程序的颜色集添加更多的颜色,则需要对它做哪些改变?

8.9   选项框

选项框是一种 JavaFX GUI 控件,它允许用户从一个下拉菜单中选择多个可选项中的一项。使用鼠标单击选项框时,将显示一个可选项列表供用户选择。当前选中的项将显示在选项框中。

重要概念:选项框为用户提供下拉菜单选项。

例 8.17 中的 JukeBox 程序,允许用户从选项框中挑选一首歌曲播放。Play 按钮用于从头播放当前所选歌曲,而 Stop 按钮会停止播放。在播放歌曲时选择另一首歌曲,也会首先停止播放当前歌曲。

例 8.17

```
1    import java.io.File;
2    import javafx.application.Application;
3    import javafx.event.ActionEvent;
4    import javafx.geometry.Insets;
5    import javafx.geometry.Pos;
6    import javafx.scene.Scene;
7    import javafx.scene.control.Button;
8    import javafx.scene.control.ChoiceBox;
```

```
9    import javafx.scene.control.Label;
10   import javafx.scene.layout.HBox;
11   import javafx.scene.layout.VBox;
12   import javafx.scene.media.AudioClip;
13   import javafx.stage.Stage;
14
15   //***********************************************************************
16   // JukeBox.java      Author: Lewis/Loftus
17   //
18   // Demonstrates the use of a combo box and audio clips.
19   //***********************************************************************
20
21   public class JukeBox extends Application
22   {
23       private ChoiceBox<String> choice;
24       private AudioClip[] tunes;
25       private AudioClip current;
26       private Button playButton, stopButton;
27
28       //---------------------------------------------------------------
29       // Presents an interface that allows the user to select and play
30       // a tune from a drop down box.
31       //---------------------------------------------------------------
32       public void start(Stage primaryStage)
33       {
34           String[] names = {"Western Beat", "Classical Melody",
35           "Jeopardy Theme", "Eighties Jam", "New Age Rythm",
36           "Lullaby", "Alfred Hitchcock's Theme"};
37
38           File[] audioFiles = {new File("westernBeat.wav"),
39               new File("classical.wav"), new File("jeopardy.mp3"),
40               new File("eightiesJam.wav"), new File("newAgeRythm.wav"),
41               new File("lullaby.mp3"), new File("hitchcock.wav")};
42
43           tunes = new AudioClip[audioFiles.length];
44           for (int i = 0; i < audioFiles.length; i++)
45               tunes[i] = new AudioClip(audioFiles[i].toURI().toString());
46
47           current = tunes[0];
48
49           Label label = new Label("Select a tune:");
50
51           choice = new ChoiceBox<String>();
52           choice.getItems().addAll(names);
53           choice.getSelectionModel().selectFirst();
54           choice.setOnAction(this::processChoice);
```

```
55
56      playButton = new Button("Play");
57      stopButton = new Button("Stop");
58      HBox buttons = new HBox(playButton, stopButton);
59      buttons.setSpacing(10);
60      buttons.setPadding(new Insets(15, 0, 0, 0));
61      buttons.setAlignment(Pos.CENTER);
62
63      playButton.setOnAction(this::processButtonPush);
64      stopButton.setOnAction(this::processButtonPush);
65
66      VBox root = new VBox(label, choice, buttons);
67      root.setPadding(new Insets(15, 15, 15, 25));
68      root.setSpacing(10);
69      root.setStyle("-fx-background-color: skyblue");
70
71      Scene scene = new Scene(root, 300, 150);
72
73      primaryStage.setTitle("Java Juke Box");
74      primaryStage.setScene(scene);
75      primaryStage.show();
76   }
77
78   //--------------------------------------------------------------------
79   // When a choice box selection is made, stops the current clip (if
80   // one was playing) and sets the current tune.
81   //--------------------------------------------------------------------
82   public void processChoice(ActionEvent event)
83   {
84      current.stop();
85      current = tunes[choice.getSelectionModel().getSelectedIndex()];
86   }
87
88   //--------------------------------------------------------------------
89   // Handles the play and stop buttons. Stops the current clip in
90   // either case. If the play button was pressed, (re)starts the
91   // current clip.
92   //--------------------------------------------------------------------
93   public void processButtonPush(ActionEvent event)
94   {
95      current.stop();
96
97      if (event.getSource() == playButton)
98         current.play();
99      }
100 }
```

显示

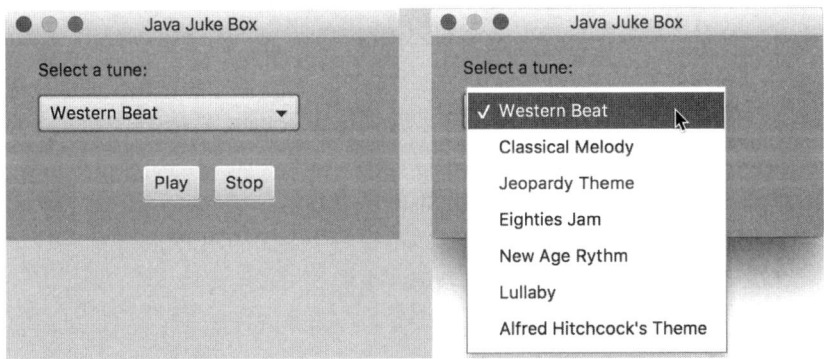

这个程序中用到了多个数组。首先，一个称为 names 的字符串数组用于保存歌曲的名称，它们会显示在一个选项框中。创建了 ChoiceBox 对象之后，names 数组会被添加到列表项中。

File 对象数组表示每一首歌曲的音频文件。它们用来创建 AudioClip 对象数组。AudioClip 类位于 javafx.scene.media 包中，它对未压缩的音频文件提供基本的回放功能。对于更复杂的音频控制、更长的音频文件或者压缩文件格式，可使用 Media 对象。

JukeBox 程序中有两个事件处理器方法。一个响应从选项框中挑选一个选项时所发生的动作事件，另一个响应由按钮产生的事件。

如果在选项框中做出了新的选择，则会停止当前播放的歌曲（如果有）。若没有歌曲正在播放，则 stop 方法什么也不做。接着，代表当前所选歌曲的变量被设置成来自 tunes 数组的合适 AudioClip 对象。索引是通过调用 getSelectedIndex 方法获得的，该方法位于选项框底层的选择模式中。

如果按下了 Play 或 Stop 按钮，则会停止当前正在播放的歌曲（如果有）。接着，如果按下的是 Play 按钮，则所选歌曲会从头播放。

注意，选项框可以是可编辑的，也可以是不可编辑的。默认情况下是不可编辑的。改变一个不可编辑的选项框的选项，只能通过从其列表中选择一项来实现。如果为可编辑的，则用户可以从列表中选择，也可以输入特定的值（正如文本框中那样）。对于 JukeBox 程序，适合采用不可编辑选项框。

组合框是另外一种控件，它在行为上与选项框非常相似。微小的差异只在显示选项时才会体现出来。在内部，选项框使用菜单，而组合框使用 ListView。如果只能从选项中挑选一项，则为选项框，组合框中允许同时选择多项。选项框适合于选项较少的情况。如果给出的选项数量非常大，则需考虑组合框。

自测题

SR8.31 什么是选项框？

SR8.32 在 JukeBox 程序中定义了几个动作事件处理器？它们分别响应什么动作？

SR8.33 详述 JukeBox 程序是如何将用户选择的选项框项与某一段音频文件联系起来的。

重要概念小结

- 具有 N 个值的数组索引为 $0 \sim (N-1)$。
- 在 Java 中，数组是必须实例化的对象。
- 数组边界检查保证引用一个数组元素的索引值在有效范围内。

- 初始值表可用于实例化一个数组对象，这时不再需要用 new 运算符创建数组对象。
- 整个数组可作为一个参数传递给方法，使得方法的形参成为原始数组的别名。
- 实例化对象数组，只是为保存对象引用而预留空间，对每个数组元素所代表的对象必须分别实例化。
- 命令行实参存储在 String 对象的数组中，并将传递给 main 方法。
- 可以将 Java 方法定义成参数个数可变的方法。
- 在面向对象的系统中，很少使用高于二维的多维数组。
- 折线与多边形相类似，不同之处在于折线不是一个封闭的图形。
- 求余运算符可用来将一个值序列回退到第一个值。
- 选项框为用户提供下拉菜单选项。

练习题

EX8.1   下列声明哪些是有效的？哪些代表数组对象？解释你的答案。

```
int primes = {2, 3, 4, 5, 7, 11};
float elapsedTimes[] = {11.47, 12.04, 11.72, 13.88};
int[] scores = int[30];
int[] primes = new {2,3,5,7,11};
int[] scores = new int[30];
char grades[] = {'a', 'b', 'c', 'd', 'f'};
char[] grades = new char[];
```

EX8.2   描述 5 个不用数组就很难实现的程序。

EX8.3   描述如何访问内存中数组里的一个元素。例如，内存中数组元素 myArray[25]存储在哪里？

EX8.4   分析下面的代码有什么问题。要解决这个问题需要做哪些修改？

```
int[] numbers = {3, 2, 3, 6, 9, 10, 12, 32, 3, 12, 6};
for (int count = 1; count <= numbers.length; count++)
  System.out.println(numbers[count]);
```

EX8.5   编写一个数组及下面代码可能用到的类的声明。
a. 某个班 25 位学生的姓名。
b. 某个班 40 位学生的成绩等级。
c. 信用卡交易中的交易号、商店名及金额。
d. 某个班的学生姓名及每位学生的作业成绩等级。
e. L&L 国际公司中每一位雇员的信息：雇员编号、雇用日期及最后 5 次的工资增长量。

EX8.6   编写代码，将数组 nums 的每一个元素设置为常量 INITIAL。

EX8.7   编写代码，以倒序输出数组 names 中保存的值。

EX8.8   编写代码，将布尔数组 flags 中的每一个元素设置为交替变化的值（索引值为 0 的元素，值为 true；索引值为 1 的元素，值为 false；依次类推）。

EX8.9   编写一个 sumArray 方法，以一个浮点型数组作为参数并返回数组中元素值的和。

EX8.10   编写一个 switchThem 方法，以两个整型数组作为参数并交换两个数组的元素。特别注意，这两个数组可能有不同的大小。

EX8.11 分析一个程序，该程序需要使用 ArrayList 类而不是数组。再分析一个需要使用数组而不是 ArrayList 类的程序。解释你的选择。

EX8.12 Dots 程序处理鼠标单击事件并绘制圆点。如果它处理的是鼠标按下事件，则会有什么不同？如果是鼠标释放事件呢？

EX8.13 修改 JukeBox 程序，使得只要在选项框中选择了一项，就播放所选歌曲（不必按 Play 按钮）。

EX8.14 如果要在 JukeBox 程序中添加三首新歌，则应做哪些修改？

编程项目

PP8.1 编写一个程序，读取 0～50（包含二者）范围内的任意多个整数，并且计算每项输入数据出现的次数。用一个该范围之外的值表明输入结束。当输入完成后，输出所有的值及其出现的次数。

PP8.2 修改 PP8.1 的程序，允许输入数据取值范围为−25～25。

PP8.3 编写一个程序，创建一个柱状图，用于查看一组数字的分布情况。程序从一个文本文件读取任意数量的整数，整数位于 1～100 之间（包含二者），然后生成一个如下面所示的图，以指明有多少输入值分别属于 1～10，11～20，等等。对应每一个输入值输出一个星号。

```
1  ～ 10   | *****
11 ～ 20   | **
21 ～ 30   | *******************
31 ～ 40   |
41 ～ 50   | ***
51 ～ 60   | ********
61 ～ 70   | **
71 ～ 80   | *****
81 ～ 90   | *******
91 ～ 100  | *********
```

PP8.4 当输入大量数据时，在 PP8.3 生成的柱状图中某些行可能会过长。修改该程序，使得每一个分类组出现 5 个值才输出一个星号，并忽略不足 5 个的值。例如，如果某一组有 17 个值，那么只输出 3 个星号。如果某一组有 4 个值，则不在该行输出任何星号。

PP8.5 编写一个程序，计算并输出一组整数 $x_1～x_n$ 的均值和标准方差。假设输入不超过 50 个值。以浮点数计算均值（mean）和标准方差（sd），计算公式分别如下：

$$\text{mean} = \frac{\sum_{i=1}^{n} x_i}{n}$$

$$\text{sd} = \sqrt{\sum_{i=1}^{n} (x_i - \text{mean})^2}$$

PP8.6 L&L 银行可以处理最多 30 个拥有储蓄账户的用户。编写一个程序用于管理这些账户，随时保存最新的账户信息并使每一位用户都可以存取款。当遇到无效交易时，生成适当的错误信息。提示：可以基于第 4 章的 Account 类来开发，提供一个方法，每次调用该方法时将对所有账户增加 3% 的利息。

PP8.7　　创建一个 Card 类，它表示一副牌的面值和花色。然后，创建一个 DeckOfCards 类，保存 52 个 Card 类的对象。其中包括处理洗牌、发牌及报告桌面剩余牌数的方法。洗牌的方法总是假设有一副完整的牌。创建一个驱动类，该类的 main 方法从洗过的牌中发一张牌，并且输出每一张发出的牌。

PP8.8　　编写一个程序，连续读入一组数据，最多有 25 组姓名和对应的邮编(ZIP)。将每一组数据保存在一个对象中，保存方式为名字(字符串)、姓氏(字符串)、邮编(整数)。假设每一行输入都是两个字符串后跟一个整数，字符串及整数之间都以 Tab 键分隔。当输入完成后，将对象列表以适当的格式输出。

PP8.9　　修改 PP8.8 中的程序，以完成下面的要求：
支持新增的用户信息：街道名(字符串)、城市名(字符串)、州名(字符串)及 10 位电话号码。电话号码为长整型(包括地区码)，但是不要出现特殊字符，如“(”“)”或“-”。
将数据保存在一个 ArrayList 对象中。

PP8.10　使用第 7 章的 Question 类定义一个 Quiz 类。一个小测验可以由最多 25 个问题组成。为 Quiz 类定义一个 add 方法，用于在小测验中添加问题。再定义一个 giveQuiz 方法，依次将问题显示给用户、接收用户的答案并记录结果。定义一个 QuizTime 类，该类的 main 方法用来组织这个小测验，显示问题并且输出最终结果。

PP8.11　修改 PP8.10 中设计的程序，考虑小测验中问题的难度等级。重载 giveQuiz 方法，使其接收两个整型参数，分别表示问题的最低和最高难度级别，并且只会提供位于这两个级别范围内的问题。修改 main 方法，演示这个新特性。

PP8.12　定义一个扩展 Polygon 类的 Star 类，它表示一个五角星。Star 构造方法的参数指定五角星的颜色、位置和尺寸。编写一个 JavaFX 程序，用不同的颜色和各种尺寸显示 5 个五角星。

PP8.13　定义一个扩展 Group 类的 Car 类，它表示一辆汽车的图形。使用多边形、折线及其他形体来呈现汽车。编写一个 JavaFX 程序，显示汽车。

PP8.14　修改第 5 章的 QuoteOptions 程序(见例 5.16)，使其多提供三条引用语。使用数组保存类别选项和引用语，用选项框(而不是单选钮)显示选项。

PP8.15　编写一个 JavaFX 程序，显示一个图形，并且对每次鼠标单击播放一种声音效果。对 4 个图形和 5 种声效依次循环，使它们有不同的匹配。

PP8.16　编写一个 JavaFX 程序，显示 20 个圆，半径和位置都为随机值。如果某个圆没有与其他任何圆重叠，则用黑色填充它。对重叠的圆填充成透明蓝色(alpha 值为 0.3)。提示：使用数组保存 Circle 对象，检查每一个新创建的圆，看它是否与前面的圆重叠。如果两个圆的圆心距小于它们的半径之和，则认为它们是重叠的。

PP8.17　编写一个 JavaFX 程序，利用鼠标单击动态地创建一条折线。每单击一次鼠标，就从前一个点到当前鼠标位置增加一条线段。双击鼠标，则会终止折线的创建。添加一个清除窗口的按钮，使用户能从头开始创建折线。

软件失误案例：洛杉矶空管系统

事件概述

采用声音和图像的空管系统正在工作

图片来源：Maksim Shmeljov/Shutterstock

2004年9月14日，星期二，大约下午5点钟，洛杉矶空管中心突然与他们正在跟踪的位于美国西南部的400架飞机失去了通话联系。这套由位于佛罗里达州墨尔本的哈里斯公司设计的语音交换和控制系统(VSCS)，竟然出乎意料地关闭了。但是，原本设计用于当这样一种故障发生时接管系统功能的后备系统，却在运行不到一分钟后就崩溃了。由于没有了控制人员的指挥，飞机之间的距离开始变得近乎危险得小，好几次差点造成灾难。

飞机碰撞得以避免，一部分归功于那些反应敏捷的控制人员，他们用无线电话向其他交通控制中心和航线告警。这次事件并没有带来巨大的灾难，其主要原因是飞机上具有如今商用喷气飞机上采用的防撞系统。这些系统可以追踪到附近飞机上的异频雷达收发机，并且给飞行员一些处理紧急情况的指引，指示他们在紧要关头上升或是降落。如果这样的情况发生在10~15年前，当时的飞机还没有这种防撞系统，则很有可能发生多起空中飞机撞毁事件。

事故原因

官方称这一事故是人为错误造成的，美国联邦航空局(FAA)的报告指出，这个问题并不是由"系统可靠性"造成的，如果遵守美国联邦航空局的程序，这个问题是可以避免的。本案例中关键的因素是语音交换和控制系统每隔30天必须重启一次。

然而，根本原因追溯到了软件问题。这个语音交换和控制系统依赖一个子系统，这个子系统周期性地运行几个嵌入的测试程序。子系统中的一个倒数计秒定时器用来决定测试程序什么时候被执行，定时器按毫秒递减，从系统所能处理的最大数(232)开始。这个数正好超过40亿毫秒。定时器大约需要50天的时间从232减到0。遗憾的是，当定时器减到0时，这些测试将无法运行，以至于系统关闭。每隔30天重启一下系统，计时器可以在其终止前三周得到重置。

美国联邦航空局是在实地测试运行这套系统时第一次发现了这个问题。当时，系统在运行了49.7天后崩溃了。重启系统后，一切又好像恢复正常。当在另外一套系统上发生了相同的错误时，美国联邦航空局制定了每30天重启一次程序的规程。

人们在洛杉矶事件后追查到了这个问题，并且创建了一个软件补丁来修复这个问题。现在，系统可以在没有人的干预下周期性地重置计数器。

经验教训

在这种情况下，问题(不是隐含的)是已经事先知晓的。哈里斯公司(制造商)虽然知道定时器有终止的可能，但是并没有测定其对系统的影响。美国联邦航空局通过测试发现了这个问题，虽然这些测试不是根本原因。他们不是从根本上分析并解决这个问题，取而代之的是制定了基于人工操作的解决方案——"当拿不准时，重启系统"。

实际上，如果当初严格遵守美国联邦航空局的规程，这个问题就可避免。但是，即使该软件能够使规程不再必须遵守，也不能就此掉以轻心。事实上，如果后备系统没有崩溃，类似于这样的事故就不会发生。因此，额外的后备系统有可能减少彻底失败的概率。

然而，在这种情况下只要做到彻底地测试和调查就会发现问题，这对于一个会危及安全的系统是至关重要的。

来源：IEEE Spectrum, November 2004

第 9 章　继　　承

本章目标

1. 探讨从现有类派生新类的问题。
2. 定义方法重写的概念和目的。
3. 探讨类的继承设计。
4. 分析与继承有关的可见性问题。
5. 探讨接口的派生。
6. 研究在继承上下文环境中的面向对象设计。
7. 描述用于 JavaFX 控件和形体的继承结构。
8. 探讨颜色和日期选择器，以及对话框。

本章讨论继承的概念。继承是组织和创建类的基本技术，它的功能强大，决定着面向对象软件的设计方式，并增强了已设计类在软件开发中的复用性。本章将探讨创建子类和类层次结构的技术，以及重写继承所得方法的技术，并将讨论 protected 修饰符和所有可见性修饰符对于所继承的属性与方法的影响。最后，我们探讨继承在 JavaFX GUI 中的用途，同时还会讲解更多的控件和对话框。

9.1　创建子类

第 1 章讲解面向对象概念时曾提出一个比喻：类与对象的关系正如建筑蓝图与房子的关系。在后续的各章中，继续强化了上述概念：编写类是定义一组类似的对象；类建立了对象的特征和行为，但并没有为声明的变量预留内存空间(除非所声明的变量是静态的)；类是一种设计，而对象是该设计的具体实现。

许多房子根据同一张蓝图完成建筑施工，它们实质上是位于不同地方的相同住宅，由不同的人居住。现在假设客户需要一所新房子，它与现有的房子类似，但又有某些差别和新增的特点。客户要求以原蓝图为基础，进行一些修改以满足新的改进需求。许多住宅开发建设都是按这种方式进行的。处于开发中的房子其核心布局是相同的，但各有特色。例如，所有房子可能都是跃层式结构并具有相同的基本房间配置，但其中一些房子有壁炉或完整的地下室，另一些房子却没有这些设施，或者一些房子有一个改进设计且装修精致的厨房而不是标准设计的厨房。

房屋开发商可能委托一个主建筑师设计一套蓝图，建立开发过程中所有房子的基本设计方案，然后在此基础上进行修改并产生一系列新蓝图，这些蓝图具有吸引不同购房者的特点。建立一系列新蓝图的工作得到了简化，因为新蓝图基于相同的基本结构，而不同的修改使新蓝图各有特点，这些特点对于潜在的购房者非常重要。

> **重要概念**：继承就是从现有类派生新类的过程。

基于现有蓝图创建新蓝图，是对面向对象继承机制的模拟。继承是从现有类派生新类的过程，并且是一种强有力的软件开发技术，它是面向对象编程的显著特性。在前面的一些示例中，已经看到过继承的一些基本用法，本章将深入探讨它。

通过继承，新类自动包含了原始类的变量和方法，然后程序员可以将新变量和方法添加到派生的新类中，或者修改所继承的变量与方法。

> **重要概念**：继承的目的之一就是复用现有软件。

一般而言，通过继承创建新类比重新写类更快捷、更容易且成本更低。继承是支持软件复用的途径之一，通过现有组件创建新组件，就使我们能将主要精力投入在软件的设计、实现和测试上。

回想一下，术语"类"源于将具有相同特征的对象进行分类的想法。分类方案常常利用具有相对关系的类层次结构。例如，所有哺乳动物都具有某些相同的特征：温血、有毛发且能产生乳汁哺育后代。再考虑一种具体的哺乳动物，比如马。所有的马都是哺乳动物，具有哺乳动物的全部特征，但它们还有一些独有的特点，能够使其区别于其他哺乳动物(例如狗)。

如果将上述思想转换为软件术语，则可这样描述：一个现有类 Mammal 具有某些变量和方法，它们描述了哺乳动物的状态和行为。Horse 类可以从现有的 Mammal 类派生出来，派生的新类自动继承 Mammal 类中的变量和方法。Horse 类可以引用所继承的变量和方法，就像这些变量和方法是在这个类中声明的一样。然后，在新类中增加一些变量和方法，以便将马与其他哺乳动物区别开来。

用于派生新类的原始类称为父类、超类或基类，被派生出的类称为子类或亚类。Java 用保留字 extends 指明新类由现有类派生。

> **重要概念**：继承在父类和子类之间建立一种"是"关系。

继承的过程在两个类之间建立一种"是"关系，即子类是一种更具体的父类版本。例如，马"是"一种哺乳动物。虽然并非所有的哺乳动物都是马，但所有的马都是哺乳动物。对于由 Y 类派生的 X 类，可以说"X 是一种 Y"。如果这样一种陈述没有实际意义，则说明 X 和 Y 的关系不适合使用继承的概念。

下面是一个例子。例 9.1 所示的程序实例化一个 Dictionary 类的对象，该类由 Book 类派生。在 main 方法中，通过 Dictionary 对象调用了三个方法：其中两个是在 Dictionary 类的内部声明的方法，另一个是从 Book 类继承的方法。

例 9.1

```
1    //********************************************************************
2    // Words.java          Author: Lewis/Loftus
3    //
4    // Demonstrates the use of an inherited method.
5    //********************************************************************
6
7    public class Words
8    {
9       //-----------------------------------------------------------------
10      // Instantiates a derived class and invokes its inherited and
11      // local methods.
12      //-----------------------------------------------------------------
13      public static void main(String[] args)
14      {
```

```
15              Dictionary webster = new Dictionary();
16
17              System.out.println("Number of pages: " + webster.getPages());
18
19              System.out.println("Number of definitions: " +
20                                  webster.getDefinitions());
21
22              System.out.println("Definitions per page: " +
23                                  webster.computeRatio());
24      }
25 }
```

输出

```
1   Number of pages: 1500
2   Number of definitions: 52500
3   Definitions per page: 35.0
```

Book 类(见例 9.2)用于派生 Dictionary 类(见例 9.3),派生操作通过在 Dictionary 类的声明首部中加保留字 extends 实现。Dictionary 类将自动继承 setPages 和 getPages 方法的定义及 pages 变量的声明,就像这些方法和变量是在 Dictionary 类内部声明的一样。因此,虽然 pages 变量是由 Book 类声明的,但 Dictionary 类中的 computeRatio 方法显式地引用了 pages 变量。

例 9.2

```
1   //***************************************************************
2   // Book.java        Author: Lewis/Loftus
3   //
4   // Represents a book. Used as the parent of a derived class to
5   // demonstrate inheritance.
6   //***************************************************************
7
8   public class Book
9   {
10      protected int pages = 1500;
11
12      //-----------------------------------------------------------
13      // Pages mutator.
14      //-----------------------------------------------------------
15      public void setPages(int numPages)
16      {
17          pages = numPages;
18      }
19
20      //-----------------------------------------------------------
21      // Pages accessor.
22      //-----------------------------------------------------------
23      public int getPages()
24      {
```

```
25          return pages;
26      }
27  }
```

例 9.3

```
1   //************************************************************
2   // Dictionary.java        Author: Lewis/Loftus
3   //
4   // Represents a dictionary, which is a book. Used to demonstrate
5   // inheritance.
6   //************************************************************
7
8   public class Dictionary extends Book
9   {
10      private int definitions = 52500;
11
12      //------------------------------------------------------------
13      // Prints a message using both local and inherited values.
14      //------------------------------------------------------------
15      public double computeRatio()
16      {
17          return (double) definitions / pages;
18      }
19
20      //------------------------------------------------------------
21      // Definitions mutator.
22      //------------------------------------------------------------
23      public void setDefinitions(int numDefinitions)
24      {
25          definitions = numDefinitions;
26      }
27
28      //------------------------------------------------------------
29      // Definitions accessor.
30      //------------------------------------------------------------
31      public int getDefinitions()
32      {
33          return definitions;
34      }
35  }
```

　　还要注意，虽然需要利用 Book 类创建 Dictionary 类，但是在程序中并没有实例化 Book 对象，即子类的实例化并不依赖于父类的实例化。

　　继承具有单向性。父类 Book 不能引用在子类 Dictionary 内部声明的变量和方法。例如，如果创建一个 Book 对象，则该对象不能调用子类 Dictionary 的 setDefinitions 方法。这一限制的理由是显而易见的，因为子类是一种更具体的父类版本。pages 变量之所以由父类声明，是因为所有的书都有页数，当然任何一本字典也有页数；definitions 变量必须由子类声明，因为并非所有的书都有词汇定义，但是一本字典具有词汇定义。

继承关系通常可在 UML 类图中描述。图 9.1 显示了 Book 类和 Dictionary 类之间的继承关系，图中的空心箭头线用于表示继承关系，箭头从子类指向父类。

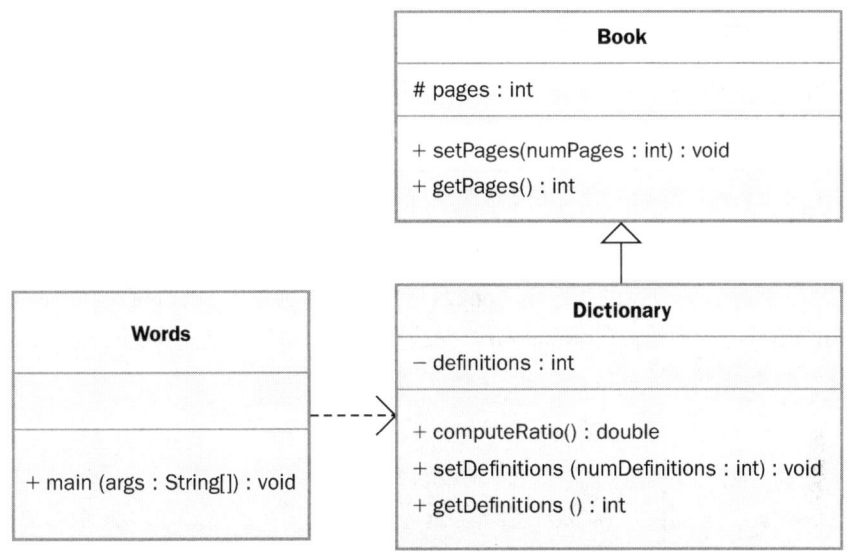

图 9.1　展示继承关系的 UML 类图

9.1.1　protected 修饰符

可见性修饰符用于控制对类成员的访问，这种控制也延伸到继承的过程中。父类的公有方法或变量可以在子类中通过名称访问，或者通过子类对象访问；而父类的私有方法或变量不能在子类中访问，也不能通过子类对象访问。

然而，如果为了子类能够访问而声明一个父类公有变量，则将违反封装性的原则。因此 Java 提供了第三种可见性修饰符：protected。注意，在 Book 类中声明的变量 pages 就具有 protected 可见性。当一个变量或方法声明为 protected 可见性时，子类就可以引用它，并且使父类保持了一定的封装性。变量声明为 protected 可见性时的封装性不如 private 可见性的严格，但比 public 可见性的更好。特别地，声明为 protected 可见性的变量和方法，除了可被子类引用，还可以由同一个包内的任何类引用。附录 D 完整地解释了所有 Java 修饰符之间的关系。

在 UML 类图中，protected 成员前加"#"符号表示 protected 可见性。如图 9.1 所示，Book 类的 pages 变量前有"#"符号，表示它是 Book 类的 protected 成员。

> **重要概念**：protected 可见性提供了允许继承的最大可能的封装性。

每一个变量和方法都保持自己原始可见性修饰符的控制作用。例如，在 Dictionary 类中，作为继承所得的方法 setPages 仍然具有原来的 public 可见性。

再进一步明确如下概念：所有的方法和变量（即使声明为 private 可见性）都将由子类继承，即子类中存在父类的所有方法和变量的定义，并且为变量预留存储空间，只不过子类不能按名引用父类的 private 成员。这个问题将在 9.4 节进一步详细探讨。

但是，构造方法不能继承。构造方法是一种特殊方法，用于创建一个具体类型的对象。因此，Dictionary 类拥有一个 Book 类的构造方法是没有任何意义的，子类没有必要继承父类的构造方法。

但是可以设想，子类可能需要引用父类的构造方法，这就是为什么需要 super 引用的理由之一，下面将讨论 super 引用。

9.1.2　super 引用

在一个类中可使用保留字 super 引用父类，即使用 super 引用可以访问父类的成员。类似 this 引用，super 引用访问什么取决于使用它的类。

> **重要概念：** 使用 super 引用可以调用父类的构造方法。

super 引用的用处之一是调用父类的构造方法。下面的例 9.4 是例 9.1 中 Words 程序的修改版。类似于例 9.1 中的程序，修改后的程序用 Book2(见例 9.5)作为子类 Dictionary2(见例 9.6)的父类。这两个新类与原始类不同的是，二者都声明了构造方法来初始化自己的实例变量。Words2 程序的输出与 Words 程序的相同。

例 9.4

```
1    //************************************************************
2    // Words2.java        Author: Lewis/Loftus
3    //
4    // Demonstrates the use of the super reference.
5    //************************************************************
6
7    public class Words2
8    {
9       //---------------------------------------------------------
10      // Instantiates a derived class and invokes its inherited and
11      // local methods.
12      //---------------------------------------------------------
13      public static void main(String[] args)
14      {
15          Dictionary2 webster = new Dictionary2(1500, 52500);
16
17          System.out.println("Number of pages: " + webster.getPages());
18
19          System.out.println("Number of definitions: " +
20                          webster.getDefinitions());
21
22          System.out.println("Definitions per page: " +
23                          webster.computeRatio());
24      }
25   }
```

输出

```
Number  of  pages:  1500
Number  of  defintions :   52500
Definitions  per   page : 35 .0
```

例 9.5

```
1    //**********************************************************************
2    // Book2.java          Author: Lewis/Loftus
3    //
4    // Represents a book. Used as the parent of a derived class to
5    // demonstrate inheritance and the use of the super reference.
6    //**********************************************************************
7
8    public class Book2
9    {
10      protected int pages;
11
12      //-------------------------------------------------------------
13      // Constructor: Sets up the book with the specified number of
14      // pages.
15      //-------------------------------------------------------------
16      public Book2(int numPages)
17      {
18          pages = numPages;
19      }
20
21      //-------------------------------------------------------------
22      // Pages mutator.
23      //-------------------------------------------------------------
24      public void setPages(int numPages)
25      {
26          pages = numPages;
27      }
28
29      //-------------------------------------------------------------
30      // Pages accessor .
31      //-------------------------------------------------------------
32      public int getPages()
33      {
34          return pages;
35      }
36  )
```

例 9.6

```
1    //**********************************************************************
2    // Dictionary2.java          Author: Lewis/Loftus
3    //
4    // Represents a dictionary, which is a book. Used to demonstrate
5    // the use of the super reference.
6    //**********************************************************************
7
8    public class Dictionary2 extends Book2
```

```
9    {
10        private int definitions;
11
12        //-----------------------------------------------------------------
13        // Constructor: Sets up the dictionary with the specified number
14        // of pages and definitions.
15        //-----------------------------------------------------------------
16        public Dictionary2(int numPages, int numDefinitions)
17        {
18            super(numPages);
19
20            definitions = numDefinitions;
21        }
22
23        //-----------------------------------------------------------------
24        // Prints a message using both local and inherited values.
25        //-----------------------------------------------------------------
26        public double computeRatio()
27        {
28            return (double) definitions / pages;
29        }
30
31        //-----------------------------------------------------------------
32        // Definitions mutator.
33        //-----------------------------------------------------------------
34        public void setDefinitions(int numDefinitions)
35        {
36            definitions = numDefinitions;
37        }
38
39        //-----------------------------------------------------------------
40        // Definitions accessor.
41        //-----------------------------------------------------------------
42        public int getDefinitions()
43        {
44            return definitions;
45        }
46    }
```

Dictionary2 类的构造方法接收两个整型值作为参数，分别代表一本书的页数和词条数。由于 Book2 类中已有构造方法设置将被继承的变量 pages，因此 Dictionary2 类可利用 Book2 类的构造方法初始化 pages 变量。但由于构造方法不能被继承，在 Dictionary2 类中不能直接引用 Book2 类的构造方法，因此用 super 引用访问 Book2 类的构造方法，再用 Dictionary2 类的构造方法初始化自己声明的 definitions 变量。

在上述情况下，也许直接在 Dictionary2 类的构造方法中设置 pages 变量，比用 super 引用访问 Book2 类的构造方法更容易。但是，让每个类"自己管理自己"是更好的类设计原则。如果 Book2 类的构造方法改变了设置 pages 变量的方式，则还需记住在 Dictionary2 类的构造方法中做同样的修改。通过使用 super 引用，Book2 类中的改变会自动反映到 Dictionary2 类中。

子类的构造方法负责调用它的父类的构造方法。一般情况下，构造方法的第一行应该用 super 引用调用父类的构造方法。如果不存在这样的调用，则 Java 会自动在构造方法的开始处产生一行 super( )调用。这种做法可确保在子类的构造方法执行之前，父类的构造方法会先初始化自己的变量。使用 super 引用调用父类的构造方法的操作只能在子类中执行，并且必须在第一行执行。

super 引用也可以用于引用父类的其他的变量和方法，本章后面将讨论这一技术。

9.1.3 多继承

Java 的继承方法称为单继承，即子类只能有唯一的父类。一些面向对象语言允许子类有多个父类，这种方法称为多继承，这对于需要用两种类描述对象时是有用的。例如，假设已经有 Car 类和 Truck 类，现在需要建立新类 PickupTruck。皮卡既有小轿车的特点，又有货车的特点。对于单继承，我们要明确是由 Car 类还是 Truck 类派生出新类 PickupTruck，要判断哪一个更好。而对于多继承，新类可以由两个类派生，如图 9.2 所示。

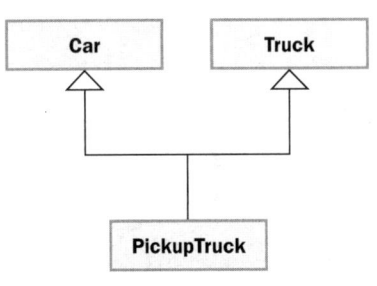

图 9.2　展示多继承关系的 UML 类图

某些情况下，多继承的效果很好，但有时会引起一些问题。如果 Car 类和 Truck 类有同名的方法该怎么处理？PickupTruck 类应该继承哪个方法呢？上述问题的答案是复杂的，依赖于支持多继承语言的规则。

Java 语言的设计者明确决定不支持多继承。作为一种代替多继承的方法，在 Java 中可依赖接口获得多继承的最好特性但不会增加歧义性。虽然一个 Java 类只能由一个父类派生，但它可以实现多个接口，因而可以用一种特殊的方式与继承一个父类核心信息的类交互。

自测题

SR9.1　描述父类与子类之间的关系。

SR9.2　继承如何支持软件复用？

SR9.3　类的派生代表什么关系？

SR9.4　protected 修饰符的作用是什么？

SR9.5　为什么 super 引用对子类很重要？

SR9.6　定义一个继承 Book2 类的 SchoolBook2 类，该类含有一个属性，表示读者的年龄(4～16 岁)。其构造方法接收一个年龄参数。该类也提供一个 level 方法，用来返回如下所示的字符串：如果年龄为 4～6 岁，则返回 "Pre-school"；7～9 岁，返回 "Early"；10～12 岁，返回 "Middle"；13～16 岁，返回 "Upper"。

SR9.7　单继承与多继承的差别是什么？

9.2　重写方法

当子类和父类具有相同的方法名与签名时，子类方法将重写父类方法且子类方法优先。重写的需求经常发生在继承的情况中。

重要概念：子类方法可重写（重定义）它所继承的父类方法。

例 9.7 中的程序给出了一个重写 Java 方法的简单例子。Messages 类中的 main 方法实例化了两个对象：Thought 类的对象和 Advice 类的对象，前者是后者的父类。

例 9.7

```
1    //**********************************************************
2    // Messages.java       Author: Lewis/Loftus
3    //
4    // Demonstrates the use of an overridden method.
5    //**********************************************************
6
7    public class Messages
8    {
9       //------------------------------------------------------
10      // Creates two objects and invokes the message method in each.
11      //------------------------------------------------------
12      public static void main(String[] args)
13      {
14         Thought parked = new Thought();
15         Advice dates = new Advice();
16
17         parked.message();
18
19         dates.message();    // overridden
20      }
21   }
```

输出

```
1    I feel like I'm diagonally parked in a parallel universe.
2
3    Warning: Dates in calendar are closer than they appear.
4
5    I feel like I'm diagonally parked in a parallel universe.
```

Thought 类（见例 9.8）和 Advice 类（见例 9.9）都定义了 message 方法。Thought 类的 message 方法由 Advice 类继承，但 Advice 类用自己的 message 方法重写了父类的方法。新版（子类版）message 方法输出完全不同的信息，再用 super 引用调用父类版 message 方法。

例 9.8

```
1    //**********************************************************
2    // Thought.java        Author: Lewis/Loftus
3    //
4    // Represents a stray thought. Used as the parent of a derived
5    // class to demonstrate the use of an overridden method.
6    //**********************************************************
7
```

```
8    public class Thought
9    {
10      //-----------------------------------------------------------
11      // Prints a message.
12      //-----------------------------------------------------------
13        public void message()
14        {
15          System.out.println("I feel like I'm diagonally parked in a " +
16                          "parallel universe.");
17
18          System.out.println();
19        }
20   }
```

例 9.9

```
1    //***********************************************************************
2    // Advice.java          Author: Lewis/Loftus
3    //
4    // Represents some thoughtful advice. Used to demonstrate the use
5    // of an overridden method.
6    //***********************************************************************
7
8    public class Advice extends Thought
9    {
10      //-----------------------------------------------------------
11      // Prints a message. This method overrides the parent's version.
12      //-----------------------------------------------------------
13      public void message()
14      {
15          System.out.println("Warning: Dates in calendar are closer " +
16                          "than they appear.");
17
18          System.out.println();
19
20          super.message();      // explicitly invokes the parent's version
21      }
22   }
```

　　调用方法的对象决定了哪一个版本的方法将被实际执行。当用 main 方法中的 parked 对象调用 message 方法时，实际执行的是 Thought 类的 message 方法；而用 dates 对象调用 message 方法时，实际执行的是 Advice 类的 message 方法。

　　可以使用 final 修饰符定义一个方法，子类将不能重写 final 方法。这种技术可用于保证子类必须使用某个特定的方法。

　　方法重写是面向对象设计中的一个关键机制，允许两个有继承关系的对象按同名规则使用同名方法（以不同方式完成同类任务）。方法重写在体现多态性时显得更为重要，第 10 章将讨论多态性。

9.2.1 影子变量

子类可以定义与父类同名的变量,虽然不提倡这样做,但这种定义是有效的。应注意重新声明一个变量和给一个继承变量赋值的区别。如果在一个子类中声明一个同名变量,则该变量称为影子变量(shadow variable),在概念上与重写方法的处理类似,但是会引起一些理解上的混淆。

由于继承的变量已经是子类的变量,因此通常没有充分理由再重新声明。阅读含有影子变量的代码时,会发现对于子类的同一变量似乎有两个不同的声明,这种声明会引起问题。重新声明一个变量可以改变这个变量的类型,但通常没有这种必要,原则上应避免使用影子变量。

自测题

SR9.8　为什么子类需重写父类的方法?

SR9.9　判断下列各项的对错,并说明原因。

    a. 子类可以定义与其父类中方法名相同的方法。

    b. 子类可以重写其父类中的构造方法。

    c. 子类可以重写其父类中的 final 方法。

    d. 子类重写父类中的方法,被认为是一种不好的编程方式。

    e. 子类可以定义一个与其父类中变量名相同的变量。

9.3 类层次结构

从一个父类派生出的子类还可以是其他子类的父类,并且多个子类可以从一个父类派生。因此,继承关系常发展成为一个类层次结构。图 9.3 描述了 Mammal 类和 Horse 类之间的继承关系层次结构。

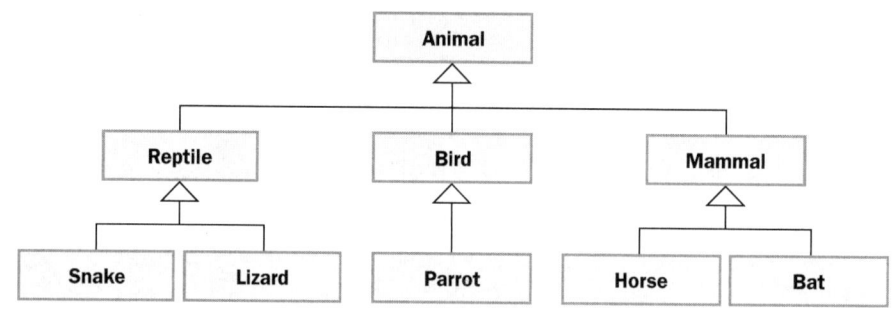

图 9.3　描述类层次结构的 UML 类图

> **重要概念:** 一个类的子类还可以是一个或多个其他类的父类,由此建立起类层次结构。

子类个数和类层次数都没有限制。同一个父类的两个子类称为同胞。尽管同胞类共享它们共同的父类传下来的特征,但是二者没有继承关系,因为不会用其中一个类派生另一个类。

在类层次结构中,应当合理地将类的公有特征保持在尽可能高的类层次上。这样,在子类中只需建立区别于父类和同胞类的特征。这种方法最大化了复用现有类的可能性。它也有助于软件维护,因为当父类有变化时,变化将会自动反映到其后代类。建立类层次结构时,始终要注意保持父、子类之间的“是”关系。

继承机制具有传递性。即父类将自己的特性传递给子类,子类再传给自己的下一代子类,依次类推。一个被继承的特性可能来自直接的父类,也可能来自类层次结构若干层以上的祖先类。

重要概念：应当合理地将类的共同特性保持在尽可能高的类层次上。

不存在任何情况下都为最佳的类层次结构。设计类层次结构时所做的决策，制约与指导着底层更细节的设计决策和实现方案的选择。因此，设计类层次结构时必须小心。

前面讨论的动物类层次结构是按主要的生物特征分类（如 Mammal，Bird，Reptile）组织的。但是，在不同情况下，对于同样的动物可能需要在逻辑上以不同的方式组织。例如，根据动物的功能特征（如飞翔能力）分类建立类层次结构，如图 9.4 所示，Parrot 类和 Bat 类是从一般的 FlyingAnimal 类派生的同胞类。和前一个类层次一样，这个类层次也是有效、合理的。但哪种类层次结构用于解决某种具体问题是最佳的选择，必须根据程序的需要而定。

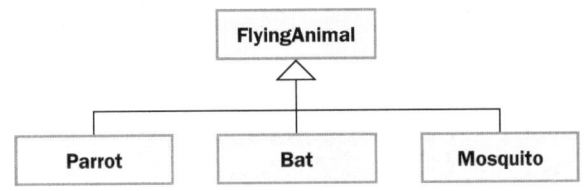

图 9.4　分类动物类的另外一种类层次结构

9.3.1　Object 类

在 Java 中，所有的类归根结底都由 Object 类派生。如果一个类的定义中没有用 extends 子句显式地从另一个类中派生自己，则将作为默认情况处理，自动从 Object 类派生。因此，下面的两个类定义是等价的：

```
class Thing
{
// whatever
}
```

和

```
class Thing extends Object
{
// whatever
}
```

重要概念：所有的 Java 类都直接或间接地由 Object 类派生。

由于所有的类都由 Object 类派生，因此 Object 类的所有 public 方法都被每一个 Java 类继承，这些方法可以由 Java 程序中的任何对象调用。Object 类定义在 Java 标准类库的 java.lang 包中，图 9.5 列出了 Object 类的部分方法。

正如所看到的，前面的例子频繁使用了 Object 类的方法。例如，toString 方法就定义在 Object 类中，所以 toString 方法可以被任何对象调用。此外，调用 println 方法时传递了一个对象参数，这时 println 方法将自动调用 toString 方法决定输出什么信息。

重要概念：Java 程序的所有类都继承 toString 方法和 equals 方法。

```
boolean equals(Object obj)
    如果本对象是指定对象的别名，则返回true

String toString()
    返回表示本对象的字符串
Object clone()
    创建并返回本对象的一个副本
```

图 9.5　Object 类提供的一些方法

因此，在一个类中定义 toString 方法时，实际上是重写了从 Object 类继承的 toString 方法。由 Object 类提供的 toString 方法返回一个表示对象名的字符串，并且在对象名后跟随一个唯一标识该对象的数值。重写 Object 类的 toString 方法一般是为了满足用户自己的需求。例如，String 类重写 toString 方法，是为了返回自己保存的字符串。

当为某个类定义 equals 方法时，就重写了所继承的 equals 方法。equals 方法的目的是判断两个对象是否相同。如果两个对象引用实际上指向相同的对象(即二者互为别名)，则由 Object 类提供的 equals 方法将返回 true。许多类常常重写所继承的 equals 方法，以便有一个更实用的 equals 方法。例如，String 类重写 equals 方法，是为了当两个字符串相同时返回 true。

9.3.2　抽象类

抽象类在类层次结构中代表一般性概念。抽象类通常含有一个或多个尚未定义(没有实现代码)的抽象方法，不能被实例化。第 7 章中定义 Java 接口时已讨论过抽象方法。抽象类与接口类似，但抽象类可以含有非抽象方法，并且除常量外还可以声明数据。

在类定义的声明首部中，可用 abstract 修饰符将一个类声明为抽象类。包含一个或多个抽象方法的类必须被声明为抽象的。在抽象类中(不像接口那样)，每一个抽象方法都必须使用 abstract 修饰符，但抽象类不必一定包含抽象方法。

> **重要概念**：不能实例化抽象类。抽象类代表一种概念，子类将基于这种概念来定义方法。

抽象类在类层次结构中充当占位符。顾名思义，一个抽象类代表一个抽象体，本身没有足够的定义能使其成为可用类。一个抽象类可以有一部分声明，这些声明将被类层次结构上的所有后代类继承，抽象类的具体子类将实现尚未定义的抽象方法。

考虑图 9.6 所示的类层次结构，位于顶层的 Vehicle 类对于程序来说可能太宽泛了，因此将它设计为一个抽象类。在 UML 类图中，抽象类的类名用斜体表示。

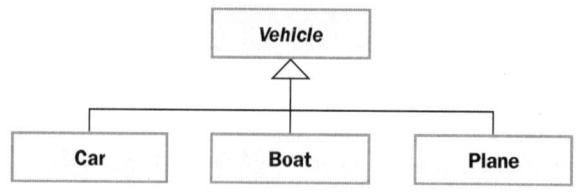

图 9.6　交通工具类层次结构

Vehicle 类描述了所有交通工具的概念，并且被该类的后代继承，这样它的后代就可减少定义一些冗余的信息(而且还可能与父类信息不一致)。例如，所有的交通工具都有一定的速度，因此可以在 Vehicle 类中声明一个 speed 变量。由于继承性，所有在类层次上低于 Vehicle 类的具体交通工具类，都将自动拥有 speed 变量。Vehicle 类的 speed 变量的任何变化，都将自动反映到所有后代类。类似地，可以声明一个抽象方法 fuelConsumption，该方法的目的是计算某种交通工具的油耗情况，这个方法的细节必须由不同的交通工具定义。Vehicle 类的作用是指明所有交通工具都有油耗，并为计算油耗值提供了一种统一的方式。

有些概念并不是所有的交通工具都具备的，所以在 Vehicle 类层次不包含这些概念。例如，在 Vehicle 类中不声明 numberOfWheels 变量，因为并不是所有的交通工具都有车轮。在类层次结构上，需要车轮的子类可以增加 numberOfWheels 变量的声明。

抽象类在类层次上的定义位置不受限制，但一般应将抽象类设计在较高的类层次上。不过，从非抽象父类派生出抽象类也是可能的。

一般来说，抽象类的子类将定义由父类继承来的抽象方法，注意这正是一种重写方法的特例，子类给出不同于父类的方法定义。如果抽象类的子类没有为每一个从父类继承的抽象方法提供定义，则该子类仍然是抽象类。

> **重要概念：** 由抽象类派生的子类必须重写所有父类的抽象方法，否则该子类仍然是抽象类。

注意，对一个抽象方法使用 final 或 static 修饰符将产生矛盾，因为在子类中不能重写 final 方法，因此将无法为一个抽象 final 方法提供定义。一个 static 方法可以由类名调用，而不必通过实例化一个对象来调用。由于抽象方法没有实现代码，因此抽象的 static 方法就没有任何意义。

选择哪些类和方法作为抽象类和抽象方法是软件设计过程中的重要环节，需要仔细考虑后再做出选择。通过明智地使用抽象类，可以建立灵活的和可扩展的软件系统。

9.3.3 接口层次

继承的概念可以应用到接口及类，即一个接口可由另一个接口派生，从而形成与类层次结构相似的接口层次结构。在 UML 类图中，同样用空心箭头线表示接口之间的继承关系。

> **重要概念：** 继承的概念可以应用到接口，以便由一个接口派生另一个接口。

当一个父接口用于派生子接口时，子接口就继承了父接口的所有抽象方法和常量，任何实现子接口的类都必须实现所有的抽象方法。处理接口间的继承问题时不存在可见性问题（不像类那样有 protected 和 private 成员），因为一个接口的所有成员都是公有的（public 可见性）。

类的继承和接口的继承不能重叠，即接口不能用于派生新类，类不能用于派生接口。仅当一个类设计为实现一个接口时，这个实现类和接口之间才有交互。

自测题

SR9.10　绘制一个 UML 类图，表示不同食物之间类的继承层次结构。至少在两个类中显示适当的变量名和方法名。

SR9.11　Object 类的任务是什么？

SR9.12　Java 类中的哪一个类没有父类？为什么？

SR9.13　抽象类的作用是什么？

SR9.14　为什么使用 final 修饰符定义抽象类会产生矛盾？

SR9.15　接口层次结构是什么？

9.4 可见性

正如本章前面所讨论的，父类中定义的所有变量和方法(甚至私有成员)都将被子类继承。在子类中，即使不能直接引用父类成员，父类成员也总是存在的，而且可以被间接地引用。

> **重要概念：** 父类的私有成员也被子类继承，虽不能以成员名直接访问这些私有成员，但可以间接访问。

下面讨论一个示范上述概念的例子。例 9.10 所示程序中的 main 方法实例化一个 Pizza 对象，并调用一个方法判断每份比萨饼所含脂肪能产生多少卡路里的热量。

例 9.10

```
1   //********************************************************************
2   //  FoodAnalyzer.java       Author: Lewis/Loftus
3   //
4   //  Demonstrates indirect access to inherited private members.
5   //********************************************************************
6
7   public class FoodAnalyzer
8   {
9      //-----------------------------------------------------------------
10     //  Instantiates a Pizza object and prints its calories per
11     //  serving.
12     //-----------------------------------------------------------------
13     public static void main(String[] args)
14     {
15        Pizza special = new Pizza(275);
16
17        System.out.println("Calories per serving: " +
18                         special.caloriesPerServing());
19     }
20  }
```

输出

```
Calories per serving: 309
```

例 9.11 所示的 FoodItem 类代表一种普通食物。该类构造方法接收的参数是食物脂肪含量总克数和食物份数。caloriesPerServing 方法调用 calories 方法，计算每份比萨饼所含脂肪产生的卡路里数，其中 calories 方法返回比萨饼所含脂肪产生的总卡路里数。

例 9.11

```
1   //********************************************************************
2   //  FoodItem.java       Author: Lewis/Loftus
3   //
4   //  Represents an item of food. Used as the parent of a derived class
5   //  to demonstrate indirect referencing.
6   //********************************************************************
```

```
7
8   public class FoodItem
9   {
10      final private int CALORIES_PER_GRAM = 9;
11      private int fatGrams;
12      protected int servings;
13
14      //-----------------------------------------------------------------
15      // Sets up this food item with the specified number of fat grams
16      // and number of servings.
17      //-----------------------------------------------------------------
18      public FoodItem(int numFatGrams, int numServings)
19      {
20          fatGrams = numFatGrams;
21          servings = numServings;
22      }
23
24      //-----------------------------------------------------------------
25      // Computes and returns the number of calories in this food item
26      // due to fat.
27      //-----------------------------------------------------------------
28      private int calories()
29      {
30          return fatGrams * CALORIES_PER_GRAM;
31      }
32
33      //-----------------------------------------------------------------
34      // Computes and returns the number of fat calories per serving.
35      //-----------------------------------------------------------------
36      public int caloriesPerServing()
37      {
38          return (calories() / servings);
39      }
40  }
```

例 9.12 中的 Pizza 类由 FoodItem 类派生，但 Pizza 类并没有增加自己的功能性方法和数据。Pizza 类的构造方法用 super 引用调用 FoodItem 类的构造方法，并给出参数来指定 8 份比萨饼。

例 9.12

```
1   //***************************************************************************
2   //  Pizza.java        Author: Lewis/Loftus
3   //
4   //  Represents a pizza, which is a food item. Used to demonstrate
5   //  indirect referencing through inheritance.
6   //***************************************************************************
7
```

```
8    public class Pizza extends FoodItem
9    {
10       //----------------------------------------------------------------
11       // Sets up a pizza with the specified amount of fat (assumes
12       // eight servings).
13       //----------------------------------------------------------------
14       public Pizza(int fatGrams)
15       {
16           super(fatGrams, 8);
17       }
18   }
```

在 main 方法中，Pizza 对象 special 用于调用 FoodItem 类的公有方法 caloriesPerServing；而 caloriesPerServing 方法调用具有 private 可见性的 calories 方法，calories 引用具有 private 可见性的 fatGrams 变量和 CALORIES_PER_GRAM 常量。

虽然 Pizza 类不能直接引用 calories 方法及 fatGrams 变量和 CALORIES_PER_GRAM 常量，但是当 Pizza 类有需要时，仍然可以间接地引用它们。Pizza 对象不能直接调用 calories 方法，但可以调用一个能调用 calories 方法的其他方法。注意，程序中并没有创建 FoodItem 对象或使用 FoodItem 对象。

自测题

SR9.16　父类的所有成员是否都由子类继承？为什么？

SR9.17　Pizza 类能否直接访问 servings 变量？能否直接访问 calories 方法？为什么？

9.5　继承关系的设计

继承作为面向对象软件的一个主要特性，在软件设计期间必须特别慎重地对其进行分析与设计。缺少继承关系的充分思考，可能导致设计上的复杂性大大增加，以后将付出巨大代价。

> **重要概念：** 软件设计中必须特别精心地研究和设计继承关系的层次结构。

本章对 Java 中有关继承的一些难点和关键设计问题进行了讨论，下面总结在程序设计阶段应当熟记于心的一些有关继承的问题：

- 每一次的派生都应该具有一种"是"关系，子类是一种更具体的父类版本。
- 设计类层次结构有利于现有类的复用和将来潜在的软件复用。
- 在问题域识别出类和对象时，找出它们的共同特性，并合理地将共同特性设置在尽可能高的类层次上，以利于实现类定义的一致性和软件的易维护性。
- 重写方法适合于增删和修改子类的功能。
- 可以按需要在子类中添加新变量，而不要重定义任何继承的变量(避免产生影子变量)。
- 要让每一个类管理自己的数据，因此应使用 super 引用调用父类构造方法，并且适当地调用重写方法。
- 使用接口建立承担多种角色的类(模拟多继承机制)。
- 设计类层次结构以满足程序的需要，着重考虑将来的可扩展性。

- 即使当前暂时没有需要，也应该在子类中适当地重写通用性方法（如 toString 和 equals），以免被继承的方法将来产生无意中引起的问题。
- 用抽象类为类层次结构中低层的具体类定义共同的类接口。
- 慎用可见性修饰符，在提供子类所需的访问控制的同时不破坏父类的封装性。

9.5.1 继承的限制

我们已多次看到在声明中用 final 修饰符定义常量。final 修饰符也可以用于继承并对软件设计具有重要的影响。明确地说，final 修饰符可用于限制继承的能力。

本章前面曾提到，在一个方法声明中可使用 final 修饰符，使得该方法在任何派生类中不能被重写。因此，一个 final 方法常用于保证该方法能在所有的子类中得到使用。

> **重要概念：**final 修饰符可用于限制继承。

final 修饰符也可以作用于整个类。final 类不能再用于派生新类。考虑下面的声明：

```
public final class Standards
{
    // whatever
}
```

上述声明限制了 Standards 类不能用在任何类的 extends 子句中，否则编译器将产生一个错误信息。Standards 类可以被正常使用，但不能成为其他类的父类。

恰当地利用 final 修饰符限制继承的能力是软件设计方案中的关键选择。当一个子类可能会改变设计者要求按某种特定方式实现的功能时，就需要用 final 修饰符限制继承，即不允许有子类进行改变的机会和行为。第 10 章讨论多态性机制时，将进一步讨论这个问题。

自测题

SR9.18　为什么说派生表示一种"是"关系？

SR9.19　类的共同特性应该设置在哪一层次的类中？为什么？

SR9.20　如何定义一个承担多种角色的类？

SR9.21　为什么子类必须重写其父类中的 toString 方法？即便是在当前的程序中该方法并没有被子类所调用。

SR9.22　怎样用 final 修饰符来限制继承的能力？为什么要这么做？

9.6　JavaFX 中的继承

在第 3 章首次探讨 JavaFX 程序时，模拟了舞台上的场景。Scene 对象具有一个根节点，随着其他节点被添加到场景中，就形成了一个场景图。根据情况，这些节点还可以进一步包含其他的节点。

利用 JavaFX API 的许多类中的继承关系，就可以实现这种层次关系。这种层次图的一部分见图 9.7，其中 Node 类位于顶部，它直接派生自 java.lang.Object 类。这个层次图中并没有列出所有的派生类，只展示了其中的一些样本。

> **重要概念：**定义 JavaFX 场景节点的类，组成了一个类层次结构。

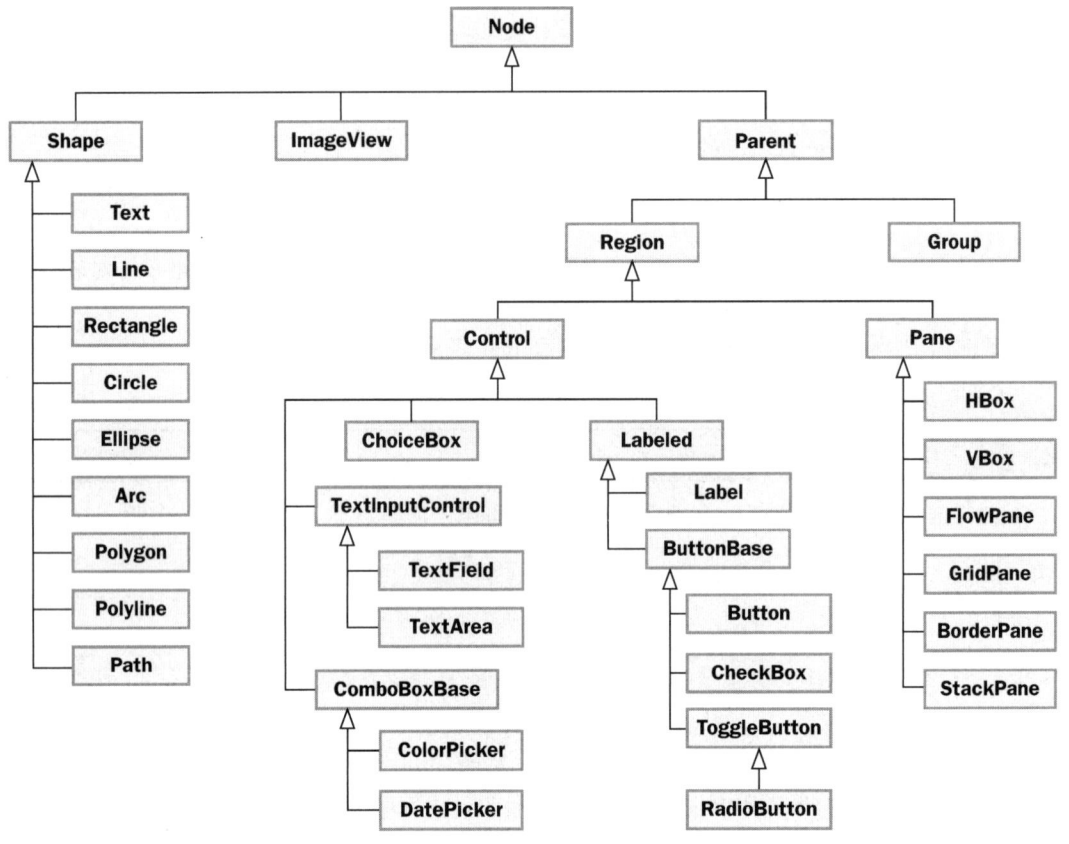

图 9.7   JavaFX API 中的部分 Node 类层次结构

记住，继承建立的是一种"是"关系，并且这种关系适用于所有的派生类。例如，Polygon 类
"是"一种 Shape 类，而 Shape 派生自 Node 类。所以，Polygon 类也"是"一种 Node 类。事实上，
图 9.7 中所有的类都为节点。

定义几何形体的所有类都派生自 Shape 类，它管理所有形体的共同属性，比如形体宽度和填充
色。setFill、setStroke 和 setStrokeWidth 方法是在 Shape 类中定义的，并由这个类的派生类继承。
注意，ImageView 类不是 Shape 类，而是 Node 类。

前面探讨过的大多数其他节点都派生自 Parent 类，表示那些可以在场景图中能够拥有其他元
素的节点。Group 对象可以拥有节点，允许一次性将转换操作应用于全部组元素。节点 Region 可
以通过层叠样式表(CSS)来添加样式，并通过布局面板可看到节点的排列情况。布局面板本身派生
自 Pane 类。

通过各种中间类来设置共同的特征，控件形成了自己丰富的类层次。例如，TextField 派生自
TextInputControl 类，而后者来自 Control 类。

需重点理解场景图和继承层次之间的差异，前者由显示时位于其他一些节点中的节点构成，后
者描述的是节点类之间的关系。如何搭建场景图是由继承层次确定的。

例如，Pane 可以拥有任何 Node，但只有 Parent 对象可以充当 Scene 的根节点。因此，Circle
可以添加到 Pane 中，后者为 Scene 的根节点，而 Circle 不能直接作为根节点。

有关这些类的详细信息请参见联机 JavaFX API 文档。

自测题

SR9.23　Shape 类的用途是什么?

SR9.24　描述 Node 和 Ellipse 的继承关系。

SR9.25　描述 Node 和 Label 的继承关系。

SR9.26　哪些节点可作为 Scene 的根节点?

9.7　颜色和日期选择器

JavaFX API 包含 ColorPicker 类, 它代表的控件可用于挑选颜色。这个控件为一个简单的字段, 显示当前的颜色及对应的(十六进制)RGB 值。

单击控件时, 会显示一个颜色选择器, 可从一个下拉调色板中选取颜色。如果调色板中没有合适的颜色可选, 则可以从更复杂的选择面板中挑选颜色, 也可以指定颜色的 RGB 值或者其他的颜色表示模式。

同样, DatePicker 对象允许用户选择日期。与颜色选择器类似, 日期选择器也是以一个字段显示的, 它默认以 "月/日/年" 的格式显示当前所选日期。点击它时, 日期选择器会显示一个下拉日历表, 用户可改变月份和年份, 并可选择某个特定的日期。

重要概念: 颜色和日期选择器为控件, 分别允许用户指定颜色和日期。

例 9.13 中的程序演示了这两种选择器。选中日期后, 下面的字段中会显示对应的星期几信息。选中颜色后, 会相应更改信息的颜色。

例 9.13

```
1    import java.time.LocalDate;
2    import javafx.application.Application;
3    import javafx.event.ActionEvent;
4    import javafx.geometry.Pos;
5    import javafx.scene.Scene;
6    import javafx.scene.control.ColorPicker;
7    import javafx.scene.control.DatePicker;
8    import javafx.scene.layout.HBox;
9    import javafx.scene.layout.VBox;
10   import javafx.scene.paint.Color;
11   import javafx.scene.text.Font;
12   import javafx.scene.text.FontPosture;
13   import javafx.scene.text.FontWeight;
14   import javafx.scene.text.Text;
15   import javafx.stage.Stage;
16
17   //************************************************************
18   // PickerDemo.java         Author: Lewis/Loftus
19   //
20   // Demonstrates the use of color picker and date picker controls.
21   //************************************************************
22
```

```
23      public class PickerDemo extends Application
24      {
25          private Text message;
26          private DatePicker datePicker;
27          private ColorPicker colorPicker;
28
29          //-------------------------------------------------------------------
30          // Allows the user to select a date and a color. A Text object
31          // displays the day of the week in the color specified.
32          //-------------------------------------------------------------------
33          public void start(Stage primaryStage)
34          {
35              datePicker = new DatePicker(LocalDate.now());
36              datePicker.setOnAction(this::processDateChoice);
37
38              colorPicker = new ColorPicker(Color.BLACK);
39              colorPicker.setOnAction(this::processColorChoice);
40
41              message = new Text("HAPPY " + LocalDate.now().getDayOfWeek());
42              message.setFont(Font.font("Helvetica", FontWeight.BOLD,
43                  FontPosture.REGULAR, 24));
44
45              HBox pickers = new HBox(datePicker, colorPicker);
46              pickers.setSpacing(15);
47              pickers.setAlignment(Pos.CENTER);
48
49              VBox root = new VBox();
50              root.setStyle("-fx-background-color: white");
51              root.setSpacing(20);
52              root.setAlignment(Pos.CENTER);
53              root.getChildren().addAll(pickers, message);
54
55              Scene scene = new Scene(root, 400, 150);
56
57              primaryStage.setTitle("Picker Demo");
58              primaryStage.setScene(scene);
59              primaryStage.show();
60          }
61
62          //-------------------------------------------------------------------
63          // Gets the value of the date from the date picker and updates the
64          // message with the corresponding day of the week.
65          //-------------------------------------------------------------------
66          public void processDateChoice(ActionEvent event)
67          {
68              LocalDate date = datePicker.getValue();
69              message.setText("HAPPY " + date.getDayOfWeek());
```

```
70          }
71
72      //-------------------------------------------------------------
73      // Gets the color specified in the color picker and sets the
74      // color of the displayed message.
75      //-------------------------------------------------------------
76      public void processColorChoice(ActionEvent event)
77      {
78          message.setFill(colorPicker.getValue());
79      }
80
81      public static void main(String[] args)
82      {
83          launch(args);
84      }
85  }
```

显示

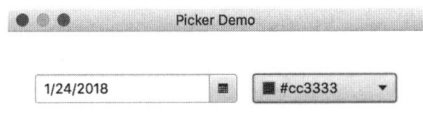

HAPPY WEDNESDAY

这个程序使用了 java.time.LocalDate 类，它表示一个日历。除此之外，LocalDate 类有一个静态方法 now，它返回当前日期；对象方法 getDayOfWeek 返回与该日期对应的星期几信息。

如果实例化 DatePicker 对象时没有指定日期，则字段会显示为空。这个程序中的初始日期，是通过将当前日期传递给 DatePicker 构造方法设置的。如果创建 ColorPicker 时没有指定颜色，则默认为白色。在这个示例中，将黑色传递给 ColorPicker 构造方法，以匹配消息的初始色。

这里采用两个独立的事件处理器方法，分别处理日期和颜色选择器发出的动作。它们都通过 getValue 方法获取用户输入的当前值。颜色选择器的 getValue 方法返回一个 Color 对象，而日期选择器的这个方法返回的是 LocalDate 对象。

自测题

SR9.27 在颜色选择器中允许用户指定颜色的途径有哪些？

SR9.28 DatePicker 对象的 getValue 方法返回什么？ColorPicker 对象的 getValue 方法返回什么？

9.8 对话框

对话框是一种窗口，弹出并显示在当前活动窗口的上面，以便用户与它交互。对话框可以用于多种场合，例如传达信息、确认操作或者让用户输入一些信息等。一般来说，每个对话框的目标都十分明确，与用户的交互也比较简单。

> 重要概念：对话框是一种弹出式窗口，提供简要的、特定的用户交互操作。

GUI 中的对话框由 JavaFX API 中的一些类支持。Alert 类支持几种基本的对话框，它们很容易创建和显示。这个类可指定多种警报类型。AlertType 枚举类型包括：

- AlertType.INFORMATION —— 传达信息
- AlertType.CONFIRMATION —— 允许用户确认操作
- AlertType.WARNING —— 提出警告
- AlertType.ERROR —— 表明有错误发生

这些警报类型有着不同的标题、消息头、按钮、图形等。所有这些元素都可以按需省略。

JavaFX 中定义对话框的另外两个类为 TextInputDialog 和 ChoiceDialog，它们分别允许用户在单行文本框中输入信息，或者从下拉选项框中选择。

例 9.14 中的程序大量使用对话框与用户交互。首先呈现的是一个 TextInputDialog 对话框，提示用户输入一个整数。按下 OK 按钮后，会出现第二个对话框，告知用户输入的值是奇数还是偶数。关闭该对话框后，将显示第三个对话框(一个确认对话框)，让用户选择是否继续测试。

例 9.14

```
1    import java.util.Optional;
2    import javafx.application.Application;
3    import javafx.scene.control.Alert;
4    import javafx.scene.control.Alert.AlertType;
5    import javafx.scene.control.ButtonType;
6    import javafx.scene.control.TextInputDialog;
7    import javafx.stage.Stage;
8
9    //********************************************************************
10   // EvenOdd.java        Author: Lewis/Loftus
11   //
12   // Demonstrates the use of information and confirmation alerts, as well
13   // as text input dialog boxes.
14   //********************************************************************
15
16   public class EvenOdd extends Application
17   {
18      //---------------------------------------------------------------
19      // Prompts the user for an integer, informs the user if that value
20      // is even or odd, then asks if the user would like to process
21      // another value. All interaction is performed using dialog boxes.
22      //---------------------------------------------------------------
23      public void start(Stage primaryStage) throws Exception
24      {
25         boolean doAnother = true;
26
27         while (doAnother)
28         {
29            TextInputDialog inputDialog = new TextInputDialog();
30            inputDialog.setHeaderText(null);
31            inputDialog.setTitle(null);
32            inputDialog.setContentText("Enter an integer:");
33            Optional<String> numString = inputDialog.showAndWait();
```

```
34
35                      if (numString.isPresent())
36                      {
37                      int num = Integer.parseInt(numString.get());
38
39                      String result = "That number is " +
40                          ((num % 2 = = 0) ? "even." : "odd.");
41
42                      Alert answerDialog = new Alert(AlertType.INFORMATION);
43                      answerDialog.setHeaderText(null);
44                      answerDialog.setContentText(result);
45                      answerDialog.showAndWait();
46
47                      Alert confirmDialog = new Alert(AlertType.CONFIRMATION);
48                      confirmDialog.setHeaderText(null);
49                      confirmDialog.setContentText("Do another?");
50                      Optional<ButtonType> another = confirmDialog.showAndWait();
51
52                      if (another.get() != ButtonType.OK)
53                          doAnother = false;
54                  }
55              else
56                  doAnother = false;
57
58      }
59      }
60
61      public static void main(String[] args)
62      {
63          launch(args);
64      }
65  }
```

显示

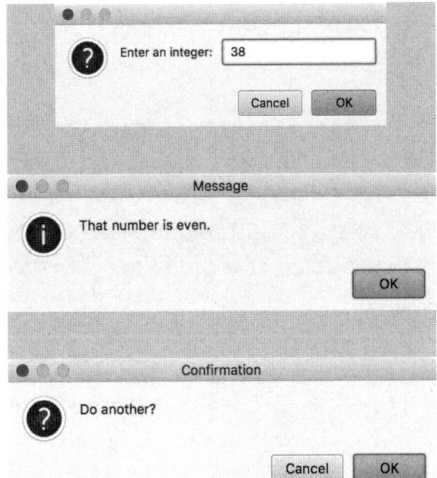

例 9.14 中所有对话框的消息头都设置为空,以使它们尽可能小且简洁。第一个对话框的标题(标题栏中的文本)也为空,而后面两个的标题为默认值。

设置完第一个对话框之后,会调用它的 showAndWait 方法,使程序在此中断,等待用户输入一个值并按下一个按钮。按下按钮后,方法返回一个 Optional<String>对象,它表示单行文本框中输入的文本。

如果用户输入了值,则会将它转换成一个整数,然后用条件语句判断它的奇偶性。合适的文本被用作 Alert 消息,然后用 showAndWait 方法显示它。这一次,它的返回值被忽略了。

同样,第三个对话框也是用 showAndWait 方法设置和显示的。如果用户按下 OK 按钮,则执行另外一次循环,处理另外一个数字。如果按下的是 Cancel 按钮,则关闭对话框窗口,布尔变量 doAnother 被设置成 false,循环终止。

Optional 类为一个容器,它包含特定类型的值。TextInputDialog 的 showAndWait 方法的返回值是一种 Optional<String>类型。对于确认型 Alert,showAndWait 方法的返回值为 Optional<ButtonType>类型。通过这种设置,任何对话框的 showAndWait 方法都返回同一种类型的对象(Optional 对象),而它包含的是适合于交互的任意类型的值。

9.8.1　文件选择器

有一种专门的对话框,称为文件选择器,它允许用户选择来自硬盘或者其他存储介质的文件。很可能你已经运行过许多程序,它们通过一个类似的对话框指定一个文件。

例 9.15 中的程序为用户显示了一个文件选择器对话框。选中文件后,它的内容会被读取并显示在一个包含文本区的窗口中。

例 9.15

```
1    import java.io.File;
2    import java.io.IOException;
3    import java.util.Scanner;
4    import javafx.application.Application;
5    import javafx.scene.Scene;
6    import javafx.scene.control.TextArea;
7    import javafx.scene.text.Font;
8    import javafx.stage.FileChooser;
9    import javafx.stage.Stage;
10
11   //*********************************************************************
12   // DisplayFile.java          Author: Lewis/Loftus
13   //
14   // Demonstrates the use of a file chooser dialog box and a text area.
15   //*********************************************************************
16
17   public class DisplayFile extends Application
18   {
19       //----------------------------------------------------------------
20       // Presents a file chooser dialog, reads the selected file and
21       // loads it into a text area.
22       //----------------------------------------------------------------
```

```
23      public void start(Stage primaryStage) throws IOException
24      {
25          FileChooser chooser = new FileChooser();
26          File selectedFile = chooser.showOpenDialog(primaryStage);
27
28          TextArea content = new TextArea();
29          content.setFont(new Font("Courier", 12));
30          content.setEditable(false);
31
32          if (selectedFile = = null)
33              content.setText("No file chosen.");
34          else
35          {
36              Scanner scan = new Scanner(selectedFile);
37
38              String info = "";
39              while (scan.hasNext())
40                  info += scan.nextLine() + "\n";
41
42              content.setText(info);
43          }
44
45          Scene scene = new Scene(content, 500, 500);
46
47          primaryStage.setTitle("Display File");
48          primaryStage.setScene(scene);
49          primaryStage.show();
50      }
51  }
```

显示

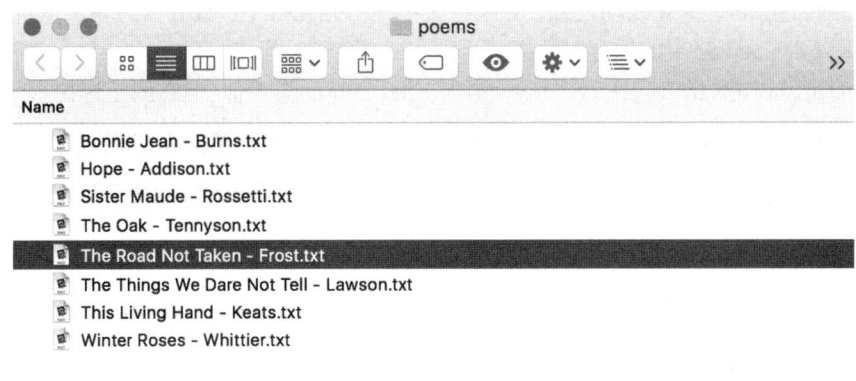

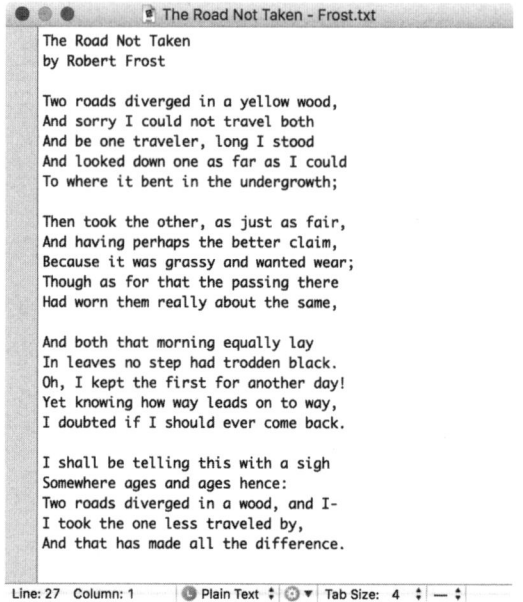

FileChooser 对象的 showOpenDialog 方法会显示一个对话框，要求用户指定一个文件。同样，showOpenMultipleDialog 方法呈现的对话框允许用户同时指定多个文件，而 showSaveDialog 方法的对话框用于指定保存文件时的信息。

这些方法都接收一个参数，表示"所有者"窗口。显示文件对话框时，会阻止在所有者窗口中的任何输入操作。

文件选择器对话框的外观与程序所运行的底层平台有关，它不由 JavaFX 决定。

> **重要概念：**文件选择器的外观与底层平台有关。

本例中，在选择文件后，会用 Scanner 对象读取它，然后，它的内容会逐行加载到 TextArea 对象中。文本区是一种控件，它可以显示多行文本(TextField 只能显示一行文本)。设置完文本区的内容后，会在主舞台的一个场景中显示它。

文本区默认是可编辑的，允许用户修改内容。注意，修改时只会改变所显示的文本，而不会更改底层文件的内容。为了保存改动之处，必须将文本回写到文件中，或者在另一个文件中保存。这时，可以使用 FileChooser 类的保存对话框。

需指出的是，JavaFX 的 DirectoryChooser 类与 FileChooser 类相似，但它用于选择目录(文件夹)。

自测题

SR9.29　什么是对话框？

SR9.30　哪些类可用来创建并显示对话框？

SR9.31　什么是文件选择器？

重要概念小结

- 继承就是从现有类派生新类的过程。
- 继承的目的之一就是复用现有软件。

- 继承在父类和子类之间建立一种"是"关系。
- protected 可见性提供了允许继承的最大可能的封装性。
- 使用 super 引用可以调用父类的构造方法。
- 子类方法可重写(重定义)它所继承的父类方法。
- 一个类的子类还可以是一个或多个其他类的父类，由此建立起类层次结构。
- 应当合理地将类的共同特性保持在尽可能高的类层次上。
- 所有的 Java 类都直接或间接地由 Object 类派生。
- Java 程序的所有类都继承 toString 方法和 equals 方法。
- 不能实例化抽象类。抽象类代表一种概念，子类将基于这种概念来定义方法。
- 由抽象类派生的子类必须重写所有父类的抽象方法，否则该子类仍然是抽象类。
- 继承的概念可以应用到接口，以便由一个接口派生另一个接口。
- 父类的私有成员也被子类继承，虽不能以成员名直接访问这些私有成员，但可以间接访问。
- 软件设计中必须特别精心地研究和设计继承关系的层次结构。
- final 修饰符可用于限制继承。
- 定义 JavaFX 场景节点的类，组成了一个类层次结构。
- 颜色和日期选择器为控件，分别允许用户指定颜色和日期。
- 对话框是一种弹出式窗口，提供简要的、特定的用户交互操作。
- 文件选择器的外观与底层平台有关。

练习题

EX9.1　绘制一个 UML 类图，表示不同时钟类型之间类的继承层次结构。在两个类中显示适当的变量名和方法名。

EX9.2　给出与上题 UML 类图不同的新设计方案，并说明与原方案相比本方案的优缺点。

EX9.3　绘制一个 UML 类图，表示不同汽车类型之间类的继承层次结构，并根据制造商的分类来组织这些类的层次结构。至少在两个类中显示适当的变量名和方法名。

EX9.4　画一幅与 EX9.3 不同的 UML 类图，其中各个汽车类按照汽车类型(跑车、轿车及 SUV 等)来组织。至少在两个类中显示适当的变量名和方法名。分析这幅类图与原类图的差别。

EX9.5　绘制一个 UML 类图，表示不同飞机类型之间类的继承层次结构。至少在两个类中显示适当的变量名和方法名。

EX9.6　绘制一个 UML 类图，表示不同类型的树(橡树、榆树等)之间类的继承层次结构。至少在两个类中显示适当的变量名和方法名。

EX9.7　绘制一个 UML 类图，表示不同类型的支付形式(现金、支票等)之间类的继承层次结构。至少在两个类中显示适当的变量名和方法名。

EX9.8　用两个类之间的简单继承关系做一项实验。在父类和子类的构造方法中都调用 println 方法。首先不要在子类构造方法中显式地调用父类构造方法，观察会发生什么情况。为什么？然后在子类构造方法中显式地调用父类构造方法，又将发生什么情况？

EX9.9　下列哪些类可作为 JavaFX 程序中场景的根节点？判断的依据是什么？

    a. GridPane
    b. Rectangle
    c. Group
    d. Button
    e. ImageView

EX9.10 描述 Alert 类的用途。

编程项目

PP9.1 设计并实现 MonetaryCoin 类，该类由第 5 章的 Coin 类派生。在 MonetaryCoin 类中声明一个变量来保存硬币面值，并为该类添加一个方法返回硬币面值。创建一个 main 驱动类实例化 MonetaryCoin 对象，并计算若干个 MonetaryCoin 对象的和。演示一个 MonetaryCoin 对象继承了其父类的抛硬币功能。

PP9.2 设计并实现一组代表医院员工的类。员工包括医生、护士、管理人员、外科医生、接待员和门卫等。每个类包括一组方法，方法名根据员工提供的服务命名，各个方法输出相应的信息。创建一个 main 驱动类，实例化并使用这些类。

PP9.3 设计并实现一组类，代表各种类型的阅读材料，如图书、小说、杂志、学术刊物及课本等。定义描述阅读材料各种属性的值，例如页数和关键词。为每个类定义适当命名的方法并输出相应的信息。创建一个 main 驱动类，实例化并使用这些类。

PP9.4 设计并实现一组类，用于记录各种体育项目的统计数据。每一个低层类代表一项具体的体育运动。按运动项目划分各个类提供的服务，并将各类共同的属性定义到高层类。创建一个 main 驱动类，实例化并使用这些类。

PP9.5 设计并实现一组类，用于记录人口统计信息，如年龄、国籍、职业和收入等。根据不同的数据集特征设计相应的类。创建一个 main 驱动类，实例化并使用这些类。

PP9.6 设计并实现一组类，定义一系列三维几何形体。这些类应与 JavaFX 中的类不同，并且无法图形化表示。在每个类中保存关于形体尺寸的基础数据，并提供一些方法访问和修改这些数据。此外，提供一些适当的方法计算每一种形体的周长、面积和体积。在设计中要考虑形体之间如何关联，什么地方应该实现继承。创建一个 main 驱动类，实例化几个不同类型的形体对象，并应用对象所提供的方法。

PP9.7 设计并实现一组类，定义不同类型的电子设备(计算机、手机、寻呼机及数码相机等)。定义描述各种电子设备的数据，例如质量、价格、耗电量及制造商。为每个类定义适当命名的方法并输出相应的信息。创建一个 main 驱动类，实例化并使用这些类。

PP9.8 设计并实现一组类，代表课程计划中的各门课程。每个类含有所代表课程的相关信息，如课程名、课程代码、课程描述及提供该课程教学的院系。在设计继承结构的时候，认真分析课程类的划分。创建一个 main 驱动类，实例化并使用这些类。

PP9.9 编写一个 JavaFX 程序，显示一个单行文本框、一个颜色选择器和一个按钮。用户按下按钮，或者在文本框中输入回车键后，用颜色选择器中挑选的颜色显示从单行文本框中获得的文本。

PP9.10 修改第 7 章的 RubberLines 程序，让颜色选择器显示在窗口左上角。用颜色选择器的值确定要绘制的下一行的颜色。

PP9.11   编写一个 JavaFX 程序，允许用户在场景中拖动鼠标绘制图案(涂鸦)。在窗口左上角提供一个清除场景的按钮和一个选择当前绘制色的颜色选择器。提示：每次按下鼠标时，就在场景中新增一条折线。拖动鼠标时，为折线添加一些顶点。

软件失误案例：501 型 Ariane 5 火箭

事件概述

Ariane 5 是欧洲空间局(ESA)设计的一套耗资巨大的火箭发射系统，用于输送载荷到近地轨道上。1996 年 6 月 4 日，Ariane 5 火箭的首飞在发射仅仅 37 秒后就爆炸了。

控制系统出现了故障，导致火箭偏离飞行轨道，强大的空气动力压力造成了火箭主体部分断裂。火箭上的监视器监测到这个断裂并启动了自动破坏系统，随后在空中销毁火箭。

Ariane 5 火箭上搭载着 4 艘无人太空船，它们是为研究地球的磁场而设计的。据估计，火箭的爆炸导致了 3.7 亿美元的搭载物付之一炬。

Ariane 5 火箭的首飞，在发射后不久就爆炸了

图片来源：Alexandra Lande/Shutterstock

事故原因

Ariane 5 火箭复用了一些软件，它们是用来控制其前身 Ariane 4 的。这些软件中包含了一段将浮点数转换成 16 位带符号整型数的程序。在 501 火箭系统中，如果有一个值超出了 16 位整型数所能表示的最大范围，就会发生溢出错误。在 Ariane 4 中，由于需要转换的浮点数很小，所以并没有出现此类问题。

这种溢出错误本来是可以被异常处理程序所捕获的，但是考虑到系统的效率原因，这种捕获异常处理被取消了。错误几乎同时发生在主计算机和备用计算机上，这两套系统被关闭，最终导致火箭偏离它的飞行轨道，解体并爆炸了。

经验教训

Ariane 4 的成功极大地鼓舞了 Ariane 5 的设计者在软件设计方面的信心。因此，设计者很少测试局部系统，其实在 Ariane 4 的系统中始终存在这个潜在的问题，只是因为那些数据(测量值)都很小而没有出现问题。在设计新系统时并没有考虑参数的变化问题，所以软件 bug 才是根本的原因，使得系统的动力学性能及其环境发生变化而导致 Ariane 5 项目失败。更进一步说，是软件设计和测试的失误。

对于这样的问题，一些更好的措施应能起到作用。如果仍然保留异常处理系统，溢出问题就会被更好地解决，而不是简单地关闭控制系统。在这个案例中，具有讽刺意义的是，上述发生溢出的测量数据在火箭发射后其实是无用的。

来源：IEEE Software

第 10 章 多 态 性

本章目标

1. 定义多态性并探讨它的好处。
2. 讨论动态绑定的概念。
3. 利用继承关系建立多态性引用。
4. 利用接口建立多态性引用。
5. 探讨利用多态性实现的排序和搜索。
6. 研究在多态性上下文环境中的面向对象设计。
7. 讨论属性绑定的概念。
8. 讲解滑动条控件和微调器控件。

本章讨论多态性，它是面向对象软件的另外一种基本机制。首先，我们将探讨绑定的概念及绑定与多态性的关系。接着，讲解如何使用继承或接口实现多态性，最后，将讨论有关多态性的程序设计问题。本章的"图形设计之路"小节将探讨 JavaFX 中的属性，并分析如何绑定它们以使数据同步。还会讲解更多的 GUI 控件。

10.1 后绑定

通常，一个引用变量的类型与其要引用的对象的类相匹配。例如，考虑下面的引用：

```
ChessPiece bishop;
```

bishop 变量用于指向一个通过实例化 ChessPiece 类所创建的对象，实际上不是必须如此。引用变量的类型和该引用变量指向的对象必须是兼容的，但不必完全相同，二者的关系可以很灵活。

术语"多态性"可以理解为"有许多形式"，一个多态性引用是可以在不同时间指向不同类型的对象的引用变量。利用多态性调用的方法，能够由一个调用变为另一个调用。

> **重要概念**：多态性引用能够随时间变化指向不同类型的对象。

考虑如下的代码：

```
obj.doIt();
```

如果 obj 引用是多态性的，则它就可以在不同时刻指向不同类型的对象。若将这行代码写在循环中或者写在一个调用多次的方法中，则其结果是每次执行时可调用不同版本的 doIt 方法。

在程序执行的某个时刻，可能会产生一个请求事件，要求执行某段代码来完成一个方法调用。这种请求事件称为一个方法调用与一个方法定义的绑定。许多情况下，这种绑定发生在编译阶段。但对于多态性引用，这种绑定要延迟到程序运行时才能执行，并且要绑定的方法定义取决于当时引用变量所引用的对象。这一被延迟的请求事件称为后绑定或动态绑定。后绑定的效率低于编译时绑定效率，因为后绑定需要在程序执行期间决定所要绑定的方法定义，但是由此带来的开销与多态性所提供的灵活性相比是可以接受的。

> **重要概念**：对于多态性引用，方法调用与方法定义代码的绑定在运行时执行。

在 Java 中，可以用两种方式建立多态性引用：继承方式和接口方式。下面依次讨论它们。

自测题

SR10.1 什么是多态性？
SR10.2 为什么编译时绑定效率比动态绑定效率高？

10.2 利用继承实现多态性

当用类名声明了一个引用变量时，这个变量可以指向该类的任何一个对象。此外，它也能引用通过继承与它所声明的类型有关的任何类的对象。例如，如果 Mammal 类是 Horse 类的父类，则一个 Mammal 对象可以指向任何一个 Horse 类的对象，下面的代码说明了这种能力：

```
Mammal pet;
Horse secretariat = new Horse();
pet = secretariat;  // a valid assignment
```

> **重要概念**：一个引用变量可以指向有继承关系的任何类的任何对象。

此处的 Horse 对象 secretariat（美国的一匹知名赛马的名字）被赋予了 Mammal 变量 pet。这是有效的，因为马（Horse）"是"一种哺乳动物（Mammal）。

反之，将 Mammal 对象赋给 Horse 引用变量的操作也是可行的，只是需要进行类型转换。不过这种操作一般没有什么用处，并且很可能引起问题，因为虽然马具有哺乳动物的所有功能，但并非所有哺乳动物都具有马的特性。

这种关系对整个类层次结构都有效。如果 Mammal 类由 Animal 类派生，则下面的赋值语句是有效的：

```
Animal creature = new Horse();
```

一个 Object 引用可以指向任何对象，因为所有类归根结底都是 Object 类的后代类。例如，ArrayList 具有多态性，就在于它保存的是 Object 引用，这就是为什么未规定元素类型的 ArrayList 能够用于保存任何一种类型的对象。事实上，一个特定的 ArrayList 之所以能同时保存几种不同类型的对象，正是由于继承关系使得这些不同类型的对象都是某种 Object 对象。

> **重要概念**：实际将调用的方法版本，取决于对象的类型而不是引用变量的类型。

引用变量 creature 可以是多态性的，因为在任何时刻，该变量都可以指向 Animal 对象、Mammal 对象或 Horse 对象。假设这三个类都有一个 move 方法，并且每个 move 方法以不同的方式实现（子类重写自己所继承的方法），下面的语句调用了 move 方法，真正调用的实际 move 版本在运行时才能确定：

```
creature.move();
```

执行这行语句时，如果 creature 当前指向一个 Animal 对象，则将调用 Animal 类的 move 方法。同样，如果 creature 当前指向一个 Mammal 对象，则将调用 Mammal 类的 move 方法。对于 Horse 对象也是如此。

当然，由于 Animal 类和 Mammal 类代表一般性概念，因此可能定义为抽象类，但这不会影响用抽象类定义多态性引用变量的能力。如果 Mammal 类中的 move 方法是抽象方法，并且在 Horse 类、Dog 类和 Whale 类(三个类都由 Mammal 类派生)中各有自己独特的定义，则一个 Mammal 引用变量可以指向上述三个类的任何对象，并且可执行相应对象的 move 方法。

下面是另外一种情况。考虑图 10.1 所示的类层次结构，图中的类代表某公司的各类员工。讨论使用这个图中的类层次结构为员工付薪水的例子。

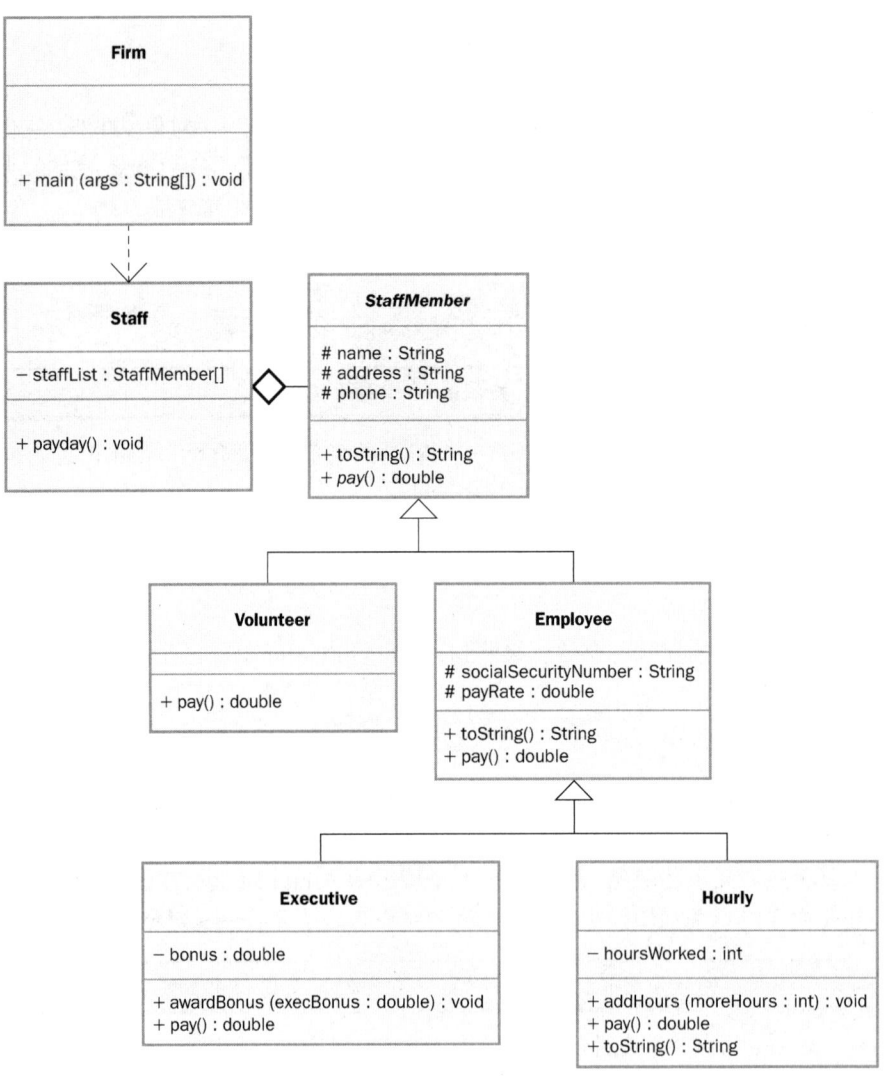

图 10.1　员工的类层次结构

例 10.1 中的 Firm 类包含 main 方法，它定义了 Staff 对象引用变量，并调用 payday 方法给所有员工付薪水，程序输出每位员工的信息和所付的薪水。

例 10.1

```
1    //***********************************************************************
2    // Firm.java Author: Lewis/Loftus
3    //
4    // Demonstrates polymorphism via inheritance.
5    //***********************************************************************
6
7    public class Firm
8    {
9       //-----------------------------------------------------------------
10      // Creates a staff of employees for a firm and pays them.
11      //-----------------------------------------------------------------
12      public static void main(String[] args)
13      {
14         Staff personnel = new Staff();
15
16         personnel.payday();
17      }
18   }
```

输出

```
1    Name: Sam
2    Address: 123 Main Line
3    Phone: 555-0469
4    Social Security Number: 123-45-6789
5    Paid: 2923.07
6    -----------------------------------------------------------------
7    Name: Carla
8    Address: 456 Off Line
9    Phone: 555-0101
10   Social Security Number: 987-65-4321
11   Paid: 1246.15
12   -----------------------------------------------------------------
13   Name: Woody
14   Address: 789 Off Rocker
15   Phone: 555-0000
16   Social Security Number: 010-20-3040
17   Paid: 1169.23
18   -----------------------------------------------------------------
19   Name: Diane
20   Address: 678 Fifth Ave.
21   Phone: 555-0690
22   Social Security Number: 958-47-3625
23   Current hours: 40
24   Paid: 422.0
25   -----------------------------------------------------------------
26   Name: Norm
```

```
27    Address: 987 Suds Blvd.
28    Phone: 555-8374
29    Thanks!
30    ----------------------------------------------------------------
31    Name: Cliff
32    Address: 321 Duds Lane
33    Phone: 555-7282
34    Thanks!
```

例 10.2 所示的 Staff 类维护一个代表各类员工的对象数组 StaffList。注意，该数组被声明为保存 StaffMember 对象引用，但实际上存入的是其他几种类(如 Executive 类和 Employee 类)的对象引用，由于这些类都是 StaffMember 类的后代，因此存入的对象引用是有效的，并且是多态性引用。

例 10.2

```
1     //***********************************************************************
2     // Staff.java        Author: Lewis/Loftus
3     //
4     // Represents the personnel staff of a particular business.
5     //***********************************************************************
6
7     public class Staff
8     {
9         private StaffMember[] staffList;
10
11        //----------------------------------------------------------------
12        // Constructor: Sets up the list of staff members.
13        //----------------------------------------------------------------
14        public Staff()
15        {
16            staffList = new StaffMember[6];
17
18            staffList[0] = new Executive("Sam", "123 Main Line",
19                "555-0469", "123-45-6789", 2423.07);
20
21            staffList[1] = new Employee("Carla", "456 Off Line",
22                "555-0101", "987-65-4321", 1246.15);
23            staffList[2] = new Employee("Woody", "789 Off Rocker",
24                "555-0000", "010-20-3040", 1169.23);
25
26            staffList[3] = new Hourly("Diane", "678 Fifth Ave.",
27                "555-0690", "958-47-3625", 10.55);
28
29            staffList[4] = new Volunteer("Norm", "987 Suds Blvd.",
30                "555-8374");
31            staffList[5] = new Volunteer("Cliff", "321 Duds Lane",
32                "555-7282");
33
```

```
34              ((Executive)staffList[0]).awardBonus(500.00);
35
36              ((Hourly)staffList[3]).addHours(40);
37          }
38
39          //--------------------------------------------------------------
40          // Pays all staff members.
41          //--------------------------------------------------------------
42          public void payday()
43          {
44              double amount;
45
46              for (int count=0; count < staffList.length; count++)
47              {
48                  System.out.println(staffList[count]);
49
50                  amount = staffList[count].pay();   // polymorphic
51
52                  if (amount == 0.0)
53                      System.out.println("Thanks!");
54                  else
55                      System.out.println("Paid: " + amount);
56
57                  System.out.println("---------------------------------");
58              }
59          }
60      }
```

Staff 类的 payday 方法遍历整个员工列表，输出员工信息，并调用员工的 pay 方法确定每位员工的薪水。pay 方法的调用是多态性的，因为每个类都有自己的 pay 方法版本。

例 10.3 所示的 StaffMember 类是一个抽象类，不代表具体的某类员工，不需要实例化，主要用作所有员工类的祖先类，并含有所有员工类都应具有的基本信息（员工姓名、住址和电话号码）。所以，在 StaffMember 类中声明保存这些信息的变量会由所有的后代类继承。

例 10.3

```
1   //*********************************************************************
2   // StaffMember.java        Author: Lewis/Loftus
3   //
4   // Represents a generic staff member.
5   //*********************************************************************
6
7   abstract public class StaffMember
8   {
9       protected String name;
10      protected String address;
11      protected String phone;
12
```

```
13      //-----------------------------------------------------------
14      // Constructor: Sets up this staff member using the specified
15      // information.
16      //-----------------------------------------------------------
17      public StaffMember(String eName, String eAddress, String ePhone)
18      {
19          name = eName;
20          address = eAddress;
21          phone = ePhone;
22      }
23
24      //-----------------------------------------------------------
25      // Returns a string including the basic employee information.
26      //-----------------------------------------------------------
27      public String toString()
28      {
29          String result = "Name: " + name + "\n";
30
31          result += "Address: " + address + "\n";
32          result += "Phone: " + phone;
33
34          return result;
35      }
36
37      //-----------------------------------------------------------
38      // Derived classes must define the pay method for each type of
39      // employee.
40      //-----------------------------------------------------------
41      public abstract double pay();
42  }
```

StaffMember 类有一个 toString 方法，返回由 StaffMember 类管理的信息，还有一个无参数的抽象方法 pay，返回 double 值。在代表一般性概念的 StaffMember 层次上，不适于给出 pay 方法的定义，应该由 StaffMember 类的每个后代类给出各自独特的 pay 方法定义。通过在 StaffMember 类中抽象地定义 pay 方法，可实现 Staff 类的 payday 方法为每位员工计算薪水时的多态性。

多态性的实质是，每个类很清楚自己如何完成一个指定的行为(本例是为每位员工付薪水)，并且从某种意义上来说，每个类的行为是相同的——员工获得薪水。多态机制允许用具有一致性但又独特的方式处理类似的对象。

例 10.4 所示的 Volunteer 类代表无偿工作的志愿者，因此程序只需管理志愿者的基本信息，并作为参数传给 Volunteer 类的构造方法，该构造方法再使用 super 引用调用 StaffMember 类的构造方法，同时将志愿者信息参数传给 StaffMember 构造方法。Volunteer 的 pay 方法仅返回值为 0 的薪水。如果在 Volunteer 类中不重写 pay 方法，则应将该类设计成不能实例化的抽象类，因为继承的 pay 方法不适用于 Volunteer 对象。

例 10.4

```
1    //*************************************************************
2    // Volunteer.java          Author: Lewis/Loftus
3    //
4    // Represents a staff member that works as a volunteer.
5    //*************************************************************
6
7    public class Volunteer extends StaffMember
8    {
9       //----------------------------------------------------------
10      // Constructor: Sets up this volunteer using the specified
11      // information.
12      //----------------------------------------------------------
13      public Volunteer(String eName, String eAddress, String ePhone)
14      {
15          super(eName, eAddress, ePhone);
16      }
17
18      //----------------------------------------------------------
19      // Returns a zero pay value for this volunteer.
20      //----------------------------------------------------------
21      public double pay()
22      {
23          return 0.0;
24      }
25   }
```

注意，当一个志愿者从 Staff 类的 payday 方法获得"报酬"时，将输出一条致谢语。其他情况下，从 payday 方法得到的薪水值将大于 0，并会输出它。

例 10.5 所示的 Employee 类代表每一个付薪周期内按指定小时工资额获取报酬的员工，小时工资额及员工的社会保险号随同员工的其他基本信息一起作为参数传给 Employee 构造方法，在 Employee 构造方法中使用 super 引用，将员工的基本信息传给 StaffMember 构造方法。

例 10.5

```
1    //*************************************************************
2    // Employee.java    Author: Lewis/Loftus
3    //
4    // Represents a general paid employee.
5    //*************************************************************
6
7    public class Employee extends StaffMember
8    {
9       protected String socialSecurityNumber;
10      protected double payRate;
11
```

```
12      //-----------------------------------------------------------
13      // Constructor: Sets up this employee with the specified
14      // information.
15      //-----------------------------------------------------------
16      public Employee(String eName, String eAddress, String ePhone,
17                      String socSecNumber, double rate)
18      {
19          super(eName, eAddress, ePhone);
20
21          socialSecurityNumber = socSecNumber;
22          payRate = rate;
23      }
24
25      //-----------------------------------------------------------
26      // Returns information about an employee as a string.
27      //-----------------------------------------------------------
28      public String toString()
29      {
30          String result = super.toString();
31
32          result += "\nSocial Security Number: " + socialSecurityNumber;
33
34          return result;
35      }
36
37      //-----------------------------------------------------------
38      // Returns the pay rate for this employee.
39      //-----------------------------------------------------------
40      public double pay()
41      {
42          return payRate;
43      }
44  }
```

Employee 类重写了 toString 方法，用于实现子类 Employee 管理的信息和父类 toString 方法返回信息的拼接操作(由 super 引用调用父类的 toString 方法)。Employee 类的 pay 方法只返回员工的小时工资额。

例 10.6 中的 Executive 类代表除正常的小时工资外还可以获得奖金的员工。Executive 类由 Employee 类派生，因而继承了 StaffMember 和 Employee 两个类。Executive 构造方法将自己的信息传给 Employee 构造方法，并将奖金变量 bonus 设置为 0。

例 10.6

```
1   //****************************************************************
2   // Executive.java          Author: Lewis/Loftus
3   //
4   // Represents an executive staff member, who can earn a bonus.
5   //****************************************************************
6
```

```
7   public class Executive extends Employee
8   {
9       private double bonus;
10
11      //-----------------------------------------------------------
12      // Constructor: Sets up this executive with the specified
13      // information.
14      //-----------------------------------------------------------
15      public Executive(String eName, String eAddress, String ePhone,
16                       String socSecNumber, double rate)
17      {
18          super(eName, eAddress, ePhone, socSecNumber, rate);
19
20          bonus = 0;  // bonus has yet to be awarded
21      }
22
23      //-----------------------------------------------------------
24      // Awards the specified bonus to this executive.
25      //-----------------------------------------------------------
26      public void awardBonus(double execBonus)
27      {
28          bonus = execBonus;
29      }
30
31      //-----------------------------------------------------------
32      // Computes and returns the pay for an executive, which is the
33      // regular employee payment plus a one-time bonus.
34      //-----------------------------------------------------------
35      public double pay()
36      {
37          double payment = super.pay() + bonus;
38
39          bonus = 0;
40
41          return payment;
42      }
43  }
```

awardBonus 方法用于将奖金授予某位经理，该方法由 Staff 类的 payday 方法调用，并只用于 Executive 对象（StaffList 数组的一部分）。注意，通用的 StaffMember 引用必须转换为一个 Executive 引用，以便能调用 awardBonus 方法（因为 StaffMember 类没有 awardBonus 方法）。

Executive 类中重写了 pay 方法，新 pay 方法首先按一般员工的方式决定应支付的薪水，然后再增加奖金。在 Executive 类的 pay 方法中，通过 super 引用调用 Employee 类的 pay 方法获得正常的薪水值，这种方法优于直接访问 payRate 变量，因为如果需要改变 Employee 对象获得薪水的方式，则新发生的改变将自动反映到 Executive 类中。奖金变量 bonus 使用后将重新设置为 0。

例 10.7 中的 Hourly 类代表按小时工资计算薪水的员工。Hourly 类记录着员工当前付薪周期的工作小时数变量 hoursWorked，该变量通过 Staff 类的 payday 方法调用 addHours 方法进行修改。
Hourly 类的 pay 方法首先基于工作小时数确定薪水，然后再将工作小时数变量 hoursworked 重新设
置为 0。

例 10.7

```
1    //*****************************************************************
2    // Hourly.java        Author: Lewis/Loftus
3    //
4    // Represents an employee that gets paid by the hour.
5    //*****************************************************************
6
7    public class Hourly extends Employee
8    {
9        private int hoursWorked;
10
11       //---------------------------------------------------------------
12       // Constructor: Sets up this hourly employee using the specified
13       // information.
14       //---------------------------------------------------------------
15       public Hourly(String eName, String eAddress, String ePhone,
16                   String socSecNumber, double rate)
17       {
18           super(eName, eAddress, ePhone, socSecNumber, rate);
19
20           hoursWorked = 0;
21       }
22
23       //---------------------------------------------------------------
24       // Adds the specified number of hours to this employee's
25       // accumulated hours.
26       //---------------------------------------------------------------
27       public void addHours(int moreHours)
28       {
29           hoursWorked += moreHours;
30       }
31
32       //---------------------------------------------------------------
33       // Computes and returns the pay for this hourly employee.
34       //---------------------------------------------------------------
35       public double pay()
36       {
37           double payment = payRate * hoursWorked;
38
39           hoursWorked = 0;
40
41           return payment;
42       }
```

```
43
44      //---------------------------------------------------------------
45      // Returns information about this hourly employee as a string.
46      //---------------------------------------------------------------
47      public String toString()
48      {
49          String result = super.toString();
50
51          result += "\nCurrent hours: " + hoursWorked;
52
53          return result;
54      }
55  }
```

自测题

SR10.3　继承机制如何支持多态性？

SR10.4　假设 MusicPlayer 类是 CDPlayer 类的父类，判断下列语句是否合法。为什么？

```
MusicPlayer mplayer = new MusicPlayer();
CDPlayer cdplayer = new CDPlayer();
mplayer = cdplayer;
```

SR10.5　假设 MusicPlayer 类是 CDPlayer 类的父类，判断下列语句是否合法。为什么？

```
MusicPlayer mplayer = new MusicPlayer();
CDPlayer cdplayer = new CDPlayer();
cdplayer = mplayer;
```

SR10.6　重写与多态性有什么关系？

SR10.7　为什么将 Firm 例子中的 StaffMember 类声明为抽象类？

SR10.8　为什么 pay 方法声明在 StaffMember 类中，并且将其声明为抽象方法而没有定义方法体？

SR10.9　以下语句选自 Staff 类中 payday 方法，该语句中调用的是哪个 pay 方法？

```
amount = staffList[count].pay();
```

10.3　利用接口实现多态性

下面讨论如何利用接口实现多态性。我们已多次看到，类名可以用于声明对象引用变量的类型。类似地，接口名也可以用作声明对象引用变量的类型。一个接口引用变量可以指向任何实现该接口的实现类的对象。

> **重要概念：** 接口名可以用于声明对象引用变量。

例如，下面的代码声明了一个接口 Speaker：

```
public interface Speaker
{
    public void speak();
    public void announce(String str);
}
```

于是，接口名 Speaker 就可用于声明一个对象引用变量：

```
Speaker current;
```

引用变量 current 可以指向实现 Speaker 接口的任何类的任何对象。例如，如果定义一个实现 Speaker 接口的类 Philosopher，就可以将 Philosopher 对象赋给 Speaker 接口引用变量，代码如下：

```
current = new Philosopher();
```

这条赋值语句是有效的，因为一个 Philosopher 就是一种 Speaker。从这个意义上说，实现类与其所实现的接口的关系，就如同子类与父类的关系。实现类与其接口之间有一种"是"关系，这种关系奠定了多态性的基础。

接口引用的灵活性使我们能够创建多态性引用。前面已讨论过，利用继承建立的多态性引用，可指向一组有继承关系的对象中的任何一个对象。利用接口也可以建立类似的多态性引用，指向所有实现同一接口的实现类对象中的任何一个对象。

> **重要概念**：一个接口引用变量可以指向实现该接口的任何类的任何对象。

例如，如果建立一个实现 Speaker 接口的 Dog 类，则 Dog 对象也可以赋给 Speaker 引用变量。事实上，同一个接口引用变量可以在某时刻指向 Philosopher 对象，之后某时刻又可以指向 Dog 对象。下面的代码举例说明了这一概念：

```
Speaker guest;
guest = new Philosopher();
guest.speak();
guest = new Dog();
guest.speak();
```

上述代码中，第一次调用的是 Philosopher 类的 speak 方法，第二次调用的是 Dog 类的 speak 方法。与通过继承实现的多态性引用一样，执行代码时实际调用的方法，不是取决于接口引用的类型，而是取决于调用发生时接口引用所指向的对象的类型。

请记住，当使用接口引用变量时，只能调用定义在接口中的方法，即使接口引用变量所指向的对象还有其他一些可用方法，也不能调用。例如，假设 Philosopher 类还定义了一个 public 方法 pontificate，即使事实上 Philosopher 对象可以调用 pontificate 方法，但是使用 special 接口引用变量调用 pontificate 方法仍将产生一个编译错误，如下述第二行代码所示：

```
Speaker special = new Philosopher();
special.pontificate();  // generates a compiler error
```

问题就在于编译器只能确定 Philosopher 对象是一种 Speaker，因此只能保证该对象可以调用接口中的 speak 方法和 announce 方法。由于 special 引用变量也可以指向 Dog 对象（而狗不能说话，即调用 pontificate 方法无意义），因此编译器不允许调用 pontificate 方法。如果知道在某种情况下这样的 pontificate 方法调用是有意义的，则可以进行适当的对象类型转化，使得编译器能接受这个调用，如下所示：

```
((Philosopher)special).pontificate();
```

像基于继承的多态性引用一样（父类名可用作方法参数的类型），接口名也可以用作方法参数的类型,使得任何实现同一接口的类对象都可以作为参数传给方法。例如,下面的方法接收的参数是 Speaker 对象,从而可以在不同的调用中分别将 Dog 对象和 Philosopher 对象传给这个方法:

```
public void sayIt(Speaker current)
{
    current.speak();
}
```

重要概念: 方法的参数可以是多态性的,使得方法所接收的参数具有灵活性。

将多态性引用作为一个方法的形参是一种功能很强的技术,使得方法能控制传给它的参数的类型,并且具有可接收不同类型参数的灵活性。

自测题

SR10.10 如何用接口实现多态性?

SR10.11 假设接口 Speaker、类 Philosopher 和类 Dog 如本章所述,判断下列语句是否合法。为什么?

```
a. Speaker current = new Speaker();
b. Speaker current = new Dog();
c. Speaker first, second;
   first = new Dog();
   second = new Philosopher();
   first.speak();
   first = second;
d. Speaker first = new Dog();
   Philospher second = new Philosopher();
   second.pontificate();
   first = second;
e. Speaker first = new Dog();
   Philospher second = new Philosopher();
   first = second;
   second.pontificate();
   first.pontificate();
```

10.4 排序

下面考查一个可利用多态性解决方案的问题。排序是将一组元素调整为有序排列的过程。例如,将一组姓名按字母顺序排列,或将一组观察结果按数值递减排列。现在已发展了许多种排序算法并经过了多年的检验。事实上,排序被认为是计算机科学研究领域中的经典问题。

本节分析两种排序算法:选择法排序和插入法排序。全面探讨各种排序算法超出了本书的范畴,此处只讲解一些排序所涉及的基础概念,并不钻研算法的细节问题,而是着重于讨论解决问题所涉及的策略及一般性特点。

10.4.1 选择法排序

选择法排序算法通过连续地将各值放在自己的最终位置(排序后的位置)来实现数值的有序排列。换句话说,对于数据列表中的每一个位置,该算法选出应排在此处的值,并将该值放在这一位置上。

　　选择法排序的一般策略是：扫描整个数列，找到最小值，将最小值与数列中第一个位置的值交换位置；扫描数列的剩余值(除第一个值外的其他所有值)，找到最小值，再将最小值与数列中第二个位置的值交换位置；扫描数列的剩余值(除前两个值外的其他所有值)，找到最小值，再将最小值与数列中第三个位置的值交换位置；除了最后一个位置的值(这个结束位置的值最后自然是最大值)，对于所有的值继续上述过程。当整个过程完成时，数值列表就变为从小到大排列的有序列表。图 10.2 描述了选择法排序的过程。

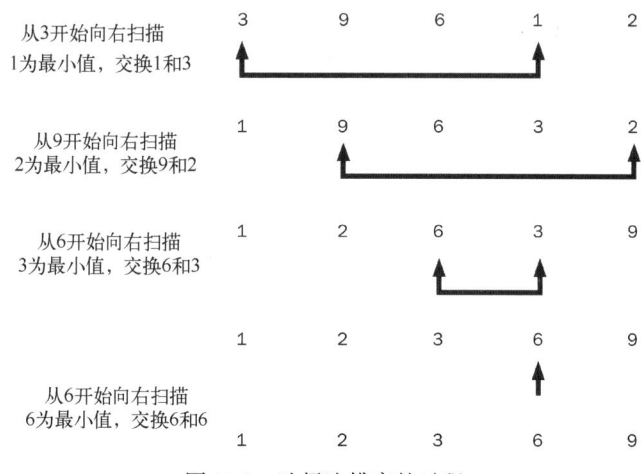

图 10.2　选择法排序的过程

例 10.8 中的程序用选择法将一组 Contact 对象按升序排序。

例 10.8

```
1    //********************************************************************
2    // PhoneList.java         Author: Lewis/Loftus
3    //
4    // Driver for testing a sorting algorithm.
5    //********************************************************************
6
7    public class PhoneList
8    {
9       //-----------------------------------------------------------------
10      // Creates an array of Contact objects, sorts them, then prints
11      // them.
12      //-----------------------------------------------------------------
13      public static void main(String[] args)
14      {
15         Contact[] friends = new Contact[8];
16
17         friends[0] = new Contact("John", "Smith", "610-555-7384");
18         friends[1] = new Contact("Sarah", "Barnes", "215-555-3827");
19         friends[2] = new Contact("Mark", "Riley", "733-555-2969");
20         friends[3] = new Contact("Laura", "Getz", "663-555-3984");
21         friends[4] = new Contact("Larry", "Smith", "464-555-3489");
```

```
22          friends[5] = new Contact("Frank", "Phelps", "322-555-2284");
23          friends[6] = new Contact("Mario", "Guzman", "804-555-9066");
24          friends[7] = new Contact("Marsha", "Grant", "243-555-2837");
25
26          Sorting<Contact> sorts = new Sorting<Contact>();
27          sorts.selectionSort(friends);
28
29          for (Contact friend : friends)
30              System.out.println(friend);
31      }
32  }
```

输出

```
Barnes, Sarah       215-555-3827
Getz, Laura         663-555-3984
Grant, Marsha       243-555-2837
Guzman, Mario       804-555-9066
Phelps, Frank       322-555-2284
Riley, Mark         733-555-2969
Smith, John         610-555-7384
Smith, Larry        464-555-3489
```

例 10.9 中给出的 Sorting 类包含两个排序算法。PhoneList 程序只使用 selectionSort 方法，另外一个方法在本节后面讨论。

例 10.9

```
1   //**************************************************************
2   // Sorting.java        Author: Lewis/Loftus
3   //
4   // Demonstrates the selection sort and insertion sort algorithms.
5   //**************************************************************
6
7   public class Sorting<T>
8   {
9       //------------------------------------------------------------
10      // Sorts the specified array of objects using the selection
11      // sort algorithm.
12      //------------------------------------------------------------
13      public void selectionSort(Comparable<T>[] list)
14      {
15          int min;
16          Comparable<T> temp;
17
18          for (int index = 0; index < list.length-1; index++)
19          {
20              min = index;
21              for (int scan = index+1; scan < list.length; scan++)
```

```
22                    if (list[scan].compareTo((T)list[min]) < 0)
23                        min = scan;
24
25            // Swap the values
26            temp = list[min];
27            list[min] = list[index];
28            list[index] = temp;
29        }
30    }
31
32    //-----------------------------------------------------------------
33    // Sorts the specified array of objects using the insertion
34    // sort algorithm.
35    //-----------------------------------------------------------------
36    public void insertionSort(Comparable<T>[] list)
37    {
38        for (int index = 1; index < list.length; index++)
39        {
40            Comparable<T> key = list[index];
41            int position = index;
42
43            // Shift larger values to the right
44            while (position > 0 && key.compareTo((T)list[position-1]) < 0)
45            {
46                list[position] = list[position-1];
47                position--;
48            }
49
50            list[position] = key;
51        }
52    }
53 }
```

　　selectionSort 方法接收一个 Comparable 对象数组进行排序。回顾一下,Comparable 是一个接口,只包含一个返回整型值的方法 compareTo, 当整型值小于 0、等于 0 或大于 0 时, 分别表示正执行的对象小于、等于或大于被比较的对象。

　　Comparable 是一个泛型接口,它对泛型类型 T 进行操作,指定哪种类型的对象可进行比较。

　　实现 Comparable 接口的任何类,都必须指定哪种类型的对象可用于比较(即"T"所表示的),并且需相应定义一个 compareTo 方法。例如, 如果 Book 类实现了 Comparable<Book>, 则任何 Book 对象都能与另外的 Book 对象进行比较, 以确定它们的相对顺序。

　　selectionSort 方法具有多态性, 它所接收的参数不是 Contact 类型的对象, 但是可以对 Contact 对象数组进行排序。对于任何能够进行比较以确定顺序的对象数组,都可以用 selectionSort 方法进行排序。只要对象数组是可比较的,就可以多次调用 selectionSort 方法,并传送不同类型的对象数组进行排序。

　　例 10.10 列出了 Contact 类,每个 Contact 对象代表一个有姓氏、名字和电话号码的人员。

例 10.10

```
1    //***********************************************************************
2    //  Contact.java    Author: Lewis/Loftus
3    //
4    //  Represents a phone contact.
5    //***********************************************************************
6
7    public class Contact implements Comparable<Contact>
8    {
9        private String firstName, lastName, phone;
10
11       //----------------------------------------------------------------
12       //  Constructor: Sets up this contact with the specified data.
13       //----------------------------------------------------------------
14       public Contact(String first, String last, String telephone)
15       {
16           firstName = first;
17           lastName = last;
18           phone = telephone;
19       }
20
21       //----------------------------------------------------------------
22       //  Returns a description of this contact as a string.
23       //----------------------------------------------------------------
24       public String toString()
25       {
26           return lastName + ", " + firstName + "\t" + phone;
27       }
28
29       //----------------------------------------------------------------
30       //  Returns true if the first and last names of this contact match
31       //  those of the parameter.
32       //----------------------------------------------------------------
33       public boolean equals(Object other)
34       {
35           return (lastName.equals(((Contact)other).getLastName()) &&
36                   firstName.equals(((Contact)other).getFirstName()));
37       }
38
39       //----------------------------------------------------------------
40       //  Uses both last and first names to determine ordering.
41       //----------------------------------------------------------------
42       public int compareTo(Contact other)
43       {
44           int result;
45
46           if (lastName.equals(other.getLastName()))
```

```
47              result = firstName.compareTo(other.getFirstName());
48          else
49              result = lastName.compareTo(other.getLastName());
50
51          return result;
52      }
53
54      //-------------------------------------------------------------------
55      //  First name accessor.
56      //-------------------------------------------------------------------
57      public String getFirstName()
58      {
59          return firstName;
60      }
61
62      //-------------------------------------------------------------------
63      //  Last name accessor.
64      //-------------------------------------------------------------------
65      public String getLastName()
66      {
67          return lastName;
68      }
69  }
```

Contact 类实现了 Comparable 接口，因为它提供了 compareTo 方法的定义（实现代码）。该方法可根据人员的姓氏将 Contact 对象排序；如果两个 Contact 对象的姓氏相同，再比较二者的名字。

> **重要概念：**以多态性方式实现的排序算法可对任何一组可比较的对象排序。

selectionSort 方法利用二重循环实现数组排序。外层循环控制下一个最小值将存放的位置的索引，内层循环搜索列表中剩余元素的最小值。具体的操作是，通过扫描所有大于或等于当前索引位置的元素，找到最小值。当最小值确定后，再与存放在当前索引所指位置的值互换存储位置，互换操作由三条赋值语句完成，互换过程借助了一个暂存变量 temp，这种互换操作称为交换（swapping）。

这种算法在多次重复操作中找到最小值，最终结果是一个以升序（即从小到大）存放元素的数组。类似地，通过每次寻找最大值，可以很容易地将这种算法修改为以降序存放元素的排序。

上述排序方法对一个对象数组排序。如果要对一个基本数据类型数组排序，例如对整型数组排序，则必须先将数据存入一个 Integer 对象数组。由于 Java 所有的包装类都实现了 Comparable 接口，因此可调用 selectionSort 方法对 Integer 对象数组排序。

10.4.2　插入法排序

Sorting 类还有一个对 Comparable 对象进行插入法排序的方法，如果用该方法对 PhoneList 程序中的 Contact 对象数组排序，则会得到相同的排序结果，但插入法排序的逻辑方法不同。

插入法排序不断地将一个新元素插入已排好序的数列子集中。在每一轮排序中，将一个未排序的新元素插入已排序子集中的适当位置，直到整个数列有序排列时为止。

插入法排序的一般策略是：从只含有一个元素的"已排序"数列开始，对数列的前两个值排序，如有必要则交换这两个值的位置,再将第三个值插入相对于数列中前两个值(已排序的值)适当的位置,然后,将第四个值插入相对于数列中前三个值(已排序的值)适当的位置,每完成一次插入操作,已排序子集中值的个数会增加 1。不断重复这一过程,直到所有的值都插入适当的位置,这时就完成了整个数列的排序。

插入法排序过程要求数组中的其他值移动位置,以便空出位置空间存放插入的元素。图 10.3 描述了插入法排序算法对整型数组排序的过程。

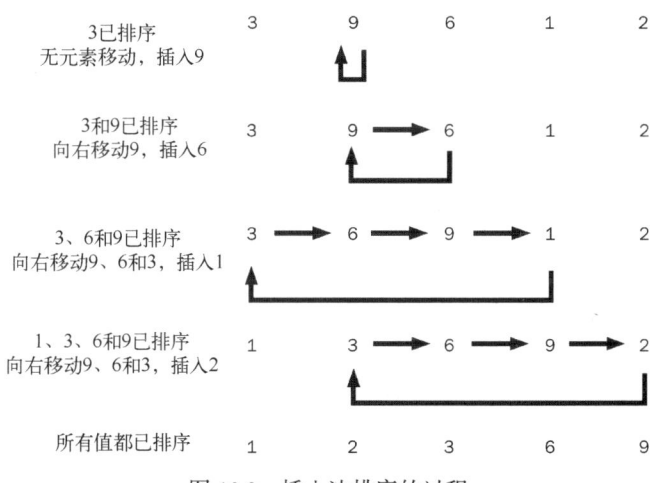

图 10.3　插入法排序的过程

类似于选择法的实现方法,insertionSort 方法也用二重循环对数组排序,但外层循环控制的是下一个要插入的值在数组中的位置索引,内层循环将当前要插入的值与存放在更小索引位置的值(这些值构成整个数列中已排序的子集)进行比较。如果当前要插入的值小于存放在 position 位置的值,则 position 位置的值向右移动。不断进行移动操作,直到找到存放插入值的位置。外层循环每迭代一次,数列的已排序子集中将增加一个值,直到整个数列成为有序数列。

10.4.3　排序算法的比较

选择算法时需考虑各种性能指标,包括算法的简易性、效率及存储空间需求。易理解的算法也容易实现和调试,但是最简单的排序算法常常是效率最低的算法,而效率是比较排序算法的基本标准。一般而言,如果一种排序算法执行的比较操作比另一种算法的更多,则前者便是效率更低的算法。有多种排序算法比前面讨论的算法效率更高,但同时也更复杂。

选择法排序和插入法排序实质上有同等的效率。如果不考虑循环的目的,二者都有类似性质的外层循环和内层循环。外层循环对数列中的每个值执行一次循环,内层循环将外层循环所控制的值与数列中待比较的值逐一比较,两种算法都执行大约 n^2 次比较操作,其中 n 是数列中值的个数。我们称选择法排序和插入法排序都是 n^2 阶算法。更有效的排序执行的比较操作更少,并具有更低的阶数(例如 $n\log_2 n$)。

选择法排序和插入法排序的效率相同,在选择算法时基本上可以任选一种。但是除了效率,还有其他一些算法选择问题需要考虑。选择法排序容易理解,大多数情况下能满足需求,并且每个值一次性准确地移动到自己的最终位置。也就是说,虽然两种算法执行的比较操作的次数相同,但选择法排序所执行的交换操作的次数更少,因此选择法排序优于插入法排序。

自测题

SR10.12　描述 Comparable<T>接口。

SR10.13　将以下数列用选择法排序，并描述排序过程。

```
5 7 1 8 2 4 3
```

SR10.14　将以下数列用插入法排序，并描述排序过程。

```
5 7 1 8 2 4 3
```

SR10.15　本章中定义的排序方法从哪些方面体现了多态性？

SR10.16　选择法排序和插入法排序哪一个更好？为什么？

10.5　搜索

类似排序，搜索也是一个经典的计算问题，并可使用多态性方法解决。搜索是在一组元素中寻找一个指定的目标元素的过程。例如，在一份俱乐部名册中寻找姓名为 Vito Andolini 的会员。

有时，将被搜索的一组元素称为搜索池，搜索池一般组织成某种对象集合(如数组)。

每当执行一次搜索时，必须考虑到搜索池中不存在目标元素的可能性，以及如何有效地执行搜索，算法不应做任何额外的比较操作。

本节分析两种搜索算法——线性搜索和二分法搜索，并讨论两种算法的通用化、多态性实现，最后比较二者的效率。

10.5.1　线性搜索

如果可以按任何顺序在搜索池中一次查找一个元素，一种直接的搜索方法是，从数列的起点开始，将目标元素依次与每一个值进行比较，最终将找到目标元素，或者搜索到数列的终点后发现数列中不存在目标元素。

这种搜索方法从一个端点开始，以线性方式扫描整个搜索池，因此称为线性搜索。图 10.4 描述了线性搜索的过程。当元素以数组形式存储时，线性搜索是相对简单的算法。

图 10.4　线性搜索

例 10.11 所示的程序与上一节的 PhoneList 程序相似，它包含一个相同的无序 Contact 对象数组，先用线性搜索方法搜索一个通信联系信息项(Contact 对象)并输出搜索结果，然后调用前一节讨论过的 selectionSort 方法将数组排序，接着再用二分法搜索方法搜索另一个通信联系信息项。本节后面将讨论二分法搜索方法。

例 10.11

```
1    //********************************************************************
2    // PhoneList2.java          Author: Lewis/Loftus
3    //
4    // Driver for testing searching algorithms.
5    //********************************************************************
```

```
6
7    public class PhoneList2
8    {
9        //----------------------------------------------------------------
10       // Creates an array of Contact objects, sorts them, then prints
11       // them.
12       //----------------------------------------------------------------
13       public static void main(String[] args)
14       {
15           Contact test, found;
16           Contact[] friends = new Contact[8];
17
18           friends[0] = new Contact("John", "Smith", "610-555-7384");
19           friends[1] = new Contact("Sarah", "Barnes", "215-555-3827");
20           friends[2] = new Contact("Mark", "Riley", "733-555-2969");
21           friends[3] = new Contact("Laura", "Getz", "663-555-3984");
22           friends[4] = new Contact("Larry", "Smith", "464-555-3489");
23           friends[5] = new Contact("Frank", "Phelps", "322-555-2284");
24           friends[6] = new Contact("Mario", "Guzman", "804-555-9066");
25           friends[7] = new Contact("Marsha", "Grant", "243-555-2837");
26
27           Searching<Contact> searches = new Searching<Contact>();
28
29           test = new Contact("Frank", "Phelps", "");
30           found = searches.linearSearch(friends, test);
31           if (found != null)
32               System.out.println("Found: " + found);
33           else
34               System.out.println("The contact was not found.");
35           System.out.println();
36
37           Sorting<Contact> sorts = new Sorting<Contact>();
38           sorts.selectionSort(friends);
39
40           test = new Contact("Mario", "Guzman", "");
41           found = (Contact) searches.binarySearch(friends, test);
42           if (found != null)
43               System.out.println("Found: " + found);
44           else
45               System.out.println("The contact was not found.");
46       }
47   }
```

输出

```
Found: Phelps, Frank 322-555-2284


Found: Guzman, Mario 804-555-9066
```

例 10.12 给出了包含两个搜索算法的 Searching 类。

例 10.12

```
1    //************************************************************
2    // Searching.java          Author: Lewis/Loftus
3    //
4    // Demonstrates the linear search and binary search algorithms.
5    //************************************************************
6
7    public class Searching<T>
8    {
9        //-----------------------------------------------------------
10       // Searches the specified array of objects for the target using
11       // a linear search. Returns a reference to the target object from
12       // the array if found, and null otherwise.
13       //-----------------------------------------------------------
14       public T linearSearch(T[] list, T target)
15       {
16           int index = 0;
17           boolean found = false;
18
19           while (!found && index < list.length)
20           {
21               if (list[index].equals(target))
22                   found = true;
23               else
24                   index++;
25           }
26
27           if (found)
28               return list[index];
29           else
30               return null;
31       }
32
33       //-----------------------------------------------------------
34       // Searches the specified array of objects for the target using
35       // a binary search. Assumes the array is already sorted in
36       // ascending order when it is passed in. Returns a reference to
37       // the target object from the array if found, and null otherwise.
38       //-----------------------------------------------------------
39       public Comparable<T> binarySearch(Comparable<T>[] list,
40                                        Comparable<T> target)
41
42       {
43           int min = 0, max = list.length - 1, mid = 0;
44           boolean found = false;
45           while (!found && min <= max)
```

```
46            {
47                mid = (min+max) / 2;
48                if (list[mid].equals(target))
49                    found = true;
50                else
51                    if (target.compareTo((T)list[mid]) < 0)
52                        max = mid-1;
53                    else
54                        min = mid+1;
55            }
56
57        if (found)
58            return list[mid];
59        else
60            return null;
61    }
62 }
```

在 linearSearch 方法中，while 循环逐个比较数组中的元素，确定是否找到目标元素或到达数组终点。布尔变量 found 初始化为 false，仅当找到目标元素时才变为 true。

注意，必须检查完数组中的每一个元素之后，才能做出目标元素不存在于数组中的结论。在找到存在于数组的目标元素之前，线性搜索方法平均需要搜索一半的数据。

linearSearch 方法使用 equals 方法来搜索目标对象，所以没有必要将数组用 Comparable 对象填充。唯一的限制是：数组元素与目标对象必须是同类型的。

10.5.2　二分法搜索

如果一个数组中的元素是有序的(升序或降序)，则二分法搜索比线性搜索算法的效率高得多。二分法搜索利用搜索池是有序的这一事实，减少了大量的比较操作。

分析下面一组有序的整型值：

0	1	2	3	4	5	6	7	8	9	10	11	12	13	14
10	12	18	22	31	34	40	46	59	67	69	72	82	84	98

假设我们试图确定数值 67 是否存在于这个数列中。最初的情况是，目标数 67 可能在数列中的任何位置，或者根本不存在。即开始时搜索池中的所有元素都是目标数的可能候选元素。

二分法搜索不是从数列的一端搜索到另一端，而是从有序数列的中间点开始搜索。如果中间点元素不是目标元素，则继续搜索。这个数列的中间点值是 46，不是目标元素，于是必须继续搜索。由于数列是有序的，因此如果 67 存在于数列中，则应位于数列的后半部分。这样，经过一次比较就可以排除一半的数据不予考虑，只留下一半的候选元素如下：

候选元素

0	1	2	3	4	5	6	7	8	9	10	11	12	13	14
10	12	18	22	31	34	40	46	59	67	69	72	82	84	98

搜索剩余的候选值，再一次检查新的中间点元素。这次的中间点元素是 72，仍然不是目标元素，但可以使我们又排除现有数据的一半(那些大于 72 的值)不予考虑，现在留下的数值如下：

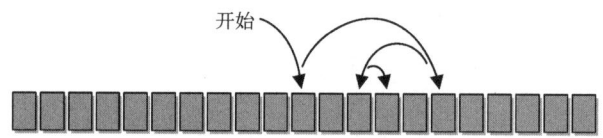

再一次使用相同的方法，选择的中间点元素为 67，即找到了要寻找的目标元素。如果这个中间点元素仍不是目标元素，则将重复上述过程，直到找到目标元素或排除所有的数据。

二分法搜索在每一次比较操作后，将排除剩余待搜索的一半数据 (同时排除中间点元素)。即二分法搜索在第一次比较后排除数据的一半，第二次比较后排除数据的四分之一，第三次比较后排除数据的八分之一，依次类推。图 10.5 描述了二分法搜索的过程。

开始

图 10.5　二分法搜索的过程

Searching 类中的 binarySearch 方法通过循环执行二分法搜索，直到找到目标元素或排除所有元素。程序中有两个整型索引值，即最小索引 min 和最大索引 max，用于确定还需要搜索的元素所在的数组位置。当 min 大于 max 时，表明待搜索的元素已全部排除。

在每一次迭代中，通过将 min 和 max 的和除以 2 计算中间点。如果当前待搜索的元素个数为偶数，就会有两个中间点值，计算这个值时将忽略小数部分，取两个中间点的第一个为新的中间点。

如果一次比较后没有发现目标元素，则将 min 或 max 修改为去掉一半元素后的新的最小或最大索引。然后，继续搜索。

10.5.3　搜索算法的比较

就搜索算法的分析来看，毫无疑问，二分法搜索远比线性搜索效率高，但二分法搜索要求数据已做过排序。这再次表明，算法的选择取决于具体条件。

如果数据排序相对容易或者数据的搜索量非常大，则使用二分法搜索较合适。但是，线性搜索的实现相当简单，若从长远来看搜索的效率不是很重要时，则线性搜索可能是最佳选择。

自测题

SR10.17　通过线性搜索法搜索以下数列，在找到各选项中的目标数据之前，需要搜索多少个元素？

```
15 21 4 17 8 27 1 22 43 57 25 7 53 12 16
```

a. 17
b. 15
c. 16
d. 45

SR10.18　描述二分法搜索的基本概念。

SR10.19　通过二分法搜索以下数列，在找到各选项中的目标数据之前，需要搜索多少个元素？

```
1 4 7 8 12 15 16 17 21 22 25 27 43 53 57
```

a. 17
b. 15
c. 57
d. 45

10.6 多态性设计

本书已展开讨论了良好软件设计中的一些重要概念。对于面向对象软件设计的每一方面，都需要精心、仔细地做出决策，其目的是建立良好的软件结构、高度的软件灵活性和高质量的代码。设计软件时，应合理地定义进行了适当封装的类和对象，建立类之间和对象之间的关联关系，包括根据可能性建立类间承上启下的继承关系。此外，多态性也是辅助分析软件设计的有效工具之一。

多态性支持软件功能实现方式的多样化，允许用一种统一形式的方法完成一组具有不同行为的类似功能。软件设计者应尽可能从软件系统中发现能利用多态性解决问题的机会，在开始编写代码前就需要积极主动地挖掘体现多态性的问题。

> **重要概念**：多态性允许用一致性的方法实现不一致的行为。

每当发现有不同类型的对象执行相同类型的行为时，就存在着利用多态性方法的机会。经验越多，就越容易发现多态性机会。判断下面一些情况是否存在利用多态性的机会：

- 不同类型的交通工具以不同的方式行驶。
- 对于公司的所有业务处理，必须做日志记录。
- 公司的所有产品必须达到一定的质量标准。
- 旅馆需要计划每间客房的重新布局工作。
- 调度员必须基于任务的规模调度货车和人员。

上述问题中的共同特点是多个不同对象执行相同的基本行为，并且行为的不同实现方式取决于对象的具体类型。例如，所有的圆都是用相同的基本技术和绘图信息画出来的。画圆所需的绘图信息和绘图的步骤，不同于画矩形的操作。尽管圆和矩形两种图形都可以画出来，它们虽不相同但具有类似的多态性。

> **重要概念**：应该培养自己的软件设计敏感性，善于识别能利用多态性解法的潜在问题。

一旦识别出多态性问题后，就需要进一步考虑多态性设计的具体方法，即需要确定使用继承机制还是接口机制定义多态性引用。问题的答案取决于所涉及的各种类型对象之间的关系。如果对象可以自然地由继承的关系关联在一起，即对象之间具有真正的"是"关系，则通过继承实现多态性是适当的方法。但是，如果对象共同存在的主要问题需要以各自不同的方式进行处理，则通过接口建立多态性引用，可能是更好的选择。

自测题

SR10.20 假设要为一个银行业务系统设计一些类。支票账户和储蓄账户都需要存款和取款操作。要求使用多态机制来实现这些操作，你认为哪种多态机制(继承或接口机制)最适合本情况？为什么？

SR10.21 假设要为一个"鱼缸"屏幕保护程序设计一些类。希望鱼缸中的生物可以从鱼缸中的任何地方"漂浮"到鱼缸顶部。要求使用多态机制来实现这一操作,你认为哪种多态机制(继承或接口机制)最适合本情况? 为什么?

SR10.22 假设要为一个支持热带雨林环境建模的程序设计一些类。蝴蝶和猴子之类的生物需要周期性地生长。要求使用多态机制来实现这一操作,你认为哪种多态机制(继承或接口机制)最适合本情况? 为什么?

10.7 属性

JavaFX 属性是一种包含值的对象,与包装器类相似。但是,属性是可观察的,表示在必要时可以监控和改变属性值。许多 JavaFX 类保存的是属性值,而不是常规的实例数据。例如,JavaFX 类并没有保存一个 int 值或者 Integer 对象,而是保存一个 IntegerProperty 对象。

使用属性的主要好处来自"属性绑定"的概念。可以将一个属性与另一个属性绑定,这样,当一个属性的值发生改变时,另一个会自动更新。例如,Circle 类的半径用一个 DoubleProperty 对象表示,可以将它与表示 Scene 宽度的属性绑定。这样,当窗口大小发生变化时,圆的大小也会自动调整。

> **重要概念:** JavaFX 类中的许多值都是用属性管理的,属性可以相互绑定。

例 10.13 中的程序在场景中央显示一个小圆,位于左上角的两个 Text 对象显示的是场景的高度和宽度。所有这些元素都与场景的宽度和高度属性进行了绑定。窗口大小发生改变时(场景也会跟着变化),圆的位置及显示的文本都会自动变化。

例 10.13

```
 1    import javafx.application.Application;
 2    import javafx.beans.property.SimpleStringProperty;
 3    import javafx.beans.property.StringProperty;
 4    import javafx.scene.Group;
 5    import javafx.scene.Scene;
 6    import javafx.scene.paint.Color;
 7    import javafx.scene.shape.Circle;
 8    import javafx.scene.text.Text;
 9    import javafx.stage.Stage;
10
11    //************************************************************
12    // PropertyBindingDemo.java            Author: Lewis/Loftus
13    //
14    // Demonstrates the ability to bind one property to another.
15    //************************************************************
16
17    public class PropertyBindingDemo extends Application
18    {
19        //--------------------------------------------------------
20        // Displays the width and height of the scene, as well as a circle
```

```
21          // in the center of the scene. The scene is updated using property
22          // bindings as the window is resized.
23          //--------------------------------------------------------------
24          public void start(Stage primaryStage)
25          {
26              Group root = new Group();
27              Scene scene = new Scene(root, 300, 200, Color.SKYBLUE);
28
29              Circle center = new Circle(6);
30              center.centerXProperty().bind(scene.widthProperty().divide(2));
31              center.centerYProperty().bind(scene.heightProperty().divide(2));
32
33              StringProperty width = new SimpleStringProperty("Width: ");
34              StringProperty height = new SimpleStringProperty("Height: ");
35
36              Text widthText = new Text(20, 30, "");
37              widthText.textProperty().bind(width.concat(scene.widthProperty()));
38
39              Text heightText = new Text(20, 60, "");
40  heightText.textProperty().bind(height.concat(scene.heightProperty()));
41
42              root.getChildren().addAll(center, widthText, heightText);
43
44              primaryStage.setTitle("Property Binding Demo");
45              primaryStage.setScene(scene);
46              primaryStage.show();
47          }
48  }
```

显示

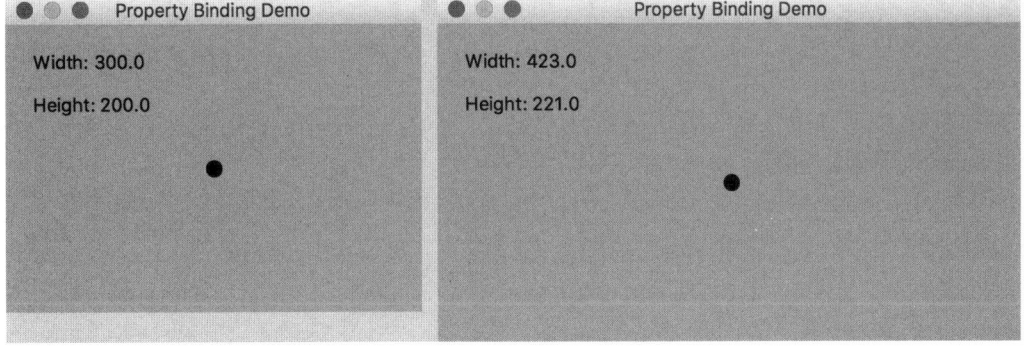

代表圆心的(x, y)坐标属性分别与场景的宽度和高度属性进行了绑定。x 值总是为宽度属性值的一半，y 值为高度属性值的一半。这样，圆就会一直处于窗口中央。

centerXProperty 方法返回的 DoubleProperty 对象，表示圆心的 x 坐标。利用属性的 bind 方法，

将它与 widthProperty 方法返回的属性绑定。调用 divide 方法，将这个值除以 2(属性为对象，所以可以对它应用常规的算术运算)。对于 y 坐标和高度采用了类似的处理方式。

由 Text 对象显示的文本被保存为一个 StringProperty 对象。在这个程序中创建了另外两个用于绑定的 StringProperty 对象，因为一个属性只能与另外一个属性绑定。

显示宽度的 text 属性与一个包含"Width："的字符串属性绑定，并与场景的宽度值相拼接。类似的关系也适应于显示高度的文本。

注意，程序中并没有提供任何事件处理器。属性绑定关注的是场景中元素的所有动态更新。但是要注意，属性绑定并不总是能够替换事件处理器。绑定使数据同步，而事件处理器是一段代码，用于处理发生事件时希望达到的效果。因此，事件处理器的功能更强大。由于这个程序中只需同步数据，因此采用属性绑定就足够了。

重要概念： 属性绑定专门针对数据同步需求，不能用它替换事件处理器。

前面说过，属性是可观察的。准确地说，属性实现了 ObservableValue 接口(或者它的一个子接口)。bind 方法会创建一个 Binding 对象，它保存的特殊值可用来同步一个或多个源。诸如 divide 的方法，也会创建绑定关系。

10.7.1 变化监听器

属性可以有一个变化监听器，它与事件处理器相似，但可以随意对其指定要运行的代码。如果希望响应属性值的改变，并且希望做一些比同步两个数据更多的事情，则可以采用变化监听器。

属性具有一个 addListener 方法，可用来设置属性的变化监听器。与设置事件处理器方法类似，也可以用下列方式指定变化监听器方法：

```
myProperty.addListener(this::processChange);
```

变化监听器方法接收三个参数：值发生变化的 ObservableValue 对象(属性)、旧值、新值。新旧值的类型与属性所拥有的值的类型有关。例如，下面的监听器方法处理 StringProperty 对象的变化：

```
public void processChange(ObservableValue<? extends String> val,
    String oldValue, String newValue)
{
    // whatever
}
```

与事件处理器方法一样，方法名可随意定义。同样，下面的变化监听器方法处理的是 IntegerProperty 对象的变化：

```
public void processChange(ObservableValue<? extends Integer> val,
    Integer oldValue, Integer newValue)
{
    // whatever
}
```

例 10.14 中的程序在功能上与 PropertyBindingDemo 程序的相同，但这里采用的是变化监听器而不是属性绑定。

例 10.14

```
1    import javafx.application.Application;
2    import javafx.beans.value.ObservableValue;
3    import javafx.scene.Group;
4    import javafx.scene.Scene;
5    import javafx.scene.paint.Color;
6    import javafx.scene.shape.Circle;
7    import javafx.scene.text.Text;
8    import javafx.stage.Stage;
9
10   //*************************************************************
11   // ChangeListenerDemo.java          Author: Lewis/Loftus
12   //
13   // Demonstrates the ability to respond to property changes using
14   // change listeners. Functionally equivalent to PropertyBindingDemo.
15   //*************************************************************
16
17   public class ChangeListenerDemo extends Application
18   {
19       private Scene scene;
20       private Circle center;
21       private Text widthText, heightText;
22
23   //-----------------------------------------------------------
24   // Displays the width and height of the scene, as well as a circle
25   // in the center of the scene. The scene is updated using a change
26   // listener as the window is resized.
27   //-----------------------------------------------------------
28       public void start(Stage primaryStage)
29       {
30           Group root = new Group();
31
32           scene = new Scene(root, 300, 200, Color.SKYBLUE);
33           scene.widthProperty().addListener(this::processResize);
34           scene.heightProperty().addListener(this::processResize);
35
36           center = new Circle(6);
37           center.setCenterX(scene.getWidth() / 2);
38           center.setCenterY(scene.getHeight() / 2);
39
40           widthText = new Text(20, 30, "Width: " + scene.getWidth());
41           heightText = new Text(20, 60, "Height: " + scene.getHeight());
42
43           root.getChildren().addAll(center, widthText, heightText);
44
45           primaryStage.setTitle("Change Listener Demo");
46           primaryStage.setScene(scene);
```

```
47              primaryStage.show();
48          }
49
50      //------------------------------------------------------------
51      // Updates the position of the circle and the displayed width and
52      // height when the window is resized.
53      //------------------------------------------------------------
54          public void processResize(ObservableValue<? extends Number> property,
55              Object oldValue, Object newValue)
56          {
57              center.setCenterX(scene.getWidth() / 2);
58              center.setCenterY(scene.getHeight() / 2);
59              widthText.setText("Width: " + scene.getWidth());
60              heightText.setText("Height: " + scene.getHeight());
61          }
62
63          public static void main(String[] args)
64          {
65              launch(args);
66          }
67      }
```

在这个程序中,场景、圆和文本对象在类级声明,以便它们能被变化监听器方法访问。同一个变化监听器同时用于监视场景宽度和高度的变化。

新的属性值本可以从变化监听器方法的参数中获得,但是这样做必须对于宽度和高度有不同的变化监听器(以便知道需设置哪个属性),从而涉及大量的强制转换操作。所以,这里忽略方法参数,新值是从场景对象直接获取的。

自测题

SR10.23　什么是 JavaFX 属性?

SR10.24　属性绑定的结果是什么?

SR10.25　如何对数值型属性执行数学运算?

SR10.26　什么是变化监听器?

10.8　滑动条

滑动条是一个允许在一个有限的取值范围中指定某个值的 GUI 组件。它显示成一个滑轨,沿着滑轨有一个可以拖动的滑块。滑动条可以是水平的或者垂直的,有可选的刻度和表明取值范围的标记。

> **重要概念:** 滑动条允许用户在一个有限的取值范围中指定一个数值。

例 10.15 中的程序显示了一个椭圆,允许用户通过两个滑动条控制椭圆的形状。水平滑动条决定椭圆的 x 轴半径,垂直滑动条决定 y 轴半径。

例 10.15

```
1    import javafx.application.Application;
2    import javafx.geometry.Insets;
3    import javafx.geometry.Orientation;
4    import javafx.scene.Scene;
5    import javafx.scene.control.Slider;
6    import javafx.scene.layout.BorderPane;
7    import javafx.scene.paint.Color;
8    import javafx.scene.shape.Ellipse;
9    import javafx.stage.Stage;
10
11   //************************************************************************
12   // EllipseSliders.java Author: Lewis/Loftus
13   //
14   // Demonstrates the use of slider controls and property binding.
15   //************************************************************************
16
17   public class EllipseSliders extends Application
18   {
19       private Ellipse ellipse;
20       private Slider xSlider, ySlider;
21
22       //---------------------------------------------------------------
23       // Displays an ellipse with sliders that control the width and
24       // height of the ellipse.
25       //---------------------------------------------------------------
26       public void start(Stage primaryStage)
27       {
28           ellipse = new Ellipse(250, 150, 150, 75);
29           ellipse.setFill(Color.SALMON);
30
31           xSlider = new Slider(0, 200, 150);
32           xSlider.setShowTickMarks(true);
33           xSlider.setPadding(new Insets(0, 20, 20, 80));
34
35           ellipse.radiusXProperty().bind(xSlider.valueProperty());
36
37           ySlider = new Slider(0, 100, 75);
38           ySlider.setOrientation(Orientation.VERTICAL);
39           ySlider.setShowTickMarks(true);
40           ySlider.setPadding(new Insets(20, 0, 0, 30));
41
42           ellipse.radiusYProperty().bind(ySlider.valueProperty());
43
44           BorderPane pane = new BorderPane();
```

```
45              pane.setLeft(ySlider);
46              pane.setBottom(xSlider);
47              pane.setCenter(ellipse);
48              pane.setStyle("-fx-background-color: grey");
49
50              Scene scene = new Scene(pane, 500, 300);
51
52              primaryStage.setTitle("Ellipse Sliders");
53              primaryStage.setScene(scene);
54              primaryStage.show();
55          }
56      }
```

显示

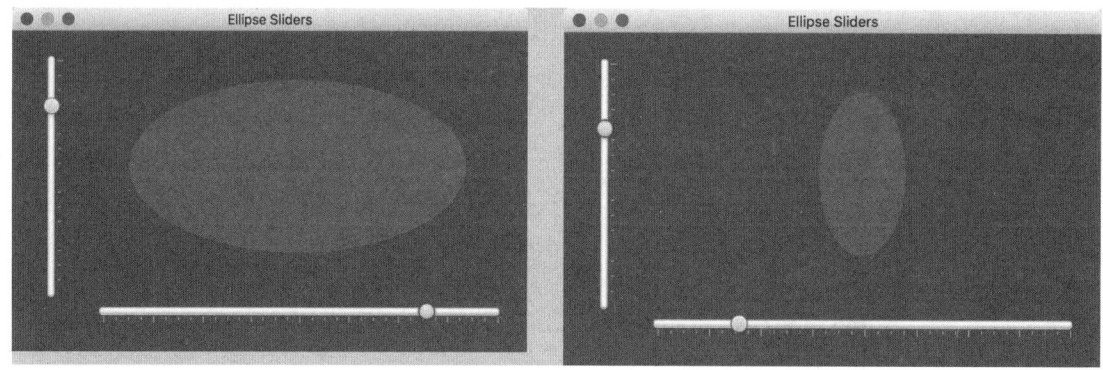

　　滑动条默认为水平的, 可以通过 setOrientation 方法将其设置成垂直的。setShowTickMarks 方法接收一个布尔值参数, 它用于设置是否在滑动条的旁边显示刻度。setPadding 方法确定显示滑动条时周边的间距。Slider 类还有其他的方法, 可用来指定滑动条的外观和行为。

　　对椭圆的改变是通过属性绑定实现的, 参见 10.7 节。这个程序中没有使用任何事件处理器。表示椭圆 x 轴半径的属性(通过 bind 方法)与水平滑动条的值绑定。同样, 表示椭圆 y 轴半径的属性与垂直滑动条的值绑定。如果不使用属性绑定, 则可以通过 getValue 方法获得滑动条的值。也可以设置一个变化监听器, 监听滑动条的移动。

自测题

SR10.27　滑动条的作用是什么?

SR10.28　应该如何访问滑动条所表示的值?

10.9　微调器

　　微调器是一种 JavaFX 控件, 它允许用户从一个预定义的值序列中挑选一个值。当前值会显示在一个单行文本框中, 通过显示在文本框旁边(左边或右边)或者上面/下面的一对箭头, 用户可以做出选择。

　　与下拉式选项框或组合框不同, 微调器中的选项从来不会显示成一个列表。在微调器中, 只会显示当前被选中的一个值。如果不希望选项掩盖 GUI 中的其他元素, 则适合采用微调器。

重要概念：微调器允许用户从一组预定义的选项中，通过箭头选择一个值。

例 10.16 中的程序展示了两个微调器，一个提供 1～10 的数字选项，另一个允许用户从一个字符串序列中选择。两个微调器中的当前值显示在下面的 Text 对象中。

例 10.16

```java
1    import javafx.application.Application;
2    import javafx.beans.property.SimpleStringProperty;
3    import javafx.beans.property.StringProperty;
4    import javafx.collections.FXCollections;
5    import javafx.collections.ObservableList;
6    import javafx.geometry.Pos;
7    import javafx.scene.Scene;
8    import javafx.scene.control.Spinner;
9    import javafx.scene.control.SpinnerValueFactory.IntegerSpinnerValueFactory;
10   import javafx.scene.layout.VBox;
11   import javafx.scene.text.Font;
12   import javafx.scene.text.Text;
13   import javafx.stage.Stage;
14
15   //******************************************************************
16   // SpinnerDemo.java            Author: Lewis/Loftus
17   //
18   // Demonstrates the use of spinner controls and property binding.
19   //******************************************************************
20
21   public class SpinnerDemo extends Application
22   {
23       private Spinner<Integer> intSpinner;
24       private Spinner<String> stringSpinner;
25       private Text text;
26
27       //--------------------------------------------------------------
28       // Presents an integer spinner and a string spinner, updating some
29       // text when either value changes.
30       //--------------------------------------------------------------
31       public void start(Stage primaryStage)
32       {
33           IntegerSpinnerValueFactory svf =
34               new IntegerSpinnerValueFactory(1, 10, 5);
35           intSpinner = new Spinner<Integer>(svf);
36
37           ObservableList<String> list = FXCollections.observableArrayList();
38           list.addAll("Grumpy", "Happy", "Sneezy", "Sleepy", "Dopey",
39               "Bashful", "Doc");
40           stringSpinner = new Spinner<String>(list);
```

```
41        stringSpinner.getStyleClass().add(
42            Spinner.STYLE_CLASS_SPLIT_ARROWS_VERTICAL);
43
44        StringProperty textString = new SimpleStringProperty("");
45
46        text = new Text();
47        text.setFont(new Font("Helvetica", 24));
48        text.textProperty().bind(textString.concat(
49            intSpinner.valueProperty()).concat(" and ").concat(
50            stringSpinner.valueProperty()));
51
52        VBox pane = new VBox(intSpinner, stringSpinner, text);
53        pane.setStyle("-fx-background-color: skyblue");
54        pane.setAlignment(Pos.CENTER);
55        pane.setSpacing(25);
56
57        Scene scene = new Scene(pane, 300, 250);
58
59        primaryStage.setTitle("Spinner Demo");
60        primaryStage.setScene(scene);
61        primaryStage.show();
62    }
63 }
```

显示

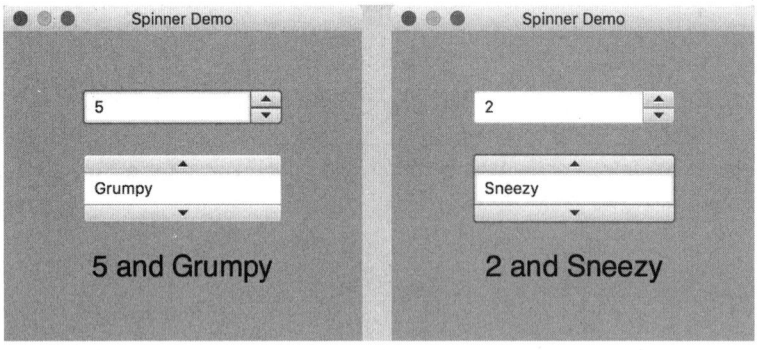

微调器的选项集由 SpinnerValueFactory 定义。本例中,整型微调器由 IntegerSpinner ValueFactory 方法创建,其最小值为 1,最大值为 10,初始值为 5。其值工厂被传递给 Spinner 构造方法。

对于字符串微调器,ObservableList 对象充当值工厂。它用对应于选项的字符串填充,然后用来创建微调器。

默认情况下,微调器的箭头会出现在单行文本框的右侧,为上下形式的(垂直)箭头。本例中整型微调器旁边的箭头就为这种形式。对于字符串微调器,通过添加一个特殊的微调器风格类,箭头能被明确地设置成出现在单行文本框的上面和下面。Spinner 类包含几个常量,代表各种箭头位置。

只要任何一个微调器发生了变化，显示在窗口底部的 Text 对象就会自动更新。属性绑定被设置成将所显示的文本内容与微调器值同步。有关属性绑定的讨论请参见 10.7 节。

自测题

SR10.29 用户如何与微调器交互？

SR10.30 为什么有些程序更适合使用微调器，而不是选项框？

SR10.31 什么是微调器的值工厂？

重要概念小结

- 多态性引用能够随时间变化指向不同类型的对象。
- 对于多态性引用，方法调用与方法定义代码的绑定在运行时执行。
- 一个引用变量可以指向有继承关系的任何类的任何对象。
- 实际将调用的方法版本，取决于对象的类型而不是引用变量的类型。
- 接口名可以用于声明对象引用变量。
- 一个接口引用变量可以指向实现该接口的任何类的任何对象。
- 方法的参数可以是多态性的，使得方法所接收的参数具有灵活性。
- 以多态性方式实现的排序算法可对任何一组可比较的对象排序。
- 多态性允许用一致性的方法实现不一致的行为。
- 应该培养自己的软件设计敏感性，善于识别能利用多态性解法的潜在问题。
- JavaFX 类中的许多值都是用属性管理的，属性可以相互绑定。
- 属性绑定专门针对数据同步需求，不能用它替换事件处理器。
- 滑动条允许用户在一个有限的取值范围中指定一个数值。
- 微调器允许用户从一组预定义的选项中，通过箭头选择一个值。

练习题

EX10.1 绘制并注释一个类层次结构图，描述一个大学里的各类学院，并显示出在该类层次结构中的各个类应体现什么特征。解释在给各学院分配课程的过程中多态性如何起作用。

EX10.2 绘制并注释一个类层次结构图，描述动物园里的各种动物，并显示出在该类层次结构中的各个类应体现什么特征。解释在饲养动物的指南中多态性起什么作用。

EX10.3 绘制并注释一个类层次结构图，描述商店中的各种交易方式(现金、信用卡等)。并显示出在该类层次结构中的各个类应体现什么特征。解释多态性在支付过程中起什么作用。

EX10.4 在 Firm 程序的 StaffMember 类中，如果 pay 方法没有定义为抽象方法，将会有什么结果？

EX10.5 描述一种可以使用属性绑定的情形，要求与本章中的示例不同。

EX10.6 编写一条语句，将表示 Circle 对象半径的属性与表示滑动条值的属性绑定。

编程项目

PP10.1 修改本章的 Firm 例子，使其用 Payable 接口实现多态性。

PP10.2 修改本章的 Firm 示例，使得不同类型的雇员可以享有不同的假期。编写一个 vacation 方法，返回某位雇员所拥有的假期天数。为每位雇员提供一个标准的假期天数(14 天)，然后为不同类别的雇员重写 vacation 方法。修改驱动程序演示这个新功能。

PP10.3 实现 10.3 节描述的 Speaker 接口，并创建三个类以不同方法实现 Speaker 对象。创建一个驱动类，该类的 main 方法实例化这些对象并测试它们的功能。

PP10.4 重新编写 Sorting 类，使得排序算法以递减的顺序排序。创建一个驱动类，用其 main 方法测试新功能。

PP10.5 修改第 8 章的 Comics 程序，将所保存的漫画书按书名排序。

PP10.6 重新编写本章中的 EllipseSliders 程序，使用变化监听器而不是属性绑定，以实现相同的功能。

PP10.7 重新编写本章中的 SpinnerDemo 程序，使用变化监听器而不是属性绑定，以实现相同的功能。

PP10.8 编写一个 JavaFX 程序，显示一个 Text 对象，以及一个控制文本字号的滑动条。

PP10.9 重新编写第 5 章的 QuoteOptions 程序，使用微调器来选择引用语类别，而不是采用单选钮。

第 11 章 异   常

本章目标

1. 讨论异常处理的目的。
2. 考查异常消息和调用栈踪迹。
3. 分析处理异常的 try-catch 语句。
4. 讨论异常传递的概念。
5. 描述 Java 标准类库中的异常类层次结构。
6. 探讨 I/O 异常和输出文本文件。
7. 利用工具提示和被禁用的组件来强化 GUI。
8. 探讨更多的 GUI 控件和容器。

异常处理是面向对象软件系统的重要组成部分。异常是程序中出现的问题或非正常情况，Java 提供了当异常出现时的各种处理方式。本章将关注 Java 标准类库中用于定义异常的类层次结构，以及定义用户异常对象的方法。同时还将讨论处理输入/输出异常时的方法，并分析一个编写文本文件的程序实例。本章的"图形设计之路"小节将探讨一些可提升用户体验的 GUI 细节，以及更多的控件和容器。

11.1 异常处理

Java 程序中发生的问题可能导致异常或错误。一个异常就是一个定义非正常情况或错误的对象，由程序或运行时环境抛出，可以根据需要进行相应的捕获和处理。错误类似于异常，但错误代表不可恢复的问题且必须捕获处理。Java 预定义了一组程序执行中可能发生的异常和错误。

> **重要概念**：错误和异常都是对象，代表非正常情况或无效处理。

异常和错误代表的问题由各种不同的原因产生，下面是一些引起异常抛出的问题：

- 试图执行除数为 0 的操作
- 数组索引越界
- 找不到指定的文件
- 不能正常完成被请求的 I/O 操作
- 使用了 null 引用
- 执行的操作违反了某种安全规则

这仅仅是几个例子，还有许多涉及特殊情况的问题。

正如许多例子所表明的那样，一个异常代表了一个错误。但是，也如它的含义一样，异常只是代表了一种意外的情况，即在正常条件下不会发生的情况。异常处理提供一种处理上述情况的有效方式,尤其是用于处理不会经常发生的意外情况。

处理异常时有若干种选择,程序中可以设计三种方式来处理异常:

- 根本不处理
- 当异常发生时处理
- 在程序的某个位置集中处理

后面的几节中将探讨上述三种异常处理方式。

自测题

SR11.1   错误和异常有什么不同?

SR11.2   如何处理异常?

11.2   未捕获的异常

如果程序不处理异常,则将非正常地终止执行,并产生关于描述在何处发生什么异常的信息。有关异常的信息常常有助于跟踪查找问题产生的原因。

下面分析一个异常的输出信息。例 11.1 中的程序在执行无效的算术运算操作(试图做除以 0 的除法)时,将抛出一个 ArithmeticException 异常。

例 11.1

```
1    //************************************************************
2    // Zero.java    Author: Lewis/Loftus
3    //
4    // Demonstrates an uncaught exception.
5    //************************************************************
6
7    public class Zero
8    {
9       //---------------------------------------------------------
10      // Deliberately divides by zero to produce an exception.
11      //---------------------------------------------------------
12      public static void main(String[] args)
13      {
14          int numerator = 10;
15          int denominator = 0;
16
17          System.out.println(numerator / denominator);
18
19          System.out.println("This text will not be printed.");
20      }
21   }
```

输出

```
Exception in thread "main" java.lang.ArithmeticException: / by zero at
    Zero.main(Zero.java:17)
```

由于程序中没有处理异常的代码,因此当异常发生时程序将结束执行,并输出有关异常的具体信息。注意,最后一条 println 语句将不会执行,因为在执行它之前已发生异常。

第一行异常输出信息表明抛出的是什么异常,并提供了抛出该异常的原因。其他行提供的是方法调用栈踪迹信息,指明异常在何处发生。这里的调用栈踪迹只有一行。根据异常发生的情形,调用栈踪迹可能包含多行。踪迹中的第一行给出了发生异常的方法名、文件名及行号。其他的踪迹行(如果有)会指明导致异常的那个方法调用了哪些方法。这个程序中只有一个方法,并且是它导致的异常,所以踪迹中只包含一行。

> **重要概念:** 异常抛出时所输出的信息提供了方法调用栈踪迹。

调用栈信息也可以通过调用被抛出异常类的方法获得。getMessage 方法返回的字符串解释了抛出异常的原因。printStackTrace 方法会输出调用栈踪迹。

自测题

SR11.3　判断下列各项的对错,并说明原因。
　　　　a. 异常和错误是同义词。
　　　　b. 如果除数为 0,则会抛出异常。
　　　　c. 如果程序不处理异常,则异常会被忽略,就好像没什么事情发生一样。
　　　　d. 如果程序不处理异常,则会产生与异常相关的消息。
　　　　e. 调用栈踪迹给出的方法调用序列,显示了导致异常发生的代码。

11.3　try-catch 语句

下面讲解如何捕获并处理异常。try-catch 语句可标识出一个可能导致异常的语句块。catch 子句位于一个 try 语句块的后面,它定义如何处理特定类型的异常。一个 try 语句块可以有多个对应的 catch 子句。每条 catch 子句都被称为一个异常处理器。

执行 try 语句时也会执行 try 语句块中的语句。如果执行 try 语句块时没有异常抛出,则程序会前进到它的后面继续执行(位于所有 catch 子句之后)。这是正常的执行流程,大多数情况应当如此。

如果在执行 try 语句块时在任何位置抛出了异常,则程序会立即转入对应的 catch 子句执行(如果存在这样的 catch 子句)。也就是说,控制权会转入异常类与抛出的异常相对应的第一条 catch 子句。执行完 catch 子句中的语句后,控制权会转交给全部 try-catch 语句之后的那条语句。

> **重要概念:** 每条 catch 子句处理一种 try 语句块中抛出的异常。

下面是一个例子。假设有一家公司使用代码来表示它的各种产品。除了其他信息,产品代码中还包括:第 10 个位置的字符表示产地,第 4~7 个位置的 4 位整数表示销售区域。出于管理的需要,禁止产地 R 的产品在区域代码大于 2000 的地区销售。例 11.2 中的程序会读取来自用户的产品代码,并判断所输入的是否为一个禁销代码。

例 11.2

```
1   //***********************************************************
2   // ProductCodes.java    Author: Lewis/Loftus
```

```
3    //
4    // Demonstrates the use of a try-catch block.
5    //********************************************************************
6
7    import java.util.Scanner;
8
9    public class ProductCodes
10   {
11       //-----------------------------------------------------------------
12       // Counts the number of product codes that are entered with a
13       // zone of R and and district greater than 2000.
14       //-----------------------------------------------------------------
15       public static void main(String[] args)
16       {
17           String code;
18           char zone;
19           int district, valid = 0, banned = 0;
20
21           Scanner scan = new Scanner(System.in);
22
23           System.out.print("Enter product code (XXX to quit): ");
24           code = scan.nextLine();
25
26           while (!code.equals("XXX"))
27           {
28               try
29               {
30                   zone = code.charAt(9);
31                   district = Integer.parseInt(code.substring(3, 7));
32                   valid++;
33                   if (zone == 'R' && district > 2000)
34                   banned++;
35               }
36               catch (StringIndexOutOfBoundsException exception)
37               {
38                   System.out.println("Improper code length: " + code);
39               }
40               catch (NumberFormatException exception)
41               {
42                   System.out.println("District is not numeric: " + code);
43               }
44
45               System.out.print("Enter product code (XXX to quit): ");
46               code = scan.nextLine();
47           }
48
49           System.out.println("# of valid codes entered: " + valid);
```

```
50              System.out.println("# of banned codes entered: " + banned);
51      }
52  }
```

输出

```
Enter product code (XXX to quit): TRV2475A5R-14
Enter product code (XXX to quit): TRD1704A7R-12
Enter product code (XXX to quit): TRL2k74A5R-11
District is not numeric: TRL2k74A5R-11
Enter product code (XXX to quit): TRQ2949A6M-04
Enter product code (XXX to quit): TRV2105A2
Improper code length: TRV2105A2
Enter product code (XXX to quit): TRQ2778A7R-19
Enter product code (XXX to quit): XXX
# of valid codes entered: 4
# of banned codes entered: 2
```

try 语句

　　一条 try 语句包含了一个语句块，后面紧跟着一条或多条 catch 子句。如果在 try 语句块中发生异常，则会执行对应的 catch 子句。如果有 finally 子句，则无论执行 try 语句块时是否发生异常，都会执行 finally 子句。

　　例如：

```
try
{
    System.out.println(Integer.parseInt(numString));
}
catch (NumberFormatException exception)
{
    System.out.println("Caught an exception.");
}
finally
{
    System.out.println("Done.");
}
```

　　try 语句块中的语句会解析出产地和销售区域代码，然后判断是否为一个禁销产品代码。如果在获取产地代码和区域信息的过程中出现问题，则认为产品代码是无效的，不能进一步处理。例如，charAt 方法和 substring 方法都有可能抛出 StringIndexOutOfBoundsException 异常。或者，如果子串中不包含有效的整数，则 parseInt 方法会抛出 NumberFormatException 异常。根据抛出的异常情况，会输出对应的消息。在上面两种情况中，由于捕获并处理了异常，程序将继续正常执行。

　　注意，对于程序所检查的每个产品编码，如果没有异常抛出，整型变量 valid 增 1，并且执行 if 语句检测变量 zone 和 district；如果有异常抛出，控制直接转到相应的 catch 子句执行。只有在没有异常抛出的情况下，if 语句才会去测试产地和销售区域代码。

11.3.1　finally 子句

　　一条 try-catch 语句可以有一条可选的 finally 子句，用于定义一段无论是否有异常发生都将执行的代码，因此常利用 finally 子句管理资源或保证一定执行某段代码。

> **重要概念：** 无论 try 语句块正常退出或由于抛出异常而退出，都将执行 finally 子句。

　　如果没有异常产生，则 try 语句块执行完后将执行 finally 子句；如果在 try 语句块中产生了异常，则控制首先转移到相应的 catch 子句执行异常处理代码，然后再转到 finally 子句执行。如果有 finally 子句，则必须跟在所有的 catch 子句后面。

　　注意，try 语句块可以没有 catch 子句。在没有 catch 子句时，如果需要仍然可以使用 finally 子句。

自测题

SR11.4　什么是 catch 子句？

SR11.5　什么是 finally 子句？

SR11.6　根据各选项陈述的条件，判断代码段的输出结果。

```java
try
{
    review.question();
}
catch (Exception1 exception)
{
    System.out.println("one caught");
}
catch (Exception2 exception)
{
    System.out.println("two caught");
}
finally
{
    System.out.println("finally");
}
System.out.println("the end");
```

a. review.question()方法不会抛出异常

b. review.question()方法抛出一个 Exception1 异常

c. review.question()方法抛出一个 Exception2 异常

d. review.question()方法抛出一个 Exception3 异常

11.4　异常的传递

如果在一个异常的发生处没有捕获和处理该异常,控制将立即返回到产生该异常的方法的上级调用方法。因此,可以将程序设计为在上级调用方法(外层调用)中捕获和处理异常。如果在上级调用方法中仍然没有捕获和处理该异常,则控制将返回到上级调用方法的更上一级调用方法。这个过程称为传递异常。异常将一直传递下去,直到异常被捕获和处理为止,或者直到异常传递出 main方法,这时将终止程序的执行并产生异常信息。如果要在外层捕获异常,则必须将可能产生异常的方法包含在一个 try 语句块中,并且该 try 语句块还应该具有 catch 子句来处理异常。

> **重要概念:** 如果在一个异常的发生处没有捕获和处理该异常,则会将它传递给上级调用方法。

例 11.3 所示的 Propagation 程序简洁地示范了异常的传递过程。main 方法调用了 ExceptionScope类(见例 11.4)中的方法 level1,level1 方法调用了 level2 方法,而 level2 方法又调用了 level3 方法,level3 方法中发生了异常。level3 方法没有捕获和处理异常,所以控制返回到 level2 方法。而 level2方法仍然没有捕获和处理异常,于是控制返回到 level1 方法。由于 level2 方法的调用包含在 try 语句块(在 level1 方法内)中,因此该异常在 level1 方法中的这条 try 语句处被捕获和处理。

例 11.3

```
1    //************************************************************
2    //  Propagation.java          Author: Lewis/Loftus
3    //
4    //  Demonstrates exception propagation.
5    //************************************************************
6
7    public class Propagation
8    {
9       //---------------------------------------------------------
10      //  Invokes the level1 method to begin the exception demonstration.
11      //---------------------------------------------------------
12      public static void main(String[] args)
13      {
14         ExceptionScope demo = new ExceptionScope();
15
16         System.out.println("Program beginning.");
17         demo.level1();
18         System.out.println("Program ending.");
19      }
20   }
```

输出

```
Program beginning.
Level 1 beginning.
Level 2 beginning.
Level 3 beginning.
The exception message is: / by zero
The call stack trace:
java.lang.ArithmeticException: / by zero
```

```
   at ExceptionScope.level3(ExceptionScope.java:54)
   at ExceptionScope.level2(ExceptionScope.java:41)
   at ExceptionScope.level1(ExceptionScope.java:18)
   at Propagation.main(Propagation.java:17)
Level 1 ending.
Program ending.
```

例 11.4

```
1    //************************************************************
2    // ExceptionScope.java       Author: Lewis/Loftus
3    //
4    // Demonstrates exception propagation.
5    //************************************************************
6
7    public class ExceptionScope
8    {
9        //------------------------------------------------------------
10       // Catches and handles the exception that is thrown in level3.
11       //------------------------------------------------------------
12       public void level1()
13       {
14           System.out.println("Level 1 beginning.");
15
16           try
17           {
18               level2();
19           }
20           catch (ArithmeticException problem)
21           {
22               System.out.println();
23               System.out.println("The exception message is: " +
24                               problem.getMessage());
25               System.out.println();
26               System.out.println("The call stack trace:");
27               problem.printStackTrace();
28               System.out.println();
29           }
30
31           System.out.println("Level 1 ending.");
32       }
33
34       //------------------------------------------------------------
35       // Serves as an intermediate level. The exception propagates
36       // through this method back to level1.
37       //------------------------------------------------------------
38       public void level2()
39       {
```

```
40        System.out.println("Level 2 beginning.");
41        level3();
42        System.out.println("Level 2 ending.");
43    }
44
45    //-------------------------------------------------------------
46    // Performs a calculation to produce an exception. It is not
47    // caught and handled at this level.
48    //-------------------------------------------------------------
49    public void level3()
50      {
51    int numerator = 10, denominator = 0;
52
53        System.out.println("Level 3 beginning.");
54    int result = numerator / denominator;
55        System.out.println("Level 3 ending.");
56      }
57  }
```

注意，在异常发生时 level3 和 level2 方法没有捕获和处理异常，这两个方法的最后两条 println 语句因此就不会执行了。然而，在 level1 方法处理异常后，程序接着继续正常执行，输出信息，报告 level1 方法和 main 方法结束执行。

处理异常的 catch 子句调用了 getMessage 方法和 printStackTrace 方法，输出有关异常的栈踪迹信息，显示了异常发生时所调用的一系列方法。

程序员应该把握好捕获和处理异常的最佳位置。至于如何做到这一点，没有最佳答案，因为它取决于具体的情况和系统的设计。有时，合适的做法是根本不处理异常，而让程序结束执行。

> **重要概念**：程序员应该仔细考虑处理异常的时机和位置。

自测题

SR11.7　如果一个异常没有被捕获会发生什么？

SR11.8　如果修改 Propagation 程序的 level2 方法，在其调用 level3 方法之前添加以下语句，结果将会有什么不同？

```
int num = 10, den = 0;
int res = num / den;
```

SR11.9　如果修改 Propagation 程序的 level2 方法，在其调用 level3 方法之后添加以下语句，结果将会有什么不同？

```
int num = 10, den = 0;
int res = num / den;
```

11.5　异常类层次结构

定义各种异常的类由继承关系关联在一起，图 11.1 显示了部分异常类的类层次结构。

　　Throwable 类是 Error 类和 Exception 类的父类。许多类型的异常类都由 Exception 类派生，而这些类也有许多子类。虽然这些高层的类定义在 java.lang 包中，但定义各种异常的子类却分散定义在其他几个包中，继承关系可以跨越包边界。

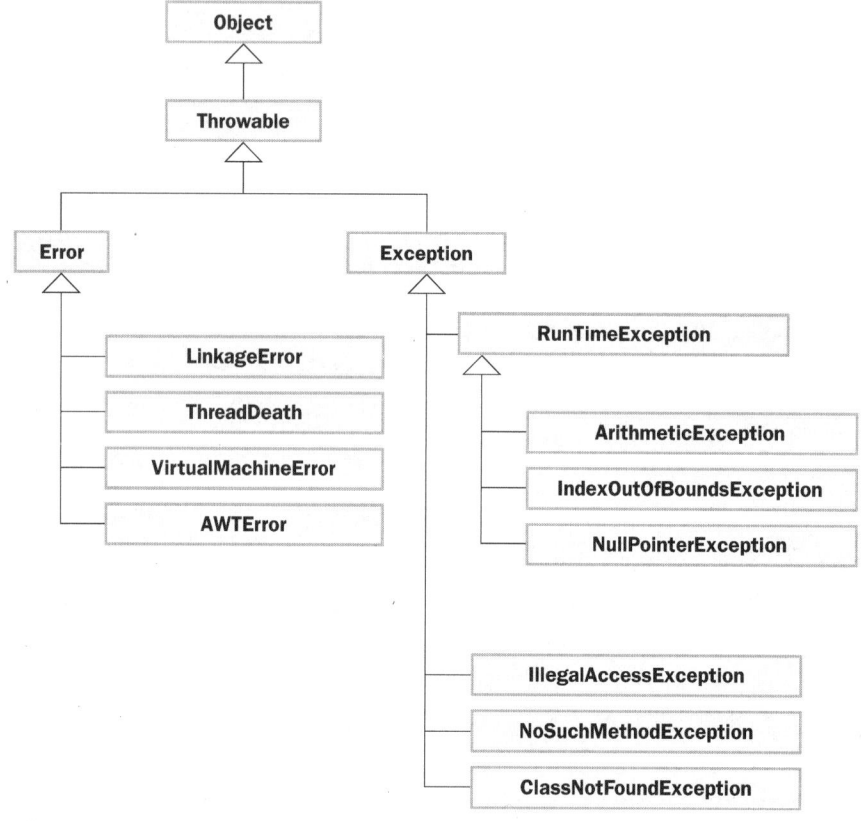

图 11.1　部分 Error 类和 Exception 类的类层次结构

　　程序员可以从 Exception 类或它的后代类派生一个新类，以定义自己的异常。选择什么类作为父类由新异常所代表的问题和条件决定。

> **重要概念：** 可由 Exception 类或它的后代类派生一个新类来定义一个新的异常。

　　例 11.5 中的程序实例化一个异常对象并抛出它，该异常对象是根据例 11.6 中的 OutOfRange-Exception 类创建的。注意，这个异常类不是 Java 标准类库中的类，建立这个异常类是用于代表一个值超出有效值范围的情况。

　　例 11.5

```
1   //************************************************************
2   // CreatingExceptions.java        Author: Lewis/Loftus
3   //
4   // Demonstrates the ability to define an exception via inheritance.
5   //************************************************************
6
7   import java.util.Scanner;
```

```
8
9    public class CreatingExceptions
10   {
11      //----------------------------------------------------------------
12      // Creates an exception object and possibly throws it.
13      //----------------------------------------------------------------
14      public static void main(String[] args) throws OutOfRangeException
15      {
16         final int MIN = 25, MAX = 40;
17
18         Scanner scan = new Scanner(System.in);
19
20         OutOfRangeException problem =
21            new OutOfRangeException("Input value is out of range.");
22
23         System.out.print("Enter an integer value between " + MIN +
24                          " and " + MAX + ", inclusive: ");
25         int value = scan.nextInt();
26
27         // Determine if the exception should be thrown
28         if (value < MIN || value > MAX)
29            throw problem;
30
31         System.out.println("End of main method.");  // may never reach
32      }
33   }
```

输出

```
Enter an integer value between 25 and 40, inclusive: 69
Exception in thread "main" OutOfRangeException:
    Input value is out of range.
    at CreatingExceptions.main(CreatingExceptions.java:20)
```

例 11.6

```
1    //****************************************************************
2    // OutOfRangeException.java      Author: Lewis/Loftus
3    //
4    // Represents an exceptional condition in which a value is out of
5    // some particular range.
6    //****************************************************************
7
8    public class OutOfRangeException extends Exception
9    {
10      //----------------------------------------------------------------
11      // Sets up the exception object with a particular message.
12      //----------------------------------------------------------------
```

```
13        OutOfRangeException(String message)
14        {
15            super(message);
16        }
17   }
```

main 方法读入一个十进制值后，检测该值是否在有效值范围内。如果超出有效值范围，将执行 throw 语句。throw 语句用于开始一个异常的传递。由于 main 方法不捕获和处理异常，因此当异常抛出后，程序终止执行并输出有关的异常信息。

程序通过继承 Exception 类建立 OutOfRangeException 类。建立新异常类的方式常常与本例很相似：新异常类继承一个现有的异常类并保存着一个具体的信息串，该信息串描述了异常所代表的问题。这里的关键之处在于，新异常类最终是 Exception 类和 Throwable 类的后代类，两个祖先类 Exception 和 Throwable 使新异常类能够使用 throw 语句。

上述程序所处理的这种值越界问题，并非一定要用异常来表示，前面曾给出的例子就是采用条件检测或循环来处理的。用异常机制还是用正常的程序执行流程来处理这类问题，是一个重要的软件设计决策。

11.5.1　检查型与非检查型异常

有些异常为检查型(checked)，有些则为非检查型(unchecked)。检查型异常必须由方法捕获，或者必须在可能抛出或传递异常方法的 throws 子句中列出来。在方法定义的声明首部中追加一条 throws 子句，就明确承诺了该方法在异常发生时将抛出或传递异常。非检查型异常则不需要使用 throws 子句。

> **重要概念**：对于检查型异常，如果发生异常的方法不捕获和处理这个异常，则必须在该方法定义的声明首部中包含 throws 子句。

Java 中唯一的非检查型异常是 RuntimeException 类的对象或该类的后代类对象。所有其他的异常都是检查型异常。在 CreatingExceptions 程序的 main 方法中，使用 throws 子句指明 main 方法可能会抛出 OutOfRangeException 异常。main 方法之所以需要 throws 子句，是因为它所抛出的异常类由 Exception 类派生，从而使 OutOfRangeException 异常成为一个检查型异常。

自测题

SR11.10　什么是检查型异常？

SR11.11　判断下列各项的对错，并说明原因。

    a. ArithmeticException 类为 Exception 类的子类。

    b. ArithmeticException 类为 Throwable 类的子类。

    c. ArithmeticException 是一种检查型异常。

    d. NoSuchMethodException 是一种检查型异常。

    e. 可以通过扩充 Exception 类来创建自己的异常。

    f. 如果方法有可能抛出 ArithmeticException 异常，则必须在该方法定义的声明首部中加一条 throws 子句。

SR11.12　如果 CreatingExceptions 程序的输入是 42，会产生什么结果？如果输入是−3 呢？

11.6 I/O 异常

输入/输出(I/O)处理经常会产生一些不可预见的问题，从而导致抛出异常。下面探讨一些有关 I/O 的概念和可能发生的问题。

流(stream)是一个有序的字节序列。当进行读、写信息的操作时，数据从信息源流向目的地(或接收方)，就如同水沿着小溪流淌一样，术语"流"就来源于对这种情景的模拟。信息源就像一个给小溪注入流水的源泉，而目的地就像溪水流进的一个洞穴。

> **重要概念**：流是一个有序的字节序列，它可以用作输入源或作为输出目标。

在程序中，将流作为输入流时，可以从输入流读信息；作为输出流时，则可以将信息写入输出流。一个程序可以同时处理多个输入流和输出流。存储的数据(如文件)可以作为一个程序的输入流或输出流，但一般不能同时既是输入流又是输出流。

标准 I/O 流有三种，图 11.2 中列出了它们。System 类中有三种对象引用变量(in，out，err)，分别代表了三种标准 I/O 流。这些对象引用变量都被声明为具有公有可见性和静态属性，以便能够通过 System 类直接访问。

标准 I/O 流	说　明
System.in	标准输入流
System.out	标准输出流
System.err	标准错误流(输出错误信息)

图 11.2　标准 I/O 流

> **重要概念**：System 类中的三种公有引用变量分别代表三种标准 I/O 流。

前面已经使用过标准输出流。例如，调用 System.out.println 方法时就使用了它。此外，在处理以交互方式读取用户的输入数据时，也用过标准输入流创建 Scanner 对象。Scanner 对象支持用各种方式从标准输入流读取数据，以使得编程更加容易。并且，还对各种 I/O 异常进行了内部处理，一旦需要时，将创建一个 InputMismatchException 异常对象。

默认情况下，标准 I/O 流代表一些特定的 I/O 设备。System.in 流对象表示键盘，而 System.out 和 System.err 流对象表示显示器上一个具体的窗口。虽然 System.out 和 System.err 流对象可以表示不同的窗口，但默认时两个流对象会将信息输出到同一个窗口(通常是执行程序的窗口)。System.err 流对象常用于发出错误信息。

除了标准输入流，Java 标准类库的 java.io 包还提供了许多类，可用于定义具有不同特点的各种流，分别处理文件、内存或字符串。有些类所处理的数据由字符组成，而有些类处理的数据由二进制字节信息组成。还有些类按某种方式处理流对象中的数据，例如缓冲数据或进行了数字编码的数据。通过以适当的方式组合不同的类，可以建立一些适用于实际问题、功能独特的信息流对象。

> **重要概念**：Java 标准类库包含了许多类，可用于定义具有各种特性的 I/O 流。

由于 Java I/O 的讨论内容涉及面很广且 java.io 包中的类繁多，本书不可能详尽地全面展开讨论 Java I/O，因此本节着重讨论 I/O 异常。

I/O 类执行的许多操作都可能抛出 IOException 异常。IOException 类是几个异常类的父类，代表试图执行 I/O 操作时发生的问题。

IOException 异常是检查型异常。如前所述，这就意味着必须捕获 IOException 异常，或者所有传递该异常的方法，都必须在方法声明首部中的 throws 子句中列出 IOException 异常。

由于 I/O 经常处理外部资源，因此执行 I/O 操作的程序可能产生许多问题。例如，如果要读取的文件不存在，则试图打开该文件时将抛出一个异常，因为找不到它。一般而言，在处理一些可能发生的潜在问题时，应尽可能将程序设计得具有健壮性。

在前面的几个示例中，已经展示过如何用 Scanner 类从一个文本文件读取并处理数据。下面再探讨一个将数据写入文本文件的例子。

假设要测试正在编写的程序，但没有实际数据可利用。于是，可以编写一个程序来产生以随机数为测试数据的文件。例 11.7 中的程序将产生一个文件，该文件保存着在一定取值范围内变化的整型随机数。此外，程序还将一行信息写到标准输出设备，确认已经完成了将数据写入文件的工作。

例 11.7

```
1    //************************************************************************
2    // TestData.java      Author: Lewis/Loftus
3    //
4    // Demonstrates I/O exceptions and the use of a character file
5    // output stream.
6    //************************************************************************
7
8    import java.util.Random;
9    import java.io.*;
10
11   public class TestData
12   {
13       //------------------------------------------------------------------
14       // Creates a file of test data that consists of ten lines each
15       // containing ten integer values in the range 10 to 99.
16       //------------------------------------------------------------------
17       public static void main(String[] args) throws IOException
18       {
19           final int MAX = 10;
20
21           int value;
22           String fileName = "test.txt";
23
24           PrintWriter outFile = new PrintWriter(fileName);
25
26           Random rand = new Random();
27
28           for (int line=1; line <= MAX; line+ +)
29           {
30               for (int num=1; num <= MAX; num+ +)
31               {
32                   value = rand.nextInt (90) + 10;
33                   outFile.print (value + " ");
34               }
```

```
35                outFile.println ();
36          }
37
38          outFile.close();
39          System.out.println("Output file has been created: " + fileName);
40      }
41  }
```

输出

```
Output file has been created: test.txt
```

PrintWriter 类的构造方法接收一个字符串参数，表示将作为文本输出流而打开的文件名。与 System.out 对象类似，PrintWriter 对象也具有 print 方法和 println 方法，它们可用来将数据写入文件。TestData 程序运行之后，写入 test.txt 文件中的数据类似如下：

85	90	93	15	82	79	52	71	70	98
74	57	41	66	22	16	67	65	24	84
86	61	91	79	18	81	64	41	68	81
98	47	28	40	69	10	85	82	64	41
23	61	27	10	59	89	88	26	24	76
33	89	73	36	54	91	42	73	95	58
19	41	18	14	63	80	96	30	17	28
24	37	40	64	94	23	98	10	78	50
89	28	64	54	59	23	61	15	80	88
51	28	44	48	73	21	41	52	35	38

注意，在 TestData 程序中，没有明确地进行异常处理。如果有什么问题发生，程序将结束执行，而不会特意捕获或处理所发生的问题。因为所有的 IOException 异常都是检查型异常，所以必须在 main 方法声明首部中包含 throws 子句，指明 main 方法有可能抛出 IOException 异常。对于每一个程序，都必须慎重地考虑如何最恰当地处理可能抛出的异常，尤其是处理 I/O 操作时更为重要，因为 I/O 操作隐含着一些不是总能预见的潜在问题。

TestData 程序用嵌套 for 循环计算随机值并写入输出文件。所有的值都输出后，将关闭文件。必须明确地关闭输出文件，以确保输出数据的完整性。通常而言，当不再需要使用文件时，明确地关闭所有文件流是一个良好的编程习惯。

重要概念： 必须明确地关闭输出文件流，否则可能无法正确保存写入文件中的数据。

自测题

SR11.13　什么是流？

SR11.14　什么是标准 I/O 流？

SR11.15　本书中使用过哪些 Stream 类对象？

SR11.16　在程序 CreatingExceptions 中，如果用户输入字母表中的一个字符，则该程序的 main 方法将会产生一个 I/O 异常 InputMismatchException（见例 11.5）。为什么 main 方法的定义中不直接包含一条 throws InputMismatchException 语句？

SR11.17　在 TestData 程序中，如果 test.txt 文件是不可写的，则 main 方法将产生一个 I/O 异常 FileNotFoundException。为什么 main 方法的定义中不直接包含一条 throws FileNotFoundException 语句？

SR11.18　PrintWriter 类中的 close 方法的作用是什么？

11.7　工具提示与禁用控件

GUI 是否关注细节，通常是用户体验好坏的体现。本节将详细讲解两个方面：工具提示及禁用控件的能力。

工具提示是一小行文本，当鼠标指针停留在控件或者 GUI 元素上一小段时间时，就会显示工具提示。工具提示常用于告诉用户有关此控件的信息，如某个按钮的用途。当按钮显示成图标而不是文本时，工具提示尤其有用。

> **重要概念：** 工具提示为用户提供有关控件作用的信息。

工具提示用 ToolTip 类表示，可以应用于场景图中的任何节点。它最常用于控件，控件有一个 setToolTip 方法用来设置工具提示：

```
myButton.setToolTip(new ToolTip("Update the total cost"));
```

在设计 GUI 时，如果某个控件当前不应由用户使用，那么可以禁用该控件。例如，可以禁用控制背景音乐音量的滑动条，除非用户选中了复选框，表明需要播放背景音乐。

被禁用的控件会显示成灰色，它不会响应用户的任何交互。被禁用的控件不仅表示了用户的哪些动作是合适的、哪些是不合适的，而且可以防止错误操作。

> **重要概念：** 当不适合使用某个控件时，就应该禁用它。

默认情况下，控件是启用的。为了禁用某个控件，需调用它的 setDisable 方法，传递一个布尔值 true：

```
myButton.setDisable(true);
```

为了启用控件，需再次调用 setDisable 方法，传递布尔值 false。

例 11.8 中的程序同时使用了工具提示并禁用控件。该场景中显示了一个灯泡图形和两个按钮。两个按钮控件控制灯泡的开和关。

例 11.8

```
 1    import javafx.application.Application;
 2    import javafx.event.ActionEvent;
 3    import javafx.geometry.Pos;
 4    import javafx.geometry.Rectangle2D;
 5    import javafx.scene.Scene;
 6    import javafx.scene.control.Button;
 7    import javafx.scene.control.Tooltip;
 8    import javafx.scene.image.Image;
 9    import javafx.scene.image.ImageView;
10    import javafx.scene.layout.HBox;
```

```java
11    import javafx.scene.layout.VBox;
12    import javafx.stage.Stage;
13
14    //**********************************************************************
15    // LightBulb.java Author: Lewis/Loftus
16    //
17    // Demonstrates the use of tool tips and disabled controls.
18    //**********************************************************************
19
20    public class LightBulb extends Application
21    {
22        private Button onButton, offButton;
23        private ImageView bulbView;
24
25    //---------------------------------------------------------------------
26    // Displays an image of a light bulb that can be turned on and off
27    // using enabled buttons with tool tips set.
28    //---------------------------------------------------------------------
29    public void start(Stage primaryStage)
30    {
31        Image img = new Image("lightBulbs.png");
32        bulbView = new ImageView(img);
33        bulbView.setViewport(new Rectangle2D(0, 0, 125, 200)); // off
34
35        onButton = new Button("On");
36        onButton.setPrefWidth(70);
37        onButton.setTooltip(new Tooltip("Turn me on!"));
38        onButton.setOnAction(this::processButtonPress);
39
40        offButton = new Button("Off");
41        offButton.setPrefWidth(70);
42        offButton.setTooltip(new Tooltip("Turn me off!"));
43        offButton.setDisable(true);
44        offButton.setOnAction(this::processButtonPress);
45
46        HBox buttons = new HBox(onButton, offButton);
47        buttons.setAlignment(Pos.CENTER);
48        buttons.setSpacing(30);
49
50        VBox root = new VBox(bulbView, buttons);
51        root.setAlignment(Pos.CENTER);
52        root.setStyle("-fx-background-color: black");
53        root.setSpacing(20);
54
55        Scene scene = new Scene(root, 250, 300);
56
57        primaryStage.setTitle("Light Bulb");
58        primaryStage.setScene(scene);
```

```
59          primaryStage.show();
60      }
61
62  //-------------------------------------------------------------
63  // Determines which button was pressed and sets the image viewport
64  // appropriately to show either the on or off bulb. Also swaps the
65  // disable state of both buttons.
66  //-------------------------------------------------------------
67      public void processButtonPress(ActionEvent event)
68      {
69          if (event.getSource() == onButton)
70          {
71              bulbView.setViewport(new Rectangle2D(160, 0, 125, 200)); // on
72              onButton.setDisable(true);
73              offButton.setDisable(false);
74          }
75          else
76          {
77              bulbView.setViewport(new Rectangle2D(0, 0, 125, 200)); // off
78              offButton.setDisable(true);
79              onButton.setDisable(false);
80          }
81      }
82  }
```

显示

图片来源：Korinoxe/Shutterstock

图 11.3　用于 LightBulb 程序的图形

按钮的卷标分别为 On 和 Off。它们包含工具提示，所以当鼠标指针位于其上时，会显示适当的文本，表明按钮的用途。

它们还被设置成每次只能有其中之一是启用的。开始时，灯泡为关闭状态，所以 Off 按钮被禁用。这向用户表明，此时只能操作 On 按钮。按下 On 按钮时，灯泡图形会变化，On 按钮禁用，Off 按钮启用。

实际上，程序中只使用了一个图形，其中显示了紧挨着的两个版本（"灯灭"和"灯亮"）的灯泡（见图 11.3）。对这个

ImageView 使用了视口，使得任何时候只显示图形的一半。有关视口的讨论请参见第 4 章。

这两个按钮用同一个事件处理器方法处理。它判断按下的是哪一个按钮，然后改变视口和另一个按钮的状态。

自测题

SR11.19　什么是工具提示？

SR11.20　为什么有时需要禁用控件？

11.8　滚动面板

有时，要处理的图像或信息太大，以至于不能显示在一个合适的区域中。这时，滚动面板往往非常有用，因为它提供底层节点的有限范围视图，同时提供滚动条来改变视图的可视区域。

> **重要概念：** 滚动面板在显示很大的图形或大量的数据时很有用。

例 11.9 中的程序显示的滚动面板包含一幅相当大的地区示意图。只有示意图的一部分是可见的，但是用户可以利用面板右侧和底部的滚动条，看到示意图的其余部分。

例 11.9

```
1   import javafx.application.Application;
2   import javafx.scene.Scene;
3   import javafx.scene.control.ScrollPane;
4   import javafx.scene.image.Image;
5   import javafx.scene.image.ImageView;
6   import javafx.stage.Stage;
7
8   //*********************************************************************
9   // MapViewer.java          Author: Lewis/Loftus
10  //
11  // Demonstrates the use of a scroll pane.
12  //*********************************************************************
13
14  public class MapViewer extends Application
15  {
16      //-----------------------------------------------------------------
17      // Presents a scroll pane that allows the user to determine which
18      // section of the underlying image (a map of the USA) is visible.
19      //-----------------------------------------------------------------
20      public void start(Stage primaryStage)
21      {
22          Image img = new Image("map.jpg");
23          ImageView imgView = new ImageView(img);
24
25          ScrollPane root = new ScrollPane(imgView);
```

```
26
27              Scene scene = new Scene(root, 600, 400);
28
29              primaryStage.setTitle("Map Viewer");
30              primaryStage.setScene(scene);
31              primaryStage.show();
32      }
33 }
```

这个图形被加载到一个 Image 对象,用于创建一个 ImageView。然后,被传递给 ScrollPane 构造方法。

为了查看示意图的不同区域,可以拖动滚动条的滑块,或者点击滚动条本身。也可以点击滚动条两端的小箭头来移动滑块。

程序中可以指定滚动面板中的滚动条是否总是显示、从不显示,或者只有在需要时才显示。这种设置可以单独针对任何一个滚动条,只需设置 ScrollBarPolicy 即可。例如,下面的代码使水平滚动条总是显示:

```
myScrollPane.setHbarPolicy(ScrollBarPolicy.ALWAYS);
```

默认情况下,只有在需要时才会显示两个滚动条。例如,如果窗口大小发生变化,使得全高度图形能够完整显示,则位于面板右侧的滚动条就会消失。如果能够看见图形的全部,则两个滚动条都不会出现。

注意,在以这种方式使用滚动面板时,不需要设置事件监听器。使用滚动条时,滚动面板的可视区域会自动调整。

自测题

SR11.21   滚动面板的作用是什么?

SR11.22   有三种方法可以改变滚动条中滑块的位置,分别是什么?

SR11.23   是否出现滚动条的判断依据是什么?

11.9   分隔面板和列表视图

JavaFX 的分隔面板可显示两个(或多个)GUI 节点,用可移动的分隔条将它们隔开。用户可以拖动分隔条,为一侧的节点留出更多空间,并减少另一侧的空间。节点是左右或上下排列的,分别采用水平或垂直分隔条。

> **重要概念:** 分隔面板可将两个节点显示成左右或上下形式。

例 11.10 中的程序显示的分隔面板带有一个垂直分隔条。分隔条左侧显示的是一些词汇列表(食品名称),右侧为所选食品的图像。选择不同的食品,图像会相应变化。

例 11.10

```
1   import javafx.application.Application;
2   import javafx.beans.value.ObservableValue;
3   import javafx.collections.FXCollections;
```

```
4    import javafx.collections.ObservableList;
5    import javafx.scene.Scene;
6    import javafx.scene.control.ListView;
7    import javafx.scene.control.SplitPane;
8    import javafx.scene.image.Image;
9    import javafx.scene.image.ImageView;
10   import javafx.scene.layout.StackPane;
11   import javafx.stage.Stage;
12
13   //***********************************************************************
14   // FoodImages.java Author: Lewis/Loftus
15   //
16   // Demonstrates a split pane and a list view.
17   //***********************************************************************
18
19   public class FoodImages extends Application
20   {
21       private Image[] foodImages;
22       private ImageView imgView;
23       private ListView<String> listView;
24
25   //----------------------------------------------------------------------
26   // Displays a split pane with a list of food items on the left
27   // and an image of the selected food item on the right.
28   //----------------------------------------------------------------------
29       public void start(Stage primaryStage)
30       {
31           String[] food = {"apples", "asparagus", "bacon", "bread",
32               "carrots", "cheesecake", "eggs", "hamburger", "muffins",
33               "onions", "oranges", "pancakes", "peanuts", "pizza",
34               "potatoes", "pretzels", "spaghetti", "sushi", "watermelon"};
35
36           foodImages = new Image[food.length];
37           for (int i = 0; i < food.length; i+ +)
38               foodImages[i] = new Image(food[i] + ".jpg");
39
40           imgView = new ImageView(foodImages[0]);
41           StackPane imgPane = new StackPane(imgView);
42           imgPane.setMinWidth(300);
43
44           imgView.setPreserveRatio(true);
45           imgView.fitWidthProperty().bind(imgPane.widthProperty());
46
47           ObservableList<String> list = FXCollections.observableArrayList();
48           list.addAll(food);
```

```
49
50          listView = new ListView<String>(list);
51          listView.setMinWidth(100);
52          listView.getSelectionModel().select(0);
53          listView.getSelectionModel().selectedItemProperty().addListener(
54              this::processListSelection);
55
56          SplitPane root = new SplitPane();
57          root.setDividerPositions(0.25);
58          root.getItems().addAll(listView, imgPane);
59
60          Scene scene = new Scene(root, 600, 350);
61
62          primaryStage.setTitle("Food Images");
63          primaryStage.setScene(scene);
64          primaryStage.show();
65      }
66
67   //-----------------------------------------------------------------
68   // Processes a list view selection by getting the index of the
69   // selected item and displaying the corresponding image.
70   //-----------------------------------------------------------------
71   public void processListSelection(ObservableValue<? extends String> val,
72              String oldValue, String newValue)
73      {
74          int index = listView.getSelectionModel().getSelectedIndex();
75          imgView.setImage(foodImages[index]);
76      }
77   }
```

显示

图片来源：5 second Studio/Shutterstock

图片来源：Evgeniya369/Shutterstock

食品项列表是用列表视图呈现的。与点击时出现下拉列表的选项框不同，列表视图中的选项总是可见的。如果选项太多而不能全部可见，则可以上下移动滚动条。列表视图中的项可通过鼠标单击选中，也可以使用键盘上的箭头键滚动选项。

> **重要概念**：列表视图显示一个可滚动的、可供选择的选项列表。

列表视图中的项是一种可观察值（Observable）。这个程序中创建了一个 ObservableList 对象，并用保存在字符串数组中的食品项名称填充。然后，创建一个 ListView 对象。

Image 对象数组是通过加载文件中的 JPEG 图像创建的，这些文件名与列表中所使用的字符串相同。ImageView 对象显示在 StackPane 里（居中），这个堆叠面板显示在分隔面板的右边。当列表视图中的选中项发生变化时，图像视图中的图像也会相应更新。

设置列表视图时，将其最小宽度设置成 100 像素。同样，图像视图的最小宽度为 300 像素。分隔面板会遵守节点最小尺寸的规定，不会允许分隔条越界。

列表视图的初始选项先获取视图的选择模式，然后选择第一个元素（索引 0）。列表视图的选择模式默认为单选择形式，一次只能挑选一项。也可以将选择模式设置成一次能够选取连续的几项，或者各个项的任意组合。

本例中通过属性绑定来同步图像视图的宽度和堆叠面板的宽度，这样当分隔条移动时，或者面板大小变化时，图像可以充满分隔面板的右侧。有关属性绑定的讨论请参见第 10 章。

变化监听器用于处理新选择了食品项的情形。选中列表视图中的一项后，变化监听器方法会从选择模式中取得当前所选项的索引，然后将对应的图像加载到图像视图中。

创建分隔面板时，为其进行了两项设置，所以它由两个面板和一个分隔条组成。如果分隔面板包含的节点超过两个，则每一个节点都会与相邻的节点用一个分隔条隔开。分隔条的初始位置可由 setDividerPositions 方法设定。本例中，分隔条的初始位置被设置成 0.25，表示左半部分占据面板的 25%，右半部分为 75%。

自测题

SR11.24　描述分隔面板中分隔条的作用。

SR11.25　选项框和列表视图有什么不同？

SR11.26　如果添加到分隔面板中的节点数多于两个，则会发生什么？

重要概念小结

- 错误和异常都是对象，代表非正常情况或无效处理。
- 异常抛出时所输出的信息提供了方法调用栈踪迹。
- 每条 catch 子句处理一种 try 语句块中抛出的异常。
- 无论 try 语句块正常退出或由于抛出异常而退出，都将执行 finally 子句。
- 如果在一个异常的发生处没有捕获和处理该异常，则会将它传递给上级调用方法。
- 程序员应该仔细考虑处理异常的时机和位置。
- 可由 Exception 类或它的后代类派生一个新类来定义一个新的异常。
- 对于检查型异常，如果发生异常的方法不捕获并处理这个异常，则必须在该方法定义的声明首部中包含 throws 子句。
- 流是一个有序的字节序列，它可以用作输入源或作为输出目标。
- System 类中的三种公有引用变量分别代表三种标准 I/O 流。
- 必须明确地关闭输出文件流，否则可能无法正确保存写入文件中的数据。
- Java 标准类库包含了许多类，可用于定义具有各种特性的 I/O 流。
- 必须明确地关闭输出文件流，否则可能无法正确保存写入文件中的数据。
- 工具提示为用户提供有关控件作用的信息。
- 当不适合使用某个控件时，就应该禁用它。
- 滚动面板在显示很大的图形或大量的数据时很有用。
- 分隔面板可将两个节点显示成左右或上下形式。
- 列表视图显示一个可滚动的、可供选择的选项列表。

练习题

EX11.1　为 ProductCodes 程序创建一个 UML 类图。

EX11.2　在 Propagation 程序的 ExceptionScope 类中，如果去掉 level1 方法的 try 语句，则会发生什么？

EX11.3　EX11.2 中的 try 语句如果移到 level2 方法中，则会发生什么？

EX11.4　查看联机 Java API 文档中的下列异常类，描述它们的作用：

    a. ArithmeticException

    b. NullPointerException

    c. NumberFormatException

    d. PatternSyntaxException

EX11.5　除了本章中给出的示例，描述一种情形，需要禁用控件以协助用户的操作。

EX11.6　如果删除 FoodImages 程序中的属性绑定，则该程序的功能会发生哪些改变？

编程项目

PP11.1　编写一个程序，创建一个异常类 StringTooLongException，其作用是当发现字符串中包含太多字符时抛出异常。在程序的 main 方法中读取输入的字符串，直到输入"DONE"时为止。如果输入的字符串过长(多于 20 个字符)，则抛出异常。被抛出的异常可用来终止程序。

PP11.2　修改 PP11.1 的解决方案，当异常抛出时捕获并处理它。处理异常的方式为输出一条适当的信息并继续处理后面的字符串。

PP11.3　假设在某项业务中，所有文档的名称都为两个字符，并以 U(无类别)、C(机密)或 P(私有)开头。创建一个异常类 InvalidDocumentCodeException，其作用是在处理过程中出现不正确的文档名时抛出该异常。创建一个驱动程序测试该异常类，并允许其终止程序。

PP11.4　修改 PP11.3 的解决方案，当异常抛出时捕获并处理它。处理异常的方式为输出一条适当的信息并继续后面的处理。

PP11.5　重新编写第 5 章的 QuoteOptions 程序，使用列表视图来选择引用语类别，而不是采用单选钮。至少提供 6 种类别及相应的引用语。

PP11.6　编写一个 JavaFX 程序，使用分隔面板，依次显示一个图像的三个版本。第一个图像为全色，第二个为黑白色，第三个为复古色。移动分隔条时，应确保图像会充满分隔面板所在的部分。

PP11.7　根据第 9 章的 DisplayFile 程序编写一个 JavaFX 程序，除了需要打开和显示文件内容，还应让用户能够在文本区中修改文本。提供一个 Save 按钮，按下它时显示一个对话框，允许用户将改动保存到文件中。提示：使用 FileChooser 类的 showSaveDialog 方法，并用 try-catch 语句处理写文件时可能发生的任何异常。

第12章 递 归

本章目标

1. 阐述递归的基础概念。
2. 探讨一些能启发递归思想的例子。
3. 分析递归方法并揭示递归处理过程。
4. 定义无穷递归并讨论避免无穷递归的途径。
5. 分析什么问题适于使用递归来解决。
6. 示范用递归解决问题的方法。
7. 探讨图形程序中的递归用法。
8. 讲解分形及与递归的关系。

递归是一种功能强大的编程技术，对于某些问题提供了简洁精练的解决方案。本章介绍递归处理，包括基本概念的介绍及探讨递归在编程中的应用。此外，还将利用递归解决几个特殊问题，以展示递归方法的多样性、简洁性和优越性。

12.1 递归思想

前面已多次见过一个方法调用另一个方法的情况，但还未曾见过一个方法能够调用自己。递归是一种编程技术，允许一个方法调用自己以达到最终目的。在讨论递归编程的细节前，需要首先探讨递归的一般概念。具备用递归的思维方式考虑问题的能力，是使用递归的基础。

> **重要概念**：递归是一种方法能够调用自己的编程技术。掌握递归编程的关键，是能以递归的思想考虑问题。

一般来说，递归是以一种事物自身定义自身的过程。例如，分析词语"装饰品"的定义：

装饰品：名词，泛指用来装饰物品的装饰物或装饰品。

"装饰"一词用于定义"装饰品"。回忆小学老师曾经告诉过我们，要避免在解释一个词的含义时使用这样的递归定义。然而，在许多情况下，递归是表达一个想法或定义的恰当方式。例如，假设需要形式化地定义有一个或多个成员的列表，成员之间用逗号隔开。这样的列表可以递归地定义为：一个数；或者一个数，后面跟着一个逗号，再接着一个列表。上述定义可以形式化地表示为

列表是：一个数
或者是：一个数，列表

上述关于列表的递归定义，涵盖了下面定义的每一个数值列表：

```
24, 88, 40, 37
```

96, 43
14, 64, 21, 69, 32, 93, 47, 81, 28, 45, 81, 52, 69
70

无论一个列表有多长，递归定义都囊括了对该列表的描述。对于只有一个元素的列表(例如上述例子的最后一行)，可完整地由列表定义中的第一行来定义(非递归定义)。对于有一个以上元素的长列表，可通过多次使用列表定义的第二行(引用自身的递归定义)来定义。根据需要，可重复使用递归定义，直到描述出最后一个元素时为止。列表中的最后一个元素由列表定义中的非递归定义来描述。图 12.1 描述了一组数值如何对应于列表的递归定义：

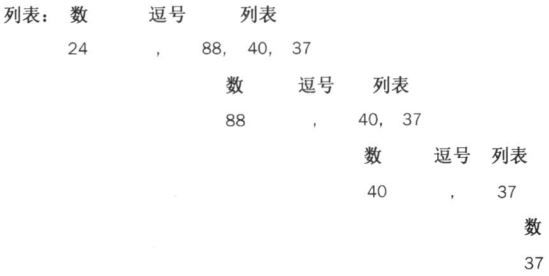

图 12.1　列表的递归定义分解

12.1.1　无穷递归

请记住，列表的定义包括非递归定义和递归定义两部分。非递归定义部分称为基本情况。如果只有递归定义的那一部分，则递归将永远不会终止。例如，如果列表的定义中只有"一个数, 列表"部分，则根据定义没有一个列表能够结束。这类情况称为无穷递归。它类似于无限循环，只不过这种"循环"发生在自身的定义中。

> **重要概念：** 在所有递归定义中，必须有称为基本情况的非递归定义部分，才能使递归最终结束。

正如对待无限循环问题一样，程序员必须仔细地设计算法，避免发生无穷递归。任何递归定义都必须包含结束递归选择的基本情况。上述列表定义的基本情况是一个单独的数，后面什么也不跟随。换句话说，当到达列表中的最后一个数时，基本情况终止了继续递归。

12.1.2　数学中的递归运算

下面讨论一个数学中的递归运算的例子。对于任何正整数 N，$N!$(N 的阶乘)的值定义为 $1 \sim N$(包括 N)的所有整数的乘积。因此，$3!$ 定义为

$$3! = 3*2*1 = 6$$

而 $5!$ 定义为

$$5! = 5*4*3*2*1 = 120$$

递归通常可用来描述数学公式。$N!$ 可以递归地表示为

$$1! = 1$$
$$N! = N \times (N-1)! \quad 对于 N > 1$$

上述定义的基本情况是 1!，1!定义为 1；当 N 大于 1 时，$N!$递归地定义为 $N \times (N-1)!$。阶乘函数的定义依赖于阶乘函数，这就是递归。

> **重要概念：** 数学函数和数学公式常以递归的形式表示。

根据上述定义，$50! = 50 \times 49!$，$49! = 49 \times 48!$，$48! = 48 \times 47!$。这个过程一直持续，直到基本情况值 1 出现时为止。由于 $N!$仅仅是对正整数定义的，因此上述定义是完整的，并且总是终止于基本情况。

12.2 节将讲解如何在程序中实现递归。

自测题

SR12.1　什么是递归?

SR12.2　如果定义一个具有 10 个数的列表，使用了多少次递归? 使用了多少次基本情况?

SR12.3　什么是无穷递归?

SR12.4　在递归处理过程中，什么时候需要基本情况?

SR12.5　为 $5 \times n$(整数乘法，$n > 0$)编写一个递归定义。按整数加法的方式定义这个乘法。例如，5×7 等于将 5 相加 7 次。

12.2　递归编程

下面用一个简单的数学运算来描述递归编程的概念。考虑 $1 \sim N$(包括二者)的求和计算过程，其中 N 为任意正整数。$1 \sim N$ 的和可以表示为 N 加上 $1 \sim (N-1)$ 的和，而 $1 \sim (N-1)$ 的和可以再用类似的方法表示，如图 12.2 所示。

$$\sum_{i=1}^{N} i = N + \sum_{i=1}^{N-1} i = N + N-1 + \sum_{i=1}^{N-2} i$$
$$= N + N-1 + N-2 + \sum_{i=1}^{N-3} i$$
$$\vdots$$
$$= N + N-1 + N-2 + \cdots + 2 + 1$$

图 12.2　递归定义 $1 \sim N$ 的和

例如，$1 \sim 20$ 的和等于 20 加上 $1 \sim 19$ 的和。重复使用这种方法，就有 $1 \sim 19$ 的和等于 19 加上 $1 \sim 18$ 的和。这样的思路听起来似乎有些奇怪，但它的确是一种描述如何编程实现递归的简单易懂的例子。

正如前面曾讨论过的，Java 像其他语言一样，它的方法可以调用自己。每次调用方法时，将建立一个新的工作环境。也就是说，每当调用同一个方法时，新定义的所有局部变量和参数将存储在自己独有的数据空间中，并且将基于本次调用给每个参数赋予初始值。当被调用的方法执行结束时，执行控制将返回到调用该方法的上一层方法(上层方法可能是相同方法的更上一层的调用)。与"常规方法"调用规则相比，上述规则并没有什么差别。

> **重要概念：** 每一次对方法的递归调用都会创建新的局部变量和参数。

求和问题的递归解法由下面的递归方法 sum 定义：

```
// This method returns the sum of 1 to num
public int sum(int num)
{
    int result;
    if (num == 1)
        result = 1;
    else
```

```
        result = num + sum(num-1);
    return result;
}
```

sum 方法实质上是将递归定义"1～N 的和，等于 N 加 1～$(N-1)$ 的和"具体化了。该方法之所以是递归方法，是因为 sum 方法调用了自己。每调用一次 sum 时，传递给 sum 的参数减 1，直到参数达到基本情况值 1 时为止。递归方法必定有一条 if-else 语句，其中一个分支(通常是第一个分支)检测基本情况的值，如 sum 程序实例所示。

假设 main 方法调用 sum 方法，并将 1 存于参数变量 num 作为初始参数传递给 sum。由于 num 等于 1，计算结果 1 返回给 main 方法，没有发生递归调用。

当初始传递的参数值为 2 时，我们来跟踪 sum 方法的执行过程。由于 num 不等于 1，sum 方法将被再次调用，新传递的参数为 num－1，即 1。这是新的一次 sum 调用，产生新的 num 参数和新的局部变量 result。由于在这次新的调用中 num 为 1，返回值为 1，没有发生进一步的递归调用，控制返回到第一次调用的 sum 版本执行，返回值 1 加到第一次调用 sum 时的 num 初始值(为 2)中，因此赋给 result 的值为 3，该值将返回给 main 方法。这样，main 方法调用 sum 方法正确地计算了整数 1～2 的和，返回结果值 3。

重要概念：详细地跟踪递归处理过程，可以深入剖析递归法求解问题的方式。

上述求和例子的基本情况是 num 等于 1，N 到达 1 时结束递归。递归过程返回到上一次调用的 sum 版本执行，每次回退时都返回相应的中间结果值，每一个返回值都用于上一层的递归调用求和计算。如果没有基本情况，则将发生无穷递归。每次递归调用都需要新增存储空间，因此无穷递归常产生运行时错误，报告内存耗尽。

可用不同的 num 初始值追踪 sum 方法，直到熟悉递归处理过程。图 12.3 描述了递归调用过程，图中 main 方法调用 sum 计算整数 1～4 的和。每一个方框代表调用一次 sum 方法时复制的 sum 副本，该副本也包含了形参和任何局部变量的存储空间。图中用实线表示递归调用，用虚线表示调用返回，每一步返回操作都标明了返回值，并完整追踪了递归调用路径，层层递归调用向下直至到达基本情况，然后调用开始返回结果值，向上逐级通过整个调用路径返回。

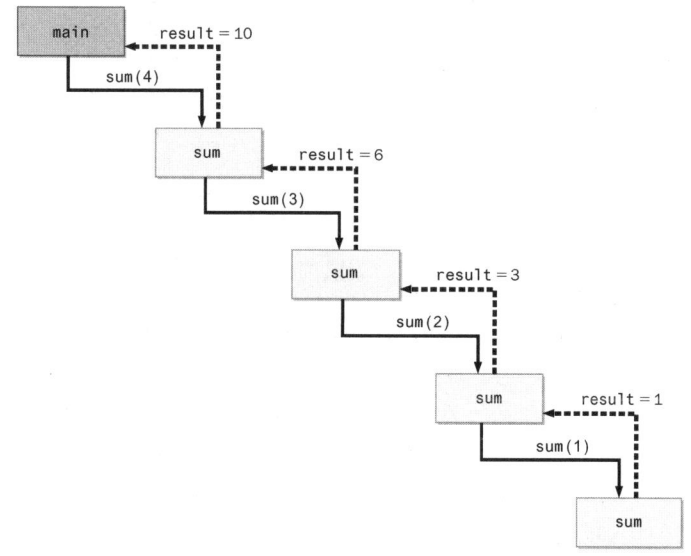

图 12.3 sum 方法的递归调用

12.2.1　递归与迭代的比较

对于上述求和问题，当然还存在非递归的解法。可以用 for 循环来迭代地计算 1~num(含 num)的和，如下所示：

```
sum = 0;
for (int number = 1; number <= num; number++)
    sum += number;
```

重要概念：对于某些问题，递归是最精练和适当的解法。但对于其他的问题，递归则不如迭代解法直观。

这种解法肯定比递归解法更直接且简明。本节利用求和问题示范递归解法，是因为求和问题简单，而不是因为要用递归求解常规问题。递归包含对方法的多次调用，对于求和问题来说，递归解法比循环迭代解法更复杂。

程序员必须懂得什么样的问题适合使用递归解法求解，采用什么解法完全取决于需要求解的问题。所有的问题都可以用循环迭代的方法求解，但在某些情况下循环迭代的方法会很复杂。对于某些问题，使用递归解法可以写出更简洁且精良的程序。

12.2.2　直接递归与间接递归

方法调用自己的递归称为直接递归，例如 sum 方法调用 sum 方法。如果一个方法调用其他方法，最终导致再次调用自己，则称为间接递归。例如，如果方法 m1 调用方法 m2，m2 又调用 m1，则 m1 被间接递归调用。间接递归调用可以有若干层间接调用的深度，如 m1 调用 m2，m2 调用 m3，m3 调用 m4，m4 再调用 m1。图 12.4 描述了间接递归调用的过程。图中用实线表示递归调用，用虚线表示调用返回，并追踪了整个递归调用路径，然后沿返回路径，层层调用返回。

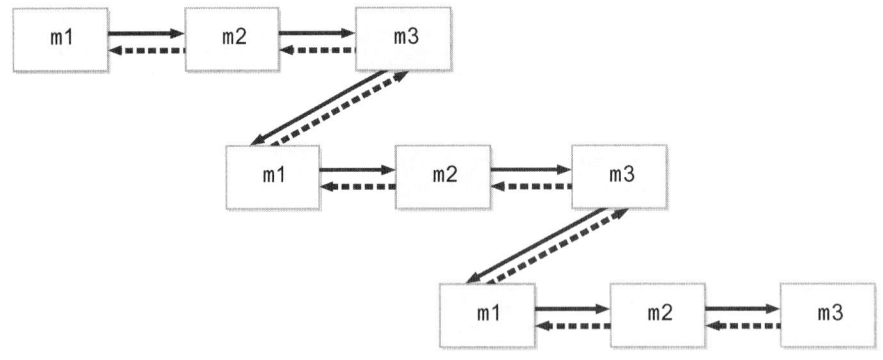

图 12.4　间接递归调用

像直接递归一样，间接递归也需要重视基本情况，而且由于插入了其他方法的中间层调用，间接递归调用可能更难于追踪。因此，在设计或评价间接递归解法时，需要更多的精心思考和分析，要确保间接递归的确是必要的，并且在文档中给出清晰的说明。

自测题

SR12.6　有必要使用递归吗？

SR12.7　什么情况下应避免使用递归？

SR12.8 下列递归方法的返回值是多少？

```java
public int exercise(int n)
{
    if (n < 0)
        return -1;
    else
        if (n < 10)
            return 1;
    else
        return 1 + exercise(n/10);
}
```

SR12.9 编写一个递归方法用于返回 $5 \times n$ 的值，其中 $n > 0$，参考 SR12.5。解释为什么一般不使用递归来解决这个问题。

SR12.10 什么是间接递归？

12.3 递归的应用

下面的每个小节都将讨论一个具体的递归问题。对于每一个问题，将仔细考查递归对求解该问题所起的作用，以及基本情况如何用于终止递归。分析这些例子时，可以思考一下使用非递归方法求解这些问题的复杂度。

12.3.1 迷宫旅行

解决迷宫问题涉及大量的尝试和出错处理：探索一条路径，行不通时返回，重新探索另一条新路径。这样的活动通常可以用递归很好地处理，例 12.1 中的 MazeSearch 程序创建了一个 Maze 对象，并试图穿越该 Maze 对象代表的迷宫。

例 12.1

```java
1    //************************************************************
2    // MazeSearch.java        Author: Lewis/Loftus
3    //
4    // Demonstrates recursion.
5    //************************************************************
6
7    public class MazeSearch
8    {
9        //--------------------------------------------------------
10       // Creates a new maze, prints its original form, attempts to
11       // solve it, and prints out its final form.
12       //--------------------------------------------------------
13       public static void main(String[] args)
14       {
15           Maze labyrinth = new Maze();
16
17           System.out.println(labyrinth);
```

```
18
19          if (labyrinth.traverse(0, 0))
20              System.out.println("The maze was successfully traversed!");
21          else
22              System.out.println("There is no possible path.");
23
24          System.out.println(labyrinth);
25      }
26  }
27
```

输出

```
1110110001111
1011101111001
0000101010100
1110111010111
1010000111001
1011111101111
1000000000000
1111111111111
The maze was successfully traversed!
7770110001111
3077707771001
0000707070300
7770777070333
7070000773003
7077777703333
7000000000000
7777777777777
```

例 12.2 给出了 Maze 类的代码, Maze 类用一个二维数组表示迷宫。这个迷宫游戏的目标是:
从数组的左上角(入口点)移动到右下角(出口点)。对于数组的初始状态, 1 表示通路, 0 表示死路。
当穿越迷宫后, 数组元素的值将变为新的值, 标识出曾经探索过的路径和一条最终穿越迷宫的成功
路径(如果探索成功)。

例 12.2

```
1   //*****************************************************************
2   // Maze.java      Author: Lewis/Loftus
3   //
4   // Represents a maze of characters. The goal is to get from the
5   // top left corner to the bottom right, following a path of 1s.
6   //*****************************************************************
7
8   public class Maze
9   {
10      private final int TRIED = 3;
11      private final int PATH = 7;
```

```
12
13      private int[][] grid = { {1,1,1,0,1,1,0,0,0,1,1,1,1},
14                               {1,0,1,1,1,0,1,1,1,1,0,0,1},
15                               {0,0,0,0,1,0,1,0,1,0,1,0,0},
16                               {1,1,1,0,1,1,1,0,1,0,1,1,1},
17                               {1,0,1,0,0,0,0,1,1,1,0,0,1},
18                               {1,0,1,1,1,1,1,1,1,0,1,1,1,1},
19                               {1,0,0,0,0,0,0,0,0,0,0,0,0},
20                               {1,1,1,1,1,1,1,1,1,1,1,1,1} };
21
22      //------------------------------------------------------------
23      // Attempts to recursively traverse the maze. Inserts special
24      // characters indicating locations that have been tried and that
25      // eventually become part of the solution.
26      //------------------------------------------------------------
27      public boolean traverse(int row, int column)
28      {
29          boolean done = false;
30
31          if (valid(row, column))
32          {
33              grid[row][column] = TRIED; // this cell has been tried
34
35              if (row = = grid.length-1 && column = = grid[0].length-1)
36                  done = true;    // the maze is solved
37              else
38              {
39                  done = traverse(row+1, column); // down
40                  if (!done)
41                      done = traverse(row, column+1); // right
42                  if (!done)
43                      done = traverse(row-1, column); // up
44                  if (!done)
45                      done = traverse(row, column-1); // left
46              }
47
48              if (done)    // this location is part of the final path
49                  grid[row][column] = PATH;
50          }
51
52          return done;
53      }
54
55  //------------------------------------------------------------
56  // Determines if a specific location is valid.
57  //------------------------------------------------------------
58  private boolean valid(int row, int column)
```

```
59  {
60      boolean result = false;
61
62      // check if cell is in the bounds of the matrix
63      if (row >= 0 && row < grid.length &&
64          column >= 0 && column < grid[row].length)
65
66          // check if cell is not blocked and not previously tried
67          if (grid[row][column] == 1)
68              result = true;
69
70          return result;
71  }
72
73  //----------------------------------------------------------------
74  // Returns the maze as a string.
75  //----------------------------------------------------------------
76  public String toString()
77  {
78      String result = "\n";
79
80      for (int row=0; row < grid.length; row++)
81      {
82          for (int column=0; column < grid[row].length; column++)
83              result += grid[row][column] + "";
84          result += "\n";
85      }
86
87      return result;
88  }
89  }
```

　　穿越迷宫的有效移动操作有 4 个基本方向：向下、向右、向上和向左移动，不允许对角线方向的移动。MazeSearch 程序支持处理任意大小的数组，但是在这个例子中，迷宫被设置为一个 8 × 13 的数组。

　　下面用递归的思路来考虑迷宫问题。如果能从数组位置 $(0, 0)$ 处开始成功地穿越迷宫，则迷宫旅行成功。因此，如果能够成功地从起始点 $(0, 0)$ 移动到任何与 $(0, 0)$ 点相邻的位置，即 $(1, 0)$、$(0, 1)$、$(-1, 0)$ 和 $(0, -1)$ 位置点，则这一步移动操作就是成功的。接着再考虑下一步可能的移动操作，例如从 $(1, 0)$ 位置点移动，我们发现下一步操作正是以前所做过的操作。要想成功地从新的位置开始在迷宫中穿行，必须能成功地移动到新位置的相邻位置点。对于任何位置点，其相邻位置点可能是无效的（死路），也可能是通路上的位置点。递归地继续上述移动操作过程，如果到达基本情况位置 $(7, 12)$，就成功穿越了迷宫。

　　Maze 类中的递归方法称为 traverse，该方法返回布尔值，表明是否找到了可行的相邻位置点。初次调用 traverse 方法时，传递的参数是左上角位置 $(0, 0)$。在 traverse 递归方法中，首先检测移动到指定行和列位置的操作是否有效。如果移动操作的目标位置处于数组网格的边界内，并且该位置由 1 标识，表明向该位置移动的路径是通畅的，则这步移动操作就是有效的。

如果移动操作是无效的，则目标位置点的标识值将由 1 修改为 3，表明这个位置点的搜索已经尝试过，避免以后再次搜索。接着，traverse 方法再通过检测是否到达右下角位置来确定迷宫旅行是否完成。因此，该问题的基本情况实际上有三种：

- 移动操作由于出界而无效
- 移动操作由于以前已尝试过而无效
- 移动操作到达最终位置

如果当前位置不是右下角，则根据需要朝每个方向进行搜索。首先，递归地调用 traverse 方法，并将向下搜索的新目标位置传给该方法。traverse 方法将用新目标位置重新开始所有的处理。新目标位置可能在第一次从当前位置向下搜索的尝试中找到，或者仍未找到。如果仍未找到，则尝试向右搜索。若仍然失败，则尝试向上搜索。如果这些方向的搜索尝试都未找到正确的路径，则尝试向左搜索。如果从当前位置开始没有任何方向的搜索能找到正确的路径，则说明从当前位置无路可走，traverse 方法将返回 false（穿越迷宫失败）。

如果当前找到正确有效的目标位置，则将该目标位置的标识值由 1 修改为 7。在迷宫数组中，第一个 7 放在右下角位置，下一个 7 所放的位置在通向右下角位置的路径上，依次类推，直到最后一个 7 放在了左上角的位置上。因此，在最终输出的迷宫路径中，0 仍然表示死路，1 表示通路但从未尝试过搜索，3 表示已尝试过搜索但搜索失败，7 表示最终搜索成功的路径。

注意，每次调用 traverse 方法时都有几次递归调用的机会，任何一次递归调用都有可能执行，执行哪一次递归调用取决于迷宫的结构。虽然可能有许多条穿过迷宫的路径，但只要找到一条路径，traverse 方法的递归调用就结束。请仔细跟踪 traverse 方法的执行过程，同时分析迷宫数组的路径变化，理解和体会递归是如何解决迷宫问题的。可以思考一下设计一个非递归解法的困难性。

12.3.2 汉诺塔

汉诺塔（Towers of Hanoi）问题由法国数学家 Edouard Lucas 于 19 世纪 80 年代提出。由于这个难题的解法出色地体现了递归的精练性，因而成为计算机科学家常用的经典递归算法实例。

汉诺塔问题由三个竖立着的塔座和一组中间有孔的圆盘组成，中间的孔方便圆盘沿塔座柱移动叠放，每个圆盘有不同的直径。汉诺塔的初始状态是所有的圆盘全部大小有序地叠放在一个塔座上，最大圆盘放在最底层，如图 12.5 所示。

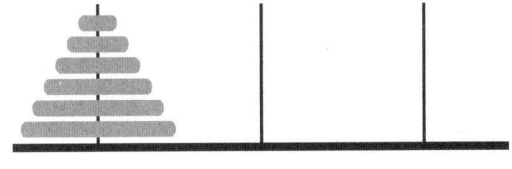

图 12.5 汉诺塔问题

汉诺塔问题的目标是：将所有的圆盘从原始塔座（第一个塔座）上移动到目标塔座（第三个塔座）上。此外，使用一个附加塔座作为移动过程中暂存圆盘的地方，并且在圆盘移动过程中必须遵守以下三条规则：

- 每次只能移动一个圆盘。

- 不能将大圆盘放在小圆盘上。
- 除非正处于在塔座间移动的过程中，否则所有圆盘必须在某个塔座上。

这些规则意味着必须先将一叠较小圆盘移走"让路"，以便将一个更大的圆盘从一个塔座移到另一个塔座。图 12.6 描述了使用三个圆盘的汉诺塔问题的解法步骤。为了最终将三个圆盘全部从第一个塔座移到第三个塔座，必须首先达到一个目标：将较小的两个圆盘移到第二个塔座上，为最大的圆盘"让路"，使得最大的圆盘能从第一个塔座移到第三个塔座。

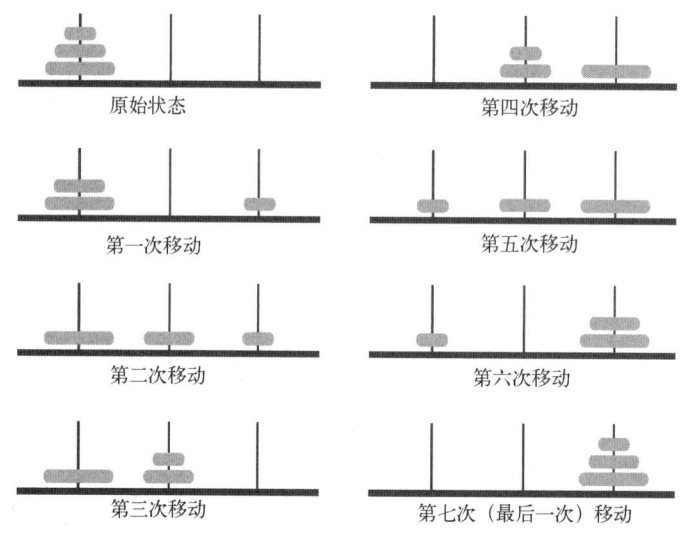

图 12.6　有三个圆盘的汉诺塔问题的解法步骤

图 12.6 所示的前三次移动操作是移开小圆盘，第四次移动操作将最大的圆盘移至它的最终位置。最后三次移动操作则将两个较小的圆盘移至各自的最终位置，即放在最大圆盘的上面。

根据上述思路，可制定圆盘移动操作的基本策略：

- 将最顶上的 $N-1$ 个圆盘从原始塔座移到附加塔座
- 将最大的圆盘从原始塔座移到目标塔座
- 将 $N-1$ 个圆盘从附加塔座移到目标塔座

这种策略很自然地形成了汉诺塔问题的递归解法。移走 $N-1$ 个圆盘"让路"的操作，是整个问题求解中不断重复的相同子问题：移动一个圆盘栈。对于这样的子任务(每个子任务将递减一个圆盘，即在移动操作中，圆盘的"栈"容量将逐步减小)，目标塔座是原来的附加塔座。当移走最大的圆盘后，相似的情况又一次发生，此时必须再一次移动原来的 $N-1$ 个圆盘。

当要移动的圆盘为最后一个时，就出现了该问题的基本情况，这步移动操作可以直接完成，不必递归。

例 12.3 所示的程序创建了一个 TowersOfHanoi 对象，并调用该对象的 solve 方法。程序输出了每步移动操作的指令，描述了如何移动圆盘来解决汉诺塔问题。本程序实例使用了 4 个圆盘，圆盘数由传给构造方法的参数指定。

例 12.3

```
1   //********************************************************************
2   // SolveTowers.java      Author: Lewis/Loftus
```

```
3    //
4    // Demonstrates recursion.
5    //*************************************************************
6
7    public class SolveTowers
8    {
9        //------------------------------------------------------------
10       // Creates a TowersOfHanoi puzzle and solves it.
11       //------------------------------------------------------------
12       public static void main(String[] args)
13       {
14           TowersOfHanoi towers = new TowersOfHanoi(4);
15
16           towers.solve();
17       }
18   }
```

输出

```
Move one disk from 1 to 2
Move one disk from 1 to 3
Move one disk from 2 to 3
Move one disk from 1 to 2
Move one disk from 3 to 1
Move one disk from 3 to 2
Move one disk from 1 to 2
Move one disk from 1 to 3
Move one disk from 2 to 3
Move one disk from 2 to 1
Move one disk from 3 to 1
Move one disk from 2 to 3
Move one disk from 1 to 2
Move one disk from 1 to 3
Move one disk from 2 to 3
```

例 12.4 给出了 TowersOfHanoi 类，它的 solve 方法启动了递归方法 moveTower 的初次调用。初次调用中指定了所有的圆盘应由第一个塔座移到第三个塔座，并且将第二个塔座用作移动操作过程中的暂存塔座。

例 12.4

```
1    //*************************************************************
2    // TowersOfHanoi.java    Author: Lewis/Loftus
3    //
4    // Represents the classic Towers of Hanoi puzzle.
5    //*************************************************************
6
7    public class TowersOfHanoi
8    {
9        private int totalDisks;
10
```

```
11      //-----------------------------------------------------------
12      // Sets up the puzzle with the specified number of disks.
13      //-----------------------------------------------------------
14      public TowersOfHanoi(int disks)
15      {
16          totalDisks = disks;
17      }
18
19      //-----------------------------------------------------------
20      // Performs the initial call to moveTower to solve the puzzle.
21      // Moves the disks from tower 1 to tower 3 using tower 2.
22      //-----------------------------------------------------------
23      public void solve()
24      {
25          moveTower(totalDisks, 1, 3, 2);
26      }
27
28      //-----------------------------------------------------------
29      // Moves the specified number of disks from one tower to another
30      // by moving a subtower of n-1 disks out of the way, moving one
31      // disk, then moving the subtower back. Base case of 1 disk.
32      //-----------------------------------------------------------
33      private void moveTower(int numDisks, int start, int end, int temp)
34      {
35          if (numDisks == 1)
36              moveOneDisk(start, end);
37          else
38          {
39              moveTower(numDisks-1, start, temp, end);
40              moveOneDisk(start, end);
41              moveTower(numDisks-1, temp, end, start);
42          }
43      }
44
45      //-----------------------------------------------------------
46      // Prints instructions to move one disk from the specified start
47      // tower to the specified end tower.
48      //-----------------------------------------------------------
49      private void moveOneDisk(int start, int end)
50      {
51          System.out.println("Move one disk from " + start + " to " +
52      end);
53      }
54  }
```

moveTower 方法将首先检查是否发生基本情况(即只有一个圆盘的"栈")。如果是，该方法将调用 moveOneDisk 方法输出一行信息，描述具体完成的移动操作。如果栈包含一个以上的圆盘，则将再次递归调用 moveTower 方法，移走 $N-1$ 个圆盘"让路"，然后移动最大的圆盘，接着再调用 moveTower 方法，将 $N-1$ 个圆盘移到各自的最终位置。

注意，传给 moveTower 方法的塔座号参数，根据移动圆盘"栈"的需要互换了位置。这段代码遵循了前面所述的移动操作的基本策略，使用 moveTower 方法移动所有的圆盘"栈"。针对有三个圆盘的"栈"，请仔细追踪 moveTower 方法的执行过程，以便理解问题的处理方法，并且与图 12.6 所示的移动操作步骤进行比较。

> **重要概念：汉诺塔解法具有指数复杂性，效率非常低，但是该解法的实现却十分简洁和精练。**

遗憾的是，与该算法简洁而精练的实现相反，汉诺塔问题的解法效率非常低。若要求解有 N 个圆盘的汉诺塔问题，则必须进行 $2N - 1$ 次圆盘的移动操作。这样的解法具有指数复杂性，随着圆盘数的增加，所需要的移动操作次数呈指数规律增长。

传说中，天堂的牧师在世界中心的神殿求解汉诺塔问题，他们在纯钻石制作的塔座上移动 64 个金圆盘，并预言：牧师完成汉诺塔难题之时，就是世界的末日。即使按牧师们终日不停地每秒移动一个圆盘计算，完成汉诺塔难题也需要耗时 5840 亿年，而这只不过是 64 个圆盘的汉诺塔问题！这个例子清楚地表明了指数复杂性问题的高度难解性。

自测题

SR12.11　在 MazeSearch 程序中，什么条件下结束递归？

SR12.12　找出 MazeSearch 程序中与下列叙述相对应的代码位置。

　　a. 定义一个初始迷宫

　　b. 是否到达目标点的检查测试

　　c. 位置点被标记为已搜索过

　　d. 位置点是否被搜索过的检查测试

SR12.13　给定以下的初始迷宫，追踪 MazeSearch 程序以确定对 valid 方法（包括传递给该方法的实参值）的调用序列。

```
a. 1 1          b. 0 0          c. 1 1
   1 1             0 0             1 0
```

SR12.14　解释求解汉诺塔问题的一般方法，并说明该问题如何具有递归特性？

SR12.15　对于 SolveTowers 程序，如果原始塔座上有一个圆盘，则需要调用多少次 moveTower 方法？如果原始塔座上有两个圆盘呢？三个呢？描述一下圆盘数量的增加与调用 moveTower 方法次数的关系。

12.4　平铺图形

下面的示例利用递归来展现图形元素。仔细观察例 12.5 中 TiledImages 程序的显示效果。整个画面被分割成 4 个相等的区域，小女孩的全色图像显示在右下角，左下角显示的是黑白色图像，而复古色的图像位于右上角。

例 12.5

```
1    import javafx.application.Application;
2    import javafx.scene.Group;
3    import javafx.scene.Scene;
4    import javafx.scene.effect.ColorAdjust;
5    import javafx.scene.effect.SepiaTone;
```

```
 6    import javafx.scene.image.Image;
 7    import javafx.scene.image.ImageView;
 8    import javafx.scene.paint.Color;
 9    import javafx.stage.Stage;
10
11    //************************************************************************
12    //  TiledImages.java       Author: Lewis/Loftus
13    //
14    //  Demonstrates the use of recursion.
15    //************************************************************************
16
17    public class TiledImages extends Application
18    {
19        private final static int MIN = 20;
20
21        private Image image;
22        private ColorAdjust monochrome;
23        private SepiaTone sepia;
24        private Group root;
25
26        //--------------------------------------------------------------------
27        // Sets up the display of a series of tiled images.
28        //--------------------------------------------------------------------
29        public void start(Stage primaryStage)
30        {
31            image = new Image("girl.jpg");
32
33            monochrome = new ColorAdjust(0, -1, 0, 0);
34            sepia = new SepiaTone();
35
36            root = new Group();
37            addPictures(300);
38
39            Scene scene = new Scene(root, 600, 600, Color.WHITE);
40
41            primaryStage.setTitle("Tiled Images");
42            primaryStage.setScene(scene);
43            primaryStage.show();
44        }
45
46        //--------------------------------------------------------------------
47        // Uses the parameter to specify the size and position of an image.
48        // Displays the image in full color, monochrome, and sepia tone,
49        // then repeats the display recursively in the upper left quadrant.
50        //--------------------------------------------------------------------
51        private void addPictures(double size)
52        {
```

```
53          ImageView colorView = new ImageView(image);
54          colorView.setFitWidth(size);
55          colorView.setFitHeight(size);
56          colorView.setX(size);
57          colorView.setY(size);
58
59          ImageView monochromeView = new ImageView(image);
60          monochromeView.setEffect(monochrome);
61          monochromeView.setFitWidth(size);
62          monochromeView.setFitHeight(size);
63          monochromeView.setX(0);
64          monochromeView.setY(size);
65
66          ImageView sepiaView = new ImageView(image);
67          sepiaView.setEffect(sepia);
68          sepiaView.setFitWidth(size);
69          sepiaView.setFitHeight(size);
70          sepiaView.setX(size);
71          sepiaView.setY(0);
72
73          root.getChildren().addAll(sepiaView, colorView, monochromeView);
74
75          if (size > MIN)
76              addPictures(size / 2);
77      }
78   }
```

显示

图片来源：Prostock-studio/Shutterstock

有趣的地方是左上角区域。该区域中包括了整个拼接画的一个副本，包括它自己在内。在这个区域中可以看到位于相应位置且缩小了的三幅图像。而且，其左上角又包含了相应的副本（包括自己在内）。这种重叠持续了多次，其效果就如同站在两面能相互反射的镜子前面看镜子里面的情形。

程序的 start 方法加载图像文件并设置场景。这个方法调用了 addPictures 方法，而它递归地将同一图像的全部不同版本组成一幅拼接画。

addPictures 方法接收的参数，表示显示图像时应采用的尺寸。这个值还用来判断图像在拼接画中的位置。

每次调用 addPictures 方法时，就会创建三个 ImageView 对象。拼接画中图像的每一个副本，都是用它自己的 ImageView 对象呈现的。第一个图像以全色显示；第二个和第三个图像用 setEffect 方法设置它们的效果。正如名称所暗示的，SepiaTone 效果会使图像呈现复古色。为合适的构造方法参数应用 ColorAdjust 效果，就使其图像呈现黑白色。

每个 ImageView 对象的尺寸是通过调用 setFitWidth 方法和 setFitHeight 方法实现的。ImageView 的位置由 setX 方法和 setY 方法设置。

为场景根节点添加完三个主图像后，再次递归地调用 addPictures 方法，但尺寸减半。这个递归调用适用于拼接画每一层左上角的区域。

递归的基本情况发生在图像尺寸太小的情况（被设置成 20 像素）中。由于每次调用 addPictures 后画图区域都会变小，直到最后发生基本情况，因此递归调用就停止了。这就是为什么拼接画左上角有一块极小的白色区域，在那里没有调用 addPictures 方法来填充图像。

自测题

SR12.16   TiledImages 程序的什么位置发生了递归？它的作用是什么？

SR12.17   在 TiledImages 程序中，创建了多少个 Image 对象？多少个 ImageView 对象？

SR12.18   在 TiledImages 程序中，递归的基本情况是什么？

12.5   分形

分形（fractal）将相同模式的图案以不同的比例和方向构成的一个几何图形。分形的本质决定了它适合用递归来定义。

> **重要概念：** 分形是一种几何图形，可以递归地描述重复的图案。

近年来，人们对分形的兴趣与日俱增，这主要归功于 1924 年出生的波兰数学家 Benoit Mandelbrot，他证明了在数学界和自然界中的很多地方都存在分形。计算机的出现，使得分形的产生和研究变得更加容易。

一个分形的特例称为 Koch 雪花，它是根据瑞典数学家 Helge von Koch 的名字命名的。Koch 雪花从一个等边三角形开始，该等边三角形称为一阶 Koch 分形。通过重复地修改图形中的所有线段，可以构造更高阶的 Koch 分形。

为了构造一个更高阶的 Koch 分形，需修改组成当前形状的每条线段。修改方法是使用长度为边长 1/3 的两条线段连接成的尖角替换该线段三等分的中间那一段。每条线段上的尖角都是向外的。图 12.7 展示了 Koch 分形的前几阶。随着阶数的增加，该分形就越来越像雪花了。

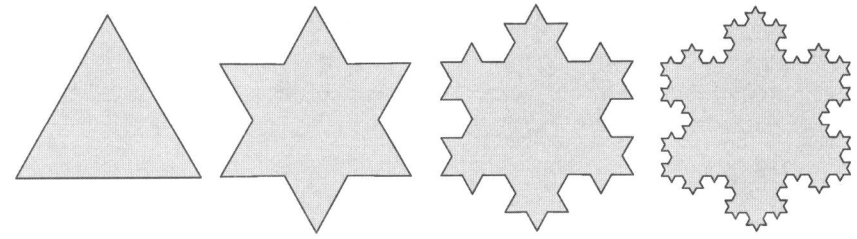

图 12.7 Koch 雪花的前 4 阶

例 12.6 中的程序能绘制出不同阶数的 Koch 雪花。界面顶部的按钮允许用户增加或减少分形的阶数。每按一次按钮，分形图形就更新一次。

例 12.6

```
1    import javafx.application.Application;
2    import javafx.event.ActionEvent;
3    import javafx.geometry.Pos;
4    import javafx.scene.Scene;
5    import javafx.scene.control.Button;
6    import javafx.scene.image.Image;
7    import javafx.scene.image.ImageView;
8    import javafx.scene.layout.HBox;
9    import javafx.scene.layout.VBox;
10   import javafx.scene.text.Text;
11   import javafx.stage.Stage;
12
13   //*********************************************************************
14   // KochSnowflake.java    Author: Lewis/Loftus
15   //
16   // Demonstrates the use of recursion to draw a fractal.
17   //*********************************************************************
18
19   public class KochSnowflake extends Application
20   {
21       private final static int MIN_ORDER = 1;
22       private final static int MAX_ORDER = 6;
23
24       private int order;
25       private Button up, down;
26       private Text orderText;
27       private KochPane fractalPane;
28
29       //------------------------------------------------------------------
30       // Displays two buttons that control the order of the fractal
31       // shown in the pane below the buttons.
32       //------------------------------------------------------------------
33       public void start(Stage primaryStage)
34       {
```

```
35        Image upImage = new Image("up.png");
36        up = new Button();
37        up.setGraphic(new ImageView(upImage));
38        up.setOnAction(this::processUpButtonPress);
39
40        Image downImage = new Image("down.png");
41        down = new Button();
42        down.setGraphic(new ImageView(downImage));
43        down.setOnAction(this::processDownButtonPress);
44        down.setDisable(true);
45
46        order = 1;
47        orderText = new Text("Order: 1");
48
49        HBox toolbar = new HBox();
50        toolbar.setStyle("-fx-background-color: darksalmon");
51        toolbar.setAlignment(Pos.CENTER);
52        toolbar.setPrefHeight(50);
53        toolbar.setSpacing(40);
54        toolbar.getChildren().addAll(up, orderText, down);
55
56        fractalPane = new KochPane();
57
58        VBox root = new VBox();
59        root.setStyle("-fx-background-color: white");
60        root.getChildren().addAll(toolbar, fractalPane);
61
62        Scene scene = new Scene(root, 400, 450);
63
64        primaryStage.setTitle("Koch Snowflake");
65        primaryStage.setScene(scene);
66        primaryStage.show();
67    }
68
69    //-----------------------------------------------------------------
70    // Increments the fractal order when the up button is pressed.
71    // Disables the up button if the maximum order is reached.
72    //-----------------------------------------------------------------
73    public void processUpButtonPress(ActionEvent event)
74    {
75        order++;
76        orderText.setText("Order: " + order);
77        fractalPane.makeFractal(order);
78
79        down.setDisable(false);
80        if (order = = MAX_ORDER)
```

```
81              up.setDisable(true);
82      }
83
84      //------------------------------------------------------------
85      // Decrements the fractal order when the down button is pressed.
86      // Disables the down button if the minimum order is reached.
87      //------------------------------------------------------------
88      public void processDownButtonPress(ActionEvent event)
89      {
90          order--;
91          orderText.setText("Order: " + order);
92          fractalPane.makeFractal(order);
93
94          up.setDisable(false);
95          if (order == MIN_ORDER)
96              down.setDisable(true);
97      }
98  }
```

显示

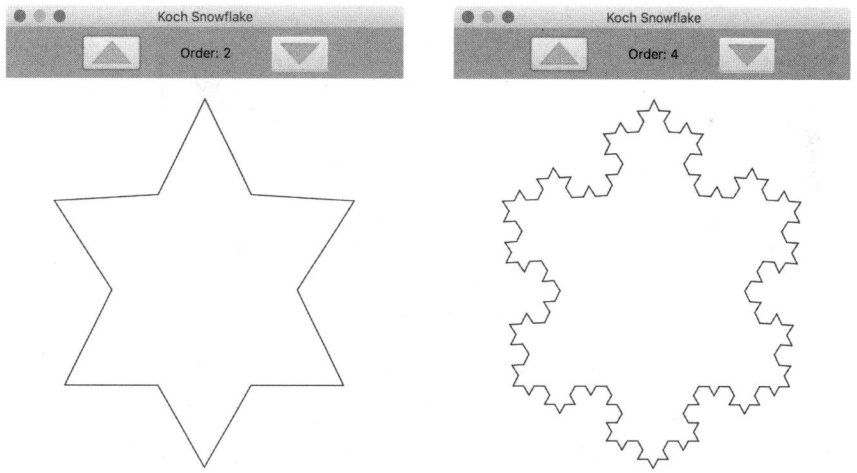

例 12.6 中的 start 方法设置 GUI，它包含两个 Button 对象和一个沿顶部显示的 Text 对象。两个按钮的卷标分别为上下箭头图形，而不是文本。Text 对象显示分形的当前阶数。分形显示在两个按钮下方的面板中。

两个方法用于处理按下按钮时发生的动作事件。按下上箭头按钮时，阶数会增加，分形会重画。类似的处理过程也用于下箭头按钮。

程序中允许的最小和最大阶数被设置成常量。当到达这两个边界值时，相应的上箭头或下箭头按钮会被禁用。很自然地，可将最小阶数设置成 1。对于最大阶数，并没有一定的限制，但实践中一般会设定。考虑到线段的初始尺寸，如果这个程序中分形的阶数大于 6，则会很难看清线段，并且计算时间也会很长。

显示分形的面板在一个独立的 KochPane 类中定义（见例 12.7），它扩展了 Pane 类。KochPane

构造方法调用 makeFractal 方法，传递一个阶数 1。因此，当程序运行时，最初显示的是最小阶数的分形(一个三角形)。

例 12.7

```
1    import javafx.scene.layout.Pane;
2    import javafx.scene.shape.Line;
3
4    //********************************************************************
5    // KochPane.java    Author: Lewis/Loftus
6    //
7    // Represents the pane in which the Koch Snowflake fractal is presented.
8    //********************************************************************
9
10   public class KochPane extends Pane
11   {
12       public final static double SQ = Math.sqrt(3) / 6;
13
14       //----------------------------------------------------------------
15       // Makes an initial fractal of order 1 (a triangle) when the pane
16       // is first created.
17       //----------------------------------------------------------------
18       public KochPane()
19       {
20           makeFractal(1);
21       }
22
23       //----------------------------------------------------------------
24       // Draws the fractal by clearing the pane and then adding three
25       // lines of the specified order between three predetermined points.
26       //----------------------------------------------------------------
27       public void makeFractal(int order)
28       {
29           getChildren().clear();
30           addLine(order, 200, 20, 60, 300);
31           addLine(order, 60, 300, 340, 300);
32           addLine(order, 340, 300, 200, 20);
33       }
34
35       //----------------------------------------------------------------
36       // Recursively adds a line of the specified order to the fractal.
37       // The base case is a straight line between the given points.
38       // Otherwise, three intermediate points are computed and four line
39       // segments are added as a fractal of decremented order.
40       //----------------------------------------------------------------
41       public void addLine(int order, double x1, double y1, double x5,
42           double y5)
43       {
```

```
44            double deltaX, deltaY, x2, y2, x3, y3, x4, y4;
45
46            if (order = = 1)
47            {
48                getChildren().add(new Line(x1, y1, x5, y5));
49            }
50            else
51            {
52                deltaX = x5 - x1;   // distance between the end points
53                deltaY = y5 - y1;
54
55                x2 = x1 + deltaX / 3;   // one third
56                y2 = y1 + deltaY / 3;
57
58                x3 = (x1 + x5) / 2 + SQ * (y1 - y5);   // projection
59                y3 = (y1 + y5) / 2 + SQ * (x5 - x1);
60
61                x4 = x1 + deltaX * 2 / 3;   // two thirds
62                y4 = y1 + deltaY * 2 / 3;
63
64                addLine(order - 1, x1, y1, x2, y2);
65                addLine(order - 1, x2, y2, x3, y3);
66                addLine(order - 1, x3, y3, x4, y4);
67                addLine(order - 1, x4, y4, x5, y5);
68            }
69        }
70    }
```

只要分形发生了变化(按下了一个按钮),就会调用 makeFractal 方法。每次调用这个方法时,实际上它会从头开始创建新阶数的分形。它会移除面板中的所有线段,调用 addLine 方法,将分形阶数及三条线段的端点坐标(x, y)传递给它,创建阶数为 1 的 Koch 雪花(一个三角形)。

在 addLine 方法中,如果阶数为 1,则会在作为参数传递的两个点之间画一条线段。如果阶数大于 1,则会计算每条线段的中点,并在它们之间添加合适的线段,阶数比当前阶数少 1。图 12.8 显示了这种线段转换。

根据作为参数传递的两个端点位置,计算出两点间长度的 1/3 和 2/3 点的位置。突出部分的顶点(即$<x_3, y_3>$)的计算更复杂一些,用到一个组合了多种几何关系的简化常量。计算这三个新点坐标的方法与画分形的递归技术没有关系。

这个程序中的递归发生在 addLine 方法调用自身时(4 次)。每一次递归调用都将分形阶数减 1。基本情况为阶数 1。

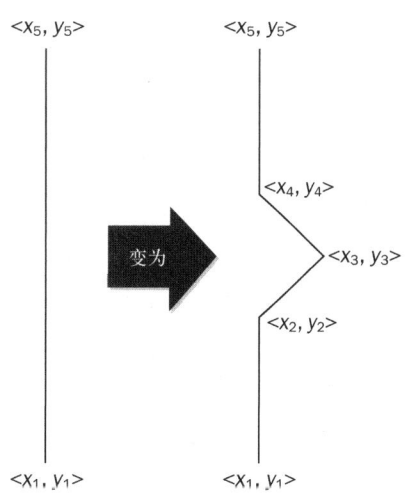

图 12.8　Koch 雪花每条线段的转换

重要概念: Koch 雪花的面积有限,但周长无限。

　　Koch 雪花的一个有趣的数学特征是，尽管它的周长是无限的，但面积是有限的。当分形的阶数增加时，它的周长呈指数增大，即数学上的无穷极限。但是，一个能包围 Koch 雪花二阶分形的矩形，就足以容纳所有更高阶的分形。Koch 雪花图形的面积是有限的，其周长却可以无限增长。

自测题

SR12.19　什么是分形？它与递归有什么关系？

SR12.20　为什么本节中的程序要对 Koch 雪花分形的阶数上界进行限制？

SR12.21　当阶数增加 1 时，Koch 雪花的每一条线段会如何变化？

重要概念小结

- 递归是一种方法能够调用自己的编程技术，递归编程的关键，是能以递归的思想考虑问题。
- 在所有递归定义中，必须有称为基本情况的非递归定义部分，才能使递归最终结束。
- 数学函数和数学公式常以递归的形式表示。
- 每一次对方法的递归调用都会创建新的局部变量和参数。
- 详细地跟踪递归处理过程，可以深入剖析递归法求解问题的方式。
- 对于某些问题，递归是最精练和适当的解法。但对于其他问题，递归则不如迭代解法直观。
- 汉诺塔解法具有指数复杂性，效率非常低，但是该解法的实现却十分简洁和精练。
- 分形是一种几何图形，可以递归地描述重复的图案。
- Koch 雪花的面积有限，但周长无限。

练习题

EX12.1　写出一个有效的 Java 标识符的递归定义(参见第 1 章)。

EX12.2　写出 x^y(x 的 y 次方)的递归定义，x 和 y 都是整数且 y 大于 0。

EX12.3　写出 $i \times j$(整数乘法)的递归定义，i 大于 0。将乘法计算过程定义为整数加法。例如，4×7 等于将 7 相加 4 次。

EX12.4　写出 Fibonacci 数列的递归定义。Fibonacci 数列是一系列整数，每一个数都是前两个数的和，最开始的两个数是 0 和 1。解释为什么一般不使用递归处理这个问题。

EX12.5　修改本章中计算 1～N 的和的方法，使新版本有如下的递归定义：1～N 的和等于 1～($N/2$)的和加上($N/2+1$)～N 的和。使用 N 为 7 来跟踪测试递归求解过程。

EX12.6　使用本章所给出的定义，编写一个递归方法返回 $N!$ 的值(N 阶乘)。解释为什么一般不使用递归来解决这个问题。

EX12.7　编写一个递归方法，反序输出一个字符串。解释为什么一般不使用递归来解决这个问题。

EX12.8　为本章的 MazeSearch 程序设计一个新的迷宫并重新执行程序。解释新迷宫的处理过程，并分析下述情形：尝试过但走不通的路径；从未尝试过的路径；最终成功穿越迷宫的路径。

EX12.9　对本章中 SolveTowers 程序的输出进行注解，指明递归步骤。

EX12.10　生成一个图，描述对于给定圆盘数 2, 3, 4, 5, 6, 7, 8, 9, 10, 15, 20, 25，求解汉诺塔问题需要移动多少次圆盘。

EX12.11　构造一个 N 阶的 Koch 雪花需要多少条线段？生成一个图，说明构造 1～9 阶的 Koch 雪花各需要多少条线段。

编程项目

PP12.1　设计并实现第 5 章中 PalindromeTester 程序的递归版本。

PP12.2　编写一个程序，实现欧几里得算法，找到两个正整数的最大公约数。最大公约数是指能同时除尽两个数的最大值。这个方法的迭代版本包含在第 7 章的 Rational-Number 类中。在 DivisorCalc 类中定义一个静态方法 gcd，以两个正整数 num1 和 num2 为参数。创建一个驱动程序来测试你的程序。递归算法定义如下：

- 若 num2 能整除 num1，则 gcd(num1, num2) 返回 num1
- 否则，gcd(num1, num2) = gcd(num2, num1%num2)

PP12.3　修改 Maze 类，使其输出最终得到成功路径而不保存该结果。

PP12.4　设计并实现一个程序，穿越一个三维迷宫。

PP12.5　设计并实现一个递归程序，解决"非攻击性皇后"问题。确定如何在一个 8×8 的棋盘上放置 8 个皇后，使得没有任何两个皇后在同一行、同一列或者一条斜线上的情况。棋盘上没有其他棋子。

PP12.6　在一种异域民族语言中，所有的词都采用 Blurb 的形式。一个 Blurb 是一个 Whoozit 跟随着一个或多个 Whatzit。一个 Whoozit 是一个字符'x'跟随着 0 个或多个'y'。一个 Whatzit 是一个'q'跟随着一个'z'或'd'，再跟随着一个 Whoozit。编写一个递归程序，产生上述异域民族语言中随机的 Blurb 结果。

PP12.7　编写一个递归程序，确定 PP12.6 中的字符串是否为一个有效的 Blurb。

PP12.8　编写一个递归程序，确定并输出 Pascal 三角形的第 N 行，如下所示。该三角形内部的每个数都是其上面两个数的和。提示：使用数组保存每一行的数值。

```
                        1
                     1     1
                  1     2     1
               1     3     3     1
            1     4     6     4     1
         1     5    10    10     5     1
      1     6    15    20    15     6     1
   1     7    21    35    35    21     7     1
1     8    28    56    70    56    28     8     1
```

PP12.9　设计并实现一个递归程序，实现二分法搜索。迭代型的二分法搜索算法请参见第 10 章。递归版本的二分法搜索算法不对目标值重复地使用循环，而是每次调用一个递归方法来测试一个值。如果测试的值不为目标值，则缩小搜索空间，并再次调用方法。定义待搜索元素范围的索引值将传递给这个方法。递归的基本情况为：找到目标值，或者没有可继续搜索的数据。设计这个程序时，假设数组包含一些排序的 String 对象。

PP12.10　创建本章 TiledImages 程序的一个新版本，在右下角而不是左上角显示重复的图像。

PP12.11　编写一个与 KochSnowflake 类似的 JavaFX 程序，显示各种阶数的 C 曲线分形。阶数为 1 的 C 曲线分形是一条垂直的线段。通过使用两条线段替换每一条线段来建立连续阶的 C 曲线分形，两条线段都是原线段长度的一半，并且以适当的角度相交。特别地，(x_1, y_1) 和 (x_3, y_3) 线段间的 C 曲线分形会用 (x_1, y_1) 和 (x_2, y_2) 及 (x_2, y_2) 和 (x_3, y_3) 两条线段替换，其中：

- $x_2 = (x_1 + x_3 + y_1 - y_3) / 2$
- $y_2 = (x_3 + y_1 + y_3 - x_1) / 2$

假设 C 曲线分形的最大阶数为 15。

PP12.12　编写一个与 KochSnowflake 类似的 JavaFX 程序, 显示各种阶数的 Sierpinski 三角分形。1 阶的 Sierpinski 三角就是一个三角形。阶数每增加 1, 每一个三角形就会被三个小三角形替换, 它们的顶点就是原三角形各边的中点。以下分别是阶数为 1、2 和 5 的 Sierpinski 三角形：

用 Polygon 对象表示三角形。假设最大阶数为 8。

第 13 章　集　　合

本章目标

1. 讨论集合的概念。
2. 强调将接口与实现分离的重要性。
3. 分析静态实现与动态实现的不同。
4. 定义与使用动态链表。
5. 介绍经典的线性数据结构(队列和栈)。
6. 讲解经典的非线性数据结构(树和图)。
7. 讨论 Java Collection API。
8. 定义泛型的用法及其在集合类中的应用。

求解问题常需要组织和管理数据的技术。本章探讨用于保存信息的对象及实现这类对象的各种方式,这类对象称为集合。第 5 章中已经讲解过一个有关集合的示例 ArrayList。多年来已发展了许多种集合,其中一些集合已成为经典。本章将介绍如何由引用来连接对象,以实现各种集合。

13.1　集合与数据结构

集合是一种对象,类似于保存其他对象的存储库。集合作为通用性术语可以用于许多场合,但我们常用集合表示一个专用于保存元素的对象,并且该对象还提供增加、删除等管理所保存元素的服务。例如,ArrayList 类(第 5 章已讨论过)代表一个集合,该集合提供了在列表末尾或基于索引在某个具体位置增加元素的方法,以及根据需要删除指定元素的方法。

有些集合以特定的顺序维护自己所保存的元素,有些集合则并非如此。Java 中所有的集合类都是泛型类,所以当创建集合对象时,需指定它所管理的对象的类型。例如,可以创建一个保存字符串类型数据的 ArrayList<String>,也可以创建一个保存 Book 对象的 ArrayList<Book>。

13.1.1　分离接口与实现

集合的一个重要之处是,集合可以用各种方式实现。也就是说,保存对象的底层数据结构可以用各种技术实现。例如,Java 标准类库中的 ArrayList 类是用数组实现的(正如其名称所示),所有施加在 ArrayList 上的操作都是调用数组的相应方法来实现的。LinkedList 类也表示一个列表集合,但是它的底层实现并不使用数组。它的实现依赖于一种称为链表的数据结构(同样,这也是它的名称的来源),下一节中将探讨链表。

一个抽象数据类型(ADT)是由数据和在该数据上所实施的具体操作构成的集合。一个 ADT 包含名称、值域和一组允许执行的操作。ADT 之所以被视为抽象数据类型,是因为在 ADT 上可以执行的操作与底层的实现分离开了。也就是说,ADT 保存数据和执行方法的细节是独立于其内在概念的。实质上，术语"集合"和"抽象数据类型"是可以互换的等同概念。

对象非常适用于定义集合。根据定义，对象本身应具有定义良好的接口，接口的实现隐含在类中，表达数据的方式和管理数据的操作都封装在对象中。由于对象与软件系统其他组成部分之间的交互受到有效控制，因此这种类型的对象可复用，并且是可靠的。

> **重要概念：** 对象具有定义良好的接口，因而成为一种实现集合的完美机制。

自测题

SR13.1　什么是集合？

SR13.2　集合与数据结构有什么不同？

SR13.3　为什么对象特别适于实现抽象数据类型？

13.2　数据的动态表示

数组的一个重要限制是：在存续期间，它的大小固定。有时由于事先不知道需要存储多少信息，因此无法确定应该建立多大的数组。ArrayList 类解决可变大小数组问题的方法是：每当需要扩大数组时，就创建一个更大的数组并将原有数据复制到新数组，但这种方法不一定是高效的。

一种动态数据结构用链(link)来实现。利用对象引用作为连接对象之间的链，就可以建立适用于各种情况的数据结构。精心实现的数据结构可以具有相当高效的搜索和修改功能。按这种方式建立的数据结构具有动态性，因为其大小是在使用时动态变化的，而不是在声明时静态确定的。

> **重要概念：** 动态数据结构的大小规模可随需要而增长或收缩。

13.2.1　动态结构

回想一下，用于记录一个对象位置的变量是指向该对象的引用，即引用变量保存了该对象的地址。如下的声明：

```
House home = new House("602 Greenbriar Court");
```

实际上完成了两件事情：声明 home 是一个指向 House 对象的引用，同时还实例化了一个 House 类的对象。现在考虑这样一个类声明，该类中包含一个同类型对象的引用，例如：

```
class Node
{
    int info;
    Node next;
}
```

实例化两个 Node 类对象，并使一个 Node 对象的引用变量 next 指向另一个 Node 对象，从而将两个对象链接在一起。第二个对象的引用变量 next 又可指向第三个 Node 对象，依次类推，最后建立起一个链表。链表中第一个节点单独用一个变量来引用，并将最后一个节点的引用变量 next 置为 null，表示链表结束。图 13.1 描述了一个链表。

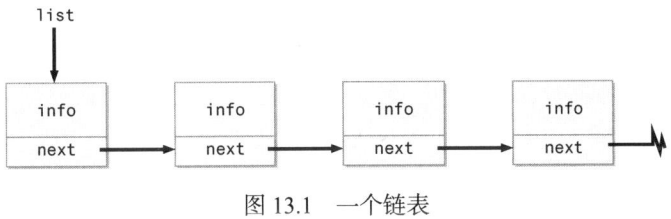

图 13.1　一个链表

> **重要概念：** 可以通过保存和更新对象引用来实现一个链表的动态管理。

上述例子中，保存在每个 Node 对象中的信息只是一个简单的整型值。实际上，在一个类的定义中，可以声明任意数量、任意类型的信息。

13.2.2　动态链表

例 13.1 中的程序建立了一个 Magazine（杂志）对象列表，然后输出这个列表。Magazine 列表封装在 MagazineList 类（如例 13.2 所示）中，并作为一个动态链表进行管理。

例 13.1

```
1    //********************************************************************
2    // MagazineRack.java     Author: Lewis/Loftus
3    //
4    // Driver to exercise the MagazineList collection.
5    //********************************************************************
6
7    public class MagazineRack
8    {
9       //-------------------------------------------------------------
10      // Creates a MagazineList object, adds several magazines to the
11      // list, then prints it.
12      //-------------------------------------------------------------
13      public static void main(String[] args)
14      {
15         MagazineList rack = new MagazineList();
16
17         rack.add(new Magazine("Time"));
18         rack.add(new Magazine("Woodworking Today"));
19         rack.add(new Magazine("Communications of the ACM"));
20         rack.add(new Magazine("House and Garden"));
21         rack.add(new Magazine("GQ"));
22
23         System.out.println(rack);
24      }
25   }
```

输出

```
Time
Woodworking Today
```

```
Communications  of  the  ACM
House  and  Garden
GQ
```

例 13.2

```
1     //**********************************************************************
2     // MagazineList.java     Author: Lewis/Loftus
3     //
4     // Represents a collection of magazines.
5     //**********************************************************************
6
7     public class MagazineList
8     {
9         private MagazineNode list;
10
11        //-----------------------------------------------------------------
12        // Sets up an initially empty list of magazines.
13        //-----------------------------------------------------------------
14        public MagazineList()
15        {
16            list = null;
17        }
18
19        //-----------------------------------------------------------------
20        // Creates a new MagazineNode object and adds it to the end of
21        // the linked list.
22        //-----------------------------------------------------------------
23        public void add(Magazine mag)
24        {
25            MagazineNode node = new MagazineNode(mag);
26            MagazineNode current;
27
28            if (list == null)
29                list = node;
30            else
31            {
32                current = list;
33                while (current.next != null)
34                    current = current.next;
35                current.next = node;
36            }
37        }
38
39    //-----------------------------------------------------------------
40    // Returns this list of magazines as a string.
41    //-----------------------------------------------------------------
42    public String toString()
```

```
43        {
44            String result = "";
45
46            MagazineNode current = list;
47
48            while (current != null)
49            {
50                result += current.magazine + "\n";
51                current = current.next;
52            }
53
54            return result;
55        }
56
57        //*********************************************************************
58        // An inner class that represents a node in the magazine list.
59        // The public variables are accessed by the MagazineList class.
60        //*********************************************************************
61        private class MagazineNode
62        {
63            public Magazine magazine;
64            public MagazineNode next;
65
66            //------------------------------------------------------------
67            // Sets up the node
68            //------------------------------------------------------------
69            public MagazineNode(Magazine mag)
70            {
71                magazine = mag;
72                next = null;
73            }
74        }
75 }
```

MagazineList 类代表一个杂志列表，从类外部的角度来说，我们并不关注杂志列表是如何实现的。例如，我们不知道杂志列表是保存在数组中还是链表中。MagazineList 类提供了一组方法，允许用户维护该杂志列表，这组方法(add 方法和 toString 方法)定义了对 MagazineList 接口的操作。

MagazineList 类用一个内部类 MagazineNode 代表链表中的一个节点。每个节点包含了一个杂志对象引用和链表中下一个节点的引用。由于 MagazineNode 是内部类，因此将该内部类中的数据声明为公有是合理的，这样便于 MagazineList 类中的代码直接引用内部类的数据。

例 13.3 中列出的 Magazine 类封装得很好，该类的所有数据都声明为私有的，同时提供了完成更新操作所需要的方法。注意，由于程序用一个独立的 MagazineNode 类代表链表中的节点，所以 Magazine 类本身不再需要包含指向链表下一个 Magazine 对象的链，这使 Magazine 类对于任何需要不同链表内容的问题都保持独立性。

例 13.3

```
1    //*********************************************************************
2    // Magazine.java    Author: Lewis/Loftus
```

```
3     //
4     // Represents a single magazine.
5     //***********************************************************
6
7     public class Magazine
8     {
9         private String title;
10
11        //------------------------------------------------------------
12        // Sets up the new magazine with its title.
13        //------------------------------------------------------------
14        public Magazine(String newTitle)
15        {
16            title = newTitle;
17        }
18
19        //------------------------------------------------------------
20        // Returns this magazine as a string.
21        //------------------------------------------------------------
22        public String toString()
23        {
24            return title;
25        }
26    }
```

　　在 MagazineList 类中还可以增加一些其他方法。例如，除了已提供的 add 方法，可以定义一个 insert 方法，传给 insert 方法的参数指明在哪个节点后插入新节点，以便在链表的任意位置添加新节点（并保持有序状态）。传递给 insert 方法的参数可以是某个节点的值，新插入的节点将位于这个节点之后。图 13.2 描述了如何更新节点引用以插入一个新节点。

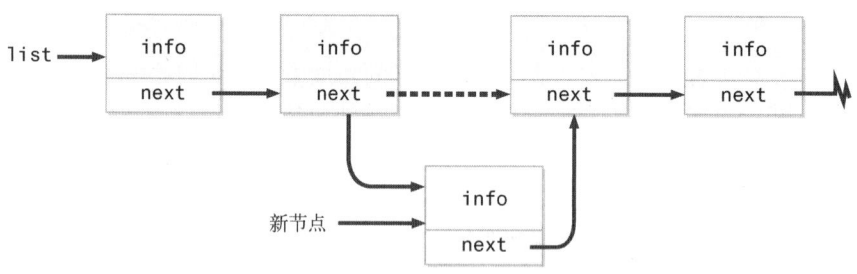

图 13.2　在链表中间插入一个新节点

重要概念：通过精心处理对象引用，可以实现插入和删除操作。

　　在 MagazineList 接口中，还可以定义一个有用的方法 delete 来删除节点。回顾第 3 章曾讨论过的问题，删除一个对象的所有引用后，该对象就成为垃圾回收的对象。图 13.3 描述了如何通过更新引用来删除链表中的节点。注意，必须以适当的顺序修改引用，以保证不会丢失其他的节点，并且各个引用依然指向链表中的相应有效节点。

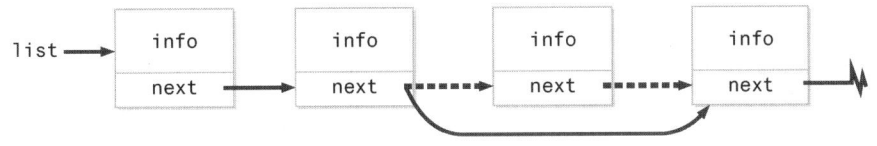

图 13.3　删除链表中的一个节点

13.2.3　其他动态链表

根据程序的具体需求，可以用不同的方法实现链表。例如，在某些情况下，实现双向链表会使处理过程更加容易。在双向链表中，每个节点不仅具有一个指向后一节点的引用，而且还包含一个指向前一节点的引用。例如，一个泛型 Node 类可声明如下：

```
class Node
{
    int info;
    Node next, prev;
}
```

重要概念：动态链表有许多不同的实现。

图 13.4 给出了一个双向链表。注意，和单向链表一样，双向链表最后节点的 next 引用为 null。类似地，由于第一个节点前面再没有节点，因此双向链表第一个节点的 prev 引用也是 null。双向链表使得在链表节点间向前、向后访问节点更加容易，但建立和修改链表操作将比较复杂。

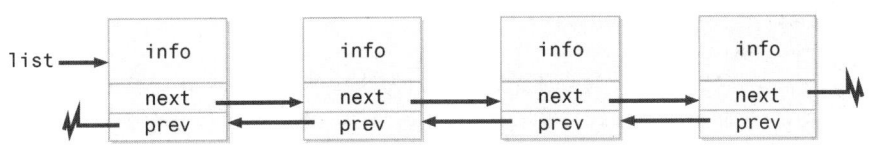

图 13.4　一个双向链表

链表的另外一种实现是在链表中增加一个头节点，它包含一个指向链表第一个节点的前引用和一个指向链表最后节点的后引用，后引用将便于在链表尾部增加新节点。头节点还可以包含其他的信息，例如链表的当前节点数。头节点的声明类似如下：

```
class ListHeader
{
    int count;
    Node front, rear;
}
```

请注意，头节点类与它所引用的 Node 类不是相同的类。图 13.5 展示了一个有头节点的链表实现。

此外，还可以建立其他的链表实现方案。例如，可以将链表头节点与双向链表相结合，或者以有序的方式维护链表。链表的实现方法应当满足所需的处理要求。如果采用较复杂的数据结构能使一些基本的共同操作更有效，那么由维护复杂数据结构所带来的额外开销是值得的。

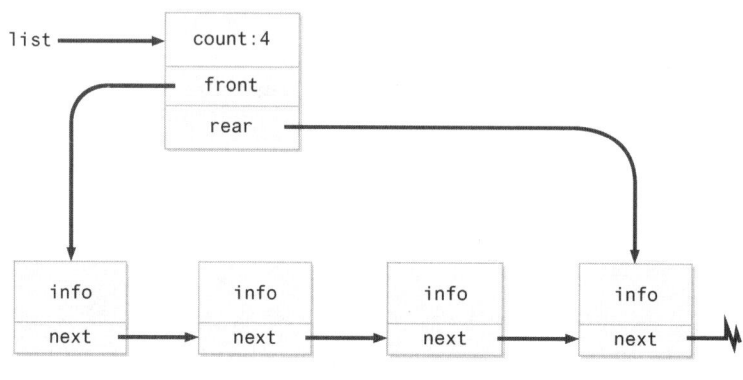

图 13.5　具有头节点的链表

自测题

SR13.4　什么是动态数据结构？

SR13.5　阐述图 13.2 的链表节点插入步骤，有什么需要特别注意之处？

SR13.6　阐述图 13.3 的链表节点删除步骤，有什么需要特别注意之处？

SR13.7　假设 first 是 Node 类对象的一个引用变量，它指向链表的第一个节点。编写一段伪码，计算并返回链表中节点的个数。

SR13.8　什么是双向链表？

SR13.9　什么是链表中的头节点？

13.3　线性集合

除链表外，一些集合之所以成为经典结构，是因为这些结构代表了在计算中经常出现的重要的基本问题。如链表、队列和栈都是线性集合，即这些结构表示的数据是以线性方式组织的。本节将详细探讨一些线性集合。

13.3.1　队列

队列类似于链表，不同之处是队列的元素存取方式有限制。具体地说，队列使用先进先出(FIFO)的存取方式，即存入队列的第一个元素是最先从队列取出来的元素。图 13.6 显示了一个队列的 FIFO 存取处理过程。

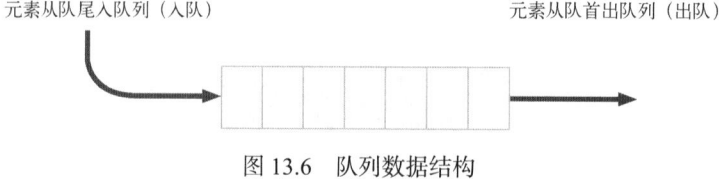

图 13.6　队列数据结构

> **重要概念**：队列是一种按先进先出(FIFO)的方式管理数据的线性集合。

任何一种有等待特点的排列都是一个队列。想想人们在银行排队等待柜员服务的情况。一位客户从队尾进入队列，并且像前面已接受服务的客户一样在队伍中向前移动，最终，每个客户都会移动到队列的前端接受服务。

注意，队列的处理是概念级的。我们可以说客户不断移动位置，直至到达队列前端，但是实际的实现方法是队列的前端随着前面的客户离开而向前移动。也就是说，我们并不关心是客户队列朝柜员移动，还是客户不动而队列随着给客户提供服务的进度由柜员移动。

一个队列数据结构具有下列典型的操作：

● 入队——在队尾添加一个元素。
● 出队——从队首移出一个元素。
● 检测空队列——如果队列为空，返回 true。

13.3.2　栈

栈类似于队列，差别在于栈元素在栈的同一端进入和移出栈，最后一个进入栈的元素是第一个被移出栈的，就如同放在橱柜中的一叠盘子或堆在谷仓中的一垛干草。因此，栈按后进先出(LIFO)的方式处理信息，如图 13.7 所示。

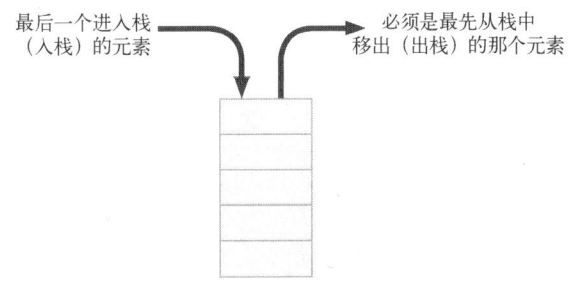

图 13.7　栈数据结构

重要概念：栈是一种按后进先出(LIFO)的方式管理数据的线性集合。

一个栈抽象数据类型(ADT)具有下列典型的操作：

● 入栈——将一个元素压入栈顶。
● 出栈——从栈顶移出一个元素。
● 读栈顶——从栈顶获取元素，但并不将该元素移出栈。
● 检测空栈——如果栈为空，返回 true。

java.util 包有一个实现栈数据结构的 Stack 类，该类提供了完成那些栈操作的标准方法，此外还有一个在栈中搜索指定对象的方法。

Stack 类的 search 方法返回一个整型值，表示所搜索的指定对象在栈中的位置。一般认为这种搜索类型不属于常见的栈集合。

与 ArrayList 类似，栈也是一种泛型类。创建 Stack 对象时，需指定栈所存放的对象的类型。

下面分析一个用栈解决问题的例子。例 13.4 所示的程序接收一个加密信息字符串，然后译码解密并输出该信息串。

例 13.4

```
1   //***********************************************************
2   // Decode.java          Author: Lewis/Loftus
3   //
```

```
4       // Demonstrates the use of the Stack class.
5       //**********************************************************************
6
7       import java.util.*;
8
9       public class Decode
10      {
11          //-------------------------------------------------------------------
12          // Decodes a message by reversing each word in a string.
13          //-------------------------------------------------------------------
14          public static void main(String[] args)
15          {
16              Scanner scan = new Scanner(System.in);
17
18              Stack<Character> word = new Stack<Character>();
19
20              String message;
21              int index = 0;
22
23              System.out.println("Enter the coded message:");
24              message = scan.nextLine();
25              System.out.println("The decoded message is:");
26
27              while (index < message.length())
28              {
29                  // Push word onto stack
30                  while (index < message.length() && message.charAt(index) != ' ')
31                  {
32                      word.push(message.charAt(index));
33                      index++;
34                  }
35
36                  // Print word in reverse
37                  while (!word.empty())
38                      System.out.print(word.pop());
39                  System.out.print(" ");
40                  index++;
41              }
42
43              System.out.println();
44          }
45  }
```

输出

```
Enter the coded message:
artxE eseehc esaelp
The decoded message is:
Extra cheese please
```

解密后的信息由与原字符顺序反序的单词组成，单词之间用一个空格分隔。程序使用 Stack 类将每个单词的字符压入栈中。在读取一个完整的单词时，每一个字符都会出栈并输出。

自测题

SR13.10 队列与链表有什么不同?

SR13.11 假设一个队列为空，在经过以下操作后队列中的内容是什么?

```
enqueue(5);
enqueue(21);
dequeue();
enqueue(72);
enqueue(37);
enqueue(15);
dequeue();
```

SR13.12 什么是栈?

SR13.13 假设一个栈为空，在经过以下操作后栈中的内容是什么?

```
push(5);
push(21);
pop();
push(72);
push(37);
push(15);
pop();
```

SR13.14 什么是 Stack 类?

13.4 非线性数据结构

列表、栈和队列等线性集合都通过线性数据结构(比如，数组或者链表)管理。但是，对于那些元素不为线性数据结构的集合，使用非线性数据结构实现它们可能更合适。本节将讨论两种非线性数据结构：树和图。

13.4.1 树

树是一种非线性数据结构，由一个根节点和构成层次结构的多个节点组成。除根节点外的所有节点称为内部节点，没有子节点的节点称为叶节点。图 13.8 描述了一棵树的结构。请注意，树需要从上至下地绘制，根节点在顶部，叶节点在底部。

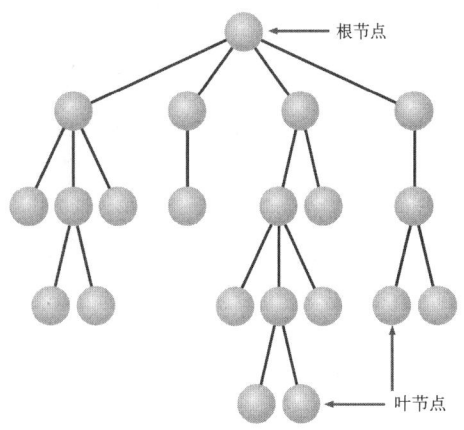

图 13.8 树数据结构

> **重要概念：** 树是一种以层次结构组织数据的非线性数据结构。

在如图 13.8 所示的一棵普通树上，每个节点都可以有自己的子节点。正如第 9 章提到过的，类之间的继承关系可以用一棵普通的树结构来表示。

在一棵二叉树中，每个节点不能有超过两个的子节点。二叉树在各种程序设计问题中很有用。从技术上来说，二叉树只是普通树的一个子集，但是二叉树在计算领域中非常重要，以至于人们常将二叉树本身视为一种数据结构。

树和二叉树的操作有所不同，但至少二者都包括了添加节点和删除节点的操作。由于树和二叉树的非线性本质，二者都能以引用作为动态链而很好地实现。不过，用静态表示方式(如数组)实现树形数据结构也是可能的。

13.4.2　图

和树一样，图也是一种非线性数据结构。不同的是，图没有类似于树的根节点那样的初始入口点。在图中，一个节点到另一个节点的连接称为边，连接一个图内各节点的边数一般没有限制。图 13.9 表示了一个图数据结构。

> **重要概念：** 图是一种非线性数据结构，使用常见的边来连接各个节点。

当用线性路径和严格的层次结构不足以表示事物之间的某种关系时，图是一种表示这类关系的很有用的数据结构。例如，将地图上连接各城市的高速公路系统和连接各机场的航空路线表示为图，就比使用至今所讨论的任何一种数据结构都要好。

在一个普通的图中，边是双向的，即对于连接 A 节点和 B 节点的边，可以从 A 节点追溯到 B 节点，也可以从 B 节点追溯到 A 节点。在一个有向图中，每条边只有特定的方向。图 13.10 显示了一个有向图，图中用箭头标注了每条边的方向。

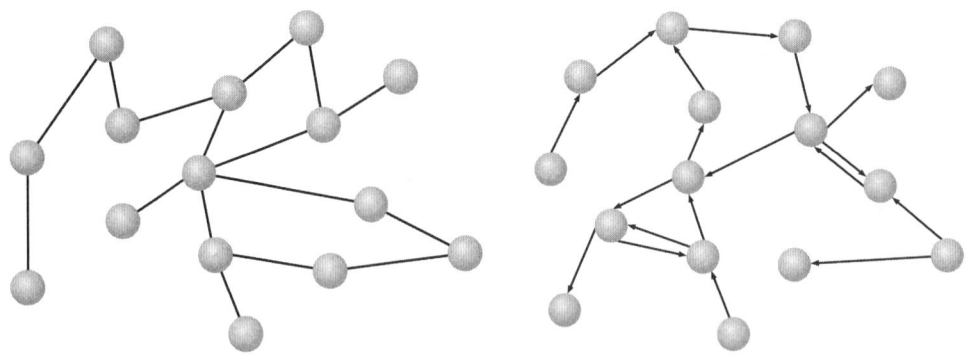

图 13.9　图数据结构　　　　　　　　图 13.10　有向图

例如，有向图可用于表示机场之间航空路线的航向。与高速公路不同，高速公路几乎都是双向的，但从一个城市到另一个城市有航班并不意味着一定还有回程航班；或者即使有回程航班，该航班也有可能具有一些不同的属性(例如，价格不同)。

与树类似，虽然也可以用数组实现图，但更常用动态链表来实现它。

自测题

SR13.15　树和图有什么共同点？

SR13.16　哪种数据结构(树或图)更适合下列各选项。

　　　　　a. 计算机系统中的目录和文件

　　　　　b. 飞机的航线

　　　　　c. 一群人中的朋友关系

　　　　　d. 公司的大老板

13.5　Java 集合类 API

Java 标准类库中定义了几种表示不同类型集合的类，常称为 Java 集合类 API。

> **重要概念**：Java 集合类 API 定义了几种以不同方式实现的集合类。

在这组类中，大多数的类名表明了集合类型及其基本实现方法。例如，ArrayList 类和 LinkedList 类表示一种列表集合，前者在底层使用数组，而 LinkedList 类使用的是动态链表。

Vector 类和 Stack 类是早期 Java 版本遗留下来的类，所以类的命名规则与新的集合类命名规则不一致。

有一些接口用于定义集合操作，包括 List、Set、SortedSet、Map 和 SortedMap。Set 与原集合概念的含义一致，代表没有重复元素的集合。Map 是可用关键字引用的一组元素。

13.5.1　泛型

前面讨论 ArrayList 类时曾提到过，Java 集合类 API 中的类定义为泛型，是指一个集合所管理的对象的类型要在实例化该集合对象时才能确定。

> **重要概念**：Java 集合类 API 中定义的类为泛型。

例如，要建立一个 String 对象的 LinkedList，需要按下述方式实例化一个集合对象：

```
LinkedList<String> myStringList = new LinkedList<String>();
```

类似地，要建立一个 Book 对象的 LinkedList，需要按下述方式实例化集合对象：

```
LinkedList<Book> myBookList = new LinkedList<Book>();
```

通过指定集合中的存储对象类型，可以获得以下两项益处：

● 只有适当类型的对象可以添加到集合中。

● 由于集合中的对象类型已经建立，因此将一个对象移出集合时不再需要类型转换。

在上述例子中，myStringList 集合只能存放 String 对象，而 myBookList 集合只能存放 Book 对象。注意，这些集合所能存放的对象的类型与继承关系有关。例如，若一个 Dictionary 类由 Book 类派生，则 myBookList 集合就可以存放 Dictionary 对象，因为基于继承机制，Dictionary(字典)"是"一种 Book(书)。

> **重要概念**：泛型保证了集合中对象类型的兼容性。

在建立集合时，如果没有指定该集合中可能存放的对象类型，则将默认定义为 Object 类型，即该集合可以存放任何类型的对象。这样，集合类的使用就可与没有泛型类定义的早期 Java 版一致。

集合类的细节和定义泛型类的技术超出了本书范畴，因此这里不再进行深入探讨。

自测题

SR13.17　什么是 Java 集合类 API?

SR13.18　什么是泛型? 该类型与 Java 集合类 API 有何关系?

13.6　映射

映射是一种集合, 它建立键与值之间的关系, 提供根据一个键获取它的值的高效方式。映射中的键必须是唯一的, 并且一个键只能映射到一个值。

例如, 可以将一个单词(键)映射到它的释义(值), 然后根据某个单词来查找其释义。或者, 可以将一个 ZIP 代码(键)映射到该代码所对应的城市名(值)。这样, 就可以根据 ZIP 代码来查找城市名。还可以将一个唯一的会员号映射到俱乐部的某一位会员, 或者将美国每一个州的州名与它的首府一一映射。这里存在着无限的可能性。

> **重要概念:** 映射是为了高效地获取信息而设计的。

映射是为了高效查询而设计的。给定一个键, 映射的内部结构能够确保以最小的代价找到与该键相关联的值。当映射中存在大量的元素时, 效率就是一个关键因素。

映射在 Java 集合 API 中通过 Map 接口定义, 该接口包含了添加键/值对的方法及根据键取得值的方法。Map 接口被实现成两个类: TreeMap 和 HashMap。正如名称所示, TreeMap 在内部使用搜索树来保存实体, 而 HashMap 采用的是哈希表。二者的差别是 HashMap 中的元素是无序的, 而 TreeMap 保存的是有序元素。在效率上, TreeMap 略逊于 HashMap。

和其他集合一样, Map 接口和它的实现类也都是泛型的。映射中存在两种类型的参数: 一个参数代表键, 另一个表示值。以下是一个可以用作字典的映射声明:

```
Map<String, String> dictionary = new HashMap<String, String>();
```

这个字典将一个 String(单词)映射成一个 String(单词的释义)。开始时, dictionary 映射为空。利用 put 方法, 可以为映射添加新元素。

```
dictionary.put("programmer", "A person who converts caffeine into code.");
```

只要字典中存在键/值对, 就可以利用 get 方法查找某个单词的释义:

```
System.out.println("programmer: " + dictionary.get("programmer"));
```

如果映射中不存在要搜索的键, 则该方法会返回 null。

下面是另外一个例子。如下的声明创建了一个映射, 可用于根据一个会员号查找对应的 Member 对象值:

```
Map<Integer, Member>memberMap = new TreeMap<Integer, Member>();
```

由于泛型类型所表示的必须是对象, 因此此处的键应当是一个 Integer 对象而不是一个整型值。同样, 也必须如此定义 Member 类。

前面说过, 可以利用 put 方法将新会员的信息添加到映射中:

```
memberMap.put(40792, new Member("Marlon", "Brando"));
```

利用 get 方法则可以取得某位会员的 Member 对象值:

```
Member mem = memberMap.get(40792);
```

某些情况下，映射是一种非常有用的集合，因此应当将其作为编程工具集中的主要工具之一。

自测题

SR13.19　映射的用途是什么？

SR13.20　映射所包含的两个泛型类型参数是什么？

SR13.21　如何在映射中添加和获取元素值？

13.7　利用 var 简化声明

Java 10 中增加了一个关键字 var，它用于简化复杂的变量声明。此处介绍 var，是因为涉及集合时它是一个非常有用的工具，可以避免冗长的语法声明。

var 关键字支持局部变量类型推断，这意味着编译器会根据声明变量时的环境及变量的初始值来确定变量的类型。

例如，下面的代码行会创建一个名为 list 的 ArrayList 对象：

```
List<String> list = new ArrayList<String>();
```

这个 list 变量的类型会被声明成 List<String>。利用 var 关键字，可以将其声明如下：

```
var list = new ArrayList<String>();
```

编译器知道哪一种类型的对象会被赋予 list，从而会用一种兼容的类型创建这个变量。这样，就可以按常规方法使用它：

```
list.add("Toledo");
```

使用 var 关键字的初衷，是去除复杂的语法而使代码更易于阅读。可以将如下的映射声明：

```
Map<String, List<Book>>bookMap = new HashMap<String, List<Book>>();
```

与采用 var 关键字的简化版本进行比较：

```
var bookMap = new HashMap<String, List<Book>>();
```

var 关键字也可用于从方法返回一个值的情形。考虑如下的方法声明：

```
public Map<Integer, List<Student>>getMap()
{
// create and return a map
}
```

可以如下调用 getMap 方法：

```
var myMap = getMap();
```

编译器会评估这个方法的返回类型，并相应声明 myMap 的类型。

> **重要概念：** 如果能够简化代码且不会导致阅读误解，就可以使用 var 关键字。

有人认为，var 关键字反而会使代码的可读性降低，因为它隐藏了变量的真实类型。建议谨慎使用 var 关键字，只有当容易推断出变量类型的情况下才使用它。也就是说，使用它不会导致含义模糊，并且能使代码更清晰。

还要记住，使用 var 后，编译器必须能够通过代码的上下文环境推断出变量的类型。因此，存在无法使用 var 的很多情况。不能用 var 来声明没有初始化的变量，或者在将变量初始化为 null、数组初始化式或 lambda 表达式的结果时也不能使用。也不能用它来声明方法形参。而且，只能将 var 用于声明方法内(而不是类级)的局部变量。

最后，如果多态性可能会掩盖显式类型，则使用 var 时必须小心。如果 Teacher 类是从 Person 类派生出来的，则下面的声明将创建类型为 Teacher 的 educator 变量：

```
var educator = new Teacher();
```

如果试图为 educator 赋予一个 Professor 类型的对象，则即使 Professor 也派生自 Person，也会发生错误。

自测题

SR13.22　var 关键字的用途是什么？

SR13.23　在局部变量类型推断中，编译器扮演什么角色？

SR13.24　给出三种不能使用 var 关键字声明变量的情形。

13.8　lambda 表达式与集合

Java 8 中增加了函数式编程的功能，以支持面向对象和面向过程范式功能。其中，最重要的函数元素是 lambda 表达式。第 4 章简要讨论过用于在图形用户界面(GUI)中定义事件处理器的 lambda 表达式，但随后在大多数 GUI 示例中采用了其他方法。

当处理保存在集合中的值时，lambda 表达式尤其有用，因此有必要详细探讨它。

lambda 表达式是一种无名函数——本质上是一段代码，可以将其作为实参传递给方法，然后执行它。lambda 表达式本身也具有参数且能够返回值。lambda 表达式提供了一种"动态"定义函数的方法，而不是为某项任务定义固定的方法，并且其代码量会更少。

lambda 表达式的一个关键特性，是它提升了多核机器上的并行处理能力。例如，可以使用 lambda 表达来指定如何处理每一个元素，而不必用一个 for 循环来访问 ArrayList 中的所有元素。这样，Java 虚拟机(JVM)就可以并行地将该表达式应用于不同处理器上的不同列表元素。

lambda 表达式的格式是

```
parameters -> body
```

其中的 lambda 表达式体(body)很短，通常只有一行代码。下面的 lambda 表达式接收两个整型参数，返回它们的和：

```
(int x, int y) -> { return x + y; }
```

如果 Java 能够确定参数的类型，则可以省略类型声明。lambda 表达式体也可以是一个简单的表达式，它被用作返回值。因此，上述表达式可以写成

```
(x, y) -> x + y
```

下面探讨如何使用 lambda 表达式对集合执行各种操作。更准确地说，探讨的是如何将它应用于流，即执行任务的元素序列。元素序列通常是从集合获取的。

重要概念：lambda 表达式通常应用于元素流。

特别地，需要探讨如何使用 lambda 表达式和流来过滤(filter)、映射(map)、收集(collect)或累积(reduce)集合。

过滤是从集合中确定值子集的过程。假设有如下的 ArrayList，它包含一些整数：

```
ArrayList<Integer>nums = new ArrayList<Integer>();
```

如果需要找出列表中大于 100 的所有值，则不必使用 for 循环和 if 语句，可以这样做：

```
nums.stream()
    .filter(num -> num > 100)
    .forEach(num -> System.out.println(num));
```

调用列表的 stream 方法，会将列表的内容作为一个流(IntStream)返回。流的 filter 方法的参数是一个 lambda 表达式，它用于过滤流，得到一个只包含大于 100 的值的流。最后，forEach 方法的参数也是一个 lambda 表达式，它用于输出流中的所有数字。

这个过程不会改变原始 ArrayList(nums)中的任何值。

映射是以某种方式转换集合中的元素的过程。例如，假设希望给列表中的每个元素的值增加 20，这时可以利用流的 map 函数：

```
nums.stream()
    .map(num -> (num + 20))
    .forEach(num -> System.out.println(num));
```

同样，这样做不会改变 nums 列表中的原始值。它创建了一个流，其中的值被增加了 20，然后输出这些值。

收集是处理流中所有元素以产生最终结果的过程，结果通常为单一值。例如，流包含计算数值流的总和或平均值的方法，以及确定最小值或最大值的方法。

下面的示例会计算列表中值的和：

```
int sum = nums.stream()
              .sum();
```

此处并不需要 lambda 表达式，而是需要流。

下面的收集示例使用流的 mapToInt 函数来计算 bookTitles 列表中所有书名的平均长度：

```
averageLength = bookTitles.stream()
    .mapToInt(title -> title.length())
    .average();
```

mapToInt 方法接收一个 lambda 表达式，它返回一个包含列表中每一个书名长度的流。

自测题

SR13.25　什么是 lambda 表达式？

SR13.26　什么是流？

SR13.27　编写代码，过滤 scores 列表中的元素，只输出大于 60 的成绩值。

重要概念小结

- 对象具有定义良好的接口，因而成为一种实现集合的完美机制。
- 动态数据结构的大小规模可随需要而增长或收缩。
- 可以通过保存和更新对象引用来实现一个链表的动态管理。
- 通过精心处理对象引用，可以实现插入和删除操作。
- 动态链表有许多不同的实现。
- 队列是一种按先进先出(FIFO)的方式管理数据的线性集合。
- 栈是一种按后进先出(LIFO)的方式管理数据的线性集合。
- 树是一种以层次结构组织数据的非线性数据结构。
- 图是一种非线性数据结构，使用常见的边来连接各个节点。
- Java 集合类 API 定义了几种以不同方式实现的集合类。
- Java 集合类 API 中定义的类为泛型。
- 泛型保证了集合中对象类型的兼容性。
- 映射是为了高效地获取信息而设计的。
- 如果能够简化代码且不会导致阅读误解，就可以使用 var 关键字。
- lambda 表达式通常应用于元素流。

练习题

EX13.1　假设 current 是一个指向 Node 对象的引用，并且当前正指向链表中的某个节点。用伪码描述如何从链表中删除 current 后面的节点。注意考虑 current 指向链表第一个节点和最后一个节点的情况。

EX13.2　假设 EX13.1 中的链表是有 next 和 prev 引用的双向链表，修改原答案。

EX13.3　假设 current 和 newNode 都是指向 Node 对象的引用，并且 current 当前指向链表中的一个节点，newNode 指向另一个还未链入链表的 Node 对象。用伪码描述将 newNode 插入链表中 current 所指节点之后的步骤。注意考虑 current 指向链表第一个节点和最后一个节点的情况。

EX13.4　假设 EX13.3 中的链表是有 next 和 prev 引用的双向链表，修改原答案。

EX13.5　在一个链表头节点中的前引用和后引用会指向同一个节点吗？二者都会是 null 吗？是否会出现其中一个是 null 的情况？举例解释你的答案。

SR13.6　假设一个队列为空，在经过以下操作后队列中的内容是什么？

```
enqueue(45);
enqueue(12);
enqueue(28);
dequeue();
dequeue();
enqueue(69);
enqueue(27);
enqueue(99);
dequeue();
enqueue(24);
```

```
enqueue(85);
enqueue(16);
dequeue();
```

EX13.7　出队操作和入队操作的顺序如何影响队列的最终状态？入队操作之间的顺序如何影响队列的最终状态？举例说明。

EX13.8　假设一个栈为空，在经过以下操作后队列中的内容是什么？

```
push(45);
push(12);
push(28);
pop();
pop();
push(69);
push(27);
push(99);
pop();
push(24);
push(85);
push(16);
pop();
```

EX13.9　出栈操作和入栈操作的顺序如何影响栈的最终状态？入栈操作间的顺序如何影响栈的最终状态？举例说明。

EX13.10　用树结构描述一个家谱图合适吗？为什么？用二叉树是否更好？为什么？

EX13.11　用哪种数据结构表示不同 Web 站点之间的链接比较好？举例说明。

EX13.12　为一个 Map 集合提供一个声明，该集合将美国的 ZIP 代码映射成所代表的城市名。然后，编写一段代码，为集合添加三个新元素。

EX13.13　编写一行代码，从一个名为 capitals 的 Map 中搜索并输出对应于 Virginia 州的值。

EX13.14　使用 var 关键字声明一个名为 courseMap 的变量，将其初始化为一个新的 HashMap 对象，该对象将一个课程 id（一个整数）映射到一个 Course 对象。

EX13.15　编写代码，使用流和 lambda 表达式过滤一个 heights 整数列表，仅输出大于 60 且小于 72 的高度值。

EX13.16　假设一个名为 roster 的 ArrayList 保存了一系列的姓名（字符串）。编写代码，使用流和 lambda 表达式计算与输出姓名的平均长度。

编程项目

PP13.1　类似第 8 章的例子，编写一个程序，使用链表维护一个 DVD 集。在 main 方法中将不同的 DVD 添加到集合中，并且输出链表。

PP13.2　修改本章的 MagazineRack 程序，在 MagazineList 类中增加删除和插入操作。让 Magazine 类实现 Comparable 接口，并且在使用 insert 方法时通过调用 Magazine 类的 compareTo 方法，确保杂志名是按字母顺序排列的。编写一个驱动类，练习不同的插入和删除操作，完成后输出这个杂志列表。

PP13.3　编写一个选择法排序（见第 10 章）程序，它处理的是一个以整数作为节点的链表。

PP13.4　编写一个插入法排序（见第 10 章）程序，它处理的是一个以整数作为节点的链表。

PP13.5　编写一个程序，模拟客户在银行排队。用一个队列数据结构代表排队。当一个客户到达银行时，用入队操作将该客户对象放在队列尾部。当柜员准备为某位客户服务时，用出队操作将当前客户对象移出队首。随机确定一个新客户到达银行的时间和当前用户在柜员窗口完成服务的时间。输出每一次操作的信息。

PP13.6　修改 PP13.5 的解决方案，模拟 8 位柜员，因此就有 8 个客户队列。让新到达的客户进入最短的队列。根据每一位客户的平均等待时间判断哪一个队列有最短的排队等待时间。

PP13.7　编写一个程序，用算术运算符+、−、*、/和%计算一个后缀表达式，表达式的操作数均为整型。我们已经熟悉了中缀表达式，这种表达式的运算符在两个操作数中间，而后缀表达式则是将运算符放在操作数的后面。请记住，一个运算对象可以是另一个运算的结果，这样就不再需要用圆括号来确认优先级。例如，中缀表达式：

```
(5 + 2) * (8 - 5)
```

等价于后缀表达式：

```
5 2 + 8 5 - *
```

利用栈可以很方便地完成后缀表达式的计算。当从左至右处理后缀表达式时，将遇到运算对象和运算符，如果遇到一个操作数，则将其压入栈；如果遇到运算符，则从栈弹出两个操作数进行运算，并将结果压回栈。当处理完整个表达式时，栈中只存在着一个值，它就是整个表达式的计算结果。

可以用 StringTokenizer 对象辅助解析一个有效的后缀表达式。

PP13.8　编写一个程序，提示用户输入一个字符串，然后执行两个回文测试(顺读和逆读均相同的字符串称为回文)。第一个测试只用一个栈，检查这个字符串是否为回文。第二个测试用两个栈，检查该字符串是否为回文。测试中忽略大小写、空格、标点符号和其他非字母字符。输出两个测试的结果。

PP13.9　编写一个 StringTree 类，用二叉树按字母顺序保存一些 String 对象。树节点用 Node 类表示，Node 节点保存的是一个字符串值和指向左右子节点的引用。对于树中的每个节点值，其左节点值排在该节点值之前，右节点值排在该节点值之后。StringTree 类应当包含将字符串添加到树中的方法，和一个以字母顺序打印输出树节点值的方法。编写一个驱动类程序，从一个文件读取一些字符串(每行一个字符串)，然后按上述要求将它们加入树中。最后，输出整个树的节点值。

附录 A　数　制　系　统

这个附录包含数制系统的详细介绍，还讲解了各种数制系统的核心特性。其中特别讲解了二进制数制系统及它在计算机中的使用，还分析了它与其他数制系统的相似性。此外，还会涉及各种数制系统间的转换问题。

日常生活中，我们使用十进制系统来表示各种值、进行计算及执行各种算术运算。十进制系统也被称为基数为 10 的数制系统。在这种系统中，使用 10 个数字（0～9）来表示值。

计算机则使用二进制数制系统存储和管理数据。这种系统也被称为基数为 2 的数制系统，它只包含两个数字（0 和 1）。每一个 0 和 1 被称为一个位（bit），它是"二进制位"（binary digit）的简称。一个位序列称为一个二进制字符串。

二进制与十进制系统之间并没有特别的差异。很久以前，人类采用十进制系统，很可能是由于人类有 10 根手指的缘故。如果人类有 12 根手指，则很可能日常使用的就是基数为 12 的数制系统，而且发现使用起来会和十进制系统同样容易。采用何种系统，完全取决于习惯。分析完二进制系统后，就会越来越熟悉它且用起来也会很自然。

由于只表示两种可能值中的一种，会使得存储与管理的设备更加便宜和可靠，因此现代计算机都采用二进制。计算机曾经也采用过十进制系统，但用起来很不方便。

尽管存在无穷的数制系统，但它们都遵循同样的基本规则。其实我们已经知道二进制系统是如何工作的，只不过还没有意识到而已。其工作原理可追溯到基本的算术法则。

A.1　位值

十进制系统中，用一个数位表示 0～9 的值。为了表示大于 9 的值，必须使用多个数位。每个数位的位置都有一个位值，用于表示该数位对整个值的贡献额。十进制中，这些位值被称为个位、十位、百位等。

每一个位值都由数制系统的基数确定。从右边开始，每向左移动一个位置，其位值就增加基数倍。十进制系统中，最右边的那个数位的位值是 10^0，即 1；往左的下一个数位的位值是 10^1，即 10；第三位的位值为 10^2，即 100；依次类推。图 A.1 展示了十进制系统中每一个数位的位值。

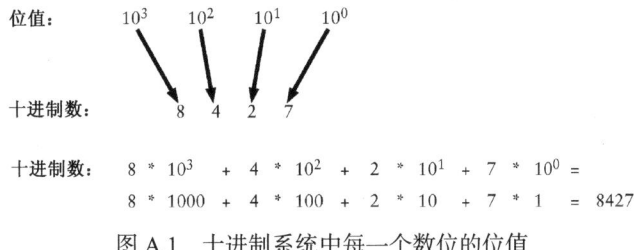

图 A.1　十进制系统中每一个数位的位值

除了会更快地耗尽可用的数位，二进制系统与十进制系统遵循同样的规则。二进制中，一个位可表示 0 和 1，但如果希望表示大于 1 的值，则必须使用多个位。

与十进制一样，二进制中的位值也是从右到左按基数的指数倍增长的。不过在二进制系统中，最右边的那个数位的位值是 2^0，即 1；往左的下一个数位的位值是 2^1，即 2；第三位的位值为 2^2，即 4；依次类推。图 A.2 中给出了一个二进制数及它的位值。

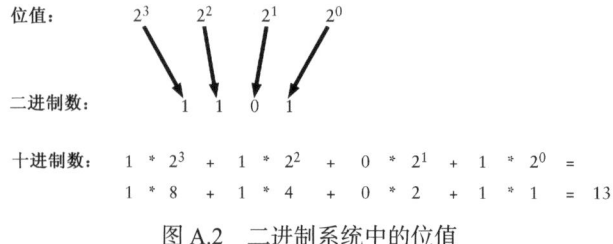

图 A.2　二进制系统中的位值

1101 是一个有效的二进制数，同样也是一个有效的十进制数。有时，为了表明使用的是哪一种数制系统，可将基数值作为下标放于数的末尾。因此，1101_2 就等于十进制数 13，而 1101_{10} 用二进制表示就是 10001001101_2。

基数为 N 的数制系统包含 N 个数字($0 \sim N - 1$)。前面已经看到，二进制数只有两种数字，即 1 和 0，而十进制数有 10 个不同的数字($0 \sim 9$)，这一规律可推广到所有的数制系统。例如，基数为 5 的数制系统有 5 个数字($0 \sim 4$)。

注意，在任何数制系统中，最右边的那个数位的位值总为 1，因为任何基数的 0 次方都为 1。还要注意，数值 10，即十进制中的"十"总是表示任何数制系统中的基值。对于基数 10，10 表示一个 10 和零个 1。对于基数 2，10 表示一个 2 和零个 1。对于基数 5，10 表示一个 5 和零个 1。

A.2　基数大于 10 的数制系统

由于基数为 N 的数制系统具有 N 个数字，因此基数为 16 的系统中就有 16 个数字。该如何表示这些数字呢？我们已习惯了 $0 \sim 9$ 的数字，但是在基数大于 10 的系统中，需要一个数字(一个符号)来表示十进制值 10。事实上，基数为 16 的系统被称为十六进制系统，我们需要一些数字来表示十进制数 $10 \sim 15$。

对于大于 10 的数制系统，需用字母字符来表示大于 9 的单一数值。十六进制数字为 $0 \sim F$，其中 $0 \sim 9$ 为前 10 个数字，A 等于十进制值 10，$B \sim F$ 分别等于 $11 \sim 15$。

因此，2A8E 是一个有效的十六进制数。与十进制和二进制相同，十六进制数的位值为基数的指数倍。因此在十六进制中，位值为 16 的指数倍。图 A.3 展示了十六进制数 2A8E 的位值是如何影响整个值的。

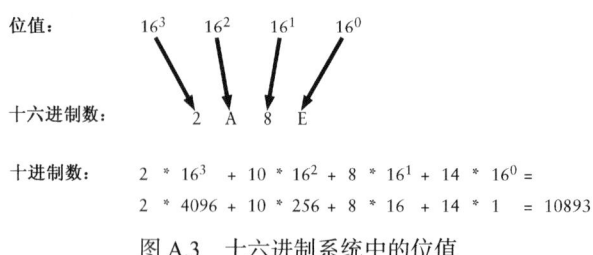

图 A.3　十六进制系统中的位值

基数大于 10 的数制系统都用字母作为数字。例如，基数为 12 的系统使用 $0 \sim B$，基数为 19 的系统使用 $0 \sim I$。但是，除了基数和数字的不同，所有数制系统都遵循同样的规则。

需记住的是，当改变数制系统时，只不过是改变了表达值的方式，值本身是不会变的。如果要表示 18_{10} 支铅笔，则可以将其写成二进制数 10010，也可以写成十六进制数 12，铅笔数量并没有变化。

图 A.4 中给出了各种基数下十进制值 0～20 的表示方式，其中包括基数为 8 的结果，这种基数的系统称为八进制。注意，基数越大，就越能用一位数字表示更大的值。

A.3　不同数制系统间值的转换

前面已经讲解了其他基数下的一个数是如何转换成十进制数的，方法是确定每一个数字的位值并计算结果。这一过程可用来将任何基数下的任何数字转换成其等价的基数为 10 的值。

现在考虑如何倒推这个过程，将基数为 10 的值转换成其他基数的值。首先，找出新数制系统下小于或等于原始值的最高位值。然后，将原始值除以该位值，以确定该位置的数字。余数为需要放置的剩下的各个位置的值。对各个位置继续这一过程，直到整个值都被操作完毕时为止。

例如，图 A.5 中给出了将十进制值 180 转换成二进制值的过程。二进制中，小于或者等于 180 的最高位值是 128（即 2^7），它位于从右侧开始的第 8 个位置。

二进制 （基数为2）	八进制 （基数为8）	十进制 （基数为10）	十六进制 （基数为16）
0	0	0	0
1	1	1	1
10	2	2	2
11	3	3	3
100	4	4	4
101	5	5	5
110	6	6	6
111	7	7	7
1000	10	8	8
1001	11	9	9
1010	12	10	A
1011	13	11	B
1100	14	12	C
1101	15	13	D
1110	16	14	E
1111	17	15	F
10000	20	16	10
10001	21	17	11
10010	22	18	12
10011	23	19	13
10100	24	20	14

图 A.4　各种数制系统下的数字表示

将 180 除以 128，得数为 1，余数为 52。因此，第一位为 1，而剩下的 7 个位置用于表示十进制值 52。将 52 除以 64，这是下一个位置的位值（2^6），得数为 0，余数为 52。因此，第二位为 0。将 52 除以 32，得数为 1，余数为 20。这样，第三位为 1，而剩下的 5 个位置用于表示十进制值 20。20 除以 16，得数为 1，余数为 4。将 4 除以 8，得数为 0，余数为 4。将 4 除以 4，得数为 1，余数为 0。

这样，对整个数字的处理就已经完成，剩下的位置都为 0。因此，180_{10} 就等于二进制值 10110100。可以将新得到的这个二进制值再转换成十进制值，看是否能得到原始值。

这一过程也适用于将任何十进制值转换成任何其他的进制值。这时，位值和可能的数字都会发生变化。如果开始时采用了正确的位值，则每一次除法操作都会得到一个新基数下的有效数字。

如图 A.5 所示的例子中，所有除法操作得到的结果只能是 1 或者 0，因为要转换成二进制值。但是，当转换成其他进制时，任何有效的数字都有可能出现。例如，图 A.6 中给出了将十进制值 1967 转换成十六进制值的过程。

位值	数	得数
128	180	1
64	52	0
32	52	1
16	20	1
8	4	0
4	4	1
2	0	0
1	0	0

$180_{10} = 10110100_2$

图 A.5　十进制到二进制的转换

位值	数	得数
256	1967	7
16	175	A
1	15	F

$1967_{10} = 7AF_{16}$

图 A.6　十进制到十六进制的转换

位值 $256(16^2)$ 是小于或者等于原始值的最高位值，因为下一个位值是 16^3，即 4096。将 1967 除以 256，得数为 7，余数为 175。将 175 除以 16，得数为 10，余数为 15。不要忘记十进制值 10 在十六进制中表示为 A，余数 15 可以表示为数字 F。因此，1967_{10} 就等于十六进制的 7AF。

A.4　快速转换

前面已经讲解了如何在十进制与任何其他进制间相互进行等价转换，所以，以十进制为媒介，就可以进行任何进制间的转换了。不过，对于基数为 2 的指数倍的各种进制，比如二进制、八进制和十六进制，它们之间存在一种有趣的关系，从而使它们之间的转换能够快速进行。

例如，要将二进制转换成十六进制，只需将原始值从右边开始按 4 位一组分组，然后将每一组转换成一个十六进制数字即可。图 A.7 演示了这一过程。

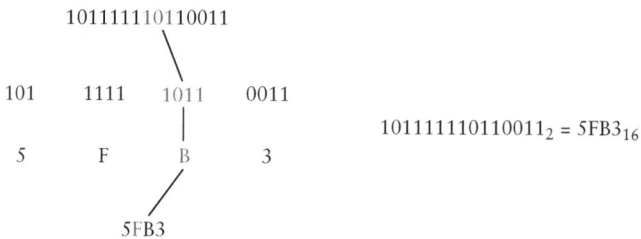

$$101111110110011_2 = 5FB3_{16}$$

图 A.7　二进制到十六进制的快速转换

如果要将十六进制转换成二进制，只需颠倒这一过程即可，将每一个十六进制数字扩展成 4 位的二进制数字。注意，必要时需要在扩展后的二进制数字前面加上几个 0，以补足 4 位。图 A.8 展示了将十六进制值 40C6 转换成二进制值的过程。

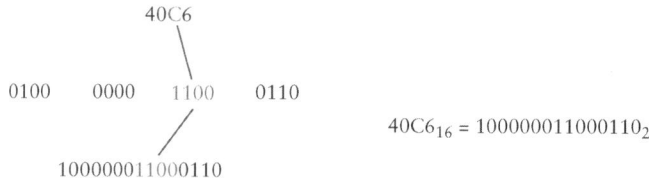

$$40C6_{16} = 100000011000110_2$$

图 A.8　十六进制到二进制的快速转换

在将二进制值转换成十六进制值时，为什么要按 4 位数字分组呢？二进制与任何其他进制间的快速转换，其关键就在于 2 的指数关系，只需将二进制数字按其指数的位数分组即可。由于 $2^4 = 16$，所以就按 4 位分组。

将二进制转换成八进制也是同样的过程，只不过是按 3 位分组，因为 $2^3 = 8$。反过来，将八进制转换成二进制时，需将每一个八进制数字扩展成一个 3 位数字。

这样，十六进制与八进制之间的相互转换，就是一个两步快速转换的过程。首先，将十六进制转换成二进制，然后再将二进制转换成八进制。

通过这种方式，基数为 B 的进制与基数为 B 的指数倍的进制之间的转换也可以快速进行。例如，基数为 3 和基数为 9 的进制间的转换就可以采用这种分组技术，因为 $3^2 = 9$。

附录 B　Unicode 字符集

Java 语言使用 Unicode 字符集处理文本。字符集是字符的有序列表，其中每个字符与一个数值编码相对应。Unicode 字符集是一个国际化的字符集，其中包含了全世界所有语言的字母、符号和表意文字，每个字符由一个 16 位的无符号数表示。因此，Unicode 字符集可以表示超过 65 000 个不同的字符。即使这样，有时这些字符也是不够的。已经开发出了一种策略来扩展这些字符编码，以表示那些补充性的字符。

一些编程语言仍然使用 ASCII 字符集。ASCII 表示美国信息交换标准码。8 位扩展的 ASCII 字符集表示的字符相当少，于是 Java 设计者选择了 Unicode 字符集，以支持更多国家的用户。ASCII（包括相应的数值编码）实质上是 Unicode 字符集的子集，因此习惯 ASCII 的编程人员，在使用 Unicode 字符集时不会有问题。

图 B.1 显示了一组常用的字符和对应的 Unicode 编码值，这些字符正好就是 ASCII 字符。图 B.1 中的所有字符称为可打印字符，因为这些字符可以在监视器上显示或者可以打印输出。其他字符被称为非打印字符，因为它们没有类似的符号化表示形式。注意，尽管显示空格（编码为 32）时没有任何符号输出，它仍为可打印字符。非打印字符有时也称为控制字符，输入它们时要先按住 Ctrl 键，然后再按其他的键。

编码值	字 符	编码值	字 符	编码值	字 符	编码值	字 符	编码值	字 符
32	空格	51	3	70	F	89	Y	108	l
33	!	52	4	71	G	90	Z	109	m
34	"	53	5	72	H	91	[	110	n
35	#	54	6	73	I	92	\	111	o
36	$	55	7	74	J	93	]	112	p
37	%	56	8	75	K	94	^	113	q
38	&	57	9	76	L	95	–	114	r
39	'	58	:	77	M	96	'	115	s
40	(	59	;	78	N	97	a	116	t
41	)	60	<	79	O	98	b	117	u
42	*	61	=	80	P	99	c	118	v
43	+	62	>	81	Q	100	d	119	w
44	'	63	?	82	R	101	e	120	x
45	–	64	@	83	S	102	f	121	y
46	.	65	A	84	T	103	g	122	z
47	/	66	B	85	U	104	h	123	{
48	0	67	C	86	V	105	i	124		
49	1	68	D	87	W	106	j	125	}
50	2	69	E	88	X	107	k	126	~

图 B.1　部分 Unicode 字符及对应的编码值

　　编码 0～31 的 Unicode 字符是非打印字符, 删除符的数字值为 127, 它也是一种不可打印字符。所有这些非打印字符也都是 ASCII 字符, 其中许多字符很常见, 并且有定义良好的应用。图 B.2 列出了一些非打印字符。

编　码　值	字　　符
0	空字符
7	响铃
8	回退符
9	制表符
10	换行符
12	换页符
13	回车符
27	ESC
127	删除符

图 B.2　Unicode 字符集中的一些非打印字符

　　非打印字符可以用在许多场合, 代表一些特殊的控制符。例如, 可以将某个非打印字符保存在文本文档中, 代表一个新行的起点。编辑器对该控制字符所做的处理, 是将跟随在该控制字符后面的文本作为新行的开始, 而不是将该控制字符输出到屏幕上。不同类型的计算机系统使用不同的非打印字符来表示特殊的用途。

　　非打印字符除了没有可视化的表示, 其他方面和打印字符在本质上是相同的。非打印字符可以保存在 Java 字符变量中, 或者作为某个字符串的一部分。这种字符也用 16 位来存储, 可以转换成相应的数值编码, 并可以使用关系运算符进行比较运算。

　　Unicode 字符集的前 128 个字符和 ASCII 字符集相对应, 前 256 个字符和扩展的 ASCII 字符集 ISO-Latin-1 相对应。多数操作系统和 Web 浏览器都能处理这些字符, 但可能不支持其他的 Unicode 字符。

　　Unicode 字符集包含了当今正在使用的大部分字符集, 其中包括希腊字符、希伯来语字符、西里尔语字符及各种亚洲象形文字, 此外还包括盲文, 以及在数学和音乐上使用的多套符号。图 B.3 展示了一些非西文字符。

编　码　值	字　　符	来　　源
1071	Я	俄语(西里尔语)
3593	ฌ	泰国语
5098	᎞	彻罗基语
8478	℞	字符形状的符号
8652	⇌	箭头
10287	⠇	盲文
13407	侫	汉语/日语/朝鲜语(通用)

图 B.3　Unicode 字符集中的一些非西文字符

附录 C　Java 运算符

Java 运算符是根据图 C.1 中所示的优先级层次结构进行运算的。优先级低的运算符在优先级高的运算符之前运算。优先级相同的运算符根据特定的结合性进行运算，或从右到左(R 到 L)，或从左到右(L 到 R)。图 C.1 中并没有按任何特定的顺序排列相同级别的运算符。

优 先 级	运 算 符	运　　算	结 合 性
1	[ ] . (参数列表) ++ －－	数组索引 对象成员引用 参数求值和方法调用 后缀增 1 后缀减 1	从左到右
2	++ －－ + － ~ !	前缀增 1 前缀减 1 一元加 一元减 按位非 逻辑非	从右到左
3	new (类型)	对象实例化 强制类型转换	从右到左
4	* / %	乘 除 求余	从左到右
5	+ + －	加 字符串拼接 减	从左到右
6	<< >> >>>	左移 带符号右移 带 0 右移	从左到右
7	< <= > >= instanceof	小于 小于或等于 大于 大于或等于 类型比较	从左到右
8	== !=	等于 不等于	从左到右
9	& &	按位与 布尔与	从左到右
10	^ ^	按位异或 布尔异或	从左到右
11	| |	按位或 布尔或	从左到右
12	&&	逻辑与	从左到右
13	||	逻辑或	从左到右

图 C.1　Java 运算符优先级

优 先 级	运 算 符	运　　算	结 合 性
14	?:	条件运算符	从右到左
15	=	赋值	从右到左
	+=	先加，再赋值	
	+=	先进行字符串拼接，再赋值	
	-=	先减，再赋值	
	*=	先乘，再赋值	
	/=	先除，再赋值	
	%=	先求余，再赋值	
	<<=	先左移位，再赋值	
	>>=	先右移位(带符号)，再赋值	
	>>>=	先右移位(带 0)，再赋值	
	&=	先按位与，再赋值	
	&=	先布尔与，再赋值	
	^=	先按位异或，再赋值	
	^=	先布尔异或，再赋值	
	|=	先按位或，再赋值	
	|=	先布尔或，再赋值	
16	->	λ 表达式	从右到左

图 C.1(续)　Java 运算符优先级

运算符求值顺序可以使用圆括号来强制规定。即使有时并不需要，使用圆括号也通常是一个好方法。

某些运算符执行哪种运算取决于操作数的类型。例如，如果将"+"运算符用于两个字符串，则执行字符串拼接运算；如果用于两个数值，则为算术加法操作。如果两个操作数中只有一个是字符串，则先将另一个操作数转换为字符串，然后再进行字符串拼接。同样，运算符"&""^"和"|"对数值操作数执行位运算，对布尔操作数执行布尔运算。

布尔运算符"&"和"|"与逻辑运算符"&&"和"||"有细微的区别。逻辑运算符具有"短路"的特性，也就是如果表达式的运算结果只需左操作数即可确定，那么右操作数就不再参与运算；而"&"和"|"运算符始终会计算表达式两侧的操作数。Java 中没有执行异或运算(XOR)的逻辑运算符。

C.1　Java 位运算符

Java 位运算符可以对一个基本类型数值的各个二进制位进行操作，但只能用于整型和字符型数据。位运算符在所有的 Java 运算符中很独特，因为利用位运算符可以对最底层的二进制存储位进行操作。图 C.2 列出了 Java 位运算符。

运 算 符	说　　明
~	按位非
&	按位与
|	按位或
^	按位异或
<<	左移位
>>	带符号右移位
>>>	填 0 右移位

图 C.2　Java 位运算符

三个位运算符 "～""&" 和 "|" 类似于逻辑运算符 "!""&&" 和 "||"。除了能对一个值的每个二进制位进行操作，位运算符的作用与相应的逻辑运算符基本上相同，运算规则实质上也一样。图 C.3 显示了对两个位进行位运算的所有结果,将这些结果与第 5 章逻辑运算符的真值表进行比较,就可看出二者的相似性。

a	b	~a	a&b	a|b	a^b
0	0	1	0	0	0
0	1	1	0	1	1
1	0	0	0	1	1
1	1	0	1	1	0

图 C.3　对两个位进行位运算

位运算符包括 "^" 运算符，表示异或（Exclusive OR）。逻辑运算符 "||" 是一种同或（Inclusive OR）运算，即如果两个操作数都为 true，则返回 true。位运算符 "|" 也是同或运算，如果两个位都是 1，则结果为 1。但是，如果两个操作数都为 1，则异或运算符 "^" 将得到 0。Java 中没有逻辑异或运算符。

位运算符用于整数时，将对该数按位进行运算。例如，假设整型变量 number 被声明为 byte 型且当前值为 45。如果用 8 位字节存储，则其二进制形式为 00101101。当求反运算符（～）用于 number 时，每个位都会取反，得到 11010010。由于整数用二进制补码形式存储，所以该值代表负数，即–46。

同样，对于所有的位运算符而言，操作都是按位进行的，这就是 "按位"（bitwise）这一术语的来源。对于二元运算符（有两个操作数），则将对两个操作数的对应位进行操作。例如，假定 num1 和 num2 都是 byte 型整数，num1 的值是 45，num2 的值是 14。图 C.4 显示了各种位运算的结果。

num1 & num2	num1 | num2	num1 ^ num2
00101101	00101101	00101101
& 00001110	| 00001110	^ 00001110
= 00001100	= 00101111	= 00100011

图 C.4　对字节进行位运算

运算符 "&""^" 和 "|" 也可用于布尔值，它们与对应的逻辑运算的意义基本相同。当对布尔值进行运算时，称为布尔运算符。但是，与运算符 "&&" 和 "||" 的 "短路" 性质不同，这些布尔运算符不具备此性质，对表达式两边都将求值。

类似于其他的位运算符，按位移位运算符（有 3 个）可对一个整数的各个位进行移位操作。移位运算符都有两个操作数，左操作数是要进行移位的整数，右操作数指定移动位数。在执行移位操作之前，对于所有移位运算符，byte 型和 short 型操作数都将转换为 int 型。此外，如果两个操作数之一为 long 型，则另一个操作数也将转换为 long 型。考虑到易读性，本节例子中只使用 16 位操作数，32 位或 64 位操作数的概念是相同的。

进行移位操作时，操作数一端的位会丢失，另一端需要补位。左移位运算符（<<）将位向左移动，右边移空的位补 0。例如，整型变量 number 的当前值为 13，则语句：

```
number = number << 2;
```

将 52 存入 number。number 的初始值包含的位串是 0000000000001101，向左移动两位后，变为 0000000000110100，即 52。注意，每位都左移一位，相当于初始值乘以 2。

数值的符号位跟随其他位一起移动。因此，如果移动足够多的位而改变了符号位，该值的符号将发生变化。例如，–8 的二进制补码形式为 1111111111111000，向左移动 2 位，就变为 1111111111100000，即–32。但是，如果移动了足够多的位，负数就会变为正数，反之亦然。

右移位运算符有两种：一种保留初始值的符号(>>)，另一种在左边的位填 0(>>>)。

下面分析两个带符号右移运算符的例子。若 int 型变量 number 的当前值是 39，则表达式(number >> 2)的结果为 9。存储在 number 内的初始位串是 0000000000100111，向右移动 2 位的结果是 0000000000001001。在本例中，左边的符号位是 0，因此用 0 从左边填补空位。

若 number 的初始值是–16，即 1111111111110000，右移(由符号填充)表达式(number >> 3)的计算结果为二进制串 1111111111111110，即–2。在本例中，左边的符号位是 1，所以用 1 从左边填补空位，以保持符号。

若不需要保持符号，则使用填 0 右移位运算符(>>>)。其操作与>>相似，只是不考虑初始值的符号而总是填 0。

附录 D Java 修饰符

本附录总结所有的 Java 修饰符，修饰符限定了 Java 类、接口、方法和变量的可见性（访问控制）。为了便于讨论，将 Java 的修饰符分为两类：可见性修饰符和其他修饰符。

D.1 Java 可见性修饰符

图 D.1 描述了 Java 可见性修饰符对类、接口、方法和变量的访问控制影响。可见性修饰符对于类和接口具有相同的访问控制作用，对于方法和变量也具有相同的访问控制作用。

默认可见性意味着没有明确地设置可见性。默认可见性有时称为包可见性，但不能把保留字 package 用作修饰符。

注意，只有内部类才具有 private 可见性或 protected 可见性。

修 饰 符	类和接口	方法和变量
无修饰符（默认）	在所在包中可见	对同一包中的任何类及子类可见
public	任何地方可见	任何地方可见
protected	仅应用于内部类 在包内及子类可见	对同一包中的任何类及子类可见
private	仅应用于内部类 仅在外围类中可见	对其他任何类都不可见

图 D.1 Java 可见性修饰符

D.2 可见性示例

考虑图 D.2 所描述的这种精心设计的包结构。类 P 是用于派生子类 C1 和 C2 的父类，类 C1 和 P 在同一个包中，但 C2 不包含在该包中。类 P 有 4 个方法，每个方法都有不同的可见性修饰符。由上述各个类实例化一个对象。

C1 和 C2 继承了 public 方法 a( )，并且任何能访问对象 x 的代码都能调用方法 x.a( )。private 方法 d( ) 在 C1 或 C2 中是不可见的，所以对象 y 和 z 不能访问方法 d( )。方法 d( ) 完全封装在类 P 中，只能从对象 x 中调用。

protected 方法 b( ) 在 C1 和 C2 都是可见的。在对象 y 中的方法能调用方法 x.b( )，但 z 中的方法不能调用 x.b( )。而且，包 1 中任何类的对象都可以调用 x.b( )，甚至与类 P 没有继承关系的类（如 Another1 类）的对象也可以调用 x.b( )。

方法 c( ) 具有默认可见性，因为声明该方法时没有使用可见性修饰符。因此，对象 y 可以调用方法 c( )，就像该方法是局部声明的一样，但对象 z 不能调用方法 c( )。对象 y 可以调用方法 x.c( )，包 1 中任何类（如 Another1 类）的实例化对象都可以调用 x.c( )，但包 2 中类的实例化对象 z 不能调用 x.c( )。

可用同样的方式将上述规则推广应用于变量。可见性规则对于初学者可能显得较复杂，但只要付出努力就能掌握好。

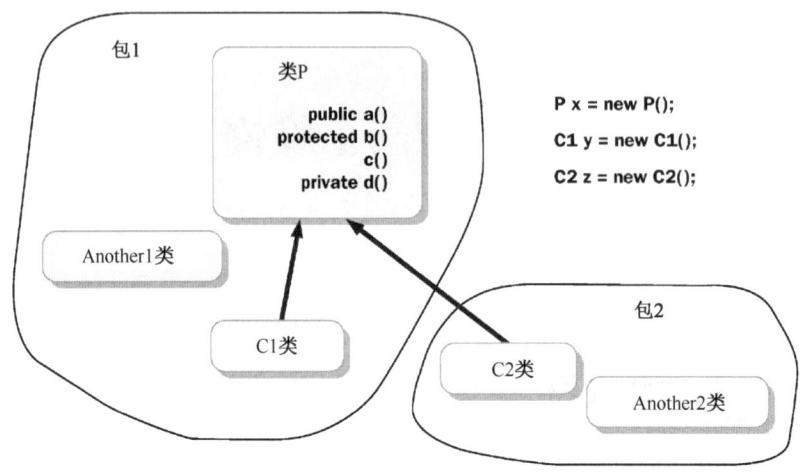

图 D.2 Java 可见性修饰符示例

D.3   Java 的其他修饰符

图 D.3 总结了 Java 的其他修饰符，探讨了相关的各种问题。一个修饰符对类、接口、方法和变量有不同的访问控制作用。某些修饰符不是处处可用的，在图 D.3 中记为不可用(N/A)。

transient 修饰符用于标明不需要存储在持久化(序列化)对象中的数据。当把一个对象写入序列化流时，该对象数据将包括所有需要持久化存储的数据。

修 饰 符	类	接 口	方 法	变 量
abstract	该类可能包含抽象方法，不能被实例化	所有接口本质上就是抽象的，此修饰符可选	该方法没有方法体定义。要求子类必须实现该方法	N/A
default	N/A	N/A	指定接口方法的默认实现。不能应用于类中的方法	N/A
final	该类不能用于派生新类	N/A	该方法不能被重写	该变量是常量，其值一旦设置后就不能改变
native	N/A	N/A	该方法用其他语言实现，因此不需要方法体	N/A
static	N/A	N/A	定义一个类方法，调用时不需要实例化对象。不能引用非静态方法或变量，这意味着该方法也是 final 型方法	定义一个类变量。引用该变量时不需要实例化对象，由该类的所有实例共享(共享存储空间)
synchronized	N/A	N/A	该方法在所有线程中的执行是互斥的	N/A
transient	N/A	N/A	N/A	该变量将不被序列化
volatile	N/A	N/A	N/A	该变量异步改变。编译器不做优化

图 D.3 Java 的其他修饰符

附录 E　Java 编码指南

本附录讲解如何组织和格式化 Java 源代码的一系列规范。这些规范有助于提高程序的可读性和可维护性。有些编码规范来源于个人的风格和喜好，可以再修改。不过，建立一组有意义的编码实践标准和规范，并细心遵循这些规范是很重要的。贯穿本书的所有代码例子都遵循了本节提出的规范，这些规范符合 Java 命名惯例。

遵循了一致性是成功的一半。如果程序员在编写程序时都遵循同样的规则，就可使所编写的程序无论对自己还是他人都更容易读懂。一个程序员自己编写的软件当时看来简明易懂，可是仅仅几个月后就很难回忆起来该软件是如何实现的，这其实是很常见的情况。如果遵循一致性的开发规范，就可以大大减少此类问题的发生。

当开发组织采用一种编码标准时，开发人员之间更容易协同工作。通常，一个软件产品是通过一个开发团队的合作共同开发的，每个团队成员负责产品系统的一部分。如果所有成员都遵守一致的开发规范，就可以方便地将各成员负责的部分集成为一个内部关联密切的整体系统。

有时，必须在几种规范之间权衡。例如，要求所有的标识符易读，但同时要求标识符简短。总之，应在尽量遵循编码规范精神的基础上，对具体问题采用具体的解决方法。

遵循（或被要求遵循）本节提出的设计和编码规范时，如果需要修改或补充这些规范，则应确保新规范体现了良好编程实践的精神。规范中的大多数问题在本书的相应章节中已讨论过，这里不再详细地阐述，而只是简要地归纳并列出规范。

E.1　软件设计规范

A．设计准备

1. 最根本性的规范有助于完成一个结构清晰的设计，编码前要充分思考。一个能完成预定功能的程序，并非一定就是好程序。
2. 用清晰的一致性表示法将设计表达出来，并做好文档工作。

B．结构化编程

1. 在程序中不要使用 continue 语句。
2. 只使用 break 语句来终止 switch 语句中的 case 子句。
3. 在不导致程序复杂化的条件下，尽量只在方法的最后一行用一条 return 语句。

C．类和包

1. 在包含 main 方法的类中不要再定义其他方法。
2. 将包含 main 方法的类放在该类所在文件的顶部，其他类排在其后。
3. 如果只使用所导入包中的一个类，应该用该类的类名导入该类。如果要使用所导入包中的两个以上的类，则可以使用符号"*"导入含有所用类的包。

D. 修饰符

1. 不要把变量声明为 public 可见性。
2. 不要在一个接口中使用多个修饰符。
3. 针对每种情况，使用最合适的修饰符。例如，如果要将一个变量用作常量，就用 final 修饰符明确地将它声明为常量。

E. 异常

1. 只对真正的异常情况进行异常处理，如中断错误、需要关注的或重要的异常。
2. 不要用异常来伪装或隐藏不适当的处理。
3. 在适当的方法调用层次上处理每个异常。

F. 其他规范

1. 只要理由正当，就应使用常量而不是字面值。
2. 每个方法只执行一个逻辑功能，这样一个方法的长度将少于 50 行代码，通常情况下还短得多。
3. 将源代码文件中每个物理行的长度保持在 80 个字符以内。
4. 仅在需要时才将一个逻辑行代码扩展到两个或更多个物理行，并按逻辑关系分行。

E.2　编码风格指南

A. 标识符命名

1. 标识符应具有语义。例如，不要用单个字母作为标识符名称(如 "a" 或 "i")，除非这样的字母确有语义。
2. 标识符应易于理解，例如，要用 currentValue 而不用 curval。
3. 定义长度适当、简短的标识符。
4. 使用下画线字符分隔常量名中的各个单词。

B. 标识符大小写

1. 对常量使用大写形式，并且用下画线分隔每个单词。
2. 用首字母大写形式表示类、包和接口名。
3. 用小写字母给变量和方法命名，除第一个单词外，每个单词的首字母应该为大写。如 minTaxRate。注意，所有的保留字都一定为小写。

C. 缩进格式

1. 书写任何代码块时都应缩进 3 个或 4 个空格(保持一致)。
2. 如果循环语句、if 语句或 else 子句是一条独立的语句(不是语句块)，则应将该语句从所在行缩进 3 个空格。
3. 在一个新行上以左花括号({)开始新语句块，右花括号(})与左花括号应对齐。例如：

```
while (value < 25)
{
    value += 5;
    System.out.println ("The value is " + value);
}
```

4. 在 switch 语句中,每条 case 子句要缩进 3 个空格,与一条 case 子句相关的所有代码要再缩进 3 个空格。

D. 空格

1. 细心地用空白符来突出程序中的各种特征。
2. 在参数列表的每个逗号后面加一个空格。
3. 在每个二元运算符的左右两侧各加一个空格。
4. 不要在左括号后或右括号前紧挨着加上空格。
5. 不要在分号前加空格。
6. 如果不是一个空参数列表,则应在参数列表的左括号前加上一个空格。
7. 声明数组时,将方括号紧挨着数组元素类型而不是数组名,以便使所声明的类型能够用于说明该行中所有的变量。例如:

```
int[30] list1, list2;
```

8. 当引用数组类型时,不要在数组元素类型与方括号之间加任何空格,如 int[ ]。

E. 消息与提示

1. 提示信息不要表示谦逊。
2. 提示信息不要试图表示幽默。
3. 提示应具有信息含量,但要简洁。
4. 必要时,在提示信息中指明具体的可选输入项。
5. 必要时,在提示信息中指定默认选项。

F. 输出

1. 清晰地标注所有的输出信息。
2. 采用一致的方式向用户展示显示信息。

E.3 文档规范

A. 代码阅读者

1. 编写所有文档时,面向的读者是计算机学者且熟悉 Java 语言。
2. 假定读者对将要阅读的程序要做什么一无所知。
3. 记住,当程序员编写某部分代码时,当时可能感觉非常直观,但对于另一个读者或者对于自己(过一段时间后),这些代码可能就不直观了,因此编写文档是很必要的。

B. 内容

1. 确保注释准确。
2. 修改代码时,要同时更新注释。
3. 表达简洁而充分的信息。

C. 头注释块

1. 每个源代码文件都应该包含一个头注释块,提供代码内容和作者的基本信息。

2. 程序中的每个类、接口及类中的每个方法，都应该有一个小的描述其任务的头注释块。

3. 每个头注释块的前后应该有明显的定界符，以便读者能够很容易地从一个程序结构查阅到另一个程序结构。例如：

```
//*****************************************
//                header block
//*****************************************
```

D. 内嵌注释

1. 适当地使用内嵌文档，能清楚地描述程序中令人感兴趣的处理过程。

2. 只有当注释只说明一行代码并只适于该行代码时，才将该注释写在和代码相同的行上。否则，应将注释放在它所说明的代码行(或部分代码)的上一行。

E. 其他规范

1. 除非为了遵从 javadoc(/**　*/)注释规范，否则应避免使用(/* */)风格的注释。

2. 不要等到程序全部完成后再插入注释，应随着程序的编写进展，及时适当地加上相应的注释。

附录 F　JavaFX 布局面板

布局面板为 JavaFX 的一种容器，它根据指定的布局法则显示节点。本附录将讲解 JavaFX API 中的几个类，它们用于预定义的布局面板：

- `FlowPane`
- `TilePane`
- `StackPane`
- `HBox`
- `VBox`
- `AnchorPane`
- `BorderPane`
- `GridPane`

其中有几个类已经在书中有关"图形设计之路"的小节里使用过。

所有的布局面板都派生自 Pane 类，它也可以用来显示节点。但是，Pane 类不适用于任何特定的布局法则。对于 Pane 中所有节点的位置，因为是作为 Group 对象值提供的，所以必须明确地设置。Group 与 Pane 的不同在于，Group 拥有它所包含的所有节点的尺寸，而 Pane 拥有它所在的容器的尺寸。多数情况下，二者可互用。

布局面板可嵌套使用。例如，VBox 可用来在一个显示图像的堆叠面板的上面，放置一个包含按钮的流式面板。

注意，所有的滚动面板、分隔面板和选项卡面板都是控件而不是布局面板，因为它们所具有的内置功能，无须定制的事件处理器即可使用。滚动面板具有滚动条，分隔面板具有可移动的分隔条，选项卡面板包含可供选择的选项卡。但是，添加到这些控件上的节点可以是某种布局面板。

F.1　流式面板

添加到流式面板上的节点，可以按添加它们时的顺序水平显示(默认值)或者垂直显示。若面板的宽度或者高度无法容纳下一个节点，则节点会折行显示。为了显示所有的节点，必要时可创建行和列。

如下代码创建了 5 个按钮，并用 FlowPane 构造方法将它们添加到流式面板中：

```
Button b1 = new Button("Push Me!");
Button b2 = new Button("No, Push ME!");
Button b3 = new Button("I'm the BEST! Push Me!");
Button b4 = new Button("Smart people push me!");
Button b5 = new Button("I'm here, too.");

FlowPane pane = new FlowPane(b1, b2, b3, b4, b5);
pane.setStyle("-fx-background-color: cyan");
pane.setAlignment(Pos.CENTER_LEFT);
pane.setHgap(10);
pane.setHgap(5);
```

正如下图所示，前 3 个按钮显示在第一行。由于面板无法容纳第 4 个按钮，因此后两个按钮显示在下一行中。

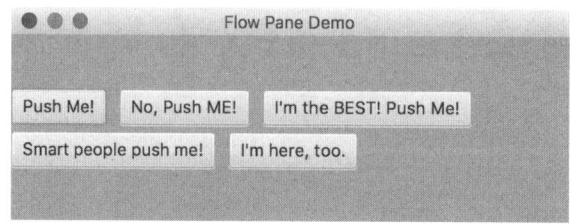

只要面板的尺寸发生变化，就会自动调整它的内容。因此，这个窗口及它所包含的场景与面板只要变得足够宽，就会自动将第 4 个按钮移到第一行。

本例中，同一行中节点间的水平间距被设置成 10 像素，垂直间距为 5 像素。

面板内节点的对齐方式被设置成垂直居中、水平居左。Pos 枚举类型包含的几个值用于指定水平和垂直定位及对齐方式。如果将对齐方式设置成 Pos.CENTER，则节点在两个方向上都会居中，如下图所示。

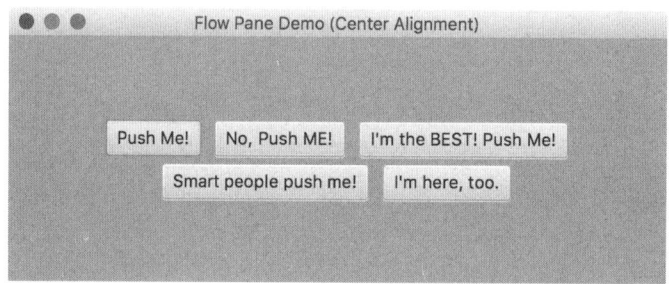

F.2　片面板

片面板与流式面板类似，但其节点以固定尺寸的片(或者单元)排列。片的尺寸被设置成能够容纳面板中最大的节点。

和流式面板一样，片面板中的节点会在面板边界折行显示。由于所有的节点都占据相同大小的空间，因此创建了一种瓦片状的栅格。

用于显示上例中相同按钮的片面板，其代码几乎完全相同：

```
TilePane pane = new TilePane(b1, b2, b3, b4, b5);
pane.setStyle("-fx-background-color: cyan");
pane.setAlignment(Pos.CENTER_LEFT);
pane.setHgap(10);
pane.setVgap(5);
```

显示这些按钮时，每一个按钮的尺寸就是最宽的那个按钮(第三个)的尺寸，如下图所示。

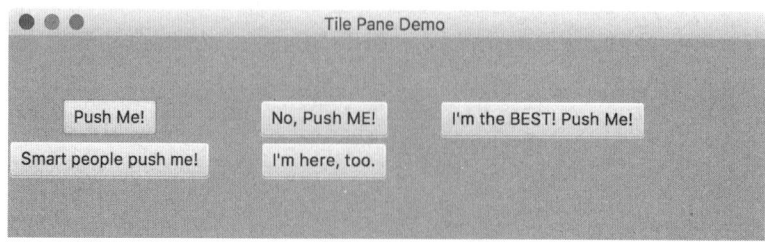

F.3 堆叠面板

正如其名称所示，堆叠面板将节点按添加时的顺序彼此堆叠在一起。默认情况下，节点在两个方向上都是居中显示的，但是也可以通过设置对齐方式改变节点的显示。

向堆叠面板添加一个节点，会使其在显示区域居中显示。堆叠面板也可用于使形状、文本和图形堆叠显示，以获得更复杂的效果。下面的代码将一个图像视图和一个矩形添加到堆叠面板中：

```
ImageView imageView = new ImageView(new Image("tiger.jpg"));
Rectangle rect = new Rectangle(350, 300, null);
rect.setStroke(Color.ORANGE);
rect.setStrokeWidth(6);

StackPane imagePane = new StackPane(imageView, rect);
imagePane.setStyle("-fx-background-color: beige");
```

注意，矩形的宽度和高度是在创建时设置的，但没有指定其位置。图像视图和矩形在堆叠面板中居中显示，使得矩形看起来就是一个相框，如下图所示。

如果调整了窗口（以及场景和面板）的尺寸，则堆叠面板会保持图像和矩形都居中显示。

F.4 HBox 和 VBox

HBox 类表示的布局面板将节点序列在一个水平行中排列。类似地，VBox 将节点在一个列中排列。与流式面板不同，当节点到达面板边界时，它不会折行显示。

节点序列四周的填充元素可以通过调用 setPadding 方法设置，也可以利用 CSS 样式表。节点间的间距可通过调用 setSpacing 方法设置。

如下代码将三个单选钮、一个分隔条、一个卷标和一个颜色选择器添加到 VBox 中：

```
RadioButton sepiaButton = new RadioButton("Sepia");
RadioButton monoButton = new RadioButton("Monochrome");
RadioButton colorButton = new RadioButton("Full Color");

Separator sep = new Separator();
```

```
Label colorLabel = new Label("Frame:");
ColorPicker colorPicker = new ColorPicker(Color.ORANGE);

VBox colorControls = new VBox(sepiaButton, monoButton, colorButton,
        sep, colorLabel, colorPicker);
colorControls.setStyle("-fx-background-color: skyblue");
colorControls.setPadding(new Insets(20, 10, 20, 10));
colorControls.setSpacing(10);
```

利用一个 Insets 对象就可以设置整个列四周的填充间距，列的上下侧有 20 像素的缓冲带，左右两侧为 10 像素。列内每一个节点间的间距被设置成 10 像素，如下图所示。

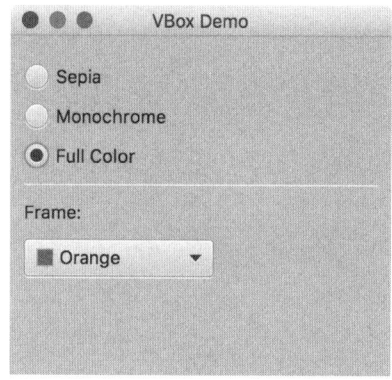

默认情况下，HBox 和 VBox 中的节点是左对齐的，但也可以通过调用 setAlignment 方法设置对齐方式。

F.5　锚面板

锚面板是一种布局面板，它用于将一个节点锚定到面板的顶部、底部、左侧、右侧或者中心。面板大小发生变化时，被锚定的节点的相对位置会保持不变。

如下代码创建了两个 Button 对象，并将它们锚定到 AnchorPane 中：

```
Button prev = new Button("Prev");
Button next = new Button("Next");
AnchorPane navPane = new AnchorPane(prev, next);

navPane.setStyle("-fx-background-color: black");
navPane.setPrefHeight(70);

AnchorPane.setBottomAnchor(prev, 20.0);
AnchorPane.setLeftAnchor(prev, 30.0);
AnchorPane.setBottomAnchor(next, 20.0);
AnchorPane.setRightAnchor(next, 30.0);
```

锚定是通过调用诸如 setBottomAnchor 和 setLeftAnchor 之类的静态方法设置的，其参数为需锚定的节点及面板边缘与节点间的间距。

可以将一个节点锚定到多个位置。本例中，将 Prev 按钮锚定到底部和左侧，将 Next 按钮锚定到底部和右侧。锚定的效果是不管面板的尺寸如何变化，这两个按钮都会位于面板的两个底角，如下图所示。

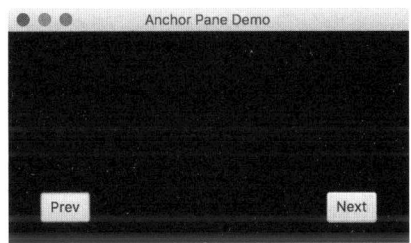

如果愿意，可以将多个按钮锚定到面板的同一侧。

F.6　边界面板

边界面板在 5 个区域——顶部、底部、左侧、右侧和中心显示节点，如下图所示。

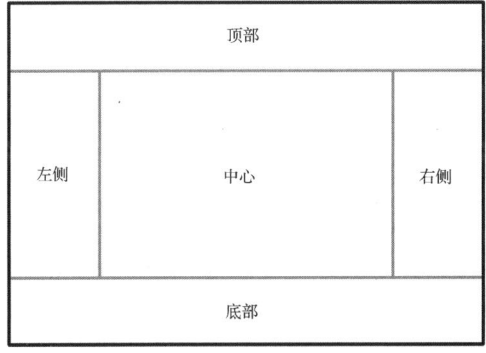

必要时，边界面板的区域可以增大或者缩小。如果某个区域没有放置节点，则不会占据空间，并且其他区域会相应增大。可使用方法 setTop、setBottom、setLeft、setRight 和 setCenter 将节点添加到某个区域。边界面板会尽可能将它的内容按合理尺寸显示。

下面的代码创建一个边界面板，并将其他面板(大部分来自于上面的示例)添加到 4 个区域中。

```
BorderPane borderPane = new BorderPane();
borderPane.setTop(titlePane);
borderPane.setLeft(colorControls);
borderPane.setCenter(imagePane);
borderPane.setBottom(navPane);
```

由于右侧区域没有节点显示，因此不占空间。新创建的堆叠面板位于顶部区域，它包含一个卷标，如下图所示。

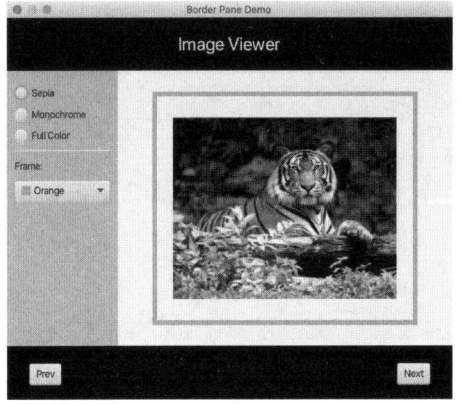

　　窗口大小发生变化时，嵌套的这几个布局面板会相应调整它的显示区域。例如，位于中心区域的图形会一直保持居中，而位于底部区域的导航按钮也会一直位于角落。

　　如果边界面板比显示每一个区域内容所需要的面积还大，则会为中心区域分配更多的空间。

F.7　栅格面板

　　栅格面板将节点以灵活的行列栅格形式排列。节点会被添加到栅格中的某个单元格里，可以跨越多行或者多列。列宽被设置成能够容纳该列中最宽的节点，而行高为某一行中最高节点的高度。可以设置行间和列间的距离，以便为节点间提供间距。

　　GridPane 的 add 方法被重载了。如下的调用将指定按钮添加到列 0 和行 0 的左上角单元格中：

```
myGridPane.add(myButton, 0, 0);
```

　　add 方法还可以接收另外两个参数，指定所添加节点应占据的列数和行数。如下代码行将一个滑动条添加到列 2、行 4 的单元格中，并且让其占据 2 列、3 行：

```
myGridPane.add(mySlider, 2, 4,  2 3);
```

　　下面是另外一个大一些的例子。下面的代码创建并加载一个具有多种元素的栅格面板：

```
GridPane gridPane = new GridPane();
gridPane.setStyle("-fx-background-color: lemonchiffon");
gridPane.setAlignment(Pos.CENTER);
gridPane.setHgap(20);
gridPane.setVgap(10);
// gridPane.setGridLinesVisible(true);

ImageView logo = new ImageView(new Image("mascot.png"));
gridPane.add(logo, 0, 0, 1, 3);

Text title = new Text("Welcome to Emotiful!");
title.setFont(new Font(24));
gridPane.add(title, 1, 0, 2, 1);

Label userLabel = new Label("User name:");
userLabel.setFont(new Font(18));
GridPane.setHalignment(userLabel, HPos.RIGHT);
gridPane.add(userLabel, 1, 1);

TextField userName = new TextField();
gridPane.add(userName, 2, 1);

Label pwLabel = new Label("Password:");
pwLabel.setFont(new Font(18));
GridPane.setHalignment(pwLabel, HPos.RIGHT);
gridPane.add(pwLabel, 1, 2);
```

```
TextField password = new TextField();
gridPane.add(password, 2, 2);
Text greeting = new Text("Have an emotiful day!");
greeting.setFont(new Font(18));
GridPane.setHalignment(greeting, HPos.CENTER);
gridPane.add(greeting, 0, 3, 3, 1);
```

没有必要指定栅格的总尺寸(行数和列数)，栅格面板会扩展成能够容纳它的内容。本例中，内容会占据 3 列、4 行。结果如下图所示。

由于某些节点会占据多行和多列，并且节点在一个单元格中的对齐方式也是多种多样的，因此很难看到底层的栅格是如何布局节点的。调用 setGridLinesVisible 方法可以显示栅格线，初始设计布局时，这个方法尤其有用。下面的 GUI 显示了栅格线。

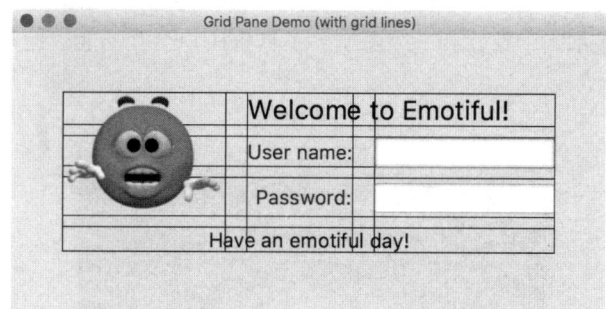

从图中可看出，这个布局包含 3 列、4 行，并且也显示了行间和列间的间距。

附录 G　JavaFX Scene Builder

本书正文中所开发的图形和 GUI 示例都是"手工"构建的，其中的控件和布局容器都是通过在代码中明确地调用某些方法创建的。JavaFX 的一个优点是利用一个称为 JavaFX Scene Builder 的程序，就可以很容易且高效地定义 GUI。本附录将概述这个工具并给出几个示例。

在 JavaFX Scene Builder 中，只需将组件拖放到中心设计区，即可创建 GUI。然后，可以根据需要修改或者修饰这些组件。完成后的 GUI 会被保存成 XML 格式，称为 FXML。诸如 NetBeans 或者 Eclipse 的开发环境，可以利用这些 FXML 自动产生 GUI。

手工设计 GUI 时，可能很难将布局和样式设计得恰到好处。利用 JavaFX Scene Builder，根本不需要编写 GUI 代码。

JavaFX Scene Builder 是一个独立的应用程序。为了利用它，所使用的 IDE 必须支持从 FXML 生成 GUI 代码。例如，Eclipse 和 NetBeans 的 IDE 都支持 FXML。本附录中使用的是 NetBeans。

G.1　Hello Moon

这里使用 JavaFX Scene Builder 开发的第一个示例称为 HelloMoon（它是 HelloWorld 启动程序的一个变体）。该程序只显示一个卷标和一个图形，不具备用户交互功能。但是，它演示了通过拖放方法构建 GUI 的主要概念。

运行这个程序时，它会显示一个与图 G.1 类似的窗口。

图 G.1　JavaFX 程序，包含用 JavaFX Scene Builder 生成的 GUI

打开 NetBeans 时，所显示的启动页面中包含的链接指向最近打开的工程及 NetBeans 文档。

NetBeans 中的程序被定义成工程，它包含构成该工程的所有文件，包括源代码文件、图形及表示 GUI 的 FXML 文件。为了创建新工程，需在 File 菜单中选择 File > New Project，或者单击工具栏上的按钮。这时会显示一个 New Project 对话框，如图 G.2 所示。选择 Categories 下面的 JavaFX 和 Projects 下面的 JavaFX FXML Application，然后单击 Next 按钮。

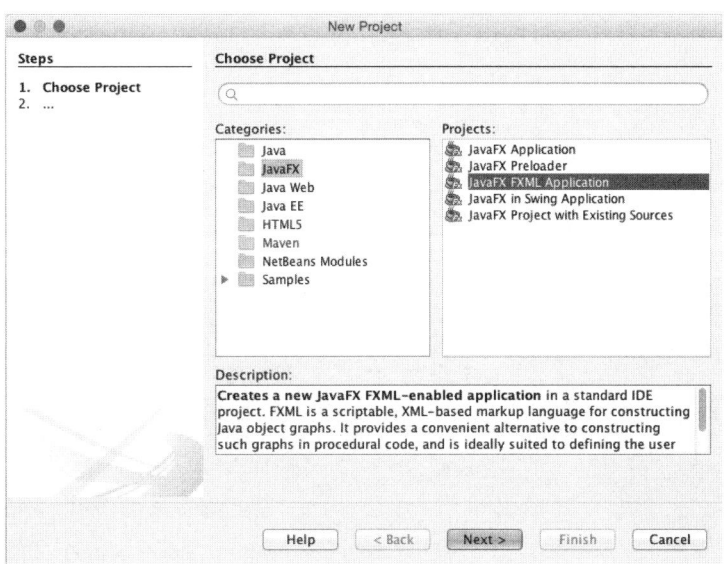

图 G.2　New Project 对话框

接着，在 New JavaFX Application 窗口中指定工程名（HelloMoon）、工程位置、FXML 文件名（不必与工程名相同，但可以这么做）及类名。如果选中了 Create Application Class 复选框，则 NetBeans 会创建一个指定名称的类，它包含程序的 main 方法。设置完毕后，单击 Finish 按钮就创建了工程。

创建 JavaFX 工程时，NetBeans 会创建一些初始化文件。在 NetBeans 窗口的左上角有一个 Projects 选项卡，通过它可访问工程中的所有文件。单击 HelloMoon 项，然后依次选择 Source Packages 和<default package>，就可以展开每一个节点。Projects 选项卡如图 G.3 所示。

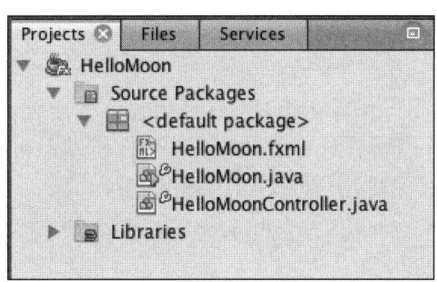

图 G.3　NetBeans 窗口中的 Projects 选项卡

创建工程时没有指定包名，所以源文件都位于默认包中。如果指定了包名，则源文件会在所指定的包下面列出。

NetBeans 为这个工程创建的三个文件是

- HelloMoon.fxml —— GUI 的 FXML 表示文件
- HelloMoon.java —— 显示 GUI 的类
- HelloMoonController.java —— 处理用户事件的类

双击某个文件名称，就会在 NetBeans 窗口中间的 Files 选项卡下打开它。可依次浏览一下这三个文件。

记住，FXML 文件不是 Java 代码，它是 GUI 的 XML 表示。默认 GUI 包含一个卷标和一个按钮。尽管可以通过编辑 FXML 文件的内容修改它,但通常不这样做,而是使用 JavaFX Scene Builder 程序来修改它。

HelloMoon.java 的内容在下面列出,它包含的类扩展了 JavaFX Application 类,这与任何通过手工编码的类相似。它包含一个 start 方法和一个 main 方法,用于启动程序。与以前的示例不同的是,HelloMoon 类中的 start 方法并不创建任何 GUI 元素,而是加载作为 Parent 对象的来自其 FXML 表示的 GUI。然后,设置场景和舞台。

```java
import javafx.application.Application;
import javafx.fxml.FXMLLoader;
import javafx.scene.Parent;
import javafx.scene.Scene;
import javafx.stage.Stage;
public class HelloMoon extends Application
{
public void start(Stage stage) throws Exception
    {
        Parent root = FXMLLoader.load(
            getClass().getResource("HelloMoon.fxml"));
        Scene scene = new Scene(root);
        stage.setScene(scene);
        stage.show();
    }
public static void main(String[] args)
    {
        launch(args);
    }
}
```

除了需更新说明文档,无须对 HelloMoon 类做任何改变。事实上,对于这个示例,不必编写任何 Java 代码来创建 HelloMoon 程序。所有对 GUI 的改变都可以通过 JavaFX Scene Builder 进行。

HelloMoonController 类用于处理用户与 GUI 的交互事件。HelloMoon 中不存在用户交互,所以这个程序中根本不需要这个文件。可以右击 Projects 选项卡下的这个文件名,然后删除它。下一个示例中将讲解如何使用这个文件。

修改 GUI 之前,需将图形文件(moon.jpg)拖放到 Projects 选项卡下的默认包中,这样就在工程中添加了一个月亮图形。将图形文件复制到保存工程所在的 src 文件夹下,这样做也会添加图形。

现在进入正题——使用 JavaFX Scene Builder 通过拖放操作更新 GUI。为了直接从 NetBeans 启动 Scene Builder,需右击 HelloMoon.fxml 文件并选择 Open。

JavaFX Scene Builder 窗口如图 G.4 所示。窗口的中间部分显示了这个 GUI。左上角 Library 部分包含的各种元素,可以用于 GUI 中;左下角 Document 部分列出的元素是当前用在 GUI 中的那些元素。NetBeans 创建的默认 GUI 文件会在 AnchorPane 上包含一个按钮和一个卷标。右侧的 Inspector 部分允许对所选元素的特性进行调整。

为了创建 HelloMoon 的 GUI,首先必须删除默认文件中提供的控件。在 Document 部分的 Hierarchy 选项卡下单击 Button,选中它。然后,按下键盘上的删除键或者回退键,删除它。删除时会提示你是否确认这个操作。为 Label 重复同样的动作。

这里不采用默认的 AnchorPane,而是使用 VBox 布局容器,它会将节点垂直排列。为此,需将 VBox 从 Library 的 Containers 选项卡下拖到中心面板上。然后，通过 Select > Trim Document to Selection 菜单项，删除 AnchorPane。

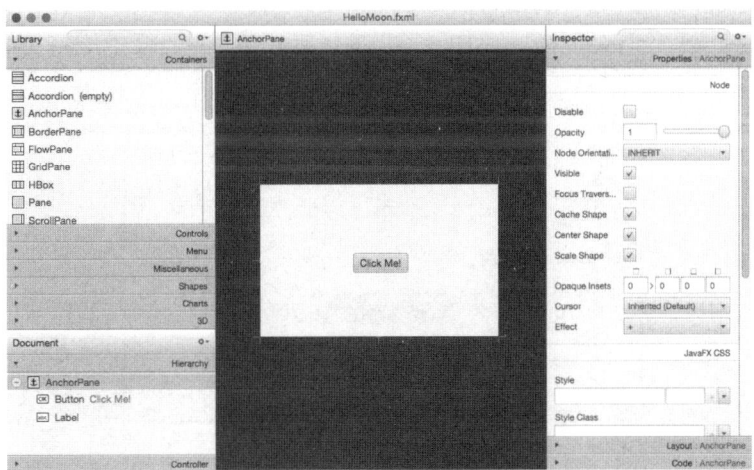

图 G.4 JavaFX Scene Builder 窗口

在 VBox 上添加任何元素之前，需修改它的一些特性。首先，选择 Document Hierarchy 中的 VBox。然后，在 Inspector Properties 选项卡中，将它的 Alignment 属性设置成 CENTER，这会使其内容水平居中。在 Style 下，将"–fx-background-color"属性设置成#000，这会使整个 VBox 的背景色为黑色。最后，在 Inspector Layout 选项卡中，分别将 VBox Preferred Width 和 Height 设置成 400 和 325。

现在，从 Library Controls 选项卡中拖动一个 Label 到中心面板中，为 VBox 添加一个卷标。在 Inspector Preferences 选项卡下，将卷标文本设置成"Hello, Moon!"，颜色(Text Fill)改成白色，字体(Font)改成粗体和 36 磅。

最后要添加的是月亮图形。将 Library Controls 选项卡下的一个 ImageView 拖到中心面板上，位于卷标的下面。在 Inspector Properties 选项卡中，单击 Image 属性旁边的省略号按钮，选择图形文件。也可以在 Inspector Layout 选项卡中，将 Fit Width 和 Fit Height 值设置成 0，使图形按原始尺寸显示。

这样就完成了 GUI 的设置。在 JavaFX Scene Builder 中保存这些改变，它会更新 NetBeans 工程中的 FXML 文件。现在，就可以在 NetBeans 中运行这个程序了。

注意，对 GUI 所做的所有这些配置，都可以在 Java 代码中用常规的方法调用实现。但是，利用 JavaFX Scene Builder 工具，实现起来更容易，并且能更快速地通过可视化方法修正它。将 GUI 以标准的 XML 文件表示，就使得从 FXML 到 Java 的自动翻译更有效率，也更精确。

G.2 JavaFX Scene Builder 中的事件处理

HelloMoon 程序显示了一个卷标和一个图形，但是它无法进行用户交互操作。下面的示例通过控件使用户能够操作。

图 G.5 显示的程序通过给定的行驶英里数和消耗的汽油加仑数来计算汽车的油耗。用户通过滑动条设置英里值。加仑值是在文本框中输入的。用户按下 Calculate MPG 按钮后，结果会显示在窗口底部的卷标中。

与 HelloMoon 示例一样，这里也使用 JavaFX Scene Builder 来开发 GUI。与 HelloMoon 不同的是，MilesPerGallon 程序需要一个控制器类来处理用户事件。

按照 HelloMoon 示例中的步骤，在 NetBeans 中新创建一个工程。同样，包含 main 类的 MilesPerGallon.java 文件会保持原样。对 GUI 所做的任何改变，都是通过 JavaFX Scene Builder 完成的。

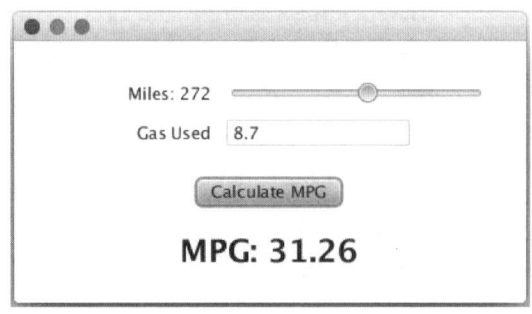

图 G.5　计算油耗的 JavaFX 程序

在 Scene Builder 中右击 FXML 文件，然后选择 Open，打开它。删除两个默认的控件。和 HelloMoon 一样，添加一个 VBox 作为 GUI 的根元素。

VBox 中的顶部元素将是另一个布局容器，即一个 GridPane 对象，它允许元素以栅格形式显示。这里使用的是一个 2×2 的 GridPane，显示 GUI 最上面的两行元素。左列用来显示英里数和加仑数的卷标，而右列显示的是滑动条和文本框。

将一个 GridPane 从 Library Containers 选项卡拖到中心设计区。它默认为一个 2×3 的栅格，如图 G.6 所示。为了删除多余的一行，需选中第三行，然后按键盘上的删除键或者回退键。现在，从 Library Controls 中拖动两个 Label 对象，分别放入左列(列 0)的单元格中。然后，将一个水平 Slider 拖入右列最上面的单元格中，并在右列底部单元格中添加一个 TextField。

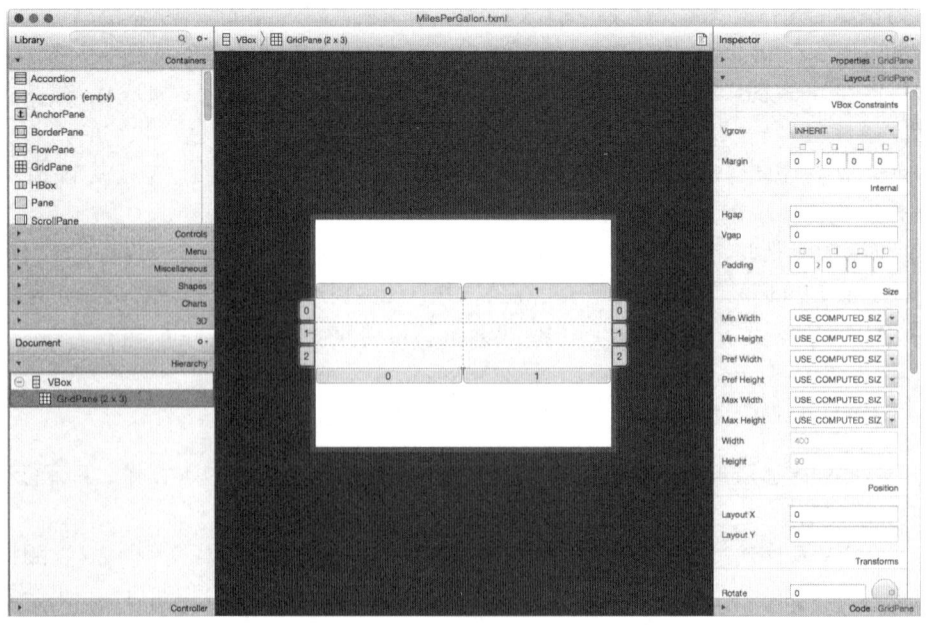

图 G.6　JavaFX Scene Builder 中的一个 GridPane

在配置这些元素的外观之前，还需为 GUI 添加一些元素。将一个 Button 拖入 VBox 中（不在 GridPane 内，而是在它的下面）。接着，在这个按钮的下面，添加一个显示结果的卷标。

这样，所有的元素都已添加完毕，尽管它们的外表还不如所愿。依次选择每一个元素，并用 Inspector 来配置它们的特性。例如，设置卷标和按钮所显示的文本；将 GridPane 的左列设置成右对齐；设置滑动条和文本框的大小。

在滑动条的 Inspector Properties 下，分别将它的最小值和最大值设置为 0 和 500，将它的默认值设置为 100。将结果卷标的初始显示值设为 "---"，因为还没有输入任何汽油消耗值。

完成了 GUI 的初始设计后，下面将重点转入用户交互的处理。代码中需要引用的每一个节点，都必须利用 Scene Builder 赋予一个 fx:id 值。例如，选中 Slider，然后在 Inspector Code 选项卡中，将它的 fx:id 设置成 milesSlider。这与 Java 代码中通过变量名引用这个滑动条相对应。

MilesPerGallonController 类处理用户拖动滑动条或者按下按钮时产生的事件。具有 "@FXL" 符号的变量对应于组件的 fx:id 属性。诸如 "Gas Used" 卷标这样的组件并不需要在代码中引用，因此不需要有 fx:id 值。

以下是 MilesPerGallonController 类的最终版本：

```java
import javafx.beans.value.ChangeListener;
import javafx.beans.value.ObservableValue;
import javafx.event.ActionEvent;
import javafx.fxml.FXML;
import javafx.fxml.Initializable;
import javafx.scene.control.Button;
import javafx.scene.control.Label;
import javafx.scene.control.Slider;
import javafx.scene.control.TextField;

public class MilesPerGallonController
{
    private int milesTraveled = 100;

    @FXML
    private Label milesLabel;

    @FXML
    private Slider milesSlider;

    @FXML
    private TextField gasTextField;

    @FXML
    private Button calculateButton;

    @FXML
    private Label resultLabel;

    @FXML
```

```
private void calculateMPG(ActionEvent event)
{
    double gasUsed = Double.parseDouble (gasTextField.getText());
    double mpg = milesTraveled / gasUsed;
    resultLabel.setText(String.format("MPG: %.2f", mpg));
}
public void initialize()
{
    milesSlider.valueProperty().addListener (new SliderListener());
}
// An inner class that serves as the listener for the slider.
private class SliderListener implements ChangeListener<Number>
{
    @Override
    public void changed(ObservableValue<? extends Number> ov,
            Number oldValue, Number newValue)
    {
        milesTraveled = newValue.intValue();
        milesLabel.setText("Miles: " + milesTraveled);
    }
}
}
```

calculateMPG 方法计算油耗并更新结果卷标的显示。我们希望只要 GUI 中的按钮被按下了，就执行这个方法。在 JavaFX Scene Builder 中选择这个按钮，打开 Inspector Code 选项卡。在 On Action 事件的下拉菜单中，选择 calculateMPG 方法。

加载 GUI 时，就会调用这个初始化方法，用于设置控制器。这里创建的是一个 SliderListener 对象，并将它添加到了滑动条上。SliderListener 类被定义成内部类，当滑动条发生变化时，它会更新所行驶的英里数(并显示)。

这个示例展示了 JavaFX Scene Builder 中的设置，以及与处理用户交互的 Java 代码之间的关系。让 Scene Builder 处理主要的 GUI 设计，就可以集中精力关注程序本身底层的计算了。

附录 H　正则表达式

本书从头至尾都使用了 Scanner 类交互式地读取用户输入的数据，并将字符串解析为类似单词的输入数据项。第 5 章中还利用 Scanner 类从一个数据文件读取输入数据。通常，Scanner 使用默认的空白符来分割输入串中的数据项。

Scanner 类也可以根据正则表达式来解析输入数据，正则表达式是代表一种模式的字符串。正则表达式可用于设置提取输入数据项的分隔符，或用在类似 findInLine 这样的方法中，以便匹配一个特定的字符串。

构造正则表达式的一般规则如下。

- 点字符 "." 匹配任何一个单独的字符。
- 星号字符(*)匹配 0 个或多个字符。
- 方括号 "[ ]" 中的一串字符匹配字符串中的任何一个字符。
- 反斜线 "\" 字符后跟一个字符，匹配由该字符规定的模式。

例如，正则表达式 "B.b*" 可以匹配 Bob、Bubba 和 Baby 等。而 "T[aei]*ing" 可匹配 Taking、Tickling 和 Telling 等。

图 H.1 列举了在 Java 正则表达式中可用的一些匹配模式。该列表没有包含所有的正则表达式模式，完整的列表请参考 Pattern 类的在线文档。

正则表达式	匹配说明
x	字符 x
.	一个任意字符
[abc]	a、b 或 c
[^abc]	除 a、b、c 外的任意一个字符
[a-z][A-Z]	a~z 或 A~Z 的字母(包括边界值)
[a-d[m-p]]	a~d 或 m~p(并集)
[a-z&&[def]]	d、e 或 f(交集)
[a-z&&[^bc]]	除 b 和 c 外的 a~z 字母
[a-z&&[^m-p]]	除 m~p 外的 a~z 字母
\d	一个数字字符，等价于[0~9]
\D	一个非数字字符，等价于[^0~9]
\s	一个空白符
\S	一个非空白符
^	行的起点
$	行的结束

图 H.1　Java 正则表达式中可用的一些匹配模式

附录 I　javadoc 文档生成器

javadoc 是一个根据 Java 源代码生成 HTML 格式文档的工具。该工具检查源代码文件，并提取代码中具有特殊标记的信息，然后生成提供软件概述信息的 Web 页面。

文档注释也称为 doc 注释，规定了能被 javadoc 工具处理的注释格式。称为"标签"的特殊卷标指定有关代码的特定信息类型。例如，"@author"标签用于指定代码的作者。javadoc 工具会解析 doc 注释和标签，并产生 HTML 页面。

javadoc 是 Java 软件开发工具包(SDK)的组成部分。该工具的可执行文件(javadoc.exe)随同 javac 编译器(javadoc.exe)和 java 执行工具，存放于 java 安装目录下的 bin 目录中。因此，如果能够以命令行方式编译和执行代码，也就能正常运行 javadoc 工具。

使用 javadoc 工具的方式很简单，类似于编译一个 java 源文件，例如：

```
javadoc myfile.java
```

可以指定 javadoc 命令的选项和包名，源文件名必须包含.java 扩展名(和 javac 编译器命令相似)。

I.1　文档注释

文档注释分为描述和标签。描述提供被解释代码的功能概述，标签阐明诸如代码版本(对于类或接口)或返回类型(对于方法)的功能细节。

javadoc 可处理包含在开始标签"/**"和结束标签"*/"之间的代码注释。注释可以跨多个行，续行以"*"开始，该符号及其之前的任何空白符将被 javadoc 工具忽略掉。注释中也可以包含 HTML 标签，例如：

```
/**
 * This is an <strong>example</strong> document comment.
 */
```

应该仔细考虑注释的位置。javadoc 工具自动将每个文档的第一句复制到 HTML 文档顶部的概要区。注释语句从"*"号后的任意空白符处开始，以第一个句点结束。注释语句后的描述应简洁而完整。文档注释只有直接放在类、构造方法、方法、接口和域声明的前面才有效。

描述内容中的 HTML 应有适当的分隔和显示，避免设置过多的样式。

I.2　标签

注释文档中包含标签。每个标签从一个独立行开始，而且该行应该有一个前缀符"*"。标签是对大小写敏感的，并且以@符号开头。

有些情况下需要某些特殊标签。必须为每个参数提供一个标签@param，该标签用于描述每个参数的意义。每个返回非 void 类型值的方法必须有一个标签@return，用于描述该方法的返回值。标签@author 和@version 仅用于描述类和接口。

图 I.1 列出了 javadoc 注释中使用的各种标签。

标 签 名	说 明
@author	插入一条包含指定文本的"Author"项
{@code}	与\<code\>{@literal}\</code\>的作用相同
@deprecated	插入一条包含指定粗体文本的"Deprecated"项
{@docRoot}	插入链接到根文档的相对链接
@exception	参见@throws
{@inheritDoc}	从类层次结构的最近层父类或接口中复制文档。在这些更高层的类和接口中，通常有更一般性的注释可供复用
{@link}	在 HTML 文档中插入一个超链接。使用方法：{@link 名称 url}
{@linkPlain}	与{@link}的作用相同，只不过以一种简单文本方式显示文档。使用方法：{@linkPlain 链接 卷标}
{@literal}	包含在该标签中的文本将按文字原样显示。例如，{@literal \<td\> TouchDown}将被显示为 \<td\> TouchDown（不会将\<td\>解释成 HTML 中的一个表格单元）
@param	插入一个"Parameters"注释段。该注释段列出了一个特定构造方法或方法的参数，并描述了参数含义
@return	插入一个"Returns"注释段，该注释段列出并描述了一个特定方法的返回值。使用方法：@return description。如果该注释段所说明方法的返回值为 void 类型，将会抛出一个错误
@see	插入一条带有链接的"See Also"注释，该链接指向一个含有详细信息的文档。使用方法：@see 链接
@serial	用于一个可序列化域。使用方法：@serial 文本
@serialData	用于描述由 writeObject、readObject、writeExternal 和 readExternal 方法所写的数据的文档。使用方法：@serialdata 文本
@serialField	用于注释 ObjectStreamField 类。使用方法：@serialField 名称 类型 描述
@since	插入一条新"Since"标题，标识某种特性首次引入。使用方法：@since 文本
@throws	插入一条"Throws"标题。使用方法：@throws 名称 描述
{@value}	返回该标签所指定的一个代码元素的值。使用方法：@value 代码成员 卷标
@version	当使用-version 命令行选项时，插入一条"Version"标题。使用方法：@version 文本

图 I.1　用于 Java 文档注释中的各种标签

注意图 I.1 中列出的两个不同类型的标签：块标签以@符号（如@author）开头，必须放在主要描述内容后的标签区；内嵌标签包含在花括号"{"和"}"之中，可以放在描述区的任何位置或块标签的注释区。例如：

```
/**
 * This is an <strong>example</strong> document comment.
 * The {@link Glossary} provides definitions of types used.
 *
 * @author Sebastian Niezgoda
 */
```

I.3　文件生成

javadoc 工具分析 java 源文件或包，并为每个类生成一个由三部分组成的 HTML 文档。这些 HTML 文件通常称为文档文件，其中包含了清晰的关于类文件的结构信息，这些信息来源于代码文件的注释。

　　文档的第一部分是类的总体描述。首先显示类名，接着是描述类继承关系的图形化表示，然后是一般性的描述，这些描述是从每一个注释条目提取的首句。

　　第二部分是构造方法和方法的列表。源文件所包含的所有构造方法、方法的签名及其单句式描述都列在表中，构造方法或方法的名称是一个超链接，链接到文档第三部分的详细描述内容。

　　第三部分是方法的完整描述。这部分描述再次列出方法签名，其后紧随注释条目的解释内容，这些解释同样从代码文件的文档注释中提取，并且不再限于单句描述信息。参数列表、返回值及其描述将显示在各自的说明区。

　　HTML 文档大量利用超链接（例如@see 标签）来提供必要的附加信息，以达到浏览导航目的。页面上的页头和页尾是具有下述链接的导航条：

- Package：提供了包中所含类的列表，还有关于包目标的简短说明和每个类的描述信息。
- Tree：提供包中类层次结构的图形化描述。每个类名链接到相应的 HTML 文档。
- Deprecated：列出了包中不提倡使用的类功能。
- Index：按字母顺序提供了包中类、构造方法和方法的列表。类名仍然和简短的目的说明及类的描述相关联。每个类名链接到相应的 HTML 文档，每个构造方法和方法的签名链接到其详细描述内容，在方法签名列表之后显示出相应的单句式描述。
- Help：载入"how-to"帮助页面，提供 HTML 文档的用法说明和相应的导航。

　　所有的页面都可按有窗口或无窗口的形式浏览。每个类的概要都有链接，可以迅速转到文档的任何部分。

　　当执行 javadoc 工具时，输出的信息和命令行选项有关。默认情况下，如果没有指定选项，输出信息与使用"–protected"选项的输出结果相同。选项主要包括：

- private，显示所有的类、方法和变量。
- public，只显示公有型的类、方法和变量。
- protected，只显示保护型和公有型的类、方法和变量。
- help，显示在线帮助。
- keywords，生成的输出文件中包含 HTML 标签以帮助文档搜索。

附录 J Java 语法

    本附录给出了 Java 语言的语法图，集中描述了 Java 的语言元素构造方式。语法图中的矩形代表将进一步用更详细的语法图定义的元素，椭圆代表一个字面单词(保留字)或字符。

编译单元

包声明

导入声明

类型声明

类声明

类关联

类体   类成员

接口声明

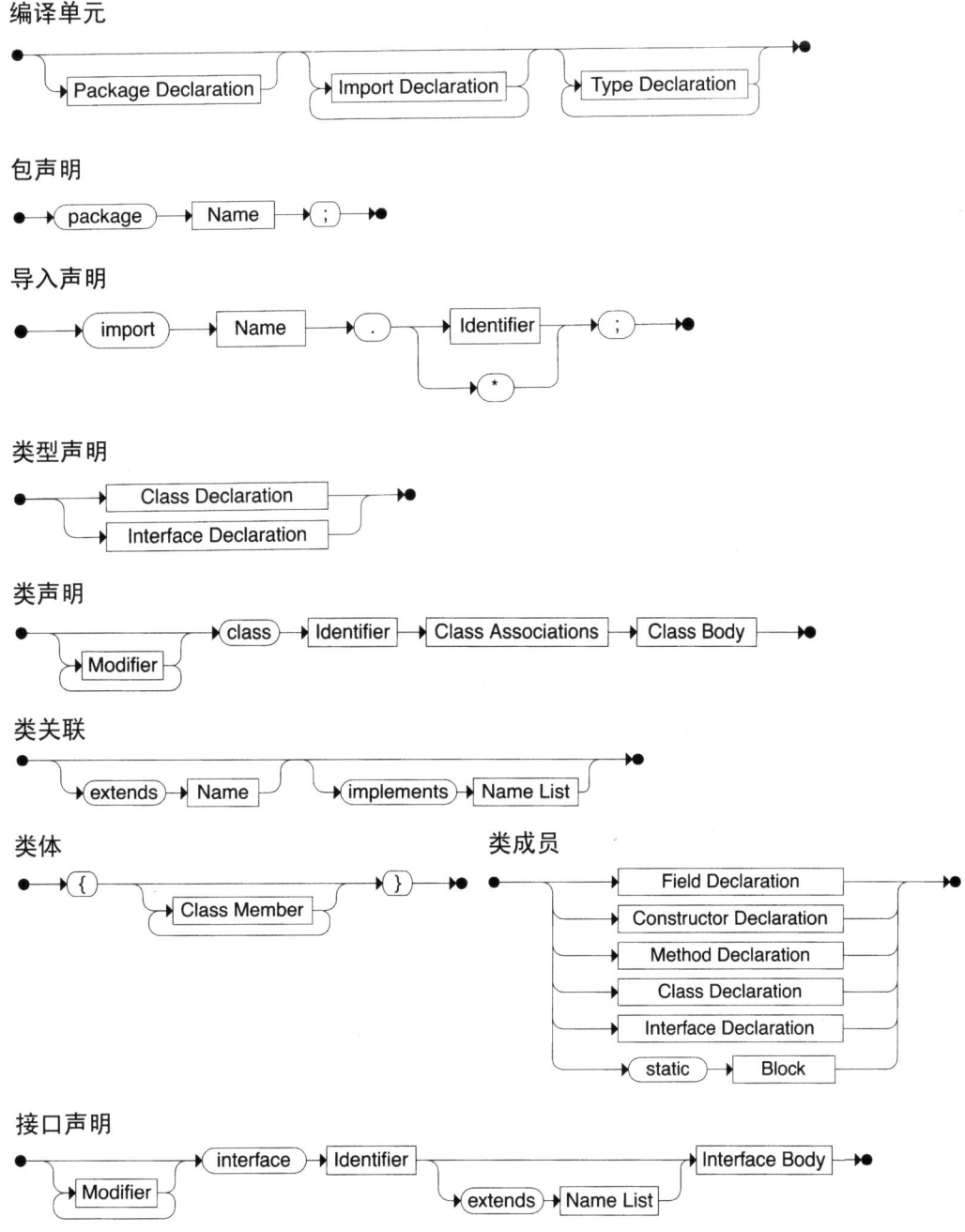

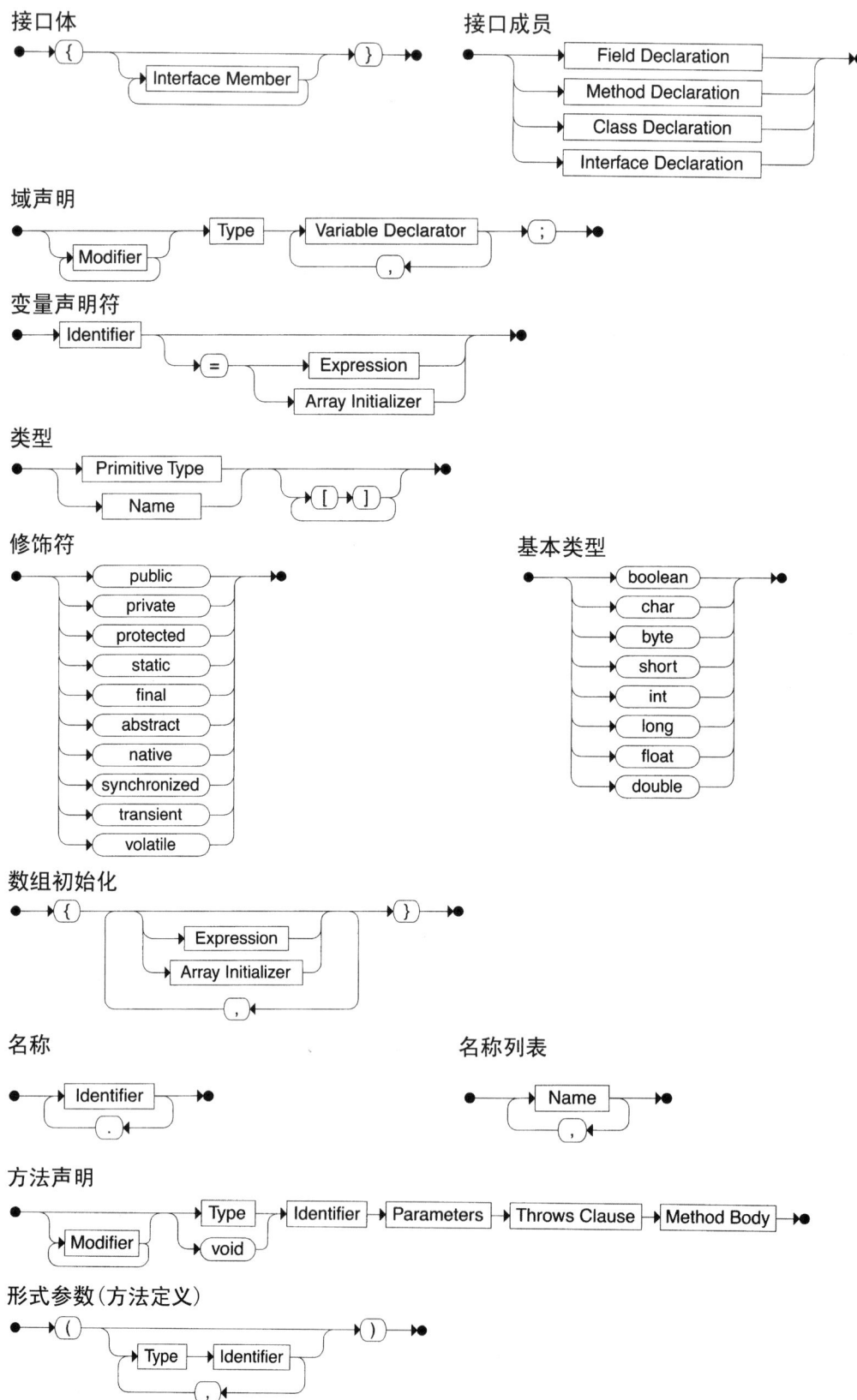

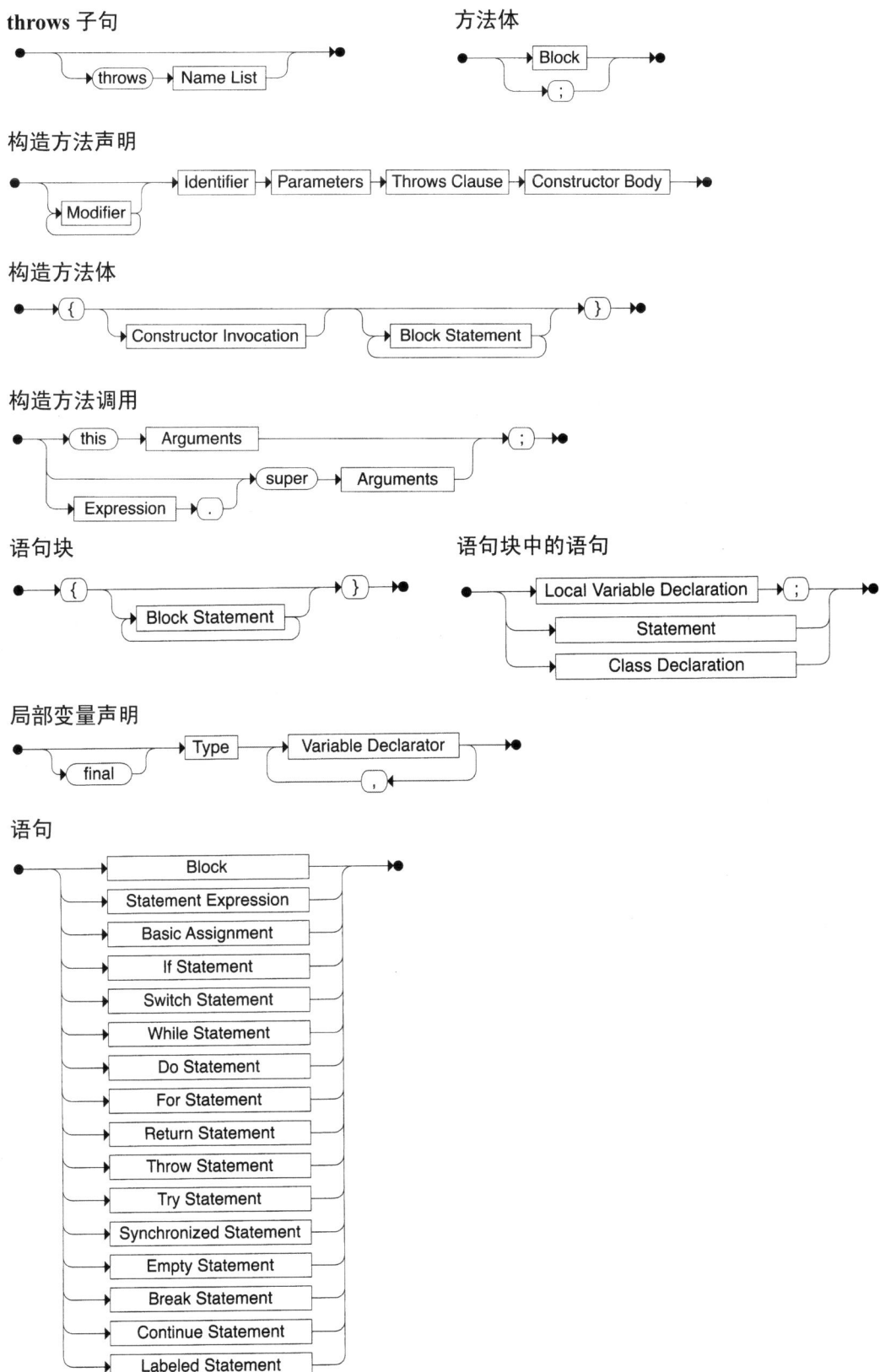

throws 子句

方法体

构造方法声明

构造方法体

构造方法调用

语句块

语句块中的语句

局部变量声明

语句

if 语句

switch 语句

switch case 子句

while 语句

do 语句

for 语句

for 语句初始化

for 语句控制变量更新

基本赋值语句

return 语句

throw 语句

try 语句

synchronized 语句

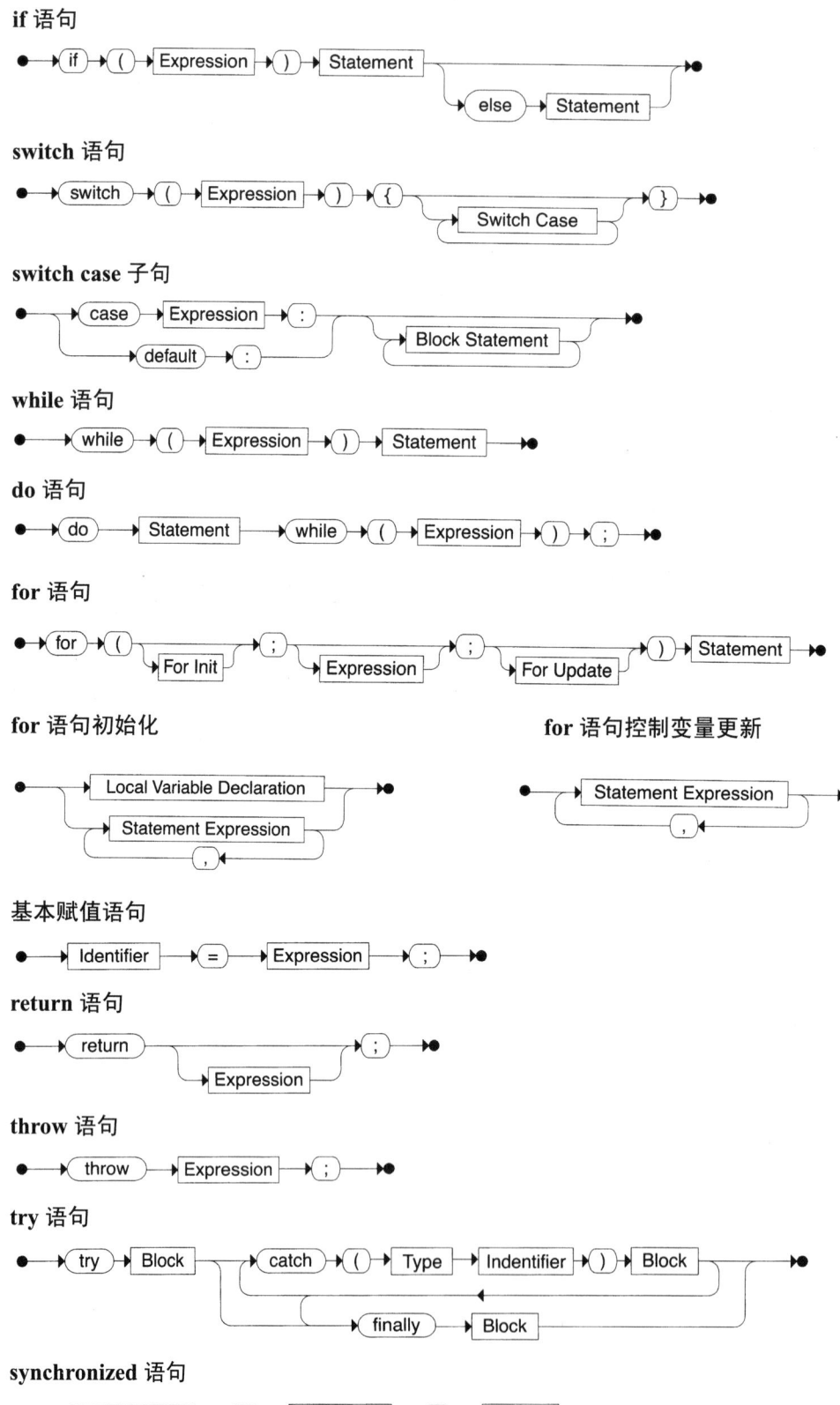

空语句　　　　　　　　　　　　　　　**break** 语句

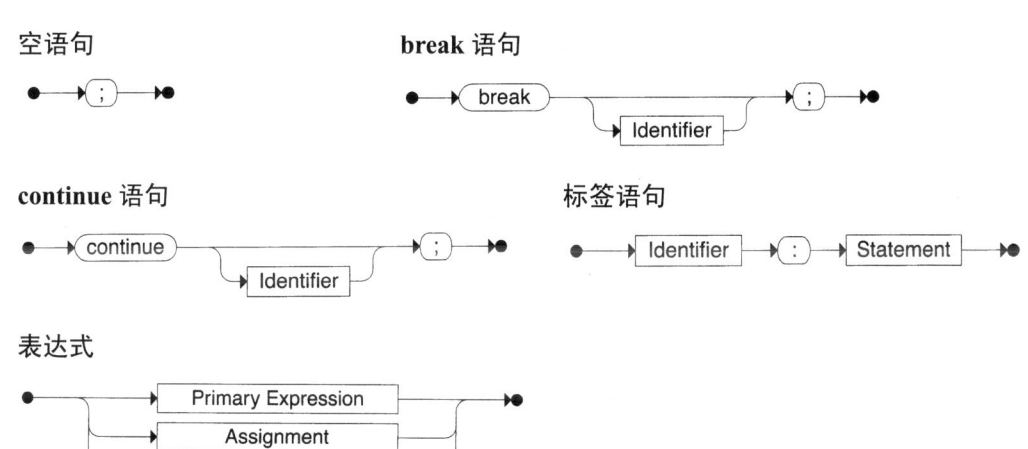

continue 语句　　　　　　　　　　　标签语句

表达式

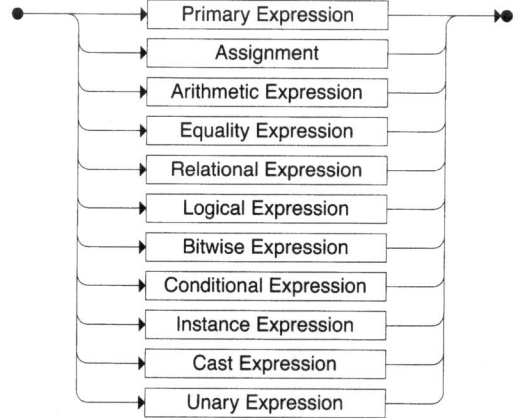

基本表达式

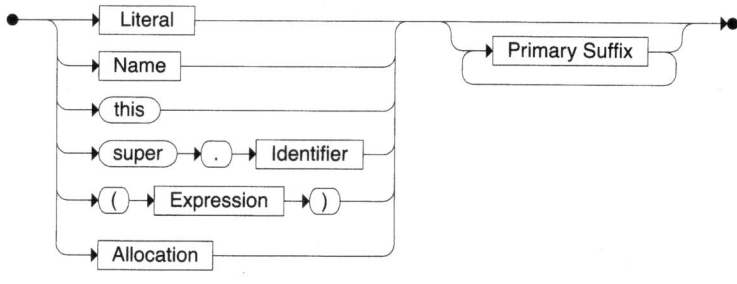

基本后缀

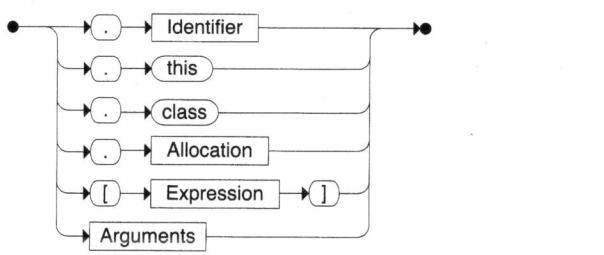

实参（方法调用）

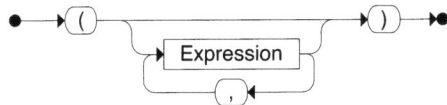

存储空间分配

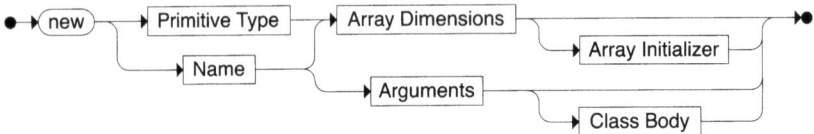

数组维数定义

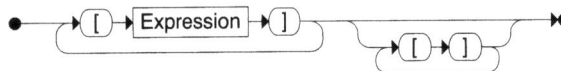

语句表达式

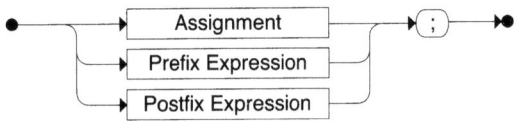

赋值

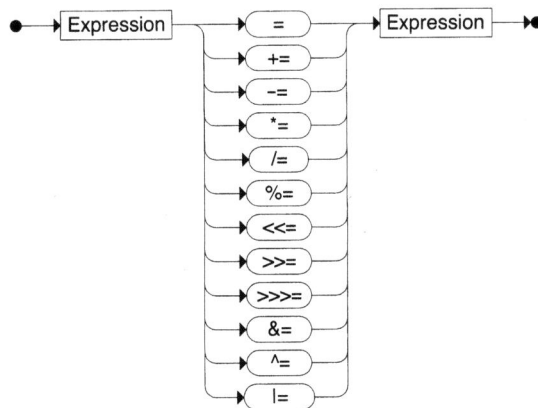

算术表达式

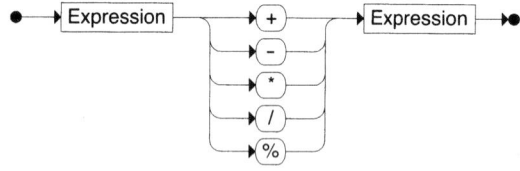

等式表达式

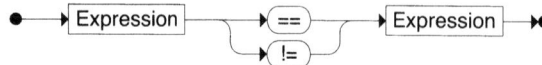

关系表达式

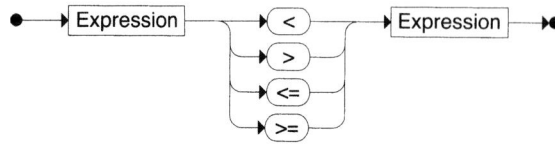

逻辑表达式

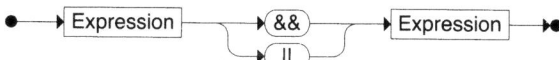

位运算表达式

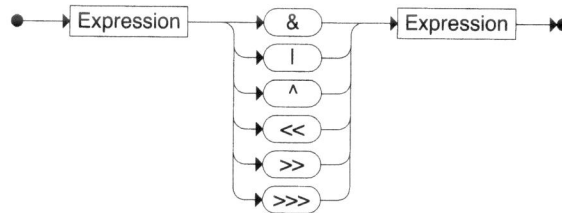

条件表达式

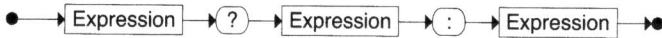

实例表达式

类型转换表达式

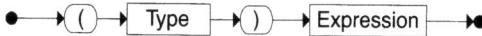

单目表达式

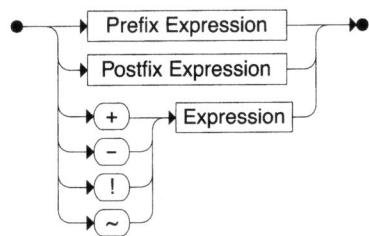

前缀表达式

后缀表达式

字面值（常量值）

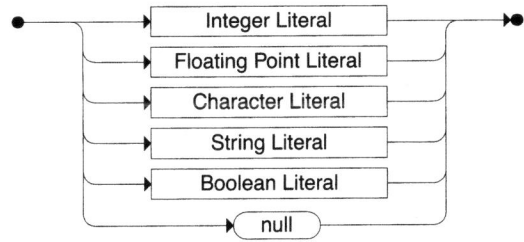

整型常量

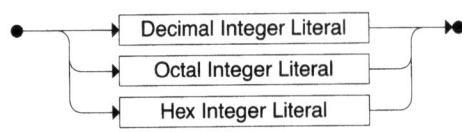

十进制整型常量

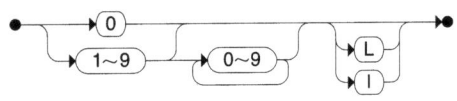

八进制整型常量

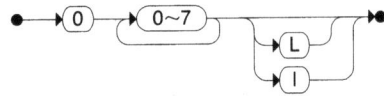

十六进制数字

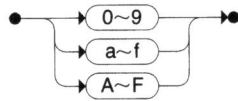

十六进制整型常量

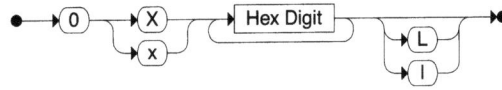

浮点型常量

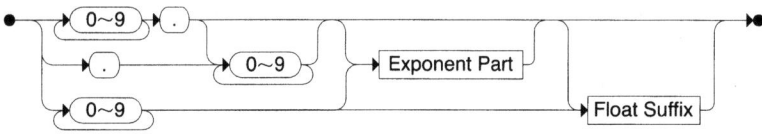

指数部分

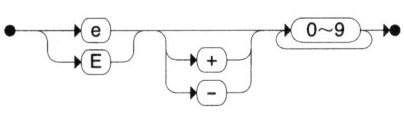

浮点后缀符

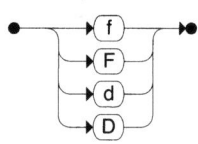

字符常量

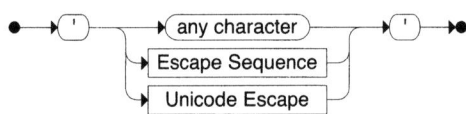

布尔常量

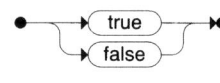

字符串常量

转义序列

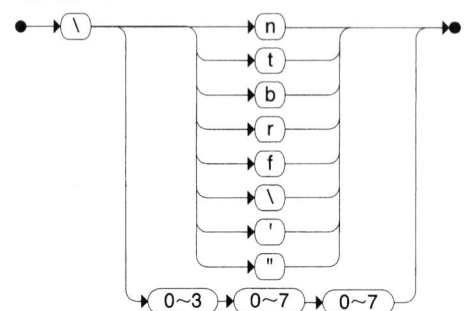

标志符

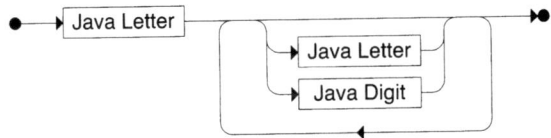

Java 字母

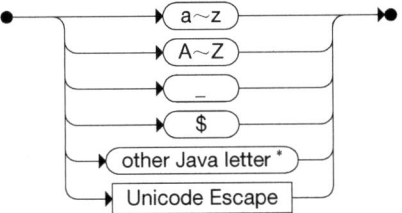

* "other Java letter" 包括许多非英语语言的字母。

Java 数字

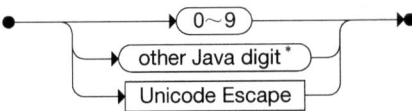

* "other Java digit" 包括 Unicode 字符集中定义的数字。

Unicode 转义符[*]

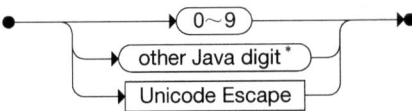

* 在某些上下文环境中，由一个 Unicode 转义符表示的字符是受限制的。

附录 K　自测题答案

第 1 章　计算机系统概述

1.1　计算机处理过程

SR1.1　计算机系统硬件部分，包括其物理部件，如电路板、显示器和键盘等。计算机软件包括硬件执行的程序以及程序所需的数据。硬件是实实在在的物件，软件则不是。

SR1.2　操作系统提供了用户界面，并有效地管理计算机各种资源的使用，如主存和 CPU。

SR1.3　一首 60 分钟的歌曲需要 7 200 000 个数字（40 000 × 60 × 3），一首 1 小时的歌曲需要 144 000 000 个数字（40 000 × 60 × 60）。

SR1.4　信息被分为若干小块，每一小部分用一个数表示。

SR1.5　一般来说，N 位二进制数可以表示 2N 个不同的项。因此：

a. 2 位可以表示 4 项，因为 $2^2 = 4$。

b. 4 位可以表示 16 项，因为 $2^4 = 16$。

c. 5 位可以表示 32 项，因为 $2^5 = 32$。

d. 7 位可以表示 128 项，因为 $2^7 = 128$。

SR1.6　需要 6 个二进制位来表示 50 个州。因为 5 个二进制位最大只能表示 25 = 32，6 个二进制位可以表示的最大值是 26 = 64。

1.2　硬件组件

SR1.7　已知 1 KB = 2^{10} 字节 = 1024 字节，1 MB = 2^{20} 字节 = 1 048 576 字节，1 GB = 2^{30} 字节 = 1 073 741 824 字节。因此：

a. 3 KB = 3 × 1024 字节 = 3 072 字节 = 大约 3000 字节

b. 2 MB = 2 × 1 048 576 字节 = 2 097 152 字节 = 大约 2.1 百万字节

c. 4 GB = 4 × 1 073 741 824 字节 = 4 294 967 296 字节 = 大约 43 亿字节

SR1.8　1 字节有 8 位，因此：

a. 8 字节 = 8 × 8 位 = 64 位

b. 2 KB = 2 × 1024 字节 = 2048 字节 = 2048 × 8 位 = 16 384 位

c. 4 MB = 4 × 1 048 576 字节 = 4 194 304 字节 = 4 194 304 × 8 位 = 33 554 432 位

SR1.9　根据已知条件，1 小时长的音乐需要 288 000 000 字节（40 000 × 60 × 60 × 2），除以 1 MB 等价的字节数（1 048 576 字节），结果约为 275 MB。一张音乐 CD 的容量约为 650 MB，可以存放近 70 分钟的音乐。这与实际采样率每秒 41 000 个单位，每个单位占 2 字节的存储空间，并且需要存储两个音乐流来产生立体声效果是一致的。

SR1.10　最主要的两个硬件部件是 CPU 和主存。主存保存着当前正在执行的程序和数据，CPU 则将程序指令从主存中取出并执行，每次执行一条指令。

SR1.11　主存地址是一个唯一地代表某个存有数据的主存单元的数值编码。

SR1.12　主存是不稳定的，也就是说，断电后信息将会丢失。辅助存储器通常是稳定的，信息在断电后依然可以保存下来。

SR1.13　最匹配的名词如下：

　　　a. 外围设备，b. 控制器，c. 调制解调器，d. 主存储器或者 RAM，

　　　e. 辅助存储器或者 ROM，f. RAM，g. CPU。

1.3　网络

SR1.14　文件服务器是为网络用户提供程序和数据的网络计算机。

SR1.15　如图 1.16 所示，以点对点的形式连接 5 台计算机需要 10 条传输线。增加第 6 台计算机，使其与之前的 5 台都相互连接，所以总共需要 15 条传输线。

SR1.16　共享一条通信线路的方式成本低，因为减少了通信需要的连接数，而且使得在网络中增加一台新计算机更容易些。但是共享通信线路意味着当网络繁忙时会引起通信延迟。

SR1.17　Internet 这个词来自 internetworking，这是一个与广域网（WAN）相关的概念。internetwork 连接不同的网络，所以 Internet 是一个广域网。

SR1.18　TCP 代表传输控制协议，IP 代表网际协议。协议是管理两个事物间如何通信的一组规则。

SR1.19　将每个 URL 拆分成几部分：

　　　a. ****是计算机名，该计算机属于 villanova.edu（代表 Villanova 大学）域的 csc 子域（计算科学系）。++++是最高级域名，代表教育机构。这个 URL 请求打开 examples.html 文件，该文件位于 jss 子目录下。

　　　b. ****是一个在域++++.com 的计算机（Web 服务器）的名称。最高级域名 com 表示其属于一个商业机构。该 URL 请求打开一个在 products 子目录下的 index.html 文件。

1.4　Java 编程语言

SR1.20　Java 编程语言是 Sun Microsystems 公司的 James Gosling 在 20 世纪 90 年代初创建的，1995 年公布于世。

SR1.21　Java 程序从 main 方法开始执行。

SR1.22　屏幕上将会显示字符串"Hello"。

SR1.23　因为语句被注释了，所以没有输出。

SR1.24　标识符 12345 和 black&white 是无效的，因为标识符不能以数字开头或者包含字符"&"。标识符 RESULT 和 result 都是有效的，但是最好不要同时在一个程序中使用，因为它们的区别仅仅是大小写的不同。下画线是可以在标识符中使用的，如 answer_7。

SR1.25　尽管所列的标识符都可以使用，但是 scoreSum 是最好的选择。x 不能描述其代表的含义，sumOfTheTestScoresOfTheStudents 过于冗长，smTstScr 不能清楚地表明其含义。

SR1.26　空白符指用于在程序中分隔字符和符号的字符，比如空格、制表符及换行符等。编译器将忽略多余的空白符，所以空白符不影响程序的执行。但是，合理使用空白符可使程序易读，因此很重要。

1.5 程序开发

SR1.27 在最底层，每一条计算机指令只能完成一个简单的任务，例如复制一个数值或者比较两个数的大小。然而，在一秒钟内执行上百万条这样的指令，计算机就可以完成复杂的任务。

SR1.28 高级语言使程序员能够用类似于英语的方式表达一系列的计算机指令，并且相对机器语言和汇编语言来说更加易读易写。为了使程序可以执行，使用非机器语言编写的程序，必须转换成将要执行该程序的计算机所要求的机器语言。机器语言由一系列的二进制位组成，基本无法让人阅读。高级语言代码需要编译成机器语言后才能被计算机执行。

SR1.29 Java 字节码是 Java 源程序代码的一种较为低级的表示。Java 编译器将源代码编译成字节码后，就可以用 Java 解释器执行。Java 字节码可以通过网络传送并用包含 Java 解释器的 Web 浏览器执行。

SR1.30 最匹配的术语为

a. 机器语言，b. 汇编语言，c. 高级语言，d. 高级语言，e. 编译器，f. 解释器

SR1.31 语法规则定义了单词和符号在编程语言中应该如何组合。程序中语句的语义定义了执行语句时所要完成的操作和功能。

SR1.32 a. 编译时错误，b. 运行时错误(不能除以 0)，c. 逻辑错误

1.6 面向对象编程

SR1.33 1. 理解与分析问题。

2. 设计解决方案。

3. 考虑解决方案中的其他因素，然后细化解决方案。

4. 实现解决方案。

5. 测试解决方案并改正存在的问题。

SR1.34 最初设计的方案版本可能不是最好的，在花费大量精力来实现最初的想法之前考虑其他可选方案，通常会节省很多时间和努力。

SR1.35 面向对象编程中最基本和最重要的元素是对象、类、封装和继承。对象由类定义，类中包含了方法，方法定义了对象将要执行的操作。对象被封装起来以保存和管理它们各自的数据。继承是一种复用技术，使一个新类可以由已存在的类派生出来。

第 2 章 数据与表达式

2.1 字符串

SR2.1 字符串常量是一串用双引号作为定界符的字符。

SR2.2 System.out 对象的 print 和 println 方法都在屏幕上显示一个字符串。不同的是，在当前字符串显示完成后，println 会加入一个回车键，使得下一次将要显示的内容出现在下一行。而 print 方法则使将要显示的内容和当前显示的内容出现在同一行。

SR2.3 参数是当调用方法时传递给方法的数据，而方法使用传递过来的数据完成它所提供的服务。例如，println 方法的参数指定了将要显示的字符。

SR2.4 代码段产生的输出为

```
One
Two Three
```

SR2.5　代码段产生的输出为

```
Ready
Set
Go
```

SR2.6　语句的输出如下：

```
It is good to be 10
```

子表达式(5 + 5)中的"+"运算符表示整型值相加，因为运算符两边的操作数都为整型。如果去掉内层圆括号，"+"运算符表示字符串拼接，输出结果为

```
It is good to be 55
```

SR2.7　转义序列是以反斜线(\)开头的一系列字符，反斜线说明其后面的字符要以特殊的形式对待。例如，\n 表示字符换行，\t 表示制表符，\" 表示字符双引号(而不是表示字符串的开始或结束)。

SR2.8

```
System.out.println("\"If you don't like something, change"
+ "it. If you\ncan't change it, change your attitude.\""
+ "\n\tMaya Angelou");
```

2.2　变量与赋值

SR2.9　变量声明确定了一个变量名及该变量可存储的数据类型。在变量声明中也可以初始化变量，即给定义的变量赋予一个初始值。

SR2.10　对于题中给定的变量声明，答案如下：

    a. 共声明了 5 个变量，分别是 count、value、total、MAX_VALUE 和 myValue。

    b. 这些变量全部为 int 型。

    c. 赋初始值的变量有：count、MAX_VALUE 和 myValue 。

    d. 有效。myValue 为 int 型，而 100 是 int 型字面值。

    e. 无效。MAX_VALUE 为 final 型，除赋初始值外不能赋其他值。

SR2.11　所选用的变量名必须体现变量需要表达的意思。例如：

```
int numCDs = 0;
```

SR2.12　所选用的变量名必须体现变量需要表达的意思。因为 1 英里所包含的步数固定不变，最好将它定义为常量。例如：

```
final int FT_PER_MILE = 5280;
```

SR2.13　首先，通过给常量值赋予符号名，使程序代码比直接使用常数值更容易理解；其次，按照字面上的含义，常量值在整个程序中是不可变的；最后，如果需要修改程序中的常量值，只需在声明语句中修改一次该常量初始值，而不必在整个程序中多处修改它。

2.3 基本数据类型

SR2.14   基本数据是基本值,如数值或字符。对象是更加复杂的实体,一般都含有作为对象属性的基本数据。

SR2.15   一个整型变量每次只能保存一个值。当赋予一个新值时,旧值会被新值覆盖而丢失。

SR2.16   Java 中的 4 种整型数据类型是 byte、short、int 和 long。它们各自占有的内存空间不同,因而所能保存数据的大小也就不同。

SR2.17   Java 默认的整型值为 int 型。如果在一个整数后加 "L" 或者 "l",例如 1234L,则 Java 将其赋为 long 型。

SR2.18   Java 默认的浮点值为 double 型。如果在一个浮点值后加 "F" 或者 "f",例如 12.34f,则 Java 将其赋为 float 型。

SR2.19   字符集是以某种顺序排列的一个字符列表,其中定义了特定类型的计算机或编程语言支持的有效字符。Java 使用 Unicode 字符集。

SR2.20   原始 ASCII 字符集支持 27 = 128 个字符,扩展 ASCII 字符集支持 28 = 256 个字符,Unicode 字符集支持 2^{16} = 65 536 个字符。

2.4 表达式

SR2.21   Java 表达式 19%5 的结果是 4。求余运算符%返回以第二个操作数除第一个操作数后的余数。5 除 19 的余数是 4。

SR2.22   Java 表达式 13/4 的结果是 3 而不是 3.25。由于两个操作数都是整数,因此结果也为整数。"/" 运算符执行整数除法,分数部分自动被截掉。

SR2.23   当语句执行完后,diameter 保存的值为 20。首先,由 diameter 的当前值 5 乘以 4,然后结果存回 diameter。

SR2.24   运算符优先级是一组定义了表达式中运算符执行顺序的规则。

SR2.25   表达式的值如下:

```
a.  15 + 7 * 3          = 15 + 21        = 36
b.  (15 + 7) * 3        = 22 * 3         = 66
c.  3 * 6 + 10 / 5 + 5  = 18 + 2 + 5     = 25
d.  27 % 5 + 7 % 3      = 2 + 1          = 3
e.  100 / 2 / 2 / 2     = 50 / 2 / 2     = 25 / 2 = 12
f.  100 / ( 2 / 2) / 2  = 100 / 1 / 2    = 100 / 2 = 50
```

SR2.26   表达式 a 有效;表达式 b 无效,因为有两个左圆括号却只有一个右圆括号;表达式 c 无效,因为只有两个左圆括号;表达式 d 在代数中有可能有效,但是在 Java 语言中无效,因为 2 和 "(4)" 之间没有运算符。

SR2.27   变量 result 中的值为 8。

SR2.28   变量 result 中的值为 8。result 的值取决于表达式 base + 3,将 base 的值改为 7 并不会影响 result 的值。

SR2.29   赋值运算符组合了基本运算和赋值运算。例如,"+=" 运算符完成累加运算并将和赋给该运算符左边的变量。

SR2.30   当语句执行完后,weight 保存的值为 83。赋值运算符 "-=" 首先将当前值 100 减 17,然后再将结果存回 weight。

2.5 数据类型转换

SR2.31 扩展类型转换试图将较小存储空间的数据转换成较大存储空间的数据,压缩类型转换则执行相反的操作。在压缩类型转换操作中的信息更易丢失,所以相比扩展类型转换来说更不安全。

SR2.32 转换分别为:a. 扩展; b. 缩小; c. 扩展; d. 扩展; e. 扩展。

SR2.33 在执行这条语句的过程中,保存在 value 变量中的值被读取出来并转换为 float 型,然后复制到 result 变量代表的存储单元中。但 value 变量本身没有变化,所以在执行赋值语句后,value 仍然是 int 型变量。

SR2.34 在执行这条语句的过程中,保存在 result 中的值被读取出来并转换为 int 型,然后复制到 value 变量代表的存储单元中。但 result 变量本身没有变化,所以它还是 27.32,但 value 的值变为 27。

SR2.35 保存的结果为

a. 3,整除。两个操作数都是整型值。

b. 3.0,整除。尽管两个操作数都是整型值,但是结果在赋值时被转换成 float 型。

c. 2.4,带小数除法。因为有一个操作数为 float 型。

d. 3.4,带小数除法。将第一个操作数转换成 double 型。这样,因为有一个操作数是浮点数,所以使用浮点数除法。

e. 2,整除。因为 val1 被强制转换为 int 型,两个操作数都是整型值。

2.6 交互式程序

SR2.36 在程序 GasMileage 中,符合要求的对应行如下:

a. import java.util.Scanner;

b. Scanner scan = new Scanner(System.in);

c. Scanner scan = new Scanner(System.in);

d. miles = scan.nextInt();

SR2.37 代码如下:

```
System.out.print("Enter your age in years: ");
value = myScanner.nextInt();
```

第 3 章 类与对象

3.1 创建对象

SR3.1 null 引用是一个不指向任何对象的引用。在使用一个引用前,可用保留字 null 检查该引用是否为 null 引用。

SR3.2 new 运算符由指定的类建立一个新实例(对象),然后调用类的构造方法初始化新创建的对象。

SR3.3 下面的声明创建了一个 String 变量 author 并将其初始化:

```
String author = new String("Fred Brooks");
```

对于字符串来说,这条语句可以简化成

```
String author = "Fred Brooks";
```

该对象引用变量和它的值可以表示为

SR3.4 为了将整型变量 size 的值设置成 String 对象 name 的长度,可编写语句:

```
size = name.length();
```

SR3.5 两个指向相同对象的引用会相互混淆。通过一个引用改变对象的状态,等同于通过另一个引用去改变该对象的状态,因为事实上只有一个对象。当且仅当没有任何有效的引用指向一个对象时,该对象才作为垃圾回收。

3.2 String 类

SR3.6 String 类型的变量是不可修改的,修改一个 String 变量值的唯一方法是给它赋一个新对象。以上各语句中被修改的变量分别为:a. 无;b. s1;c. 无;d. s3。

SR3.7 输出结果如下:

```
o
Found
11
5
```

SR3.8 下面的语句以大写形式输出 String 对象的值:

```
System.out.println(title.toUpperCase());
```

SR3.9 下面的声明创建一个 String 对象,并将其初始化为 String 对象 description 的前 10 个字符:

```
String front = description.substring(0, 10);
```

3.3 包

SR3.10 Java 包是一个相关类的集合。Java 标准类库是一组支持基本编程任务的包。

SR3.11 每一个包都包含一组类,用于特定的编程目的。java.net 包中的类支持网络通信,javafx.scene.shape 包中的类表示形状,比如圆和矩形。

SR3.12 Scanner 类和 Random 类都位于 java.util 包中,而 String 类和 Math 类属于 java.lang 包。

SR3.13 根据联机 Java API 文档的说明,Point 类代表二维空间中一个点的位置,其坐标为 (x, y)。

SR3.14 导入语句确定程序要使用什么类及该类属于哪个包,这样就允许程序员仅仅使用类名(比如 Random)即可,而不必每次都写明其所属包(如 java.util.Random)。

SR3.15 String 类是 java.lang 包的一部分,并已经自动导入 Java 程序中,所以不需要显式地导入声明。

3.4 Random 类

SR3.16 调用 Random 对象的 nextInt 方法,返回一个允许范围内的 int 型随机数,随机数有正有负。

SR3.17 给 Random 对象的 nextInt 方法传递一个正整数参数 x,将返回一个范围为 $0 \sim (x-1)$ 的随机数。所以,调用 nextInt(20)将返回一个 $0 \sim 19$(包括二者)的随机数。

SR3.18 表达式的取值范围如下:a. $0 \sim 49$;b. $10 \sim 14$;c. $5 \sim 14$;d. $-25 \sim 24$。

SR3.19 产生指定取值范围数值的表达式为

```
a. generator.nextInt(31);          // range is 0 to 30
b. generator.nextInt(10) + (10);   // range is 10 to 19
c. generator.nextInt(11) - 5;      // range is -5 to 5
```

3.5　Math 类

SR3.20　一个类方法或静态方法可以通过定义该方法的类的类名调用，如 Math.abs。如果方法不是静态的，则只能通过一个实例（对象）调用。

SR3.21　表达式的值如下：a. 20；b. 16.0；c. 16.0；d. 243.0；e. 125.0；f. 4.0。

SR3.22　下面的语句输出一个 1.23 弧度角的正弦值：

```
System.out.println(Math.sin(1.23));
```

SR3.23　下面的声明创建一个双精度变量并初始化为 5 的 2.5 次方：

```
double result = Math.pow(5, 2.5);
```

SP3.24　在图 3.5 中未列出的方法如下：

```
static int min(int a, int b)
static float max(long a, long b)
static long round(double a)
```

3.6　格式化输出

SR3.25　若要在程序中使用 NumberFormat 类对象，需要先调用 NumberFormat 类所提供的静态方法来请求一个对象，该静态方法取决于所要使用的对象。例如，需要格式化百分数的代码如下：

```
NumberFormat fmt = NumberFormat.getPercentInstance();
```

SR3.26　a. 语句为

```
NumberFormat moneyFormat = NumberFormat.getCurrencyInstance();
```

　　　　不要忘记程序需要导入 java.text.NumberFormat 包。

　　　　b. 语句为

```
System.out.println(moneyFormat.format(cost));
```

　　　　c. 如果计算机中所设置的地区是美国，则输出$54.89。如果所设置的地区是英国，则输出 £ 54.89。

SR3.27　为了以百分数形式输出浮点数，首先要通过调用 NumberFormat 类的静态方法 getPercentageInstance，得到一个 NumberFormat 对象。然后，将要输出的浮点数传递给该对象的 format 方法，就可以返回所需要的字符串。例如：

```
NumberFormat fmt = NumberFormat.getPercentageInstance();
System.out.println(fmt.format(value));
```

SR3.28　以下代码段提示用户输入一个 double 型变量并读取用户输入的值，取其绝对值，然后再开平方并输出结果，保留两位小数。

```
Scanner scan = new Scanner(System.in);

DecimalFormat fmt = new DecimalFormat("0.00");
double value, result;
System.out.print("Enter a double value: ");
value = scan.nextDouble();
result = Math.sqrt(Math.abs(value));
System.out.println(fmt.format(result));
```

3.7   枚举类型

SR3.29   下面的语句声明了一个枚举类型用于电影分级：

```
enum Ratings {G, PG, PG13, R, NC17}
```

SR3.30   程序的输出结果如下：

```
clubs
hearts
0
2
```

SR3.31   使用一个枚举类型可以保证该类型变量的取值只能在枚举值中选取。

3.8   包装器类

SR3.32   在 Java 标准类库中，为每种基本类型数据定义了一个包装器类。在要求使用对象的场合，可以用包装器类创建基本类型数据的对象，以满足对象类型要求。

SR3.33   以上原始数据类型所对应的包装器类分别是：Byte，Integer，Double，Character，Boolean。

SR3.34   方法 1，采用整型构造方法：

```
holdNumber = new Integer(number);
```

方法 2，采用自动装箱：

```
holdNumber = number;
```

SR3.35   以下语句利用 Integer 类的 MAX_VALUE 常量输出最大可能的 int 值：

```
System.out.println(Integer.MAX_VALUE);
```

3.9   JavaFX 简介

SR3.36   如果所使用的 IDE 能自动启动 JavaFX 程序，则不需要 main 方法。否则，需要调用 main 方法来启动所要求的方法。

SR3.37   JavaFX 舞台是一个窗口，会在其中显示场景。JavaFX 程序的主舞台会自动创建，并传递给 start 方法。

SR3.38   场景的根节点包含场景中所显示的所有节点。

SR3.39   点 (20, 50) 位于场景左边 20 个像素、顶部向下 50 个像素。Java 坐标系统中的所有可见像素都具有正的坐标值。

3.10　基本形状

SR3.40　形状按它们添加到容器中的顺序绘制，比如一个组或者面板。因此，如果要使一个形状出现在另一个的前面，需要后添加它。

SR3.41　下面的声明创建一个矩形，它为 100 像素宽、200 像素高，左上角位置为 (30, 20)。

```
Rectangle myRect = new Rectangle(30, 20, 100, 200);
```

SR3.42　Ellipse 构造方法的最后两个参数，分别指定水平半径和垂直半径。因此，这个椭圆的高度要比宽度大。

SR3.43　如果向 Circle 对象的 setFill 方法传递值 null，则它的填充色为全透明色。位于圆之后的任何形状，通过圆都是可见的。

SR3.44　将场景中的一些节点分组，就可以一次性对组中的全部节点应用转换操作，比如旋转和移位(平移)。

3.11　颜色呈现

SR3.45　RGB 值为一个三整数集，代表了三种颜色(红、绿、蓝)的相对贡献大小。

SR3.46　如下语句创建了一个与 Color.PINK 等价的 Color 对象：

```
Color myPink = Color.rgb(255, 165, 0);
```

SR3.47　如下语句创建了一个与 Color.YELLOW 等价的 Color 对象，它被定义成全贡献值的红色和绿色，而蓝色没有贡献值。

```
Color myYellow = Color.color(1.0, 1.0, 0.0);
```

第 4 章　编写类

4.1　类与对象的核心概念

SR4.1　属性是保存在对象中定义对象的某种特性的数据值。例如，Student 对象的一个属性可以是该学生当前的 GPA。总之，对象属性的值定义了对象的当前状态。

SR4.2　操作是可以用于对象或被对象使用的功能。例如，Student 对象的一个操作可以是计算该学生当前的 GPA。总之，可以认为对象的操作是对象的行为。

SR4.3　下表可用来表示图书馆中图书的 Book 类，列出了这个类可能的属性和操作。

```
属性                操作
---------------------------
idNumber          checkOut
onShelfStatus     checkIn
readingLevel      isAvailable
dueDate           placeOnHold
                  setStatus
```

SR4.4　a. 错误。在面向对象程序设计中，识别类是帮助我们解决问题的关键步骤。此外，除了标识现有的类，还需要识别、设计和实现新的类。

　　b. 正确。这种操作称为改变对象实例数据。

　　c. 正确。这些操作的结果依赖于所操作对象的当前状态。

　　d. 错误。对象的状态由它的实例数据表示。

4.2 类的分析

SR4.5 类就是对象的蓝图。类定义了对象的变量和方法，但是类不占用任何内存空间用于保存变量。每一个对象都有自己的数据保存空间，因而有自己的状态。

SR4.6 Die 类的实例数据有 MAX 和 faceValue。MAX 是一个整型常量，其值为 6，既表示骰子有 6 个面，也表示骰子的最大值是 6。faceValue 表示骰子朝上那一面的点数。

SR4.7 Die 类中所定义的 roll 方法和 setFaceValue 方法可以改变 Die 对象的状态。

SR4.8 当为 print 或者 println 方法传递一个对象时，将会自动调用对象的 toString 方法，以获得对象的字符串形式描述。如果没有为对象定义 toString 方法，则会使用默认的字符串。因此定义类时，一般最好定义一个 toString 方法。

SR4.9 变量的引用范围是该变量在程序中可以引用的区域。声明在类级的实例变量，可以被类中的任何方法引用。声明在一个特定方法中的局部变量(包括形式参数)都只能被该方法引用。

SR4.10 一个 UML 图有助于可视化一个程序中的实体(类和对象)及其相互关系。UML 图是在编写程序之前用于进行软件设计的工具。

4.3 封装

SR4.11 自我管理对象就是控制自己的数据值的对象。封装对象不允许外部客户访问或修改该对象的数据，因而是自我管理对象。

SR4.12 对象的接口是为该对象定义的一系列公有方法。也就是说，接口建立了一组服务，对象将为系统中其他客户执行这些服务。

SR4.13 修饰符是 Java 保留字，用于定义变量和方法的可见性特性。例如，如果以 private 可见性声明一个变量，则该变量不能被外部对象访问。

SR4.14 常量可以声明为 public 可见性，因为这样做并不会破坏封装性。由于常量的值不可改变，其他对象的直接访问一般不会引起问题。

SR4.15 修饰符对方法和变量有下列形式的影响：

　　a. 公有方法称为对象的服务方法，因为这类方法定义了对象提供的服务。

　　b. 私有方法称为支持方法，因为这类方法不能在对象以外调用，它用于辅助类中的其他方法完成服务。

　　c. 公有变量是可以被客户直接访问和修改的变量。这种特性明显破坏了封装性，所以应该尽量避免使用。

　　d. 私有变量是只能在类中访问和修改的变量。变量几乎都声明成 private 可见性。

4.4 方法的分析

SR4.16 虽然方法定义在类中，但是需要通过一个特定的对象来调用，以指明该方法的调用影响了哪个对象。例如，Student 类定义了计算学生 GPA 的方法，但该方法必须通过某个 Student 对象来调用，以计算该对象所代表的学生的 GPA。静态方法的调用是个例外(见第 3 章)，静态方法通过类名调用，并且不影响任何对象。

SR4.17 一个被调用的方法可能返回一个值，也就是说，该方法计算得到一个值，然后将这个值提供给调用它的方法。调用一个方法经常称为"引用"，因为它的返回值常作为一个长表达式中的操作数来引用。

SR4.18 显式的 return 语句用于指定从方法中返回的值。返回值的类型必须和方法中定义的类型一致。

SR4.19　具有返回值类型(非 void 返回类型)的方法必须有 return 语句。没有返回值的方法可以使用没有表达式的 return 语句，也可以没有 return 语句。

SR4.20　实际参数是调用方法时传递给方法的实际值。形式参数是方法声明首部中的相应变量。形参变量得到实参传递来的值，所以可在方法内使用。

SR4.21　下述代码实现了所要求的 getFaceDown 方法：

```
1    //---------------------------------------------------
2    // Face down value accessor.
3    //---------------------------------------------------
4    public int getFaceDown()
5    {
6        return (MAX + 1) - faceValue;
7    }
```

SR4.22　在 Transactions 程序中：

a. 三个 Account 类的对象被创建。

b. 当调用 acct2 对象的 withdraw 方法时，传递了两个实参。

c. 当调用 acct3 对象的 addInterest 方法时，没有参数传递给该方法。

SR4.23　getBalance 是一个典型的访问器方法，同样也可以将 toString 方法归类为访问器方法，因为 toString 方法返回的是关于对象的信息。deposit、withdraw 和 addInterest 方法都可以提供修改器和访问器的功能，因为它们都可以用来更改账户余额，并且返回更改后的余额。以上提到的所有方法都是服务方法，也就是说，它们具有 public 可见性并且为客户提供服务。

4.5　构造方法回顾

SR4.24　构造方法是对象中的特殊方法，当实例化一个对象时，构造方法用于初始化该对象。

SR4.25　构造方法名和类名相同，但它不返回任何值。

4.6　弧

SR4.26　弧被定义成椭圆的一部分，用起始角(弧开始的地方)和弧长(弧沿椭圆边缘前进多远)定义。

SR4.27　ArcType.ROUND 指定的弧包含椭圆边沿与中心点之间的部分，形成一个扇形。ArcType.OPEN 指定的弧只包含沿椭圆边缘的曲线。

SR4.28　起始角为 180°、弧长为 180° 的弧为椭圆的整个下半部分。这样的弧也可以定义成起始角为 0°、弧长为180°。

4.7　图形

SR4.29　Image 对象代表图形本身。ImageView 对象为一个 JavaFX 节点，它显示 Image 对象。

SR4.30　布局面板是一种 JavaFX 节点，根据特定的规则，它负责内容的可视化呈现。

SR4.31　JavaFX 节点的样式属性可通过 setStyle 方法调用设置，传递的字符串包含 CSS 形式的一对属性名称/值。

4.8　图形用户界面

SR4.32　GUI 控件产生事件，通常发生在用户与控件交互的时候。程序员设置的事件处理器用于事件发生时执行某些代码。

SR4.33　Button 对象在按钮被按下时产生动作事件。

SR4.34　JavaFX 事件处理器的定义途径如下:(1)方法引用,指定发生事件时需调用哪个方法; (2)实现适当的事件处理器接口的一个完整的类; (3)lambda 表达式,定义的代码会在设置事件处理器的调用中执行。它们都为同一种方式的不同形式。

SR4.35　FlowPane 为一种布局面板,它将节点组织成行或列的形式,当到达面板边界时,会折行或折列。

4.9　单行文本框

SR4.36　用户按下回车键时,如果光标位于单行文本框内,则它会产生动作事件(可以由事件处理器处理)。

SR4.37　GridPane 中的行和列从 0 开始编号。因此,GridPane 中左上角的单元格位于列 0、行 0。同样,从左上角向右三格、向下两格的单元格位于列 2、行 1。

第 5 章　条件判断与循环

5.1　布尔表达式

SR5.1　程序的控制流程确定了将要被执行的程序语句。

SR5.2　每一个条件语句和循环语句都是基于布尔条件的,布尔条件的值为 true 或 false。

SR5.3　相等性运算符是等于"=="和不等于"!=";关系运算符包括小于"<"、小于等于"<="、大于">"和大于等于">=";逻辑运算符有非"!"、与"&&"及或"||"。

SR5.4　计算结果如下:a. true; b. true; c. false; d. true; e. true; f. true; g. true; h. false; i. true; j. true。

SR5.5　真值表是变量和条件的所有组合下布尔表达式所有情况的列表。

SR5.6　真值表如下:

value>0	done	!done	(value>0)||!done
true	true	false	true
true	false	true	true
false	true	false	false
false	false	true	true

SR5.7　真值表如下:

c1	c2	!c1	!c2	c1&&!c2	!c1&&c2	(c1&&!c2)||(!c1&&c2)
true	true	false	false	false	false	false
true	false	false	true	true	false	true
false	true	true	false	false	true	true
false	false	true	true	false	false	false

5.2　if 语句

SR5.8　根据给定的条件,程序的输出结果如下:

  a. `red white yellow`

  b. `blue yellow`

  c. `blue yellow`

SR5.9　块语句将一组语句组织为语法意义上的一条语句。当需要在一个布尔条件的控制下处理较多的事务时,可以用块语句定义 if 语句的 if 块,或者定义循环语句的循环体。

SR5.10　嵌套 if 语句是在 if 或 else 语句中还存在 if 子句，它能帮助程序员实现一系列的条件判断。类似地，嵌套循环就是循环中还有循环。

SR5.11　根据给定的条件，程序的输出结果如下：

    a. red orange white yellow

    b. black blue green

    c. yellow green

SR5.12

```
if (temperature <= 50)
{
    System.out.println("It is cool.");
    System.out.println("Dress warmly.");
}
else
    if (temperature > 80)
    {
        System.out.println("It is warm.");
        System.out.println("Dress cooly.");
    }
    else
    {
        System.out.println("It is pleasant.");
        System.out.println("Dress pleasantly.");
    }
```

5.3　数据比较

SR5.13　由于浮点数在内部是以二进制形式保存的，因此只有当每一个位都相等时，这两个浮点数才相等，但是最好设定一个误差值来判断两个值是否相等。

SR5.14　用 String 类的 equals 方法比较字符串是否相等，其返回值为一个布尔结果。String 类的 compareTo 方法也可以用于比较字符串，该方法根据所比较的两个字符串的关系返回一个正、负或 0 的整数值。

SR5.15

```
1    //-----------------------------------------------------
2    // Returns true if this Die equals die, otherwise
3    // returns false.
4    //-----------------------------------------------------
5    public boolean equals(Die die)
6    {
7        return (this.faceValue = = die.faceValue);
8    }
```

SR5.16

```
if (s1.compareTo(s2) < 0)
    System.out.println(s1 + "\n" + s2);
else
    System.out.println(s2 + "\n" + s1);
```

5.4　while 语句

SR5.17　无限循环是反复执行而永不结束的语句。具体地说,其中的循环体永远不能使循环条件变为 false。

SR5.18　程序的输出结果是整数 0~9,每行一个数字。

SR5.19　由于循环条件不满足,因此没有进入循环体,故没有输出。

SR5.20　由于 high 总是大于 low,程序陷入无限循环,因此会输出很多行 0,直到程序被终止。

SR5.21　输出结果如下:

```
0 1 2 3 4 5 6 7 8 9 10
1 2 3 4 5 6 7 8 9 10
2 3 4 5 6 7 8 9 10
3 4 5 6 7 8 9 10
4 5 6 7 8 9 10
5 6 7 8 9 10
6 7 8 9 10
7 8 9 10
8 9 10
9 10
10
```

SR5.22

```java
int count = 1;
System.out.print("divisors of " + value + ":");
while (count <= value)
{
    if ((value % count) = = 0)
        System.out.print(" " + count);
    count+ +;
}
```

SR5.23

```java
int count1 = 1, count2;
while (count1 <= value)
{
    System.out.print("divisors of " + count1 + ":");
    count2 = 1;
    while (count2 <= count1)
    {
        if ((count1 % count2) = = 0)
            System.out.print(" " + count2);
        count2+ +;
    }
    System.out.println();
    count1+ +;
}
```

5.5　迭代器

SR5.24

```java
a. Scanner user = new Scanner(System.in);
b. Scanner infoFileScan = new Scanner(new File("info.dat"));
c. Scanner infoStringScan = new Scanner(infoString);
```

SR5.25　以下代码输出每行的平均字符数。

```
int numChars = 0;
int numLines = 0;
String holdLine;
// Read and process each line of the file
while (fileScan.hasNext())
{
    numLines+ +;
    holdLine = fileScan.nextLine();
    numChars + = holdLine.length();
}
System.out.println ((double)numChars/numLines);
```

5.6　ArrayList 类

SR5.26　一个 ArrayList 对象可以同时存储和管理多个对象。它允许用整型索引值来访问这些对象，并且当添加或者删除对象时索引值会保持连续性。ArrayList 会按需动态地扩展容量。

SR5.27　ArrayList 可保存 Object 类的引用，因此允许保存任何类型的对象。不过，在声明ArrayList 时可以指定其存储对象的类型，这样就限定了可加入该 ArrayList 的对象的类型，并且避免了提取对象时的类型转换。

SR5.28

```
ArrayList<Die> dice = new ArrayList<Die>();
```

SR5.29

```
[Andy, Don, Betty]
```

5.7　确定事件源

SR5.30　为了设置能够处理来自多个源的事件的处理器，需指定同一个事件处理器方法，并为每一个源调用相应的方法（如 setOnAction）。这样，当某个源产生事件时，就会调用共同的事件处理器方法。

SR5.31　对传递给事件处理器方法的事件对象调用 getSource 方法，会返回产生该事件的控件。

5.8　管理字体

SR5.32　如果只需指定字体族和字号，则可以用 new 运算符创建一个 Font 对象：

```
Font myFont = new Font("Courier", 24);
```

如果想指定字体粗细或字体姿势，可以使用一个静态 font 方法：

```
Font yourFont = Font.font("Arial", FontWeight.BOLD,
        FontPosture.ITALIC, 18);
```

SR5.33　Font 对象表示字体族、字号、字体粗细（"胖瘦"）以及字体姿势（是否为斜体）。

SR5.34　除了 Font 对象所使用的特性，文本的表现还受它的填充色和轮廓色影响，此外还有下画线、中间画线效果等。

5.9 复选框

SR5.35 (a)和(d)可以由复选框确定，因为它们涉及多个选项的组合。(b)也可以用(单)复选框确定，因为它是一个布尔选项。但是，(c)和(e)不适合采用复选框，因为一次只能选中一个。

SR5.36 可以对复选框调用 isSelected 方法，它返回的布尔值确定该复选框当前是否被选中。

SR5.37 HBox 将它的节点按单一水平行排列，VBox 将节点排成单一垂直列。

5.10 单选钮

SR5.38 由于单选钮提供互斥的选项，它不适合于(a)和(d)，这两项允许多项选择。(b)可以采用单选钮，但复选框可能更合适。(c)和(e)适合采用单选钮，它们只要求多个选项中的一个答案。

SR5.39 复选框和单选钮的主要差异，在于前者作为一个整体提供一组互斥的选项，而单选钮是独立起作用的。

SR5.40 为了指定一组互斥的单选钮，需对这个组中每一个按钮调用 setToggleGroup 方法，传递同一个 ToggleGroup 对象。

第 6 章   其他条件判断与循环

6.1 switch 语句

SR6.1 当运行 Java 程序时，如果表达式的值与 switch 语句中的各 case 子句都不匹配，程序将执行由保留字 default 指定的默认执行语句。如果没有可选的 default 子句，则 switch 中所有的语句都不会执行。

SR6.2 如果 case 子句不用 break 语句结尾，下一条 case 子句将会被继续处理。一般情况下都要使用 break 语句使程序流程控制退出 switch 语句。

SR6.3 如果用户输入 72，则输出结果为 That grade is average；如果输入 46，则输出结果为 That grade is not passing；如果输入 123，则输出结果为 That grade is not passing。

SR6.4 等价的 switch 语句为

```
switch (num1)
{
    case 5:
        myChar = 'W';
        break;
    case 6:
        myChar = 'X';
        break;
    case 7:
        myChar = 'Y';
        break;
    default:
        myChar = 'Z';
    }
```

6.2　条件运算符

SR6.5　条件运算符是一个三元运算符, 可根据相应的条件计算出两个可能的结果值中的一个。而条件语句(如 if 和 switch 语句)是一类语句, 能够计算条件表达式并根据计算结果执行相应的语句。

SR6.6

```
char id = (first) ? 'A': 'B';
```

SR6.7

```
System.out.println("The value is " + ((val <= 10) ? "not " : "")
+ "greater than 10.");
```

6.3　do 语句

SR6.8　while 循环首先检查循环条件是否满足。如果满足, 则执行循环体。do 循环则是先执行循环体再检查循环条件。因此, while 循环的循环体执行 0 次或者多次, 而 do 循环的循环体执行 1 次或者多次。

SR6.9　程序的输出结果是整数 0 ~ 9, 每行一个数字。

SR6.10　该代码段包含一个无限循环。程序将输出 10, 11, 12, …, 直到程序被终止或者变量 low 的值超出 int 型变量所表示的范围。

SR6.11

```
Scanner scan = new Scanner(System.in);
int num, sum = 0;
do
{
    System.out.print("enter next number (0 to quit) > ");
    num = scan.nextInt();
    sum + = num;
} while (num != 0);
System.out.println(sum);
```

6.4　for 语句

SR6.12　for 循环一般用于循环次数已知或可计算的情况, while 循环则用于更一般的情况。

SR6.13　输出为 100。

SR6.14　输出为 60。

SR6.15　输出结果如下:

```
       *
      ***
     *****
    *******
   *********
  ***********
```

SR6.16

```
final int NUMROLLS = 100;
int sum = 0;
for (int i = 1; i <= NUMROLLS; i+ +)
{
```

```
        sum + = die.roll();
    }
    System.out.println((double)sum/NUMROLLS);
```

6.5 对图形使用循环和条件

SR6.17 为了将 Bullseye 程序修改成具有 10 个环形标靶,需将 for 循环首部更改成循环 10 次,
还需要对每一个环降低它的半径值(比如,从 20 降为 16)。

SR6.18 为了将 Boxes 程序修改成没有填充色的矩形都用白色填充,只需更改变量 fill 的默认
值即可。不需要在 if 语句的前面将它设置成 null,而是设置为 Color.WHITE。

6.6 图形转换

SR6.19 为了平移一个名为 ring 的 Circle 对象,使其低 100 像素,可这样操作:

```
    ring.setTranslateY(100);
```

SR6.20 为了将一个名为 view 的 ImageView 对象放大一倍,可这样操作:

```
    view.setScaleX(2.0);
    view.setScaleY(2.0);
```

SR6.21 如果 x 轴和 y 轴的缩放因子不同,则节点会表现为扭曲。例如,如果 ImageView 的
x 轴缩放因子为 2.0,y 轴为 0.5,则图形将表现为两倍宽,但只有一半高。

SR6.22 将一个名为 oval 的 Ellipse 对象顺时针旋转 40°,可这样操作:

```
    oval.setRotate(20);
```

逆时针旋转 10°,可这样操作:

```
    oval.setRotate(-10);
```

第 7 章 面向对象设计

7.1 软件开发过程

SR7.1 软件开发的 4 个基本开发过程为:确定软件需求(确定程序需要完成和实现什么),软
件设计(决定如何实现),实现软件设计(编写源代码),软件测试(验证实现结果)。

SR7.2 客户常常会提出一组初始的需求或者描述他们所要解决的问题。软件开发者必须与客
户进行交流和合作,确保问题和需求都得到清楚和正确的描述。

SR7.3 软件设计实际上是关于解决问题的方法。因此,本节中提到的 4 个基本开发过程与 1.6 节
所提到的 5 个解决问题的一般步骤实际上是相同的。"确定软件需求"对应"理解与
分析问题";"软件设计"对应"设计解决方案"和"考虑方案中的其他因素";最后,
两个步骤都提到了"实现软件设计"和"软件测试"阶段。

7.2 明确类和对象

SR7.4 识别软件需求中的名词,有助于识别一个面向对象解决方案中的类,因为通常解决方
案中的对象都对应着一个名词。

SR7.5 在软件设计的初期阶段,没有必要为每一个类指定所有的方法,常常是只要给一个类
分配基本的职责就足够了。当进行更细致的设计时,可以根据需要添加方法。

7.3 静态类成员

SR7.6 实例化对象时，将为该对象的实例变量分配存储空间。静态变量由类的所有对象共享。

SR7.7 假设使用变量 totalBalance 来表示 BankAccount 类中所有银行账户余额的总和，声明如下：

```
private static int totalBalance = 0;
```

SR7.8 假设账户中的最小值是 100，使用标识符 MIN_BALANCE 来表示，声明如下：

```
public static final int MIN_BALANCE = 100;
```

SR7.9 任何程序的 main 方法都是静态的，而且只能引用静态变量或局部变量。所以，main 方法不能引用在类中定义的实例变量。

7.4 类间关系

SR7.10 当一个类从功能上依赖于另一个类时，这两个类的关系就是依赖关联，也常常称为"使用"关系。

SR7.11 通过一个对象来调用的方法，可以将与该对象同类型的对象作为参数。例如，通过一个 String 对象调用 String 类的 concat 方法时，concat 方法接收一个 String 对象作为参数。

SR7.12 聚合对象将其他对象作为实例数据。也就是说，聚合对象是由其他对象组成的。

SR7.13 this 引用总是指向当前执行的对象。一个类的非静态方法供该类所有对象使用，但是只能通过一个特定的对象来调用，所以 this 引用指向当前正在执行的方法的对象。

7.5 接口

SR7.14 类可以被实例化，而接口不能。接口包含一组提供给实现类的抽象方法。

SR7.15

```
public interface Nameable
{
    public void setName(String name);
    public String getName();
}
```

SR7.16 a. 错误，接口中可以包含常量。

　　b. 正确，抽象方法没有实现代码。

　　c. 正确。接口实际上是一组常量和抽象方法的集合。

　　d. 错误。尽管实现一个接口的类必定定义那些包含在接口中的方法，但是它还可以定义额外的方法。

　　e. 正确。只要每个实现接口的类提供接口中的方法即可。

　　f. 正确。只要接口类提供接口中的所有方法即可。

　　g. 错误。尽管方法名必须相同，但是方法的实现可以不同。

7.6 枚举类型

SR7.17 使用枚举类型 Season，输出为

```
winter
summer
0
June through August
```

7.7　方法设计

SR7.18　方法分解是将一个复杂的方法拆分成多个简单的小方法来完成最终任务的过程，这样可以简化和方便程序的设计。

SR7.19　根据 PigLatinTranslator 类可知：

　　a. 本类所提供的功能是将字符转换为儿童黑话，是通过静态方法实现的。因此，没有必要为该类创建一个对象，从而也就没有必要定义构造方法。

　　b. 类中定义的一些私有方法为公有方法 translate 服务，而不是直接为类的对象提供服务。

　　c. 在 translate 方法中声明了 Scanner 类的一个对象，用来扫描字符串 sentence，这个字符串是用户传给该方法的。

SR7.20　调用序列如下：

　　a. translate - translateWord - beginsWithVowel

　　b. translate - translateWord - beginsWithVowel - beginsWithBlend

　　c. translate - translateWord - beginsWithVowel - beginsWithBl end - translateWord - beginsWithVowel - translateWord - beginsWithVowel - beginsWithBlend - translateWord -beginsWithVowel - beginsWithBlend

SR7.21　将对象传递给方法，是将这个对象的引用(地址)副本复制给该方法。因而方法的实参和形参相互成为对方的别名。

7.8　方法重载

SR7.22　重载方法之间由不同的方法签名来区别，该方法签名包括参数的个数、顺序和类型。返回类型不属于方法签名。

SR7.23　a. 可以区分。

　　b. 不可以区分。返回类型不属于方法签名。

　　c. 不可以区分。方法的参数名不是方法签名的组成部分。

　　d. 可以区分。

SR7.24

```
1    //------------------------------------------------------
2    // Sets up the new Num object, storing a default value
3    // of 0.
4    //------------------------------------------------------
5    public Num()
6    {
7        value = 0;
8    }
```

7.9　测试

SR7.25　最匹配的术语如下：a. 回归测试；b. 评审；c. 走查；d. 缺陷测试；e. 测试用例；f. 测试方案；g. 黑盒测试；h. 白盒测试。

7.10　GUI 设计

SR7.26　GUI 的基本设计规范包括：了解用户的需求与习惯，尽可能防止用户犯错误，通过提供快捷键和其他辅助方式，以优化完成同一项任务时用户操作的方便性，保持 GUI 布局与颜色风格的一致性。

SR7.27　良好的图形用户界面设计很重要，因为对于用户而言，界面"就是"程序。由于界面是用户与程序交互的唯一方法，在用户的心中，界面就代表整个程序。

7.11　鼠标事件

SR7.28　单击鼠标钮时，产生鼠标按下事件、鼠标释放事件及鼠标单击事件。程序员可以选择程序应该响应哪些事件。

SR7.29　移动鼠标时，会快速连续地产生多个鼠标移动事件。鼠标指针的位置可以从事件对象获取。

SR7.30　发生事件时，鼠标的位置可以通过调用 getX 和 getY 方法获取，这两个方法需对传递给事件处理器方法的事件对象调用。

7.12　按键事件

SR7.31　在键盘上按下键时，会产生键按下事件、键释放事件及键输入事件。程序员可以选择程序应该响应哪些事件。

SR7.32　为了判断键盘事件发生时按下的是哪个键，可以对 KeyEvent 对象调用 getCode 方法，并将结果与 KeyCode 枚举类型中的代码进行比较。

SR7.33　AlienDirection 程序中，当按下一个键时，事件处理器会判断所按的键是否为箭头键，如果是，则相应更新外星人图像的位置。如果按下的不是箭头键，则会被忽略而不做处理。

第 8 章　数组

8.1　数组元素

SR8.1　数组是保存一列数据的对象。整列数据可以通过数组名引用，数组中的每个元素则可以通过其在数组中的位置引用。

SR8.2　数组中的每一个元素都可以通过它的数值位置(称为索引)来引用。在 Java 中，数组索引总是从 0 开始。方括号用于指定索引。例如，nums[5]代表数组 nums 中的第 6 个元素。

SR8.3　a. 61；b. 139；c. 73；d. 79；e. 74；f. 11。

8.2　声明和使用数组

SR8.4　数组元素的类型就是数组可以保存的数据的类型。在一个数组中，所有数据的类型都是相同的，或者至少都是相兼容的，如整型数组、布尔型数组或 Dog 对象数组等。

SR8.5　数组是对象，所以就像所有对象那样，创建数组时首先创建其引用变量名。然后实例化数组本身，分配数组元素的存储空间。常规的对象实例和数组对象实例的唯一不同之处是语法上的方括号。

SR8.6
SR8.7

```
int[] ages = new int[100];
int[] faceCounts = new int[6];
```

SR8.8　当引用一个数组元素时, 索引运算符(标注下标的方括号)将确保该索引大于或等于 0 且小于数组的长度。当索引值无效时, 将抛出 ArrayIndexOutOfBoundsException 异常。

SR8.9　"差 1 错误"是程序逻辑上的错误, 当引用超过数组(或类似结构)边界的第一个元素时将发生这种错误。这种错误还包括忘记处理边界元素和试图处理不存在的元素。数组的处理容易出现"差 1 错误", 因为数组索引值的范围是从 0 至数组长度少 1。

SR8.10

```
for (int index = 0; index 6 values.length; index++)
{
    values[index]++;
}
```

SR8.11

```
int sum = 0;
for (int index = 0; index < values.length; index+ +)
{
    sum + = values[index];
} System.out.println(sum);
```

SR8.12　数组初始值表在数组的声明中使用, 用于给数组中的每个元素赋初始值。数组初始值表实例化数组对象, 因而不再需要 new 运算符。

SR8.13　整个数组可以作为参数传递。由于数组是对象, 因此传递给方法的是数组的引用, 在方法中改变数组元素的操作将改变实际的数组元素。

8.3　对象数组

SR8.14　对象数组实际上是对象引用数组。数组本身必须实例化, 并且必须分别建立将保存到数组中的对象。

SR8.15　a. `String[] team = new String[6];`

b. `String[] team = {"Amanda", "Clare", "Emily", "Julie", "Katie", "Maria"};`

SR8.16　a. `Book[] library = new Book[10];`

b. `library[0] = new Book("Starship Troopers", 208);`

8.4　命令行实参

SR8.17　命令行实参是调用解释器执行程序时命令行所包含的数据。因此, 命令行实参是给程序提供输入信息的又一种方式。命令行实参将传递给 main 方法, 在程序中可按字符串数组来访问。

SR8.18

```
1    //------------------------------------------------------
2    // Prints the sum of the string lengths of the first
3    // two command line arguments.
4    //------------------------------------------------------
5    public static void main(String[] args)
```

```
6   {
7         System.out.println(args[0].length() +
8         args[1].length());
9   }
```

SR8.19

```
1   //----------------------------------------------
2   // Prints the sum of the first two command line
3   // arguments, assuming they are integers.
4   //----------------------------------------------
5   public static void main(String[] args)
6   {
7         System.out.println(Integer.parseInt(args[0])
8         + Integer.parseInt(args[1]));
9   }
```

8.5 可变长度参数表

SR8.20 Java 方法接收可变长度参数表，在形参表中用省略号表示。将一组值传给方法时，这组值将自动转换为一个数组。因此，可以按处理数组的方式定义被调方法，并且调用方法事先不必建立参数数组。

SR 8.21

```
public int distance(int ... legs)
{
    int sum = 0;
    for (int leg : legs)
    {
        sum + = leg;
    }
    return sum;
}
```

SR8.22

```
double travelTime(int speed, int ... legs)
{
    int sum = 0;
    for (int leg : legs)
    {
        sum + = leg;
    }
    return (double)sum/speed;
}
```

8.6 二维数组

SR8.23 在 Java 中，多维数组是作为数组对象的数组来实现的。外层数组中的元素本身也是数组，这种嵌套过程可以根据需要一直嵌套下去。

SR8.24

```
int high = scores[0][0];
int low = high;
```

```
for (int row = 0; row < scores.length; row+ +)
    for (int col = 0; col < scores[row].length; col+ +)
    {
        if (scores[row][col] < low)
            low = scores[row][col];
        if (scores[row][col] > high)
            high = scores[row][col];
    }
System.out.println(high - low);
```

8.7　多边形和折线

SR8.25　多边形由多条线段首尾相连构成。PolyLine 对象可由一系列 (x, y) 坐标值指定，每一对坐标值表示一条线段的顶点。

SR8.26　多边形总是封闭的，而折线可能是开放的。多边形的第一点和最后一点之间总会有线自动连接，折线则不会自动连接。

SR8.27　JavaFX 中的坐标值为 double 型，因此可以采用浮点运算，以提高精确度。

8.8　Color 对象数组

SR8.28　为了判断用户是否双击了鼠标，可以对传递给事件处理器的 MouseEvent 对象调用 getClickCount 方法。

SR8.29　圆点的颜色由具有 6 个 Color 对象的数组循环确定。画完 12 个圆点后，数组已经完整地循环了两次。因此，下一个圆点的颜色将是红色，即数组中的第一个颜色。

SR8.30　为了添加更多的圆点颜色，Dots 程序中唯一需要修改的地方，是为 colorList 数组添加几个 Color 对象。所有的处理过程都会根据这个数组的大小来进行。

8.9　选项框

SR8.31　选项框是一种 JavaFX 控件，它允许用户从一个下拉菜单中选择一项。

SR8.32　在 JukeBox 程序中定义了两个动作事件处理器。一个负责处理通过选项框选择歌曲的变化情况；另一个负责处理用户按下 Play 或 Stop 按钮的情况。

SR8.33　JukeBox 程序依赖于歌曲名称的索引、相关联的音频片段，以及与某首特定歌曲相对应的选项框。选项框加载时，所包含的字符串来自歌曲名称数组，而它又与音频片段的数组相对应。用户做出某个选择后，它的索引会指示需要播放哪一段音频。

第 9 章　继承

9.1　创建子类

SR9.1　利用继承机制，子类可由父类派生。父类的变量和方法自动成为子类的一部分。用于声明这些变量和方法的可见性修饰符会影响继承的方式。

SR9.2　由于子类由父类派生，父类的特征可以被子类复用，因而避免了可能产生错误的代码复制和修改。

SR9.3　每一个继承应当代表一种"是"关系。子类"是"一种更具体的父类版本。如果这种关系不成立，则说明继承关系使用得不恰当。

SR9.4　protected 修饰符建立了一种涉及继承关系的可见性级别(public 和 private 修饰符也如此)。一个声明为具有 protected 可见性的变量或方法，可以由子类按名字引用，同时还保持了某种程度的封装性。protected 可见性给同一个包中的任何类赋予访问权。

SR9.5　在子类中，父类的构造方法不能直接按名字调用，但可用 super 引用调用父类的构造方法。super 引用也可以用于调用子类中重载方法的父类版本。

SR9.6

```
1   public class SchoolBook2 extends Book2
2   {
3       private int ageLevel;
4       //------------------------------------------------
5       // Constructor: Sets up the schoolbook with the
6       // specified number of pages and age level (assumed
7       // to be between 4 and 16 inclusive).
8       //------------------------------------------------
9       public SchoolBook2(int numPages, int age)
10      {
11          super(numPages);
12          ageLevel = age;
13      }
14      //------------------------------------------------
15      // Returns a string that describes the age level.
16      //------------------------------------------------
17      public String level()
18      {
19          if (ageLevel <= 6)
20              return "Pre-school";
21          else
22              if (ageLevel <= 9)
23                  return "Early";
24          else
25              if (ageLevel <= 12)
26                  return "Middle";
27              else
28                  return "Upper";
29      }
30  }
```

SR9.7　对于单继承，一个类仅从一个父类派生；对于多继承，一个类则可以由多个父类派生。单继承时，子类将继承父类的每一个属性。多继承的问题在于当两个以上的父类提供具有相同名字的属性或方法时将产生歧义，在多继承中必须解决歧义性，因此 Java 只支持单继承。

9.2　重写方法

SR9.8　一个子类可能需要使用自己的方法定义而不是父类提供的方法定义。这时，子类将用自己的方法定义来重写(重定义)父类的方法定义。

SR9.9　a. 正确。如果子类中的方法与父类中的方法具有相同的方法签名，则可以"重写"父类方法的定义。

b. 错误。构造方法是一个特殊的方法，与类名相同，但是没有返回类型。如果试图重写父类的构造方法，将会产生语法错误，因为除构造方法外的所有方法都必须有返回类型。

c. 错误。final 方法是不能被重写的。

d. 错误。继承时经常需要重写父类中的方法。

e. 正确。这类变量称为影子变量。可以使用这种方式，但是有可能产生混淆，因此不鼓励使用。

9.3 类层次结构

SR9.10 本题可以有多种解决方案。

SR9.11 Java 中的所有类都是直接或间接地由 Object 类派生。因此，Object 类的所有公有方法(例如 equals 和 toString)可供所有对象使用。

SR9.12 Java 类中的 Object 类没有父类。如上题的答案所述，其他所有的类都直接或间接地继承这个类，因此 Object 类是 Java 继承树的根节点。

SR9.13 抽象类代表一种一般性概念。具有共同性的属性和方法可以定义在抽象类中，以便由该抽象类的子类继承。

SR9.14 使用 final 修饰符定义抽象类会产生矛盾，抽象类不能被实例化，且经常包含抽象方法。抽象类的子类将定义从父类继承来的抽象方法，但是 final 类是不能被继承的，因此无法完成对抽象类中带有 final 修饰符方法的定义。

SR9.15 新的接口可以利用继承机制从现有接口派生，就像新类可以由现有类派生一样。

9.4 可见性

SR9.16 如果类成员具有 private 可见性，则不能被子类继承。但是，这样一个类成员的确存在于子类中，并且可以被间接地引用。

SR9.17 因为变量 servings 的访问权限为 protected，所以 Pizza 类可以直接访问。然而，calories 方法的访问权限为 private，所以不能直接访问。

9.5 继承关系的设计

SR9.18 当子类是父类的一个具体版本时，称这种关系为"是"关系。例如，字典是书的一种，所以如果 Dictionary 类继承 Book 类，这种继承就表现为一种"是"关系。

SR9.19 类的共同特性应该设置在尽可能高的类层次上，以利于实现类定义的一致性，易于理解和复用。

SR9.20 让类实现多个接口，即可将这个类定义成多种角色。

SR9.21 即使在当前的程序中该方法没有被子类调用，也应在子类中重写父类的 toString 方法，以避免以后出现问题。因为以后可能有人在直接使用该子类或继承该子类时，会认为该子类已经存在一个有效的 toString 方法。

SR9.22 一个特殊方法的声明可以使用 final 修饰符，使得该方法在任何派生类中不能被重写。final 修饰符也可以作用于整个类，使这个类不能再用于派生新类。

9.6 JavaFX 中的继承

SR9.23 Shape 类为所有几何形体(比如，Circle 类和 Rectangle 类)的父类。所有形体共有的属性都在 Shape 类中定义，比如形体的线宽和填充情况。

SR9.24　Ellipse 派生自 Shape，而 Shape 来自 Node。所以，椭圆为一种形体，而所有的形体都为节点。

SR9.25　通过如下继承路径，Label 类为 Node 类的子类：Node > Parent > Region > Control > Labeled > Label。因此，Label "是" 一种 Node，并且还存在几个中间类用于建立 Label 对象的特有特性。例如，只有 Parent 对象才能够添加其他节点。因此，Label 是一种 Parent 对象，但 Shape 不是。

SR9.26　派生自 Parent 类的任何类的对象，都可以成为 Scene 的根节点。因此，任何控件都可以成为根节点，但形体不能为根节点。

9.7　颜色和日期选择器

SR9.27　ColorPicker 对象允许用户从一个下拉调色板中选取一种颜色，也可以从更复杂的选择面板中挑选颜色，还可以指定颜色的 RGB 值，或者其他的颜色表示模式。

SR9.28　日期选择器的 getValue 方法返回一个 LocalDate 对象。颜色选择器的 getValue 方法返回一个 Color 对象。

9.8　对话框

SR9.29　对话框是一个出现在当前窗口上面的窗口，其作用是提供简要的、明确的用户交互操作。例如，对话框可以提醒用户有错误发生，或者获取重要的输入信息。

SR9.30　Alert 类用于生成几种基本类型的对话框。此外，用 TextInputDialog 类和 ChoiceDialog 类创建的对话框，可获取某种特定类型的用户输入。

SR9.31　文件选择器为一种专用对话框，它允许用户选择来自硬盘或者其他存储介质的文件。在应用内打开或保存文件时，通常会遇到文件选择器。

第 10 章　多态性

10.1　后绑定

SR10.1　多态性是指一个引用变量在不同时刻可以指向不同类型的对象。通过这种方式调用的方法在不同时刻将与不同的方法实现代码绑定。被绑定的方法代码取决于被引用的对象的类型。

SR10.2　编译时绑定效率比动态绑定效率高，因为编译时绑定发生在代码执行之前，因此这种绑定不会延迟程序的执行时间，而动态绑定发生在程序执行期间，所以会影响程序的运行效率。

10.2　利用继承实现多态性

SR10.3　在 Java 中，用父类声明的一个引用变量可以指向一个子类对象。如果两个类具有两个相同签名的方法，则这个父类引用就具有多态性。

SR10.4　语句是有效的。因为 CDPlayer "是" 一种 MusicPlayer，所以将 CDPlayer 类的对象赋给 MusicPlayer 类的变量是有效的。

SR10.5　第三行语句无效。一个 MusicPlayer 不一定就是 CDPlayer。没有先用 cast 进行类型转换就直接赋值（cdplayer = mplayer）是无效的。考虑到变量 mplayer 有可能代表不同类型的音乐播放器：CD 播放器、录音机、mp3 播放器等。如果在赋值语句中，变量

mplayer 表示 mp3 播放器，那么就有可能将这个类型的对象赋给变量 CDPlayer。但这样做就不符合常理，也会引起问题。

SR10.6　当一个子类重载了其父类方法的定义时，实际上该方法的两个版本都存在。如果用一个多态性引用调用该方法，那么被调方法的版本由执行方法调用的对象的类型确定，而不是由引用变量的类型确定。

SR10.7　StaffMember 类是抽象类，因为它并不需要实例化。该抽象类用于在继承层次结构中占位，有助于组织和管理多态性对象。

SR10.8　在 StaffMember 类这一层次中的 pay 方法没有实际意义，所以声明为抽象方法。但是通过在 StaffMember 类中声明 pay 方法，将可以确保它的每一个子对象能继承 pay 方法。这样就能建立一个 StaffMember 对象数组，该数组实际上可以保存各种类型的员工对象，并且为每种类型的员工对象支付薪水。支付薪水的细节由相应的类决定。

SR10.9　视情况而定。pay 方法的调用是多态性的。实际调用的 pay 方法在程序运行时确定，取决于当前员工列表中的元素（根据 count 的值）引用的对象所属的类。

10.3　利用接口实现多态性

SR10.10　一个接口名可以用作一个引用的类型。这样，一个引用变量可以指向实现该接口的任何类的任何对象。由于所有类实现同一个接口，因此这些实现类必须有签名相同的方法，从而可以动态地绑定这些接口方法。

SR10.11　a. 无效。Speaker 是一个接口，而接口没有构造方法。

　　　　 b. 有效。Dog 类实现了接口 Speaker。

　　　　 c. 有效。所有的类都实现了接口 Speaker。

　　　　 d. 有效。Philosopher 实现了接口 Speaker，所以把一个 Philosopher 对象赋给 Speaker 变量是有效的。

　　　　 e. 无效。first 是 Speaker 的变量，因此它不能调用 Philosopher 的方法 pontificate。

10.4　排序

SR10.12　Comparable<T>接口含有一个 compareTo 方法，如果当前执行的对象小于、等于或大于被比较的对象，则该方法将分别返回一个小于、等于或大于 0 的整型数。

SR10.13　选择法排序算法产生的数列变化如下：

```
5 7 1 8 2 4 3
1 7 5 8 2 4 3
1 2 5 8 7 4 3
1 2 3 8 7 4 5
1 2 3 4 7 8 5
1 2 3 4 5 8 7
1 2 3 4 5 7 8
```

SR10.14　插入法排序算法产生的数列变化如下：

```
5 7 1 8 2 4 3
5 7 1 8 2 4 3
1 5 7 8 2 4 3
1 5 7 8 2 4 3
1 2 5 7 8 4 3
```

```
1 2 4 5 7 8 3
1 2 3 4 5 7 8
```

SR10.15 本章的排序方法都是对一个接口类 Comparable 的对象数组进行操作,排序方法实际上并不"知道"该数组中是什么对象(除了知道这些对象是可比较的),但可调用一个接口方法 compareTo 进行比较操作。

SR10.16 选择法排序和插入法排序基本上是等效的,因为对 n 个数排序,二者都具有 n2 次比较操作,但是选择法排序的交换操作次数较少。还有几种排序算法比上述两种方法更有效。

10.5 搜索

SR10.17 a. 4; b. 1; c. 15; d. 15。

SR10.18 二分法搜索算法假定在搜索时元素已经是有序的,并且从数列的中间元素开始搜索。如果没有找到目标元素,将排除大约一半的元素后再搜索。然后确定剩余待搜索元素的中间元素,接着再排除全部搜索元素的四分之一,依次类推。这一过程将持续至搜索到目标元素或搜索完所有元素时为止。

SR10.19 a. 1; b. 3; c. 4; d. 4。

10.6 多态性设计

SR10.20~SR10.22 对于本节自测题所描述的各种情况,都可以通过指定合理的参数使用继承或者接口来实现所需功能。问题的要点是使学生通过思考进行选择,考虑不同的解决问题的方法,练习参数的设计技巧,从而实现自己的设计。

10.7 属性

SR10.23 JavaFX 属性为一种对象,它拥有的值是可观察的,这意味着必要时,属性可被监视和更改。

SR10.24 属性绑定允许将一个属性的值与另一个的值捆绑在一起。这样,当一个属性的值发生变化时,另一个的值也会自动更新。

SR10.25 如果表达式使用了内置运算符(比如, +和-),则数值型属性不能是常规算术表达式的一部分。但是,数值型属性使用方法(比如, add 方法和 subtract 方法)来执行这类运算。

SR10.26 变化监听器与事件处理器类似,当某个可观察的属性值发生变化时,它所定义的代码就会执行。

10.8 滑动条

SR10.27 滑动条是一个允许在一个有限的取值范围中指定某个值的 GUI 组件。滑块沿着滑轨移动,在最小值和最大值之间选择。

SR10.28 滑动条的当前值为一个 JavaFX 属性,它是通过调用滑动条的 valueProperty 方法获得的。

10.9 微调器

SR10.29 与微调器交互时,用户会单击微调器文本框旁边的两个箭头之一,从而选中(并显示)微调器的下一个或前一个值。

SR10.30　如果选项框的下拉菜单会遮盖住 GUI 中的重要元素，则应使用微调器而不是选项框。

SR10.31　微调器值工厂是一个对象，它是微调器所提供选项的底层模型。

第 11 章　异常

11.1　异常处理

SR11.1　异常是一个定义非正常情况或错误的对象。错误类似于异常，不同之处是错误代表不可恢复的问题且必须捕获处理。

SR11.2　抛出的异常可以用三种方法处理：忽略异常，有可能导致程序终止；当异常发生时用 try 语句处理异常；或者捕获异常后，在方法调用层次的更高层处理该异常。

11.2　未捕获的异常

SR11.3　a. 错误。虽然异常和错误相似，但是并不完全相同。

　　　　b. 正确。除以 0 是无效的，所以会抛出异常。

　　　　c. 错误。异常必须被抛出或者处理。

　　　　d. 正确。如果异常没有被处理，程序会终止且报告消息。

　　　　e. 正确。这就是调用栈跟踪的目的。

11.3　try-catch 语句

SR11.4　try 语句的 catch 子句定义了处理特定异常的代码。

SR11.5　try-catch 语句的 finally 子句的执行与如何退出 try 语句块无关。如果没有异常产生，try 语句块执行完后将执行 finally 子句；当抛出异常时，将执行相应的 catch 子句，然后执行 finally 子句。

SR11.6　输出结果如下：

```
a. finally
   the end
b. one caught
   finally
   the end
c. two caught
   finally
   the end
d. finally
```

11.4　异常的传递

SR11.7　当异常抛出后若没有立即捕获，该异常将从发生位置开始向方法调用层次结构的高层方向传播，可以在传播过程的任意位置上捕获该异常并处理。如果异常传播出 main 方法，程序将终止执行。

SR11.8　如果在程序的 level2 方法中(调用 level3 方法语句之前)添加产生异常的代码，那么在输出结果中将不会包含任何"Level 3"的内容，即不会执行调用 level3() 方法的语句，因为在调用 level3() 方法之前，异常已经抛出。

SR11.9　没有变化。异常仍在 level3() 方法中产生，level2() 方法中新添加的代码不会被执行。

11.5　异常类层次结构

SR11.10　检查型异常必须被捕获和处理，或者在任何可能抛出或传播它的方法的 throws 子句中列出，这样就建立了一组必须在程序中正式认可的异常。非检查型异常则可以根据需要完全忽略。

SR11.11　a. 正确。它继承了 RunTimeException，而 RunTimeException 是从 Exception 中继承的。

　　　　b. 正确。它通过 RunTimeException 与 Exception 继承了 Throwable。

　　　　c. 错误。它继承了 RunTimeException，因此它是非检查型异常。

　　　　d. 正确。它不是从 RunTimeException 继承的。

　　　　e. 正确。例如本节中的 OutOfRangeException。

　　　　f. 错误。ArithmeticException 是非检查型异常。

SR11.12　如果输入 42，main 方法将抛出一个 OutOfRangeException 异常，随同栈跟踪信息（与 CreatingExceptions.main 有关的信息）输出 "Input value is out of range"，并终止运行程序。如果输入 -3，则情况相同。如果输入字符串 "thirty"，将会抛出一个由库定义的 InputMismatchException 异常，并输出栈跟踪信息（有关 5 个方法的信息），终止程序运行。

11.6　I/O 异常

SR11.13　流是可作为输入源或输出目的地的字节序列。

SR11.14　Java 标准 I/O 流包含标准输入流 System.in、标准输出流 System.out 及标准错误流 System.err。通常，标准输入来自键盘，而标准输出和标准错误的信息将显示在屏幕的默认窗口中。

SR11.15　本书中使用过的 Stream 类对象有 System.out（用于输出信息）。有时还使用 System.in 对象创建一个 Scanner 对象来接收用户输入信息。

SR11.16　CreatingExceptions 程序中没有包含一条 throws InputMismatchException 子句，是因为 Scanner 类会处理这个异常，所以没有必要在已经包含了帮助类的 main 方法中重复这样的代码。

SR11.17　TestData 程序中没有包含一条 throws FileNotFoundException 子句，是因为 FileWriter 类会处理这个异常，所以没有必要在已经包含了帮助类的 main 方法中重复这样的代码。

SR11.18　如果传递给构造方法 PrintWriter 的参数是对象 fw 而不是对象 bw，程序会继续运行。唯一的区别是程序不会使用类 BufferedWriter 的缓冲性能，所以效率相对较低。

11.7　工具提示与禁用控件

SR11.19　工具提示是一小行文本，当鼠标指针停留在控件或者 GUI 元素上一小段时间时，就会显示工具提示。如果某个图标或相似控件的作用不是很明显，则可借助工具提示来解释它们。

SR11.20　如果控件无效，则可以将它禁用。这种技术可指导用户采取正确的动作，从而不需要事件处理器来处理不适当的情形。

11.8　滚动面板

SR11.21　对于图形或其他 GUI 元素，如果因为太大而无法在所分配的空间中完整显示，则滚动面板可提供一个受限制的可视区域来查看它们。位于滚动窗口旁边和底部的滚动条使用户能够改变可视区域。

SR11.22　为了改变滚动条滑块的位置，可以：(1)拖动滑块；(2)单击滚动条位于滑块两边的位置；(3)单击位于滚动条两端的小箭头。

SR11.23　滚动面板中是否出现滚动条，有三种设置：总是出现，从不出现，只有当需要显示底层 GUI 节点的其他区域时才出现。

11.9　分隔面板和列表视图

SR11.24　分隔条将两个节点分开。用户拖动分隔条，可以改变两个节点的空间分配。

SR11.25　对于选项框中的选项，只有当用户单击它且出现下拉选项菜单时，才是可见的。反过来，列表视图中的选项总是显示的，必要时会带有一个滚动条，以访问较长的列表选项。

SR11.26　分隔面板中可以包含多个节点。每增加一个节点，就会多出现一个分隔条，以将它与上一次添加的节点分隔开。

第 12 章　递归

12.1　递归思想

SR12.1　递归是一种编程技巧，具体地说是一个方法自己调用自己。每递归一次，就将待求解的问题缩小范围，直至到达结束条件。

SR12.2　定义一个具有 10 个数的列表需要使用 9 次递归定义，使用 1 次基本情况。

SR12.3　当没有基本情况作为递归结束条件或递归结束条件不正确时，将发生无穷递归，也就是递归过程将无限进行下去。在一个递归程序中，无穷递归一般会导致内存空间耗尽。

SR12.4　基本情况结束递归调用，并且会启动通过调用层次结构返回执行的过程。如果没有基本情况，则将发生无穷递归。

SR12.5　5 * n = 5 if n = 1, 5 * n = 5 + (5 * (n - 1)) if n > 1

12.2　递归编程

SR12.6　递归并不是唯一选择。每种递归算法都可以用循环迭代替换。但是有些问题用递归算法解决将更加简练。

SR12.7　当使用迭代法更加简单、易懂并易于编写程序时，则要避免使用递归。递归会带来多次调用方法的开销，而且经常显得不直观。

SR12.8　如果 n < 0，返回-1。其他情况则返回 n 中的数字。

SR12.9　采用如下的递归方式解决问题一般比迭代法复杂，所以一般不使用这种方法。

```java
// Returns 5 * num, assumes num > 0
public int multByFive(int num)
{
    int result = 5; // when num == 1
    if (num > 1)
        result = 5 + multByFive(num - 1);
    return result;
}
```

SR12.10　间接递归是指一个方法调用另一个方法，而被调用的方法又调用其他的方法，直到一个被调用的方法再次调用最初的方法。间接递归往往比直接递归更加难以跟踪，因为直接递归只是一个方法调用其本身。

12.3　递归的应用

SR12.11　MazeSearch 程序以递归的方式处理"当前"位置的 4 个相邻位置，除非：(1)当前位置在迷宫边界外；(2)已经到达最终目的地。

SR12.12　a. 当声明和初始化数组 grid 时就定义了一个初始迷宫。

　　　　　b. 查看是否到达目标点的测试代码是 traverse 方法中的第二条 if 语句。

　　　　　c. 标记位置点被搜索过的代码是 traverse 方法中的第一个 if 语句块。

　　　　　d. 查看位置点是否被搜索过的代码是 valid 方法中的第二条 if 语句。

SR12.13

　　　　　a. valid 0,0 valid 1,0 valid 2,0 valid 1,1

　　　　　b. valid 0,0

　　　　　c. valid 0,0 valid 1,0 valid 2,0 valid 1,1 valid 0,0 valid 1,-1 valid 0,1 valid 1,1 valid 0,2 valid -1,1 valid 0,0 valid -1,0 valid 0,-1

SR12.14　有 N 个圆盘的汉诺塔问题的解答方法是：将 $N-1$ 个圆盘移到空闲的塔座上，再将最大的圆盘移到目的地，然后再将 $N-1$ 个圆盘从当前位置移到目的地。这种方法具有内在的递归性，因为每次处理剩下的 $N-1$ 个圆盘都遵循同样的处理过程。

SR12.15　如果原始塔座上有一个圆盘，则需要调用 1 次 moveTower 方法；如果有两个圆盘，则需要调用 3 次 moveTower 方法；如果有三个圆盘，则需要调用 7 次 moveTower 方法。每增加一个圆盘，需要调用的次数是前一次的两倍再加 1。

12.4　平铺图形

SR12.16　在 TiledImages 程序中，递归发生在 addPictures 方法调用自己的最后一行。每次调用 addPictures 方法，都会显示三个不同颜色的图形版本。递归导致在左上角一个较小的区域重复地处理图形。

SR12.17　TiledImages 程序中，只创建了一个 Image 对象。这个图形以 15 个不同的 ImageView 对象显示。图形在每一次递归中都会显示 3 次。在到达基本情况前，程序中发生了 5 次这样的递归。

SR12.18　在 TiledImages 程序中，递归的基本情况为参数 size 的值小于阈值 20 像素。只要尺寸大于最小值，就会发生递归调用，使尺寸减半。

12.5　分形

SR12.19　分形是将相同模式的图案以不同的比例和方向构成的一个几何图形。用来产生分形的算法很容易递归地定义。

SR12.20　示例程序中，为 Koch 雪花分形设置了一个最大的阶，因为如果分形的阶数大于 6，则会很难看清线段，并且计算时间会很长。在概念上，分形的阶数可以无限。

SR12.21　在 Koch 雪花分形的每一阶，长度为边长 1/3 的两条线段连接成的尖角，会替换该线段三等分的中间那一段。在示例程序中，现有线段的两个端点用来计算三等分点，并用对应的 4 条新线段替换原始线段。

第 13 章　集合

13.1　集合与数据结构

SR13.1　集合是一个对象,其目的是保存和组织基本数据类型或其他对象。某些集合有助于解决一些特定的问题。

SR13.2　集合是一种关于元素的概念性结构,通常可用不同的底层数据结构实现。例如,Java API 具有两个表示 List 集合的类:ArrayList 和 LinkedList。

SR13.3　一个抽象数据类型(ADT)是一个包含数据和施加在这些数据上的操作的集合。对象实际上就是将变量和相关的方法封装在一起的实体。对象隐藏了 ADT 背后的实现细节,并且将接口和底层的实现相分离,使得实现发生变化后并不影响接口。

13.2　数据结构的动态表示

SR13.4　动态数据结构通过将不同对象链接在一起组成特定的结构而形成。其动态性在于数据结构可以按需要扩展或压缩。在运行期间通过调整结构内各对象之间的引用,将新对象添加到该结构中,或从该结构中删除已废弃的对象。

SR13.5　要将一个新节点插入链表,首先在链表中找到将位于新节点之前的节点(该节点称为 beforeNode),然后,将新节点的 next 引用设置为 beforeNode 的 next 引用。接着,将 beforeNode 的 next 引用设置成指向新节点的引用。在上述操作中,在链表起点插入节点是一种特殊情况。

SR13.6　要从链表中删除一个节点,首先找到待删除的节点之前的节点(该节点称为 beforeNode),然后将被删除节点的 next 引用存入 beforeNode 的 next 引用变量中。在上述操作中,删除链表第一个节点是一种特殊情况。

SR13.7

```
set count = 0;
current = first;
while current != null
    count+ +;
    current = current.next;
return count;
```

SR13.8　双向链表中的每个节点有两个引用。一个引用指向该节点的前一个节点,另一个引用指向该节点的后一个节点。这种组织结构使得在链表中向前、向后的移动操作很方便,简化了某些操作。

SR13.9　链表中的头节点是一个特殊的节点,包含了有关链表的信息,如指向链表头和链表尾的引用,以及一个跟踪记录链表当前节点数的整型变量。

13.3　线性集合

SR13.10　队列是一个类似链表的线性集合,但在使用时有更多的限制。对于一般的链表,可以通过在链表任意地方插入和删除节点进行修改,但是队列只能在一端加入节点(入队),在另一端移出节点(出队)。因此,队列是先入先出(FIFO)数据结构。

SR13.11　从队列的队首到队尾的值是:72　37　15。

SR13.12　栈是一种线性集合,从栈顶增加和删除节点,因此栈采用的是后进先出(LIFO)的存取方式。

SR13.13　从栈的栈顶到栈底的值是:37　72　5。

SR13.14　Stack 类定义在 Java 标准类库的 java.util 包中，它表示的栈集合，其元素用泛型类型 T 指定。

13.4　非线性数据结构

SR13.15　树和图都是非线性数据结构，这意味着它们所保存的数据不是以线性方式组织的。树可用于建立节点的层次结构。图中的节点则使用一般的边来连接。

SR13.16　a. 树；b. 图；c. 图；d. 树。

13.5　Java 集合类 API

SR13.17　Java 集合类 API 是 Java 标准类库中的一组类，代表各种不同类型的集合体，如 ArrayList 和 LinkedList。

SR13.18　泛型对象是一种集合类对象，实现泛型对象是为了使其管理的对象的类型在某个集合类建立时也被创建，这样就允许编译时能控制一些加入该集合中的对象的类型，减少这些对象从该集合清除时的类型转换处理。Java 集合类 API 中定义的类为泛型。

术 语 表

abstract——Java 保留字，类、接口和方法的修饰符。

抽象类——设计继承层次时使用的类，所指定的未定义的功能必须由派生类定义。不能实例化抽象类。

抽象数据类型(ADT)——由数据和在该数据上所实施的具体操作构成的集合。

抽象方法——不带方法体的方法首部。抽象方法的代码，由所实现的类定义。

抽象窗口工具集(AWT)——Java API 中的一个图形工具包，它和 Swing 包一起，已经被 JavaFX 包替代。

访问——从所声明的类外引用变量或者调用方法的能力。由用于声明变量或方法的可见性修饰符控制。参见：
   可见性修饰符。

动作事件——一种事件类型，表明用户采取了某个动作。动作事件由几种 GUI 控件产生，比如按下的按钮。

实际参数——作为参数传递给方法的值。参见：形式参数。

地址——(1)计算机主存中唯一标识某个特定内存位置的数字值；(2)网络中唯一标识计算机的名称。

聚合对象——包含变量的对象，这些变量为其他对象的引用。参见：有关系。

警告——JavaFX 中的简化对话框。有多种预定义的警告。

算法——对解决一个问题的步骤和过程的描述。程序以算法为基础。

别名——对象的引用，该对象当前也被另一个引用所引用。每一个引用就是另一个引用的别名。

模拟——信息源的一部分的直接表示。参见：数字。

锚面板——JavaFX 布局面板，其中的节点可被锚定到面板的顶部、底部、左侧、右侧或中心。

动画——一系列图形或图画，当以一定的速度依次显示它们时，会有一种运动的效果。

API——程序员所用的一组类，用于定义一些服务。它本身不是语言的一部分，但是经常需要 API 来执行基本
   的任务。参见：类库。

applet——一种 Java 程序，与 HTML 文档相链接，然后用 Web 浏览器获取并执行。JavaFX 技术已经逐步取代了 applet。

应用——(1)程序的通用称呼；(2)无须 Web 浏览器即可运行的 Java 程序，它与 Java applet 不同。

应用编程接口(API)——为程序员定义服务的一组类。它本身不是语言的一部分，但是经常需要 API 来执行基
   本的任务。参见：类库。

弧——一种 JavaFX 形状，定义成椭圆的一部分。

体系结构——计算机硬件的结构和交互。

体系结构独立——不指定任何特定的硬件平台。Java 代码是体系结构独立的，因为它会被编译成字节码，然
   后在任何具有 Java 解释器的机器上解释。

弧类型——JavaFX 弧的一种类型，可以是开弧、弦弧或扇形圆弧。

算术运算符——执行基本算术计算的运算符，比如加法或乘法运算符。

算术提升——将某种算术操作数的类型提升为与另一个操作数兼容的行为。

数组——一种编程语言数据结构，用于保存基本类型的值或对象的有序列表。数组中的每一个元素可利用 $0 \sim N-1$ 的索引号来引用，N 为数组大小。

数组元素——保存在数组中的一个值或对象。

ASCII——一种流行的字符集，用于许多种编程语言。ASCII 表示美国信息交换标准码。它是 Java 所使用的
   Unicode 字符集的一个子集。

汇编语言——一种低级语言，使用记忆代码表示程序命令。

assert——Java 保留字，出于测试目的，用于建立一种关于程序的断言。

赋值转换——在赋值语句中，有些数据类型可以转换成另一种类型。参见：扩展类型转换。

赋值运算符——实现为给变量赋值的一种运算符。"="运算符执行基本的赋值操作。许多其他的赋值运算符在赋值运算符之前执行其他的运算，比如"*="运算符。

关联——两个类之间的关系，一个类以某种关系使用另一个类。参见：运算符关联，使用关系。

自动装箱——基本数据类型与相应的包装对象之间的自动转换。逆向过程称为自动拆箱。

AWT——Java API 中的一个图形工具包，它和 Swing 包一起，已经被 JavaFX 包替代。

基数——某种数制系统中数值的基础。它决定了该数制系统中可用的数字，以及数字中每一个数位的位置值。参见：二进制，十进制，十六进制，八进制，位置值。

十进制——基数为 10 的数制系统，是人们日常使用的一种系统。参见：二进制。

十六进制——基数为 16 的数制系统，经常用来表示缩写的二进制数。

二进制——基数为 2 的数制系统。现代计算机系统将信息保存为一串二进制数字(位)。

八进制——基数为 8 的数制系统，有时用于简化二进制字符串。参见：二进制，十六进制。

基本情况——终止递归处理的条件，使递归方法返回到调用它的点。

基类——通过继承派生出另一个类的类。也称为超类或者父类。参见：子类。

行为——在方法中定义的对象的功能特性。参见：身份，状态。

二元运算符——使用两个操作数的运算符。

二分法搜索——要求列表已经排序的搜索算法。它不断将列表的中间元素与目标值进行比较，每次都缩小搜索范围。参见：线性搜索。

二进制字符串——二进制数字(位)序列。

二叉树——树状数据结构，每一个节点的子节点不能超过两个。

绑定——将标识符与它所代表的构造相关联的过程。例如，将方法名与它所调用的特定定义相关联的过程就是绑定。

位——表示 0 或 1 的二进制位。

位运算符——操作一个值各个位的运算符，可进行计算或移位操作。

黑盒测试——根据输入值和所期望的输出结果测试软件组件的方法。测试用例关注输入的等价类和边界值。参见：白盒测试。

语句块——在一对花括号({})内声明的一组语句。

boolean——Java 保留字，只能表示值 true 或 false 的一种逻辑基本数据类型。

布尔表达式——求值结果为 true 或 false 的表达式，主要用于选择或循环语句中的条件测试。

布尔运算符——适用于布尔操作数的位运算符"与"(&)、"或"(|)、"异或"(^)。它们的运算结果与对应的逻辑运算符相同，但布尔运算符不执行短路求值。

边界面板——JavaFX 的布局面板，将节点按 5 个区域组织：顶部、底部、左侧、右侧及中心。

边界检查——根据数组大小，判断数组索引是否位于边界之内的过程。Java 自动执行边界检查。

break——Java 保留字，中断当前 loop 或 switch 语句的控制流程。

浏览器——获取 HTML 文档及网络上的其他资源，格式化它们以供浏览的一种程序。浏览器是访问万维网的主要工具。

bug——计算机系统中的缺陷或者错误的俗称。

总线——计算机中的一组线，在 CPU 和主存等部件之间传输数据。

按钮——一种 GUI 控件，允许用户通过鼠标单击发起动作。参见：复选框、单选钮。

字节(byte)——(1)一个二进制存储单位，等于 8 个位；(2)Java 保留字，表示整型类型，以补码形式表示 8 个位。

字节码——Java 编译器将 Java 源代码翻译成的一种低级格式。字节码由 Java 解释器解释并执行，也许需要首先在因特网上传输。

case——(1)Java 保留字，用于标识 switch 语句中的各选项；(2)字母表中的字符大小写情况(大写或小写)。

大小写敏感——同一个字母的大写和小写形式不同。Java 是大小写敏感的，因此标识符 total 和 Total 不同。

强制转换——一种 Java 运算，在一对圆括号内放入类型名或者类名，将一种数据类型的值强制转换成另一种。

catch——Java 保留字，用于指定一个异常处理器，在 try 语句块后定义。

中央处理单元(CPU)——控制计算机主要行为的硬件组件，包括信息流和命令的执行。

变化监听器——当可观察的值(比如 JavaFX 属性)发生变化时，这个对象会响应这种变化。

char——Java 保留字，表示字符类型。所有的 Java 字符都是 Unicode 字符集的成员，用 16 位保存。

字符集——字符的有序列表，比如 ASCII 或 Unicode 字符集。每一个字符都对应于所属字符集中一个特定的、唯一的数字值。编程语言利用某种特定的字符集来表示并管理字符。

字符串——有序字符的序列。在 Java 中，用 String 类和字符串字面值(比如"hello")表示。

复选框——一种 GUI 控件，允许用户通过鼠标单击设置一个布尔条件。复选框可单独使用，也可以与其他复选框组合使用。参见：单选钮。

检查型异常——必须被捕获或明确地抛给调用方法的 Java 异常。参见：非检查型异常。

子类——通过继承从另一个类派生的类。也称为派生类。参见：超类。

选项框——一种 GUI 控件，它允许用户从一个下拉菜单中选择多个可选项中的一项。选项框中会显示最近的选择。参见：组合框。

class——(1)Java 保留字，用于定义类；(2)对象的蓝图，即定义对象在实例化时将包含的变量和方法的模型。

类图——展示类之间关系的图，包括继承及所使用的关系。参见：统一建模语言。

类层次——一种树状结构，一个类通过继承派生自另外的类时就存在这种结构。参见：继承层次。

类库——程序员所用的一组类，用于定义一些有用的服务。参见：应用程序编程接口。

类方法——只需使用类名即可调用的方法。对于实例方法，无须实例化对象。在 Java 程序中，通过 static 保留字定义。

类变量——由类的所有对象共享的变量。也可以通过类名引用，而不必实例化该类的任何对象。在 Java 程序中，通过 static 保留字定义。

编码标准——描述应该如何构建程序的一系列规范。它们使程序更易阅读、交换和集成。有时也称为编码规范，尤其当它是强制性的时候。

冲突——两个哈希值产生同一个哈希码的过程。参见：哈希码，哈希。

颜色选择器——允许用户挑选颜色的一个 JavaFX GUI 控件。颜色选择器表现为一个单行文本框，点击它时，会出现一个下拉式调色板。

组合框——一种 GUI 控件，它允许用户从一个下拉列表中选择多个可选项中的一项。组合框中会显示最近的选择。参见：选项框。

命令行实参——命令行中位于程序名称后面的值。Java 程序通过 String 数组参数将命令行实参传递给 main 方法。

注释——编程语言组件，允许程序员将人可阅读的注解嵌入源代码中。参见：文档。

编译器——将一种编程语言代码翻译成另一种语言的等效代码的程序。Java 编译器将 Java 源代码翻译成 Java 字节码。参见：解释器。

编译时错误——编译过程中发生的错误，通常包括程序无法确认的语法错误，或者有一些运算试图用于不合适的数据类型。参见：逻辑错误，运行时错误，语法错误。

计算机体系结构——计算机硬件的结构和交互。

拼接——将某个字符串的开始处与另一个字符串的结尾处相连的过程，从而形成一个更长的字符串。

条件——用来确定选择或循环语句的语句体是否应该继续执行的布尔表达式。

条件运算符——Java 三元运算符，根据条件得到的结果为两个表达式之一。

条件语句——只要某个条件为真，就会使一组语句重复执行。参见：if，switch。

常量——一种标识符，包含的值不能改变。它用来使代码更可读，更易修改。Java 中用 final 修饰符定义。

构造方法——类中的一种特殊方法，实例化对象时调用。用于初始化对象。

容器——一种 Java 图形用户组件，可包含其他的组件。参见：包含层次。

控件——JavaFX GUI 元素，比如按钮、滚动条、文本框等，允许用户与程序交互。

控制字符——任何无法在屏幕上显示或者用打印机打印的字符，比如转义符或者换行符。参见：可打印字符。

控制器——控制计算机系统与某种外围设备之间的交互的硬件设备。

中央处理单元（CPU）——控制计算机主要行为的硬件组件，包括信息流和命令的执行。

数据结构——一种编程构造方法，用于将数据组织成某种格式，以方便访问和处理。数组、链表、树等都是数据结构。

数据转换设备——允许在计算机之间发送信息的硬件，比如调制解调器。

数据类型——用于指定一组值（可以是无限个值）的名称。每一个 Java 变量都有一种数据类型，它指定哪种类型的值可以保存在变量中。

日期选择器——允许用户挑选日期的一个 JavaFX GUI 控件。日期选择器表现为一个单行文本框，点击它时，会出现一个下拉式日历。

调试器——程序员用来按步执行程序的一个软件工具，可在任意点检查变量的值。参见：jdb。

default——Java 保留字，用于指示 switch 语句的默认情况。也用于指定接口方法的默认实现。

默认可见性——声明类、接口、方法或变量时，如果没有明确地指定可见性修饰符，则具有默认的访问级别。有时称为包可见性。声明为具有默认可见性的任何内容，只对同一个包内的类可见。

缺陷测试——用于发现程序错误的测试。

分隔符——用于设置编程语言构件边界的符号或单词，比如用花括号（{}）来定义 Java 语句块、方法体或类的内容。

弃用——有时，Java API 中某个流行的方法已不再受欢迎，因此不应再使用。

派生类——通过继承从另一个类派生的类。也称为子类。参见：超类。

设计——(1)实现程序的规划，包括指定所用的类和对象，以及重要的程序算法表达式；(2)创建程序的过程。

详细设计——(1)方法中算法的详细设计步骤；(2)确定算法的详细设计步骤的开发阶段。

对话框——一种弹出式图形窗口，允许进行简短的、特定的用户交互。

数字式——将信息分解成小块，进而以数字表示。所有的现代计算机系统都是数字式的。

数字化——将模拟信号转换成数字信号的过程。

有向图——一种图形数据结构，图的每条边都有一个特定的方向。

维度——数组的索引级别数量。

直接递归——方法调用自身的过程。参见：间接递归。

禁用——使某个 GUI 控件处于非活动状态，从而无法使用它。

域名系统（DNS）——利用域名服务器，将因特网地址翻译成 IP 地址的软件。

do——Java 保留字，表示一种循环结构。do 语句可执行一次或多次。参见：for，while。

文档——关于程序的补充信息，包括源代码中的注释及打印出来的报告，比如用户手册。

域名——因特网地址的各个部分，指定计算机属于什么机构或组织。

域名服务器——存放因特网地址及其对应的 IP 地址的文件服务器。

double——Java 保留字，表示浮点数类型，在 IEEE 754 格式中使用 64 位。

双向链表——每个节点都具有两个引用的一种链表：一个指向链表中的下一个节点，另一个指向前一个节点。

动态绑定——在运行时将标识符与它的定义相关联的过程。参见：绑定。

动态数据结构——通过引用相连接的一组对象，在程序执行时可根据需要修改这些引用。

编辑器——软件工具，允许用户在计算机上输入和保存字符文件。通常由程序员使用，用于输入程序源代码。

效率——为了完成任务而需要特定数量的运算次数，称为算法的效率。例如，排序算法的效率可由排序一个列表所要求的比较次数来确定。参见：阶。

元素——保存在另一个对象(比如数组)中的值或者对象。

数组元素类型——保存在数组中的一个值或对象的类型。

else——Java 保留字，在 if 语句中，如果条件不成立，就会执行 else 子句所包含的代码。

封装——对象的一种特性，限制对它所包含的变量和方法的访问。与对象的所有交互都是通过一个定义良好的接口进行的，该接口支持模块化设计。

枚举类型——一种由程序员定义的数据类型，列出该种类型的所有可能值，还有可能定义这些值上的操作。

相等性运算符——两种返回布尔结果的 Java 运算符之一，根据两个值是否相等(==)或不相等(!=)返回结果。

等价类——按照软件组件的需求，指定一个功能等价的输入值的范围。用于黑盒测试的情形。

错误——设计或程序中的任何缺陷。参见：编译时错误，逻辑错误，语法错误。

转义序列——在 Java 中，以反斜线(\)开头的一个字符序列，用于输出值时表明一种特殊情况。例如，转义序列\t 指定应输出一个水平制表符。

事件——(1)用户的动作，比如鼠标单击或者按键；(2)表示用户动作的对象，程序能够对其响应。参见：事件驱动编程。

事件驱动编程——软件开发的一种方法，将程序设计成知晓有事件发生，并采取相应的动作。参见：事件。

事件处理器——将对象设置成当事件发生时做出响应。

异常——(1)执行程序时出现错误或者非常见的情况，就会导致异常；(2)能被抛出并由特殊的 catch 语句块处理的对象。参见：错误。

异常处理器——try 语句 catch 子句中的代码，当抛出某种特定类型的异常时，就会执行。

异常传递——抛出异常时发生的过程：控制返回到栈踪迹中的调用方法，直到异常被捕获并处理，或者直到异常从 main 方法中抛出，程序终止。

指数——浮点值的内部表示，指定小数点移位的远近。

表达式——运算符和操作数的组合，可产生结果。

extends——Java 保留字，用于在子类定义中指定父类。

false——Java 保留字，两个布尔字面值(true 和 false)之一。

取指-译码-执行——CPU 持续地从内存获取指令并执行的循环。

先入先出(FIFO)——一种数据管理技术，最先保存在数据结构中的值会最先取出。参见：后入先出，队列。

文件——保存在辅助存储器(比如磁盘)的命名数据集合。参见：文本文件。

文件选择器——一种特殊的对话框，允许用户从存储设备选择文件。

文件服务器——网络中的一台计算机，通常具有大型的辅助存储器能力，专门用于保存许多网络用户所需要的软件。

填充——某种形状的内部区域。在 JavaFX 中可以明确地设置填充色。参见：线宽。

final——Java 保留字，类、方法和变量的修饰符。final 类不能用来派生新类。final 方法不能被重写。final 变量为常量。

finally——Java 保留字，当程序抛出异常时，定义的语句块在程序执行完 catch 处理器之后会执行。

float——Java 保留字，表示浮点数类型，在 IEEE 754 格式中使用 32 位。

流式面板——一种 JavaFX 布局面板，它将节点按水平的行排列，尽量将内容放入容器所允许的一行宽度中。流式面板也可以按列垂直地显示节点。

字体——描述如何可视化地显示字符的规范。

字体族——为一组字符采用一致的字体设计。字体族的例子包括：Arial 和 Helvetica。

字体姿势——是否将字符显示为斜体。

字号——字符显示时的大小，以磅为单位。

形式参数——方法中充当参数名称的一个标识符。其初始值来自传递给它的实际参数。参见：实际参数。

第四代语言——提供内置功能的高级语言，比如自动报告生成、数据库管理等，并具备传统高级语言的功能。

分形——由同一种模式按不同的比例和方向组成的一种几何图形。分形可以通过递归产生。

函数——一组命名的声明和编程语句，需要时可以调用(执行)。作为类的一部分的函数称为方法。Java 中没有函数，因为所有的代码都是类的一部分。

函数式接口——包含一个抽象方法的接口，在 Java 中用于定义 lambda 表达式。

垃圾——(1)内存中一个未指定的或未初始化的值；(2)一个不能再被访问的对象，因为对它的所有引用都已丢失。

垃圾回收——回收不再需要的、动态分配的内存的过程。对于不再具有有效引用的对象，Java 自动执行垃圾回收。

吉字节(GB)——二进制存储单位，等于 2^{30} 字节(大约 10 亿字节)。

图——一种非线性数据结构，由节点和连接它们的边组成。参见：有向图。

图形用户界面(GUI)——允许用户通过鼠标驱动控件(比如，按钮、滚动条、文本框)与程序交互的软件。

栅格面板——一种 JavaFX 布局面板，将节点排列在一个灵活的、由行和列构成的栅格中。参见：片面板。

组——包含其他节点的一个 JavaFX 节点。

硬件——计算机系统实际存在的部分，比如键盘、显示器、电路板等。

"有"关系——两个对象之间的关系，一个对象由若干个其他对象组成(至少是由不同的部分组成)。参见：聚合对象，"是"关系。

HBox——一种 JavaFX 布局面板，将节点按单行水平排列。

层次——一种组织结构的技术，其中的项被分层或分组，以减少复杂性。

高级语言——在这类编程语言中，每一条语句都表示多个机器指令。

超文本标记语言(HTML)——一组用来定义 Web 页面的规则。参见：浏览器，WWW。

超媒体——将超文本的概念扩展到包括其他媒体类型，比如图形、音频、视频、程序等。

超文本——允许用户以非线性的方式浏览的一种文档。与文档中其他部分的链接被嵌入在合适的地方，以允许用户在文档内跳跃阅读。参见：超媒体。

图标——一种小型的、固定尺寸的图形，常用来装饰图形界面。

标识符——程序员在程序中使用的一个名称，比如类名或者变量名。

IEEE 754——表示浮点值的一个标准，Java 用 float 和 double 数据类型表示。

if——Java 保留字，表示一种简单的条件结构。参见：else。

图像——常用 GIF、JPEG 或 PING 格式显示的一种图形。

图像视图——用来显示图像的 JavaFX 节点。

不可变的——对象的一种特性，创建对象之后，它的实例数据就不能更改。例如，一旦定义了字符串，String 对象的内容就是不可变的。

实现——(1)将设计转换成源代码的过程；(2)定义方法、类、抽象数据类型或者其他程序实体的源代码。

implements——Java 保留字，用在类声明中，指定类在某个特定的接口实现方法。

import——Java 保留字，用于指定在某个 Java 源代码文件中使用的包和类。

索引——指定数组中的某个元素的整数值。

索引运算符——用来指定数组索引的方括号([])。

间接递归——一个方法调用其他方法，最终导致再次调用自己的过程。参见：直接递归。

无限循环——不会终止的循环，因为控制循环的条件永远不会变为假。

无限递归——不会终止的递归序列，因为递归的基本情况永远不会达到。

继承——从现有类派生新类的能力。从原始类(父类)继承的变量和方法，如果被声明为局部的，则它们可被用于新类(子类)中。

初始化——为变量赋予一个初始值。

初始值表——逗号分隔的值清单，用一对花括号({})界定，用于初始化数组并指定其大小。

内嵌文档——包含在程序源代码中的注释。

内部类——非静态的、嵌套的类。

输入/输出设备——计算机硬件部分，允许用户与计算机交互，比如键盘、鼠标、显示器等。

输入/输出流——表示数据源(输入流)或数据目标(输出流)的字节序列。

插入法排序——一种排序算法，每次将一个值插入一个已排序的列表中。参见：选择法排序。

实例——从类创建的一个对象。一个类可以实例化多个对象。

实例变量——必须通过类的特定实例引用的变量。

实例化——从类创建对象的过程。

int——Java 保留字，表示整型类型，以补码形式表示 32 个位。

interface——(1)Java 保留字，用于定义一组抽象方法，由特定的类实现；(2)对象响应的消息由能够从对象以外调用的方法定义；(3)人与程序交互的一种技术，通常是图形化的。参见：图形用户界面。

接口层次——一种树状结构，一个接口通过继承派生自另外的接口时，就存在这种结构。参见：类层次。

因特网(Internet)——全球使用最广泛的网络，已经成为计算机之间通信的主要载体。

因特网地址——唯一标识网络上的计算机或设备的名称。

解释器——在特定机器上翻译并执行代码的程序。Java 解释器会翻译并执行 Java 字节码。参见：编译器。

方法调用——使方法得以执行的一行代码。它指定传递给方法的任何参数值。

IP 地址——几个用点号分隔的整数值序列，唯一标识网络上的计算机或设备。每一个因特网地址都有对应的 IP 地址。

"是"关系——合适的派生类通过继承而创建的关系。"是"关系代表一种更具体的超类版本。参见"有"关系。

ISO-Latin-1——ASCII 字符集的 128 字符扩展，由国际标准化组织(ISO)定义。数字值为 128～255 的字符同时为 ASCII 和 Unicode 字符。

迭代——(1)执行一次循环语句体；(2)遍历一次循环过程，比如迭代开发过程。

迭代器——一种对象，该对象提供了一些方法，有助于一次处理某个集合。

java——Java 命令行解释器，翻译并执行 Java 字节码。它是 Java 开发工具集的一部分。

Java——本书所用的编程语言，用于演示软件开发概念。Java 被开发人员描述成：面向对象的、健壮的、安全的、体系结构中立的、可移植的、高性能的、可解释的、动态的。

API——程序员所用的一组类，用于定义一些服务。它本身不是语言的一部分，但是经常需要 API 来执行基本的任务。参见：类库。

javac——Java 命令行编译器，将 Java 源代码翻译成 Java 字节码。它是 Java 开发工具集的一部分。

Java 开发工具集（JDK）——用于开发 Java 软件的基本软件工具集合，包括编译器和解释器。参见：软件开发工具集。

javadoc——以 HTML 格式创建外部文档的一个软件工具，相关文档描述软件的内容和结构。它是 Java 开发工具集的一部分。

Java 虚拟机（JVM）——一种由软件实现的概念性设备，Java 字节码在其上运行。字节码是体系结构中立的，并不真正在特定的硬件平台上运行，而是在 JVM 上运行。

键盘焦点——被设置成接收输入的 JavaFX 节点。

键事件——用户按下键盘时产生的一组事件。键事件的示例包括键按下和键释放。

千字节（K 或 KB）——二进制存储单位，等于 2^{10} 字节（大约 1024 字节）。

Koch 雪花——以瑞典数学家 Helge von Koch 的名字命名的一种分形。

卷标——(1)显示文本和图像的图形用户界面组件；(2)Java 标识符，用来指定代码的特定行。break 和 continue 语句可以跳到程序中特定的、被标记的行。

lambda 表达式——可以作为一个参数传递的代码块，或者从方法返回的一个代码块，供以后执行。

局域网（LAN）——通常用于短距离、小机群的网络连接。参见：广域网。

后入先出（LIFO）——一种数据管理技术，最后保存在数据结构中的值会最先取出。参见：先入先出，栈。

布局面板——一种 JavaFX 容器，它负责内容的排列和视觉呈现。示例包括堆叠面板和流式面板。

字典顺序——根据特定字符集（比如 Unicode）而排序的字符和字符串。

线性搜索——一种搜索算法，将列表中的每一项与目标值相比较，直到发现目标或者列表搜索完毕时为止。参见：二分法搜索。

链接——(1)超文本文档中的目标文档，允许用户"跳到"另一个文档；(2)用来在动态链接结构（比如链表）中连接两个对象的引用。

链表——一种动态数据结构，其中的对象通过引用彼此相连。

列表——将元素以某种顺序保存的集合。

监听器——将对象设置成当事件发生时做出响应。监听器与事件处理器相似。

列表视图——JavaFX 控件，允许用户从一个显示的选项列表中选择。

字面值——在程序中明确使用的值，比如数字型字面值 147，或者字符串字面值"hello"。

局部变量——在方法内部定义的变量，只在方法执行期间存在。

逻辑错误——代码中由于不合适的处理而导致的问题。它不会导致程序异常终止，但会得到错误的结果。参见：编译时错误，运行时错误，语法错误。

代码的逻辑行——源代码中的逻辑编程语句，有可能跨越多个物理行。参见：代码的物理行。

逻辑运算符——执行逻辑非(!)、逻辑与(&&)、逻辑或(||)的运算符，返回布尔结果。逻辑运算符具有短路求值特性，这表示如果左操作数能够确定结果，则不会执行右操作数的计算。

long——Java 保留字，表示整型类型，以补码形式表示 64 个位。

循环——只要某个条件为真，就会使一组语句重复执行。循环语句的语句体应最终使条件为假。也称为迭代语句或迭代。参见：do，for，while。

循环控制变量——其值专门用来确定循环体应执行多少次的变量。

低级语言——机器语言或者汇编语言，创建软件时，它们不如高级语言方便。

机器语言——特定 CPU 的本生语言。

主存——不稳定的硬件存储设备，当 CPU 需要程序或者数据时，会将它们保存在主存中。参见：辅助存储器。

维护——(1)对已发布的软件产品进行错误修复的过程，以强化其功能；(2)一个软件生命周期阶段，对已投入使用的软件进行必要的修改。

兆字节(MB)——二进制存储单位，等于 2^{20} 字节(大约 100 万字节)。

成员——对象或类中的变量或方法。

内存——保存程序和数据的硬件设备。参见：主存，辅助存储器。

方法——一组命名的声明和编程语句，需要时可以调用(执行)。方法为类的一部分。

方法定义——调用方法时会执行的那些代码。定义包括局部变量和形式参数的声明。

方法重载——为编程语言构件(比如方法或者运算符)赋予额外的含义。Java 支持方法重载，但不支持运算符重载。

方法引用——指定某个方法的一个紧凑型 lambda 表达式。

助记符——(1)汇编语言中指定一个命令或者数据的一个单词或者标识符；(2)具有另一个含义的键盘字符，称为快捷键，以激活诸如按钮的 GUI 控件。

修饰符——Java 声明中使用的名称，指定要声明的构件的特殊属性。

显示器——计算机系统的屏幕，为一种输出设备。

鼠标事件——用户操作鼠标时产生的一组事件。例如鼠标单击和鼠标拖动。

多维数组——使用多个索引来指定所保存的值的数组。

多继承——一个类有多个父类，从每一个父类继承方法和变量。Java 不支持多继承。

NaN——"非数字"的缩写，表示不合适的或未定义的数字值。

压缩类型转换——两个类型不同但兼容的值之间的转换。压缩类型转换可能丢失信息，因为被转换的类型通常具有比原始存储空间更小的内部表示。参见：扩展类型转换。

自然语言——人类用来沟通的语言，比如英语或者法语。

嵌套 if 语句——其语句体为另一条 if 语句的 if 语句。

网络——将两台或多台计算机相连，以便能够交换数据、共享资源。

new——Java 保留字，也是一个运算符，用于实例化类中的一个对象。

换行符——非打印字符，表示一行的结束。

节点——(1)JavaFX 图形用户界面中的一个元素；(2)数据结构(比如链表或者树)中的一个元素。

非打印字符——任何无法在屏幕上显示或者用打印机打印的字符，比如转义符或者换行符。参见：可打印字符。

稳定的——存储设备的一种特性，即使没有电能供应，也能够维持其所保存的信息。辅助存储器设备是稳定的。参见：易失的。

null——Java 保留字，表示没有对象被引用。

数制系统——用一个特定的基值定义的一组值和运算，基值决定了可用数字的个数及每个数字的位置值。

对象——(1)面向对象模型中重要的软件构件；(2)关于数据变量和方法的一个封闭集合；(3)类的一个实例。

面向对象编程——软件设计与实现的一种方法，围绕对象和类展开。参见：过程性编程。

差 1 错误——由于计算或者条件偏差了 1 而导致的错误，比如将循环设置成多访问一个数组元素。

操作数——运算符执行计算时用到的值。例如，对于表达式 5 + 2，值 5 和 2 就是操作数。

操作系统——为计算机提供主要的用户界面并管理资源(比如内存和 CPU)的程序集合。

运算符——编程语言中代表某种特定操作的符号，比如加法运算符(+)。

运算符优先级——通过一个定义良好的层次结构，用运算符求值表达式时的顺序。

阶——确定算法效率的一个度量单位。例如，选择法排序的阶为 n^2。

顺序值——枚举类型中与枚举值相关联的一个整数值。

溢出——当数据值增长太快而超出其存储空间时，就会发生溢出，导致不精确的算术运算。参见：下溢。

重写——修改所继承方法的定义的过程，以满足子类的目标。参见：影子变量。

package——Java 保留字，用于指定一组相关联的类。

参数——（1）从方法调用传递给方法定义的一个值；（2）方法定义中的标识符，调用该方法时需将值传递给该标识符。参见：实际参数，形式参数。

参数表——方法的实际参数或者形式参数的列表。

父类——通过继承派生出另一个类的类。也称为基类。参见：子类。

外围设备——除 CPU 和主存外的其他计算机硬件设备。

像素——图像元素。一个数字图像由许多个像素组成。

位置值——一个数中每一个数字位置的值，它决定了该位置的数字对数的贡献大小。参见：数制系统。

指针——访问内存地址的变量。Java 不使用指针，而是采用引用，其本质与指针相同，但无须明确地解除引用。

点对点连接——两个网络设备通过线路直接相连。

多边形——JavaFX 中一种具有多条边的形状，通过一系列顶点定义。

折线——由一系列相连的线段构成的一种 JavaFX 形状。与多边形类似，但不是封闭的。

多态性——一种面向对象技术，用一个引用调用一个方法，可导致在不同时刻调用不同的方法。所有的 Java 方法都可以是多态的，它们调用对象类型的方法，而不是引用类型的方法。

可移植性——无须改变，即可将程序从一种硬件平台移植到另一种平台的能力。由于 Java 字节码不与任何特定的硬件环境相关，因此 Java 程序是可移植的。参见：体系结构中立。

后缀表达式——运算符位于操作数后面的一种表达式。参见：中缀表达式。

基本数据类型——编程语言中预定义的数据类型。

可打印字符——可以在显示器上显示，或者通过打印机打印出来的字符。参见：非打印字符。

private——Java 保留字，内部类、方法和变量的可见性修饰符。private 内部类只有它所声明的类的成员才能访问。private 方法和变量只在声明它们的类内部可见。

程序——由硬件依次执行的指令序列。

编程语言——用来创建程序的语句语法和语义的规范。

编程语言语句——某种编程语言中的每一条指令。

提示——用于请求用户输入信息的消息或者符号。

异常传递——抛出异常时发生的过程：控制返回到栈踪迹中的调用方法，直到异常被捕获并处理，或者直到异常从 main 方法中抛出，程序终止。

属性——拥有可观察的值的 JavaFX 对象，在需要时可监视并更改它。

属性绑定——两个 JavaFX 属性之间建立的关系，一个属性发生变化时，另一个自动更新。

protected——Java 保留字，内部类、方法和变量的可见性修饰符。protected 内部类对同一个包中的其他类是可见的，对位于其他包中的所有类也是可见的，只要这些类扩展了 protected 内部类所声明的类。protected 方法和变量对同一个包中的所有类都是可见的，对包外面的类也是可见的，只要这些类扩展了方法和变量所在的类。

伪代码——用于表达程序的算法步骤而使用的结构化和简化的自然语言。参见：程序设计语言。

伪随机数——根据某个初始种子值执行大量的计算，由软件产生的一个值。其结果并不是真正随机的，因为它是基于某种计算的。但是，多数情况下可使用这些足够随机的值。

public——Java 保留字，类、接口、方法和变量的可见性修饰符。只要被声明成 public，那么对所有类就是可见的。

队列——以先进先出方式管理数据的一种集合。

单选钮——允许用户通过鼠标单击从一组选项中选取一个的 GUI 控件。只有与其他单选钮形成一个组时，单选钮才有用。参见：复选框。

随机访问存储器(RAM)——与术语"主存"可互换。其实应称为"读写存储器",以便与"只读存储器"区分。

随机数发生器——产生伪随机数的软件,根据一个种子值通过计算产生伪随机数。

只读存储器(ROM)——在生产设备时,其信息被永久保存的内存设备。信息可被读取,但不能被写入。

递归——方法(直接或间接)调用自身的过程。递归算法通常提供巧妙的(有可能是低效率的)问题求解方案。

引用——拥有对象地址的变量。在 Java 中,引用可用来与对象交互,但无法直接访问、设置或者操作它的数字地址。

存储器——计算机 CPU 中的一小块存储区域。

关系运算符——确定两个值的顺序关系的几种运算符:小于"<"、小于等于"<="、大于">"和大于等于">="。参见:相等性运算符。

需求——(1)指定程序应该做什么、不应该做什么的规范;(2)软件开发过程的早期阶段,确定程序的需求。

保留字——编程语言中具有特殊含义的单词,不能用于其他定义。

return——Java 保留字,使程序的执行流返回到方法的调用点。

返回类型——方法返回的值的类型,方法声明中在方法名的前面指定。可以为 void,表示没有值返回。

复用——利用现有的软件组件来创建新的软件组件。

评审——批判性地检查程序的设计,以发现错误的过程。存在多种类型的评审。参见:桌面检查,走查。

RGB 值——定义颜色的三个值。每一个值分别代表红色、绿色、蓝色的贡献值。

根节点——(1)JavaFX 场景中充当所有其他节点的容器的节点;(2)树中生成所有其他分支节点的节点。

旋转——使一个图形节点沿着某个点旋转,呈现一定的角度。

橡皮筋线——一种视觉效果,当一个图形被鼠标拖曳时表现出伸缩状态,就产生了这种效果。

累加和——每当读取或遇到一个值时,就将它与数字值相加。

比例缩放——使图形节点变大或缩小。

场景——JavaFX 容器,用于显示 GUI 节点,比如舞台(窗口)上的形状和控件。

范围——程序内可以引用标识符(比如变量)的区域。参见:访问。

滚动面板——JavaFX 控件,为大型图像或者其他节点提供有限的查看区域,并具有水平或垂直滚动条,以方便查看图像。

软件开发工具集(SDK)——协助进行软件开发的一套软件工具。Java 软件开发工具集的另一个名称为 Java 开发工具集。

搜索——确定一个值列表中某个目标值的存在性或者位置的过程。参见:二分法搜索,线性搜索。

辅助存储器——硬件存储设备(比如磁盘),以一种相对永久的方式存储信息。参见:主存。

种子值——随机数生成器使用的基值,用于产生伪随机数。

选择法排序——一种排序算法,一次将一个值放入最终的、排序的位置。参见:插入法排序。

选择语句——只要某个条件为真,就会使一组语句重复执行。参见:if,switch。

语义——程序或程序构件的解释。

标记值——用于指定某个条件的特殊值,比如输入的终止。

序列化——将对象转换成线性字节序列的过程,以便将它保存到文件中,或者通过网络发送。参见:持久性。

服务方法——将对象声明成 public 可见性,并将服务定义为对象的客户能够调用的方法。

影子变量——在子类中定义变量,取代所继承的版本的过程。

错切——旋转一个轴,使 x 轴和 y 轴不再垂直,从而扭曲图形节点。

short——Java 保留字,表示整型类型,以补码形式表示 16 个位。

同胞——树或层次(比如类继承层次)中的两个项,具有相同的父节点。

签名——方法参数的个数、类型和顺序。每一个重载的方法都必须具有唯一的签名。

符号位——数字值中的一个位，表示该值的符号(正号或者负号)。

滚动条——JavaFX 控件，允许用户通过将滑块移动到范围内的某个位置来指定一个数字值。

软件——(1)程序和数据；(2)计算机系统的无形组件。

软件工程——计算机科学学科，强调在实际的约束条件下开发高质量软件的过程。

排序——将一个值列表调整为有序排列的过程。参见：插入法排序，选择法排序。

微调器——JavaFX 控件，允许用户从一个预定义的值序列中挑选一个值。微调器只显示一个值，可使用箭头按钮来控制值的选择。

分隔面板——JavaFX 控件，并排或者上下显示两个或多个节点，节点之间以一个可移动的分隔条隔开。

栈——以后进先出方式管理数据的一种集合。

堆叠面板——JavaFX 布局面板，将它的内容在面板中心彼此堆叠放置。

栈踪迹——程序中的一个方法调用序列，直至到达某个点。抛出异常时，可以分析栈踪迹，以跟踪程序的问题。

舞台——用于显示节点场景的 JavaFX 窗口。

标准 I/O 流——三种常见的 I/O 流之一，分别表示标准输入流(通过键盘)、标准输出流(通过显示器)和标准错误流(通过显示器)。参见：流。

状态——对象的状态由它的数据值定义。参见：行为，身份。

编程语言语句——某种编程语言中的每一条指令。

语句覆盖——白盒测试中的一种策略，程序中的所有语句都被执行。参见：条件覆盖。

static——Java 保留字，方法和变量的修饰符。静态方法也称为类方法，引用时不需要类的实例。静态变量也称为类变量，对类的所有实例都是相同的。

存储容量——某种存储设备能够保存的最大字节数。

流——输入源或者输出目标。

线宽——形状的轮廓。在 JavaFX 中，可以明确地设置轮廓线的颜色和宽度。参见：填充。

强类型化语言——一种编程语言，在这种语言中，每一个变量在存续期间都与一种数据类型相关联。如果类型不兼容，则不允许变量拥有值或者用于运算中。

子类——通过继承从另一个类派生的类。也称为派生类。参见：超类。

下标(索引)——指定数组中某个元素的整数值。

super——Java 保留字，父类的一个引用。常用于调用父类的构造方法。

超类——通过继承派生出另一个类的类。也称为基类或父类。参见：子类。

支持方法——对象的方法，并不用于类的外部。它为服务方法提供支持性功能，因此通常被声明为 public 可见性。

交换——互换变量的两个值的过程。

swing——Java API 中的一个图形工具包，它和 AWT 包一起已经被 JavaFX 包替代。

switch——Java 保留字，表示一种组合的条件结构。

语法错误——因为程序不满足编程语言的语法而由编译器产生的错误。语法错误属于编译时错误。参见：编译时错误，逻辑错误，运行时错误，语法错误。

语法规则——一套规范，规定应该如何组合编程语言的元素，以形成有效的语句。

标签面板——一种 JavaFX 控件，允许用户在一组标签之间跳跃，每一个标签都显示一个节点或者布局容器。一次只能显示一个标签。

TCP/IP——控制消息通过因特网移动的软件。TCP 代表传输控制协议，IP 代表因特网协议。

太字节(TB)——二进制存储单位，等于 2^{40} 字节(大约一万亿字节)。

终止——程序停止执行的位置。

三元运算符——使用三个操作数的运算符。

测试用例——一组输入值和用户动作，以及一组所期望的输出结果，用于找出系统中的错误。

测试——(1)用各种测试用例运行程序的过程，以发现错误；(2)评判设计或者程序的过程。

文本区——一种 GUI 控件，允许输入或显示多行数据。

单行文本框——一种 GUI 控件，允许输入或显示一行数据。

文本文件——文件中包含的数据为 ASCII 或 Unicode 字符。

this——Java 保留字，执行代码的对象的引用。

throw——Java 保留字，用于抛出一个异常。

throws——Java 保留字，指定一个方法可抛出特定类型的异常。

片面板——一种 JavaFX 布局面板，节点按矩形栅格排列。栅格中的每一个单元或者片具有相同的尺寸。参见：栅格面板。

计时器——以固定的时间间隔产生事件的对象。

令牌——用一组分隔符定义的字符串。

工具提示——当鼠标指针停留在特定组件时出现的一小行文本。通常而言，工具提示用于告知组件的作用。

顶级域——网络域名的最后一部分，比如 edu 或 com。

汉诺塔——经典的柱子-盘子游戏。它的解决方案是巧妙使用递归的一个例子。

转换——应用于节点的一种 JavaFX 效果，用于改变节点的表现，比如使节点沿某个轴平移，或者缩放其尺寸。

transient——Java 保留字，变量的修饰符。瞬态变量不会影响对象的持久性状态，因此不需要保存。参见：序列化。

平移——将形状沿着某个轴移动到另一个位置或者另一个图形化节点。

树——一种非线性数据结构，从一个根节点形成一种树状层次。

true——Java 保留字，两个布尔字面值(true 和 false)之一。

真值表——布尔表达式中值的各种组合，以及计算结果的完整展现。

try——Java 保留字，用于定义抛出某种异常时会被处理的情形。

补码——表示数字型二进制数据的一种技术。由所有的 Java 整型类型(byte，short，int，long)使用。

二维数组——使用两个索引来指定元素位置的数组。它的两个维常被表示为表的行和列。参见：多维数组。

数据类型——用于指定一组值(可以是无限个值)的名称。每一个 Java 变量都有一种数据类型，它指定哪种类型的值可以保存在变量中。

统一建模语言(UML)——对类和对象之间的关系进行可视化描述的一种图形表示。存在多种类型的 UML 图。参见：类图。

一元运算符——使用一个操作数的运算符。

非检查型异常——不需要捕获或处理的 Java 异常。

下溢——当浮点值太小而超出其存储空间时，就会发生溢出，导致不精确的算术运算。参见：溢出。

Unicode——用于定义有效的 Java 字符的国际字符集。每个字符由一个 16 位的无符号数表示。

无符号值——没有符号(正号或者负号)的值。通常保留的用于表示符号的位包含在值中，使能够保存的值的量级加倍。Java 字符为无符号数字值，但数字类型为有符号的。

用户界面——用户与软件系统交互的途径，通常是图形化的。参见：图形用户界面。

变量——程序中的标识符，表示保存在内存中的数据值的位置。

VBox——一种 JavaFX 布局面板，将节点按单列垂直排列。

视口——用来限制图像视图中显示的像素的一个矩形区域。

可见性修饰符——Java 修饰符，定义访问构件的范围。Java 可见性修饰符包括 public、protected、private 和默认值(无修饰符)。

void——Java 保留字，作为方法的一个返回值，表示没有值返回。

volatile——(1)Java 保留字，变量的修饰符。volatile 变量可以异步地改变，因此编译器不应优化它；(2)易失的。内存设备的一种特性，电力供应中断时，会丢失所保存的信息。主存就是一种易失的存储设备。参见：稳定的。

冯·诺依曼体系结构——以约翰·冯·诺依曼命名的计算机体系结构，程序和数据一起保存在同一个内存设备中。

走查——一种评审方式，由开发人员、经理和质量保障人员组成的团队，检查工程的设计或者程序，以发现错误。参见：桌面检查。

广域网(WAN)——连接两个或多个局域网的计算机网络，通常跨越长距离。参见：局域网。

Web——通过为多种类型的信息提供共同的用户界面，使信息更容易通过网络交换的一种软件。Web 浏览器用于获取和格式化 HTML 文档。

while——Java 保留字，表示一种循环结构。while 语句可执行 0 次或多次。参见：do，for。

白盒测试——根据软件组件的内部逻辑生成并评估测试用例。这些测试用例强调决策点并确保覆盖它们。参见：黑盒测试，条件覆盖，语句覆盖。

空白符——空格、制表符和空行的统称，用于将源代码分成不同的部分，使程序可读性更好。

扩展类型转换——两个类型不同但兼容的值之间的转换。通常会保留原有数据值，因为被转换类型的内部表示容量会比原始存储空间更大或者相等。参见：压缩类型转换。

字——二进制存储单位。字的大小随计算机而变，通常为 2 个、4 个或者 8 个字节。字的大小表示一次可以在计算机中移动信息的数量。

WWW(或 Web)——通过为多种类型的信息提供共同的用户界面，使信息更容易通过网络交换的一种软件。Web 浏览器用于获取和格式化 HTML 文档。

包装器类——用于保存对象中基本数据类型的一个类。当需要对象引用但无法定义基本数据类型时，通常需要包装器类。

Pearson

尊敬的老师：

您好！

　　为了确保您及时有效地申请培生整体教学资源，请您务必完整填写如下表格，加盖学院的公章后传真给我们，我们将会在 2~3 个工作日内为您处理。

请填写所需教辅的开课信息：

采用教材			□中文版 □英文版 □双语版
作　者		出版社	
版　次		**ISBN**	
课程时间	始于　年 月 日	学生人数	
	止于　年 月 日	学生年级	□专 科　　□本科 **1/2** 年级 □研究生　□本科 **3/4** 年级

请填写您的个人信息：

学　校			
院系/专业			
姓　名		职　称	□助教 □讲师 □副教授 □教授
通信地址/邮编			
手　机		电　话	
传　真			
official email(必填) **(eg:XXX@ruc.edu.cn)**		**email** **(eg:XXX@163.com)**	
是否愿意接收我们定期的新书讯息通知：　　□是　　□否			

系 / 院主任：_____（签字）

（系 / 院办公室章）

___年___月___日

资源介绍：

--教材、常规教辅（PPT、教师手册、题库等）资源。

（免费）

--MyLabs/Mastering 系列在线平台：适合老师和学生共同使用；访问需要 Access Code。

（付费）

100013　北京市东城区北三环东路 36 号环球贸易中心 D 座 1208 室

电话：（8610）57355003　　传真：（8610）58257961

Please send this form to：